D1666337

Über die Grenzen des legislativen Zugriffsrechts

Untersuchungen zu den demokratischen
und grundrechtlichen Schranken
der gesetzgeberischen Befugnisse

von

Albert Janssen

J. C. B. Mohr (Paul Siebeck) Tübingen

Als Habilitationsschrift auf Empfehlung der Rechtswissenschaftlichen Fakultät der Albert-Ludwigs-Universität Freiburg i. Br. gedruckt mit Unterstützung der Deutschen Forschungsgemeinschaft

CIP-Titelaufnahme der Deutschen Bibliothek

Janssen, Albert:
Über die Grenzen des legislativen Zugriffsrechts :
Untersuchungen zu den demokratischen und grundrechtlichen
Schranken der gesetzgeberischen Befugnisse / von Albert
Janssen. – Tübingen : Mohr, 1990
    ISBN 3-16-645391-1

© 1990 J. C. B. Mohr (Paul Siebeck) Tübingen.

Das Buch wurde gesetzt aus der Times-Antiqua von Gulde-Druck GmbH in Tübingen, dort gedruckt auf neutral geleimten Werkdruckpapier der Papierfabrik Niefern und gebunden von der Großbuchbinderei Heinrich Koch KG in Tübingen.

Vorwort

Es zeigt sich immer deutlicher, daß das Handeln der Exekutive in der Bundesrepublik Deutschland durch einen Konstruktionsfehler des Grundgesetzes beeinträchtigt wird: Der Regierungsspitze fehlt die unmittelbare (personelle) demokratische Legitimation durch das Volk; sie besitzt nach dem Willen der Verfassung nur eine mittelbare, allein durch das Parlament gestiftete demokratische Legitimation. In der Parteienstaatsdemokratie unserer Tage ist damit faktisch der jeweiligen parlamentarischen Mehrheit in sachlicher wie in personeller Hinsicht der kaum zu begrenzende Zugriff auf die Exekutive möglich. Unsere Volksvertreter haben sich darum auch inzwischen folgerichtig häufig zu Schein-Bürokraten entwickelt, und viele Angehörige der Verwaltung verstehen sich umgekehrt primär als Politiker, obwohl das parlamentarisch-demokratische System des Grundgesetzes von der klaren Unterscheidung zwischen Politik und Bürokratie lebt.

Der Staatsrechtswissenschaft bleibt als normative Wissenschaft angesichts dieser Realitäten die Aufgabe, an den Sinn der von der Verfassung gewollten Trennung von Legislative und Exekutive durch Entwicklung präziser juristischer Unterscheidungskriterien zu erinnern. Dazu möchte die vorliegende Arbeit, die im Sommersemester 1987 von der Freiburger Rechtswissenschaftlichen Fakultät als Habilitationsschrift angenommen wurde, einen Beitrag leisten. Die Ende der siebziger Jahre beginnende und heute nur scheinbar erledigte Diskussion über die Normenflut lieferte den äußeren Grund, um an diese Aufgabe heranzugehen. Im übrigen waren es weniger die Stellungnahmen in der Literatur als meine eigenen praktischen Erfahrungen als Verwaltungs- und Parlamentsjurist, die den Gedankengang der Arbeit bestimmten.

Ihr Grundkonzept habe ich vor gut zehn Jahren in wenigen Monaten niedergeschrieben. Daß aus diesem ersten Zugriff auf das Thema sehr viel später dann eine Habilitationsschrift wurde, verdanke ich besonders Herrn Bundesverfassungsrichter Professor Dr. Dr. Böckenförde. Er ist es vor allem gewesen, der das Entstehen der Arbeit in dieser Form ermöglicht hat. Herrn Professor Dr. Bullinger ist für das Zweitgutachten im Habilitationsverfahren zu danken und den Kollegen aus der Praxis für so manche Rücksichtnahme bei der Abfassung der Schrift. Daß ich persönlich über all die Jahre trotz der großen geographischen Entfernung in die Freiburger Fakultät eingebunden blieb, verdanke ich neben vielem anderen ganz besonders Herrn Professor Dr. Hollerbach. Die Deutsche Forschungsgemeinschaft unterstützte das Vorhaben durch ein großzügiges Habilitandenstipendium und eine namhafte Druckkostenbeihilfe. Unerwähnt bleiben darf schließlich nicht die Hilfe von Herrn Richter am LG Stübing. Er überwachte die Reinschrift des Manuskripts in einer für mich persönlich schweren Zeit und lieferte später noch einen vorzüglichen Entwurf für das Stichwortverzeichnis.

Ich widme diese Arbeit meinem Doktorvater, dem Rechtshistoriker Professor Dr. Karl Kroeschell. Als Göttinger Student habe ich in seinen Seminaren wissenschaftliches Arbeiten gelernt, als sein Assistent in Freiburg neben ihm völlig selbständig wirken können, und während meiner beruflichen Tätigkeit hat er mir immer wieder die Wege zurück in die Wissenschaft geebnet. Durch seine Toleranz und seine Bereitschaft, den Schüler eigene Wege gehen zu lassen, ist er mir über die engen fachlichen Grenzen hinaus zum wirklichen Lehrer geworden.

Hildesheim, im Januar 1990 Albert Janssen

Inhalt

Dritter Teil

Die grundrechtlichen Grenzen des legislativen Zugriffsrechts   185

§ 6 Die Garantie des effektiven gerichtlichen Rechtsschutzes durch Artikel 19
Abs. 4 GG   186

§ 7 Das aus Artikel 19 Abs. 4 GG folgende Beteiligungsrecht im Verwaltungsverfahren   207

Vierter Teil

Folgerungen 223

Ausblick

*Die Rückbesinnung auf die inhaltliche Bedeutung der
repräsentativen Demokratie als notwendige Voraussetzung für eine
wirksame Begrenzung der gesetzgeberischen Befugnisse*   258

Abkürzungsverzeichnis

Aufgenommen wurden nur die für die Rechtsquellen und die Belege
aus Rechtsprechung und Literatur benutzten Abkürzungen

AbfG	Gesetz über die Vermeidung und Entsorgung von Abfällen (Abfallgesetz)
AöR	Archiv des öffentlichen Rechts
AtG	Gesetz über die friedliche Anwendung der Kernenergie und den Schutz gegen ihre Gefahren (Atomgesetz)
AtVfV	Verordnung über das Verfahren bei der Genehmigung von Anlagen nach § 7 des Atomgesetzes (Atomrechtliche Verfahrensordnung) i. d. F. der Bekanntmachung vom 31. März 1982
BayVBl.	Bayerische Verwaltungsblätter
BBauG	Bundesbaugesetz
BauGB	Baugesetzbuch
BGB	Bürgerliches Gesetzbuch
BGBl.	Bundesgesetzblatt
BGHZ	Entscheidungen des Bundesgerichtshofes in Zivilsachen
BHO	Bundeshaushaltsordnung
BImSchG	Gesetz zum Schutz vor schädlichen Umwelteinwirkungen durch Luftverunreinigungen, Geräusche, Erschütterungen und ähnliche Vorgänge (Bundes-Immissionsschutzgesetz)
BRRG	Rahmengesetz zur Vereinheitlichung des Beamtenrechts (Beamtenrechtsrahmengesetz)
BT-Drs.	Drucksache des Deutschen Bundestages (Wahlperiode und Nummer)
BVerfGE	Entscheidungen des Bundesverfassungsgerichts
BVerwGE	Entscheidungen des Bundesverwaltungsgerichts
BWG	Bundeswahlgesetz
DJT	Deutscher Juristentag
DÖV	Die Öffentliche Verwaltung
DVBl.	Deutsches Verwaltungsblatt
EuGRZ	Europäische Grundrechte Zeitschrift
FAZ	Frankfurter Allgemeine Zeitung für Deutschland
FS	Festschrift
GG	Grundgesetz für die Bundesrepublik Deutschland
HGrG	Gesetz über die Grundsätze des Haushaltsrechts des Bundes und der Länder (Haushaltsgrundsätzegesetz)
InvZulG	Investitionszulagengesetz
JuS	Juristische Schulung
JZ	Juristenzeitung

LT-Drs.	Drucksache des Landtages (Wahlperiode und Nummer)
NGO	Niedersächsische Gemeindeordnung
NJW	Neue Juristische Wochenschrift
NVwZ	Neue Zeitschrift für Verwaltungsrecht
OVG	Oberverwaltungsgericht
OVGE	Entscheidungen der Oberverwaltungsgerichte für das Land Nordrhein-Westfalen in Münster sowie für die Länder Niedersachsen und Schleswig-Holstein in Lüneburg mit Entscheidungen des Verfassungsgerichtshofes Nordrhein-Westfalen und des Niedersächsischen Staatsgerichtshofes
PartG	Gesetz über die politischen Parteien (Parteiengesetz)
StabG	Gesetz zur Förderung der Stabilität und des Wachstums der Wirtschaft
TVG	Tarifvertragsgesetz
UPR	Umwelt- und Planungsrecht (Zeitschrift)
VA	Verwaltungsarchiv
VBlBW	Verwaltungsblätter für Baden-Württemberg
VerfGH	Verfassungsgerichtshof
VGH	Verwaltungsgerichtshof
VR	Verwaltungsrundschau
VVDStRL	Veröffentlichungen der Vereinigung der Deutschen Staatsrechtslehrer
VwGO	Verwaltungsgerichtsordnung
VwVfG	Verwaltungsverfahrensgesetz
WRV	Weimarer Reichsverfassung
ZBR	Zeitschrift für Beamtenrecht
ZParl	Zeitschrift für Parlamentsfragen
ZRP	Zeitschrift für Rechtspolitik

„Es gibt wenig Epochen, die von gleicher, gar
keine, die von höherer Bedeutung für das Staatswesen wäre als die der Loslösung der Vollziehung von der Gesetzgebung, die in der Tat erst
ein wahres Staatsrecht möglich macht."

Lorenz von Stein

Einleitung

Die verfassungsrechtliche Relevanz der Gesetzesflut als Anlaß der Untersuchung

Über die Grenzen des legislativen Zugriffsrechts soll im folgenden nachgedacht werden, da nur auf diesem Weg eine wirksame verfassungsrechtliche Beschränkung der sogenannten Gesetzesflut zu erreichen ist. Diese These wird im ersten Teil der Arbeit (§§ 1 und 2) näher ausgeführt und begründet. Die Notwendigkeit, das Thema der Gesetzesflut in dieser Form zum Gegenstand verfassungsrechtlicher Überlegungen zu machen, folgt für uns aus der Beobachtung, daß die viel beklagte Zunahme an Gesetzen wie der Verrechtlichung überhaupt seit längerem nicht nur politische, sondern auch verfassungsrechtliche Relevanz besitzt. Darauf ist zunächst kurz einzugehen[1]:

(1) Verfassungsrechtliche Bedenken gegen eine übermäßige Gesetzgebung entstehen zunächst bei der Frage, ob sie hinreichend *demokratisch legitimiert* ist. Bei der Vielzahl der zur Beratung anstehenden Gesetzesvorhaben und dem häufigen Druck von seiten der Regierung oder von gesellschaftlichen Kräften außerhalb des Parlaments, bestimmte Gesetze beschleunigt zu beraten, besteht die Gefahr einer „Denaturierung des Parlaments als Normenpresse"; der Mangel an „demokratisch legitimierender Tiefe" ist nicht zu übersehen[2].

---

[1] Zur beschleunigten Zunahme staatlicher Regelungen vgl. nur die Antwort der Bundesregierung auf eine Kleine Anfrage aus dem Jahre 1979, wonach ein gutes Drittel der geltenden Gesetze und Rechtsverordnungen *vor* 1969 erlassen sind, die restlichen zwei Drittel also in den zehn Jahren danach (BT-Drs. 8/212, S. 3. Erläuternde Ausführungen zu diesen Angaben enthält der Aufsatz des damaligen Bundesjustizministers *Vogel*, JZ 1979, S. 321 f.; relativierend für die Gesetzgebung des 9. Deutschen Bundestages, d. h. von 1980−83: *Schultze-Fielitz*, Parlamentarische Gesetzgebung, S. 133 f.). Der frühere Präsident des Bundesverfassungsgerichts Ernst Benda soll bereits 1978 zu dieser Entwicklung in einer öffentlichen Diskussion bemerkt haben, daß „bis hin zur Grundgesetzänderung" zu überlegen sei, wie man die Parlamente zwingen könnte, sich auf die wichtigsten, politisch notwendigen Gesetze zu beschränken (s. Süddeutsche Zeitung vom 2. 10. 1978).

[2] So *Weiß*, DÖV 1978, S. 602. Allgemein zu diesen Bedenken bereits *Quaritsch*, Das parla-

Aus den Bestimmungen des Grundgesetzes (und der einschlägigen Geschäftsordnungen) über das Gesetzgebungsverfahren lassen sich demgegenüber bestimmte Pflichten für das Procedere der Gesetzgebung ableiten[3], deren ordnungsgemäße Erfüllung bei der Vielzahl der zu beratenden Gesetze immer fraglicher wird[4]. Streng genommen wird damit häufig nicht nur gegen demokratisch-parlamentarische Prinzipien, sondern auch gegen rechtsstaatliche und – bei Bundesgesetzen – daneben gegen föderalistische Grundsätze verstoßen. Die demokratische Legitimation ist es aber besonders, die durch eine überhastete Gesetzgebung in Frage gestellt wird, zumal die Beteiligung des Bundesrates an der Bundesgesetzgebung durchaus als Teil ihrer demokratischen Legitimation verstanden werden kann.

(2) Doch nicht allein die Einhaltung der Vorschriften über das Gesetzgebungsverfahren und die dadurch gewährleistete demokratische Legitimation der Gesetze wird durch die zu beobachtende Normenflut in Frage gestellt, sondern es wird durch diese Entwicklung auch das Gewaltenteilungsprinzip (Artikel 20 Abs. 2 und Abs. 3 GG) tangiert. Denn zunehmend wird ja erkannt, daß der Grundsatz der Gewaltenteilung nicht nur durch Gewaltenhemmung und Gewaltenkontrolle dem Schutz der individuellen Freiheit dient, sondern primär (und vor allem) die richtige Zuordnung von Funktion, Kompetenz und Legitimation[5] und damit die sachgerechte Aufgabenerfüllung gewährleisten soll[6]. Daß nun durch die Gesetzesflut diese sachgerechte Aufgabenerfüllung für das *Verhältnis von Legislative und Exekutive* Probleme mit sich bringt, zeigen zwei sich nur scheinbar widersprechende Symptome: einmal der zunehmende Einfluß der Regierungen auf die Gesetzgebung, zum anderen das vielfach konstatierte Vollzugsdefizit gesetzlicher Vorschriften.

Ein wesentlicher Grund dafür, daß die Vorschläge zu Änderungen bestehender und zum Erlaß neuer Gesetze zunehmend von seiten der Regierung kommen[7] und

---

mentslose Parlamentgesetz, S. 38 ff.; vgl. daneben *Kirchhof* in Bundesverfassungsgericht und GG, Bd. 2, S. 80 f.

[3] Vgl. dazu nur *Starck*, Gesetzesbegriff, S. 157 ff., 169 ff.; *Zimmer*, Funktion-Kompetenz-Legitimation, S. 256 ff.; *Margiera*, Parlament und Staatsleitung, S. 177 ff.; *Degenhart*, DÖV 1981, S. 478 ff.; *H. Schneider*, Gesetzgebung, S. 71 ff., 108 ff.; *Hill*, Einführung in die Gesetzgebungslehre, S. 82 ff.; *Schultze-Fielitz*, Parlamentarische Gesetzgebung, S. 171 ff., 206 ff.; *Stern*, Staatsrecht, Bd. 2, S. 613 ff. In diesen Zusammenhang gehören auch die Versuche, unter dem Stichwort des Formenmißbrauchs (s. *Pestalozza*, Formenmißbrauch des Staates, S. 9 ff., 20 f., 38 ff. – Darstellung des Meinungsstandes in Lehre und Rechtsprechung seit Weimar –; S. 158 ff. – eigene Position –) und der Verfassungsorgantreue (*Schenke*, Die Verfassungsorgantreue, S. 112 ff.) Grenzen für eine überhastete Gesetzgebung aufzuzeigen.

[4] Eklatante Fälle schildern *H. Schneider* in FS für Gebhard Müller, S. 423 ff.; *Kloepfer*, Der Staat 13 (1974), S. 462 ff. und *Schulze-Fielitz*, Parlamentarische Gesetzgebung, S. 397 ff.

[5] So der Titel der 1979 erschienenen Untersuchung von *G. Zimmer*.

[6] Auf diese Funktion der Gewaltenteilung gehen wir in § 5 II. genauer ein. Aus der Literatur vgl. dazu neben der bereits genannten Arbeit von Zimmer besonders noch *J. Ipsen*, Richterrecht, S. 133 f. und *Böckenförde*, Verfassungsfragen, S. 64 ff.

[7] Genauere Zahlen bei *H. Schneider*, Gesetzgebung, S. 97 f.; s. daneben *Hill*, DÖV 1981,

daneben das Gesetzesinitiativrecht des Parlaments verkümmert, liegt darin, daß allein das fachlich geschulte Verwaltungspersonal die stetig anschwellende Masse an Gesetzen noch zu übersehen vermag[8]. Diese sachliche Überlegenheit der Ministerialbürokratie gegenüber dem Parlament begünstigt auch den Versuch, die politischen Ziele der Regierung durch das Parlament gesetzlich festschreiben zu lassen[9]. Ist damit die Regierung bzw. die Ministerialbürokratie mitursächlich für eine die Entmachtung der Parlamente befördernde Gesetzesflut, so wirkt sich die stetige Zunahme an Gesetzen auf den unteren Ebenen der Verwaltung (Regierungspräsidien, Kreise, Städte und Gemeinden) besonders in der Weise aus, daß es hier häufig eben wegen der Vielzahl der gesetzlichen Regelungen zu Vollzugsdefiziten kommt[10]. Für den Bereich des Umweltrechts sind solche Vollzugsdefizite inzwischen empirisch belegt[11]; im Steuerrecht würde es dazu kommen, wenn die Finanzverwaltung nicht verstärkt zu rechtlich umstrittenen typisierenden Betrach-

---

S. 491 und für den 9. Bundestag (1980–83) genauer: *Schulze-Fielitz,* Parlamentarische Gesetzgebung, S. 285 ff. Daß die Exekutive schon immer bei der „Präparation" als der „materiell tragende(n) Phase der Gesetzgebung" eine führende Rolle gespielt hat, ist unbestritten; diese Tatsache bekommt nun aber durch die Gesetzesflut ein besonderes Gewicht (so *Eichenberger,* VVDStRL 40/1982, S. 29) und gefährdet so die sinnvollerweise vom Parlament wahrzunehmende Aufgabe im Gesetzgebungsverfahren (Repräsentations- und Deliberationsauftrag des Parlaments – *Eichenberth,* aaO., S. 23).

[8] Dazu besonders *Leisner,* DVBl. 1981, S. 852 und JZ 1977, S. 539. Daneben allgemein zur sachlichen Überlegenheit der Ministerialverwaltung gegenüber dem Parlament *Mayntz,* Soziologie der öffentlichen Verwaltung, S. 74 f.; *Eichenberger* (Anm. 7), S. 29 ff.; *Grawert,* Jura 1982, S. 305, 307; Schlußbericht der Enquete-Kommission Verfassungsreform, BT-Drs. 7/5924, S. 89 u. a.

[9] So richtig *Hill,* aaO. (Anm. 7); daneben *Kirchhof,* Verwalten durch „mittelbares" Einwirken, S. 150 ff. und *Kloepfer,* VVDStRL 40 (1982), S. 71 f., 77. Derartige Gesetze besitzen häufig keinen Rechtswert, sondern mehr symbolische Funktion (s. dazu vorläufig *Hegenbarth,* ZRP 1981, S. 201 ff.). Ein Beispiel für diese Form der Gesetzgebung handeln wir in § 9 ab. Eine besondere Variante des Bemühens der Regierung um gesetzliche Festschreibung politischer Absichten ist in der Tendenz der „Koordinierungsbürokratie" zu sehen, „eine permanente Niveauanhebung in der Leistungsdarbietung der öffentlichen Verwaltung" u. a. auch durch neue Gesetze zu erreichen (so *Wagener* in VVDStRL 37/1979, S. 243, 263). Das Institut der Gemeinschaftsaufgaben (Artikel 91 a und 91 b sowie Artikel 104 a Abs. 4 GG) begünstigt dieses „Eigenleben der vertikalen Kommunikationsstruktur der Verwaltungsfachleute untereinander" (*Wagener,* aaO., S. 243). Zu Bedenken Anlaß gibt insoweit allerdings primär die vertikale Kooperation der Verwaltungen selbst untereinander (s. dazu auch den Beitrag von *Alexy* und *Gotthold* in Verrechtlichung, S. 200 ff.).

[10] S. nur *Wagener,* aaO., S. 244 ff.; *Wahl,* Die Verwaltung 13 (1980), S. 284 f. Wichtig in diesem Zusammenhang auch *Böhret/Hugger,* Entbürokratisierung durch vollzugsfreundlichere und wirksamere Gesetze. Die zunehmende Gesetzesbindung der Verwaltung kann daneben aber auch zu einem Zuwachs an bürokratischer Macht führen, die dann von den Parlamenten (und den Regierungen) kaum noch steuerbar ist; s. dazu nur *Steinberg,* Die Verwaltung 11 (1978), S. 309 ff. und *Leisner,* ZBR 1981, S. 148 f.

[11] Dazu die Nachweise bei *Wagener,* aaO., S. 246 Anm. 94 und *Hoffmann-Riem,* VVDStRL 40 (1982), S. 192 Anm. 7; vgl. daneben *Voigt* in Aus Politik und Zeitgeschichte, B 21 (1981), S. 18 f. Daß dies auch für manche Bereiche der Gewerbeaufsicht gilt, ist dem Verfasser aus eigener Verwaltungserfahrung bekannt.

tungsweisen übergegangen wäre[12]. Ähnliches gilt für das Sozialversicherungsrecht[13].

Beide Entwicklungen widersprechen nun, wie gesagt, dem Gebot einer sachgerechten Aufgabenerfüllung der Exekutive im Sinne des Gewaltenteilungsprinzips.
Daß auch die rechtsprechende Gewalt, insbesondere die Verwaltungsgerichtsbarkeit, in ihrer Funktionsfähigkeit durch die infolge der Normenflut stark angestie-
gene Zahl der Prozesse gefährdet ist, hat man ebenfalls bemerkt[14].

(3) Verfassungsrechtliche Relevanz besitzt die zu beobachtende Gesetzesflut
schließlich noch für die *Freiheit des Bürgers*. Er lebt, wie im Blick auf die ausufernde Gesetzgebung gesagt worden ist, unter einer „Freiheitsvermutung"[15]. Die
Regelungskompetenz des Gesetzgebers ist darum, soweit sie den Rechtskreis des
einzelnen betrifft, grundsätzlich subsidiär. Gegenüber dem Bürger hat sich „jedes
Gesetz als *notwendig* zu verantworten"[16]. Hinter dieser Forderung steht der
Gedanke, daß die Rechtsordnung für den Bürger immer nur eine *Teil*ordnung
darstellt[17]; seinen verfassungsrechtlichen Anknüpfungspunkt besitzt er in den
Grundrechten, wenn ihr wesentlicher Sinn nicht im Schutz der Freiheit *durch* das
Recht, sondern vor dem Recht gesehen wird. Zu viele Gesetze gefährden dann die
grundrechtliche Freiheit des Bürgers.

Mittelbare Auswirkungen auf die Freiheit des Bürgers hat auch der durch die
Normenflut bedingte Verlust an Rechtssicherheit[18]. Denn Übermaß und Rich-
tungslosigkeit der Gesetzgebung erschüttern das Vertrauen in die Ernsthaftigkeit
und sachliche Notwendigkeit der geschaffenen Regelungen und führen weiter zu
der im Sozialstaat der Gegenwart zwar nicht gänzlich zu verhindernden, sie nun
aber beschleunigenden Entwicklung, daß kaum jemand noch das geltende Recht

---

[12] Dazu vor allem *Isensee*, Die typisierende Verwaltung, besonders S. 155 f. und die kritische
Rezension dieses Buches von *Mußgnug*, Die Verwaltung 11 (1978), S. 116 ff.; *Arndt*, Praktikabili-
tät und Effizienz, S. 44 ff., 58 ff.; daneben *Wahl*, Die Verwaltung 13 (1980), S. 280 ff. und
VVDStRL 41 (1983), S. 162 ff., 178 ff.

[13] Zum Sozialversicherungsrecht s. *Wahl*, Die Verwaltung 13 (1980), S. 282 m. w. N. daselbst in
Anm. 34. Vgl. daneben allgemein zur Verrechtlichung im Sozialrecht *R. Pitschas* in Verrechtlichung, S. 150 ff., besonders S. 159 f.

[14] S. nur *Leisner*, DVBl. 1981, S. 852; *Kloepfer*, VVDStRL 40 (1982), S. 69 und daselbst der
Diskussionsbeitrag von *Vogel* auf S. 142; *Grawert*, DVBl. 1983, S. 977, 978.

[15] *Pestalozza*, NJW 1981, S. 2083.

[16] *Pestalozza*, aaO. (Hervorhebung dort).

[17] Vgl. neben *Pestalozza* (aaO.) zum Ganzen auch *Maassen*, NJW 1979, S. 1475 f.; *Weiß*, DÖV
1978, S. 604; *Leisner*, DVBl. 1981, S. 850 f. u. a. Daß sich aus dieser Sicht bereits Grenzen für das
Bemühen ergeben, aus den grundrechtlichen Gesetzesvorbehalten eine umfassende Pflicht des
Gesetzgebers zur Legalisierung der Leistungsverwaltung und der besonderen Gewaltenverhältnisse
abzuleiten, wird uns später noch (§§ 1 und 8 der Untersuchung) genauer beschäftigen. Der
Gedanke, daß das Recht nur eine teilordnende Funktion besitzt, ist auch wesentliche Voraussetzung für die Aufrechterhaltung der Autorität des Rechts bzw. die Gewährleistung der Rechts-
wirksamkeit. Auf die Gefahren einer Überforderung des Rechts in dieser Hinsicht durch die
Normenflut geht wiederum besonders *Weiß* (aaO., S. 604 f., 607 f.) ein.

[18] Überwiegend wird darin auch ein rechtsstaatliches Problem gesehen; s. etwa *Leisner*, JZ
1977, S. 537. Zur verfassungsrechtlichen Begründung des Vertrauensschutzes hier genauer in § 1.

zu überschauen vermag. Gesetze verschaffen damit nicht mehr „Ordnungsgewiß-
heit und Orientierungs-, d. h. Prognosesicherheit"[19]. Dies gilt um so mehr, als eine
ausufernde Gesetzgebung auch häufiger als früher Gesetzesänderungen und die
Aufhebung von bestehenden Gesetzen nach sich zieht. Dazu wiederum kommt es
besonders deshalb, weil sich die bedenkliche Zunahme der Gesetze vielfach auf
das Bestreben zurückführen läßt, konkrete politische Wünsche im Wege der
Gesetzgebung festzuschreiben und durchzusetzen[20]. So entstehen zeitbedingte
(situationsbedingte) Gesetze, die von der tatsächlichen Entwicklung schnell überholt werden. Beschreitet die Legislative einmal den Weg, derartige Gesetze zu
erlassen, so bleibt ihr, um nicht hinter der Wirklichkeit zurückzubleiben, nur die
Möglichkeit, entweder diese zeitbedingten Gesetze zu ändern oder aber durch
neue Gesetze die davoneilende Wirklichkeit wieder einzufangen[21]. Die denkbare
Alternative, durch „offene" Gesetze, d. h. durch Gesetze mit einer Vielzahl von
Generalklauseln, unbestimmten Rechtsbegriffen, Ermessensermächtigungen diesem circulus vitiosus zu entgehen, bewirkt nicht, was man mit solchen situationsbe-
dingten Gesetzen erreichen will: inhaltliche Festlegung und Durchsetzung des
konkreten politischen Willens. Im übrigen führt gerade der verstärkte Erlaß
solcher „offenen" Gesetze zur bereits beschriebenen unerwünschten Machtver-
schiebung zwischen Exekutive und Legislative zugunsten der Exekutive[22].

Nimmt man die aufgezeigten verfassungsrechtlichen Gefährdungen, die die zu
beobachtende Gesetzesflut mit sich bringt, zusammen, so kommt man schwerlich

---

[19] *Weiß,* DÖV 1978, S. 607.

[20] Treffend dazu *Naujoks,* JZ 1978, S. 45.

[21] In der Literatur ist schon vor Jahren für wirtschaftslenkende Maßnahmegesetze die Pflicht
der Legislative zur Änderung solcher Gesetze bzw. – falls dies nicht geschieht – das Recht zur
Nichtbeachtung der geltenden gesetzlichen Vorschriften dann gefordert worden, wenn sich die
wirtschaftliche Lage wesentlich geändert hat; vgl. *Hoppe,* DÖV 1965, S. 546 ff. Allgemein zu dem
angesprochenen Problem *Grawert,* Jura 1982, S. 307.

[22] Dazu plastisch *Leisner,* JZ 1977, S. 539. Häufige Gesetzesänderungen können auch noch
dadurch zu einer Rechtsunsicherheit für den Bürger führen, daß sie eine gefestigte Rechtsprechung beseitigen. Das gilt besonders dann, wenn diese Änderungen nicht eine Klarstellung
bewirken, sondern weitere (neue) Auslegungsschwierigkeiten mit sich bringen. Ein geradezu
klassisches und schon mehrfach aufgegriffenes Beispiel für eine derartige vom Gesetzgeber zu
verantwortende Form der Rechtsunsicherheit stellen die Novellierungen des § 34 BBauG vom
18. 8. 1976 (BGBl. I S. 2221) und vom 6. 7. 1979 (BGBl. I S. 949) dar. So löste die Novellierung
von 1976 eine eingeführte und vorausehbare mehrjährige Rechtsprechung zu § 34 BBauG durch
eine weitaus kompliziertere und dabei kaum genauere Fassung ab (vgl. dazu *Baumeister* in
Festgabe aus Anlaß des 25jährigen Bestehens des Bundesverwaltungsgerichts, S. 23 ff. – s. besonders auch die auf S. 32 Anm. 10 wiedergegebene Stellungnahme des Deutschen Anwaltvereins
vom 2. 12. 1974 zu einer beabsichtigten Novellierung des § 34 BBauG; *Maassen,* NJW 1979,
S. 1474). Ihr folgte dann 1979 eine Ergänzung des § 34 BBauG, die ihn weiterhin – durch eine neue
Ausnahmeregelung – komplizierte. Ähnliches gilt für die Novellierungen des § 35 BBauG aus den
gleichen Jahren und mutatis mutandis auch für die neuen §§ 34 und 35 BauGB. Der Gesetzgeber
verliert sich durch derartige Versuche einer Präzisierung nicht nur in Einzelfälle, sondern gefährdet durch ein solches Vorgehen, wie gesagt, auch die Rechtssicherheit, die aufgrund einer
gefestigten Rechtsprechung vor seinem Eingreifen bestand.

um die Feststellung herum, daß eine übermäßige Gesetzgebung Grundlagen der Staatsrechtslehre berührt[23]. Die nachfolgenden Überlegungen betreffen aber nicht die ganze Breite des angesprochenen Problems. Sie knüpfen primär an das durch die Gesetzesflut gestörte Verhältnis zwischen Legislative und Exekutive an und versuchen, dafür verfassungsrechtliche Lösungen zu entwickeln. Allerdings wird sich zeigen, daß bei diesem Versuch auch die Frage nach Inhalt und Sinn der parlamentarisch-demokratischen Legitimation des Gesetzgebers und seine Begrenzung durch die Freiheit des einzelnen angesprochen werden müssen. Die Notwendigkeit, in dem Phänomen der Gesetzesflut auch ein verfassungsrechtliches Problem zu sehen, scheint uns um so dringlicher, als die bisher vorgeschlagenen Abhilfen gegen eine ausufernde Gesetzgebung weniger aus dem Grundgesetz abgeleitet, als vielmehr pragmatisch (rechtspolitisch) begründet werden. Das gilt sowohl für die Forderung nach Entfeinerung der Normen[24] wie für den Vorschlag, durch organisatorische Vorkehrungen wie Delegation von Verwaltungsaufgaben auf Verbände[25] oder Entlastung des Gesetzgebers durch private Rechtssetzung[26] u. a. der Entwicklung entgegenzuwirken. Es muß schließlich auch, wie die Diskussion auf der Staatsrechtslehrertagung 1981 gezeigt hat, für den namentlich von Kloepfer propagierten Gedanken gelten, vor allem unter Rückgriff auf das Verhältnismäßigkeitsprinzip ein verfassungsrechtliches Verbot übermäßiger gesetzlicher Kontinuitätsbrüche zu begründen[27].

Einen weiterführenden Ansatz für eine verfassungsrechtliche Beschränkung der übermäßigen Gesetzgebung enthält aber die in der Literatur mehrfach behandelte Frage nach einem gesetzesfesten (allgemeinen) Verwaltungsvorbehalt[28]. Sie im-

---

[23] So auch *Leisner*, DVBl. 1981, S. 850 f., 856 f.; *Wahl*, Die Verwaltung 13 (1980), S. 285.

[24] Dazu besonders *Wagener*, VVDStRL 37 (1979), S. 254 ff. und eben dort die Diskussionsbeiträge von *Wilke* (S. 298 f.) und *Lange* (S. 310 f.). Vgl. daneben *Lange*, DÖV 1981, S. 80; *Scheffler*, DÖV 1980, S. 239 ff.; *Müller,* Rechtssetzung, S. 144 ff. und *Novak*, VVDStRL 40 (1982), S. 53 ff., 56. Ein beachtenswerter, die allgemeine Forderung nach Entfeinerung der Normen modifizierender Vorschlag findet sich bei *Wahl* (Die Verwaltung 13/1980, S. 287 f.): Typisierende Gesetzestatbestände mit im Gesetz eingeräumter Möglichkeit, „eine vom Regelfall abweichende Lösungsalternative vorschlagen zu können, die geeignet ist, das formulierte gesetzgeberische Ziel zu erreichen." *Wahl* weist (aaO., S. 283 Anm. 35; vgl. auch VVDStRL 41/1983, S. 162 ff. und 179) auch richtig auf die Unmöglichkeit hin, mit dem Argument der Verwaltungseffizienz eine Übernormierung der Exekutive juristisch zu verhindern.

[25] Vgl. *Wahl*, Die Verwaltung 13 (1980), S. 293 f. für die Verwaltung sozialer Dienste und die Sozialverwaltung. Allgemein zum Problem verselbständigter Verwaltungseinheiten unter Herausarbeitung der verschiedenen Stufen dieser Verselbständigung *Schuppert*, Verselbständigte Verwaltungseinheiten, besonders S. 93 ff. und 150 ff.

[26] Dazu *Kloepfer*, VVDStRL 40 (1982), S. 77 f.; *Leisner*, DVBl. 1981, S. 855 f.

[27] S. *Kloepfer*, DÖV 1978, S. 225 ff., besonders S. 232 f. und VVDStRL 40 (1982), S. 81 ff.; eben dort auch die kritischen Diskussionsbeiträge zu diesem Gedanken von *Grimm* (S. 104 f.), *Schwabe* (S. 113), *Wielinger* (S. 116), *Mußgnug* (S. 122), *Erichsen* (S. 128), *Meyer* (S. 140 f.), *Vogel* (S. 142); positiv dagegen ausdrücklich *Stern* (aaO., S. 145).

[28] Sie war besonders das Thema des 2. Beratungsgegenstandes auf der Jahrestagung 1984 der Vereinigung der Deutschen Staatsrechtslehrer; s. dazu die Referate von Maurer und Schnapp in VVDStRL 43 (1985), S. 135 ff., S. 170 ff. sowie die Diskussion darüber auf S. 202 ff. Vgl. hierzu

pliziert die nach den Grenzen des legislativen Zugriffsrechts (und nach inhaltlichen Kriterien des Gesetzesbegriffs) und bedarf insoweit noch der dogmatischen Vertiefung. Das ist jetzt im 1. Teil genauer zu schildern.

---

auch die aus Anlaß dieser Tagung erschienenen Aufsätze von *Schröder*, DVBl. 1984, S. 814 ff.; *Stettner*, DÖV 1984, S. 611 ff.; *W. Schmidt*, NVwZ 1984, S. 545 ff.; *Degenhart*, NJW 1984, S. 2184 ff. und daneben noch *Nedden*, VR 1985, S. 307 f.; *Ossenbühl* in Die öffentliche Verwaltung zwischen Gesetzgebung und richterlicher Kontrolle, S. 28 ff. sowie *Schertl*, Bay VBl. 1987, S. 393 ff.

Erster Teil

Die Begrenzung des legislativen Zugriffsrechts als entscheidender verfassungsrechtlicher Beitrag zur Eindämmung der Gesetzesflut

§ 1 Der Beitrag der Staatsrechtslehre und Verfassungsrechtsprechung zur bedenklichen Zunahme der Gesetzgebung und seine dogmatische Fragwürdigkeit

Ist damit die verfassungsrechtliche Relevanz einer übermäßigen Gesetzgebung aufgezeigt, so haben wir nunmehr zunächst die Frage nach den Gründen für diese Entwicklung zu klären. Denn erst aufgrund ihrer Beantwortung kann eine wirksame Begrenzung der Gesetzesflut versucht werden. Viele dieser Gründe sind sicher außerrechtlicher Art; darauf wird hier, da ein verfassungsrechtliches Problem zur Behandlung ansteht, nicht näher eingegangen[1]. Es gibt aber auch, darin sind sich Politiker und (Verfassungs-)Juristen einig, verfassungsrechtliche Überlegungen und Entwicklungen, die zur unverhältnismäßigen Ausweitung der Gesetzgebung

---

[1] S. dazu die Übersichten in den Referaten von *Novak* und *Kloepfer* auf der Staatsrechtslehrertagung 1981, VVDStRL 40 (1982), S. 57f. und S. 70ff. sowie *Jellinek*, Verwaltung und Fortbildung 6 (1978), S. 63ff.; *Leisner*, DVBl. 1981, S. 853; *Voigt* in Aus Politik und Zeitgeschichte, B 21 (1981), S. 8f.; *Hill*, DÖV 1981, S. 487ff.; Oschatz, DVBl. 1980, S. 741ff.; Vogel, JZ 1979, S. 322f.; *Laufer* in Aus Politik und Zeitgeschichte, B 15 (1987), S. 32f. Ein selten angesprochener, aber nicht unwesentlicher politischer Grund für die Gesetzesflut sei nicht unerwähnt: In der Antwort des Ministeriums der Justiz von Rheinland-Pfalz vom 26. 6. 1978 (LT-Drs. 8/3215) auf eine Große Anfrage der CDU-Fraktion zum Thema Rechtsvereinfachung (LT-Drs. 8/2934) wird festgestellt, daß eine Beschränkung der Gesetzgebung zwangsläufig größere Ermessensspielräume für die Verwaltung zur Folge habe. Solche Ermessensspielräume der Verwaltung würden aber wiederum *„mehr Vertrauen in die Kompetenz der entscheidenden Stelle"* voraussetzen (aaO., S. 5 – Hervorhebung A. J.). Die entscheidende Frage nun, *warum* dieses Vertrauen häufig nicht mehr vorhanden ist, wird allerdings nicht gestellt. Sie hätte zur kritischen Selbstreflektion herausgefordert – etwa mit dem Ergebnis, daß eine zunehmende Politisierung der Beamtenschaft und das Fehlen einer wirklichen politischen Führung das Vertrauen der Bürger in ein von Sachlichkeit und Objektivität bestimmtes Verwaltungshandeln erschüttert haben (Zur Bedeutung der Unbefangenheit der öffentlichen Bediensteten allgemein *Kirchhof*, VA 66/1975, S. 370ff. Zum Verlust der Amtsautorität: Diskussionsbeitrag *Zacher*, VVDStRL 40/1981, S. 139). Die zunehmende Flut von Gesetzen und anderen Rechtsvorschriften müßte dann auch als Indiz für die Abnahme dieses Vertrauens gewertet werden.

beigetragen haben[2]. Sie sollen im folgenden kurz dargestellt werden. Dabei wird zugleich die Frage zu klären sein, ob es insoweit nicht auch verfassungsrechtliche Gegenargumente gibt und – falls das der Fall ist – warum diese gegenüber einer übermäßigen Gesetzgebung bisher nicht wirksam ins Feld geführt werden konnten.

I. Die verfassungsrechtliche Legitimation politisch motivierter Gesetzgebung

Zunächst ist auf die Fälle einzugehen, in denen ein Tätigwerden des Gesetzgebers zwar nicht verfassungsrechtlich zwingend geboten ist, es dazu aber kommt, da politische Forderungen, um ihre Durchsetzbarkeit zu erleichtern, (auch) mit verfassungsrechtlichen Argumenten begründet werden. Das geschieht vor allem unter Berufung auf das Sozialstaatsprinzip (Artikel 20 Abs. 1, 28 Abs. 1 GG) und/ oder den allgemeinen Gleichheitssatz (Artikel 3 Abs. 1 GG); bisweilen werden daneben zu diesem Zweck soziale Grundrechte, die ein Tätigwerden des Gesetzgebers nahelegen, aus dem Grundgesetz abgeleitet (dazu 2.). Es kann aber auch in einer bestimmten Interpretation des verfassungsrechtlichen Verhältnismäßigkeitsprinzips ein wesentlicher Anlaß für eine zunehmende Gesetzgebung gesehen werden (dazu 1.). Steht in diesem Fall also primär die Frage nach der hinreichenden Detailliertheit der gesetzlichen Regelungen zur Diskussion, so ist es im zuerst genannten die Frage nach der Legitimation des vom Gesetzgeber verfolgten Zwecks. Beides soll nun genauer untersucht werden.

1. Das verfassungsrechtliche Verhältnismäßigkeitsprinzip als Argument für das Tätigwerden des Gesetzgebers

Das verfassungsrechtliche Verhältnismäßigkeitsprinzip ist verschieden begründet und daraus folgend auch seine inhaltliche Bindung für den Gesetzgeber unterschiedlich bestimmt worden. Die Entscheidung für eine bestimmte Interpretation

---

[2] Für die insoweit von *politischer* Seite genannten Gründe vgl. neben den soeben zitierten Ausführungen des ehemaligen Bundesjustizministers Hans-Jochen Vogel und der ebenfalls in Anm. 1 erwähnten Großen Anfrage der CDU-Fraktion im Rheinland-Pfälzischen Landtag mit der Antwort des Justizministeriums von Rheinland-Pfalz weiter die Ausführungen des ehemaligen Nordrhein-Westfälischen Innenministers Burkhard Hirsch im Landtag von Nordrhein-Westfalen zu einem Entschließungsantrag der CDU-Landtagsfraktion (Plenarprotokoll der 77. Sitzung vom 7. Juni 1978 – 8. Wahlperiode – S. 5473 f.) und einen Vortrag von ihm zu diesem Thema („Eildienst" des Landkreistages Nordrhein-Westfalen Nr. 4/1979, S. 56 f.); aufschlußreich hierzu auch die Diskussion im Bundestag über einen Entschließungsantrag einiger CDU/CSU-Abgeordneter zur Rechts- und Verwaltungsvereinfachung (Plenarprotokoll der 63. Sitzung des Bundestages vom 15. 12. 1977 – 8. Wahlperiode – S. 4829, 4834 f. und 4839). Zur „Gesamtschuld" der Parlamentarier, Richter, Ministerialbürokratie und der Wissenschaft des öffentlichen Rechts an der Gesetzesflut sowie den daraus erwachsenden neuen Aufgaben für die öffentlich-rechtliche Dogmatik s. den Diskussionsbeitrag von *Zacher*, aaO., S. 139 f.

besitzt nun auch ganz bestimmte Folgen für den Umfang der gesetzgeberischen Pflichten[3]. Das ist jetzt zu schildern.

a) Die *herrschende Meinung* versteht den Inhalt des im Verwaltungsrecht – genauer: im Polizeirecht – entwickelten Grundsatzes der Verhältnismäßigkeit (Übermaßverbot) ohne Vorbehalt als einen auch durch das Verfassungsrecht verbürgten. Daraus folgt, daß für den Gesetzgeber insoweit die gleichen Bindungen gelten wie für das Handeln der Exekutive[4]. Das hat zwei für unser Thema wesentliche Folgen:

Zunächst verliert das (eingreifende) Gesetz auf diese Weise seine „selbsttragende Kraft"; es erhält „Vollziehungscharakter"[5]. Der Gesetzgeber übt wie die Verwaltung (vgl. §§ 40 VwVfG, 114 VwGO) ein an die Grundrechte und das Rechtsstaatsprinzip u. a. gebundenes, d. h. eben ein sie „vollziehendes" Ermessen aus. *Eine* konsequente weitere Folgerung aus dieser Sicht ist die Bindung des Gesetzgebers an das Willkürverbot (Artikel 3 Abs. 1 GG) im Sinne materieller Gerechtigkeit[6]. Ein solches Verständnis befördert natürlich das Tätigwerden der Legislative, weil das Gesetz „ihm vorausliegende Zwecke, insbesondere die Zwecke der Verfassung, wie Grundrechtsgewährleistung oder Staatszielbestimmungen, zu realisieren und sich *dafür als verhältnismäßig* zu erweisen" hat[7]; ihr Untätigsein steht insoweit also unter dem potentiellen Verdikt der Verfassungswidrigkeit. Aber nicht nur der Vollziehungscharakter des Gesetzes ist es, der zu einer vermehrten Gesetzgebung Anlaß gibt, sondern daneben die Tatsache, daß der Gesetzgeber, folgt man auch insoweit der verwaltungsrechtlichen Parallele (Verhältnismäßigkeit i. e. S. als Gebot einer angemessenen Mittel-Zweck-Relation), zu einem wertenden Gewichten und Gegeneinander-Abwägen von Individual- und Gemeinschaftsgütern bzw. Individual- und Gemeinschaftsinteressen verpflichtet ist[8]. Hierin liegt ebenfalls eine Tendenz zur Ausweitung der gesetzgeberischen Tätigkeit. Denn muß der Gesetzgeber trotz ungenauer rechtlicher Maßstäbe für die von ihm aufgrund des Verhältnismäßigkeitsprinzips zu vollziehenden Wertungen mit einer gerichtlichen Überprüfung eben dieser Wertungen rechnen, wird er verstärkt, um einer solchen verfas-

---

[3] Zum grundsätzlichen Einfluß des verfassungsrechtlichen Verhältnismäßigkeitsprinzips auf das Tätigwerden des Gesetzgebers vgl. *Wahl*, Die Verwaltung 13 (1980), S. 297 ff.; *Isensee*, ZRP 1985, S. 140 f. und auch den Diskussionsbeitrag von *Wilke*, VVDStRL 37 (1979), S. 298.

[4] Vgl. aus der Literatur *Haverkate*, Rechtsfragen, S. 11 ff., besonders S. 15 Anm. 51; *Wendt*, AöR 104 (1979), S. 414 ff., besonders S. 452 ff.; *Hirschberg*, Der Grundsatz der Verhältnismäßigkeit, S. 75 ff. (Zusammenfassung S. 147 ff.), 172 ff., 177 ff.; *Schnapp*, JuS 1983, S. 852, 854 f.

[5] So richtig *Böckenförde*, Gesetz, S. 402.

[6] An dieser These hat *Gerhard Leibholz* bis zuletzt festgehalten; vgl. nur seine Ausführungen auf dem Symposion zu seinem 80. Geburtstag: Der Gleichheitssatz im modernen Verfassungsstaat, S. 88 ff., 105 f.

[7] *Böckenförde*, Gesetz, S. 402 (Hervorhebung A. J.); ganz ähnlich *Barbey*, Bundesverfassungsgericht und einfaches Gesetz, besonders S. 33 ff.

[8] Vgl. nur *Wendt*, AöR 104 (1979), S. 452 ff.; *Hirschberg*, Der Grundsatz der Verhältnismäßigkeit, S. 83 ff., 101 ff., 147 ff.; *Schnapp*, JuS 1983, S. 854 f.

sungsrechtlichen Pflicht zu genügen, bei jedem (möglichen) Wandel der Wertvorstellungen u. a. tätig werden.

Die (mehr oder weniger bewußte) Übertragung der für das verwaltungsrechtliche Verhältnismäßigkeitsprinzip geltenden Grundsätze auf die Verfassungsebene hat schließlich auch dazu geführt, daß ein Teil der Lehre die Leistungsgesetze ebenfalls daran messen will. Setzt man die Bindungen, die für das verwaltungsrechtliche Ermessen bestehen, mit den aus dem Grundsatz der Verhältnismäßigkeit folgenden gleich[9], so steht zunächst einmal der unbeschränkten Anerkennung dieses Grundsatzes für die gesamte Leistungsverwaltung nichts mehr im Wege[10]. Für den weiteren – insoweit unbewußten – Schritt, die Übertragung dieses Gedankens auf die Verfassungsebene, ist die Untersuchung von Haverkate über „Rechtsfragen des Leistungsstaats" (1983) exemplarisch. Aus dem im Sozialstaatsprinzip enthaltenen „Wohlfahrtszweck" folgt für ihn „die Notwendigkeit, staatliches Handeln unter Wohlfahrtsgesichtspunkten zu rechtfertigen"[11]. Dieser Rechtfertigungszwang ergibt sich auch aus seiner These, daß unabhängig von der Frage des Eingriffs und losgelöst von den Grundrechten in Handlungen des Leistungsstaats wie der Verteilung von Subventionen oder der Regelung der Teilhabe an staatlichen Einrichtungen ein „Freiheitsproblem" zu sehen ist[12]. Als Konsequenz aus dieser Prämisse folgt für Haverkate nicht nur die Notwendigkeit, für den gesamten Bereich staatlicher Tätigkeit ein verfassungsrechtlich verbindliches Verhältnismäßigkeitsprinzip anzuerkennen, sondern darüber hinaus das verfassungsrechtliche Gebot eines Gesetzesvorbehalts für die Leistungsverwaltung in dem Sinne, daß der Gesetzgeber die von der Verwaltung zu realisierenden Zwecke festzulegen habe[13].

Haverkate kommt zu dieser Schlußfolgerung also dadurch, daß er sein Verständnis des verfassungsrechtlichen Verhältnismäßigkeitsprinzips nicht an einer durch das Schrankendenken bestimmten Grundrechtstheorie orientiert, sondern im Grundsatz der Verhältnismäßigkeit ein allgemeines, nicht auf staatliche Eingriffe beschränktes verfassungsrechtliches Prinzip sieht[14]. Er begründet diese

---

[9] Vgl. besonders *W. Schmidt*, NJW 1975, S. 1755 ff. und Einführung, S. 63 f. und 67. Dazu kritisch *Haverkate*, Rechtsfragen, S. 274 f., 282.

[10] Dazu *Haverkate*, Rechtsfragen, S. 11 ff. und S. 175 ff. mit umfangreichen Literaturnachweisen auf S. 12 Anm. 41 und 42 sowie S. 175 f. Anm. 121 und 122.

[11] AaO., S. 60.

[12] AaO., S. 5 ff., 145 ff., 207 f., 243 ff. Daß man in dem zuletzt genannten Fall bei einem richtig verstandenen Eingriffs- und Schrankendenken ebenfalls ein grundrechtliches (Freiheits-)Problem sehen kann, zeigt *Schlink* (Amtshilfe, S. 136 ff.).

[13] Vgl. aaO., S. 292: „Das Verhältnismäßigkeitsgebot führt also zu einem *speziellen* Gesetzesvorbehalt: zu einem Vorbehalt gesetzlicher Positivierung der Leistungszwecke. Verstößt der Gesetzgeber gegen diesen speziellen Gesetzesvorbehalt, so gelten hierfür die allgemeinen Regeln: Ein Verstoß gegen den Gesetzesvorbehalt führt zur Verfassungswidrigkeit der Leistungsgewährung" (Hervorhebung A.J.). Im einzelnen begründet *Haverkate* diesen Standpunkt auf S. 196 ff. (Ergebnis S. 203, 204 f.), S. 232 ff.

[14] Vgl. aaO., S. 14, wo er für eine Herleitung des Verhältnismäßigkeitsgebots aus dem Rechtsstaatsprinzip eintritt.

Sicht dabei primär mit dem Hinweis auf das mit leistungsstaatlichem Handeln verbundene Freiheitsproblem, das eben unabhängig von dem Vorliegen eines staatlichen Eingriffs besteht[15]. Sind es aber nicht die einzelnen Grundrechte, sondern das „Freiheitsproblem" als solches, das eine gesetzliche Regelung für leistungsstaatliche Aktivitäten voraussetzt, so bleibt die Frage, warum die Verwaltung insoweit nicht aus eigener Kompetenz handeln darf. Eine geordnete und berechenbare Subventionsverwaltung etwa ist auch, wie die bisherige Praxis zeigt, aufgrund von als Verwaltungsvorschriften ergehenden Subventionsrichtlinien möglich. Gerade dieses Verfahren hält Haverkate nun aber für verfassungsrechtlich unzulässig[16]. Das wiederum kann er dann letztlich nur aus kompetenzrechtlichen Gründen. Es überrascht darum nicht, daß Haverkate für seine Argumentation auf die „Wesentlichkeitstheorie" des Bundesverfassungsgerichts zurückgreift[17]. Ist er nicht in der Lage, für seine Entscheidung grundrechtliche Gründe anzuführen, so bleiben eben nur demokratische und allgemeine, vom Merkmal des Eingriffs losgelöste rechtsstaatliche. Diese sind es darum schließlich auch, die hinter seiner Forderung nach einem leistungsstaatlichen Gesetzesvorbehalt stehen[18]. Darauf ist unter II. zurückzukommen.

b) Die dargelegten Wirkungen des Verhältnismäßigkeitsprinzips auf die Tätigkeit des Gesetzgebers verlieren dagegen erheblich an Bedeutung, wenn man den Grundsatz der Verhältnismäßigkeit verfassungsrechtlich *anders begründet.* Dafür finden sich in der Literatur Ansätze, die hier unter dem Aspekt einer Offenlegung der verfassungsrechtlichen Gründe für die Gesetzesflut interessieren.

Der entscheidende Unterschied zur herrschenden Meinung kann nach dem Ausgeführten nur darin liegen, daß man die inhaltliche Verbindlichkeit des verwaltungsrechtlichen Verhältnismäßigkeitsprinzips für das Verfassungsrecht leugnet. Entsprechende Versuche lassen sich nun auch in der Literatur finden. So begrenzt Schlink etwa die verfassungsrechtliche Bindung des Verhältnismäßigkeitsprinzips in dem Sinne, daß es allein auf den in Grundrechte eingreifenden Gesetzgeber angewandt wird und dieser aufgrund des Verhältnismäßigkeitsprinzips auch nur daraufhin überprüft werden kann, ob die von ihm verfolgten Zwecke nicht gegen verfassungsrechtliche Bestimmungen verstoßen, er dafür das geeignete und notwendige Mittel gewählt und schließlich auch die „Mindestposition" des Bürgers (Artikel 19 Abs. 2 GG) gewahrt hat[19]. Diese

---

[15] Anders insoweit etwa, worauf *Haverkate* auch ausdrücklich hinweist (S. 154 Anm. 35): *Henke,* Wirtschaftssubventionen, S. 53 Anm. 11, auch S. 108 u. a.

[16] AaO., S. 131 ff. u. a.

[17] S. 143 Anm. 93, S. 196 Anm. 186, S. 203 Anm. 209.

[18] S. noch einmal Anm. 17.

[19] *Schlink,* Abwägung, S. 192 ff. Diesem restriktiven – verfassungsrechtlich gebundene Wertungen des Gesetzgebers ausschließenden – Verständnis des Verhältnismäßigkeitsprinzips entspricht die Interpretation des Artikel 3 Abs. 1 GG durch *Podlech:* Gehalt und Funktionen des allgemeinen verfassungsrechtlichen Gleichheitssatzes.

Konzeption unterscheidet sich in zwei wesentlichen Punkten vom im Verwaltungsrecht geltenden Verhältnismäßigkeitsprinzip:

Zunächst vollzieht der Gesetzgeber mit seiner Zwecksetzung nicht verfassungsrechtliche Vorgaben; er darf insoweit, wie gesagt, nur nicht gegen die Vorschriften des Grundgesetzes verstoßen. Aus diesem Unterschied zum verwaltungsrechtlichen Verhältnismäßigkeitsprinzip bzw. zum verwaltungsrechtlichen Ermessen folgt etwa, daß anders als beim Verwaltungsakt beim Gesetz der Gesichtspunkt des détournement de pouvoir gegen ein Nachschieben von Zwecken und gegen eine Zwecksuche durch das (Bundesverfassungs-)Gericht nicht sticht[20]. Der zweite Punkt, in dem das dargelegte Verständnis des verfassungsrechtlichen Verhältnismäßigkeitsprinzips von der verwaltungsrechtlichen Betrachtungsweise abweicht, ist folgender:

Der in Grundrechte eingreifende Gesetzgeber muß, wie bemerkt, als Folge des Artikel 19 Abs. 2 GG die „Mindestposition" des Bürgers beachten; ihm ist also eine substantielle – starre – Grenze gesetzt[21]. Das verwaltungsrechtliche Verhältnismäßigkeitsprinzip gebietet demgegenüber insoweit nicht die Beachtung einer Grenze, sondern der Proportionalität zwischen Mittel und Zweck, was notwendigerweise eine Wertung (Abwägung zwischen Allgemein- und Einzelinteresse) voraussetzt[22]. Die „Mindestposition" hat der Gesetzgeber bereits bei der Festlegung des Rahmens für das Verwaltungsermessen bzw. – sofern man insoweit einen Unterschied machen will[23] – mit der Formulierung des unbestimmten Rechtsbegriffs zu berücksichtigen.

Das geschilderte Verständnis des verfassungsrechtlichen Verhältnismäßigkeitsprinzips kann deshalb nur in weit geringerem Umfang Anlaß zur Gesetzgebung sein, weil es weiterhin den Charakter des Gesetzes als „selbsttragende, von sich aus zwecksetzende und in diesem Sinne Recht schaffende Regelung" wahrt[24]. „Vollzieht" das Gesetz nicht verfassungsrechtliche Vorgaben, sondern besitzen diese wie namentlich die Grundrechte primär eine den Gesetzgeber begrenzende Funktion, so entfällt ein wesentlicher durch das verfassungsrechtliche Verhältnis-

---

[20] *Schlink,* aaO., S. 205 f.

[21] S. *Schlink,* aaO., S. 78, 80, 89 u. a. Auf S. 193 f. führt *Schlink* genauer aus, was unter der „Mindestposition" zu verstehen ist: „Eine allgemeine Antwort auf die Frage nach der Mindestposition läßt sich in zwei Richtungen versuchen. Die eine zielt auf den Schutz eines auf ein Minimum verkürzten Besitzstandes, die andere auf den Schutz einer Rolle. Einmal also wäre als Mindestposition alles das zu fassen, was einer Person unter Gesichtspunkten wie persönliche Arbeit und Leistung, persönliche und wirtschaftliche Existenz von ihrem Besitzstand zuzurechnen ist, was der Person gewissermaßen eigen und nicht einfach durch Zufall, Spekulation, Leistungen des Staates oder der Gesellschaft vermittelt ist. Andermal wäre als Mindestposition zu wahren, daß eine Person eine Rolle, in oder mit der sie lebt, nicht preisgeben, sondern nur umstilisieren und uminterpretieren muß."

[22] Zur beschränkten Überprüfbarkeit dieses Teils der Verwaltungsentscheidung *W. Schmidt,* Einführung, S. 55 mit Anm. 57 und S. 65.

[23] Dazu zusammenfassend *Schmidt,* Einführung, S. 58 ff., besonders S. 66 f.

[24] *Böckenförde,* Gesetz, S. 401.

mäßigkeitsprinzip ausgelöster Impuls für das gesetzgeberische Tätigwerden. Verfassungstheoretische Prämisse einer solchen Sichtweise, das sei abschließend angemerkt, ist einmal, daß man die Verfassung unter Abschiednahme von allen Wertkonzepten[25] als „ausgrenzend-konstituierende" Rahmenordnung[26] versteht, und weiter als eine Folgerung daraus den (primären) Zweck der Grundrechte im Schutz gegen Eingriffsregelungen sieht.

2. Das Sozialstaatsprinzip und soziale Grundrechte als Argumente für das Tätigwerden des Gesetzgebers

a) In der Literatur wird auch, wie anfangs erwähnt, ein konkreter Zusammenhang zwischen der beklagten Gesetzesflut und dem verfassungsrechtlichen Gebot nach Herstellung der Chancengleichheit, Gleichheit der Lebensbedingungen und wie die Schlagworte mehr lauten, gesehen[27]. In vielen gesetzlichen Regelungen im Bildungsbereich, im Raumordnungs- und (Bau-)Planungsrecht, im Wirtschafts- und Sozialrecht (einschließlich Arbeitsförderung) fand dieses Verständnis zunächst seinen konkreten Niederschlag. Es folgten, obwohl diese Materien primär ordnungsrechtliche Bezüge aufweisen, unter dem Stichwort „Lebensqualität" verstärkt gesetzliche Regelungen für den Umwelt- und Denkmalschutz, das Lebensmittel- und Arzneirecht u. a.[28].

Die verfassungsrechtliche Rechtfertigung für derartige gesetzliche Regelungen war u. a. aufgrund eines bestimmten Verständnisses des Sozialstaatsprinzips, vor allem aber der Grundrechte möglich. Hatte Forsthoff in seinem bekannten Referat auf der Staatsrechtslehrertagung 1953 noch die Möglichkeit abgelehnt, dem Rechtsstaats- und Sozialstaatsprinzip auf verfassungsrechtlicher Ebene gleichen Rang zuzusprechen[29], so ist diese Theorie in der Folgezeit von Rechtsprechung

---

[25] Deutlich dazu im Blick auf das Verständnis des verfassungsrechtlichen Verhältnismäßigkeitsprinzips *Schlink* (Amtshilfe, S. 105 f.) in Abgrenzung von *Wendt* (AöR 104/1979, S. 414 ff.).

[26] So *Böckenförde*, Gesetz, S. 402; vgl. *derselbe*, NJW 1976, S. 2098 f. und ausführlich *Wahl*, Der Staat 20 (1981, S. 485 ff. sowie NVwZ 1984, S. 401 ff., besonders S. 406 ff.

[27] *Leisner*, DVBl. 1981, S. 855 ff., besonders S. 856; *Isensee*, ZRP 1985, S. 142 f. und Der Staat 19 (1980), S. 375; *W. Schmidt*, Der Staat, Beiheft 5 (1981), S. 22, 23 f.; *Häberle* in FS Küchenhoff, 2. Halbband, S. 469 ff.; *Würtenberger*, Politische Planung, S. 377 ff. i. V. m. S. 185 ff.; *Laufer* in Aus Politik und Zeitgeschichte, B 15 (1987), S. 31 f. Daneben wird – was hier weniger interessiert – auf die Gefahr zu hoher bürokratischer Kosten, die eine übermäßige sozialstaatlich motivierte Gesetzgebung auslöst, hingewiesen; s. besonders *Wahl*, Die Verwaltung 13 (1980), S. 290 ff.

[28] Gute Übersicht bei *Häberle*, aaO., S. 456 ff. und S. 466 sowie ergänzend *Würtenberger*, aaO., S. 199. Allgemeiner Überblick über die mit dem Sozialstaatsprinzip in Zusammenhang stehende Gesetzgebung bei *Stern*, Staatsrecht I, 1. (!) Aufl. 1977, S. 695 ff.

[29] S. seinen Bericht zum Thema: Begriff und Wesen des sozialen Rechtsstaats, VVDStRL 12 (1954), S. 9 ff., besonders S. 12 ff., S. 29 ff. und das Schlußwort auf S. 126 ff., in dem *Forsthoff* (S. 128) hellsichtig davor warnt, daß ein falsches Verständnis des Sozialstaatsbegriffs den Verfassungsjuristen vom „Boden exakter Verfassungsexegese" wegführt und die Gefahr besteht, daß er sich „moralischen, metaphysischen, theologischen und sonstigen Erwägungen hingibt".

und Lehre nicht nur beinahe einhellig[30] verworfen worden, sondern darüber hinaus wurde u. a. das Sozialstaatsprinzip[31] zum verfassungsrechtlichen Aufhänger für ein gewandeltes – soziales – Grundrechtsverständnis. Das Ergebnis dieser Entwicklung stellt sich heute nun so dar, daß die Forderung erhoben wird, das Sozialstaatsprinzip solle über seinen Charakter als Staatszielbestimmung (und Gesetzgebungsauftrag) hinaus „behutsam im Sinne sozialer Grundrechte objektiv- oder auch subjektivrechtlicher Prägung" entfaltet werden[32]. Praktisch zu gleichen Ergebnissen führt „die Ableitung objektiv- oder gar subjektivrechtlich verstandener Teilhabe- oder Leistungsrechte aus den Grundrechten (in Verbindung mit dem Sozialstaatsprinzip)"[33].

Diese weitergehenden Interpretationen des Sozialstaatsprinzips und der Grundrechte haben für die Motivation und verfassungsrechtliche Legitimation sozialstaatlicher Gesetzgebung zwangsläufig Folgen. Denn mit dieser Begründung können Leistungsgesetze als „grundrechtliche Notwendigkeit" verstanden werden, da der Gesetzgeber damit seiner „sozialen Grundrechtspflicht" nachkommt[34], und darüber hinaus spricht dann eine grundsätzliche Vermutung für die den Gesetzgeber verpflichtende „Ausgestaltungsbedürftigkeit" grundrechtlicher Freiheit[35]. Auch die geringe rechtliche Konturenschärfe des derart begründeten verfassungsrechtlichen Gebots kann zu überflüssiger Gesetzgebung führen. Während der Rechtscharakter der verfassungsrechtlichen Staatszielbestimmung bzw. des verfassungsrechtlichen Gesetzgebungsauftrags und damit die überkommene rechtliche Aussage des Sozialstaatsprinzips allmählich einen fest umrissenen, für den Gesetzgeber voraussehbaren Inhalt gewonnen hat und ihm den nötigen Freiraum beläßt[36], kann das von den geschilderten weitergehenden Interpretationen des Sozialstaatsprinzips eben nicht behauptet werden. Vielmehr sind sie das Ergebnis

---

[30] S. aber etwa *Leisner*, DVBl. 1981, S. 856, der betont, daß *Forsthoff* insoweit recht zu geben ist, als „Status negativus und Status positivus in unauflöslicher Spannung stehen". Eine verfassungsrechtliche Lösung dieser Problematik kann sich unseres Erachtens nur ergeben, wenn das Sozialstaatsprinzip von den Freiheitsgrundrechten her interpretiert wird (s. dazu unter b).

[31] Daneben war es die gewandelte Interpretation des Freiheitsbegriffs selbst, die die zu schildernde Entwicklung auslöste; s. etwa *Grabitz*, Freiheit und Verfassungsrecht, S. 37 ff., S. 187 ff., S. 208 ff., S. 218 ff., S. 235 ff. Kritisch dazu *Haverkate*, Rechtsfragen, S. 71 ff.

[32] So zusammenfassend *Lücke*, AöR 107 (1982), S. 54 f. und S. 57; ähnlich *W. Schmidt*, Der Staat, Beiheft 5 (1981), S. 18 ff.

[33] *Lücke*, aaO., S. 56, S. 30 ff.; vgl. wiederum auch *W. Schmidt*, der zunächst darauf hinweist (aaO., S. 13 f., S. 18, S. 21 f.), daß das Sozialstaatsprinzip erst mit Hilfe der durch das Bundesverfassungsgericht entwickelten „prozeßrechtlichen Funktion" von Artikel 2 Abs. 1 GG zu „einem allgemeinen Grundrecht auf soziale Sicherung" geworden sei, und der weiter die den Rechtsprechung des Bundesverfassungsgerichts angesprochenen Verbindungen zwischen Artikel 3 Abs. 1 GG und dem Sozialstaatsprinzip (aaO., S. 18 ff.) sowie die dort betonte Sozialbindung der Freiheitsgrundrechte (aaO., S. 20 f.) darlegt.

[34] *Häberle* (Anm. 27), S. 456 Anm. 18 und passim; ähnlich *Lücke*, aaO., S. 55.

[35] So *Häberle* (Anm. 27), S. 453 Anm. 1.

[36] S. nur *Böckenförde* in Soziale Grundrechte, S. 14 f.; *Lücke*, aaO., S. 20 ff., 25 ff. sowie den Bericht der Sachverständigenkommission: Staatszielbestimmungen/Gesetzgebungsaufträge, S. 17 ff.

einer primär grundrechtstheoretisch motivierten Rechtsprechung und Lehre, die im Verfassungstext selbst kaum unmittelbare Anhaltspunkte besitzen[37]. Daß dieser grundrechtstheoretische Ansatzpunkt letztlich wiederum auf demokratischen Überlegungen beruht, wird unter II. noch genauer darzulegen sein.

b) Es kann nun aber nicht übersehen werden, daß der Zusammenhang zwischen Sozialstaatsprinzip und Grundrechten, auf den sich – folgt man den aufgezeigten Entwicklungslinien – ja primär eine verfassungsrechtlich sanktionierte Sozial-(staats-)Gesetzgebung zurückführen läßt, in der Lehre auch *anders gesehen* wird. Wie bei unserer Darstellung des verfassungsrechtlichen Verhältnismäßigkeitsprinzips vermag auch hier eine nähere Betrachtung dieser Argumentation die verfassungsrechtlichen Prämissen der geschilderten Ansicht zu verdeutlichen.

Eine Anerkennung des Sozialstaatsprinzips als gleichberechtigtes verfassungsrechtliches Strukturprinzip neben dem Rechtsstaatsprinzip ist auch möglich, wenn man seinen wesentlichen Inhalt darin sieht, daß es die „Gleichheit in der Freiheitschance" (und nicht die „Gleichheit an Teilhabe") gewährleisten soll[38]. Wesentlichen Ausdruck findet das Sozialstaatsprinzip dann neben seiner Erwähnung in den Artikeln 20 Abs. 1 und 28 Abs. 1 GG in der Aussage des Artikel 2 Abs. 1 GG, daß *jeder* ein Recht auf die „freie Entfaltung seiner Persönlichkeit" besitzt. Sieht man in diesem Freiheitsverständnis eine verbindliche Definition für alle Freiheitsgrundrechte[39], so läßt sich in der Tat folgern, daß die (Freiheits-)Grundrechte den Sozialstaatsbegriff inhaltlich ausfüllen[40]. Das Sozialstaatsprinzip nimmt inhaltlich

---

[37] Das wird besonders deutlich in dem Aufsatz von *W. Schmidt* (aaO., vgl. etwa S. 15 ff., 22 ff.). Zum Beitrag des Bundesverfassungsgerichts zur Entwicklung „sozialer Grundrechte" führt er auf S. 27 aus (Hervorhebungen dort): „Der Wortlaut des Grundgesetzes mag über ‚soziale Grundrechte' wenig aussagen; das wiederum besagt noch wenig zur Lückenhaftigkeit des Verfassungsrechts und zur *Ergänzungsbedürftigkeit des Verfassungstextes* ... Was durch die Verfassungsrechtsprechung *auf andere Weise in der Verfassung abgesichert* worden ist, bedarf nicht länger einer ausdrücklichen Verfassungsergänzung". Ganz ähnlich im Ergebnis *Lücke*, aaO., S. 53 ff.

[38] *Doehring*, Staatsrecht, S. 260. Genaugenommen lehnt auch *Forsthoff* ja nur die „Verschmelzung" von Rechtsstaat und Sozialstaat auf Verfassungsebene ab (VVDStRL 12/1954, S. 29). Unterscheidet man nun mit *Doehring* (s. besonders seine Schrift: Sozialstaat, Rechtsstaat und freiheitlich-demokratische Grundordnung sowie seinen Beitrag in 30 Jahre Grundgesetz, S. 125 ff.) streng zwischen formalem Rechtsstaatsbegriff und materiellem Sozialstaatsbegriff (Sozialstaatsprinzip als „umfassender Ausdruck materieller Gerechtigkeit und unvermengt mit Verfahrensgeboten" – so *Doehring*, Sozialstaat, S. 14), so hätte wohl auch *Forsthoff* kaum widersprochen. Das wird richtig in der Besprechung verschiedener Lehrbücher des Staatsrechts von *H. P. Ipsen* (AöR 106/1981, S. 179, vgl. auch S. 188) angedeutet und auch von *Doehring* selbst so gesehen (in 30 Jahre Grundgesetz, S. 139, 138 f.). In Ansätzen das gleiche Sozialstaatsverständnis bei *Huh*, Der Staat 18 (1979), besonders S. 191 f., 196; vgl. auch *Kriele*, Einführung in die Staatslehre, S. 334. Daß dieses Sozialstaatsverständnis – indirekt – aus der Staats- und Verwaltungslehre *Lorenz von Steins* folgt, zeigt *Maluschke* (Philosophische Grundlagen des demokratischen Verfassungsstaates, S. 329 ff., 337 ff.) auf.

[39] So etwa *Suhr*, Entfaltung, S. 104 f.; *Doehring* in 30 Jahre Grundgesetz, S. 131.

[40] *Doehring*, Sozialstaat, S. 13 und in 30 Jahre Grundgesetz, S. 131, 140 (dort aber auch der richtige Hinweis, daß der Wesensgehalt der Grundrechte neben dem formalen Rechtsstaatsbegriff das Sozialstaatsprinzip *begrenzt*).

so gesehen von der grundrechtlich garantierten Freiheit und nicht von Gleichheits-
postulaten seinen Ausgangspunkt. Es soll, wie gesagt, die gleiche Freiheit(-schan-
ce) gewährleisten[41]. Da das Sozialstaatsprinzip allein die grundrechtliche Freiheit
im dargelegten Sinne bestimmt, enthält es keinen konkreten Auftrag an den
Gesetzgeber. Seine Rechtswirkung besteht neben seiner überkommenen Interpretation als Verfassungsprinzip in einer Modifikation der grundrechtlichen Freiheit als solcher. Diese Modifikation ist dreifacher Art:

(1) Zunächst folgt aus dem Gebot der gleichen Freiheit, daß nicht Artikel 3
Abs. 1 GG, sondern die Freiheitsgrundrechte selbst den notwendigen Zusammenhang zwischen Gleichheit und Freiheit stiften[42]. Dieser Versuch, die Gleichheitsbindung des Gesetzgebers in den Freiheitsgrundrechten zu verankern[43], führt

---

[41] *Suhr* (Entfaltung, S. 140) stellt entsprechend fest, daß die Gleichheit „die Seele der Freiheit"
sei; vgl. auch *derselbe*, Der Staat 9 (1970), S. 82 ff. und 91 ff., wo er noch genauer die Bezüge
zwischen Sozialstaatsprinzip und Freiheit darlegt. Zum Begriff und Maßstab der gleichen Freiheit
vgl. *Doehring*, Sozialstaat, S. 13, 27 ff., 32 f. sowie in 30 Jahre Grundgesetz, S. 133; *Suhr*, Entfal-
tung, S. 105 ff., besonders S. 112 ff., S. 134 ff., S. 155 f.; *H. Hofmann*, VVDStRL 41 (1983),
S. 74 f.; *Kriele* in Handbuch des Verfassungsrechts, S. 133 ff. andeutungsweise so auch *Kloepfer*,
Gleichheit als Verfassungsfrage, S. 45 ff., S. 48, 59 f., 62; *Starck*, ZRP 1981, S. 97 ff. Zu teilweisen
Parallelen im Denken Hegels: *Flach*, Archiv für Rechts- und Sozialphilosophie 57 (1971),
S. 549 ff.; zu Anknüpfungspunkten in der Philosophie von John Rawls: *Hart* in Über John Rawls'
Theorie der Gerechtigkeit, S. 131. *Maluschke* (Philosophische Grundlagen des demokratischen
Verfassungsstaates, S. 339) weist richtig darauf hin, daß „der oberste normative Gesichtspunkt,
nach welchem der Ausgleich… zwischen dem Prinzip der Einzelfreiheit und dem Prinzip des
Gemeinwohls erfolgen muß, … im Sinne des Kantischen Grundsatzes formuliert werden (erg.:
könne), wonach jedermanns Freiheit mit der Freiheit aller übrigen muß zusammenstehen können". Entscheidend ist nur nach dem Gesagten, daß Einzelfreiheit und Gemeinwohl im Begriff
der „gleichen Freiheit" nach dem Grundgesetz als unmittelbar zusammengehörend gedacht sind.

[42] S. allgemein *Schlink* (Abwägung, S. 94 f.) zum notwendigen Zusammenhang zwischen Freiheit und Gleichheit. Daneben *Kloepfer*, Gleichheit als Verfassungsfrage, S. 59 f., 62 und 65.

[43] Diese Folgerung ergibt sich lediglich *implizit* aus den Prämissen von *Suhr* und *Doehring* u. a.
Aufschlußreich ist allerdings die Bemerkung *Doehrings* (s. den Bericht über die Aussprache zu
seinem Referat, in 30 Jahre Grundgesetz, S. 167), daß Artikel 3 GG seine „Bezugskategorien" aus
der Rechtsordnung gewönne, „in der der Freiheitsgedanke in einer Weise ausgeformt sei, daß
man durchaus davon sprechen könne, daß Artikel 2 GG von einer übergeordneten Warte aus
Artikel 3 GG beeinflusse"; vgl. in diesem Zusammenhang auch *Doehrings* Hinweis (Staatsrecht,
S. 138), daß die Argumentation der herrschenden Lehre für eine Anwendung des Artikel 3 Abs. 1
GG auf die Gesetzgebung „durchaus nicht zwingend" sei; „denn", so fährt er fort, „wenn Artikel 3
Abs. 1 GG nur die Gleichheit ,vor' dem Gesetz meint, kann auch Artikel 1 Abs. 3 GG keine
weitergehende Bindung erzeugen". Zu beachten ist auch die in der Rechtsprechung zum Teil
vollzogene Loslösung des Gleichheitsgebots von Artikel 3 Abs. 1 GG, wie sie besonders deutlich
in der Rechtsprechung zur kommunalen Gebietsreform zutage tritt (dazu genauer § 6). Der h. M.,
die die Bindung des Gesetzgebers an Artikel 3 Abs. 1 GG unter Hinweis auf Artikel 1 Abs. 3 GG
statuiert, ist entgegenzuhalten, daß sie diese Art der Interpretation nicht für alle Grundrechte
konsequent durchhält. So wird z. B. für Artikel 19 Abs. 4 GG nicht unter Hinweis auf Artikel 1
Abs. 3 GG gefolgert, daß er auch für das Verwaltungsverfahren gelte, sondern insoweit werden
Verfahrensgarantien in die Einzelgrundrechte hineingelesen. Der Vergleich mit Artikel 19 Abs. 4
GG zeigt aber, wie sinnvoll von einer Gleichheitsbindung des Gesetzgebers gesprochen werden
kann: Artikel 19 Abs. 4 GG soll, wie bisweilen vertreten wird, dann auf das Verwaltungsverfahren
Anwendung finden, wenn der gerichtliche Rechtsschutz – was bei der Genehmigung von indu-
striellen Großvorhaben häufig der Fall ist – zu spät käme. Ähnlich läßt sich für Artikel 3 Abs. 1

natürlich zu einer inhaltlichen Änderung eben dieser Bindung. Das zeigt sich besonders bei der Regelung von Organisations-, Verfahrens- und Verteilungsfragen. Im Sinne der Spieltheorie läßt sich in diesem Falle aufgrund der Bindung des Staates an das Gebot der gleichen Freiheit folgern, daß er, „wenn er das Spiel einrichtet und seinen Verlauf steuert, wenn er eine unfaire Regel setzt, den unerlaubten Zug gelten läßt, den mogelnden Mitspieler schützt oder gar die Karten auf fragwürdige Weise mischt und verteilt, in seine Schranken verwiesen und abgewehrt werden kann"[44]. Es steht nun aber nichts im Wege, das dargelegte verfassungsrechtliche Gebot ähnlich, wie es für Artikel 3 Abs. 1 GG versucht worden ist[45], lediglich als „Argumentationslastregel" zu verstehen, die dem Staat einen Begründungszwang bei einer Abweichung vom Gebot der gleichen Freiheit auferlegt. Die der Entscheidung des Gesetzgebers zugrunde liegenden Wertungen wären dann einer gerichtlichen Überprüfung nur bedingt zugänglich[46], womit – ähnlich wie bei einer entsprechenden Interpretation des verfassungsrechtlichen

---

GG sagen: Er gilt insoweit für den Gesetzgeber, als das Gesetz eine gleichmäßige Rechtsanwendung ermöglichen muß. Zu einem ähnlichen Ergebnis für die Gleichheitsbindung des Gesetzgebers kommt *Tipke* (Steuerrecht, 4. (!) Auflage, S. 38 – Hervorhebung A. J.): „Der Gesetzgeber ist zwar frei im Bestimmen von (primären) Prinzipien, er ist jedoch nicht frei bei der Durchführung eines Prinzips. Er ist insoweit an ein *formales* Gerechtigkeitsprinzip gebunden, den Gleichheitssatz." Systembruch ist darum „indiziell eine Verletzung des Gleichheitssatzes". Das bedeutet: Die Rechts*anwendungs*gleichheit ist dann nicht mehr gewährleistet, wenn ein Gesetz die gleiche Anwendung des in ihm (oder anderen Rechtsvorschriften) verkörperten Prinzips auch unter Beachtung der für die verfassungskonforme Auslegung geltenden Regeln unmöglich macht. Die Verbindlichkeit des Gleichheitssatzes für den Gesetzgeber ist insoweit unbedenklich, weil sie aus dem Gebot der gleichen Rechtsanwendung folgt (von daher „denkt") und nicht die Wertungsaufgabe in die Hand des Richters legt. Konsequent leitet *Tipke* darum auch (aaO., S. 21 ff.) den Inhalt der für das Steuerrecht geltenden primären Prinzipien, soweit sie aus dem Grundgesetz folgen, nicht aus Artikel 3 als solchem, sondern aus dem Rechtsstaats- und Sozialstaatsprinzip, dem aus Artikel 6 GG gefolgerten Verbot einer Benachteiligung von Ehe und Familie u. a. ab; ähnlich zum Ganzen *Starck* in Der Gleichheitssatz im modernen Verfassungsstaat, S. 65 ff., vgl. auch S. 70 ff. und 110.

[44] So *Schlink*, Amtshilfe, S. 138; ähnlich *derselbe*, Der Staat 18 (1979), S. 618. Zur Orientierung *Schlinks* an der Spieltheorie vgl. Abwägung, S. 177 ff., 188 ff., 215 f.; ähnlich *Suhr*, Entfaltung, S. 144 ff. *Schlink* (Abwägung, S. 189 mit Anm. 59) und *Suhr* (Entfaltung, S. 141 mit Anm. 25) verweisen insoweit auch richtig auf entsprechende Überlegungen in der rechtsphilosophischen Literatur, wie sie sich besonders bei *John Rawls* (Eine Theorie der Gerechtigkeit) finden lassen. Dem Gesetzgeber muß die Freiheit zum „interpersonellen Interessen- und Nutzenvergleich" (*Schlink*) zugestanden werden, weil es eine (juristisch) nachvollziehbare einwandfreie Methode des Wertens und Abwägens nicht geben kann (s. dazu *Schlink*, Abwägung, S. 134 ff. und 154 ff.), so daß die Entscheidungsbefugnis des Bundesverfassungsgerichts für derartige Fragen grundsätzlich zu verneinen ist (*Schlink*, Abwägung, S. 190, 211, 217).

[45] Durch *Podlech*, Gehalt und Funktionen des allgemeinen verfassungsrechtlichen Gleichheitssatzes.

[46] Vgl. dazu allgemein *Podlech*, aaO., S. 85 ff., 194 ff. u. a. Detaillierte Kriterien für bestimmte Fallkonstellationen entwickelt *Podlech* (aaO.) auf S. 103 ff. (= §§ 14–25). Im Ergebnis ähnlich vom philosophischen Standpunkt *Perelman*, Über die Gerechtigkeit, S. 83 f. und 163. *Perelmans* Überlegungen zum kategorischen Imperativ Kants (aaO., S. 153 ff.) können als „Brücke" zu den in Anm. 41 genannten Stellungnahmen verstanden werden.

Verhältnismäßigkeitsprinzips – ein wesentlicher Grund für eine ständige gesetzliche „Nachbesserung" entfiele[47].

(2) Die zweite Modifikation der Freiheitsgrundrechte durch das dargelegte Verständnis des Sozialstaatsprinzips, die sich als notwendige Folgerung aus der zuerst genannten verstehen läßt, besteht darin, daß sie eine Ausweitung der subjektiven öffentlichen Rechte begründet. Das zeigt sich etwa bei der Bestimmung des Adressatenkreises, der durch die Genehmigung eines industriellen Großvorhabens betroffen ist. Das Gebot der gleichen Freiheit verlangt in diesen Fällen, in denen die begünstigende Wirkung des genehmigenden Verwaltungsaktes für den Antragsteller ja zwangsläufig zugleich die Belastung der „Nachbarn" nach sich zieht, daß man im Gegensatz zur h. M., die insoweit einen Verwaltungsakt mit Drittwirkung annimmt, in eben dieser Genehmigung einen Verwaltungsakt mit echter Doppelwirkung sieht, der „im Tenor zum einen die (begünstigende) Gestattung, aber zum anderen auch die belastende Regelung in Form einer Duldungsverfügung enthält"[48]. Diese Sichtweise ermöglicht es auch, in Regelun-

---

[47] Schon jetzt sei angemerkt, daß sich bei einer solchen Verortung des allgemeinen Gleichheitssatzes der Widerspruch auflöst, der darin gesehen wird, daß nicht der Gesetzgeber, sondern nur Verwaltung und Rechtsprechung nach Artikel 20 Abs. 3 GG an das „Recht" i. S. einer überpositiven Ordnung gebunden sind (s. dazu nur *Doehring*, Staatsrecht, S. 179): Das Gesetz als solches kann nicht gegen das „Recht" im Sinne des Artikel 20 Abs. 3 GG verstoßen, soweit der Gesetzgeber die verfassungsmäßige Ordnung eingehalten hat. Das folgt aus der Tatsache, daß Gerechtigkeit ein inhaltlich offener Begriff ist, dessen Gehalt ein „universales Auditorium" *(Perelman)*, nämlich das Parlament, durch Gesetz bestimmt. Die der Verwaltung eingeräumten Freiräume (gesetzliche Generalklauseln, fehlende Leistungsgesetze u. a.) sind als „Ermächtigung" des Gesetzgebers bzw. der Verfassung an die Exekutive (und Judikative) zur Gerechtigkeitsentscheidung zu verstehen. Die durch Artikel 20 Abs. 3 GG postulierte Bindung an das (überpositive) Recht hat hier also ihren guten Sinn, während die von der herrschenden Meinung vertretene Bindung des Gesetzgebers an das Gleichheitsgebot des Artikel 1 GG im Sinne eines Gerechtigkeitspostulats wegen des Demokratieprinzips (Artikel 20 Abs. 2 GG) nicht bestehen kann. Zu einer parallelen Argumentation für die Einschränkung des Artikel 9 Abs. 3 GG s. *Janssen*, Streikrecht, S. 48 ff. Die Negation einer Bindung des Gesetzgebers an Artikel 3 Abs. 1 GG im geschilderten Sinne hat nicht notwendig zur Folge, daß für ihn inhaltlich nur noch das Verhältnismäßigkeitsprinzip als solches verpflichtend ist. Denn einmal gewinnt auf diese Weise der Artikel 3 Abs. 1 GG seine Bedeutung für einen inhaltlichen Gesetzesbegriff zurück (dazu im folgenden unter III. 2.), zum anderen ergeben sich inhaltliche verfassungsrechtliche Vorgaben für den Gesetzgeber aus dem (aus Artikel 2 Abs. 1 GG abgeleiteten) Gebot der gleichen Freiheit (s. dazu die Nachweise in Anm. 41). Im übrigen steht und fällt diese „restriktive" Auslegung des Artikel 3 Abs. 1 GG letztlich mit der Bereitschaft, Sinn und Gehalt der vom Grundgesetz statuierten repräsentativen Demokratie wirklich ernst zu nehmen; dazu noch genauer unsere Schlußbetrachtung (Ausblick).

[48] So *Baumann*, BayVBl. 1982, S. 294; weitergehend noch *Senning*, Natur + Recht 1980, S. 102 ff. und Bay VBl. 1986, S. 163 ff. Diese Sichtweise setzt voraus, daß die Klagebefugnis als „die formelle Befugnis" verstanden wird, „ein *vorausgesetztes* subjektives Recht im Prozeß geltend zu machen" (so *Baumann*, aaO., S. 265 f. im Anschluß an *Henke* – Hervorhebung A. J.) und dieses grundrechtlich fundiert wird. Denn erst damit wird es möglich, als Rechtfertigung für die Aufgabe der Rechtsfigur „Verwaltungsakt mit Drittwirkung" auf das in diesen Fällen von den gleichen Voraussetzungen abhängige subjektive Recht zu verweisen, das die Substanz der Rechtsposition des Klägers ausmacht. Daß in der Lehre Ansätze zu einer entsprechenden Ausweitung

gen über die Teilhabe an staatlichen Einrichtungen „Eingriffe" zu erkennen[49], und nicht lediglich ein Problem des allgemeinen Gleichheitssatzes bzw. nur ein „Freiheitsproblem"[50]. Voraussetzung ist allein, daß man das Eingriffs- und Schrankendenken nicht in konstitutioneller Manier dahingehend versteht, daß es eine vorstaatliche Freiheitssphäre des einzelnen sichern will. „Vorstaatlich" ist die Freiheit i. S. des Eingriffs- und Schrankendenkens vielmehr nur in dem Sinne, daß „ihr *Gebrauch* gegenüber dem Staat nicht gerechtfertigt" werden muß, während dem Staat für seine Eingriffe gerade eine solche Rechtfertigungslast obliegt[51]. Das Eingriffsdenken gibt also durch „die ungleiche Verteilung der Rechtfertigungslasten" nur eine Antwort auf die Frage, „wie Freiheit rechtstechnisch zu konstruieren ist"[52].

An eine Ausweitung der subjektiven Rechte als Folge der durch das Sozialstaatsprinzip bewirkten Modifikation der Freiheitsgrundrechte ist aber in bestimmten Fällen auch noch unabhängig vom Vorliegen eines staatlichen Eingriffs zu denken. Denn wird durch das Sozialstaatsprinzip nicht nur die gleiche Freiheit, sondern auch die gleiche Freiheits*chance* geschützt, so können faktische Beeinträchtigungen dann in den grundrechtlichen Freiheitsschutz einbezogen werden, wenn sich unabhängig vom Merkmal des Eingriffs normative Kriterien für die Entscheidung der Frage benennen lassen, ob ihnen gegenüber grundrechtlicher Schutz greift oder nicht. Solche Kriterien lassen sich nun augenscheinlich gewinnen, wenn man in Anlehnung an die im Zivilrecht für die Schadenszurechnung entwickelte Normzwecklehre den Schutzbereich der einzelnen Grundrechte nach ihrem Normzweck bestimmt. Darauf braucht im vorliegenden Zusammenhang nur verwiesen zu werden[53].

Wichtig für unseren Zusammenhang ist nun aber, daß die daraus folgende Ausdehnung des grundrechtlichen Freiheitsschutzes auf bestimmte faktische Be-

---

des subjektiven öffentlichen Rechts vorhanden sind, belegt vor allem die Untersuchung von *Murswiek*, Die staatliche Verantwortung für die Risiken der Technik, S. 88 ff. (1. Kapitel) und zusammenfassend in Wirtschaft und Verwaltung 1986/4, S. 180 ff.; s. daneben *Bauer*, AöR 113 (1988), S. 610 ff. und zu früheren Ansätzen den Überblick bei Wiedenbrüg, Einfluß des Sozialstaatsprinzips, S. 387 ff. *Wiedenbrüg* selbst macht auch für sein eigenes Verständnis des subjektiven öffentlichen Rechts das Sozialstaatsprinzip – das er allerdings anders als hier geschehen interpretiert – fruchtbar, s. besonders aaO., S. 399 ff.

[49] So richtig *Schlink*, Amtshilfe, S. 136 ff., 154.

[50] Dazu *Haverkate*, Rechtsfragen, S. 207 f. und 243 ff. mit weiteren Nachweisen aus der Literatur und Rechtsprechung.

[51] So *Schlink*, Amtshilfe, S. 139 Anm. 92 (Hervorhebung A. J.); vgl. auch *derselbe*, Der Staat 18 (1979), S. 617.

[52] Wie Anm. 51.

[53] Vgl. näher dazu *Ramsauer*, VA 72 (1982), besonders S. 102 ff. und ergänzend *Lübbe-Wolff*, NJW 1987, S. 2709 ff. sowie *Bleckmann/Eckhoff*, DVBl. 1988, S. 373 ff. *Ramsauer* betont richtig (aaO., S. 100 f.), daß die Überlegungen der Normzwecklehre nicht nur auf die Schadenszurechnung (haftungsausfüllende Kausalität) Anwendung finden können, sondern das mit gleichem Recht „bei der Prüfung des Zurechnungszusammenhangs zwischen Maßnahme und Rechtsbeeinträchtigung" geschehen kann.

einträchtigungen nicht notwendig zu einer Ausdehnung des Gesetzesvorbehalts führt. Selbst wenn man aus der Grundrechtsrelevanz solcher Beeinträchtigungen auf der Notwendigkeit eines Gesetzesvorbehalts in diesen Fällen schließt, so läßt sich normalerweise in der gesetzlichen Ermächtigung (bzw. in der Ermächtigung durch den parlamentarisch beschlossenen Haushaltsplan) zu entsprechendem staatlichen Handeln zugleich die „Ermächtigung" zu der damit verbundenen grundrechtsrelevanten faktischen Beeinträchtigung sehen[54]. Darum kann z.B. auch nicht abstrakt ein Gesetzesvorbehalt für Subventionen mit der Begründung gefordert werden, daß sie sich möglicherweise mehr oder weniger stark belastend auf die Konkurrenten des durch die Subvention Begünstigten auswirken[55].

---

[54] Vgl. zum Ganzen *Ramsauer*, Die faktischen Beeinträchtigungen des Eigentums, S. 95 ff., besonders S. 106 ff. Denkbar (wenn auch nach den vorstehenden Darlegungen nicht unbedingt konsequent) ist auch, daß man für das Erfordernis des (rechtsstaatlichen) Gesetzesvorbehalts an der These festhält, daß ein Eingriff in die Grundrechte im überkommenen Sinne vorliegen muß. Der Gesetzesvorbehalt wäre dann für grundrechtsrelevante faktische Beeinträchtigungen schon deshalb zu verneinen, weil die beeinträchtigende Wirkung in diesen Fällen ja gerade nicht „mit der hoheitlichen Reglung selbst identisch" ist, sondern „in Folgeerscheinungen der Regelung oder in einer tatsächlichen Betroffenheit aufgrund nicht regelnden hoheitlichen Verhaltens" liegt (so die Kennzeichnung der Eigenart faktischer Beeinträchtigungen durch *Ramsauer*, VA 72/1981, S. 89). Es entfällt bei einem besonderen Gesetzesvorbehalt für faktische Beeinträchtigungen also weitgehend die für den klassischen rechtsstaatlichen Gesetzesvorbehalt charakteristische „Mittel-Zweck-Steuerung" in dem Sinne, daß der Gesetzgeber entscheidet, „welche Mittel der Verwaltung zur Verfügung stehen" sollen, „damit sie ihre Aufgaben erfüllen" kann (so *Grabitz*, Freiheit und Verfassungsrecht, S. 62 im Anschluß an die Untersuchung von *Hans-Ulrich Gallwas* über „Faktische Beeinträchtgigungen im Bereich der Grundrechte", 1970; vgl. auch *Bleckmann/ Eckhoff*, DVBl. 1988, S. 381).

[55] Unabhängig von dieser Feststellung ist auch bei Zugrundelegung des klassischen rechtsstaatlichen Gesetzesvorbehalts die Ansicht vertretbar, daß Subventionen, die voraussehbar in grundrechtsrelevanter Weise Mitkonkurrenten beeinträchtigen, der gesetzlichen Ermächtigung bedürfen. Mit der Anerkennung der Grundrechtsrelevanz derartiger Subventionen durch die herrschende Meinung im Einzelfall (s. die Nachweise bei *Ramsauer*, Faktische Beeinträchtigungen des Eigentums, S. 100 Anm. 99) ist dieser Schritt, sofern man die aus der Eigenart der faktischen Beeinträchtigungen sich ergebenden Bedenken außer acht läßt (s. Anm. 54), konsequent. Vgl. zu diesem Problemkreis besonders *Haverkate*, Rechtsfragen, S. 161 ff. *Henke* (Wirtschaftssubventionen, S. 116 f. – Hervorhebung dort) schränkt insoweit aber richtig diese Möglichkeit mit folgender Erwägung ein: „Die Übertragung des liberalen Schemas von *Freiheit und Eingriff* mit der Vermutung für die Freiheit auf den Wettbewerb, die Konstruktion einer ‚Wettbewerbsfreiheit' also, verfehlt diese Wirklichkeit (erg.: die tatsächlichen Voraussetzungen und Folgen der Subventionspraxis). Freilich muß die Freiheit der Wirtschaft und des Wettbewerbs geschützt werden, insbesondere auch vor einer Aushöhlung durch indirekte, eingriffslose Lenkungsmittel wie Subventionen. Eben wegen deren indirekten Charakters kann dieser Schutz aber nicht auf dem Weg über die Wahrung der Grundrechte durch einzelne Unternehmer gewährleistet werden. Die Gewährung einer Subvention und ihre Wirkung auf den Wettbewerb ist nicht vergleichbar mit der Erteilung einer Bau- oder Gewerbeerlaubnis und deren Wirkung auf andere Eigentümer. Die Eigentumsordnung ist statisch und erhält sich, wenn Übergriffe verhindert werden, selbst im Gleichgewicht. Der Wettbewerb ist dynamisch, ein Zusammenhang von Kräften, nicht von Zuständen. Nicht gegenseitige Rücksicht und Wahrung des Bestandes, sondern Kampf um die Marktanteile ist sein Prinzip."

Wegen der durch die Subvention normalerweise ausgelösten „diffusen" Wirkungen auf andere Unternehmen will *Henke* (aaO., S. 120 ff.) darum nur einen Anspruch des Konkurrenten aus

Kann demnach zwar nicht vorbehaltslos die „Übertragung des liberalen Schemas von Freiheit und Eingriff" auf das Subventionswesen[56] wie auch sonst auf faktische Beeinträchtigungen stattfinden, so bestehen doch im übrigen hinsichtlich der grundrechtlichen Bindung, die für ein entsprechendes staatliches Handeln in Betracht kommt, keine Besonderheiten. Es muß sich unter Berücksichtigung seiner (Neben-)Wirkungen – den grundrechtsrelevanten faktischen Beeinträchtigungen – als geeignet und erforderlich erweisen und, da der Gesetzgeber darüber noch nicht entschieden hat, die „Mindestposition" des Bürgers wahren. Nach der Abkoppelung des Anspruchs aus enteignungsgleichem Eingriff von Artikel 14 Abs. 3 GG durch die Rechtsprechung des Bundesverfassungsgerichts[57] kann allerdings nicht in diesem Anspruch, obwohl er ja gerade die faktischen Beeinträchtigungen des Eigentums erfaßt[58], eine spezielle Form zum Schutz der Mindestposition erblickt werden[59]. Vielmehr ist der verfassungsrechtliche Anknüpfungspunkt für den Anspruch aus enteignungsgleichem Eingriff nunmehr wohl im Verständnis der Grundrechte als Verfahrensgarantien zu suchen[60]. Denn er greift richtigerwei-

---

enteignungsgleichem Eingriff bei einem schweren und unzumutbaren Schaden, der seinem Unternehmen durch die Zuteilung der Subvention an einen anderen entstanden ist, anerkennen (bei vorsätzlichem oder fahrlässigem Verstoß gegen Subventionsrichtlinien bejaht er einen Schadensersatzanspruch aus § 839 BGB i. V. m. Artikel 34 GG). *Henke* übersieht insoweit, daß ein Anspruch aus enteignungsgleichem Eingriff voraussetzt, daß „der Entschädigungskläger... die Verletzung einer in den Eigentumsschutz des Artikel 14 GG eingeschlossenen Rechtsposition geltend machen kann" (*Ossenbühl*, NJW 1983, S. 4). Nimmt man das verfassungsrechtliche Gebot der gleichen Freiheit ernst, so *können* aber auch faktische Beeinträchtigungen des Eigentums nach der Normzwecklehre grundrechtlich geschützte Rechtspositionen berühen und insoweit darum auch einen solchen Anspruch begründen (zur grundrechtlichen Fundierung des für den Konkurrenten bestehenden Abwehrrechts übersichtlich *Friehe*, JuS 1981, S. 867 ff. und *Miebach*, JuS 1987, S. 958 ff., die insoweit auf Artikel 2 Abs. 1 GG zurückgreifen). Der Gedanke der gleichen Freiheit kehrt bei dem von *Henke* befürworteten Anspruch des Konkurrenten aus enteignungsgleichem Eingriff insoweit wieder, als dieser Anspruch von ihm nur dann bejaht wird, wenn der erlittene Schaden „ein *Sonder*opfer für den Betroffenen" darstellt, „das ihm im Interesse des Gemeinwohls, dem die Subventionsmaßnahme dient, wenn auch im Einzelfall nicht absichtlich, auferlegt wird" (aaO., S. 123 – Hervorhebung A. J.). Es entspricht weiter ganz der Normzwecklehre (s. nur *Ramsauer*, Die faktischen Beeinträchtigungen des Eigentums, S. 175 ff., 181 ff.), wenn *Henke* (aaO., S. 123) im Sinne der herrschenden Meinung für die Prüfung, ob ein Anspruch aus enteignungsgleichem Eingriff vorliegt, neben dem Gleichheitsgrundsatz auf die Schwere des Eingriffs abstellt: „Schließlich muß die Grenze... der Zumutbarkeit und Schwere der Beeinträchtigung überschritten sein, die die Gerichte zur Abgrenzung entschädigungslos hinzunehmender und entschädigungspflichtiger Beeinträchtigungen stets, mehr oder weniger ausdrücklich, gezogen haben."

[56] S. das in Anm. 55 wiedergegebene Zitat von *Henke* und den Hinweis dort auf die Ausführungen von *Haverkate*.

[57] S. BVerfGE 52,1 (27) und 58,300 (319 f., 324). Dazu aus der Literatur *Papier*, NVwZ 1983, S. 258 f. und *J. Ipsen*, DVBl. 1983, S. 1032 ff. und 1035 f. u. a.

[58] Dazu richtig *Ossenbühl*, NJW 1983, S. 3.

[59] So aber das Verständnis des Artikel 14 Abs. 3 Sätze 2 und 3 GG bei Vorliegen einer Enteignung durch *Schlink*: Abwägung, S. 84 ff., 93, 95.

[60] So andeutungsweise *Ossenbühl*, aaO., S. 6. *Schwerdtfeger* (JuS 1983, S. 109) verankert den Anspruch in Artikel 14 Abs. 1 Satz 2 GG. Eine „rechtsgrundsätzliche Fundierung dieses An-

se nur subsidiär, nämlich nur dann ein, wenn der Schaden nicht durch Einlegung eines Rechtsbehelfs hätte abgewendet werden können (§ 839 Abs. 3 BGB analog)[61].

(3) Die dargelegten Modifikationen der grundrechtlichen Freiheit durch das Sozialstaatsprinzip wirken sich auch auf die Begründung und den Umfang eines verfassungsrechtlich garantierten Gebots des Vertrauensschutzes aus. Ist die Verpflichtung allen staatlichen Handelns zur materiellen Gerechtigkeit bzw. zum gerechten Ausgleich zwischen den verschiedenen Rechten und Interessen nicht im Rechtsstaatsprinzip, sondern im Sozialstaatsprinzip wegen seiner Garantie der gleichen Freiheit zu suchen[62], so kommt entgegen der herrschenden Meinung auch das Sozialstaatsprinzip als verfassungsrechtliche Verankerung des Vertrauensschutzgedankens in Betracht[63]. Durch die hier vollzogene Verknüpfung des Sozialstaatsprinzips mit den Freiheitsgrundrechten erfährt der Grundsatz des Vertrauensschutzes daneben, was seinen Schutzbereich und seine rechtliche Verbindlichkeit anbetrifft, eine Präzisierung.

Er reicht zunächst so weit, wie ein einzelnes (Freiheits-)Grundrecht durch einen Eingriff oder faktische Beeinträchtigungen „betroffen" ist, und ist in diesen Fällen darum mit den aus dem Verhältnismäßigkeitsprinzip (und dem Gleichheitssatz) folgenden verfassungsrechtlichen Bindungen im dargelegten Umfang identisch. Was daneben die Beendigung von staatlichen Leistungen als einem besonders wichtigen Fall des Vertrauensschutzgedankens angeht, so ist insoweit zu beachten, daß der Staat hier ja nicht wie bei staatlichen Eingriffen in die Freiheitssphäre (und bei grundrechtsrelevanten faktischen Beeinträchtigungen) etwas ihm Vorausliegendes entzieht bzw. beeinträchtigt, sondern lediglich einen durch staatliche Leistung erreichten Zustand nicht weiterhin sicherstellt[64]. Daß der Staat in diesen Fällen trotz der fehlenden Beeinträchtigung der Freiheitsgrundrechte nicht nur an

---

spruchs im Verfassungsrecht (Artikel 14)" nimmt *Papier* an (aaO., S. 258). Mit der Argumentation des Textes ließe sich auch der Aufopferungsanspruch verfassungsrechtlich begründen.

[61] Das betonen zu recht *J. Ipsen*, aaO., S. 1037f. und *Ossenbühl*, aaO., S. 4 (vgl. auch S. 3 zu den Fällen, in denen der Grundsatz der Subsidiarität zwangsläufig ausgeschlossen ist und ein „direkter" Anspruch aus enteignungsgleichem Eingriff besteht). Die weitere Besonderheit des Anspruchs aus enteignungsgleichem Eingriff gegenüber dem wegen Enteignung besteht darin, daß er sich nicht nur, wie es für den Gedanken des Artikel 19 Abs. 2 GG konstitutiv ist (s. noch einmal *Schlink*, Abwägung, S. 84ff., 93, 95), auf eine angemessene Entschädigung richtet, sondern auf Ersatz des vollen Schadens (s. wiederum *Ipsen*, aaO., S. 1037): Versagt der effektive Grundrechtsschutz, weil ein Rechtsbehelf nicht rechtzeitig eingelegt werden kann, so kommt als „Ersatz" dafür – und zwar als echter Schadensersatzanspruch – der Anspruch aus enteignungsgleichem Eingriff (bzw. Aufopferung) in Betracht.

[62] So auch *Doehring*, Sozialstaat, S. 12f., 14, 28f.

[63] So im Ergebnis auch *Schlink*, Abwägung, S. 118f. und 218f. Zur Verortung des Vertrauensschutzes in den Freiheitsgrundrechten *W. Schmidt*, AöR 105 (1980), S. 477f. und teilweise vorher schon, JuS 1973, S. 532ff.; *Kopp*, BayVBl. 1980, S. 39f.; *Kunig*, Das Rechtsstaatsprinzip, S. 390ff., bes. S. 416ff.; *Robbers*, JZ 1988, S. 486f.; vgl. auch *Pieroth*, Jura 1983, S. 122ff. und 250ff., bes. S. 251f. zum Problem rückwirkender Gesetze.

[64] Vgl. insoweit auch *Kloepfer/Messerschmidt*, DVBl. 1983, S. 201f., 204 mit Nachweisen.

den allgemeinen Gleichheitssatz im Sinne des üblichen, namentlich durch das Bundesverfassungsgericht geprägten Verständnisses gebunden ist[65], sondern diese Bindung weitergeht, ergibt sich aus folgendem, durch Hereinnahme des Sozialstaatsprinzips in die Freiheitsgrundrechte ableitbaren Grund:

Aus der „Makroperspektive" gesehen beruht, wie schon bemerkt, die Legitimation für alles staatliche Handeln in der Herstellung und Gewährleistung der gleichen Freiheit[66]. Das Rechtsstaatsprinzip erschöpft sich bei Anerkennung die-

---

[65] Zur These des Bundesverfassungsgerichts und der Lehre von der im Vergleich zu gesetzlichen Eingriffen weniger strengen Bindung der Leistungsgesetze an den Gleichheitssatz s. nur *Martens*, VVDStRL 30 (1972), S. 22 ff.; *Haverkate,* Rechtsfragen, S. 6 und die Nachweise bei *Henke*, Wirtschaftssubventionen, S. 105 Anm. 1. Kritisch zu der entsprechenden Rechtsprechung des Bundesverfassungsgerichts *Rupp* in Bundesverfassungsgericht und Grundgesetz, Band 2, S. 372 ff., 378.

[66] Sehr plastisch heißt es dazu bei *Doehring*: „Der *Staat* ist hiernach selbst die *Freiheit*, ist *identisch* mit ihr; denn ohne ihn, den starken Staat, existiert die Freiheit nicht. Alle staatlichen Beschränkungen verfehlen ihren Sinn, wenn sie diesen Ausgangspunkt nicht gebührend berücksichtigen. Das politische Ziel, die im Staat vereinten Bundesbürger als Kollektiv stark zu machen, sie instand zu setzen, eine Macht auch in den internationalen Beziehungen zu präsentieren und sie auf Existenzkämpfe vorzubereiten, darf nach der Grundkonzeption der Verfassung nur durch den Schutz der Freiheit motiviert sein; die Begrenzung der Aufgaben militärischer Einrichtungen im Rahmen der sogenannten Wehrverfassung auf Friedensförderung und Verteidigung bedarf der Ergänzung durch die Feststellung, daß als das eigentliche Schutzobjekt die Freiheit des einzelnen Staatsbürgers zu gelten hat. Das Kollektiv als solches zu schützen wäre sinnlos, wenn es nicht seine Aufgabe wäre, individuelle Freiheit möglich zu machen ... Folgt man dieser Grundauffassung, so ergibt sich für die Aufgaben der Staatsgewalt freiheitlicher Demokratie: Uneingeschränkt ist das Ziel zu verfolgen, die Individualfreiheit zu schützen, herzustellen und wiederherzustellen. Nicht also darf die Staatsgewalt fragen, ob eine Einschränkung der Freiheit des Staatsbürgers wegen zu berücksichtigender Allgemeininteressen notwendig ist, sondern ob und inwieweit eine Begrenzung der Individualfreiheit diese selbst fördert und, in tieferem Sinne, erst herstellt. Soweit ohne Begrenzung diese Freiheit nicht realisierbar ist, darf sie nicht nur hergestellt werden, sondern es besteht hierzu die entsprechende Pflicht der Staatsgewalt. Diese *ungeteilte Entscheidung* für die *Freiheit* ist eine solche für die *Sozialgestaltung*; nur und ausschließlich diesen Inhalt hat die sogenannte Sozialstaatsklausel (Artikel 20 GG)" (Sozialstaat, S. 23 f. – Hervorhebungen dort –, vgl. auch S. 17 ff. und derselbe in 30 Jahre Grundgesetz, S. 129 ff., 140). Um die Rechtsnatur des Sozialstaatsprinzips insoweit noch genauer zu kennzeichnen, vermag ein Begriff hilfreich zu sein, den *Böckenförde/Wieland* für die rechtliche Charakterisierung der durch Artikel 5 Abs. 1 S. 2 GG garantierten Rundfunkfreiheit eingeführt haben (Archiv für Presserecht 1982, S. 80, 81 f.), den der „institutionellen Rahmen- und Strukturgarantie". Das Sozialstaatsprinzip kann, so scheint es, als eine solche, wenn auch inhaltlich sehr weit gefaßte Garantie verstanden werden. Denn es wird mit ihm ebenfalls ein bestimmtes „Strukturmerkmal" der Freiheit, nämlich die gleiche Freiheit(-schance) garantiert (zu diesem Verständnis des Sozialstaatsprinzips auch *Lücke*, AöR 107/1982, S. 46 ff., obwohl zwischen der von *Lücke* angesprochenen institutionellen Garantie und einer solchen „Rahmen- oder Strukturgarantie" zu unterscheiden ist – s. dazu noch einmal *Böckenförde/Wieland* aaO., S. 80). Dieses Verständnis des Sozialstaatsprinzips rechtfertigt zwar keine grundrechtlich begründeten Leistungsrechte, es modifiziert aber, wie gesagt, den Freiheitsbegriff als solchen. Eine wichtige, im vorliegenden Zusammenhang allerdings weniger interessierende Parallele mit der „institutionellen Rahmen- oder Strukturgarantie" ist weiter darin zu sehen, daß das mit dem Gebot der gleichen Freiheit identische Sozialstaatsprinzip wie die „institutionelle Rahmen- oder Strukturgarantie" auch Gefahren, die von gesellschaftlicher Macht drohen, im Auge hat (s. dazu *Böckenförde/Wieland*, aaO., S. 81, 82).

ser Prämisse daneben in formalen Garantien staatlichen Handelns, (das Demokratieprinzip in der Garantie eines bestimmten Verfahrens der Entscheidungsfindung)[67]. Auch staatliches Leisten ist inhaltlich demnach allein aus diesem Grunde legitimiert. Der genannte Bezug staatlichen Leistens zur grundrechtlichen Freiheit besitzt nun für die Rechte des einzelnen Bürgers – die Mikroperspektive – deshalb Relevanz, weil der Gleichheitssatz durch das Sozialstaatsprinzip in den Freiheitsgrundrechten verortet wird[68]. Das muß zu einer Intensivierung der verfassungsrechtlichen Gleichheitsbindung führen[69]. Da es in diesen Fällen, wie gesagt, an einem Eingriff in die Freiheitsgrundrechte und auch an grundrechtsrelevanten faktischen Beeinträchtigungen fehlt, kann ein Schutz der „Mindestposition" allerdings nicht in Betracht kommen, wohl aber die Bindung an die übrigen Aussagen des verfassungsrechtlichen Verhältnismäßigkeitsprinzips. Beim Entzug staatlicher Leistungen ist also nicht nur allgemein danach zu fragen, ob das willkürlich geschieht, sondern darüber hinaus zu prüfen, ob der Entzug einen verfassungsrechtlich zulässigen Zweck verfolgt und im Blick darauf geeignet und erforderlich ist[70]. So gesehen ist die Feststellung, daß Vertrauensschutz Freiheitsschutz sei[71], zutreffend. Sie zwingt aber nicht, wie ausdrücklich zu betonen ist, zu einer Aufgabe des Eingriffs- und Schrankendenkens, sondern folgt aus der Hereinnahme des Sozialstaatsprinzips in die Freiheitsgrundrechte und der damit verbundenen Verortung des Gleichheitssatzes in ihnen. Gleiches muß demnach konsequenterweise überhaupt für die Bindung des Leistungsgesetzgebers an den Gleichheitssatz gelten[72].

---

[67] S. *Doehring*, Sozialstaat, S. 12 ff., 29 und in 30 Jahre Grundgesetz, S. 139 f. zum angesprochenen Verhältnis von Rechtsstaats- und Sozialstaatsprinzip. Zum angedeuteten Demokratieverständnis vgl. *Doehring*, Sozialstaat, S. 22 f. und 25 sowie *Isensee* (Der Saat 17/1978, S. 167): In der „Sprache" des Grundgesetzes ist „Demokratie lediglich Staatsform: ein bestimmter Typus der Legitimation und Organisation politischer Herrschaft".

[68] Die Unterscheidung zwischen Makro- und Mikroperspektive entspricht dem Gebot eines „perspektivischen Denkens" bei der Interpretation der Freiheitsgrundrechte (dazu genauer *Suhr*, Entfaltung, S. 124 ff.). Auf den Freiheitsbegriff bezogen bedeutet das im Ergebnis: Das „Freiheitsmodell" des Artikel 2 Abs. 1 GG „trägt, was die *Inhalte* der Freiheit angeht, die Züge liberalen Beliebens und, was die *Formen* der Freiheit angeht, die Züge liberaler *Verantwortung* an sich, und in dieser Verantwortung als dem Dreh- und Angelpunkt der Freiheit wird zugleich ihr *sozialer Charakter* erfaßbar und verfaßbar" (so *Suhr*, aaO., S. 55 – Hervorhebungen dort).

[69] Deutlich erkannt von *Suhr*, Entfaltung, S. 139 ff.

[70] Als Beleg für Ansätze zu einer solchen Prüfung in der Rechtsprechung s. etwa BVerfGE 64, 158, (169 ff.); BVerfGE 72, 176 (193 ff., bes. 196 ff.) und BVerfGE 76, 256 (347 ff.). Aus der Literatur vgl. *Kloepfer*, VVDStRL 40 (1982), S. 81 ff., besonders S. 86 f.

[71] So *Grabitz*, DVBl. 1973, S. 681 ff. Es muß aber auf die speziellen Freiheitsgrundrechte und nicht, wie *Grabitz* es will, auf das „Verfassungsprinzip" Freiheit abgestellt werden. S. auch die Nachweise in Anm. 63.

[72] Daß der hier vertretene Standpunkt der besonders von *Haverkate* propagierten Bindung des leistungsstaatlichen Handelns an das Verhältnismäßigkeitsprinzip nahekommt, sei ausdrücklich zugestanden. Doch müssen zwei nach wie vor bestehende – wesentliche – Unterschiede hervorgehoben werden: Ein Gesetzesvorbehalt für die Leistungsverwaltung im von *Haverkate* vertretenen Sinne kommt, wie noch genauer zu zeigen sein wird (s. §§ 3 und 8 der Untersuchung), nicht in

Als *Ergebnis* der geschilderten Interpretation des Sozialstaatsprinzips – einschließlich der unter (1) bis (3) dargelegten Modifikationen der Freiheitsgrundrechte – läßt sich feststellen, daß sie nicht zwingend zu einer Ausweitung der gesetzgeberischen Tätigkeit führt. Ausgeweitet werden auf diese Weise nur die subjektiven (Abwehr-)Rechte des Bürgers und die Bindung des staatlichen Leistungsgesetzgebers. Dieser alternativen Interpretation des Sozialstaatsprinzips könnte nun entgegengehalten werden, daß sie in dieser Form, da in der Literatur allenfalls in Ansätzen vorhanden, eine sozialstaatlich motivierte Gesetzgebung kaum wirksam zu begrenzen vermag. Ein solcher Einwand verkennt, wie noch einmal zu betonen ist, die Absicht dieser Darlegungen. Sie sollten nachweisen, daß eine andere verfassungsrechtliche Sicht möglich ist und die der herrschenden Meinung von ganz bestimmten verfassungsrechtlichen Voraussetzungen ausgeht. Diese beruhen wie die herrschende Interpretation des Verhältnismäßigkeitsprinzips auf einem bestimmten Grundrechts- (und dahinterstehenden Verfassungs-) Verständnis, das sich wiederum, wie noch zu zeigen sein wird, primär auf demokratische Überlegungen zurückführen läßt.

II. Die Ausweitung des verfassungsrechtlichen Gesetzesvorbehalts

Ein Tätigwerden des Gesetzgebers ist dann zwingend geboten, wenn die Exekutive für ihr Handeln der gesetzlichen Ermächtigung bedarf. Erweitert man den Bereich des Gesetzesvorbehalts, so führt das also zwangsläufig zu gesetzgeberischen Aktivitäten. Zu einer solchen Erweiterung haben nun Lehre und Rechtsprechung kräftig beigetragen. Daß in diesem „Beitrag" ein weiterer – wichtiger – verfassungsrechtlicher Grund für die Gesetzesflut liegt, ist vielfach betont worden[73]. Es lassen sich insoweit im wesentlichen drei Entwicklungslinien unterscheiden. Einmal ist man aus demokratischen Gründen für eine Erweiterung des Gesetzesvorbehalts bis hin zum Totalvorbehalt für das exekutivische Tätigwerden eingetreten (dazu 1.), zum anderen hat man dafür rechtsstaatliche bzw. grundrechtliche Gründe angeführt (dazu 2.). Schließlich fließen in der durch die Rechtsprechung des Bundesverfassungsgerichts entwickelten „Wesentlichkeitstheorie" beide Argumentationsstränge zusammen (dazu 3.). Wie unter I. sollen auch hier Argument und Gegenargument, die sich in der Literatur und Rechtsprechung zur Ausdehnung des Gesetzesvorbehalts aus den genannten Gründen finden lassen, kurz dargestellt werden.

Betracht. Unabhängig davon wurde hier eine Bindung des Gesetzgebers an das Verhältnismäßigkeitsprinzip i. e. S. (Mittel-Zweck-Relation), wie sie im Verwaltungsrecht gilt, abgelehnt.

[73] S. nur *Kloepfer*, VVDStRL 40 (1982), S. 74 f. und *Novak*, daselbst auf S. 44 ff. mit Nachweisen aus Rechtsprechung und Lehre in Österreich. Besonders deutlich daneben *Isensee*, ZRP 1985, S. 140 f.

1. Die demokratischen Gründe für eine Erweiterung des Gesetzesvorbehalts

a) Grob gesehen gibt es drei zeitlich aufeinanderfolgende demokratische Begründungen *für* eine Erweiterung des Gesetzesvorbehalts:

(1) Am Anfang steht die These von Dietrich Jesch, daß eine funktionelle Abhängigkeit des Gesetzmäßigkeitsprinzips von der jeweiligen Verfassungsordnung besteht[74] und sich darum durch den Übergang von der konstitutionellen Monarchie zur parlamentarischen Demokratie dieses Prinzip gewandelt hat[75]. Diesem Wandel kann nach Jesch nur dadurch Rechnung getragen werden, daß man einen Gesetzesvorbehalt für den gesamten Bereich der Leistungsverwaltung wie auch für die besonderen Gewaltverhältnisse fordert. Denn „unter der Verfassungsordnung des Grundgesetzes besteht keine Zuständigkeitsvermutung mehr für die Exekutive; sie hat ihre frühere Handlungsfreiheit daher verloren. Sie ist nicht mehr nur konstitutionell beschränkt, sondern empfängt alle ihre Befugnisse erst aus der Verfassung. Sie ist darüber hinaus nach der Struktur der grundgesetzlichen Ordnung – abgesehen von selbständigen, hier aber nicht interessierenden Regierungsfunktionen – als Verwaltung echte vollziehende Gewalt geworden und damit für alle Handlungsformen abhängig von einer parlamentarischen Ermächtigung, sofern ihr die Verfassung nicht selbst eine ausreichende Kompetenz zuweist."[76] Jesch tritt aus diesen Überlegungen auch einer restriktiven Auslegung des Artikels 80 GG, wie er sie besonders für die Rechtsprechung des Bundesverfassungsgerichts beobachtet, entschieden entgegen[77].

(2) Eine Ausweitung des Gesetzesvorbehalts unter Rückgriff auf das demokratische Argument beförderte daneben auch sein Verständnis als „Garantie dafür, daß das Parlament seine politische Führungsaufgabe nicht aus der Hand gibt"[78]. Die positiv-rechtliche Begründung für diese These wurde u. a. in den Artikeln 59 Abs. 2 und 110 Abs. 2 GG gesucht. Den genannten Bestimmungen des Grundgesetzes entnahm man den Gedanken (Analogieschluß), daß alle politisch wesentli-

---

[74] *Jesch*, Gesetz und Verwaltung, S. 66 f.

[75] *Jesch*, aaO., S. 171 ff.

[76] *Jesch*, aaO., S. 205. Zum Gesetzesvorbehalt in der Leistungsverwaltung s. S. 175 ff., zum Gesetzesvorbehalt im besonderen Gewaltverhältnis S. 206 f. Genauere Darstellung der Lehre von *Jesch* bei *Achterberg*, Probleme der Funktionenlehre, S. 52 ff. Unerwähnt bleibt dort allerdings wie auch in anderen Interpretationen der Lehre von *Jesch*, daß dieser den demokratischen Gesetzesvorbehalt als den rechtsstaatlichen Gesetzesvorbehalt zeitlich vorausliegenden, für den konstitutionellen Staat typischen versteht (aaO., S. 104 ff. u. a.). Er sieht insoweit also im rechtsstaatlichen Gesetzesvorbehalt im Vergleich zum demokratischen eine höhere Entwicklungsstufe, bleibt aber im Ergebnis im Bannkreis des letzteren stehen, s. besonders deutlich S. 171 ff.

[77] *Jesch*, aaO., S. 213 ff. und auch schon S. 94 f., S. 154 ff.

[78] So der Diskussionsbeitrag von *Bachof* in VVDStRL 24 (1966, S. 225 ff. mit dem ausdrücklichen Hinweis (S. 225), daß der Gesetzesvorbehalt nicht „zu einseitig als Instrument zum Schutz der Individualsphäre" gesehen werden dürfe. Ganz ähnlich aaO. der Diskussionsbeitrag von *Badura* (S. 213).

chen Fragen vom Parlament in Gesetzesform zu entscheiden wären[79]. Diese Argumentation hat G. Müller dahingehend erweitert, daß er aus der gewandelten *Aufgaben*stellung des Sozial- und Leistungsstaats der Gegenwart (und nicht wie Jesch aus dem Wandel der Verfassungsstruktur) die Notwendigkeit folgert, die gesamte Verwaltung durch gesetzliche „Aufträge" zu steuern. Angesichts „der überragenden Bedeutung, die dem demokratischen Prinzip... auch im Bonner Grundgesetz" zukomme, und der im Vergleich zur Verwaltung durch das Gesetzgebungs*verfahren* begründeten „viel breitere(n) demokratische(n) Legitimation" des Gesetzgebers müsse ihm allein die genannte umfassende Steuerungsfunktion obliegen[80].

(3) Für eine Ausweitung des Gesetzesvorbehalts aus demokratischen Gründen ist schließlich die Erkenntnis fruchtbar gemacht worden, daß in der politischen Wirklichkeit heute nicht mehr zwischen Regierung und Parlament die wesentliche Grenzlinie verläuft, sondern zwischen Regierung und Regierungspartei(en) einer-

---

[79] So deutlich *Papier*, Die finanzrechtlichen Gesetzesvorbehalte, S. 95f. (besonders S. 99 und 101) mit Nachweisen. Für die *Planung* vgl. bereits *Herzog*, VVDStRL 24 (1966) S. 205f., 244f.; dazu zusammenfassend *Ossenbühl*, Gutachten B zum 50. Deutschen Juristentag, S. 67ff.; *Vitzthum,* Parlament und Planung, S. 271ff. und *Würtenberger*, Politische Planung, S. 237ff. Zur Begründung der Planungsbeteiligung des Parlaments unter unmittelbarem Rückgriff auf das Demokratiegebot des Grundgesetzes: *Ossenbühl*, aaO., S. 66f., 77f.; *Würtenberger*, aaO., S. 256ff. i. V. m. S. 185ff. In ähnlicher Weise verfährt *Ossenbühl* bei der Entscheidung der Frage, wann staatliche Subventionen des Gesetzesvorbehalts bedürfen: Verwaltungsvorschriften, S. 249, 360f. Auf S. 240f. greift er allerdings auf Artikel 59 Abs. 2 GG zurück. Zum unmittelbaren Rückgriff auf das Demokratieprinzip bei Subventionen vgl. weiter *Schenke*, Gewerbearchiv 1977, S. 317f.; zum Rückgriff auf Artikel 59 Abs. 2 GG bei Subventionen kritisch *derselbe*, Der Staat 15 (1976), S. 555 Anm. 10a). *Böckenförde* (Organisationsgewalt, S. 96; ähnlich *Ossenbühl*, Verwaltungsvorschriften, S. 269ff.) begründet eine bestimmte Form des „institutionellen" Gesetzesvorbehalts, der einen Teil der grundsätzlich der Regierung zustehenden Organisationsgewalt erfaßt, unmittelbar „aus der demokratischen Verfassungsstruktur, derzufolge materielle Verfassungsfragen (auch wenn sie keine formellen Verfassungsfragen sind) stets in den Kompetenzbereich der demokratisch unmittelbar legitimierten Legislative fallen". Einschränkend heißt es dazu aber dann (aaO., S. 96 Anm. 27): „Hier handelt es sich um die Inanspruchnahme der demokratischen Höherstufigkeit der Legislative für die Zuerkennung *spezifischer* Zuständigkeiten, nicht für eine allgemeine Kompetenzausweitung" (Hervorhebung dort). Der spezifische Charakter dieses Gesetzesvorbehalts äußert sich eben in seinem Ausnahmecharakter und der Tatsache, daß „er nicht den besonderen rechtsstaatlichen Anforderungen an Ermächtigungen zu Rechtsverordnungen, wie sie z. B. Artikel 80 GG festlegt", untersteht (so *Böckenförde*, aaO., S. 100).

[80] *G. Müller*, Rechtssetzung, S. 73f., vgl. zum Ganzen S. 71ff., auch S. 78ff. Zu beachten ist aber, daß *Müller* hilfsweise für seine Begründung auch Rechtsschutzgesichtspunkte und die These heranzieht, „daß es Sache des Gesetzgebers, nicht aber der Verwaltung sei, das Rechtsgleichheitsgebot zu konkretisieren" (S. 74). Der gesetzliche Totalvorbehalt für die Verwaltung führt aber nicht, wie *Müller* ausdrücklich betont, notwendig zur „Gesetzesinflation", da die Anforderungen an die Detailliertheit der gesetzlichen Regelungen je nach Sachgebiet durchaus unterschiedlich sein können (S. 77). Zur Rechtfertigung des demokratischen Gesetzesvorbehalts mit der durch das parlamentarische Verfahren gestifteten besonderen demokratischen Legitimation s. *Eberle*, DÖV 1984, S. 489f. und Ladeur, Zeitschrift für Gesetzgebung 2 (1987), S. 147ff. *Staupe* (Parlamentsvorbehalt, S. 201ff.) verbindet diesen Gedanken mit dem Postulat, das jeweils „grundrechtsadäquateste" Normsetzungsverfahren zu wählen.

seits, der parlamentarischen Opposition andererseits. Der Gesetzesvorbehalt soll daher sicherstellen, wie besonders Kisker lehrt, daß „politisch brisante Fragen in die öffentliche Diskussion eingebracht werden, bevor über sie verbindlich entschieden wird: Die jeweilige parlamentarische Opposition erhält durch die Diskussion im Parlament und dessen Ausschüssen die Chance, die öffentliche Meinung zu mobilisieren und über diese die Wähler. Verhindert wird auf diese Weise, daß Regierung und Parteizentrale ihre Konzeption durchdrücken, ohne daß eine öffentliche Diskussion des Für und Wider stattgefunden hat"[81]. Ein Tätigwerden des Gesetzgebers ist also dann geboten, „wenn die Einschaltung des Parlaments bei *politisch kontroversen* Entscheidungen gefordert werden muß"[82].

Unmittelbar einleuchtend ist wohl, daß die genannten Kriterien nicht nur wegen ihrer inhaltlichen Unbestimmtheit und Weite, sondern vor allen Dingen wegen des Verzichts auf das (begrenzende) Merkmal des Eingriffs das gesetzgeberische Tätigwerden befördern. Der direkte Schluß von der „besseren" (da volksnäheren) Legitimation des Parlaments auf die Notwendigkeit eines *gesetzgeberischen* Tätigwerdens trägt ebenfalls dazu bei. Das wird uns gleich noch genauer beschäftigen[83]. Erwähnt sei nur noch, daß aufgrund der geschilderten Argumentation auch die Folgerung kaum zu umgehen war, daß weitgehend selbst die Ausübung der Organisationsgewalt der gesetzlichen Ermächtigung bedarf, die sogenannten besonderen Gewaltverhältnisse eine genauere gesetzliche Ausformung fordern und

---

[81] *Kisker,* NJW 1977, S. 1318; ähnlich *derselbe,* ZParl 9 (1978), S. 58; entsprechend seine Urteilsanmerkung in DVBl. 1982, S. 888 für das Problem, wann ein Delegationsverbot für den Gesetzgeber anzunehmen ist: Politisch kontrovers und damit einer Delegation nach Artikel 80 GG nicht zugänglich ist die Regelung einer Angelegenheit dann, wenn die „jeweilige Opposition oder gar Abgeordnetengruppen von Fraktionsstärken… eine Materie… unter den Parlamentsvorbehalt *ziehen"* (Hervorhebung dort); vgl. daneben die Übersicht bei *Staupe,* Parlamentsvorbehalt, S. 126 ff.

[82] *Kisker,* NJW 1977, S. 1318 (Hervorhebung dort). Diese Argumentation hat sich der Vorlagebeschluß des OVG Münster an das Bundesverfassungsgericht zu § 7 Atomgesetz (Kalkar) zu eigen gemacht; vgl. DÖV 1977, S. 855.

[83] Es ist richtig gesehen worden, daß die demokratische Rechtfertigung eines allgemeinen Gesetzesvorbehalts die in der Vergangenheit dafür primär vorgetragenen allgemeinen rechtsstaatlichen Gesichtspunkte mehr und mehr zurückgedrängt hat (vgl. etwa *Rengeling,* NJW 1978, S. 2218): „Die Ableitung des Gesetzesvorbehalts aus dem Rechtsstaatsprinzip tritt in neuerer Zeit mehr und mehr zurück. Nicht mehr Herrschaft des Rechts, Verbürgung von Rechtssicherheit und Voraussehbarkeit des Rechts sowie beständige Ordnung, also auf dem (formellen und materiellen) Rechtsstaatsprinzip beruhende Funktionen des Gesetzesvorbehalts scheinen zur Zeit der Betonung wert zu sein, sondern der Gesichtspunkt der Herrschaft des Volkes, also ein demokratisches Element, schlägt sich im Gesetzesvorbehalt nieder, wird funktions- und damit inhaltsbestimmend." Auch die Versuche, einen erweiterten Gesetzesvorbehalt aus grundrechtlichen Überlegungen zu begründen, greifen letztlich zum Teil auf demokratische Argumente zurück (s. dazu noch hier bei Anm. 127 f.). Zur Rechtfertigung eines Gesetzesvorbehalts aus demokratischen Gründen s. aus neuerer Zeit die Übersicht bei *Staupe,* Parlamentsvorbehalt, S. 164 ff.; daneben *Eberle,* DÖV 1984, S. 489 ff. und im Ergebnis auch *Löffler,* Parlamentsvorbehalt im Kernenergierecht, besonders S. 53 f., 57 f., vgl. auch S. 136 ff. Zum erneuten Aufgreifen rechtsstaatlicher Überlegungen s. *Rottmann,* EuGRZ 1985, S. 285 f., 288 f., 293 ff. sowie die Übersichten bei *Staupe,* Parlamentsvorbehalt, S. 176 ff. und *Kunig,* Das Rechtsstaatsprinzip, S. 176 ff.

dem Gesetzgeber in bestimmten Fällen (entgegen dem Wortlaut des Artikel 80 Abs. 1 GG) ein Delegationsverbot aufzuerlegen ist[84].

b) Den dargelegten Gründen für eine Ausweitung des Gesetzesvorbehalts aus demokratischen Überlegungen wird als entscheidendes Argument ein methodischer Gesichtspunkt *entgegengehalten*: die Ableitung konkreter verfassungsrechtlicher Pflichten aus dem allgemeinen Demokratieprinzip in der Weise, daß diesem Prinzip Inhalte beigelegt werden, die sich aus den einzelnen Vorschriften des Grundgesetzes nicht ergeben. Anlaß dieser Kritik ist also die Tatsache, daß dem Demokratieprinzip eine selbständige rechtschöpferische Funktion zuerkannt wird[85]. Diese Kritik erledigt sich nicht mit dem Hinweis, daß das Demokratieprinzip im Grundgesetz ausdrücklich genannt (Artikel 20 Abs. 1 und 2 GG) und nicht nur durch Rechtsanwendung aus der Verfassung abgeleitet worden ist. Das beweist Artikel 79 Abs. 3 GG, der ja von den „in den Artikeln 1 und 20 niedergelegten Grundsätze(n)" spricht. Denn „mit den Grundsätzen der Artikel 1 und 20 will Artikel 79 Abs. 3 GG nur einen Kernbestand der grundgesetzlichen Ordnung gegen Änderungen schützen, nicht die einzelnen Grundgesetzbestimmungen insgesamt und schon gar nicht normative Gehalte, die über die einzelnen Grundgesetzbestimmungen hinausgehen. Nicht mehr, sondern weniger, als in den einzelnen Grundgesetzbestimmungen ausgeformt ist, wird durch die in den Artikeln 1 und 20 niedergelegten Grundsätze abgedeckt"[86]. Das demokratische Prinzip besitzt demnach entgegen der Lehre vom allgemeinen demokratischen Gesetzesvorbehalt eine „dienende", die Auslegung der einzelnen Bestimmungen des Grundgesetzes anregende und steuernde Funktion[87].

Eine Ausdehnung des Gesetzesvorbehalts im dargelegten Sinne hätte daneben namentlich für die leistende Verwaltung kaum zu vertretende Folgen. Denn sie würde die Möglichkeiten staatlichen Leistens und die gerichtliche Durchsetzbarkeit eines Leistungsbegehrens erheblich beschränken: einer gänzlich unter Gesetzesvorbehalt stehenden Leistungsverwaltung ist es eben untersagt, in gesetzlich nicht vorgesehenen Notsituationen helfend tätig zu werden, und kein Gericht könnte die Verwaltung dazu verpflichten, da ja ihr Recht und ihre Pflicht, zu leisten, sich in diesem Fall nur durch Gesetz begründen ließ. Eine Leistungsklage gegen die Verwaltung wäre also unter diesen Umständen nicht durchsetzbar[88].

---

[84] Für die beiden letzten Forderungen kann vor allem auf die Rechtsprechung des Bundesverfassungsgerichts verwiesen werden (s. dazu 3.); für die erste auf Folgerungen aus der Wesentlichkeitstheorie bei Schmidt-Aßmann in FS Ipsen, S. 345 ff.; *Steinberg*, Politik und Verwaltungsorganisation, S. 344 ff. und *Stettner*, Grundlagen der Kompetenzlehre, S. 349 ff. u. a.

[85] So *Schlink*, Amtshilfe, S. 130 f.

[86] *Schlink*, aaO., S. 131.

[87] Zum (begrenzten) Aussagegehalt von verfassungsrechtlichen Prinzipien genauer *Schlink*, Der Staat 15 (1976), S. 360 ff.; *Staupe*, Parlamentsvorbehalt, S. 182 ff.; vgl. daneben für das Rechtsstaatsprinzip noch *Schnapp*, VVDStRL 43 (1985), S. 179 f. und die grundlegende Kritik von *Kunig*, Das Rechtsstaatsprinzip, bes. S. 316 ff. zur Ableitung des Gesetzesvorbehalts aus dem Rechtsstaatsprinzip.

[88] Auf dieses Argument hat – soweit wir sehen – zuerst *Bullinger* (Vertrag und Verwaltungsakt,

Unabhängig von der methodischen Kritik und dem genannten pragmatischen Argument ist auch zu fragen, ob nicht entgegen der unter a) dargestellten Ansicht aus der Tatsache, daß im Staat des Grundgesetzes *alle* Staatsgewalten demokratisch legitimiert sind[89], auf eine gegenüber dem konstitutionellen Staatsrecht beschränkte Befugnis der Legislative geschlossen werden muß[90]. Die „institutionelle und funktionelle demokratische Legitimation" der Verwaltung, die aus Artikel 20 Abs. 2 und Abs. 3 GG folgt[91], läßt sich also mit gutem Grund auch gegen eine Ausdehnung des Gesetzesvorbehalts aus demokratischen Gründen anführen. In diese Richtung zielt auch die Bemerkung Achterbergs, daß der Hinweis auf das Parlament als das dem Volk nächste Organ noch nicht besagt, daß „außer diesem dem Volk ‚nächsten' auch ein ihm ‚ferneres' Organ zu eigener Rechtsetzung befugt sein kann"[92].

Selbst wenn man demgegenüber, wie es ja in der geschilderten Lehre geschieht, auf die „bessere" (volksnähere) demokratische Legitimation des Parlaments für die Forderung eines erweiterten Gesetzesvorbehalts abstellt, bleibt der Direkt-

---

S. 96) aufmerksam gemacht. Vgl. hierzu daneben *Ossenbühl*, Verwaltungsvorschriften und Grundgesetz, S. 217, auch S. 550 f. und *Meyer-Cording*, Die Rechtsnormen, S. 149 f.

[89] Dazu BVerfGE 49, 89 (124 ff.) und BVerfGE 68, 1 (87 f., 89, 108 ff.). Systematisch entwickelt ist diese Auffassung vor allem für die Exekutive vorher schon besonders von *Böckenförde*, Organisationsgewalt, S. 76 ff. und *Ossenbühl*, Verwaltungsvorschriften und Grundgesetz, S. 196 ff.; vgl. auch *Böckenförde/Grawert*, AöR 95 (1970), S. 23 ff. und aus der neueren Literatur *Schnapp*, VVDStRL 43 (1985), S. 182 f.; *Eberle*, DÖV 1984, S. 489; *Kloepfer*, JZ 1984, S. 694 f.; *Oebbecke*, Weisungs- und unterrichtungsfreie Räume in der Verwaltung, S. 67 ff.; *Staupe*, Parlamentsvorbehalt, S. 167 ff.; 173 f. u. a.

[90] *Böckenförde* (Organisationsgewalt, S. 104 Anm. 4) weist darauf hin, daß *Rothenbücher* schon in seiner 1922 erschienenen Abhandlung über „Die Stellung des Ministeriums nach Bayerischem Verfassungsrecht" zu dem Ergebnis gekommen ist, daß die Zuständigkeit des Bayerischen Landtags nach 1919 möglicherweise weniger weit reiche als vorher im konstitutionellen Staatsrecht und die Zuständigkeitsbegrenzung zwischen Regierung und Parlament als ausschließliche zu verstehen sei. Die Zusammenhänge zwischen dem konstitutionellen Staatsrecht und dem Bemühen, mit demokratischen Argumenten eine Erweiterung des Gesetzesvorbehalts zu begründen, werden auch aus folgenden Stellungnahmen deutlich: *Badura*, VVDStRL 24 (1966), S. 212 f.; *Jesch*, Gesetz und Verwaltung, S. 26 f.; *Böckenförde* in derselbe (Hrsg.), Moderne deutsche Verfassungsgeschichte (1815–1918), S. 150 f. und Gesetz, S. 385 f., 400 f. Eben weil nach dem Grundgesetz der Bundeskanzler als Regierungschef durch das Parlament gewählt wird und von seinem Vertrauen abhängig ist, läßt sich auch nicht, wie es zuletzt von *Rottmann* versucht worden ist (EuGRZ 1985, S. 281 ff., 288 f., 293 ff.), unter Rücksicht auf frühkonstitutionelles Gedankengut ein allgemeiner rechtsstaatlich-institutioneller Gesetzesvorbehalt für das Grundgesetz begründen. Besäße die Regierung eine eigene direkt-demokratische Legitimation (Volkswahl des Regierungschefs – Präsidialdemokratie), so wäre die von *Rottmann* versuchte Anknüpfung an bestimmte Traditionen der konstitutionellen Staatslehre und -praxis sicherlich eher berechtigt.

[91] So BVerfGE 49, 89 (125); vgl. auch BVerfGE 68, 1 (88, 109).

[92] *Achterberg*, Probleme der Funktionenlehre, S. 206; ähnlich *Schnapp*, VVDStRL 43 (1985), S. 183 f. und *Böckenförde*, Organisationsgewalt, S. 81: Eine „höhere demokratische Rangstufe innerhalb einer demokratischen Gesamtverfassung (begründet) noch keine Vermutung für eine möglichst *umfassende* Kompetenz. Hieraus können sich möglicherweise Konsequenzen oder Vermutungen für bestimmt geartete, demokratisch wichtige Kompetenzen ergeben, nicht aber solche für eine allgemeine Kompetenzausweitung" (Hervorhebung bei Böckenförde).

schluß von der parlamentarischen auf die gesetzgeberische Befugnis fragwürdig. Er setzt im Ergebnis Parlamentsvorbehalt mit Gesetzesvorbehalt gleich[93] und läßt die Frage unbeantwortet („überspringt" sie), ob das Parlament denn seine bessere demokratische Legitimation nicht etwa auch als Haushaltsgesetzgeber oder im Wege der parlamentarischen Kontrolle zur Geltung bringt. Ja, man muß insoweit sogar noch weiter danach fragen, ob und inwieweit die *parlamentarische-demokratische* Legitimation des Gesetzgebers in vielen Fällen deshalb nicht als die „bessere" ins Feld geführt werden kann, weil sie durch die *anderweitige demokratische* Legitimation der kommunalen Selbstverwaltung (Artikel 28 Abs. 2 GG) oder gar durch den grundrechtlich gesicherten Schutz des einzelnen – die *grundrechtliche* Legitimation[94] – begrenzt wird[95]. Warum, so ist etwa der geschilderten Lehre Kiskers entgegenzuhalten, kann das Parlament nur durch eine Gesetzesvorlage veranlaßt werden, sich mit einer politisch kontroversen Frage öffentlich auseinanderzusetzen? Denn um dies zu erreichen, stehen der Opposition neben den Haushaltsberatungen dafür die Mittel der parlamentarischen Geschäftsordnungen wie die Große Anfrage, der Entschließungsantrag etc.; dem Außenstehenden der Weg über die Eingabe an das Parlament (Artikel 17 GG) zur Verfügung. Auch wird eine Diskussion, zu der das Parlament gegen seinen Willen (den Willen der Opposition) im Wege des Gesetzesvorbehalts „gezwungen" werden soll, keine solche sein; dafür bieten manche – unbequeme – Gesetzesvorhaben anschauliche Belege[96]. Im übrigen gilt der Satz des Niedersächsischen Staatsgerichtshofs, daß „die Verfassung für die Abgeordneten keine Verpflichtung zur Diskussion in den Verhandlungen über das Gesetzgebungsvorhaben" begründet[97].

---

[93] Vgl. etwa *Jesch*, Gesetz und Verwaltung, S. 205, 223, 227. Richtig erkannt von *Rupp*, Grundfragen, S. 131 ff. und *Ossenbühl* in Allgemeines Verwaltungsrecht, S. 67 (= § 5 II).

[94] Richtig sieht *Isensee* in Demokratie und Grundrechten „die *polare* Legitimation im grundgesetzlichen Gemeinwesen" (so der Untertitel seiner Schrift: Grundrechte und Demokratie – Hervorhebung A. J.). Darauf ist in § 2 II. zurückzukommen.

[95] Von *Roellecke* (NJW 1978, S. 1781) wird dieser Gesichtspunkt in seiner Kritik der Wesentlichkeitstheorie des Bundesverfassungsgerichts angesprochen, wenn er hervorhebt, daß nicht „der Legitimation des rechtsstaatlich-demokratischen Gesetzgebers schlicht die nur durch das Gesetz legitimierte Verwaltung" entgegengesetzt werden dürfe, da die Verwaltungsentscheidungen, wie Artikel 28 Abs. 2 GG oder die Mitwirkung der Betroffenen an Planungsentscheidungen zeigten, „höchst unterschiedlich legitimiert" sein könnten. Auf Artikel 28 Abs. 2 GG weisen in diesem Zusammenhang auch die Diskussionsbeiträge in VVDStRL 43 (1985) von *Ossenbühl* (S. 206), *Starck* (S. 208) und *Zacher* (S. 225) hin; vgl. insoweit daneben *Stettner*, DÖV 1984, S. 614, 619; *Ossenbühl* in Die öffentliche Verwaltung zwischen Gesetzgebung und richterlicher Kontrolle, S. 30; *v. Arnim*, AöR 113 (1988), S. 20 ff. u. a.

[96] Ganz ähnliche „verfassungspolitische" Überlegungen bei *Schlink*, Amtshilfe, S. 133 Anm. 80.

[97] Urteil des Niedersächsischen Staatsgerichtshofs zur Kreisreform in Niedersachsen, Leitsatz Nr. 2, abgedruckt in DVBl. 1979, S. 507. Zu *Kiskers* Argumentation, daß politisch kontroverse Fragen der Regelung durch Gesetz bedürfen, ist auch noch kritisch bemerkt worden, daß sich oft bei Erlaß einer Norm gar nicht voraussehen lasse, ob daraus ein politischer Konflikt entstehe. Der Konfliktgegenstand könne häufig auch vordergründig sein und damit die eigentlichen, tiefer liegenden politischen Kontroversen verbergen. Die Notwendigkeit einer gesetzlichen Regelung

Im *Ergebnis* kann also festgestellt werden, daß es überzeugende Argumente gegen eine Ausweitung des Gesetzesvorbehalts aus allgemeinen demokratischen Gründen gibt. Voraussetzung einer solchen Argumentation ist allerdings ein bestimmtes Verständnis der Aussagekraft von Verfassungsprinzipien und die Relativierung der parlamentarisch-demokratischen Legitimation des Gesetzgebers.

2. *Die rechtsstaatlichen und grundrechtlichen Gründe für eine Erweiterung des Gesetzesvorbehalts*

a) Bei den nunmehr zu schildernden rechtsstaatlichen und grundrechtlichen Gründen, die *für* eine Erweiterung des Gesetzesvorbehalts sprechen, haben zeitlich gesehen zunächst allgemeine rechtsstaatliche Überlegungen im Vordergrund gestanden, während später die grundrechtliche Argumentation überwog. Streng genommen ist diese Unterscheidung aber schon deshalb fragwürdig, weil die Befürworter einer Ausdehnung des Gesetzesvorbehalts aus rechtsstaatlichen Gründen im Ergebnis ebenfalls grundrechtlich argumentieren:

(1) Das gilt etwa für die Argumentation Achterbergs. Achterberg hält eine Ausdehnung des Gesetzesvorbehalts besonders auf den Bereich der Leistungsverwaltung deshalb für geboten, weil ohne das Vorhandensein gesetzlicher Maßstäbe der Rechtsschutz des Bürgers verkürzt würde. Er leitet diese Forderung aus dem Rechtsstaatsprinzip ab, betont aber zugleich richtig, daß sie letztlich ihren verfassungsrechtlichen Grund in Artikel 19 Abs. 4 GG findet[98]. Ganz ähnliche Überlegungen stehen, wie wir sahen[99], hinter der Forderung Haverkates nach einem (besonderen) Gesetzesvorbehalt in der Leistungsverwaltung, wenn Haverkate auch als verfassungsrechtliche Begründung dafür nicht Artikel 19 Abs. 4 GG nannte, sondern das Rechtsstaatsprinzip bzw. die allgemeine Freiheitsrelevanz leistungsstaatlichen Handelns[100].

(2) Rupp beruft sich ebenfalls auf das allgemeine Rechtsstaatsprinzip als verfassungsrechtlichen Anknüpfungspunkt für seine Forderung nach Ausweitung des Gesetzesvorbehalts auf die Leistungsverwaltung. Die Begründung der genannten Forderung im einzelnen zeigt dann aber, daß sie vor allem auf ein gewandeltes Freiheitsverständnis gestützt wird. Rupp vertritt die Ansicht, daß im Wohlfahrts-

---

würde schließlich bei Zugrundelegung des von *Kisker* entwickelten Kriteriums des Politisch-Kontroversen „von den Zufälligkeiten tagespolitischer Auseinandersetzung und ihrer jeweiligen Resonanz in den Massenmedien" abhängig sein, wobei auch die Frage offen bleibe, wer denn eigentlich festlegt, „wann, wie lange und unter welchen Voraussetzungen der ‚Regelungsgegenstand' politisch umstritten und damit als wesentlich im Sinne der Rechtsprechung des Bundesverfassungsgerichts anzusehen" sei (so *Wagner*, DVBl. 1978, S. 840; ähnlich *Wagner/Nobbe*, NJW 1978, S. 1030 f. und Rengeling, NJW 1978, S. 2219).

[98] *Achterberg*, Probleme der Funktionenlehre, S. 207 f.
[99] S. bei Anm. 10 ff.
[100] S. bei Anm. 12 ff.

staat der Gegenwart die dem Bürger vom Grundgesetz zugesprochene Freiheit ohne die gesetzliche Absicherung ihrer materiellen Voraussetzungen wirkungslos sei. Darum könne es auf das Merkmal des Eingriffs für den Gesetzesvorbehalt nicht mehr ankommen, sondern allein darauf, daß dem Bürger keine „Bettlergesinnung" gegenüber der Verwaltung zuzumuten sei. Er müsse aus diesem Grund eine gesetzlich garantierte Rechtsstellung besitzen[101]. Rupp bedient sich nun aber nicht nur dieser letztlich wohl aus den Freiheitsgrundrechten gefolgerten Argumentation[102], sondern verbindet sie mit einer bestimmten rechtstheoretischen Auffassung unter Hinweis auf Artikel 80 GG (bzw. das „Sinngefüge der heutigen Verfassung"). Namentlich die Rechtsbeziehungen zwischen Bürger und Staat können danach nur durch „Außenrecht", worunter das Recht zum staatlichen Eingriff wie auch das Leistungsrecht zu verstehen ist, geregelt werden. Deshalb ist auch ein Tätigwerden der Verwaltung im Leistungsbereich, sofern keine gesetzliche Ermächtigung dazu vorhanden ist, grundsätzlich verboten[103].

(3) Der Versuch, eine Ausdehnung des Gesetzesvorbehalts mit einer bestimmten Interpretation der grundrechtlichen Gesetzesvorbehalte zu begründen, ist im Zusammenhang mit der unter I. geschilderten These von der „Ausfüllungsbedürftigkeit" grundrechtlicher Freiheit zu sehen, die vor allem dem Gesetzgeber eine „soziale Grundrechtspflicht" auferlegt[104]. Daraus konnte zunächst die Grundrechtsrelevanz staatlichen Handelns unabhängig vom Merkmal des Eingriffs gefolgert werden. In einem weiteren Schritt, den vor allem Krebs vollzogen hat, wurde den einzelnen Gesetzesvorbehalten der Grundrechte „eine übergreifende Kompetenzaussage" mit der Begründung abgewonnen, daß die „Grundrechte als objektive Normen nicht interpretatorischer Beliebigkeit ausgesetzt" werden dürften, sondern zu ihrem Schutz eine „verfahrensrechtliche Absicherung" benötigten[105]. Gesetzgebung konnte damit primär als „Grundrechtsverwirklichung und Grundrechtsausfüllung" verstanden werden[106] und hatte damit in der Tat in einem

---

[101] S. dazu schon *Rupp*, DVBl. 1959, S. 84 f. und dann ausführlich derselbe, Grundfragen, S. 135, 141 f. Als Beleg für sein Festhalten an dieser Ansicht s. seine Ausführungen in JuS 1975, S. 616. Zu dieser Begründung vertiefend *Grabitz*, Freiheit und Verfassungsrecht, S. 61 ff.; *Ossenbühl*, Verwaltungsvorschriften und Grundgesetz, S. 214 ff.; *Achterberg*, Probleme der Funktionenlehre, S. 58 f., 71 f.

[102] S. insoweit auch seine Urteilsanmerkung in JZ 1979, S. 226.

[103] *Rupp*, Grundfragen, S. 115 ff.

[104] Vgl. bei Anm. 34 ff.

[105] So *Krebs*, Jura 1979, S. 309 f. mit weiteren Nachweisen. Ausführlicher dazu *derselbe*, Vorbehalt des Gesetzes und Grundrechte, S. 69 ff., S. 102 ff., besonders S. 110 ff. Vgl. daneben *Erichsen*, VA 69 (1978), S. 394 f.

[106] *Krebs*, Vorbehalt des Gesetzes und Grundrechte, S. 72 ff. Zusammenfassend hierzu *Schenke*, Gewerbearchiv 1977, S. 314 f. und *Rottmann*, EuGRZ 1985, S. 289 ff. mit Nachweisen; vgl. daneben besonders *Häberle*, VVDStRL 30 (1972), S. 87, 129 f. u. a.; *derselbe* in FS für Küchenhoff, 2. Halbband, S. 455 ff., 467 ff. *Häberle* monopolisiert aber die Aufgabe der „Grundrechtsaktivierung" bzw. „Grundrechtseffektuierung" nicht beim Gesetzgeber, sondern sieht darin auch eine Aufgabe der (Leistungs-)Verwaltung, insbesondere der (kommunalen) Selbstverwaltung sowie der Rechtsprechung (FS für Küchenhoff, S. 468, 469 Anm. 79, 473 f.; VVDStRL 30/1972,

wesentlichen Bereich ihre „selbsttragende Kraft" verloren[107]. Eine besondere Variante dieser Argumentation ist in dem Versuch zu sehen, aus den Grundrechten einen spezifisch verfahrensrechtlichen Gesetzesvorbehalt als besondere Form ihrer notwendigen gesetzlichen Ausgestaltung abzuleiten[108]. Daß sich allerdings vielfach auch vom richtig verstandenen Eingriffsdenken her insoweit die Forderung nach einem Gesetzesvorbehalt ergibt, wurde schon gesagt[109].

Die geschilderten verfassungsrechtlichen Argumente bewirken primär eine Ausweitung des Gesetzesvorbehalts auf den Bereich der Leistungsverwaltung. Da sie nun aber von einer Grundrechtsrelevanz staatlicher Maßnahmen unabhängig vom Merkmal des Eingriffs ausgehen, ergibt sich daneben die zwangsläufige Folge, daß „der Gesetzesvorbehalt auch ein weiteres Stück in den Organisationsbereich hineingetragen" wird[110]. Die Berufung auf die grundrechtlichen Gesetzesvorbehalte als eine „übergreifende Kompetenzaussage" befördert daneben noch, da sie sich, wie gleich noch zu zeigen sein wird, letztlich auf demokratische Argumente stützen muß, in bestimmten Fällen ein Delegationsverbot für den Gesetzgeber[111]. Schließlich legen die geschilderten Prämissen auch die Ausdehnung des Gesetzesvorbehalts im Bereich der sogenannten besonderen Gewaltverhältnisse nahe[112].

b) Wie den entsprechenden demokratischen Versuchen ist den geschilderten rechtsstaatlichen und grundrechtlichen Begründungen für eine Ausdehnung des Gesetzesvorbehalts *kritisch* zunächst ein methodisches Argument entgegenzuhalten: Auch dem Rechtsstaatsprinzip kann keine selbständige inhaltliche Bedeutung, die über die Einzelvorschriften des Grundgesetzes hinausgeht, beigelegt werden. Aus dem gleichen Grund ist die These von der „*über*greifenden Kompetenzaussage" der grundrechtlichen Gesetzesvorbehalte abzulehnen. Das gegen eine Ausdehnung des Gesetzesvorbehalts aus demokratischen Gründen vorgetragene pragmatische Argument[113] gilt hier ebenfalls. Im übrigen läßt sich gegen die wiedergegebene Argumentation im einzelnen folgendes einwenden:

S. 53 f., 100, 110 sowie DVBl. 1972, S. 910 und Rezension von: *W. Krebs,* Vorbehalt des Gesetzes und Grundrechte, DÖV 1976, S. 338). Das Parlament hat aber nach *Häberle* die (uneingeschränkte) „Prärogative" zum Erlaß von Leistungsrecht (FS für Küchenhoff, S. 473).

[107] Dazu bereits § 1 I. bei Anm. 5 ff.

[108] So wohl zuerst *Häberle*, VVDStRL 30 (1972), besonders S. 86 ff., 121 ff. Mit weitergehenden Begründungen dann zusammenfassend *Goerlich*, Grundrechte als Verfahrensgarantien, besonders S. 26 ff., 384 ff.; vgl. daneben *Hesse*, EuGRZ 1978, S. 434 ff. und *Staupe*, Parlamentsvorbehalt, S. 203 ff.

[109] Vgl. § 1 I. bei Anm. 44 ff. und 48 ff. mit Nachweisen.

[110] So richtig *Schlink*, Amtshilfe, S. 122.

[111] S. dazu besonders *Krebs*, Jura 1979, S. 311 f.; *Staupe,* Parlamentsvorbehalt, S. 201 ff., 236 ff. und unsere Ausführungen unter 3.

[112] Zu dieser letzten Folgerung wiederum besonders *Krebs*, Vorbehalt des Gesetzes und Grundrechte, S. 127 ff. und unsere Ausführungen hier unter 3. Zur Ausweitung des Delegationsverbots im Schulverhältnis als einem der wichtigsten besonderen Gewaltverhältnisse: *Staupe,* Parlamentsvorbehalt, S. 338 ff.

[113] S. bei Anm. 88.

Daß ohne die Ausdehnung des Gesetzesvorbehalts eine mit Artikel 19 Abs. 4 GG nicht zu vereinbarende Verkürzung des Rechtsschutzes eintreten soll, ist deshalb kaum anzunehmen, weil die leistende Verwaltung gerichtlich auf die Einhaltung ihrer Richtlinien überprüft werden kann. Die Rechtsprechung bejaht dies gewöhnlich über den „Umweg" des Artikel 3 Abs. 1 GG, während in der Lehre auch andere Begründungen dafür geliefert werden[114]. In jedem Fall besteht dann daneben die Bindung an Artikel 3 Abs. 1 GG. Zu beachten ist auch, daß die einschlägigen Vorschriften der Haushaltsordnungen bzw. die Zwecksetzungen des Haushaltsplans das Ermessen der Verwaltung insoweit häufig zu steuern vermögen[115]. Die Argumentation Haverkates, daß Zwecke, an denen die Leistungsverwaltung gemessen werden könnte, nur der (normale) Gesetzgeber festzulegen vermag, verkennt letzten Endes wie die aus Artikel 19 Abs. 4 GG abgeleitete Argumentation für eine Erweiterung des Gesetzesvorbehalts überhaupt, die auch vom Bundesverfassungsgericht betonte und in Artikel 20 Abs. 2 und Abs. 3 GG garantierte „institutionelle und funktionelle demokratische Legitimation" der Verwaltung[116]. Sie verkennt darüber hinaus die besondere demokratische Legitimation des Haushaltsplans, die im Blick auf seine namentlich in Artikel 109 Abs. 2 GG formulierte selbständige Funktion auch als eine den „normalen" Gesetzgeber begrenzende verstanden werden kann, so daß zumindest die Möglichkeit besteht, den Subventionsrichtlinien eine Außenwirkung mit der Begründung zuzuspre-

---

[114] Vgl. nur *Schenke*, Gewerbearchiv 1977, S. 319 und *Ossenbühl*, Verwaltungsvorschriften und Grundgesetz, S. 218. Die Literatur zur Rechtswirkung der Verwaltungsvorschriften ist kaum noch übersehbar; s. aus neuerer Zeit zu diesem Problem *Scheuing*, VVDStRL 40 (1982), S. 158 ff. und ergänzend daselbst auf S. 246 ff.: *Raschauer* zum Rechtscharakter der Selbstbindung als solcher; vgl. daneben *Hamann*, VA 73 (1982), S. 28 ff.; *Ossenbühl*, DVBl. 1981, S. 858 ff., besonders S. 862 f. und in Allgemeines Verwaltungsrecht, S. 94 ff. (= § 7 IV.4); *Pietzcker*, NJW 1981, S. 2088 ff., besonders 2090 f.; *Maunz*, DÖV 1981, S. 497 ff., besonders S. 499 f.; *Scheffler*, DÖV 1980, S. 236 ff.; *Beckmann*, DVBl. 1987, S. 616 ff. u. a.

[115] Vgl. vor allem *Kirchhof*, NVwZ 1983, S. 505 ff., besonders 511 f. und *v. Mutius*, VVDStRL 42 (1984), S. 189 ff., besonders S. 197 ff.; zurückhaltender dagegen *Schuppert*, VVDStRL 42 (1984), S. 234 ff. Wenn *Haverkate* (Rechtsfragen, S. 171, 201 ff. mit weiteren Nachweisen) das mit der Begründung ablehnt, daß es sich bei den Haushaltsordnungen wie auch bei dem Haushaltsgesetz mit dem Haushaltsplan um Organgesetze handelt, so übersieht er, daß der von ihm für Subventionen postulierte „besondere" Gesetzesvorbehalt ebenfalls (lediglich) auf ein Organgesetz, das den Zweck der Subvention genauer konkretisieren soll, zielt. In beiden Fällen beinhaltet der Anspruch auf fehlerfreie Ermessensausübung, daß über den Antrag des Bürgers ohne Rechtsfehler (und zwar auch ohne „objektive" Rechtsfehler) entschieden wird (dazu allgemein *Skouris*, NJW 1981, S. 2730). Die Frage, inwieweit der Konkurrent eines durch die Subvention Begünstigten bei vorliegender Klagebefugnis (s. dazu Anm. 55) sich rechtswirksam darauf berufen kann, daß die Subvention unter Nichtbeachtung haushaltsrechtlicher Bestimmungen ausgekehrt wurde, ist ein davon zu unterscheidendes weiteres Problem, das sich allgemein bei der Frage des Nichtadressaten stellt (zusammenfassend dazu *Skouris*, Verletztenklagen, S. 169 ff., besonders S. 202 ff.). Eine solche Möglichkeit ließe sich wohl nur mit der Überlegung bejahen, daß die Subvention vom Staat ausschließlich im öffentlichen Interesse (Artikel 109 Abs. 2 GG) zugeteilt wird und somit gar kein echtes Dreiecksverhältnis vorliegt (ähnliche Überlegungen bei *Löwer* für den straßenrechtlichen Planfeststellungsbeschluß: DVBl. 1981, S. 533 f.).

[116] S. Anm. 91

chen, daß die Artikel 110 ff. GG als Spezialregelungen gegenüber Artikel 80 Abs. 1 GG angesehen werden müssen[117]. Darauf ist in § 3 noch genauer einzugehen.

Diese beiden letzten, vor allem im Blick auf die Argumentation von Haverkate vorgetragenen Argumente, die in ähnlicher Form ja bereits gegen eine Ausdehnung des Gesetzesvorbehalts aus demokratischen Gründen geltend gemacht wurden, sprechen auch gegen die geschilderte These Rupps und den Versuch, aus den grundrechtlichen Gesetzesvorbehalten einen umfassenden Gesetzesvorbehalt für die Verwaltung abzuleiten. Denn sie schränken die dem Artikel 80 GG bzw. den grundrechtlichen Gesetzesvorbehalten beigelegte Aussage über die Reichweite des Gesetzesvorbehalts zwangsläufig ein. Besitzt die Verwaltung kraft Artikel 20 Abs. 2 und Abs. 3 GG eine verfassungsrechtlich eigenständige Legitimation und sind u. a. wegen der Artikel 110 ff. GG[118] Grenzen der parlamentarisch-demokratischen Legitimation des Gesetzgebers denkbar, so werden die angesprochenen Auslegungen, die sich ja nicht eindeutig aus dem Wortlaut des Grundgesetzes ergeben, fraglich. Es erscheint dann verfassungsrechtlich nicht mehr zwingend geboten, daß der Staat seiner schon aus dem Sozialstaatsgrundsatz folgenden Verpflichtung, die notwendigen sozialen (faktischen) Voraussetzungen grundrechtlicher Freiheit zu gewährleisten, gerade in *Gesetzes*form nachkommen muß[119]. Das gleiche hat für organisatorische Regelungen zu gelten, soweit sie nicht mit Grundrechtseingriffen in Zusammenhang stehen.

Rupp muß sich darüber hinaus entgegenhalten lassen, daß er im Stil der Begriffsjurisprudenz einen vorher definierten (Außen-)Rechtsbegriff an den Artikel 80 GG heranträgt, um dann dessen Aussage über die Reichweite des Gesetzesvorbehalts von dorther zu bestimmen. Unbegründet im Sinne verfassungsrechtli-

---

[117] So *H. P. Ipsen*, VVDStRL 25 (1967), S. 292, 294 ff. und im Anschluß daran *Hansen*, Fachliche Weisung, S. 326 ff., 156 f. *Achterbergs* Argumentation ist auch schon deshalb nicht konsequent, weil er einen rein formellen – inhaltslosen – Gesetzesbegriff vertritt (DÖV 1973, S. 297 und DVBl. 1974, S. 704), was die grundsätzliche Bejahung der Zulässigkeit von Einzelfall-(Einzelpersonen-)Gesetzen notwendig einschließt. Gerade diese Gesetze verkürzen aber den Rechtsschutz: einmal wegen der erschwerten Zulässigkeitsvoraussetzungen, zum anderen deshalb, weil man als Betroffener gegen Gesetze nicht wie gegen Verwaltungsakte Widerspruch einlegen und sie in mehreren gerichtlichen Instanzen auf ihre Rechtmäßigkeit überprüfen lassen kann. Hinzu kommt als wesentlicher Unterschied, daß ein Gesetz wegen der Art seines Zustandekommens und seiner mangelnden Begründung sich nicht so umfassend gerichtlich überprüfen läßt wie etwa wiederum ein Verwaltungsakt. Die wohl zuerst von *Forsthoff* (Rechtsstaat im Wandel, S. 120 f.) vertretene These, daß Maßnahmegesetze wie Verwaltungsmaßnahmen zu überprüfen sind, übersieht die verfassungsrechtlich vorgegebenen Modalitäten des Gesetzgebungsverfahrens und den spezifischen Sinn dieser Regelungen. Auf diese Argumentation, die dennoch vielfache Zustimmung gefunden hat, kommen wir in § 6 zurück.

[118] Weitere mögliche Grenzen wurden unter 1. b) (bei Anm. 93 ff.) erwähnt.

[119] Richtig wird insoweit ein „Kurzschluß" konstatiert; vgl. etwa *Schenke*, Gewerbearchiv 1977, S. 314 und *Roellecke*, NJW 1978, S. 1778 f.

cher Argumentation bleibt ihm also, *warum* das Leistungsrecht nur in Form von „Außenrecht" regelbar ist[120].

Gegenüber dem Versuch, aus den grundrechtlichen Gesetzesvorbehalten einen erweiterten Gesetzesvorbehalt für die Verwaltung abzuleiten, ist noch zu fragen, ob ihm denn eine „verfassungsgemäße" Grundrechtstheorie und eine damit in Zusammenhang stehende entsprechende Auslegung der grundrechtlichen Gesetzesvorbehalte zugrunde liegt[121]. Genau das ist mit guten Gründen, die hier nicht zu wiederholen sind, mehrfach bezweifelt worden[122]. Angemerkt sei nur, daß auch eine getrennt allein auf den Sinngehalt der einzelnen grundrechtlichen Gesetzesvorbehalte abstellende Auslegung durchaus gegen die These zu sprechen vermag, daß in den grundrechtlichen Gesetzesvorbehalten eine übergreifende Kompetenzaussage im Sinne eines umfassenden grundrechtlichen Konkretisierungsauftrages des Gesetzesgebers enthalten ist[123]. Im übrigen ist nur eine Grundrechtstheorie, die von dem Verständnis der Grundrechte als Abwehrrechte ihren Ausgangspunkt nimmt, in der Lage, dem Gedanken gerecht zu werden, daß auch von der Legitimation her gesehen eine „verfassungsrechtliche Grundspannung" zwischen Grundrechten und Demokratie, der Individualfreiheit und dem Willen des Volkes besteht[124]. Dem Gesetzgeber ist nicht nur die „Umverteilung der Grundrechtssub-

---

[120] So richtig *Schlink*, Amtshilfe, S. 121. Zur Fragwürdigkeit dieses methodischen Vorgehens s. allgemein *Böckenförde/Grawert*, AöR 95 (1970), S. 6 ff. (= II.), S. 23 f. Der von *Rupp* unausgesprochene Grund für diese rechtstheoretische These ist u. E. in seiner Ausgangsüberlegung zu suchen (s. besonders DVBl. 1959, S. 84 f.), daß der Freiheitsgedanke die gesetzliche Fixierung der Leistungsrechte für den Bürger fordert. Insofern trifft das nun im Text folgende Argument gegen eine Ausweitung des Gesetzesvorbehalts aus grundrechtlichen Gründen auch seine Argumentation.

[121] So *Böckenförde*, NJW 1974, S. 1538. Dort auch die Begründung für das damit geforderte methodische Vorgehen.

[122] S. dazu ausführlich *Haverkate*, Rechtsfragen, S. 71 ff., besonders S. 95 ff.; daneben *Schlink*, Amtshilfe, S. 135 ff. und *Wülfing*, Grundrechtliche Gesetzesvorbehalte und Grundrechtsschranken, S. 65 ff. Der Streit verlöre seine Schärfe, wenn man erkennen würde, daß es dem richtig verstandenen Eingriffsdenken gar nicht um eine Inhaltsbestimmung der grundrechtlichen Freiheit geht, sondern allein darum, wie die Freiheit am besten geschützt wird („rechtstechnisch zu konstruieren" ist); s. dazu *Schlink* (Der Staat 18/1979, S. 617) in Klarstellung gegenüber *Suhr*. Natürlich sind auch die unterschiedlichen Funktionen, die dem Gesetzgeber nach den Aussagen der Vorbehalte in den einzelnen Grundrechten zugesprochen werden (Inhaltsbestimmung und Ausgestaltung durch den Gesetzgeber auf der einen, gesetzliche Schrankenziehung auf der anderen Seite), nicht zu übersehen. „Nur hat eben die traditionelle Theorie einen *besonderen* Grund für die Annahme der Ausgestaltungsbedürftigkeit eines Grundrechts verlangt und damit im Ergebnis verhindert, daß die Eingriffsmöglichkeiten des Gesetzgebers in der unverfänglichen Einkleidung einer bloßen Grundrechtsausgestaltung verharmlost werden konnten" (so richtig *Haverkate*, Rechtsfragen, S. 97 – Hervorhebung A. J.). Daß eine liberale Grundrechtstheorie im übrigen durchaus in der Lage ist, Modifikationen dort, wo der Text (und die Entstehungsgeschichte) des Grundgesetzes es gebietet, zu berücksichtigen, zeigt die Auslegung der Rundfunkfreiheit durch *Böckenförde/Wieland* in Archiv für Presserecht 1983, S. 77 ff.

[123] Das zeigen deutlich die Ausführungen von *Schenke*, Gewerbearchiv 1977, S. 314 f. und Der Staat 15 (1976), S. 569 f.

[124] So *Isensee* (Grundrechte und Demokratie, S. 20), der in der erwähnten Schrift diesen Gedanken besonders klar herausgearbeitet hat; vgl. daneben *Roellecke*, NJW 1978, S. 1778 f. Der

stanz" versagt[125], also das Recht, über die Gewährleistung der Freiheit aller hinaus ein Freiheitsrecht zum Nachteil eines anderen zu erweitern, sondern ihm ist auch verboten, grundrechtliche Rechte zugunsten des Rechts auf demokratische Teilhabe zu beseitigen bzw. einzuschränken. Das aber geschieht, wenn dem Gesetzgeber über die grundrechtlichen Gesetzesvorbehalte hinaus weitergehende allgemeine Kompetenzen zur „Grundrechtskonkretisierung" zugesprochen werden[126].

Entscheidend spricht nun weiter gegen die Forderung eines umfassenden Gesetzesvorbehalts aus grundrechtlichen Gründen, daß ein normatives Kriterium, nach dem über die Grundrechtsrelevanz und damit über die Notwendigkeit eines gesetzgeberischen Tätigwerdens entschieden werden kann, kaum zu benennen ist, wenn das Eingriffs- und Schrankendenken aufgegeben wird[127]. Es müssen dann letztlich doch wohl nicht aus den Grundrechten ableitbare andere Gründe, vor allem demokratische, die aufgeworfene Frage beantworten. Daß diese Vermutung richtig ist, zeigt etwa folgende Bemerkung von Krebs, der ja besonders für die geschilderte extensive Interpretation der grundrechtlichen Gesetzesvorbehalte eingetreten ist: „Der grundrechtliche Gesetzesvorbehalt bringt zum Ausdruck, daß diese Aufgabe (erg.: der Konkretisierung der „offenen" Grundrechte) in erster Linie der Gesetzgebung *wegen* ihrer hervorgehobenen demokratischen Legitimation, der Öffentlichkeit des Verfahrens sowie der Publizität seiner Ergebnisse zukommt"[128]. Die wesentlichen Gründe für die Interpretation der grundrechtlichen Gesetzesvorbehalte als übergreifende Kompetenzaussage im dargelegten Sinne sind also in Wirklichkeit die besondere demokratische Legitimation des Gesetzgebers und die Besonderheiten des Gesetzgebungsverfahrens; sie rechtfertigen diese aus dem Wortlaut der einzelnen grundrechtlichen Gesetzesvorbehalte kaum ableitbare Auslegung. Eine fragwürdige Grundrechtstheorie und eine ebenso fragwürdige Absolutsetzung der besonderen demokratischen Legitimation des Gesetzgebers (bzw. des für ihn geltenden Verfahrens) gehen

---

genannte Gedanke ist es auch, der vielfach gegen den Versuch geltend gemacht werden muß, aus dem Verständnis der Grundrechte als Verfahrensgarantien die Forderung nach einem erweiterten Gesetzesvorbehalt abzuleiten. Das Verständnis der Grundrechte als Verfahrensgarantien spricht nämlich häufig gerade gegen ein Tätigwerden des Gesetzgebers überhaupt, wenn man das verfassungsrechtliche Postulat eines wirksamen Rechtsschutzes ernst nimmt. Das wird uns in den §§ 6 und 7 noch genauer beschäftigen.

[125] Dazu zusammenfassend *Isensee*, Kirchenautonomie und sozialstaatliche Säkularisierung in der Krankenpflegeausbildung, S. 66ff., 77ff.

[126] Dieser Gesichtspunkt klingt bereits in der verfassungsrechtlichen Diskussion über die Regelungsflut an; vgl. besonders *Maasen*, NJW 1979, S. 1475f. und unsere Ausführungen in der Einleitung bei Anm. 15ff.

[127] Kritisch insoweit auch *Ossenbühl* (in Die öffentliche Verwaltung zwischen Gesetzgebung und richterlicher Kontrolle, S. 26) und *Papier* (daselbst auf S. 40, 43f., 58f., auch S. 54f.). Die Erstreckung des grundrechtlichen Schutzes auf faktische Beeinträchtigungen (s. dazu § 1 I. bei Anm. 53ff.) gibt u. E. das Schrankendenken nicht auf. Das geschieht erst in dem Moment, wo der den Staat begrenzende Charakter der Grundrechte in Frage gestellt wird.

[128] *Krebs,* Jura 1979, S. 310 und DVBl. 1977, S. 635 (Hervorhebung A. J.).

also Hand in Hand bei der Ausweitung des Gesetzesvorbehalts aus grundrechtlichen Gründen.

3. Die Wesentlichkeitstheorie des Bundesverfassungsgerichts als Grund für eine Erweiterung des Gesetzesvorbehalts

Das Bundesverfassungsgericht hat es als wesentlichen Fortschritt angesehen, daß „der Vorbehalt des Gesetzes von seiner Bindung an überholte Formeln (Eingriff in Freiheit und Eigentum) gelöst und von seiner demokratisch-rechtsstaatlichen Funktion her auf ein neues Fundament gestellt" worden sei[129]. Zur Begründung für seine Auffassung hat es sich auf demokratische wie auf rechtsstaatliche und grundrechtliche Gesichtspunkte berufen[130]. Diese „gemischte" Argumentation unseres höchsten Gerichts ist bereits von anderer Seite genauer dargestellt und – kritisch – gewürdigt worden[131]. Darauf kann hier verwiesen werden; vor allem, weil die unter 1. und 2. mitgeteilten Rechtfertigungen für eine Ausweitung des Gesetzesvorbehalts und die ebenfalls dargelegten Argumente dagegen den „Argumentationshaushalt" des Bundesverfassungsgerichts völlig abdecken.

Im vorliegenden Zusammenhang interessiert nun aber noch die Frage, welche konkreten Folgerungen das Bundesverfassungsgericht aus seiner Rechtsprechung zum verfassungsrechtlichen Gesetzesvorbehalt gezogen hat[132]. Insoweit fällt auf, daß die meisten einschlägigen Entscheidungen die Erweiterung des Gesetzesvorbehalts in den sogenannten besonderen Gewaltverhältnissen (vor allem im Schulrecht) zum Thema haben[133]. Daß dies eine Folgerung war, die sich grundsätzlich

---

[129] BVerfGE 47, 46, (78 f.); ähnlich vorher schon BVerfGE 34, 165 (192 f.); BVerfGE 40, 237 (248 f.); BVerfGE 41, 251 (259 f.); BVerfGE 45, 400 (417 f.); allgemein zum Gesetzesvorbehalt auch noch BVerfGE 48, 210 ff. (221).

[130] Das schildert präzise *Schlink*, Amtshilfe, S. 225 ff.; vgl. daneben (auch zur einschlägigen Rechtsprechung des Bundesverwaltungsgerichts) *Staupe*, Parlamentsvorbehalt, S. 102 ff. (Kapitel IV) und *Rottmann*, EuGRZ 1985, S. 286 ff., 291 f. sowie *Eberle*, DÖV 1984, S. 485 f., 487 f.

[131] S. besonders *Schlink*, aaO. In der Begründung und im Ergebnis weitgehend zustimmend dagegen *Erichsen*, VA 69 (1978), S. 387 ff. und VA 70 (1979), S. 249 ff. sowie *Schulze-Fielitz*, Parlamentarische Gesetzgebung, S. 157 ff.

[132] Es geht im folgenden also nicht um die *möglichen* Folgerungen, die sich aus dieser Rechtsprechung für die Lehre vom Gesetzesvorbehalt ergeben könnten, aber in dieser Form noch nicht vom Bundesverfassungsgericht, sondern von der Literatur aus seiner Rechtsprechung gezogen worden sind; vgl. dazu etwa für einen Gesetzesvorbehalt im Subventionsrecht *Bauer*, DÖV 1983, S. 53 ff.; *Grosser*, Spannungslage, S. 112 ff. und BayVBl. 1983, S. 551 ff.; *Jakobs*, BayVBl. 1985, S. 354 ff.; *Friauf* in Verhandlungen des 55. Deutschen Juristentages, Bd. 2, S. M 16 f. und für einen erweiterten, nicht auf Grundrechtseingriffe beschränkten Gesetzesvorbehalt für die Kommunalverwaltung: *Bethge*, NVwZ 1983, S. 577 ff. sowie *M.-J. Seibert*, DÖV 1986, S. 962 f. Diese Folgerungen legen aber auch die bereits dargestellten Versuche in der Lehre nahe, den Gesetzesvorbehalt zu erweitern, so daß insoweit auf das dort Gesagte verwiesen werden kann.

[133] Zu dieser Rechtsprechung des Bundesverfassungsgerichts *Rottmann*, EuGRZ 1985, S. 286 ff. und – unter Einbeziehung der einschlägigen Rechtsprechung anderer Gerichte – *Ronellenfitsch*, VA 73 (1982), S. 245 ff. sowie zum Schulrecht *Staupe*, Parlamentsvorbehalt, S. 338 ff.

auch von dem Verständnis der einzelnen Grundrechtsvorbehalte als Eingriffsvorbehalte nahelegt, ist in der Literatur zutreffend betont worden[134]. Dennoch darf nicht übersehen werden, daß es die Eigengesetzlichkeit der „öffentlich-rechtlichen Sonderbindungen" häufig verbietet, von Eingriffen in Grundrechte im klassischen Sinne zu sprechen[135]. Das gilt für die im Grundgesetz vorgesehenen öffentlich-rechtlichen Sonderbindungen schon deshalb, weil sie ebenso wie die Grundrechte Bestandteile der verfassungsmäßigen Ordnung sind und damit auch ihre Funktionsfähigkeit verfassungsrechtlichen Schutz genießt[136]. Es findet so in den öffentlich-rechtlichen Sonderbindungen, wie Loschelder überzeugend dargelegt hat, durchweg eine „Durchdringung der Staatsbelange und Individualinteressen" statt[137]. Nimmt man hinzu, daß es sich bei den öffentlich-rechtlichen Sonderbindungen weitgehend um „diffuse" Rechtsverhältnisse handelt, die insoweit keine „Inventarisierbarkeit" der in ihnen ergehenden (weder konditional- noch zweckprogrammierten) Anordnungen gestatten[138], so ergibt sich für die Reichweite des Gesetzesvorbehalts folgendes:

Es läßt sich, wie früher dargelegt, der Sinn der Freiheitsgrundrechte und der ihnen beigefügten Gesetzesvorbehalte primär in der ungleichen Verteilung der Rechtfertigungslasten sehen. Darin besteht folglich die Antwort des Grundgesetzes auf die Frage, wie Freiheit rechtstechnisch zu konstruieren ist[139]. Die Notwendigkeit eines Gesetzesvorbehalts für Anordnungen im besonderen Gewaltverhältnis ergibt sich somit, falls sie keine Eingriffe im klassischen Sinne darstellen, nur unter der Voraussetzung, daß in ihnen grundrechtsrelevante faktische Beeinträchtigungen gesehen werden können[140]. Auf diesem Weg, so scheint es, kann den

---

[134] Vgl. *Schlink*, Amtshilfe, S. 129 und *Böckenförde*, Gesetz, S. 397; a.A. *Erichsen*, VA 69 (1978), S. 393 f. mit Nachweisen. Der Unterschied relativiert sich, wenn man das Eingriffsdenken im dargelegten Sinn (vgl. § 1 I. bei Anm. 51 f. und Anm. 122) versteht. Genauer zur (grundrechtlichen) „Freiheitssicherung in der Sonderbindung": *Loschelder,* Sonderbindung, S. 399 ff.

[135] Dazu ausführlich nun *Loschelder* (Sonderbindung, S. 375 ff. = B., besonders S. 384 ff. und S. 400 ff.), von dem die Kennzeichnung der besonderen Gewaltverhältnisse als öffentlich-rechtliche Sonderbindungen im Text übernommen ist. *Loschelder* lehnt darum auch – von den dargelegten Voraussetzungen her durchaus konsequent – die Anwendung des Artikel 19 Abs. 1 GG auf diese Fälle ab (aaO., S. 400 f.).

[136] S. dazu *Hesse*, Grundzüge, S. 130 ff.; *Wülfing*, Grundrechtliche Gesetzesvorbehalte und Grundrechtsschranken, S. 116 ff.; daneben *Ronellenfitsch*, DÖV 1981, S. 939. Zu den daraus resultierenden faktischen Grenzen im Schulrecht vgl. etwa *Eiselt*, DÖV 1980, S. 406 und *Nevermann*, VA 71 (1980), S. 249 ff.

[137] So *Loschelder*, Sonderbindung, S. 298 ff. (3. Kapitel) und im Anschluß daran *N. Klein*, DVBl. 1987, S. 1106 f.

[138] S. dazu nach wie vor überzeugend *Podlech*, Das Grundrecht der Gewissensfreiheit und die besonderen Gewaltverhältnisse, S. 55 ff., 65 ff., 69 ff., 151 ff.

[139] S. dazu bereits § 1 I. bei Anm. 51 f.

[140] S. dazu § 1 I. bei Anm. 52 ff. Denkbar wäre insoweit allerdings auch, als Ermächtigungsgrundlage die grundgesetzliche Erwähnung der öffentlich-rechtlichen Sonderbindungen unter Hinweis auf den Auslegungsgrundsatz der praktischen Konkordanz und die fehlende Mittel-Zweck-Steuerung des geforderten Gesetzesvorbehalts (s. dazu § 1 Anm. 54) genügen zu lassen (vgl. ergänzend noch unsere Ausführungen in der folgenden Anmerkung 146).

Freiheitsgefährdungen im modernen Sozialstaat wirksam begegnet werden. Er bleibt bei Aufgabe des Merkmals „Eingriff" dem Schrankendenken verpflichtet und liefert durch seine Anknüpfung an die im Zivilrecht entwickelte Normzwecklehre insoweit auch handhabbare Abgrenzungskriterien[141]. Die verfassungsrechtlichen Anforderungen an das eine öffentlich-rechtliche Sonderbindung („besonderes Gewaltverhältnis") begründende Gesetz stimmen dann nur insoweit mit den sonst für Eingriffsregelungen des Gesetzgebers in Grundrechte geltenden überein, als sich allgemeine Rechte und Pflichten in der öffentlich-rechtlichen Sonderbindung vorhersehbar und von Dauer (inventarisierbar) – vor allem aber losgelöst von der angesprochenen Interessenverflochtenheit – benennen lassen. Das wird über die Eintritts- und Austrittsregelungen hinaus selten der Fall sein. Im übrigen kann und muß sich ein solches Gesetz auf die genaue Fixierung (Konkretisierung) des der öffentlich-rechtlichen Sonderbindung „wesensmäßig eingestifteten Zwecks"[142] beschränken. Diese Zwecksetzung ermöglicht es dann – und insoweit gelten die Aussagen von Haverkate für die von ihm geforderten Zweckgesetze in der Leistungsverwaltung[143] –, die grundrechtsrelevanten faktischen Beeinträchtigungen einer Verhältnismäßigkeitsprüfung im dargelegten Sinne[144] zu unterziehen.

Entgegen dem Bundesverfassungsgericht ist es also nicht erforderlich, für die Entscheidung der Frage, ob der Gesetzgeber tätig werden muß, abstrakt auf die Wesentlichkeit einer Regelung für die öffentlich-rechtlichen Sonderbindungen abzustellen und dabei das *allgemeine* Rechtsstaats- und Demokratieprinzip und die *allgemeine* Grundrechtsrelevanz zum Maßstab zu nehmen. Entgegen dem Bundesverfassungsgericht ergibt sich nach dem Gesagten auch nicht die Notwendigkeit, nach den gleichen ungenauen Kriterien eine Entscheidung darüber zu treffen, wiewiet der Gesetzgeber selbst die gebotenen Regelungen für die öffentlich-rechtlichen Sonderbindungen zu erlassen hat[145]. Artikel 80 Abs. 1 GG kann allerdings insofern wohl nicht als Maßstab dienen. Denn – und darauf haben

---

[141] S. Anm. 53.

[142] *Böckenförde/Grawert,* AöR 95 (1970), S. 27.

[143] *Haverkate,* Rechtsfragen, S. 20 ff., 117 ff., 196 ff., 232 ff., 290 ff.

[144] S. § 1 I. bei Anm. 56 ff.

[145] S. dazu zuletzt BVerfGE 58, 257 ff., besonders 274, 277 ff. und die kritische Anmerkung von *Wilke,* JZ 1982, S. 759 f.; vgl. auch *Kisker,* DVBl. 1982, S. 886 ff.; *Eberle,* DÖV 1984, S. 487 ff. und die Bemerkung von *Schlink,* Amtshilfe, S. 133 Anm. 80. Weitgehend mit dieser Rechtsprechung übereinstimmend und sie weiterführend *Krebs,* Jura 1979, S. 311 f.; *Erichsen,* VA 69 (1978), S. 396 und VA 70 (1979), S. 252 f., 256; insbesondere weiterführend vor allem *Staupe,* Parlamentsvorbehalt, S. 201 ff., 236 ff., 296 ff. Ähnlich wie *Krebs* und *Erichsen*: Böckenförde (Gesetz, S. 393 ff.), weil auf diese Weise eine eigenständige Regelungskompetenz der Exekutive begründet und damit verbunden eine modifizierende Auslegung des Artikel 80 Abs. 1 GG möglich wird (Aufhebung seiner Sperrwirkung); zu dieser letzten Folgerung vgl. auch *Krebs,* VA 70 (1979), S. 296 ff. Ob man aus *diesem* Grund tatsächlich zu einer Anerkennung der Wesentlichkeitstheorie zumindest insoweit gezwungen ist, läßt sich bezweifeln. Das wird uns sogleich (Anm. 146) noch kurz und später (§§ 3 und 8) noch genauer beschäftigen. Die genannte Kritik *Wilkes* an der Rechtsprechung des Bundesverfassungsgerichts trifft u. E. insoweit das Richtige, als

Böckenförde und Grawert schon vor Jahren hingewiesen – die geschilderte Eigenart der öffentlich-rechtlichen Sonderbindungen, besonders der ihnen innewohnende, vom Gesetzgeber lediglich zu begrenzende Zweck und die Erfassung eines ganz bestimmten Personenkreises (Soldaten, Schüler, Strafgefangene etc.), lassen den Schluß zu, daß Artikel 80 GG auf sie keine Anwendung findet. Diese Vorschrift ist, wie die genannten Autoren richtig feststellen, auf das *allgemeine* Staat-Bürger-Verhältnis zugeschnitten und fordert eine „konstitutive" und nicht „limitative" Zwecksetzung, wie sie für die „besonderen Gewaltverhältnisse" typisch ist[146]. Wenn man jedoch auf die Funktionsfähigkeit der öffentlich-rechtlichen Sonderbindungen abstellt, erhält man wegen der geschilderten Eigenart dieser Rechtsverhältnisse ein aussagekräftiges Kriterium für die erforderliche Genauigkeit der gesetzlichen Regelungen. Im Ergebnis würde dann, was die Frage der Konkretheit der gesetzlichen Vorschrift betrifft, bei der öffentlich-rechtlichen Sonderbindung die Reichweite des Gesetzesvorbehalts mit dem Bereich des legislativen Zugriffsrechts zusammenfallen. Auf diese Folgerung kommen wir in § 8 zurück.

Die Vergesetzlichung der öffentlich-rechtlichen Sonderbindungen, die als wesentliche, durch die Rechtsprechung des Bundesverfassungsgerichts ausgelöste Ursache für die Gesetzesflut immer wieder genannt worden ist, ist nach dem Gesagten jedenfalls in dem postulierten Umfang verfassungsrechtlich nicht unbedingt zwingend; vor allem gibt es präzisere juristische Kriterien als die von der Rechtsprechung genannten, um die Reichweite des Gesetzesvorbehalts für die öffentlich-rechtlichen Sonderbindungen zu bestimmen.

Im *Ergebnis* folgt damit aus unseren Ausführungen zur Reichweite des verfas-

---

außerhalb der öffentlich-rechtlichen Sonderbindungen grundsätzlich allein der Wortlaut des Artikel 80 Abs. 1 GG über die Möglichkeit einer Delegation entscheiden muß.

[146] *Böckenförde/Grawert*, AöR 95 (1970), S. 19 ff., 27 f., 29 ff. Im Ergebnis ebenso *Hansen*, Fachliche Weisung, S. 330 f., 336. Die Nichtanwendbarkeit des Artikel 80 GG läßt durchaus den weiteren Schluß zu, daß die Exekutive die eigenständige Befugnis besitzt, durch Sonderverordnungen (zu ihrem Rechtscharakter *Böckenförde/Grawert*, aaO., S. 20 f., 22 f., 27 ff., 34 ff.; *Ossenbühl* in Allgemeines Verwaltungsrecht, S. 102 ff. = § 7 V; *Papier*, Finanzrechtliche Gesetzesvorbehalte, S. 42 ff.; *Groß*, DÖV 1971, S. 186 ff. Im wesentlichen gleiches Ergebnis bei *Eiselt*, DÖV 1980, S. 406 ff.) Rechte und Pflichten im besonderen Gewaltverhältnis zu begründen. Man könnte dann in einem weiteren Schritt unter Hinweis auf das Ineinandergreifen von Staatsbelangen und Individualinteressen in den öffentlich-rechtlichen Sonderbindungen und den ihnen wesensgemäß innewohnenden Zweck für die im Grundgesetz selbst vorgesehenen öffentlich-rechtlichen Sonderbindungen auf einen Gesetzesvorbehalt, soweit er ihren Zweck näher konkretisiert, ganz verzichten und dafür auf das legislative Zugriffsrecht verweisen. Das wäre eine Parallele zu unserer Feststellung (s. Anm. 54), daß für grundrechtsrelevante faktische Beeinträchtigungen deshalb möglicherweise auf einen Gesetzesvorbehalt verzichtet werden kann, weil die für den grundrechtlichen Gesetzesvorbehalt charakteristische Mittel-Zweck-Steuerung in dem Sinne, daß der Gesetzgeber zu entscheiden hat, welche Mittel der Verwaltung zu ihrer Aufgabenerfüllung zur Verfügung stehen, gerade entfällt. Subjektive Rechte und damit Klagebefugnisse beständen für den einzelnen in der öffentlich-rechtlichen Sonderbindung dann ebenfalls gegen Anordnungen, die ohne gesetzliche Grundlage ergehen, wenn im konkreten Fall eine grundrechtsrelevante faktische Beeinträchtigung im Sinne der Normzwecklehre vorliegt.

sungsrechtlichen Gesetzesvorbehalts, daß die demokratischen, rechtsstaatlichen und allgemeinen grundrechtlichen Argumente, die für eine Ausweitung des Gesetzesvorbehalts in Rechtsprechung und Lehre angeführt werden[147] und die einen wesentlichen verfassungsrechtlichen Grund für die Gesetzesflut darstellen, dann nicht mehr unbedingt zu überzeugen vermögen, wenn man genauer nach der Aussagekraft verfassungsrechtlicher Prinzipien, den rechts- und grundrechtstheoretischen Voraussetzungen dieser Argumente sowie nach der Richtigkeit der ihnen mehr oder weniger bewußten Prämisse fragt, daß die parlamentarisch-demokratische Legitimation des Gesetzgebers uneingeschränkt absoluten Vorrang vor anderen parlamentarischen und außerparlamentarischen Legitimationsformen besitzt. Zu beachten ist abschließend, daß natürlich auch ein „verfeinertes" Eingriffsdenken zu einer Erweiterung des Gesetzesvorbehalts beigetragen hat. Es wurde schon erwähnt, daß sowohl die Vergesetzlichung der sogenannten besonderen Gewaltverhältnisse wie die vom Gesetzgeber geforderten Organisations-, Verfahrens- und Verteilungsregelungen zum Teil auch von einem richtig verstandenen Eingriffs- und Schrankendenken her geboten sind[148]. Darüber hinaus läßt sich, wie besonders ausführlich Schlink gezeigt hat, bei einem Verständnis der grundrechtlichen Gesetzesvorbehalte als Eingriffsvorbehalte auch nachweisen, daß im Eingriffsbereich „nicht nur Befugnisse, sondern Aufgaben-Befugnis-Zusammenhänge" unter dem Vorbehalt des Gesetzes stehen[149]. Die erwähnten Erweiterungen sind aber – und das ist entscheidend – gegenüber den Versuchen, einen erweiterten Gesetzesvorbehalt aus demokratischen, rechtsstaatlichen und

---

[147] Der Vollständigkeit halber sei erwähnt, daß sich in der Lehre auch noch andere verfassungsrechtliche Begründungen für eine Erweiterung des Gesetzesvorbehalts finden. Sie haben allerdings nur geringe Bedeutung gewonnen und brauchen hier darum nicht genauer betrachtet zu werden. Es lassen sich noch folgende Ansätze ausmachen:
1. Ausweitung des Gesetzesvorbehalts unter Berufung auf das Gewaltenteilungsprinzip als solches. Das ist namentlich in der Schweizer Staatsrechtslehre geschehen (s. dazu kritisch *Achterberg*, Probleme der Funktionenlehre, S. 63f., 207; *Jesch,* Gesetz und Verwaltung, S. 197ff., 200 sowie *Staupe,* Parlamentsvorbehalt, S. 187ff.).
2. Ausweitung des Gesetzesvorbehalts aus sozialstaatlichen Gründen (s. dazu etwa *F. Müller*, Rechtsstaatliche Form – Demokratische Politik, S. 28f.; *Götz,* Recht der Wirtschaftssubventionen, S. 283f., 294ff.). Kritisch zu derartigen Versuchen mit weiteren Literaturhinweisen *Ossenbühl,* Verwaltungsvorschriften und Grundgesetz, S. 233ff.; *Schenke,* Gewerbearchiv 1977, S. 317f. und Der Staat 15 (1976), S. 556 sowie *Staupe,* Parlamentsvorbehalt, S. 185ff.
3. Anhaltspunkte für die Notwendigkeit eines erweiterten Gesetzesvorbehalts liefert die Kompetenzordnung der Artikel 73ff. GG; so *Bleckmann*, DÖV 1983, S. 132f. und DÖV 1983, S. 808f.; ansatzweise so auch der Diskussionsbeitrag von *Püttner* in Götz/Klein/Starck (Hrsg.), Die öffentliche Verwaltung zwischen Gesetzgebung und richterlicher Kontrolle (1985), S. 112. Kritisch dazu unter Hinweis auf den beschränkten Aussagehalt der genannten Kompetenzbestimmungen *A. Menzel,* DÖV 1983, S. 805ff. und *Staupe,* Parlamentsvorbehalt, S. 191f.
[148] S. bei Anm. 134 und die genannte Anmerkung selbst sowie § 1 I. bei Anm. 43f., 49ff.
[149] *Schlink,* Amtshilfe, S. 107ff., 142ff. (Zitat S. 143). Zu den daraus folgenden Konsequenzen für das Recht der Amtshilfe: S. 149ff., 203f. Vgl. daneben *Osterloh,* JuS 1983, S. 280ff. und aus der Rechtsprechung VGH München, NVwZ 1983, S. 550f.

(von den grundrechtlichen Gesetzesvorbehalten losgelösten) allgemeinen grundrechtlichen Überlegungen zu begründen, lediglich *punktueller* Art.

III. Die Inhaltslosigkeit des verfassungsrechtlichen Gesetzesbegriffs

Eine vermehrte gesetzgeberische Tätigkeit wird natürlich auch durch die These befördert, daß für den Gesetzesbegriff des Grundgesetzes keine inhaltlichen Kriterien existieren, sondern insoweit nur die verfassungsrechtlichen Bestimmungen über das Gesetzgebungsverfahren begrenzend wirken[149a]. Die inzwischen wohl überwiegende Mehrheit bejaht einen solchen lediglich „formellen" Gesetzesbegriff des Grundgesetzes, und Versuche, daneben die „Allgemeinheit" des Gesetzes als verfassungsrechtliches Postulat zu begründen, bleiben gewöhnlich auf halbem Wege stehen. Das ist nunmehr als weiterer verfassungsrechtlicher Grund für die Gesetzesflut kurz zu schildern und dabei wiederum nach möglichen verfassungsrechtlichen Gegenargumenten Ausschau zu halten.

1. Der formelle Gesetzesbegriff der herrschenden Lehre

Die herrschende Meinung sieht in jeder Regelung, die vom Parlament in dem vom Grundgesetz vorgesehenen Gesetzgebungsverfahren förmlich durch Gesetzesbeschluß erlassen ist, grundsätzlich ein verfassungsrechtlich gültiges Gesetz[150]. Die verfassungsrechtlichen Argumente, die für einen solchen rein formellen Gesetzesbegriff sprechen, stehen im Zusammenhang mit der allgemeinen Forderung in der Lehre nach der notwendigen Grundrechtskonkretisierung durch den Gesetzgeber wie auch mit der These, daß von der Notwendigkeit parlamentarisch-

---

[149a] Den Zusammenhang zwischen dem formellen, inhaltslosen Gesetzesbegriff der herrschenden Lehre und der Gesetzesflut betont etwa *Schröder*, DBVl. 1984, S. 815 f., 820.

[150] Dafür ist sehr früh schon *Roellecke* in seiner Monographie „Der Begriff des positiven Gesetzes und das Grundgesetz" (1969) eingetreten, s. besonders S. 278 ff. (§§ 26–28). S. dazu weiter *Degenhart*, DÖV 1981, S. 477 f.; *Grawert*, Jura 1982, S. 304 mit Anm. 58; *Böckenförde*, Gesetz, S. 381 f.; *Achterberg*, DÖV 1973, S. 293 ff., 296 ff.; *Hesse*, Grundzüge, S. 194 ff.; *Pestalozza*, Formenmißbrauch des Staates, S. 134 (einschränkend S. 155 Anm. 70 und S. 164 ff.); *Stern*, Staatsrecht, Bd. 1, S. 825 ff. (einschränkend S. 828); *Mußgnug*, Haushaltsplan, S. 273 f.; *Stettner* in Jahrbuch des öffentlichen Rechts 35 (1986), S. 69 f.; *Schulze-Fielitz*, Parlamentarische Gesetzgebung, S. 156 f. Von der „Offenheit" des bürokratischen Gesetzesbegriffs spricht auch *Häberle* (FS Küchenhoff, 2. Halbband, S. 469). Als inhaltliche „Schranke" wird aber gewöhnlich noch das Erfordernis genannt, daß das Gesetz zumindest eine Regelung enthalten müsse. So führt *Achterberg* aus: „Vom Boden des inhaltlich offenen Gesetzesbegriffs ist, um diesen zu erfüllen, zumindest eine *Regelung* erforderlich". Eine bloße „Deklamation in Gesetzesform (würde) die Grenze zum Nichtgesetz" überschreiten (DVBl. 1974, S. 704 – Hervorhebung A. J.; ähnlich *Kloepfer*, VVDStRL 40/1982, S. 76 f. und *Hoppe*, DVBl. 1974, S. 645). Dies ist eine teilweise Aufhebung der ursprünglichen These vom inhaltsoffenen Gesetzesbegriff. Sie ist unumgänglich im Blick auf die Tatsache, daß von den Parlamenten heute auch rein politische Proklamtionen als „Gesetz" verabschiedet werden. Musterbeispiele bieten insoweit die inzwischen in den meisten Bundesländern erlassenen Mittelstandsförderungsgesetze. Dazu noch ausführlicher in § 9 III.

demokratischer Legitimation für das Handeln des Staates direkt auf die Notwendigkeit gesetzgeberischen Tätigwerdens geschlossen werden muß – d. h. mit jenen Begründungen, die letztlich zu einer Ausweitung des Gesetzesvorbehalts geführt haben und auch die verfassungsrechtliche Legitimation für ein verstärktes gesetzgeberisches Tätigwerden (s. I. 1. a) und 2. a)) stützten.

a) Unter *grundrechtlichem* Aspekt liegt der erste Schritt, der diese Entwicklung auslöste, bereits in der Anwendung des Artikel 3 Abs. 1 GG auf den Gesetzgeber. Denn die Gesetzgebung brauchte nun nicht mehr „das Postulat der Gleichbehandlung... im Begriff ihrer Allgemeinheit zu konservieren"[151]. Artikel 3 Abs. 1 GG stellte damit also in dem Sinne keine inhaltlichen Anforderungen mehr an das Gesetz, als er seine Generalität und Abstraktheit voraussetzte[152]. Diese Anforderungen an das Gesetz konnte man mit um so besserem Gewissen verabschieden, als an ihre Stelle nunmehr aus Artikel 3 Abs. 1 GG gefolgerte inhaltliche traten. Man brauchte dabei gar nicht so weit wie Leibholz u. a. zu gehen und das Gebot der materiellen Gerechtigkeit als für die Gesetzgebung verbindliches aus Artikel 3 Abs. 1 GG zu folgern[153]; entscheidend war vielmehr, daß nunmehr „Artikel 3 Abs. 1 GG von Verfassungs wegen für die erforderliche Sachgerechtigkeit im Bereich der Grundrechtsrelevanz" sorgte[154].

Waren damit für den Gesetzesbegriff Kriterien wie materielle Gerechtigkeit bzw. Sachgerechtigkeit u. a. leitend, so mußte auch eine Vorschrift wie Artikel 19 Abs. 1 S. 1 GG, die ihrem richtig verstandenen Wortlaut nach ja primär das in Grundrechte eingreifende Einzelpersonengesetz und daneben auch das Einzelfallgesetz verbietet[155], restriktiv interpretiert werden. Das geschah dann auch auf mehreren Wegen. Einmal dadurch, daß man von den praktischen Schwierigkeiten, zu der eine wörtliche Auslegung des Artikel 19 Abs. 1 S. 2 GG (Zitiergebot) führt, auf die Reichweite des Artikel 19 Abs. 1 S. 1 GG schloß[156]. Dieses methodisch fragwürdige Vorgehen beförderte die These, daß Artikel 19 Abs. 1 S. 1 GG nur auf die Grundrechte mit einem ausdrücklichen Gesetzesvorbehalt, nicht aber auf Artikel 2 Abs. 1, 12 Abs. 1 S. 2, 14 GG u. a. anzuwenden sei[157]. Wichtiger noch

---

[151] So richtig *Grawert*, aaO., S. 303. *Schenke* (AöR 103/1978, S. 590 f.) weist insoweit zutreffend darauf hin, daß „der Vormarsch des Maßnahmegesetzes... als Ausgleichs- und Gegenbewegung eine immer weiterreichende Sensibilisierung des Gleichheitsgrundrechts provoziert" habe.

[152] S. *C. Schmitt*, Verfassungslehre, S. 154 f. und Verfassungsrechtliche Aufsätze, S. 211 für Artikel 109 WRV, der ebenfalls die Gleichheit vor dem Gesetz statuiert.

[153] S. dazu schon § 1 I. bei Anm. 6.

[154] So *Grawert*, Jura 1983, S. 307 mit dem richtigen Hinweis (aaO., S. 308), daß Grundrechtsrelevanz außer den gesetzlichen Grundrechtseingriffen nach Lehre und Rechtsprechung auch „die leistungs-, verfahrens- und organisationsrechtlichen Grundrechtausformungen, einschließlich derjenigen, die einen effektiven Rechtsschutz bewirken sollen", besäßen, d. h. praktisch der gesamte Bereich der (außenwirksamen) Gesetzgebung.

[155] Vgl. *Herzog* in *Maunz/Dürig* u. a., Grundgesetz, Kommentar, Artikel 19 Abs. 1 Rdnr. 32 ff. und *Scheffler*, Schutz der Grundrechte, S. 250 ff.

[156] Dazu kritisch *Herzog*, aaO., Rdnr. 29.

[157] Dazu ausführlich *Scheffler*, Schutz der Grundrechte, S. 160 ff.; vgl. daneben *Herzog*, aaO., Rdnr. 18 ff., besonders 21 ff. und *Menger* in Bonner Kommentar, Artikel 19 Abs. 1 Rdnr. 87 ff.

als diese vom Wortlaut des Artikel 19 Abs. 1 S. 1 GG nicht unbedingt fernliegende Ansicht war nun die Relativierung seiner Geltung mit dem Hinweis auf „die dienende Funktion der Generellität im Verhältnis zur inhaltlichen Allgemeinheit". Denn im Ergebnis sollte Artikel 19 Abs. 1 S. 1 GG damit auf solche Einzelfallgesetze keine Anwendung finden, „die von der materialen Allgemeinheit, von der Gerechtigkeit gefordert sind"[158]. Wiederum war es letztlich also der allgemeine Gleichheitssatz, verstanden als materielles Gerechtigkeitsgebot, der die formale (rechtsstaatliche) Anforderung des Artikel 19 Abs. 1 S. 1 GG an den Gesetzesbegriff im Zweifelsfall überspielte.

Bei Anerkennung der geschilderten Voraussetzungen mußte es nun schwerfallen, aus den Grundrechten die verfassungsrechtliche Forderung einer Allgemeinheit des Gesetzes zu begründen. Aufschlußreich ist der entsprechende Versuch von Starck, weil er zeigt, daß insoweit ähnlich wie bei dem Bemühen, aus den grundrechtlichen Gesetzesvorbehalten die Forderung für einen umfassenden Gesetzesvorbehalt abzuleiten, die Grundrechte selbst dann letztlich keinen Maßstab mehr liefern:

Die Allgemeinheit des Gesetzes besteht für Starck darin, daß es Freiheit und Gleichheit „aktualisiert". „Das allgemeine Gesetz", so sagt er, „zeichnet sich also dadurch aus, daß es Freiheit und Gleichheit der Staatsbürger zum Maßstab nimmt und damit aktualisiert. Das der Freiheit und Gleichheit entsprechende Gesetz steht zwar im Range unter diesen obersten Rechtsgrundsätzen, gibt diesen aber erst die erforderliche *normative Dichte und Wirkkraft*. Denn das Gesetz enthält die notwendige Vermittlung zwischen Wirklichkeit (Stoff) und Recht*grundsatz* und *schafft* die für eine verpflichtende Norm erforderliche Bestimmtheit"[159]. Obwohl also die Grundrechte verbal zum *Maßstab* für die Gesetzgebung erklärt werden, besitzen sie nach der Ansicht von Starck keine „normative Dichte und Wirkkraft", sondern erhalten diese erst durch das Gesetz. Die Bindung des Gesetzgebers, der ja die Grundrechte aktualisiert, an eben diese Grundrechte besitzt dann keine selbständige Bedeutung mehr. Freiheit kann „nur als Grundsatz und Leitlinie bei der Schaffung von Gesetzen und Recht fungieren". Es handelt sich um einen „Rechtsgrundsatz", der „zu wenig normative Dichte" besitzt. Deshalb sind „Regeln für die Aktualisierung von Rechtsgrundsätzen" zu entwickeln[160]. Entsprechendes gilt für die Gleichheit[161].

---

[158] So *Menger*, aaO., Rdnr. 65, 66 mit Nachweisen; *Scheffler,* aaO., S. 284 ff., 296 ff.; *Starck,* Gesetzesbegriff, S. 237 f.; s. dazu hier noch bei Anm. 162 f. Dagegen aber *Grabitz*, Freiheit und Verfassungsrecht, S. 80 und wohl auch *Doehring*, Staatsrecht, S. 173, 175, 367. Unter besonders engen Voraussetzungen (z. B. für „auslaufende" Gesetzesmaterien) bejaht *Herzog* (aaO., Rdnr. 37) eine Ausnahme.

[159] So *Starck*, Gesetzesbegriff, S. 226 (Hervorhebung A. J.), vgl. daneben S. 216, 228, 230, 232 Anm. 14, 233 und – zusammenfassend – S. 314 f.

[160] Gesetzesbegriff, S. 216; vgl. ähnlich, wenn auch differenzierend, *Schaumann,* JZ 1970, S. 53 und *Grabitz*, Freiheit und Verfassungsrecht, S. 248 f. Für den Begriff „Rechtsgrundsatz" gebraucht *Stark* (aaO.) auch den Begriff „Rechtsprinzip" – beides ist für ihn identisch.

[161] Gesetzesbegriff, S. 326; ähnlich *Schaumann*, JZ 1966, S. 726. Ganz ähnlich argumentiert

Es verwundert nicht, daß Starck von diesen Prämissen aus in Übereinstimmung mit der eben geschilderten Lehre das freiheitsbeschränkende Einzelfall- und Einzelpersonengesetz ebenfalls für zulässig erachtet, wenn es nur „allgemein" ist, d. h. „die Grundprinzipien von Freiheit und Gleichheit angemessen" berücksichtigt[162]. Denn, so sagt er, „der Verfassungsgrundsatz des Artikel 19 Abs. 1 Satz 1 GG (steht) unter der materialen Allgemeinheit; er fordert keine generellen Regeln schlechthin, sondern nur aufgrund der Allgemeinheit"[163]. Da nun aber auch die Verwaltung gemäß Artikel 1 Abs. 3 GG unmittelbar an die Grundrechte gebunden ist, bleibt die Frage, welches Kriterium darüber entscheiden soll, wann eine Einzelfallregelung bzw. eine Regelung, die nur eine Person betrifft, als Gesetz ergehen muß und wann sie der Verwaltung obliegt. Darüber vermögen, da wie gesagt Gesetzgebung *und* Verwaltung an die Grundrechte gebunden sind, die Grundrechte selbst letztlich nichts auszusagen. Es erscheint darum kein Zufall, daß Starck für das Tätigwerden der Legislative zusätzlich auf die „Führungsaufgabe" des parlamentarischen Gesetzgebers abstellt: „Wo sich nicht generalisieren läßt, es sich aber gleichwohl um *wichtige* und *bedeutsame* Regelungen handelt, kann der Gesetzgeber seine *Führungs*aufgabe nur durch spezielle Gesetze wahrnehmen, anderenfalls schlösse der zu regelnde Stoff das Gesetz aus"[164].

Bleibt aber somit die Führungsaufgabe des parlamentarischen Gesetzgebers letztlich das entscheidende Kriterium[165], um seine Befugnis zu konkreten und individuellen Regelungen zu begründen, so stellt das Bemühen Starcks um eine genauere inhaltliche Bestimmung der Allgemeinheit des Gesetzes keinen wirklichen Fortschritt gegenüber der bereits geschilderten Lehre dar. Er beruft sich ähnlich wie die grundrechtlichen Begründungen für einen erweiterten Gesetzesvorbehalt letztlich auf den Grundsatz der Demokratie: dem Parlament als demokratisch unmittelbar legitimiertem Organ muß die Befugnis zur gesetzlichen Regelung aller wesentlichen Fragen obliegen, um seine Führungsaufgabe wirksam wahrnehmen zu können.

b) In der Begründung von Starck klang schon an, daß nicht nur grundrechtliche Überlegungen, sondern auch *demokratische Argumente* der herrschenden Meinung für den rein formellen Gesetzesbegriff sprechen. Das zeigt sich vor allem daran, daß sie entscheidend zu der fortschreitenden Relativierung der Unterscheidung von Gesetzgebung und Vollziehung bzw. der damit verbundenen Relativierung der Unterscheidung von Rechtssetzung und Rechtsanwendung beigetragen

---

Starck bei der Bestimmung des Gesetzes*vorbehalts* im Schulrecht; s. DÖV 1979, S. 269ff., besonders S. 270f.

[162] Gesetzesbegriff, S. 241.

[163] Gesetzesbegriff, S. 237f.

[164] Gesetzesbegriff, S. 238f. (Hervorhebung A. J.).

[165] Deutlich dazu auch: Gesetzesbegriff, S. 275 und derselbe, VVDStRL 34 (1976), S. 47.

haben. Das äußere Kennzeichen dieser Entwicklung ist die praktisch uneingeschränkte Anerkennung des sogenannten Maßnahmegesetzes. Darauf ist nunmehr kurz einzugehen.

Nicht nur die Artikel 1 Abs. 3, 3 Abs. 1, 20 Abs. 2 und Abs. 3, 80 Abs. 1 GG und die Rechtsschutzbestimmungen des Grundgesetzes (besonders Artikel 19 Abs. 4) setzen ihrem Wortlaut und Sinn nach die Unterscheidung von Gesetzgebung und Vollziehung bzw. von Rechtssetzung und Rechtsanwendung voraus[166], sondern ebenso, worauf Carl Schmitt bereits hingewiesen hat, die unterschiedliche Verteilung der Kompetenzen von Gesetzgebung und Verwaltung im Bundesstaat[167]. Im Grundgesetz ist dieser Unterschied in den Regelungen der Artikel 70 ff., 105 einerseits, 83 ff. und 108 andererseits u. a. festgehalten. Vielfach ist nun die verfassungsrechtliche Irrelevanz des Maßnahmegesetzes behauptet worden[168], obwohl

---

[166] Die Notwendigkeit einer „qualitativen Unterscheidung" zwischen Rechtssetzung und Rechtsanwendung bzw. Rechtsnorm und Einzelakt wird ausführlich begründet von *G. Müller*, Rechtssetzung, S. 16 ff., 54 ff. und 82 ff. sowie *Maurer*, VVDStRL 43 (1985), S. 156 ff.; vgl. auch *J. Ipsen*, Rechtsfolgen, S. 177 ff. mit dem wichtigen Hinweis (aaO., S. 186 f., 192, 314) auf den unterschiedlichen Geltungsmodus von Norm und Einzelakt; relativierend besonders *Schenke*, Rechtsschutz, S. 55 ff. und allgemein schon S. 39 ff. Zum Rückschluß aus Artikel 19 Abs. 4 GG und Artikel 80 Abs. 1 GG auf die allgemeine notwendige Unterscheidung von Norm und Einzelakt vgl. *v. Mutius* in FS H. J. Wolff, S. 170 ff.; 178 ff.; *Renck*, JuS 1967, S. 546 (s. dort auch seine Bemerkung in Anm. 25 zur verfassungsrechtlichen Notwendigkeit, allgemein zwischen Normsetzung und Normvollzug zu unterscheiden); BayVGH, DVBl. 1978, S. 182. Unterstützt wird dieser Rückschluß durch die Artikel 93 Abs. 1 Nr. 2 und 100 Abs. 1 GG, nach denen der Gesetzesbegriff über die Zuständigkeit des Bundesverfassungsgerichts zur prinzipalen Normenkontrolle entscheidet und damit eine Abgrenzung von dem in Artikel 19 Abs. 4 GG garantierten Schutz subjektiver Rechte durch die Verwaltungsgerichte impliziert. Forsthoff stellt im Hinblick auf den Rechtsschutz richtig fest (Diskussionsbeitrag, VVDStRL 15/1957, S. 83 f. – Hervorhebung A. J.); daß wegen des Gewaltenteilungsprinzips „Normsetzung und Normvollzug qualitativ geschieden werden" müßten. Diese „qualitative Unterscheidung" beherrsche das „rechtsstaatliche System des Rechtsschutzes". Im einzelnen führt er dazu aus: „Wenn die Gesetze Rechtsmittel grundsätzlich nur gegen Verwaltungsakte zulassen, dann gehen sie davon aus, daß nicht die Gesetze, sondern die Akte der Verwaltung in Freiheit und Eigentum des einzelnen eingreifen und damit diese Akte in einer gewissen *Selbständigkeit* von der Verwaltung erlassen werden; denn nur unter dieser Voraussetzung hat es einen Sinn, daß die Verwaltung im Rechtsmittelverfahren für ihre Akte einstehen muß".

[167] Verfassungslehre, S. 153 f.; dazu *Zeidler*, Maßnahmegesetz und „klassisches" Gesetz, S. 205 ff. Zu diesem Gedanken vgl. auch die Diskussionsbeiträge in VVDStRL 43 (1985) von *Maurer* (S. 161, 231 f.), *Ronellenfitsch* (S. 219), *Frowein* (S. 222), *Kisker* (S. 223), *Schnapp* (S. 229 f.) und daneben *Stettner*, DÖV 1984, S. 613.

[168] Vgl. *Zeidler*, aaO., S. 202 f., 209 f. und die Nachweise bei *Menger* im Bonner Kommentar, Artikel 19 Abs. 1 Rdnr. 58 sowie ergänzend *J. Ipsen*, Rechtsfolgen, S. 186 f. u. a. *Starck* (Gesetzesbegriff, S. 242 ff.) lehnt ebenfalls die verfassungsrechtliche Relevanz des Maßnahmegesetzes ab. Wenn er dann umgekehrt aus dem Vorgang der Gesetzesauslegung „vernünftige Folgerungen für den Gesetzesbegriff" gewinnt (aaO., S. 260), widerspricht er in gewisser Weise dieser These. Denn im Zusammenhang mit der Gesetzesauslegung führt er aus, daß „jeder gesetzliche Tatbestand... mehr oder weniger offen" sei (aaO., S. 264) bzw. das Gesetz, „indem es abstrakten Tatbestand und Rechtsfolge nur bedingt" verknüpfe, als „ein vorausbestimmender hypothetischer Rechtssatz" zu verstehen sei (aaO., S. 266, zusammenfassend S. 268 f., vgl. zum Ganzen auch bereits S. 196 ff., besonders S. 198, 200; daneben derselbe, VVDStRL 34/1976, S. 60 f., 65 ff.,

doch gerade der situationsgebundene, zweckhafte Regelungscharakter derartiger Gesetze[169] dazu beiträgt, die genannte Unterscheidung zu verwischen[170]. Insofern handelt es sich bei dem Maßnahmegesetz nicht nur um eine rechtstheoretisch interessante, sondern auch um eine verfassungsrechtlich relevante Begriffsbildung, die genauso ihre Berechtigung besitzt wie die der „öffentlich-rechtlichen Sonderbindungen"[171].

In dem Maße nun, in dem die parlamentarisch-demokratische Legitimation mit der gesetzgeberischen gleichgesetzt wurde, mußten aber sowohl die eigenständige verfassungsrechtliche Legitimation der Exekutive (der „Vollziehung") wie auch die Grenzen für die demokratische Legitimation des Gesetzgebers aus dem Blick geraten. Darauf haben wir schon hingewiesen[172]. Nachzutragen ist hier nur, daß die Interpretation des Gewaltenteilungsgrundsatzes als Ausfluß des Demokratieprinzips[173] den übergeordneten Gesichtspunkt für diese Sicht hätte liefern können. Dem stand aber die allgemeine These entgegen, daß das Maßnahmegesetz die zwangsläufige Folge des Sozialstaats sei. Der überkommene rechtsstaatliche Gesetzesbegriff sehe sich, so wurde argumentiert, „mit der Entscheidung des Grundgesetzes für die Sozialstaatlichkeit konfrontiert" und diese Konfrontation führe notwendig zu einer Änderung des Gesetzesbegriffs[174]. Zutreffend gibt Menger die herrschende Meinung wieder, wenn er schreibt: „Soziale Gestaltung des gesellschaftlichen Zusammenlebens fordert eine dynamische, zielgruppenorientierte, zeitlich und örtlich differenzierende, kurz eine... ‚perfektionistische Norm'..., (die) gerade im Hinblick auf Allgemeinheit und Generellität anders strukturiert sein wird als ein lediglich Grenzen ziehendes, statisches Gesetz";

---

besonders S. 68 und 69 Anm. 140). Diese Ausführungen sprechen für eine deutliche Scheidung zwischen Rechtssetzung und Rechtsanwendung, um deren Einhaltung es ja gerade bei der Bekämpfung des Maßnahmegesetzes geht. Ähnlich widersprüchlich wie *Starck* aber auch *Maurer*, VVDStRL 43 (1985), S. 157 f.

[169] Zu ihm genauer *Forsthoff*, Rechtsstaat im Wandel, S. 105 ff.; *Zeidler*, Maßnahmegesetz und „klassisches" Gesetz, S. 32 ff.; *K. Huber*, Maßnahmegesetz und Rechtsgesetz, S. 9 ff.; *Hoppe*, DÖV 1965, S. 546 ff.; *G. Müller*, Rechtssetzung, S. 96 ff.; *Menger* in Bonner Kommentar, Artikel 19 Abs. 1 Rdnr. 51 ff. u. a.

[170] So deutlich *Forsthoff*, Diskussionsbeitrag, aaO. (Anm. 166), S. 84.

[171] Das bezweifelt etwa *Wülfing* (Grundrechtliche Gesetzesvorbehalte und Grundrechtsschranken, S. 124 ff.) im Anschluß an Schnapp mit dem Hinweis, daß „alle Rechtsbeziehungen zwischen Bürger und Staat als Sonderrechtsverhältnisse zu begreifen" seien (aaO., S. 127). Aber mit dieser Nivellierung verliert *Wülfing* gerade die Spezifika der öffentlich-rechtlichen Sonderbindungen, insbesondere das Ineinandergreifen von staatlichem und privatem Interesse (dazu *Loschelder*, Sonderbindung, S. 298 ff.) aus dem Blick. Die Parallele zur Diskussion um das Maßnahmegesetz scheint uns verblüffend. In beiden Fällen ist man nicht bereit, besonderen sachlichen Gegebenheiten auch rechtsbegrifflich einen Eigenwert zuzuerkennen, obwohl der Verfassungstext einem solchen Verfahren entgegenkommt. Das wird für die Maßnahmegesetze noch genauer zu schildern sein.

[172] Vgl. § 1 II. bei Anm. 89 ff.

[173] Vgl. die Einleitung bei Anm. 5 f.; dazu genauer § 5 II.

[174] So *Menger* in Bonner Kommentar, Artikel 19 Abs. 1 Rdnr. 49.

solche Gesetze müssen darum „tendenziell konkreter und individueller" sein[175].

Daß das Maßnahmegesetz unabhängig vom verfassungsrechtlich verankerten Sozialstaatsprinzip eine zwangsläufige Folge des modernen intervenierenden Staates sei, hatten vorher schon Carl Schmitt und Ernst Forsthoff behauptet[176]. Konrad Huber brachte diese Entwicklung mit der These „auf den Begriff", daß das Maßnahmegesetz „die sozialstaatliche Form des rechtsstaatlichen Gesetzesbegriffs" sei[177]. Hinter der Behauptung vom notwendigen Zusammenhang zwischen Sozialstaatsbegriff und Maßnahmegesetz steht also die Überlegung, daß der Sozialstaatsklausel „auf der Verfassungsebene das institutionelle Gerüst" fehlt und sie deshalb „auf das *Gesetz* angewiesen (ist), um konkret Gestalt anzunehmen und juristisch praktikabel zu werden"[178]. Dieser durch das Sozialstaatsprinzip bedingte verfassungsrechtliche Druck auf den Gesetzgeber (bzw. der von Carl Schmitt und Forsthoff u. a. konstatierte faktische Druck) konnte nun, wie gesagt, um so wirksamer werden, wenn man für das Tätigwerden des Gesetzgebers neben der grundrechtlichen Notwendigkeit (Konkretisierungsauftrag) seine besondere parlamentarisch-demokratische Legitimation kritiklos ins Feld führte.

Daß später nicht nur das Maßnahmegesetz, sondern weiter auch das (konditional-programmierte) Richtliniengesetz und schließlich die Forderung nach gesetzlicher Billigung der politischen Planung in gleicher Weise verfassungsrechtlich gerechtfertigt wurden[179], muß als die wohl letzte (weil darüber hinaus nicht denkbare) Etappe auf dem Weg zum formellen Gesetzesbegriff gewertet werden. Was nun für die „inhaltliche Bestimmung" des Gesetzesbegriffs blieb, waren in der Tat nur die Vorschriften über das Gesetzgebungsverfahren. Versuche, demgegen-

---

[175] *Menger*, aaO., Rdnr. 50.

[176] S. *Carl Schmitt*, Verfassungsrechtliche Aufsätze, S. 347f. Ganz ähnlich *Forsthoff*, Rechtsstaat im Wandel, S. 106f.; vgl. auch *Schenke*, AöR 103 (1978), S. 590f.

[177] *K. Huber*, Maßnahmegesetz und Rechtsgesetz, S. 182.

[178] So *Isensee*, Die typisierende Verwaltung, S. 138f. (Hervorhebung A. J.).

[179] Zum Rechtscharakter des Planungs- bzw. Richtliniengesetzes vgl. etwa *Würtenberger*, Politische Planung, S. 195ff.; *Wahl*, Landesplanung, Band 1, S. 62ff., S. 156ff. und speziell zum Raumordnungsgesetz des Bundes S. 204ff.; *G. Müller*, Rechtssetzung, S. 78ff., 155ff.; *Haverkate*, Rechtsfragen, S. 121f., 290ff.; *Höger*, Zweckbestimmungen, S. 80ff.; *Hollmann*, Rechtsstaatliche Kontrolle der Globalsteuerung, S. 131ff. (zum Stabilitätsgesetz). Zu den Anforderungen an ein zu erlassendes Planungsgrundsätzegesetz: *Wagener* in Politikverflechtung zwischen Bund, Ländern und Gemeinden, S. 160ff. und zur im Grundgesetz vorgesehenen Grundsatzgesetzgebung, die deutliche Parallelen zum Typ des Planungs- und Richtliniengesetzes aufweist: *Tiemann*, DÖV 1974, S. 229ff.; *Schreven*, Die Grundsatzgesetzgebung im Grundgesetz. Parallelen zur Rahmengesetzgebung nach Artikel 75 GG sieht *K. Müller* (DÖV 1964, S. 332ff.); sie werden auch deutlich in den Bemerkungen von *Frowein* (VVDStRL 31/1973, S. 23f.) zu den Gemeinschaftsaufgaben des Grundgesetzes. Die Eigenart der Planungs- und Richtliniengesetze zeigt sich auch darin, daß für sie besonders die Frage nach der Selbstbindung des Gesetzgebers gestellt wird; dazu *Rausch-Gast*, Selbstbindung des Gesetzgebers; *Degenhart*, Systemgerechtigkeit; *Würtenberger*, aaO., S. 343ff.; *Voigt*, Die Rechtsformen staatlicher Pläne, S. 64ff.; *Haverkate*, aaO., S. 123ff.; *Peine*, Systemgerechtigkeit, S. 168ff.; *Maurer* in FS Obermayer, S. 98ff. u. a. Zur Forderung nach gesetzlicher Billigung der politischen Planung siehe nur *Würtenberger*, aaO., S. 185ff., 371ff. u. a.

über u. a. in Anknüpfung an die (für die Bestimmung des verfassungsrechtlichen Gesetzesvorbehalts entwickelte) Wesentlichkeitstheorie des Bundesverfassungsgerichts weitere Kriterien für den Gesetzesbegriff zu gewinnen[180], können solange nichts ausrichten, wie sie allgemein auf das Demokratie- und Rechtsstaatsprinzip als solches oder unabhängig vom Merkmal des Eingriffs (bzw. der faktischen Beeinträchtigung) auf die Grundrechtsrelevanz als Maßstab für das Wesentliche abstellen. Das hat die wiedergegebene Kritik an den entsprechenden Lehren zum Gesetzesvorbehalt (s. II. 2.) gezeigt. Ob das Kriterium des Wesentlichen (Wichtigen) sich möglicherweise verfassungsrechtlich anders bestimmen läßt[181], wenn man die demokratischen Äquivalente des Grundgesetzes wie Artikel 110 ff., 28 Abs. 2 u. a. beachtet und weiter berücksichtigt, daß es nur auf den nicht in Grundrechte eingreifenden („freien") Gesetzgeber Anwendung finden dürfte, kann hier noch dahinstehen[182]. Angesichts der geschilderten Entwicklung verwundert es zumindest nicht, wenn der Wesentlichkeitstheorie des Bundesverfassungsgerichts – positiv – bescheinigt wird, daß sie „die in der Reduzierung des Gesetzesbegriffs auf die abstrakt-generelle Regelung noch immer enthaltene Beschränkung parlamentarischer Regelungsprärogative im Bereich der Rechtsetzung *überwunden*" habe[183], und wenn man weiter angesichts der Frage nach den verfassungsrechtlichen Grenzen der Gesetzesflut kurz und bündig erklärt, daß „subtile Klärungen der verfassungsrechtlichen Gesetzesbegriffe... kaum unmittelbare Verfassungsschranken der Übernormierung" bieten könnten[184].

2. Die verfassungsrechtlichen Argumente gegen den formellen Gesetzesbegriff

Die verfassungsrechtlichen Argumente gegen den rein formellen Gesetzesbegriff der herrschenden Lehre besitzen im vorliegenden Zusammenhang wiederum insofern Bedeutung, als sie die theoretischen Voraussetzungen dieser Ansicht und damit die verfassungsrechtlichen Gründe für die Gesetzesflut noch deutlicher hervortreten lassen.

a) Zunächst soll danach gefragt werden, inwiefern sich für *grundrechtsrelevante* Gesetze inhaltliche Anforderungen aus dem Grundgesetz ergeben:

---

[180] S. besonders *G. Müller*, Rechtssetzung, S. 99, 107 ff., 144 ff., zur Verbindlichkeit dieses Kriteriums S. 189, 194, 210 f., zur daraus folgenden Interpretation des Artikel 80 Abs. 1 als Konkretisierung des Vorbehalts des Gesetzes unter Ablehnung seines Delegationscharakters, S. 180 ff., besonders S. 189, 193 ff.; *Magiera*, Parlament und Staatsleitung, S. 205 ff.; daneben angedeutet bei *Böckenförde*, Gesetz, S. 381 f., 398 ff.; *Eichenberger*, VVDStRL 40 (1982), S. 26 f., 38; ähnlich auch *Rottmann*, EuGRZ 1985, S. 393.

[181] Derartige Ansätze finden sich bei den in Anm. 180 Genannten und daneben vor allem bei *Staupe*, Parlamentsvorbehalt, S. 237 ff.

[182] Dazu genauer § 9 III.

[183] So *Achterberg*, VVDStRL 38 (1980), S. 82 (Hervorhebung A. J.).

[184] So *Kloepfer*, VVDStRL 40 (1982), S. 79 Anm. 53.

(1) Unsere Interpretation des Sozialstaatsprinzips unter I. hat gezeigt, daß sich mit guten Argumenten die verfassungsrechtliche Gleichheitsbindung des Gesetzgebers in den Freiheitsgrundrechten verorten läßt. Das hat für die inhaltlichen Anforderungen an den Gesetzgeber deshalb erhebliche Bedeutung, weil damit die mehrfach betonten Gründe, die aus Artikel 3 Abs. 1 GG für die Allgemeinheit des Gesetzes abgeleitet werden[185], uneingeschränkt zur Geltung kommen. Denn ein Willkürverbot läßt sich dann nicht zusätzlich aus Artikel 3 Abs. 1 GG herleiten und kann darum auch nicht diese Gründe in Frage stellen. Die nach dem Wortlaut des Artikel 3 Abs. 1 GG geforderte Gleichheit *vor* dem Gesetz setzt logisch ein auf mehrere Fälle (Personen) anwendbares Gesetz voraus oder – um in den Worten Dürigs zu reden –: im Gleichheitssatz war stets die Allgemeinheit „mitgedacht"[186]. Bachof hat diesen Gedanken so formuliert, daß Gleichheit „ohne eine *voraus*gesetzte, geschriebene oder ungeschriebene ,allgemeine' Norm" nicht vorstellbar ist, da sie ja erst „konstituiert, was in rechtlich relevanter Weise ,gleich' ist"[187]. Artikel 3 Abs. 1 GG spricht damit nicht nur für das generelle Gesetz, sondern – als logische Folge daraus und in seinem Wortlaut ebenfalls angelegt – für die (inhaltliche) Unterscheidung von Gesetzgebung und Gesetzesvollziehung. Man kommt also aufgrund der wörtlichen Auslegung des allgemeinen Gleichheitssatzes zu dem Verständnis des Gesetzes „als Gleichheitsfaktor". Düring, der im Anschluß an Schaumann diese These entwickelt hat, äußert sich zu den daraus ergebenden konkreten Anforderungen an den Inhalt des Gesetzes wie folgt: „In der Tat kommt wohl dem Verfassungsbefehl des Artikel 3 Abs. 1 nichts so nahe, wie das Gesetz in seinem alten klassischen Sinne: als Rechtssatz, der *allgemein* ist, weil er für jedermann ,gleich' gilt, der zu einem bestimmten Tatbetand in Beziehung steht oder tritt; als Rechtssatz, der *abstrakt* ist, weil ,möglichst viele' ,gleich' gelagerte Sachverhalte zusammengefaßt und der ,gleichen' Rechtsfolge unterworfen werden; als Rechtssatz, der *dauerhaft* ist, weil damit ohne Rücksicht auf den permanenten Wandel der Amtsträger die ,Gleichheit' der Entscheidung gesichert wird"[188].

Das Argument nun, der Gleichheitssatz erfordere bisweilen aber eine gesetzli-

---

[185] Vgl. besonders *Dürig* in *Maunz/Dürig* u. a., Grundgesetz, Kommentar, Artikel 3 Abs. 1 Rdnr. 8 ff., 225, 323 ff.; daneben *Starck* in Der Gleichheitssatz im modernen Verfassungsstaat, S. 58 f. So für die Weimarer Reichsverfassung bereits *Carl Schmitt* (Nachweis: Anm. 152).

[186] AaO., Rdnr. 8, besonders deutlich Rdnr. 323; vgl. daneben *H. Hofmann* in Die Allgemeinheit des Gesetzes, S. 44 f.

[187] Diskussionsbeitrag in VVDStRL 24 (1966), S. 225 (Hervorhebung A. J.); ganz ähnlich *Schaumann*, JZ 1966, S. 722; vgl. daneben schon *C. Schmitt*, Verfassungslehre, S. 154 f.

[188] *Dürig*, aaO., Rdnr. 18 (Hervorhebung dort); daneben *Schaumann*, JZ 1966, S. 721 ff.; *Achterberg* (DÖV 1973, S. 296 – Hervorhebung A. J.) will Artikel 3 Abs. 1 GG deshalb nicht als Argument für die Allgemeinheit des Gesetzes gelten lassen, weil „die Gleichheit auch durch eine Summe gleichlautender *individueller* Regelungen hergestellt werden" kann. *Achterberg* übersieht, daß Gleichheit, um noch einmal mit *Bachof* zu reden (vgl. den Nachweis in Anm. 187), „ohne eine vorausgesetzte, geschriebene oder ungeschriebene ,allgemeine' Norm" unvorstellbar ist und diese „Norm" in Artikel 3 Abs. 1 GG als *Gesetz* vorausgesetzt ist.

che Differenzierung und damit keine abstrakt-generelle (und dauerhafte) Regelung, weil die tatsächlichen Verhältnisse ungleich seien und das Verhältnismäßigkeitsprinzip (i. w. S.) eine solche Differenzierung verlange[189], verkennt die systematische Stellung und Bedeutung des Artikel 3 Abs. 1 GG für den Gesetzesbegriff. Der Anwendungsbereich des Artikel 3 Abs. 1 GG erstreckt sich ja nicht nur auf den in Freiheitsgrundrechte eingreifenden Gesetzgeber. Daraus folgt, daß Artikel 3 Abs. 1 GG und nicht, wie in der Lehre bisweilen behauptet[190], Artikel 19 Abs. 1 S. 1 GG bezüglich der Allgemeinheit des Gesetzes die Funktion eines „Vorfilters" besitzt, und zwar sowohl für den in Grundrechte eingreifenden Gesetzgeber, der zusätzlich an Artikel 19 Abs. 1 GG u. a. gebunden ist (dazu (2), wie auch für andere außenwirksame Gesetze. Die hier aus Artikel 3 Abs. 1 GG gefolgerten Anforderungen an den Gesetzgeber besitzen zudem, wie schon erwähnt, aus der Überlegung heraus Ausschließlichkeit, daß die inhaltlichen (materiellen) Bindungen allein aus dem verfassungsrechtlichen Gebot der gleichen Freiheit im geschilderten Sinne (s. I. 2. b)) folgen.

(2) Eine selbständige Bedeutung des Artikel 19 Abs. 1 S. 1 GG für den Gesetzesbegriff gegenüber dem allgemeinen Gleichheitssatz muß deshalb angenommen werden, weil diese Bestimmung speziell der Grundrechtssicherung dient, ihre Ratio sich also nicht vom Gewaltenteilungsprinzip her völlig erschließt[191]. Wie schon bemerkt, verbietet Artikel 19 Abs. 1 S. 1 GG nach der wohl herrschenden Meinung primär das Einzelpersonengesetz. Er geht mit diesem Verbot u. E. insofern über die Forderung nach einem abstrakt-generellen Gesetz hinaus, als im Blick auf seine Funktion gesetzliche Regelungen im Grundrechtsbereich[192] immer dann versagt sind, wenn der Adressatenkreis für den Gesetzgeber realiter übersehbar ist. Dieses Kriterium stellt also nicht auf die abstrakt-generelle Formulierung des Gesetzes als solche ab und verbietet entgegen dem Bundesverfassungsgericht gesetzliche Regelungen im Bereich der Grundrechte selbst dann, „wenn wegen der abstrakten Fassung des Tatbestandes nicht nur ein einmaliger Eintritt der vorgesehenen Rechtsfolge nurmehr *möglich* ist"[193].

Wie schon erwähnt, vermag Artikel 19 Abs. 1 S. 1 GG schon wegen seines speziellen Charakters gegenüber Artikel 3 Abs. 1 GG auch nicht von dem Verbot

---

[189] Zur entsprechenden Begründung der Forderung nach Abweichung vom abstrakt-generellen Gestzesbegriff *Starck*, Gesetzesbegriff, S. 224 ff., 234 ff. *Dürig* spricht insoweit allgemein treffend von der „offenen Flanke" des abstrakt-generellen Gesetzes, die sich „aus der freiheitlichen Komponente der Verfassung" ergibt. Denn die „Freiheit intendiert zugunsten der Bürger auch ein Übermaßverbot" (aaO., Rdnr. 17). S. zu diesem Problem auch *H. Hofmann* in Die Allgemeinheit des Gesetzes, S. 45 f.

[190] S. nur *Rupp* in Bundesverfassungsgericht und Grundgesetz, Band 2, S. 369.

[191] So richtig *Menger*, aaO., Rdnr. 96 mit weiteren Nachweisen, vgl. auch Rdnr. 103.

[192] Zur These, daß sich Artikel 19 Abs. 1 Satz 1 GG nicht nur auf die grundrechtlichen Gesetzesvorbehalte im engeren Sinne bezieht, vgl. die in Anm. 157 genannten Belege.

[193] *Menger*, aaO., Rdnr. 112 (Hervorhebung dort) mit Hinweis auf die anders zu verstehende Rechtsprechung des Bundesverfassungsgerichts; ähnlich wie *Menger: Bauernfeind*, DVBl. 1976, S. 196.

des Einzelpersonengesetzes wegen allgemeiner, aus dem allgemeinen Gleichheitssatz abgeleiteter Forderungen nach materieller Gerechtigkeit der Gesetze u. a. zu
dispensieren. Wohl aber vermag umgekehrt diese Vorschrift die Aussage des
Artikel 3 Abs. 1 GG für Einzelpersonengesetze zu präzisieren. Das beweist die in
der Literatur vertretene These, daß solche Gesetze nicht als unzulässige Einzelpersonengesetze i. S. des Artikel 19 Abs. 1 S. 1 GG anzusehen sind, die einen
„bestimmten... Personenkreis betreffen, der wegen seiner großen Zahl nicht mehr
übersehbar ist, z. B. also die Lastenausgleichsgesetze". Diese Ausnahme wird mit
der Argumentation gerechtfertigt, daß von „Vorhersehbarkeit des Adressatenkreises" dann nicht mehr gesprochen werden kann, wenn die Betroffenen dem
Normgeber „nur als Gattungsbegriff" und nicht „in ihrer Individualität" gegen-
übertreten[194]. Sie erklärt sich folgerichtig aus der grundrechtssichernden Funktion
des Artikel 19 Abs. 1 S. 1 GG und stellt sich so als eine Anwendung des Ausle-
gungsgrundsatzes „lex specialis derogat legi generali" dar.

Daß in dieser konsequenten formalen Auslegung des Artikel 19 Abs. 1 S. 1 GG
ebenfalls Aspekte grundrechtlicher Freiheit zum Tragen kommen, hat besonders
Grabitz betont. Sie liegen nach seinen Ausführungen darin, daß das durch Artikel 19 Abs. 1 S. 1 GG garantierte generelle Gesetz staatliches Handeln „vorherbe-
stimmbar und damit meßbar" macht. Für den vom generellen Gesetz Betroffenen
steht auf diese Weise, wie er sagt, „in vielen Fällen eine Handlungsalternative
offen". Denn er habe „die Wahlmöglichkeit, den Tatbestand zu erfüllen und damit
die Rechtsfolge des Eingriffs auszulösen oder sich so zu verhalten, daß der Tatbestand nicht erfüllt und damit auch der staatliche Eingriff vermieden" wird. Die
Straf- und Polizeigesetze seien Beispiele für diese durch das generelle Gesetz
eröffnete Wahlmöglichkeit. Bestehe sie, wie etwa bei Steuergesetzen, nicht mehr,
so blieben als freiheitssicherndes Element des generellen Gesetzes die „Vorhersehbarkeit und Meßbarkeit der Belastung", die „Handlungsrationalität" gewährleisteten. Denn man könne sich auf die Belastung einstellen und erfahre sie nicht
„als unvorhergesehenes, schicksalhaftes Ereignis"[195]. Aus diesen Ausführungen
folgt, daß unter freiheitlichen Aspekten die formale wie materielle Betrachtungsweise beide ihre Berechtigung besitzen. Entscheidend ist darum, daß nach der
vorliegenden Interpretation des Artikel 19 Abs. 1 S. 1 GG das Grundgesetz dieses
Verhältnis zueinander für den Gesetzesbegriff abschließend bestimmt hat. Darauf
werden wir gleich unter b) noch genauer eingehen.

(3) In der Einleitung haben wir dargelegt, daß eine übermäßige Gesetzgebung

---

[194] So *Menger*, aaO., Rdnr. 112 (Hervorhebung A. J.).

[195] So *Grabitz*, Freiheit und Verfassungsrecht, S. 81 f., vgl. auch S. 255; ähnlich *Starck*, Gesetzesbegriff, S. 235. Die Substanz dieser durch Artikel 19 Abs. 1 Satz 1 GG gewährleisteten Freiheit
besteht in der Wahrscheinlichkeit, daß „eine bestimmte Handlungsweise, die auf bestimmte Ziele
gerichtet ist und die gesetzlich gegebenen Möglichkeiten berücksichtigt, verwirklicht werden
kann, ohne durch Handlungsabläufe, die willkürlich in das Entscheidungs- und Handlungsfeld
eingreifen, in unvorhergesehener Weise gestört zu werden" (*Grabitz*, aaO., S. 255).

die Freiheit des Bürgers gefährden kann[196]. Diesen Gesichtspunkt hat besonders Maassen unter Hinweis auf Artikel 2 Abs. 1 GG herausgestellt[197]. Fortgeführt wird dieser Ansatz mit dem hier ebenfalls schon geäußerten Gedanken, daß die grundrechtliche Legitimation die demokratische und damit auch den Gesetzgeber zu beschränken vermag – im grundgesetzlichen Gemeinwesen also eine polare Legitimation besteht[198]. In einem weiteren Schritt ist nun zu fragen, ob sich von diesem Ansatz aus inhaltliche Anforderungen für den Gesetzesbegriff ergeben. Dafür könnte folgende Überlegung sprechen:

Die Grundrechte garantieren als Abwehrrechte nicht allein das Verhältnismäßigkeitsprinzip als solches und füllen den Sozialstaatsbegriff im dargelegten Sinne inhaltlich aus, vielmehr begründen sie in dieser ihrer Funktion zugleich subjektive öffentliche Rechte des einzelnen[199]. Das subjektive Recht ist aber wiederum nicht nur als solches grundrechtlich fundiert, sondern kraft Artikel 19 Abs. 4 GG ebenfalls seine Durchsetzbarkeit verfassungsrechtlich garantiert. Versteht man nun Artikel 19 Abs. 4 GG mit der ganz herrschenden Meinung[200] in Rechtsprechung und Literatur auch als Garantie für einen *effektiven* Rechtsschutz, so ergeben sich aus der Tatsache, daß ein Gesetz aus verschiedenen, später noch genauer darzulegenden Gründen[201] gerichtlich nicht so intensiv überprüft werden kann wie ein Verwaltungsakt, für gesetzliche Regelungen im Grundrechtsbereich besondere inhaltliche Anforderungen. Verboten sind dann nämlich grundsätzlich sogenannte Vollziehungsgesetze, d. h. die gesetzliche Regelung einer Aufgabe, die der Staat „auch durch Akte der vollziehenden Gewalt aufgrund bestehender und noch zu

---

[196] S. dort bei Anm. 15 ff.

[197] NJW 1979, S. 1475 f.

[198] S. § 1 II. bei Anm. 94 f. und 124 ff.

[199] Vgl. dazu *Lorenz*, Rechtsweggarantie, S. 54 ff.; *Randelzhofer*, BayVBl. 1975, S. 576 f. und S. 607 ff.; *Schenke*, Rechtsschutz, S. 61 ff. (Ergebnis S. 83) und in Bonner Kommentar, Artikel 19 Abs. 4 Rdnr. 288 f., 291 f.; *Ramsauer*, AöR 111 (1986), S. 506 ff., 514 ff.; *Sailer*, Natur + Recht 1987, S. 211 ff.; *Suhr* in Rechtsschutz für den Wald, S. 58 ff. (bes. S. 65); *Bauer*, AöR 113 (1988), S. 613 f.; s. auch den Überblick bei *Wiedenbrüg*, Einfluß des Sozialstaatsprinzips, S. 387 ff. und bei *Schmidt-Aßmann* in *Maunz/Dürig* u. a., Grundgesetz, Kommentar, Artikel 19 Abs. 4 Rdnr. 121 ff. sowie die Ausführungen hier in Anm. 55 zur Konkurrentenklage im Subventionsrecht.

[200] S. nur die Nachweise bei *Schenke* in Bonner Kommentar, Artikel 19 Abs. 4 Rdnr. 383 ff. und Rechtsschutz, S. 72, 135 ff. sowie *Leibholz/Rinck/Hesselberger*, Kommentar anhand der Rechtsprechung des Bundesverfassungsgerichts, Artikel 19 Rdnr. 10. Vgl. daneben hierzu *Lorenz*, Jura 1983, S. 393 ff., besonders S. 398 ff.; *Schmidt-Aßmann*, NVwZ 1983, S. 1 ff., besonders S. 4 f. und in *Maunz/Dürig* u. a., Grundgesetz, Kommentar, Artikel 19 Abs. 4 Rdnrn. 4 f., 229 ff., daneben auch 23 ff. und 166 ff. sowie die Stellungnahmen von *Arndt*, Praktikabilität und Effizienz, S. 105 ff., 124 ff. und – besonders kritisch – von *Haag*, „Effektiver Rechtsschutz", bes. S. 29 ff., 60 ff.

[201] S. dazu § 6. Der Hauptgrund besteht darin, daß ein Gesetz wegen der Eigentümlichkeit des parlamentarischen Gesetzgebungsverfahrens nicht auf seine Begründung hin überprüft werden kann. Dahinter tritt die Tatsache, daß für die Überprüfung eines Verwaltungsakts neben dem Widerspruchsverfahren mehrere gerichtliche Instanzen vorgesehen sind, zurück.

erlassener Gesetze" hätte erfüllen können[202]. Die Frage, ob die Behauptung einer verfassungsrechtlichen Relevanz der Vollziehungsgesetze nicht die Unterscheidung von Gesetzgebung und Vollziehung nach materiellen Kriterien impliziert und welche dafür gegebenenfalls in Betracht kommen, kann hier noch dahinstehen[203]. Entscheidend ist im vorliegenden Zusammenhang, daß das abstrakte Gebot einer Unterscheidung zwischen Gesetzgebung und Vollziehung nach Artikel 3 Abs. 1 GG u. a. über das Verbot von Einzelfallgesetzen (Artikel 19 Abs. 1 S. 1 GG) hinaus durch die in Artikel 19 Abs. 4 GG enthaltene Garantie eines effektiven Rechtsschutzes weiter konkretisiert wird. Grundrechtsrelevante Gesetze müssen danach so abstrakt sein, daß sie einen selbständigen, der gerichtlichen Prüfung zugänglichen Vollzugsakt für ihre Durchsetzbarkeit erfordern[204].

(4) Diese aus Artikel 19 Abs. 4 GG gefolgerte Anforderung an die Abstraktheit der gesetzlichen Regelungen im Grundrechtsbereich gilt verstärkt bei sogenannten komplexen Verwaltungsentscheidungen. Das ergibt sich aus folgender, aus der subjektiv-rechtlichen Dimension der materiellen Grundrechte wie auch aus Artikel 19 Abs. 4 GG ableitbaren Überlegung:

Komplexe Verwaltungsentscheidungen zeichnen sich u. a. dadurch aus[205], daß sie eine Vielzahl, zum Teil entgegengesetzter Interessen und Rechte unterschied-

---

[202] So *Meessen*, DÖV 1970, S. 321, genauer dazu S. 317f. Ob sich auch vom Rechtsschutz her gesehen nicht grundsätzlich Maßnahmen in Gesetzesform verbieten, ist eine weitere, darüber hinausgehende Frage, die Meessen im Ergebnis mit der Ablehnung des Maßnahmegesetzes als einer verfassungsrechtlich relevanten Gesetzesform verneint (aaO., S. 315ff.); anders dagegen wohl *C. Schmitt* (Verfassungslehre, S. 155f.), wenn er feststellt, daß aus dem Gebot der richterlichen Unabhängigkeit die Unabhängigkeit von konkreten (gesetzlichen) Anweisungen folge. Denn die Unabhängigkeit der Richter habe ihr „wesentliches Korrelat" allein in der Abhängigkeit vom *generellen* Gesetz: „Wenn der Gesetzgeber die Form des Gesetzes für Einzelbefehle an den Richter gebrauchen darf, ist der Richter nicht mehr unabhängig, sondern von den Stellen, welche für die Gesetzgebung zuständig sind, abhängig, und wenn diese ihre Gesetzgebungszuständigkeit zu Spezialanweisungen und ‚Machtworten' an den Richter benutzen dürfen, so sind sie eben dadurch der Vorgesetzten des Richters". Vgl. für die Gegenposition noch *J. Ipsen* (Rechtsfolgen, S. 187 – Hervorhebung A. J.), der für das Maßnahmegesetz allein formal darauf abstellt, daß es nach seiner „*sprachlichen* Erscheinung überzeitliche und überindividuelle Geltung" besitzt. Wenig einleuchtend ist es dann, wenn *Ipsen* für die Entscheidung des Problems, wie die Verkehrszeichen rechtlich zu qualifizieren sind (Verwaltungsakt oder Rechtsverordnung), nach dem *Inhalt* dieser Regelungen fragt und von dorther zu dem Ergebnis kommt, daß bei ihnen die „Normelemente" überwiegen (aaO., S. 188). Das gilt um so mehr, als die Elemente, die seiner Meinung nach für die rechtliche Qualifizierung der Allgemeinverfügung als Einzelakt sprechen (aaO., S. 188), mit jenen identisch sind, die die materielle Eigenart der Maßnahmegesetze ausmachen (dazu sogleich unter c). Ähnlich wie *Carl Schmitt*, aber im Blick auf die Selbständigkeit der Verwaltung: *Forsthoff*, vgl. das Zitat in Anm. 166.

[203] S. schon Anm. 202 sowie die folgenden Ausführungen unter c).

[204] S. dazu noch einmal das in Anm. 202 erwähnte Verständnis der Rechtsprechung bei *C. Schmitt* und *Forsthoff*. Das wird auch im Hamburger Deichordnungsurteil des Bundesverfassungsgerichts (BVerfGE 24, 367ff.) deutlich erkannt; dazu ausführlich *Schenke*, Rechtsschutz, S. 41ff., auch S. 83ff.

[205] Genauer dazu *Schmidt-Aßmann*, Das allgemeine Verwaltungsrecht als Ordnungsidee und System, S. 24f. und VVDStRL 34 (1976), S. 223ff., 254ff.; daneben *W. Schmidt*, Einführung, S. 89ff., 95ff., 121ff. und *Steinberg*, DÖV 1982, S. 619.

lich stark berühren und in einem zeitlich aufwendigen, sich bisweilen über mehrere Jahre erstreckenden Verfahren unter Beteiligung der Bürger und vieler öffentlicher Stellen zustande kommen. Der Inhalt dieser Entscheidungen läßt sich aufgrund ihrer Eigenart nicht gesetzlich vorausbestimmen; es fehlt für sie an der vorherigen (klassischen) konditionalen Programmierung. Was vorweg angebbar ist, ist allenfalls das anzustrebende Ziel – der Zweck der Entscheidung. Diese Situation besteht etwa bei baulichen Großvorhaben wie Flughäfen, Autobahnen, Kraftwerken u. a. Selbst formal konditional programmierte gesetzliche Bestimmungen können häufig wegen der Besonderheit der zu regelnden Materie das Verwaltungshandeln nicht wirksam steuern und lassen so Entscheidungen der Verwaltung zu, die „ohne Verletzung des geltenden Rechts auch anders hätte(n) ausfallen können"[206].

Die verfassungsrechtliche Notwendigkeit, vor Erlaß einer derartigen Verwaltungsentscheidung die Betroffenen anzuhören, ergibt sich aus dem in Artikel 19 Abs. 4 GG verankerten Gebot eines effektiven Rechtsschutzes häufig deshalb, weil durch diese Entscheidung vollendete Tatsachen und damit faktische Rechtslagen geschaffen werden[207]. Denn nur auf diese Weise besitzt der Betroffene eine Chance, auf den Inhalt der Entscheidung vor ihrem Erlaß und die sich daraus ergebenden faktischen Rechtslagen Einfluß zu nehmen. Nur so ist es ihm auch möglich, die Begründung dieser Entscheidung durch die Verwaltungsgerichte auf die hinreichende Berücksichtigung der von ihm dazu (dagegen) vorgetragenen Argumente hin überprüfen zu lassen[208]. Aus dem Verständnis der materiellen Grundrechte als subjektiver Rechte folgt das gleiche Gebot, wenn man etwa im Anschluß an Friedrich Müller den (faktischen) Normbereich in den Garantiegehalt der Grundrechtsnorm einbezieht. Denn dann erscheint ja auch die „adäquate Ermittlung der den Normbereich des Grundrechts konstituierenden Tatsachen" als grundrechtsgeboten[209]. Würde nun der Gesetzgeber die betreffende „komple-

---

[206] So die Definition von *W. Schmidt* (VVDStRL 33/1975, S. 199) für die „politischen" Entscheidungen der Verwaltung. Genauer dazu derselbe, Einführung, S. 61 ff.

[207] Das ist bei komplexen Verwaltungsentscheidungen deshalb gewöhnlich der Fall, weil „der betroffene Einzelne so unlösbar in die Gesamtregelung verwoben (ist), daß die Beseitigung einer ihm zugefügten Rechtsverletzung nur bei Aufgabe des gesamten Planes möglich wäre, was meist ausscheidet, sobald dieser ‚ins Werk gesetzt' wird" (so *Lorenz*, Rechtsschutz, S. 144); vgl. zum Ganzen *Ossenbühl*, Gutachten B zum 50. Deutschen Juristentag, S. 191 ff.; *Scholz*, VVDStRL 34 (1976), S. 211 ff.; *Degenhart*, AöR 103 (1978), S. 163 ff.; *Wahl*, VVDStRL 41 (1983), S. 170 u. a.

[208] Dazu *W. Schmidt*, DÖV 1976, S. 577 ff. u. a.

[209] So *Hufen*, NJW 1982, S. 2163. Das Bundesverfassungsgericht (2. Senat) betont in seinem Beschluß vom 29. 10. 1987 (BVerfGE 77, 170, 229) insoweit allerdings einschränkend: „Das Bundesverfassungsgericht hat bisher nicht abschließend darüber entschieden, ob und unter welchen Voraussetzungen außerhalb des Bereichs unter Verfahrensvorbehalt gestellter ‚verfahrensabhängiger' Grundrechte wie Art. 16 Abs. 2 Satz 2 GG (BVerfGE 60, 253 [294 f.]) sowie ‚verfahrensgeprägter' Grundrechte wie Art. 5 Abs. 1 Satz 2 GG (BVerfGE 57, 295 [320]; 60, 53 [64]) aus materiellen Grundrechtsnormen in ihrer objektiv-rechtlichen Gestalt eine Pflicht des Staates, Verfahren zur Verfügung zu stellen und durchzuführen, und ein entsprechendes Recht des einzelnen auf ‚Verfahrensteilhabe' hergeleitet werden kann."

xe" Entscheidung selbst gänzlich oder nur zu einem Teil treffen, so nähme er dem Betroffenen dieses grundrechtlich garantierte Beteiligungsrecht. Unabhängig davon spräche dagegen auch, daß er zu einer solchen Entscheidung wegen der Kompliziertheit des Sachverhalts gar nicht in der Lage wäre[210]. Der Gesetzgeber würde „die diskursive Entwicklung ‚der Sache' im Verkehr zwischen Verwaltung und Bürger" abschneiden und damit der Verwaltung die Erfüllung der ihr obliegenden „verfahrensrechtliche(n) Pflicht zur rechtlich-sachlichen Argumentation gegenüber und mit dem Bürger" unmöglich machen[211].

Um aus Artikel 19 Abs. 4 GG aus diesem Grund die Forderung nach Beteiligung der von komplexen Verwaltungsentscheidungen Betroffenen im Verwaltungsverfahren ableiten zu können, bedürfte es im Grunde noch einer genaueren Betrachtung des Verhältnisses, in dem Artikel 19 Abs. 4 GG zu den „materiellen" Grundrechten steht. Für den vorliegenden Zusammenhang, in dem es ja nur um den Aufweis möglicher Alternativen zum inhaltslosen verfassungsrechtlichen Gesetzesbegriff der herrschenden Lehre geht, reicht insoweit aber der Hinweis, daß in der Literatur durchaus Stimmen laut geworden sind, die eine Anwendung des Artikel 19 Abs. 4 GG auf das Verwaltungsverfahren dann bejahen, wenn die Wirksamkeit gerichtlichen Rechtsschutzes aufgrund der geschilderten Umstände nicht gewährleistet ist[212]. Entsprechendes gilt für die These, daß das Verwaltungsverfahren (zumindest) insoweit grundrechtlichen Bindungen unterliegt, als es um die Durchsetzung verfassungsrechtlich begründeter subjektiver Rechte geht[213].

b) Die These, daß aus Artikel 19 Abs. 4 GG oder den verfassungsrechtlich begründeten subjektiven Rechten als solchen unter Umständen auch ein Beteiligungsrecht der Betroffenen im Verwaltungsverfahren folgt, besitzt im vorliegenden Zusammenhang deshalb erhebliche Bedeutung, weil sie erlaubt, die unter a) entwickelten Kriterien einheitlich als Inhaltsbestimmung des *formalen Rechtsstaatsbegriffs* zu verstehen. Aus dem hier entwickelten Sozialstaatsprinzip folgt zwangsläufig, daß die grundrechtlichen Verfahrensgarantien und die formalen Sicherungen der Freiheit im Rechtsstaatsprinzip zu verorten sind und daß dieses

---

[210] Das ist ein Aspekt des später noch zu behandelnden Gewaltenteilungsprinzips.

[211] So *Raschauer*, VVDStRL 40 (1982), S. 271, genauer dazu S. 253 ff.; vgl. auch *Wahl*, VVDStRL 41 (1983), S. 160 f.

[212] So etwa *Kopp*, Verfassungsrecht und Verwaltungsverfahrensrecht, S. 155 ff., auch S. 30 ff., 75 ff.; *Lorenz*, Rechtsschutz, S. 144 ff., 178 ff., auch S. 239 f.; *Isensee*, Die typisierende Verwaltung, S. 152 f.; *Laubinger*, VA 73 (1982), S. 82 ff. (besonders S. 84 f. mit Anm. 112); *Mauder*, Rechtliches Gehör, S. 21 f. In gleicher Richtung, wenn auch vorsichtiger *Schmidt/Aßmann*, NVwZ 1983, S. 4 f. und in *Maunz/Dürig* u. a., Grundgesetz, Kommentar, Artikel 19 Abs. 4 Rdnr. 26 sowie *Lücke* Begründungszwang und Verfassung, S. 55 ff., i. V. m. S. 68 ff. Zur Begründung wird meistens auf den Zusammenhang zwischen Artikel 19 Abs. 4 GG und dem Rechtsstaatsprinzip abgestellt und daraus die weitergehenden Folgerungen gezogen. Zur Fragwürdigkeit dieses methodischen Vorgehens s. noch genauer § 7 I.

[213] Vgl. *Wahl*, VVDStRL 40 (1983), S. 166 f.; *Hufen*, NJW 1983, S. 2162 ff.; *v. Mutius*, NJW 1982, S. 2155 ff.; *Schenke*, VBlBW 1982, S. 318 ff.; *Bethge*, NJW 1982, S. 7; *Ossenbühl*, DÖV 1981, S. 6 f.; *Held*, Der Grundrechtsbezug des Verwaltungsverfahrens, S. 175 ff., besonders S. 190 ff. u. a.

weiter gleichrangig neben dem Sozialstaatsprinzip steht, von jenem also nicht, was seine Rechtsverbindlichkeit betrifft, eingeschränkt werden kann[214]. Die aus den Artikeln 3 Abs. 1, 19 Abs. 1, 19 Abs. 4 GG (bzw. der subjektiv-rechtlichen Dimension der materiellen Grundrechte) abgeleiteten inhaltlichen Kriterien für den Gesetzesbegriff erhalten ihre eigentliche Stoßkraft also dadurch, daß sie einheitlich als Ausprägungen des Rechtsstaatsprinzips angesehen werden können und dieses wiederum aufgrund der hier vertretenen Auslegung des Sozialstaatsprinzips streng formal und als verfassungsrechtlich gleichrangig mit jenem zu verstehen ist.

c) Neben den dargelegten rechtsstaatlichen Kriterien für den Gesetzesbegriff folgen weitere aus demokratischen Überlegungen für *alle Gesetze*, d. h. auch für solche, die keine Außenwirksamkeit besitzen. Das läßt sich zeigen, wenn man genauer nach der Berechtigung der Gründe fragt, die die herrschende Meinung für die Notwendigkeit der Maßnahmegesetze anführt. Diese Gründe lagen, wie wir sahen[215], für sie in der Überlegung, daß das Maßnahmegesetz die notwendige Folge des Sozialstaatsprinzips sei, weil diesem auf verfassungsrechtlicher Ebene das „institutionelle Gerüst" fehle. Zu diesem verfassungsrechtlichen Argument kam ein faktisches hinzu; es wird von Carl Schmitt wie folgt zusammengefaßt: Im Maßnahmegesetz „bekundet sich nichts anderes, als die unwiderstehliche Entwicklung zum Verwaltungsstaat der Daseinsvorsorge. Die Legalität ist ein Funktionsmodus der Bürokratie und die Bürokratie von Gemeinwesen, die industrielle Massen sozial zu versorgen haben, kommt mit dem Gesetzesbegriff, der sich auf der klassischen Trennung von Staat und Gesellschaft erhebt, nicht mehr aus, sondern paßt die juristischen Begriffe der sozialstaatlichen Entwicklung an"[216].

Beide Begründungen nun, die verfassungsrechtliche wie die auf die tatsächliche Entwicklung gestützte, erscheinen aus folgenden Überlegungen nicht unbedingt überzeugend:

Zunächst ist ihnen entgegenzuhalten, daß sie übereinstimmend aus der Einsicht in die Notwendigkeit staatlicher Maßnahmen unmittelbar auf die Notwendigkeit

---

[214] So auch ausdrücklich *Doehring* (Nachweis in Anm. 67), dessen Interpretation des Sozialstaatsprinzips hier ja ebenfalls im wesentlichen gefolgt wurde. Richtig heißt es insoweit bei *Suhr* (Bewußtseinsverfassung, S. 363): „Dem Anspruch nach läuft das Rechtsstaatsprinzip darauf hinaus, die Selbstbindung an das eigene sprachliche Werk zu verwirklichen". Zur „materialen Eigenbedeutung formaler rechtlicher Garantien und geordneter Verfahren": *Böckenförde*, Staat, Gesellschaft, Freiheit, S. 82 f. Für den augenblicklichen Stand der Diskussion über den Rechtsstaatsbegriff vgl. nur die Auseinandersetzung zwischen *Grimm* (JuS 1980, S. 704 ff.) einerseits und *Hase/Ladeur/Ridder* (JuS 1981, S. 794 ff.) andererseits sowie insbesondere die Arbeit von *Kunig*, Das Rechtsstaatsprinzip. Über die allgemeinen Kennzeichnungen des formalen Rechtsstaatsprinzips hinaus ist noch besonders hervorzuheben, daß das Verbot einer nicht vorhersehbaren Rückwirkung von belastenden Gesetzen sich als eine Folgerung aus dem Gebot der formal verstandenen Rechtssicherheit ansehen läßt und sich darum auch aus dem Rechtsstaatsbegriff im hier vertretenen Sinne ergibt (etwas anderes gilt, wie dargelegt – vgl. § 1 I. bei Anm. 63 ff. –, für den Entzug von künftigen gesetzlichen Leistungen).

[215] S. § 1 III. bei Anm. 174 ff.

[216] Verfassungsrechtliche Aufsätze, S. 348; ganz ähnlich *Forsthoff*, Rechtsstaat im Wandel, S. 106 f.

von Maßnahme*gesetzen* schließen. Genau dieser Direktschluß ist nicht zwingend. Das haben wir bereits bei der Bewertung der Rechtsprechung und Lehre, die aus demokratischen Gründen eine Erweiterung des Gesetzesvorbehalts fordern, kurz ausgeführt[217] und können darauf hier deshalb verweisen. Ergänzend bleibt insoweit nachzutragen, daß in der Lehre auch umgekehrt gerade die Notwendigkeit des abstrakt-generellen Gesetzes zur Realisierung des Sozialstaatsprinzips betont wird[218]. Wichtiger noch als diese Gesichtspunkte ist aber die allgemeine Erkenntnis, daß neben den schon genannten grundrechtlichen Argumenten, die für die notwendige Unterscheidung von Gesetzgebung und Vollziehung sprechen, es dafür auch demokratische gibt, und diese im Ergebnis die allgemeine Unterscheidung zwischen Gesetz und Maßnahme erforderlich machen. Diese Folgerung ergibt sich zunächst aus der Tatsache, daß im demokratischen Staat der Gegenwart das Parlament „Repräsentationsorgan des Staatsbürgers" im umfassenden Sinne ist[219], und weiter sprechen dafür die den Ländern zustehenden Verwaltungskompetenzen; sie besitzen besonders im Hinblick auf die Kontrollbefugnisse der Landesparlamente wegen deren gegenüber dem Bundestag speziellen demokratischen Legitimation Bedeutung[220]. Schließlich ist auch in diesem Zusammenhang auf die schon erwähnten demokratischen Äquivalente der Artikel 110 ff. und Artikel 28 Abs. 2 GG zu verweisen. Es sind also die unterschiedlichen Formen und Möglichkeiten demokratischer Steuerung der Exekutive, die die angesprochene Unterscheidung gebieten.

Dieses Argument gilt um so mehr, wenn man mit einem Teil der Lehre den Grundsatz der Gewaltenteilung (Artikel 20 Abs. 2 und Abs. 3 GG) als Ausfluß des Demokratieprinzipis versteht[221]. Dann besteht im Blick auf die dargelegten Möglichkeiten demokratischer Steuerung des Verwaltungshandelns seine wesentliche Rechtswirkung eben darin, daß er die bessere demokratische Legitimation des Parlaments gegenüber Regierung und Verwaltung aus ihrem ausschließlichen Zusammenhang mit der Gesetzgebung herauslöst. Aufgrund des erwähnten Ab-

---

[217] S. § 1 II. bei Anm. 89 ff.

[218] *Dürig* in *Maunz/Dürig* u. a., Grundgesetz, Kommentar, Artikel 3 Rdnrn. 323 ff., besonders 326 f.; *Kriele* in Handbuch des Verfassungsrechts, S. 146.

[219] S. nur *Böckenförde*, AöR 103 (1978), S. 6 ff. Dazu paßt die These von *Kloepfer* (JZ 1984, S. 694 f.), daß der schlichte Parlamentsbeschluß in bestimmten Fällen die gleiche demokratische Legitimation wie das Gesetz stiften kann; vgl. insoweit auch *Löffler*, Parlamentsvorbehalt im Kernenergierecht, S. 64, 95 ff.

[220] Dazu noch genauer § 5 I. bei Anm. 14 ff. Der Landesgesetzgeber darf diese Verwaltungsentscheidungen nicht an sich ziehen, weil damit „die Ingerenzrechte der Bundesexekutive überspielt" würden (so richtig der Diskussionsbeitrag von *Ronellenfitsch* in VVDStRL 43/1985, S. 219). *Zeidler* (Maßnahmegesetz und „klassisches" Gesetz, S. 208) versucht dieses Argument u. a. mit dem Hinweis auf die detaillierten Tatbestände in den Steuergesetzen, die keine wirklich selbständige Entscheidung der Finanzverwaltung mehr zulassen, zu widerlegen. Er übersieht insoweit die besonderen verfassungsrechtlichen Anforderungen an die Genauigkeit von Steuertatbeständen, die u. a. die Anwendung des Artikel 80 Abs. 1 GG im Steuerrecht verbieten (s. dazu § 3 I. bei Anm. 38 ff.).

[221] S. bereits den Nachweis in Anm. 6 der Einleitung.

leitungszusammenhangs fordert der Grundsatz der Gewaltenteilung dann weiter dazu auf, für die Zuordnung der staatlichen Tätigkeiten zu einer der „Gewalten" den Zusammenhang von Funktion, Kompetenz und Legitimation zu beachten[222] bzw. insoweit (unter Beachtung der jeweiligen demokratischen Legitimation) auf die „Korrespondenz von Funktion, Organstruktur und Verfahren" abzustellen[223]. Das scheint ein möglicher Weg zu sein, um zu inhaltlichen Unterscheidungen im geforderten Sinne zu gelangen[224]. Der so verstandene Grundsatz der Gewaltenteilung belegt auch unsere These, daß aus dem Demokratieprinzip als solchem wie aus dem Rechtsstaats- und Sozialstaatsprinzip keine selbständigen inhaltlichen Aussagen zu gewinnen sind. Wie das Rechtsstaatsprinzip durch die formalen, das Sozialstaatsprinzip durch materielle Grundrechte bestimmt wird, so gewinnt das Demokratieprinzip eben durch die horizontale und – wie später noch zu zeigen ist[225] – durch die vertikale Gewaltenteilung seinen entscheidenden verfassungsrechtlichen Aussagegehalt.

Aufgrund des so verstandenen Gewaltenteilungsprinzips ist nun aber nicht nur zwischen Gesetz und Maßnahme nach inhaltlichen Kriterien zu unterscheiden, sondern ebenfalls zwischen Gesetz und (politischem) Plan. Denn wenn auch bei Richtlinien- und Planungsgesetzen wegen ihrer primär finalen Programmierung die allgemeine Unterscheidung zwischen Rechtssetzung und Rechtsanwendung (bzw. Rechtssatz und Einzelakt) grundsätzlich nicht greift[226], so bleibt doch insoweit ebenfalls als Abgrenzungskriterium das genannte Gebot des Gewaltenteilungsprinzips, den Zusammenhang von Funktion, Kompetenz und Legitimation zu berücksichtigen.

Schließlich ist noch zu beachten, daß auf dem Hintergrund der genannten demokratischen Argumente für eine Unterscheidung zwischen Gesetz und Maßnahme bzw. Gesetz und (politischem) Plan der spezifische Sinn der verfassungsrechtlichen Bestimmungen über das Gesetzgebungsverfahren deutlicher hervortritt. Dabei geht es weniger um die mehrfach betonte Erkenntnis, daß u. a. wegen der Güte und Dauer dieses Verfahrens von einer „Proportionalität zwischen Erzeugungsverfahren und Wichtigkeit der Regelung" und weiter auch von einer gewissen Geltungsdauer des so zustande gekommenen Gesetzes ausgegangen werden muß[227]. Wichtiger im vorliegenden Zusammenhang ist vielmehr die den

---

[222] So der Titel der schon genannten Schrift von *Zimmer*.

[223] So *J. Ipsen*, Richterrecht, S. 137. Der bereits von *Kewenig* (DÖV 1973, S. 28) gerügte einlinige unmittelbare Schluß von der Funktion auf den Funktionsträger findet hier also nicht statt; dazu genauer mit weiteren Nachweisen *Dobiey*, Politische Planung, S. 60 f.

[224] Das ist richtig erkannt von *Grawert*, Jura 1982, S. 306, 307, 309.

[225] Vgl. § 2 II. bei Anm. 31 ff. sowie unsere Ausführungen in § 4 I. bei Anm. 1 ff., 41 ff.; § 4 II. bei Anm. 110 ff.; § 5 I. bei Anm. 14 ff.

[226] Vgl. dazu etwa *Wahl*, Landesplanung, Bd. 1, S. 36 f., 86; *Würtenberger,* Politische Planung, S. 202 ff.; *G. Müller*, Rechtssetzung, besonders S. 46 ff. Für die allgemeine Literatur zum Rechtscharakter dieser Gesetze s. den Nachweis in Anm. 179.

[227] So *Starck*, Gesetzesbegriff, S. 169; vgl. auch *derselbe*, VVDStRL 34 (1976), S. 67. Ähnlich *Dobiey*, Politische Planung, S. 42; *J. Ipsen*, Richterrecht, S. 145 f.; *Wank,* Grenzen richterlicher

Regelungen des Grundgesetzes über das Gesetzgebungsverfahren zu entnehmende weitere materielle Aussage, daß dieses Verfahren der Sicherung von Distanz zwischen dem Impuls zu einer gesetzlichen Regelung und ihrem endgültigen Beschluß in dritter Lesung dienen soll[228]. Auch insoweit – und nicht nur was die Wichtigkeit und Dauer der Regelung betrifft – sind die geringeren formalen Qualitäten der Verfahren aufschlußreich, die für den Erlaß von (gewöhnlich konkreteren) Satzungen und Rechtsverordnungen gelten[229].

Die Anhänger eines rein formellen Gesetzesbegriffs können letztlich diese weitergehende Folgerung aus den Bestimmungen über das Gesetzgebungsverfahren nicht ziehen, denn sie vermögen auf diese Weise gewonnene verfassungsrechtliche Gesetzesinhalte „nur zur Beschreibung des an sich schon Begriffenen" zu berücksichtigen[230]. In Übereinstimmung mit den vorstehenden Ausführungen und sie gleichsam zusammenfassend ist diesem Vorgehen mit Grawert folgende Überlegung entgegenzustellen: „Die materiellen Gehalte gesetzgebender Entscheidungen ergeben sich . . . nicht schon aus der Einrichtung der Entscheidungsinstanz, sondern erst aus der *Zuordnung* von Entscheidungsgegenständen. Zur legislativen Entscheidung gehören notwendigerweise Aussagen über den *Gehalt* einer Regelung, an die die gesetzliche Entscheidungskraft anschließen kann"[231]. Die wesentliche Aussage des Gewaltenteilungsprinzips besteht also in der Tat darin, daß verschiedene staatliche Funktionen notwendig unterschiedliche (materielle) Inhalte dieser Funktionen implizieren. In diesem Sinne müssen darum auch die Bestimmungen des Grundgesetzes über das Gesetzgebungsverfahren verstanden werden[232].

Rechtsfortbildung, S. 122 ff.; *Rojahn,* JZ 1979, S. 121 f.; *Magiera,* Parlament und Staatsleitung in der Verfassungsordnung des Grundgesetzes, S. 182; *Zimmer,* Funktion-Kompetenz-Legitimation, S. 258 ff.; *Schulze-Fielitz,* Parlamentarische Gesetzgebung, S. 179 f., auch S. 207 ff.

[228] S. dazu *Kloepfer,* VVDStRL 40 (1982), S. 65 ff. und am gleichen Ort (S. 124 ff.) die rechtsphilosophische Rechtfertigung dieses Gedankens in dem Diskussionsbeitrag von *Kirn,* vgl. daneben *Degenhart,* DÖV 1981, S. 479.

[229] Vgl. zu diesen Regelungen allgemein *Schneider,* Gesetzgebung, S. 136 ff. (für Rechtsverordnungen) und S. 164 ff. (für Satzungen). Für den kommunalen Bereich besonders *Schmidt-Aßmann,* Kommunale Rechtssetzung, S. 14 ff. (für Satzungen), S. 28 ff. (für Rechtsverordnungen). Zu den für den Erlaß von Rechtsverordnungen geltenden Regelungen daneben *Lepa,* AöR 105 (1980), S. 342 ff. und zu den Polizeiverordnungen genauer *Drews/Wacke/Vogel/Martens,* Gefahrenabwehr, S. 484 ff., bes. S. 503 ff. *Staupe* (Parlamentsvorbehalt, S. 213 ff.) vergleicht ausführlich die „strukturellen und funktionellen Unterschiede" von Gesetz und Rechtsverordnung.

[230] So richtig *Grawert,* Jura 1982, S. 305.

[231] AaO., S. 305 f. (Hervorhebung A. J.).

[232] Die Kritik an diesem Verständnis übersieht – und das gilt im Ergebnis auch für die differenzierenden Aussagen von *H. Hofmann* zum verfassungsrechtlichen Gesetzesbegriff (in Die Allgemeinheit des Gesetzes, S. 41 ff.) –, daß die hier entwickelten inhaltlichen Kriterien für den Gesetzesbegriff des Grundgesetzes das Ergebnis einer verfassungsrechtlichen Lage sind, die nach unseren bisherigen vorläufigen Überlegungen augenscheinlich eben durch verschiedene gleichwertige demokratische Legitimationsformen parlamentarischer wie außerparlamentarischer (Artikel 28 Abs. 1 und 2 GG!) Art und durch die eigenständige Bedeutung der grundrechtlichen Legitimation gekennzeichnet ist.

Im *Ergebnis* läßt sich damit feststellen, daß es durchaus verfassungsrechtliche Argumente gibt, die für den klassischen abstrakt-generellen Gesetzesbegriff sprechen. Sie setzen aber zunächst wiederum die Anerkennung der Grundrechte als Abwehrrechte und das Bewußtsein über die Grenzen parlamentarisch-demokratischer Legitimation des Gesetzgebers voraus. Hinzu kommt als weiterer, bei der Betrachtung der unter I. und II. vorgetragenen Überlegungen noch nicht genannter Gesichtspunkt, daß sich aus dem Verständnis der Grundrechte als subjektiv öffentlicher Rechte und der verfassungsrechtlichen Gewährleistung ihrer Durchsetzbarkeit Schranken für den Gesetzgeber ergeben können.

§ 2 Die nähere inhaltliche Bestimmung der gesetzgeberischen Kompetenzen durch Begrenzung des legislativen Zugriffsrechts als verbleibende verfassungsrechtliche Aufgabe

Eine wirksame verfassungsrechtliche Beschränkung der Gesetzgebung läßt sich nur erreichen – das ist das wesentliche allgemeine Ergebnis unserer kritischen Überlegungen in § 1 –, wenn man konsequent nach den demokratischen und grundrechtlichen Schranken der parlamentarisch-demokratischen Legitimation des Gesetzgebers fragt. Das ist besonders in unserer Kritik an der herrschenden Lehre zum Gesetzesvorbehalt deutlich geworden. Entscheidend für eine wirksame Eindämmung der Gesetzesflut ist nun aber nicht die Begrenzung des Gesetzesvorbehalts, sondern die der gesetzgeberischen Kompetenzen überhaupt. Insoweit bleibt noch die für die nähere inhaltliche Bestimmung der gesetzgeberischen Befugnisse entscheidende, aber bisher bei der Behandlung des Gesetzesbegriffs nur angedeutete Möglichkeit genauer zu untersuchen, wie die Frage nach der Kompetenz des Gesetzgebers mit eben der nach seiner Legitimation wirksam verbunden werden kann. Auf diesem Weg könnte eventuell auch unsere These, daß verschiedene staatliche Funktionen unterschiedliche (materielle) Inhalte implizieren[1], ihre Bestätigung finden.

Auch in der einschlägigen Literatur ist namentlich durch die Frage nach einem gesetzesfesten (allgemeinen) Verwaltungsvorbehalt versucht worden, Schranken für die Gesetzesflut aus dem Grundgesetz abzuleiten[2]. Dieses Thema, mit dem sich besonders die Vereinigung der Deutschen Staatsrechtslehrer auf ihrer Jahrestagung 1984 u. a. befaßte[3], stellt im Grunde aber das alte Problem einer Begrenzung des legislativen Zugriffsrechts in anderer Form erneut zur Diskus-

---

[1] S. hier § 1 III. bei Anm. 231.

[2] Der Zusammenhang zwischen der gegenwärtigen Gesetzesflut und der Frage nach einem gesetzesfesten (allgemeinen) Verwaltungsvorbehalt wird etwa betont von *Maurer*, VVDStRL 43 (1985), S. 138 f.; *Stettner*, DÖV 1984, S. 612 f.; *Schröder*, DVBl. 1984, S. 816, 820; *Nedden*, VR 1985, S. 307 f.; *Schertl*, Bay VBl. 1987, S. 393 f., 396.

[3] S. dazu den Nachweis in Anm. 28 der Einleitung.

sion[4]. Das soll zunächst (I.) kurz geschildert werden. Danach (II.) ist in einem ersten Schritt näher darzulegen, daß nun gerade bei dem Versuch, das legislative Zugriffsrecht zu begrenzen, die Frage nach der Legitimation des Gesetzgebers mit der nach seinen Kompetenzen (und nach inhaltlichen verfassungsrechtlichen Kriterien des Gesetzesbegriffs) zusammentrifft; in einem weiteren Schritt sind darum die Möglichkeiten zu prüfen, die für eine Begrenzung des legislativen Zugriffsrechts in Betracht kommen. Abschließend (III.) bleibt dann noch die Aufgabe, die rechts- und staatstheoretischen Anknüpfungspunkte aufzuzeigen, die sich für eine entsprechende Begrenzung des legislativen Zugriffsrechts anbieten.

I. Die Diskussion über einen allgemeinen Verwaltungsvorbehalt als untauglicher Versuch zur Begrenzung der gesetzgeberischen Kompetenzen

In der genannten Diskussion wird zunächst hervorgehoben, daß sich ein allgemeiner gesetzesfester Kernbereich der Verwaltung nicht unmittelbar aus dem Gewaltenteilungsprinzip herleiten lasse[5]. Daneben ist zu diesem Thema kritisch bemerkt worden, daß „durch den Verwaltungsvorbehalt im Gegensatz zum Gesetzesvorbehalt nicht die Substanz der von ihm angesprochenen Staatsgewalt erfaßt" sei[6]. Das ist nun insofern richtig, als die Frage nach dem Verwaltungsvorbehalt primär die Grenzen der Legislative im Blick hat und nicht auf die Eigenart der Verwaltung als solche abstellt[7]. Da man nun aber in der Diskussion über einen gesetzesfesten (allgemeinen) Verwaltungsvorbehalt nicht nur eine unmittelbar verbindliche Schrankenziehung durch das Gewaltenteilungsprinzip ablehnte, sondern auch verbindliche inhaltliche Kriterien für den verfassungsrechtlichen Gesetzesbegriff als solchen[8], konnten zwangsläufig nur punktuelle gesetzesfeste Eigenbereiche der Verwaltung benannt werden.

Diese Diskussion enthält daneben aber auch Ansätze für eine Begrenzung des Gesetzgebers durch einen inhaltlichen Gesetzesbegriff. So werden etwa die verfassungsrechtliche Relevanz der Unterscheidung von Gesetzgebung und Gesetzesvollziehung betont und daraus Bedenken gegen (Einzelfall-)Vollziehungsgesetze

---

[4] Das wird angedeutet in dem Diskussionsbeitrag von *Starck*, VVDStRL 43 (1985), S. 208, 209; vgl. auch daselbst die Bemerkungen von *Schnapp* auf S. 227.

[5] So *Maurer*, VVDStRL 43 (1985), S. 149 ff., 154 und *Schnapp* (aaO., S. 190 f.), der aber dem Artikel 20 Abs. 2 GG zumindest „eine rudimentäre Andeutungsfunktion" zuerkennt. S. daneben *Schröder*, DVBl. 1984, S. 819 f., 821; *Degenhart*, NJW 1984, S. 2187; *Ossenbühl* in Die öffentliche Verwaltung zwischen Gesetzgebung und richterlicher Kontrolle, S. 29 und 30. Kritisch zu dieser These besonders der Diskussionsbeitrag von *Raschauer* in VVDStRL 43 (1985), S. 236 f.

[6] So *Wahl* in VVDStRL 43 (1985), S. 249.

[7] So richtig *Starck* in VVDStRL 43 (1985), S. 208, 209; vgl. auch daselbst die Bemerkungen von *Denninger* (S. 203) und *Schnapp* (S. 227).

[8] S. etwa *Degenhart*, NJW 1984, S. 2186, 2187, 2188, 2189; *Stettner,* DÖV 1984, S. 616; *Schröder*, DVBl. 1984, S. 815 f., 820. Relativierend für die Einzelfallgesetze auch *Maurer*, VVDStRL 43 (1985), S. 158 f., 231 und *Bachof*, daselbst auf S. 217 f.

abgeleitet[9]. Doch wird dem Maßnahmegesetz ausdrücklich keine verfassungsrechtliche Bedeutung zugesprochen[10] und damit die Unterscheidung von Gesetzgebung und (Gesetzes-)Vollziehung nicht konsequent im Sinne unserer kritischen Überlegungen in § 1 III. durchgehalten.

Im Ergebnis zeigt sich damit, daß nicht die Lehre vom Verwaltungsvorbehalt eine gültige verfassungsrechtliche Antwort auf die Frage nach den Grenzen der gesetzgeberischen Kompetenzen geben kann, sondern – wie schon angedeutet – allein der Versuch, die Kompetenz der Legislative durch die Grenzen ihrer demokratischen Legitimation näher zu bestimmen. Dieser Versuch wiederum führt, wie nunmehr im einzelnen an der herrschenden Lehre vom legislativen Zugriffsrecht zu zeigen ist, zurück zu der Frage nach genaueren inhaltlichen Kriterien für den verfassungsrechtlichen Gesetzesbegriff.

II. Das herrschende Verständnis des legislativen Zugriffsrechts und die Möglichkeiten seiner Begrenzung

1. Das herrschende Verständnis des legislativen Zugriffsrechts

a) Für die *Reichweite* des legislativen Zugriffsrechts gilt zunächst grundsätzlich, daß es festlegt, wann der Gesetzgeber handeln *darf*, während der Gesetzesvorbehalt demgegenüber bestimmt, wann er handeln *muß*; beide Bereiche decken sich also nicht nach der grundgesetzlichen Ordnung. Einige Stimmen in der Literatur bejahen nun ein unbegrenztes legislatives Zugriffsrecht[11]; überwiegend wird jedoch die Ansicht vertreten, daß es neben punktuellen Verwaltungsvorbehalten auch bestimmte „gesetzesfeste" Eigenbereiche der Regierung gibt[12]. Über deren Umfang im einzelnen bestehen naturgemäß Divergenzen, doch ist man sich durchweg einig darüber, daß hierzu Teile der Organisationsgewalt bzw. Personalgewalt, der auswärtigen Gewalt und ein wesentlicher Bereich der Verteidigungsangele-

---

[9] S. besonders *Maurer*, aaO., S. 147, 157 ff. und ergänzend die Diskussionsbeiträge daselbst von *Denninger* (S. 203), *Ronellenfitsch* (S. 219), *Frowein* (S. 222), *Kisker* (S. 223) und *Meessen* (S. 243).

[10] So etwa *Maurer*, aaO., S. 158 und *Denninger*, daselbst auf S. 203 f.; *Degenhart*, NJW 1984, S. 2186.

[11] Vgl. etwa *Achterberg*, Probleme der Funktionenlehre, S. 206 f., 209 und DVBl. 1972, S. 843 f. sowie *Vogel*, VVDStRL 24 (1966), S. 175.

[12] Allgemeine Übersicht bei *Starck*, Gesetzesbegriff, S. 198 ff.; *Mußgnug*, Haushaltsplan, S. 277 ff.; *Zimmer*, Funktion-Legitimation-Kompetenz, S. 222 ff., besonders S. 228 ff. Vgl. daneben im einzelnen zur Organisationsgewalt *Böckenförde*, Organisationsgewalt, S. 103 ff. (besonders S. 106 f.), 286 ff.; *Oldiges*, Die Bundesregierung als Kollegium, S. 236 ff. (besonders S. 240 ff.), vgl. auch S. 222 ff.; *Schnapp*, VVDStRL 43 (1985), S. 192 ff.; *Nedden*, VR 1985, S. 308 und VR 1985, S. 369 ff. (besonders S. 372 f.); *Loeser*, Das Bundes-Organisationsgesetz, S. 155 ff.; zur Personalgewalt *Lecheler*, Die Personalgewalt öffentlicher Dienstherrn, S. 17 ff., 155 ff., 213 ff.; *Schnapp*, aaO., S. 196 f.; zur auswärtigen Gewalt BVerfGE 68, 1 (85 ff., 108 f.); daneben *Oldiges*, aaO., S. 311 ff. und der Diskussionsbeitrag von *Zuleeg* in VVDStRL 43 (1985), S. 249 f.

genheiten zählen. Umstritten ist dagegen, ob aus dem in Artikel 65 Satz 1 GG garantierten Recht des Bundeskanzlers, die Richtlinien der Politik zu bestimmen, eine gesetzesfeste Kompetenz der Regierung folgt. Der Streit geht insoweit besonders darum, ob Artikel 65 Satz 1 GG eine regierungsinterne Kompetenzfrage regelt oder dieser Vorschrift auch eine gewisse „Außenwirkung" gegenüber der Legislative zukommt. Eine abschließende Stellungnahme zu dieser Streitfrage[13] wie auch zum genauen Umfang der übrigen exekutiven Eigenbereiche kann hier dahinstehen, weil sie wie die Lehre vom Verwaltungsvorbehalt keine umfassende Begrenzung des legislativen Zugriffsrechts im geforderten Sinne bewirken würde, sondern ebenfalls nur punktuelle Schranken aufzeigen könnte. Im übrigen dürfte eine solche Stellungnahme kaum über die bisher unternommenen Abgrenzungsversuche hinausgelangen[14]. Eigenbereiche der Judikative, die dem legislativen Zugriffsrecht Grenzen setzen, besitzen daneben praktisch keine Bedeutung. Denn es handelt sich insoweit nur um ganz spezielle Einzelzuweisungen, nicht aber um einen bestimmten allgemeinen Gegenstandsbereich[15].

Gewöhnlich wird deshalb der Umfang des legislativen Zugriffsrechts dahingehend umschrieben, daß alles, was nicht in den Eigenbereich der Exekutive fällt, der gesetzlichen Regelung offen steht. Wie bei der Lehre vom Verwaltungsvorbehalt bestimmten also nach herrschender Ansicht nicht inhaltliche Kriterien des Gesetzesbegriffs, sondern lediglich punktuelle gesetzesfeste Eigenbereiche der Exekutive, wann der Gesetzgeber handeln darf. Die Kompetenzaussage ist damit im Ergebnis in der Tat auch für den Inhalt des Gesetzesbegriffs bestimmend[16]. Wird nun, wie es die geschilderte Lehre des legislativen Zugriffsrechts tut, der Kompetenzbereich des Parlaments grundsätzlich „als offen und diesem selbst anheimgestellt" verstanden, so muß es zum inhaltslosen Gesetzesbegriff kommen. Auch die Wichtigkeit einer Regelung kann dann „den Begriff des Parlamentsgesetzes nur typisieren, nicht (aber) definieren"[17]. Der inhaltslose Gesetzesbegriff findet also im herrschenden Verständnis des legislativen Zugriffsrechts seine Bestätigung.

b) Es überrascht nach dem Gesagten nicht, daß dieses weite Verständnis des

---

[13] Eine begrenzende Funktion gegenüber dem Gesetzgeber befürworten *Junker*, Die Richtlinienkompetenz des Bundeskanzlers, S. 88 ff. mit Nachweisen aus dem älteren Schrifttum; *Herzog*, VVDStRL 24 (1966), S. 189 f.; *Doehring*, Staatsrecht, S. 217 f.; *Linck*, DÖV 1979, S. 166 f.; *Zimmer*, Funktion-Kompetenz-Legitimation, S. 225 f. u. a. und für die Weimarer Reichsverfassung schon *Schmitt*, Verfassungslehre, S. 346; vgl. daneben auch *Oebbecke* (Weisungs- und unterrichtungsfreie Räume in der Verwaltung, S. 25 ff.) zur Widerlegung der These, daß Artikel 65 GG nur Intra-Organ-Charakter besitzt. A. A. dagegen etwa *Kröger*, Die Ministerverantwortlichkeit in der Verfassungsordnung der Bundesrepublik Deutschland, S. 42. Zum Rechtscharakter der Richtlinien *Ossenbühl*, Verwaltungsvorschriften und Grundgesetz, S. 431 ff.

[14] Vgl. die Nachweise in Anm. 12.

[15] Vgl. *Böckenförde*, Verfassungsfragen, S. 88; *H. P. Schneider*, DÖV 1975, S. 449.

[16] Richtig heißt es bei *Grawert* (Jura 1982, S. 306): „Demnach kennzeichnet das den Gesetzesbegriff der Sache nach, über das der Gesetzgeber zulässigerweise befinden darf".

[17] So wiederum *Grawert*, aaO., S. 307.

legislativen Zugriffsrechts durchweg mit demokratischen Argumenten *begründet* wird. Denn wir erkannten ja bereits in § 1, daß hinter den allgemeinen grundrechtlichen Überlegungen zur Ausweitung des Gesetzesvorbehalts im wesentlichen ebenfalls demokratische Gründe stehen[18] und das gleiche für die Lehre gelten muß, die dem Gesetz die Aufgabe der „Aktualisierung" von Freiheit und Gleichheit zuschreibt[19]. Daneben vermag Artikel 20 Abs. 3 GG kaum etwas für oder gegen die Zulässigkeit des legislativen Zugriffsrechts auszusagen. Dieser Vorschrift ist nämlich allein zu entnehmen, daß, falls ein Gesetz erlassen wird, die Verwaltung (und die Rechtsprechung) daran gebunden sind – das Gesetz also die höherrangige Rechtsquelle darstellt[20]. Aus dieser Höherrangigkeit des Gesetzes kann aber nicht auf den Umfang der gesetzgeberischen Kompetenzen geschlossen werden. Was als Begründung für den weiten Bereich des legislativen Zugriffsrechts bleibt, ist also in der Tat die bessere (da volksnähere) Legitimation des Gesetzgebers gegenüber der Verwaltung[21], die zugestandenermaßen in Artikel 20 Abs. 3 GG zumindest ihren indirekten Ausdruck findet. Die genannte Begründung konnte allerdings ihre entscheidende Wirkung erst dadurch gewinnen – auch das sahen wir bereits in § 1 –[22], daß von der besseren demokratischen Legitimation des Parlaments unmittelbar auf entsprechende *gesetzgeberische* Kompetenzen geschlossen wurde. Dieser allerdings mehr oder weniger unbewußte Direktschluß wird auch für das legislative Zugriffsrecht nicht ausdrücklich thematisiert, aber er ist auch hier stillschweigende Voraussetzung, um sein von der herrschenden Meinung vertretenes Verständnis schlüssig begründen zu können.

---

[18] Vgl. § 1 II. bei Anm. 127 f.

[19] Vgl. § 1 III. bei Anm. 159 ff., besonders bei Anm. 164 f.

[20] Vgl. im einzelnen zum Aussagegehalt des Artikel 20 Abs. 3 GG *Gusy*, JuS 1983, S. 189 ff. Aus Artikel 20 Abs. 3 GG folgt aber etwa für *Starck* auch eine Begründung für das herrschende Verständnis des legislativen Zugriffsrechts: „Zudem gibt es neben dem Gesetzesvorbehalt den Vorrang des Gesetzes, der *besagt*, daß der Gesetzgeber – von wenigen Ausnahmen abgesehen – alles an sich ziehen und mit verdrängender Wirkung regeln darf" (DÖV 1979, S. 270 – Hervorhebung A. J.).

[21] So darum auch *Böckenförde*, Organisationsgewalt, S. 105, wobei ausdrücklich betont werden muß, daß gerade *Böckenförde* grundsätzlich nur ein begrenztes legislatives Zugriffsrecht anerkannt hat: „Das Zugriffsrecht ist selbst eine verfassungsrechtliche Kompetenz, die wie jede Kompetenz eine umgrenzte und dadurch begrenzte Befugnis ist; es kann nicht in eine Kompetenz-Kompetenz umgemünzt werden. Eine Kompetenz-Kompetenz kommt im Verfassungsstaat nur der verfassungsgebenden Gewalt zu, die gesetzgebende Gewalt und das sie ausübende Organ sind ‚pouvoir constitué', stehen unter der Verfassung und der von ihr festgelegten Kompetenzverteilung (zu der freilich das Zugriffsrecht als eigene – begrenzte – Kompetenz gehört)" (aaO., S. 106). Zur unterschiedlichen demokratischen Legitimation von Exekutive und Legislative vgl. auch *Böckenförde/Grawert*, AöR 95 (1970), S. 26; relativierend insoweit *Eberle*, DÖV 1984, S. 489 und *Staupe*, Parlamentsvorbehalt, 168 ff.

[22] Vgl. § 1 II. bei Anm. 93 ff. und § 1 III. bei Anm. 217, auch bei Anm. 219 ff. Modifizierend allerdings *Ossenbühl* (Verwaltungsvorschriften und Grundgesetz, S. 474 f.), wenn er etwa feststellt, daß mit dem durch Artikel 20 Abs. 3 GG statuierten Gesetzesvorrang „die Kollision zwischen Gesetzesrecht und Verwaltungsvorschriften" nicht zu lösen sei, da es sich insoweit „um artverschiedenes Recht" handele, um die „Abgrenzung ihrer Geltungsräume".

c) Diese Begründung für das legislative Zugriffsrecht haben nun auch die *Gegner* der in § 1 geschilderten verfassungsrechtlichen Beiträge zur Gesetzesflut nicht ausdrücklich in Frage gestellt. Sie haben sich zwar vor allem in der Auseinandersetzung um die Reichweite des Gesetzesvorbehalts auf die besondere demokratische Legitimation der Verwaltung (Artikel 20 Abs. 2 und 3 GG)[23], das durch die Grundrechte gefordete Eingriffs- und Schrankendenken[24] und die beschränkte Aussagekraft von Verfassungsprinzipien[25] berufen und damit jene Argumente ins Feld geführt, die allem Anschein nach auch gegen das herrschende Verständnis des legislativen Zugriffsrechts sprechen. Wenn sie von ihnen insoweit aber nicht geltend gemacht werden[26], so liegt der Grund dafür u. E. in der nicht konsequent durchgehaltenen These von der eigenständigen verfassungsrechtlichen Legitimation der Exekutive[27]. Das beweisen besonders die Stellungnahmen zu der für die rechtliche Beurteilung dieser Legitimation entscheidenden Frage, inwieweit den

---

[23] So *Böckenförde*, Organisationsgewalt, S. 89 ff. und AöR 95 (1970), S. 25 ff. zum beschränkten Gesetzesvorbehalt (abweichend insoweit allerdings Gesetz, S. 388 f.) – Organisationsgewalt, S. 78 ff. und AöR 95 (1970), S. 23 ff. zur besonderen demokratischen Legitimation der Verwaltung; *Ossenbühl*, Verwaltungsvorschriften und Grundgesetz, S. 208 ff. und in FS für *Bosch*, S. 753 ff. sowie in Allgemeines Verwaltungsrecht, S. 67 ff. (= § 5 II) zum beschränkten Gesetzesvorbehalt – Verwaltungsvorschriften und Grundgesetz, S. 196 ff. zur besonderen demokratischen Legitimation der Verwaltung; *Vogel*, VVDStRL 24 (1966), S. 149 ff. zum beschränkten Gesetzesvorbehalt – aaO., S. 156 ff. zum Recht der Verwaltung zur außerverbindlichen Rechtssetzung; *Grawert*, AöR 95 (1970), S. 25 ff. zum beschränkten Gesetzesvorbehalt (abweichend insoweit allerdings Jura 1982, S. 306 f. und 308 f.) – aaO., S. 23 ff. zur besonderen demokratischen Legitimation der Verwaltung.

[24] *Schlink*, Amtshilfe, S. 130 ff., 135 ff. zum beschränkten Gesetzesvorbehalt – aaO., S. 135 ff. zum von den Grundrechten geforderten Eingriffs- und Schrankendenken; *Böckenförde*, zum beschränkten Gesetzesvorbehalt s. die Nachweise in Anm. 23 – Staat, Gesellschaft, Freiheit, S. 241 ff. zum von den Grundrechten geforderten Eingriffs- und Schrankendenken und NJW 1976, S. 2091, 2099 allgemein zum Verständnis der Verfassung als Rahmenordnung.

[25] *Schlink*, zum beschränkten Gesetzesvorbehalt s. die Nachweise in Anm. 24 – Amtshilfe, S. 131 f. und Der Staat 15 (1976), S. 360 ff. zur begrenzten Aussagekraft von Verfassungsprinzipien.

[26] Im einzelnen s. die Stellungnahmen von den in den Anm. 23–25 genannten Autoren zum legislativen Zugriffsrecht: *Böckenförde*, Gesetz, S. 387 f., 394, 395, 400 und Organisationsgewalt, S. 103 ff. sowie AöR 95 (1970), S. 24 f., 29, 31; *Ossenbühl* in FS für Bosch, S. 754 und Verwaltungsvorschriften und Grundgesetz, S. 241, vgl. auch S. 261 f., 418 u. a.; *Vogel*, VVDStRL 24 (1966), S. 175; *Schlink*, Amtshilfe, S. 120 f. mit Anm. 37; *Grawert*, AöR 95 (1970), S. 24 f., 29, 31 und Jura 1982, S. 306, 307, 309.

[27] Das Bundesverfassungsgericht tritt, wie gezeigt, mit der Wesentlichkeitstheorie sogar für eine Ausweitung des Gesetzesvorbehalts ein, obwohl es umgekehrt die besondere demokratische Legitimation der Exekutive ausdrücklich betont (BVerfGE 49, 89, 124 ff. und 68, 1, 87 f., 89, 109). Entsprechend verfahren *Lorenz* (Rechtsschutz, S. 37 ff. zur eigenständigen Legitimation der Verwaltung und S. 41 f. zum Gesetzesvorbehalt und legislativem Zugriffsrecht), *G. Müller* (Rechtssetzung, S. 71 ff. zum Gesetzesvorbehalt und S. 198 ff. zur eigenständigen Rechtssetzungsbefugnis der Verwaltung) und *Krebs* (Jura 1979, S. 309 ff. u. a. zum Gesetzesvorbehalt für alle grundrechtsrelevanten Maßnahmen und VA 70/1979, S. 269 ff. zur Befugnis der Exekutive zur außenwirksamen Rechtssetzung); *Staupe* (Parlamentsvorbehalt, bes. S. 201 ff. = Kapitel VI ff. zum Gesetzesvorbehalt und S. 167 ff. zur besonderen demokratischen Legitimation der Exekutive).

(verhaltenslenkenden) Verwaltungsvorschriften, insbesondere den Ermessensrichtlinien, Außenwirkung zukommt:

Zum Teil negieren die Gegner des gesetzlichen Totalvorbehalts eine solche Außenwirkung grundsätzlich unter Hinweis auf Artikel 80 Abs. 1 GG[28]. Eine Möglichkeit für eine (beschränkte) Außenwirkung der Verwaltungsvorschriften glaubt man allerdings aus der zur Reichweite des Gesetzesvorbehalts vertretenen Wesentlichkeitstheorie des Bundesverfassungsgerichts ableiten zu können. Sie läßt, so wird gefolgert, eine einschränkende Auslegung des Artikel 80 Abs. 1 GG dahingehend zu, daß nichtwesentliche Regelungen der Verwaltung unmittelbare Außenwirkung besitzen[29]. Die aus Artikel 80 Abs. 1 GG abgeleiteten Bedenken gegen die unmittelbare Außenwirkung der Verwaltungsvorschriften lassen sich nach anderer Ansicht ausräumen, wenn man auf den besonderen Charakter ihrer Rechtsbindung abstellt. Soweit sie außerhalb des Bereichs der Gesetzesvorbehalte ergehen, fehlt ihnen danach im Vergleich zu Gesetzen, Rechtsverordnungen und Satzungen allein der Vorrang der Form, d. h. von diesen Verwaltungsvorschriften darf - bei Vorliegen entsprechender Gründe – ohne ihre vorherige ausdrückliche Änderung im Einzelfall abgewichen werden; sie sind „Vollzugsmaximen"[30]. Nach diesem Verständnis begründen Verwaltungsvorschriften, soweit sie sich ihrem Inhalt nach überhaupt an den Bürger richten, im Ergebnis nicht einen Anspruch auf strikte Einhaltung ihres Inhalts, sondern „nur" auf fehlerfreie Ausübung des Ermessens. Interessant ist nun aber, daß die Vertreter der zuletzt geschilderten Meinung die gekennzeichnete Außenwirkung der Verwaltungsvorschriften durchweg nicht auf die in Artikel 20 Abs. 2 und Abs. 3 GG der Exekutive zuerkannte institutionelle und funktionelle demokratische Legitimation stützen, sondern sich dafür auf ihre aus Artikel 3 Abs. 1 gefolgerte Verpflichtung zum „Handeln nach Grundsätzen"[31], das aus Artikel 19 Abs. 4 abgeleitete „Verrechtlichungsgebot"[32], das Rechtsstaatsprinzip[33] u. a. berufen oder dafür „die Figur der abstrakt-generellen Zusage der Verwaltung, die ihre Basis... in dem Grundsatz des Vertrauens-

---

[28] *Böckenförde*, Gesetz, S. 389 f., 391, 395. Vgl. auch *Schenke*, der dem Artikel 80 Abs. 1 GG die gleiche Aussage entnimmt (DÖV 1977, S. 29 ff. und VA 68/1977, S. 127 f., 134 Anm. 76, 135 ff.), obwohl er ebenfalls einen gesetzlichen Totalvorbehalt ablehnt (vgl. *derselbe* in Gewerbearchiv 1977, S. 313 ff.; Der Staat 15/1976, S. 553 ff.; VA 68/1977, S. 131 ff., auch S. 125 ff.).

[29] So *Böckenförde*, aaO., S. 395 ff. *Insoweit* wird als Begründung die in Artikel 20 Abs. 2 und Abs. 3 GG verankerte institutionelle und funktionelle demokratische Legitimation der Exekutive anerkannt; vgl. *Böckenförde*, aaO., S. 394, 395, 397 Anm. 66; ebenso in dieser Hinsicht *Krebs*, VA 70 (1979), S. 268 ff.; *G. Müller*, Rechtssetzung, S. 198 ff.; *Scheuing*, VVDStRL 40 (1982), S. 158 und *Lorenz*, Rechtsschutz, S. 41.

[30] So besonders *W. Schmidt*, Einführung, S. 10 f., 81 ff. und JuS 1971, S. 186 ff.; *Ossenbühl* in Allgemeines Verwaltungsrecht, S. 100 (= § 7 IV 4); vgl. daneben den Überblick bei *Scheuing*, VVDStRL 40 (1982), S. 158 ff. und daselbst auf S. 246 ff. den allgemeinen Versuch einer näheren Kennzeichnung dieser und ähnlicher Rechtsbindungen durch *Raschauer*.

[31] So besonders *W. Schmidt*, Gesetzesvollziehung, S. 100 ff.

[32] So *Lorenz*, Rechtsschutz, S. 39; ähnlich *Vogel*, VVDStRL 24 (1966), S. 163.

[33] So *Scheuing*, VVDStRL 40 (1982), S. 157, der sich daneben auf Artikel 3 Abs. 1 GG und die Rechtsschutzgarantie beruft.

schutzes findet", heranziehen[34]. Es handelt sich also im Ergebnis insoweit immer um eine (durch „bindungsvermittelnde Normen" gestiftete[35]) Fremdbindung der Verwaltungsvorschriften. Anzumerken bleibt zu diesem Fragenkreis schließlich noch, daß zum Teil von den Anhängern eines beschränkten Gesetzesvorbehalts, die zugleich das herrschende Verständnis des legislativen Zugriffsrechts übernehmen, das Problem der Außenwirkung von Verwaltungsvorschriften gar nicht angesprochen wird[36].

Der geschilderte „Testfall", die Frage nach der Begründung einer Außenwirkung der (verhaltenslenkenden) Verwaltungsvorschriften, zeigt also in der Tat, daß die institutionelle und funktionelle demokratische Legitimation der Verwaltung als solche dafür von keinem der behandelten Autoren vorbehaltlos herangezogen wird. Auch die Interpretation des Gewaltenteilungsgrundsatzes auf der Grundlage des Demokratieprinzips ändert, wie besonders deutlich die Untersuchung von Zimmer zeigt, an diesem Sachverhalt nichts, weil dieser Interpretation weitgehend ebenfalls die Gleichsetzung von parlamentarischer Kompetenz mit der Befugnis zu gesetzgeberischem Tätigwerden zugrundeliegt[37]. Aus unseren vorläufigen Überlegungen in § 1 II. und III.[38] läßt sich demgegenüber die gleich noch näher zu begründende These ableiten, daß die Befugnis der Exekutive zur eigenständigen außenwirksamen Rechtssetzung wie ihre Eigenständigkeit überhaupt letztlich problematisch bleibt, wenn man nicht erkennt, daß ihr Handeln nicht nur durch das „normale" Gesetz parlamentarisch demokratisch gesteuert werden kann bzw. die parlamentarisch-demokratische Legitimation des Gesetzgebers als solche sowohl demokratische wie grundrechtliche Grenzen besitzt. Die

---

[34] So *Ossenbühl*, DVBl. 1981, S. 861, vgl. auch S. 862 f.; vgl. vorher schon *derselbe* in FS Bundesverwaltungsgericht, S. 441 ff. u. a.; ähnlich wohl *Vogel*, wenn er für die Subventionsrichtlinien ausführt (FS Ipsen, S. 541): Sie „nehmen einen Teil der der Verwaltung gesetzlich zugestandenen Ermessensausübung vorweg", und er sich für dieses Verständnis hier und an anderer Stelle (*Drews/Wacke/Vogel/Martens*, Gefahrenabwehr, S. 394 ff.) zur Unterstützung seiner Ansicht auf *Ossenbühl*, *W. Schmidt* und *Lorenz* beruft.

[35] S. dazu *Raschauer*, VVDStRL 40 (1982), S. 246 ff., von dem der Ausdruck im Text übernommen ist. Anders allerdings etwa *Beckmann* (DVBl. 1987, S. 616 f.), der eine „originäre Rechtsetzungsbefugnis der Verwaltung, die nicht unter Art. 80 Abs. 1 GG fällt", anerkennt; so auch *Ossenbühl* in Allgemeines Verwaltungsrecht, S. 100 (= § 7 IV 4).

[36] So bei *Schlink*. *Grawert* (AöR 95/1970, S. 16 ff., 23 ff.) nimmt eine solche Außenwirkung nur für den speziellen Fall der sogenannten Sonderverordnungen an. *Lecheler* (DÖV 1974, S. 441 ff., besonders S. 442 f.) glaubt das angesprochene Problem dadurch lösen zu können, daß er für alle Handlungen der Exekutive unter Hinweis auf das legislative Zugriffsrecht den (potentiellen) Vollziehungscharakter behauptet.

[37] *Zimmer* erkennt nur punktuelle Eigenbereiche der Exekutive an (Funktion-Legitimation-Kompetenz, S. 222 ff., besonders S. 228 ff. und S. 346 f.) und beschränkt seine Ausführungen zur Außenwirkung von Verwaltungsvorschriften auf die gesetzesabhängigen Auslegungsrichtlinien (aaO., S. 353 ff.). Zu beachten ist auch, daß seiner Ansicht nach die verfassungsrechtlichen Kompetenzen der Legislative keinen Rückschluß auf irgendwelche Kriterien des Gesetzes*begriffs* zulassen, ja daß dieser Versuch als solcher schon methodisch fragwürdig erscheinen muß (vgl. aaO., S. 56 f., 95 ff. und 329 ff., besonders S. 335 ff.).

[38] S. besonders § 1 II. bei Anm. 93 ff., 115 ff. und § 1 III. bei Anm. 219 ff.

Gegner der geschilderten verfassungsrechtlichen Rechtfertigungen für die Gesetzesflut haben möglicherweise nicht hinreichend klar gesehen, daß diese Erkenntnis weitgehend auch ihrer Argumentation zugrunde lag, und sind deshalb auch
wohl nicht zur Frage nach den Grenzen des legislativen Zugriffsrechts vorgesto-
ßen.

2. Die verfassungsrechtlichen Möglichkeiten einer Begrenzung des legislativen Zugriffsrechts

Sucht man nun über die Eigenbereiche der Exekutive hinaus nach möglichen
Schranken des legislativen Zugriffsrechts, so scheint das nach dem unter 1. Gesagten nur dann Erfolg zu versprechen, wenn man die Frage nach den Grenzen der
parlamentarisch-demokratischen Legitimation des Gesetzgebers stellt. *Wie* diese
Frage zu stellen ist, kam schon in unseren Überlegungen zur Bestimmung des
verfassungsrechtlichen Gesetzesvorbehalts und des verfassungsrechtlichen Gesetzesbegriffs zur Sprache. Daran muß deshalb angeknüpft werden – auch das wurde
schon gesagt –, weil die Gleichsetzung von parlamentarischer Kompetenz mit
gesetzgeberischer Befugnis und die fehlende Vorstellung über mögliche Grenzen
der parlamentarisch-demokratischen Legitimation nicht nur die entscheidenden
Gründe für die in § 1 geschilderten verfassungsrechtlichen Beiträge zur Gesetzesflut darstellen, sondern ebenfalls das herrschende Verständnis des legislativen
Zugriffsrechts stützen. Es ist also im folgenden genauer nach der Möglichkeit zu
fragen, wie das legislative Zugriffsrecht aus demokratischen und grundrechtlichen
Gründen wirksam begrenzt werden kann.

a) Was die *demokratischen Grenzen* des legislativen Zugriffsrechts betrifft, so
sind nach dem zu seiner Begründung Gesagten mehrere Lösungsansätze in Erwägung zu ziehen:

(1) Zunächst ist daran zu denken, daß das Grundgesetz neben der durch das
Parlament vermittelten demokratischen Legitimation des Gesetzes für bestimmte
Handlungsweisen des Staates eine andere – gleichwertige – demokratische Legitimation vorsieht. Für eine solche Annahme kommt unseres Erachtens, wie schon in
§ 1 angedeutet, allein der in Artikel 28 Abs. 2 GG der kommunalen Selbstverwaltung vorbehaltene Bereich in Betracht, da Artikel 28 Abs. 1 GG nur für Gemeinden und Kreise ebenfalls durch allgemeine Wahlen geschaffene Volksvertretungen vorsieht. Ergänzend ist in diesem Zusammenhang allenfalls zu fragen, ob die
neuere Diskussion über die Partizipation an Verwaltungsentscheidungen zwingen-
de verfassungsrechtliche (demokratische) Gründe für eine unmittelbare Beteiligung der „Betroffenen" an bestimmten Entscheidungen der Verwaltung anführen
kann und damit eine der Legitimation des Gesetzgebers gleichwertige und darum
die Legislative beschränkende demokratische Legitimation geschaffen wird.

(2) Der andere Weg, um zu einer Begrenzung des legislativen Zugriffsrechts zu
kommen, kann nun darin liegen, daß sich eben der Schluß von einem allgemeinen

parlamentarischen Zugriffsrecht auf ein *legislatives* Zugriffsrecht als nicht zwingend erweist. Wir sehen für diese Vermutung zwei ebenfalls schon in § 1 kurz angesprochene verfassungsrechtliche Ansatzpunkte:

Zunächst in den haushaltsrechtlichen Bestimmungen des Grundgesetzes: Wenn dort in Artikel 110 Abs. 1 der alljährliche Ausgleich des Haushalts gefordert wird und darüber hinaus in Artikel 109 Abs. 2 der gesamten Haushaltswirtschaft die Aufgabe gestellt wird, „den Erfordernissen des gesamtwirtschaftlichen Gleichgewichts Rechnung zu tragen", dann setzt die Erfüllung dieser verfassungsrechtlichen Postulate möglicherweise eine hinreichende, gesetzlich nicht festgelegte finanzielle Manövriermasse voraus. Anders ausgedrückt: der „allgemeine" Gesetzgeber wird eventuell, soweit er die Erfüllung des dem Haushaltsgesetzgeber obliegenden verfassungsrechtlichen Auftrags behindert, in seiner Kompetenz beschränkt.

Weiter ist an den Gedanken anzuknüpfen, daß das Parlament heute im Gegensatz zum konstitutionellen Staatsrecht allgemeines „(Repräsentations-)Organ des Staatsbürgers" und nicht nur „Organ zur Mitwirkung an der Ausübung staatlicher Zuständigkeiten" ist[39]. Denn damit besitzen auch die parlamentarischen Kontrollbefugnisse selbständige demokratische Bedeutung. Die umfassende Kompetenz des Parlaments macht es erforderlich, die verschiedenen ihm zur Verfügung stehenden Handlungsformen wie „normale" Gesetzgebung, Haushaltsgesetzgebung und eben Kontrolle in ihrer Reichweite auch voneinander abzugrenzen. Die Diskussion über die Möglichkeiten einer parlamentarischen Steuerung der politischen Planung kann hier als erster Hinweis für die Notwendigkeit einer solchen Grenzziehung zwischen gesetzgeberischen Kompetenzen und Kontrollbefugnissen des Parlaments dienen[40].

(3) Für eine Begrenzung des legislativen Zugriffsrechts aus demokratischen Gründen ist weiter zu beachten, daß die parlamentarische Kontrolle als Schranke für den Gesetzgeber wegen der gegenüber dem Bundestag speziellen demokratischen Legitimation der Landtage vor allem dann in Betracht kommt, wenn es um den Vollzug von Bundesgesetzen durch die Landesexekutive geht. Fehlende Handlungsspielräume für die Exekutive mindern insoweit nämlich nicht nur die Kompetenz von Regierung und Verwaltung in den Ländern, sondern auch und vor allem die der Landesparlamente. Nimmt man den später noch genauer zu entwickelnden Gedanken hinzu, daß die verfassungsrechtlich garantierte kommunale Selbstverwaltung in dem die politische Grundordnung der Bundesrepublik betreffenden Abschnitt des Grundgesetzes steht und schon deshalb keinen grundrechtlichen Charakter besitzt, sondern primär ebenfalls eine besondere demokratische

---

[39] S. dazu etwa *Böckenförde*, AöR 103 (1978), S. 6 ff.
[40] Dazu genauer § 5; s. vorerst besonders die Arbeiten von *Dobiey* (Politische Planung) und *Vitzthum* (Parlament und Planung).

Entscheidungsebene gewährleistet[41], so ergibt sich die Notwendigkeit, bei der Frage nach den demokratischen Grenzen des legislativen Zugriffsrechts die verschiedenen demokratischen Entscheidungsebenen (Bund, Länder, Kommunen) hinreichend zu berücksichtigen. Nicht die vertikale Gewaltenteilung als solche (die streng genommen die kommunalen Selbstverwaltungskörperschaften ja auch gar nicht erfaßt) steht hier also zur Diskussion, sondern ihr wesentlicher (insoweit auch für die kommunale Selbstverwaltung zutreffender) materieller Grund: die besondere demokratische Legitimation der jeweiligen Entscheidungsebene[42].

Die Beachtung dieser besonderen demokratischen Legitimation der einzelnen Entscheidungsebenen vermöchte dann wohl auch eine *verfassungsrechtliche* Rechtfertigung für die Forderung nach Entfeinerung der Normen als Antwort auf die Gesetzesflut zu liefern[43] und ebenfalls eine „Umwandlung" der Gesetzesflut in eine übermäßige Verordnungsgebung, die ja das in der Einleitung angesprochene verfassungsrechtliche Problem nur auf eine andere Ebene schieben und nicht lösen würde, zu verhindern. Denn das Bedürfnis nach besonderen Verordnungsermächtigungen entfiele ja in diesem Fall weitgehend; zudem setzen auch insoweit dem Bundesgesetzgeber die Kontrollbefugnisse der Landesparlamente, dem Landesgesetzgeber die Ingerenzrechte der Bundesexekutive[43a] und beiden die kommunale Selbstverwaltungsgarantie Grenzen. Ausdrücklich zu betonen ist aber, daß ohne das Vertrauen der Bevölkerung in die Objektivität des Verwaltungshandelns diese Antwort auf die Gesetzesflut das Problem nicht lösen würde[44].

b) Für die Absicht, in der dargelegten Weise nach den demokratischen Grenzen des legislativen Zugriffsrechts zu fragen, spricht unseres Erachtens auch die Tatsache, daß die *verwaltungsrechtliche Dogmatik* für die Handlungsformen der Exekutive Differenzierungen entwickelt hat, denen auf der Ebene der Verfassung die genannten unterschiedlichen parlamentarischen Steuerungsmöglichkeiten korrespondieren. Es ist besonders Wilhelm Henke gewesen, der in neuerer Zeit nachdrücklich das verwaltungsrechtliche Rechtsverhältnis in den Mittelpunkt der

---

[41] S. dazu vorerst besonders *Burmeister*, Selbstverwaltungsgarantie, S. 4f., 88f., 182ff. u. a. Genauer gehen wir darauf in § 4 ein.

[42] Es ist das besondere Verdienst von *Frido Wagener*, die grundsätzliche Selbständigkeit der verschiedenen *Verwaltung*sebenen gegenüber dem Streben der „Koordinierungsbürokratie" nach vertikaler Verflechtung bei Erfüllung der einzelnen Fachaufgaben mit seiner Forderung nach dem Vorrang des Gebiets vor der Funktion immer wieder betont zu haben; vgl. etwa seine Ausführungen in VVDStRL 37 (1979), S. 238ff., 253, 256ff.; Politikverflechtung zwischen Bund, Ländern und Gemeinden, S. 130ff., 134f., 145f., 155f., 161f.; Städte- und Gemeindebund 1982, S. 86f., 88, 89; DÖV 1982, S. 752f. u. a. Wir gehen darüber insofern hinaus, als hier auf den wesentlichen verfassungsrechtlichen Grund für die Notwendigkeit dieser Trennung, die jeweils besondere demokratische Legitimation, abgestellt wird.

[43] S. zu dieser Forderung Einleitung bei Anm. 24, wo die verfassungsrechtliche Rechtfertigung dafür noch offen blieb.

[43a] Vgl. dazu den Diskussionsbeitrag von *Ronellenfitsch* in VVDStRL 43 (1985), S. 219.

[44] S. dazu schon § 1 Anm. 1 und weiter auch unsere darüber hinausgehenden, aber unmittelbar damit zusammenhängenden Überlegungen am Schluß der Arbeit (Ausblick bei Anm. 30ff., besonders bei Anm. 38ff.) zu den Voraussetzungen einer wirksamen inneren Repräsentation.

dogmatischen Betrachtung gerückt hat[45]. Die Notwendigkeit dafür ergab sich für ihn aus der gewandelten Rechtsstellung des Bürgers im Sozialstaat der Gegenwart, die er wie folgt beschrieben hat:

„Der Einzelne ist nicht mehr die autonome Persönlichkeit, die in erster Linie eines vom Recht gesicherten autonomen Freiheitsraumes bedarf, sondern er ist in einer unendlichen Zahl von Verhältnissen und Beziehungen zum Staat ebenso wie zu anderen Einzelnen und zu Vereinigungen auf deren Verhalten, Tun oder Unterlassen, Leistungen oder Verschonungen oder Rücksichten angewiesen und bedarf daher vor allem des rechtlichen Schutzes und weithin auch der rechtlichen Regelung dieser Verhältnisse und Beziehungen. Da sie nicht statushaft verfestigt, sondern in stetem Wechsel begründet und beendet, verändert und umgewandelt werden, muß ihre rechtliche Regelung ebenfalls dynamisch sein, geeignet, nicht nur den jeweiligen Zustand, sondern auch seinen Wechsel und Wandel mit Rechtsinstituten und Rechtsformen zu erfassen und zu begleiten"[46].

Aus dieser gewandelten Situation ergibt sich für Henke aber nicht nur die Forderung, das Rechtsverhältnis als solches zur Grundlage der verwaltungsrechtlichen Beziehungen zwischen Bürger und Staat zu machen, sondern darüber hinaus die Notwendigkeit, zwischen allgemeinen und besonderen Rechtsverhältnissen zu unterscheiden. Für diese Unterscheidung sieht er gewisse Parallelen zu der im Zivilrecht geltenden zwischen absolutem und relativem Recht. Geht es im Zivilrecht zunächst um Bestand, Abgrenzung, Einschränkung und Verteidigung des Eigentums als zentralem dinglichem Recht, so gilt im öffentlichen Recht Entsprechendes für die grundrechtliche Freiheit. Während nun aber daneben im Zivilrecht die Ausformung der obligatorischen Rechtsverhältnisse praktisch schon Ende des 19. Jahrhunderts im wesentlichen abgeschlossen war, steht sie für die „besonderen" Verwaltungsrechtsverhältnisse, d. h. für solche, in denen zwischen einem öffentlichen Verwaltungsträger und dem Bürger bestimmte Rechte und Pflichten bestehen, erst in den Anfängen[47].

Henke selbst hat nun diese Aufgabe für das Subventionsverhältnis in Angriff genommen[48]. Für unseren Zusammenhang interessant ist dabei, daß er die insoweit zwischen Staat und Bürger entstehenden Rechtsbeziehungen nicht mehr mit dem Verwaltungsakt, sondern dem verwaltungsrechtlichen Vertrag zu erfassen sucht[49]. Denn eine mögliche Erklärung für diese Einordnung der Rechtsbeziehungen (die Henke allerdings nicht direkt ausspricht) wäre das Scheitern des Versuchs, den Inhalt des Subventionsverhältnisses vorab gesetzlich so zu programmieren, daß ein solches Verhältnis allein durch einen diese gesetzliche Entscheidung

---

[45] S. besonders seine Ausführungen in VVDStRL 28 (1970), S. 156 ff. und daneben später DÖV 1980, S. 622 f. sowie Wirtschaftssubventionen, S. 5 f.

[46] In FS für *Werner Weber*, S. 497; ähnlich schon *derselbe*, VVDStRL 28 (1970), S. 162.

[47] S. *Henke* in FS für Werner Weber, S. 498 ff.; DÖV 1980, S. 624 f.

[48] Vgl. sein Buch „Das Recht der Wirtschaftssubventionen als öffentliches Vertragsrecht" und seinen Entwurf für ein Gesetz über den Subventionsvertrag in DVBl. 1984, S. 845 ff.

[49] S. genauer Wirtschaftssubventionen, S. 20 ff.

vollziehenden (punktuellen) Verwaltungsakt entsteht. Die Regelungsformen des klassischen (konditional programmierten) Gesetzes wie des punktuellen Verwaltungsakts scheinen beide im Subventionsverhältnis zu versagen. Das gleiche muß wohl für die sich in längeren (gestuften) Verwaltungsverfahren herausbildenden komplexen Verwaltungsentscheidungen[50] in Form von Verwaltungsakten gelten. Auch hier ist die besondere verwaltungsrechtliche Handlungsform Indiz für die nur begrenzte parlamentarische Steuerung dieser Entscheidung durch das klassische Gesetz, das nur noch des „Vollzugs" durch den (punktuellen) Verwaltungsakt bedarf.

Ist dieser Zusammenhang richtig gesehen, so erstaunt es, daß die zumindest ansatzweise vorhandene Abschichtung zwischen allgemeinem und besonderem Verwaltungsrechtsverhältnis bisher ohne Folgen für die Frage nach der adäquaten parlamentarischen Steuerung der verschiedenen besonderen verwaltungsrechtlichen Rechtsverhältnisse, wie etwa des Subventionsverhältnisses oder des beim Erlaß von komplexen Verwaltungsentscheidungen entstehenden Rechtsverhältnisses, geblieben ist. Anders gesagt: die auf der *verwaltungs*rechtlichen Ebene versuchte Abschichtung zwischen relativen und absoluten Rechten (Rechtsverhältnissen), um die es allein auch Henke geht, hat auf der *verfassungs*rechtlichen Ebene bisher keine Entsprechung gefunden. Hier glaubt man allem Anschein nach der gewandelten Situation dadurch Rechnung tragen zu können, daß man ohne Rücksicht auf Organstruktur und Verfahren der Legislative und die angesprochenen Grenzen der parlamentarisch-demokratischen Legitimation des Gesetzgebers alles oder jedes zum „Gesetz" erklärt, wenn nur die Vorschriften über das Gesetzgebungsverfahren formell (und nicht ihrem Sinn nach) beachtet worden sind. Diese Ansicht wird im folgenden in Zweifel gezogen. Aus dem aufgezeigten Korrespondenzverhältnis zwischen den demokratischen Steuerungsmöglichkeiten der Exekutive und den Handlungsformen der Verwaltung ergibt sich dabei für das weitere Vorgehen die Forderung, bei der Frage nach möglichen demokratischen Äquivalenten gegenüber dem legislativen Zugriffsrecht neben den verschiedenen demokratischen Entscheidungsebenen auch die jeweils einschlägigen Handlungsformen der Verwaltung zu beachten.

c) Die dargelegten Schritte für eine mögliche Begrenzung des legislativen Zugriffsrechts lassen sich auch als durch den *grundrechtlichen Freiheitsbegriff* begründet verstehen. Um das zu verdeutlichen, können wir auf unsere Ausführungen zum alternativen Verständnis des Sozialstaatsprinzips in § 1 I.[51] zurückgreifen. Gewährleistet dieses die gleiche Freiheit(-schance) und wird damit die inhaltliche Aufgabe des Staates verbindlich festgelegt[52], so muß die gewandelte Rechtsstellung des Bürgers im Sozialstaat der Gegenwart, wie sie von Henke beschrieben

---

[50] Zu ihrem Charakter s. § 1 III. bei Anm. 205 f.
[51] Dort bei Anm. 38 ff.
[52] S. wiederum § 1 I. bei Anm. 62 und Anm. 66 f. sowie Anm. 66 selbst.

wurde[53], im Verständnis der grundrechtlichen Freiheit ihren Niederschlag finden. Daß dies bei einer streng wörtlichen Auslegung des Artikel 2 Abs. 1 GG möglich ist, hat Suhr gezeigt[54]. Er hat sich an anderer Stelle auch entsprechend zum Sozialstaatsprinzip geäußert. Wichtig im vorliegenden Zusammenhang ist dabei der mit Henke übereinstimmende Ausgangspunkt seiner Überlegungen, daß für den Bürger durch den wachsenden Verlust des beherrschten Lebensraums der soziale Lebensraum, sein „Lebensraum im Netz der Rechtsbeziehungen", immer größere Bedeutung gewinnt[55]. Zwischen der Freiheit im beherrschten Lebensraum (der Freiheit sachherrschaftlicher Art) und der im sozialen Lebensraum bestehen für Suhr ähnliche Unterschiede wie zwischen besonderem und allgemeinem Rechtsverhältnis bei Henke. Denn „Freiheitsentfaltung von Menschen in sozialen Lebensräumen ist", so sagt er, „in höchst präziser Weise rechtstechnisch ein zwischenmenschliches Unternehmen: keine ‚einsame', monokratische Herrschaft, vielmehr ein bilateraler und multilateraler Prozeß. Idealtyp dieser Freiheit ist neben den besonderen (noch ‚sozialeren') Freiheiten der Assoziation und Koalition (Artikel 9 GG) die schlichte Vertragsfreiheit. Der Vertragsschluß stellt sich dar als rechtstechnisch formuliertes und rechtlich anerkanntes Aufeinander-Eingehen und Einander-Anerkennen im gemeinsamen Wollen"[56].

Da nun dem Staat schon wegen des Sozialstaatsprinzips „seine soziale Wirklichkeit nicht gleichgültig" sein darf[57], muß er diesen gewandelten Freiheitsvoraussetzungen, für deren Berücksichtigung, wie gesagt, ja auch Artikel 2 Abs. 1 GG einen zusätzlichen Anknüpfungspunkt bietet, Rechnung tragen. Das wiederum erfordert nicht nur auf verwaltungsrechtlicher Ebene, die Henke ja allein im Auge hatte, sondern ebenfalls auf verfassungsrechtlicher Ebene ein höchst differenziertes Vorgehen. Damit ist unseres Erachtens auch die adäquate parlamentarische (demokratische) Steuerung der Exekutive angesprochen, um die es hier geht. Insoweit scheint ein abstraktes Ausweichen in einen inhaltslosen Gesetzesbegriff also nicht allein wegen der unter § 1 III. dargestellten Überlegungen zweifelhaft, sondern auch vom verfassungsrechtlichen Auftrag einer wirksamen Freiheitssicherung her fraglich. An dieser Stelle – und erst an dieser – wird der freiheitliche Aspekt des Demokratieprinzips und der vertikalen wie horizontalen Gewaltenteilung relevant.

d) Die Rechtfertigung einer demokratischen Begrenzung des legislativen Zugriffsrechts aus dem Freiheitsbegriff des Grundgesetzes läßt auch die Frage nach den *grundrechtlichen Schranken* des legislativen Zugriffsrechts als solchen auf-

---

[53] S. § 2 II. bei Anm. 46.
[54] S. Entfaltung, S. 51 ff. (= §§ 3−7).
[55] Der Staat 9 (1970), S. 78 ff.
[56] AaO., S. 84.
[57] AaO., S. 76. Die Staatszielbestimmung „sozial" fungiert deshalb „als Verknüpfungsglied zwischen dem Staat, der nach Gestalt, Form und Verfahren durchorganisiert ist, und seinen sozialen Lagen"; sie beugt so „der Gefahr vor, daß die Organisation ‚Staat' ein sozial-blindes und sich selbst gefährdendes Eigenleben" entfaltet (aaO., S. 76 f.).

kommen. Insoweit sind unseres Erachtens zwei Möglichkeiten der Grenzziehung denkbar, die beide schon bei der Darstellung der Argumente für einen inhaltlichen verfassungsrechtlichen Gesetzesbegriff zur Sprache kamen: einmal durch das aus Artikel 19 Abs. 4 GG gefolgerte Gebot eines effektiven gerichtlichen Rechtsschutzes; zum anderen aus der Überlegung, daß bei komplexen Verwaltungsentscheidungen ohne die Beteiligung der Betroffenen am Erlaß der Entscheidung für diese eine im nachhinein nicht mehr korrigierbare Rechtsschutzverkürzung eintreten kann. In beiden Fällen würde also ein Eingreifen des Gesetzgebers möglicherweise grundrechtlich fundierte subjektive Rechte der Betroffenen verkürzen. Im einzelnen kann insoweit an dieser Stelle auf unsere Ausführungen in § 1 III. verwiesen werden[58].

Vorstellbar wird eine solche Begrenzung der demokratischen Legitimation des Gesetzgebers und damit des Gesetzgebers selbst durch die grundrechtliche – auch das wurde schon angedeutet –, wenn man „die polare Legitimation im grundgesetzlichen Gemeinwesen" beachtet[59]. Sie kann diese Wirkung besonders wegen der „Subjektivierung des Bürger-Staat-Verhältnisses"[60] durch das Grundgesetz entfalten. Auf den historischen Kontext, in dem diese Entwicklung zum selbständigen subjektiven öffentlichen Recht, das unabhängig von der Regelungsabsicht des Gesetzgebers existiert, steht, hat wiederum Henke aufmerksam gemacht[61]. Danach ist die ursprünglich vorhandene, in wohlerworbenen Rechten, Privilegien, Herrschaftsrechten und dem „ius eminens" sich ausdrückende umfassende eigene Rechtsstellung[62] im 19. Jahrhundert abgelöst bzw. überlagert worden durch das abstrakte Gegenüber von natürlicher (gesellschaftlicher) Freiheit und staatlicher Souveränität. Das ursprüngliche subjektive Recht „verschwand" auf diese Weise; es bestand nun lediglich nach Maßgabe des Gesetzes. Diese das konstitutionelle Staatsrecht kennzeichnende Situation[63] besteht nun unter dem Grundgesetz nicht mehr. Henke begnügt sich insoweit mit dem Hinweis auf den Rechtsstaatsbegriff: „Dieser Verlust der subjektiven Rechte (erg.: im konstitutionellen Staatsrecht) steht (erg.: heute) unter der Bedingung, daß sie *wirklich* in dem Gesetz aufgegangen sind und daß die Verwaltung *wirklich* das Gesetz wahrt. Der

---

[58] Vgl. dort bei Anm. 196 ff. und bei Anm. 205 ff.

[59] *Isensee* stellt zu dieser seiner These fest: „Im grundgesetzlichen Gemeinwesen fließt Legitimation aus zwei Quellen: aus der Freiheit des einzelnen Menschen und aus dem Willen des Volkes. Die Individualfreiheit findet ihre verfassungsrechtliche Form in den liberalen Grundrechten, der Wille des Volkes die seine in der Demokratie" (Grundrechte und Demokratie, S. 9).

[60] So *Schenke* in Bonner Kommentar, Artikel 19 Abs. 4 Rdnr. 289; vgl. daneben besonders *Lorenz*, Rechtsschutz, S. 12 ff., der den wesentlichen verfassungsrechtlichen Anknüpfungspunkt für diese These in Artikel 19 Abs. 4 GG sieht.

[61] S. zum folgenden *Henke*, Das subjektive öffentliche Recht, S. 14 ff., 40 ff. (= §§ 8–13).

[62] Zur Sicht der älteren deutschen Staatslehre genauer insoweit *Link*, Herrschaftsordnung und bürgerliche Freiheit, S. 156 ff.

[63] Genauer zu den insoweit entscheidenden rechtlichen Wirkungen und Funktionen der Grundrechte im konstitutionellen Staatsrecht *Wahl*, Der Staat 18 (1979), besonders S. 328 ff.

Rechtsstaat fordert, daß, wenn das nicht geschieht, der Einzelne wieder im Besitz eines Rechts ist. Er fordert, daß die alten vorgesetzlichen Rechte unter der neuen gesetzlichen Ordnung vollständig ersetzt werden. Das ist nur dann der Fall, wenn Verwaltung und Bürger niemals auf rechtlich irrelevante Weise miteinander zu tun haben, wenn vielmehr jede Verletzung des Gesetzes, sofern sie gegenüber einem Bürger geschieht, immer auch dessen Rechte verletzt"[64].

Zu beachten ist nun aber, daß unter dem Grundgesetz die Frage nach der Existenz subjektiver öffentlicher Rechte nicht nur bei Gesetzesverletzungen zur Diskussion steht[65] und gemäß dem hier eingenommenen Standpunkt zum Aussagegehalt verfassungsrechtlicher Prinzipien zu ihrer Rechtfertigung als gesetzesunabhängiger Rechte nicht allein das Rechtsstaatsprinzip herangezogen werden kann. Schon bei der Frage nach der Begründung des Anspruchs auf fehlerfreie Ausübung des Ermessens zeigt sich die Fragwürdigkeit dieser Sicht[66]. Gegenüber dem konstitutionellen Staatsrecht (und auch noch gegenüber der Weimarer Reichsverfassung) besteht neben der Bindung des Gesetzgebers an das Verhältnismäßigkeitsprinzip die wesentlich neue Wirkung der Grundrechte unter dem Grundgesetz eben darin, daß sie gesetzesunabhängige subjektive öffentliche Rechte des einzelnen begründen[67]. Gerade diese neue Rechtswirkung der Grundrechte ist es auch, die unseres Erachtens den Versuch rechtfertigt, die bisher ebenfalls primär auf verwaltungsrechtlicher Ebene diskutierte Frage nach Existenz und Reichweite subjektiver öffentlicher Rechte als eine verfassungsrechtliche zu verstehen und nach den grundrechtlichen Grenzen des legislativen Zugriffsrechts in der geschilderten Weise zu fragen[68].

III. Die allgemeinen methodischen Prämissen und die rechts- und staatstheoretischen Anknüpfungspunkte für eine Begrenzung des legislativen Zugriffsrechts

1. Die allgemeinen methodischen Prämissen

Das herrschende Verständnis des legislativen Zugriffsrechts stützt sich, so sahen wir, im wesentlichen auf die gleichen Gründe wie die besprochenen verfassungs-

---

[64] *Henke,* aaO., S. 54 (letzte Hervorhebung A. J.); vgl. aber auch *derselbe,* DVBl. 1983, S. 987, wo eine grundrechtliche Begründung des subjektiven öffentlichen Rechts anklingt (ähnlich schon DVBl. 1964, S. 653 ff.).

[65] Vgl. auch die insoweit zutreffende Kritik an *Henkes* Verständnis des subjektiven öffentlichen Rechts durch *Suhr,* Der Staat 9 (1970), S. 550 f.

[66] S. dazu zusammenfassend *Randelzhofer,* BayVBl. 1975, S. 573 ff. und zur Einbeziehung der Grundrechte besonders S. 607 ff.

[67] Vgl. die Nachweise in § 1 Anm. 199.

[68] Nach dem Gesagten spricht so einiges für die These, daß ebenfalls der Direktschluß von der grundrechtlichen Betroffenheit auf die (durch keinen inhaltlichen verfassungsrechtlichen Gesetzesbegriff beschränkte) Kompetenz der Legislative in Frage gestellt werden muß.

rechtlichen Beiträge zur bedenklichen Entwicklung der Gesetzgebung. Daraus folgt zunächst, wie soeben dargelegt, daß sich das herrschende Verständnis des legislativen Zugriffsrechts auch weitgehend mit den gleichen Argumenten widerlegen läßt, die bereits in § 1 zur Sprache kamen. Diese Feststellung impliziert nun die weitere Folgerung, daß die allgemeinen methodischen Prämissen, die dieser Argumentation zugrunde lagen, jetzt ebenfalls für die Beantwortung der Frage nach den Grenzen des legislativen Zugriffsrechts gelten müssen. Die folgenden Ausführungen können sich deshalb darauf beschränken, die angesprochenen methodischen Prämissen noch einmal zusammenfassend kurz darzustellen:

Die erste und wohl wichtigste, die sich aus unserer Kritik der verfassungsrechtlichen Rechtfertigungen für die Gesetzesflut ergab, ist in dem Verständnis der Verfassung als „ausgrenzend-konstituierende" Rahmenordnung zu sehen[69]. Gerade weil das Verfassungsrecht zum Maßstab eines Gerichtsverfahrens geworden ist[70], ist dieses Verständnis nahegelegt. Aus ihm folgt auch die weitere methodische Voraussetzung unserer Kritik in § 1, die Rehabilitierung des Eingriffs- und Schrankendenkens für die Grundrechtsinterpretation. In Anlehnung an Schlink sahen wir seine eigentliche Pointe in der ungleichen Verteilung der Rechtfertigungslasten und konnten insoweit deshalb auf eine Definition der grundrechtlichen Freiheit im inhaltlichen Sinne verzichten[71]. Eine solche Definition, so unsere These, wird erst für das Verständnis des Sozialstaatsprinzips interessant und findet dann ihren entscheidenden Anhaltspunkt mit Suhr in Artikel 2 Abs. 1 GG[72].

Bei der Interpretation des Sozialstaatsprinzips wie später auch bei der Auslegung des Rechtsstaats- und Demokratieprinzips zeigte sich die beschränkte Rechtswirkung verfassungsrechtlicher Prinzipien[73]. Während das Sozialstaatsprinzip materielle Inhalte der Einzelgrundrechte, das Rechtsstaatsprinzip formelle zusammenfassend zum Ausdruck bringt (Doehring), sahen wir bei dem Demokratieprinzip, daß sein Inhalt und seine Reichweite sich erst unter Beachtung der unterschiedlichen Handlungsformen des Parlaments wie der verschiedenen demokratischen Entscheidungsebenen erschließen. Daneben trägt augenscheinlich die Begrenzung der demokratischen Legitimation durch die grundrechtliche zu seinem genaueren Verständnis bei. Der allgemeine methodische Ausgangspunkt, der unsere Interpretation des Demokratieprinzips insoweit bestimmt, ist der Spannungsgedanke, wie ihn Göldner aus Text und Struktur der Verfassung gewonnen und als für eine Verfassungstheorie des Grundgesetzes grundlegend entwickelt hat[74]. Auch der

---

[69] Vgl. die Nachweise in § 1 Anm. 26.

[70] Dazu *Wahl*, Der Staat 20 (1981), S. 486 f., 499 ff., 513 ff. und NVwZ 1984, S. 401 f.

[71] Vgl. § 1 I. bei Anm. 51 f.

[72] Vgl. § 1 I. bei Anm. 38 ff. und auch § 2 II. bei Anm. 51 ff.

[73] S. besonders § 1 II. bei Anm. 85 ff.

[74] *Göldner*, Integration und Pluralismus im demokratischen Rechtsstaat. Auch *Göldner* geht dabei (aaO., S. 2) vom „Rahmencharakter" der Verfassung aus. Daß *Göldners* Verfassungstheorie unbewußt (und ungewollt) ein dialektisches Denken zugrunde liegt, zeigt *Suhr* in seiner Besprechung der Arbeit Göldners: AöR 105 (1980), S. 314 f.

Auslegungstopos der „praktischen Konkordanz" bekommt auf dem Hintergrund des Spannungsgedankens seinen spezifischen Sinn. Denn er fordert dann zur Wahrnehmung der Gegensätze und ihrer Zuordnung auf; „Konkordanz *als Kompatibilität* (nicht als Harmonie) wird (erg.: darum) das Interpretationsziel sein" müssen[75].

Das sind in aller Kürze die uns bewußten wesentlichen methodischen Voraussetzungen für die folgenden Darlegungen. Über ihre „Richtigkeit" soll hier nicht gestritten werden, zumal sie ihre „Fruchtbarkeit" letztlich doch nur durch die konkrete juristische Argumentation beweisen können. Natürlich ist das hermeneutische Faktum nicht zu übersehen, daß jeder Interpret mit einem gewissen Vorverständnis an die Verfassung wie an jeden Rechtstext herantritt[76]. Entscheidend scheint uns insoweit nur zweierlei zu sein: Erstens die unbedingte Bereitschaft, dieses Verständnis durch eindeutige Aussagen des *gesamten* Verfassungstextes korrigieren zu lassen. Zweitens kann man unseres Erachtens, was die Wirklichkeitserfahrung betrifft, für die folgenden Überlegungen die Augen nicht vor der geschilderten Rechtsentwicklung, der starken Zunahme an Gesetzen und anderen Rechtsvorschriften und den damit verbundenen verfassungsrechtlichen Fragestellungen, wie sie in der Einleitung aufgezeigt wurden, verschließen.

2. Die rechts- und staatstheoretischen Anknüpfungspunkte

Neben den methodischen Prämissen sind noch einige rechts- und staatstheoretische Gesichtspunkte zu nennen, an die die folgende Interpretation anknüpfen kann und die unseres Erachtens zugleich eine (metajuristische) Bestätigung für den in Aussicht genommenen Weg der Problemerörterung darstellen.

a) Aus *rechtstheoretischer* Sicht scheinen uns insoweit drei Überlegungen wesentlich:

(1) Zunächst ist an die alte Erkenntnis der Staatsphilosophie zu erinnern, welch große rechtsstaatliche Bedeutung die Unterscheidung von Rechtssetzung und Rechtsanwendung besitzt. So fordert z. B. bereits John Locke, daß diejenigen, die die Gesetze erlassen, nicht die Macht erhalten dürfen, diese zu vollziehen. Denn sonst könnten sie, wie er sagt, „sich selbt von dem Gehorsam gegen die Gesetze, die sie geben, ausschließen und das Gesetz in seiner Gestaltung wie auch in seiner Vollstreckung ihrem eigenen persönlichen Vorteil anpassen". Schließlich käme es auf diese Weise dazu, so führt er weiter aus, „daß sie gesonderte Interessen

---

[75] *Göldner,* aaO., S. 80 f. (Hervorhebung dort).

[76] Ausdrücklich sei hierzu angemerkt, daß die Sichtweise des Verfassers auch durch seine ca. fünfzehnjährige praktische Tätigkeit als Verwaltungs- und Parlamentsjurist geprägt ist. Denn aus diesem Grund waren für ihn nicht so sehr die hier bewußt ausgesparten rechtstheoretischen Überlegungen für die gewählten methodischen Ausgangspunkte leitend, sondern primär die im juristischen Alltag gewonnenen Erfahrungen. Zu ihnen gehört übrigens auch, daß häufig - gerade wenn man Politiker aus juristischen Gründen „enttäuschen" mußte – die schlichte Frage unumgänglich wurde: wie komme ich juristisch glaubwürdig „durch"?

verfolgen würden, die dem Zweck der Gesellschaft und der Regierung zuwiderlaufen"[77].

(2) Neben dieser allgemeinen Rechtfertigung für die Unterscheidung zwischen Rechtssetzung und Rechtsanwendung ist in neuerer Zeit versucht worden, die daraus folgende weitere Unterscheidung zwischen Rechtsnorm und Einzelakt rechtstheoretisch zu rechtfertigen[78]. Das geschieht vor allem mit dem Hinweis auf den besonderen Geltungsmodus von Norm und Einzelakt. Die Norm „gilt", so wird gesagt, wegen ihrer größeren Distanz zur „Seinssphäre" über den Einzelfall hinaus, während die Einzelakte „auf einen Adressaten und eine partikuläre raum-zeitliche Situation beschränkt und insofern auf Abwicklung gerichtet" sind[79].

Ist aber letztlich die unterschiedliche Distanz zur „Seinssphäre" das entscheidende Kriterium für die geforderte Differenzierung, so liegt die weitere Frage nahe, ob sich dadurch nicht das Gesetz von der Maßnahme überhaupt unterscheidet. Das wird man um so eher bejahen, wenn man eine weitere Unterscheidung, die im Bemühen der Gegenwartsphilosophie um einen philosophischen Handlungsbegriff (wieder) betont wird, beachtet: die zwischen Normen und Maximen[80]. Normen können als Regeln in Geltung verstanden werden, weil ihre Entstehung einen ausdrücklichen Willensakt voraussetzt. Maximen dagegen stellen „Regeln in Anwendung" dar, d. h. daß hier „die Regel nicht unabhängig von ihren Fällen theoretisch feststeht, sondern sich praktisch an ihren Fällen bewährt"[81]. Jenseits des realen Tuns sind Maximen nicht denkbar. So wie unabhängig von Theorien immer schon gehandelt wird[82], ist auch die Maxime gegenüber der Norm das Primäre. Normen entstehen erst durch die gewollte Übereinstimmung zwischen subjektiven Maximen. Damit ist der *Grund* für die unterschiedliche Distanz zur „Seinssphäre" benannt, die Gesetz und Maßnahme voneinander trennt.

Der materielle (selbständige) Inhalt der Verwaltungstätigkeit gegenüber der Gesetzgebung läßt sich nun ebenfalls als ein Handeln nach Maximen begreifen. Walter Schmidts Kennzeichnung der Verwaltungsvorschriften als „Vollzugsmaxi-

---

[77] Two Treatises of Government II. § 143 (zitiert nach der Übersetzung von H. J. Hoffmann, S. 298). Die gleichen Gefahren sieht etwa *Lorenz von Stein*, Verwaltungslehre, Teil 2, S. 83 f. Ansatzweise findet sich der Gedanke schon in der Rhetorik des Aristoteles, s. dazu *H. Hofmann* in Die Allgemeinheit des Gesetzes, S. 11 f., vgl. daneben S. 29 f. zu *Locke* mit dem richtigen Hinweis, daß die von diesem auch geforderte Allgemeinheit des Gesetzes „zugleich auf die Beschränkung des Parlaments zielte".

[78] S. die Nachweise in § 1 Anm. 166. Zu *J. Ipsens* inkonsequenter Billigung des Maßnahmegesetzes s. daneben § 1 Anm. 202.

[79] *J. Ipsen,* Rechtsfolgen, S. 186 f., vgl. auch S. 192 und 314.

[80] Zum folgenden *Bubner,* Handlung, Sprache und Vernunft, S. 175 ff., 185 f., 276 ff. sowie *derselbe*, Geschichtsprozesse und Handlungsnormen S. 223 ff. (= III.) und in Neue Hefte für Philosophie 17 (1979), S. 111 ff., 124 f.

[81] *Bubner,* Handlung, Sprache und Vernunft, S. 250.

[82] Dazu ergänzend zu den in Anm. 80 genannten Belegen *Bubner,* Theorie und Praxis – eine nachhegelsche Abstraktion, besonders S. 31 ff.

men" kann vom geschilderten rechtstheoretischen Standpunkt aus voll zugestimmt werden, zumal der genannte Autor das Recht und die Pflicht, in begründeten Ausnahmefällen von ihnen ohne ausdrückliche Änderung abzuwei-
chen, anerkennt[83]. Auch seine Betonung der dem Verwaltungsakt eigenen
„überschießenden Programmierungsfunktion"[84] paßt zur geschilderten Eigenart der Maximen. Schließlich ist ihm auch darin recht zu geben, daß die pro-
grammierende Verwaltungsentscheidung „den Rechtssatzbegriff aus der... Fixierung auf die Form des von vornherein abstrakt-generell ausformulierten
Satzes", die ja nach unseren bisherigen Überlegungen für das Gesetz gelten
muß, herauslöst[85].

Allerdings wird mit dem Begriff der Maxime nicht die planende Tätigkeit
der Verwaltung als solche erfaßt. Denn Planung ist ja „der Versuch der *Über*-
determinierung von Handlungszusammenhängen nach Gesichtspunkten, die in
ihrem Systembezug den immanenten Sinnzusammenhang der einzelnen Handlung *über*steigen"[86]. Planung kann aber auch umgekehrt nicht als Norm im üblichen Sinne, d. h. als allgemeine Geltungsordnung[87] begriffen werden. Denn
der Entscheidungsgehalt und die Bindungswirkung von Plänen[88] sind mit denen des Gesetzes (der Norm) nicht vergleichbar; der wesentliche Teil der Planung fällt schon aus diesem Grund in den Bereich der Exekutive. Daß und
wie der Charakter der Planung daneben auf den Inhalt des sie „programmie-
renden" Gesetzes zurückwirkt, ist in § 9 bei der Betrachtung des Richtlinien-
und Grundsatzgesetzes näher darzulegen. Für das Verständnis der Verwaltungstätigkeit ergibt sich aus dem Gesagten, daß es abstrakt, was ja Lorenz
von Stein schon betonte[89], als Handeln (die „Tat") des Staates zu charakteri-
sieren ist. Wenn eine neuere Definition besagt, die öffentliche Verwaltung sei
„das Management und Ausführen der eigentlichen (erg.: d. h. der aufgrund

---

[83] S. § 2 II. bei Anm. 30 und die Nachweise dort.

[84] Vgl. AöR 96 (1971), S. 336 ff., 352 f.

[85] AaO., S. 353. In Übereinstimmung damit führt *G. Müller* zum Rechtscharakter der
„Auslegungs-, Ermessens- oder Pauschalierungsrichtlinien" aus: „Die Funktion solcher Richt-
linien ist es demnach, zwischen Rechtsgleichheit auf der einen und Billigkeit auf der anderen
Seite einen Ausgleich herzustellen. Sie befinden sich in einer *Mittel*lage, am *Übergang* zwi-
schen Rechtssetzung und Rechtsanwendung, besitzen generalisierende wie individualisierende
Elemente... Man könnte von einer ,Rechtssetzung auf Probe' sprechen" (Rechtssetzung,
S. 205 f. - Hervorhebung A. J.).

[86] *Wahl*, Landesplanung, Bd. 1, S. 75 (Hervorhebung A. J.). Zur Kritik am Handlungsbegriff *Luhmanns*, weil er sich letztlich am Vorbild der Planung orientiert, zutreffend *Bubner*,
Handlung, Sprache und Vernunft, S. 48 f.

[87] Zu dieser rechtstheoretischen Kennzeichnung des Rechtssatzes in Abgrenzung von der
Imperativtheorie *Larenz*, Methodenlehre der Rechtswissenschaft, S. 235 ff.; *Bubner* in Neue
Hefte für Philosopie 17 (1979), S. 111 ff. sowie Handlung, Sprache und Vernunft, S. 277 ff.

[88] S. dazu zusammenfassend *Wahl*, aaO., S. 62 ff. (= §§ 7−9).

[89] Verwaltungslehre, Teil 1, 1. Bd. (Verfassungsmäßiges Verwaltungsrecht), S. 40 ff., besonders S. 74 ff. und Teil 2, S. 83 ff. u. a.; vgl. daneben *derselbe*, Handbuch der Verwaltungslehre,
S. 15 f., 18 ff., 21 f.

der Natur der Sache) sowie der fiktionalen (erg.: d. h. der durch den politischen Prozeß definierten) öffentlichen Angelegenheiten"[90], so zielt das in die gleiche Richtung, wobei allerdings schon die planende Aktivität der Verwaltung mit bedacht ist[91].

(3) Die entwickelten inhaltlichen Unterschiede zwischen Rechtssetzung und Rechtsanwendung bzw. -vollziehung lassen sich durch eine weitere Unterscheidung stützen, die in der praktischen Philosophie der Gegenwart ebenfalls (wieder) betont wird: die zwischen Normenbegründungs- und Normendurchsetzungsverfahren[92]. Das Normenbegründungsverfahren zielt nach dem unter (2) dargelegten Normenverständnis auf eine Systematisierung der Maximen, um auf diese Weise eine „Grundübereinstimmung der allgemeinen Handlungsorientierung"[93] zu erreichen. Es enthält in gewisser Weise einen „Wahrheitsanspruch"[94]; durch Begründung der Normen soll ihre „kognitive Geltung" eintreten[95]. Das gleiche muß für das Verwaltungshandeln angenommen werden; sein Verpflichtungsgrund ist ebenfalls die Richtigkeit der Entscheidung, die schon deshalb einer Begründung bedarf. Der Verpflichtungsgrund des Gesetzes wie der Satzung wird dagegen durch ein besonderes (demokratisches) Verfahren der Normen-(durch-)setzung geschaffen und kann als ihre durch dieses Verfahren begründete „soziale Geltung"[96] bezeichnet werden. Gerade dieser „beschränkte" Geltungsgrund von Gesetzen und Satzungen macht ihre Verbindlichkeit auch für die durch Mehrheitsbeschluß Überstimmten erträglich, weil sie eben nicht die Begründung dieser Regelungen billigen müssen"[97].

Für die gerichtliche Überprüfung von Gesetzen kann es folglich allein auf das parlamentarische Verfahren der Normendurchsetzung – also auf einen dezisionistischen Akt – und sein Ergebnis, den Wortlaut des betreffenden Gesetzes, ankommen. Dem entspricht es, wenn man Normsetzung im allgemeinen auf einen reinen Willensakt als solchen zurückführt und gerade darin ein wesentliches Moment der für Normen konstitutiven Geschichtlichkeit sieht[98]. Die Maximen einer einzelnen Handlung dagegen lassen sich – zumindest im nachhinein – benennen und müssen benannt werden, um verpflichtend zu wirken. Darum sind Ver-

---

[90] So *Teshima*, Die Verwaltung 12 (1979), S. 287 i. V. m. S. 282 ff.

[91] *Teshima*, aaO., S. 285 f.

[92] Vgl. zum folgenden besonders *Lübbe*, Philosophie nach der Aufklärung, S. 175 ff., 184 ff., 188 ff., 200 ff. und daneben wiederum *Bubner*, Handlung, Sprache und Vernunft, S. 230 ff. und 257 ff. i. V. m. S. 279 f.

[93] *Bubner,* aaO., S. 273.

[94] *Lübbe,* aaO., S. 177.

[95] *Lübbe,* aaO., S. 199 f.

[96] *Lübbe,* aaO., S. 175 f., 185 f., 188 f., 191, 200 u. a.

[97] *Lübbe,* aaO., S. 177, auch 207 f.

[98] *Bubner,* Handlung, Sprache und Vernunft, S. 279 f. und in Neue Hefte für Philosophie 17 (1979), S. 116 f. Die Geschichtlichkeit der Normen ist weiter durch ihre Angewiesenheit auf historisch bedingte (kontingente) Inhalte bedingt, die sich in Maximen ausdrücken; s. wiederum *Bubner* in Neue Hefte für Philosophie, aaO., S. 116 f. i. V. m. S. 111 ff. und S. 124 f.

waltungsentscheidungen im Gegensatz zu Gesetzen gerichtlich auf ihre Begründung hin überprüfbar – eine Folgerung, die uns noch in § 6 genauer beschäftigen wird.

b) Es gibt aber neben den genannten rechtstheoretischen Anknüpfungspunkten auch *staatstheoretische*, die die geforderte Unterscheidung zwischen Rechtssetzung und Rechtsanwendung und weiter zwischen Rechtssetzung und Vollziehung besonders im Blick auf die damit verbundene Frage nach der Legitimation der Exekutive zu solch eigenständigem Tätigwerden stützen können. Nicht ohne Grund wurde der Einleitung dieser Arbeit ein Zitat aus dem Werk Lorenz von Steins vorangestellt[99]. Denn Lorenz von Stein ist es gewesen, der nicht nur, wie schon erwähnt[100], zwischen den Kompetenzen der Legislative und Exekutive nach inhaltlichen Momenten unterschieden hat, sondern er verband damit auch die Frage nach der Legitimation der Exekutive. Seine ausführliche Behandlung der Selbstverwaltung im 2. Band seiner Verwaltungslehre und des Vereinswesens im 3. Band dieses Werkes sind auch unter dieser Fragestellung zu sehen[101].

Was von Stein u. a. wegen der Realität des konstitutionellen Staates nicht konkret im Blick haben konnte, war die Frage nach der (parlamentarisch-)*demokratischen* Legitimation der Verwaltung[102]. Sie stellt sich im demokratischen Staat des Grundgesetzes. Die Antwort eines gesetzlichen Totalvorbehalts auf diese Frage kann aus den dargelegten Gründen keine befriedigende Antwort sein und ebenfalls nicht, so scheint es, der Hinweis auf ein unbegrenztes legislatives Zugriffsrecht. Wenn man dennoch mit der Anerkennung des Maßnahmegesetzes eine Relativierung des zwischen Rechtssetzung und Rechtsanwendung bzw. Vollziehung bestehenden Unterschieds in Kauf nahm, so geschah das, wie gezeigt, entweder aus scheinbaren verfassungsrechtlichen oder aus (unabwendbaren) faktischen Gründen: der Realität des intervenierenden Sozialstaats der Gegenwart. Damit war, wie Forsthoff hellsichtig achtzig Jahre nach dem hier der Einleitung vorangestellten Zitat aus dem Werk Lorenz von Steins feststellte, eine wesentliche Garantie der individuellen Freiheit „ins Gleiten" gekommen[103]. Das praktische

---

[99] Es stammt aus seinem „Handbuch der Verwaltungslehre" (2. Auflage 1876), S. 21.

[100] Vgl. bei Anm. 79.

[101] Das zeigt deutlich die Interpretation von *Pankoke* in *Blasius/Pankoke,* Lorenz von Stein, S. 142 ff., 146 ff.; vgl. ergänzend die Ausführungen *Biebacks* (Die öffentliche Körperschaft, S. 255 ff., 260 ff.) zu *Lorenz von Steins* Verständnis der „freien Verwaltung".

[102] S. dazu die Analyse bei *Maluschke,* Philosophische Grundlagen des demokratischen Verfassungsstaates, S. 329 ff. und besonders S. 337 ff.

[103] Vgl. den Diskussionsbeitrag von *Forsthoff* in VVDStRL 15 (1957), S. 85 f. zu den Referaten von *Menger* und *Wehrhahn* zum Thema „Das Gesetz als Norm und Maßnahme": „Wir haben ... nach den Jahrzehnten verschiedenartigster Staatsumbrüche kein Staatsbewußtsein mehr. Wir leben insofern in einer gefährdeten Wirklichkeit. In dieser Wirklichkeit sind uns die entscheidenden Hilfen die Formalhilfen, die technischen Hilfen, die sozusagen das technische Gerüst des Handelns sind, die das Grundgesetz enthält. Darum habe ich seinerzeit in Bonn die Formel vom sozialen Rechtsstaat aus dem Verfassungsbereich ausklammern wollen, weil sie mir die Fungibilität der Verfassungstechnik der Freiheitsverbürgung zu gefährden scheint. Darum bin ich beunruhigt über die Maßnahmegesetze oder das, was sachlich darinsteckt, weil ich die Befürchtung habe,

Ende liberal-rechtsstaatlicher Verfassungstradition im allgemeinen wie des Staates überhaupt analysierte er dann fünfzehn Jahre später zusammenfassend in seinem Buch „Der Staat der Industriegesellschaft".

Nun braucht aber aus der Erkenntnis, daß „Deutschland kein Staat mehr" ist[104], das prophezeite und befürchtete Ende liberal-rechtsstaatlicher Verfassungsexegese nicht zu folgen: neue historische Situationen fordern – richtig verstanden – nicht zu einer vorbehaltlosen Verteidigung bisheriger rechtsstaatlicher Einsichten heraus, sondern zum Versuch, ihren Sinn in eben dieser neuen Situation aufzuzeigen. Dieter Suhr hat diese Aufgabe zutreffend in folgendem Satz zusammengefaßt: „Noch ist die Aufgabe nicht gemeistert, die Substanz des liberalen Denkens und Handelns, die auch im Gewande individualistischer Freiheitskonzepte wirkt, in die Konzepte hinüberzuretten, die die Erbschaft antreten. Wir brauchen ein zuverlässiges Netzwerk rechtstechnischer Begriffe, in dem sich die liberale Praxis wiederfindet, wenn die spröden Fäden des alten Netzwerks nicht mehr tragen"[105].

Er selbst setzt nun bei seinem Versuch, dieser Aufgabe nachzukommen, beim Freiheitsbegriff des Grundgesetzes an[106] und wählt damit einen Ausgangspunkt, von dem aus sich das Sozialstaatsprinzip auf verfassungsrechtlicher Ebene als gleichberechtigt neben dem Rechtsstaatsprinzip verstehen läßt, ohne daß dadurch der von Forsthoff befürchtete Verlust an rechtsstaatlicher Substanz der Verfassung[107] eintritt. Das wurde in § 1 I. gezeigt[108]. Der genannte Ausgangspunkt Suhrs gestattet es auch, die dargelegten Möglichkeiten für eine Begrenzung des legislativen Zugriffsrechts aus demokratischen Gründen als durch die vom Grundgesetz geschützte Freiheit im sozialen Lebensraum gerechtfertigt zu verstehen. Darauf wurde ebenfalls bereits hingewiesen[109]. Die getroffene Feststellung impliziert nun, daß dies auch für die Ablehnung eines inhaltslosen verfassungsrechtlichen Gesetzesbegriffs gilt. Denn die Gründe, die gegen den inhaltslosen Gesetzesbegriff sprachen, lassen sich ja allem Anschein nach auch gegen das herrschende

---

daß diese institutionellen Formen der Freiheitsverbürgung, auf denen unsere Ordnung und Freiheit beruhen, ins Gleiten kommen, und wir möglicherweise diesem Prozeß tatenlos und mit leeren Händen zusehen". Zu der Gefährdung der Freiheit durch die Relativierung des Unterschieds zwischen Rechtssetzung und Rechtsanwendung s. schon das im Text bei Anm. 77 wiedergegebene Zitat aus dem Werk *John Lockes*.

[104] Zu dieser Feststellung *Hegels* in seiner an der Wende des 18. zum 19. Jahrhundert verfaßten Schrift über die deutsche Reichsverfassung als Anknüpfungspunkt für die gegenwärtige Verfassungstheorie: *Suhr,* Bewußtseinsverfassung, S. 15 ff.; zu *Forsthoffs* Folgerungen aus dieser für die Bundesrepublik Deutschland getroffenen Feststellung vgl. S. 30 ff., 158 ff. seines genannten Buches.

[105] Entfaltung, S. 117.

[106] Vgl. besonders Entfaltung, S. 34 ff.: Die Aufgabe der sozialen Realisation ist entgegen *Forsthoff* durch die Technik nicht abgelöst worden, sondern besteht weiter und erfordert zu ihrer Lösung ein Eingehen auf die „Tiefenstruktur" (so aaO., S. 14 Anm. 7) der Freiheit.

[107] S. dazu das in Anm. 103 wiedergegebene Zitat von *Forsthoff* und sein Referat auf der Staatsrechtslehrertagung 1953 (Nachweis Anm. 29 von § 1).

[108] S. dort bei Anm. 38 ff.

[109] S. § 2 II. bei Anm. 51 ff.

Verständnis des legislativen Zugriffsrechts anführen. Das bedeutet, daß auch Forsthoffs zweites Argument für die Auflösung der rechtsstaatlichen Verfassung, die Existenz des Maßnahmegesetzes[110], insofern fraglich wird, als es augenscheinlich gewichtige, bisher kaum genannte verfassungsrechtliche Argumente dagegen gibt, die zudem letztlich im Freiheitsbegriff des Grundgesetzes eine Stütze finden. Schließlich trägt selbst Forsthoffs Hinweis auf das herrschende Grundrechtsverständnis als Beleg für das Ende liberal-rechtsstaatlicher Verfassungsinterpretation[111] dann nicht mehr, wenn man das Eingriffs- und Schrankendenken, wie es heute ebenfalls geschieht, nicht substantiell als Verteidigung eines bestehenden Zustandes, sondern funktionell als Argumentationslastregel versteht[112].

Das Gesagte genügt, um die allgemeine Behauptung zu wagen, daß sich in der gegenwärtigen Verfassungstheorie und Verfassungsdogmatik Ansätze erkennen lassen, die dazu Mut machen, die staatstheoretischen Überlegungen Lorenz von Steins zur Eigenständigkeit der Exekutive für den Staat des Grundgesetzes in der Weise neu zu überdenken, daß mit der Frage nach den Grenzen des legislativen Zugriffsrechts zugleich die nach der demokratischen Legitimation der Exekutive gestellt wird.

Diese Überlegungen vermögen, das sei abschließend klargestellt, die nun folgende rechtsdogmatische Argumentation nicht zu ersetzen und sollen das auch nicht. Umgekehrt läuft eine juristisch immanente Argumentation – und das gilt besonders für die verfassungsrechtliche – ohne ausdrückliche Vergewisserung ihrer rechts- und staatstheoretischen Implikationen Gefahr, den Sinn des zu interpretierenden Rechtstextes zu verfehlen[113]. Dieser Gefahr sollte begegnet werden. Daneben liegt, wie schon anfangs bemerkt, die Bedeutung der vorstehenden Ausführungen für uns schlicht und einfach darin, daß sie die Existenz von rechts- und staatstheoretischen Anknüpfungspunkten für den in Aussicht genommenen Weg der dogmatischen Problemerörterung belegen.

---

[110] Vgl. als Beleg noch einmal das in Anm. 103 wiedergegebene Zitat.

[111] Der Staat der Industriegesellschaft, S. 147 ff.

[112] Dazu bereits § 1 I. bei Anm. 51 f. Zum Aussagegehalt von Argumentationsregeln *Schlink*, Abwägung, S. 193 ff.; *Podlech*, Gehalt und Funktion des allgemeinen verfassungsrechtlichen Gleichheitssatzes, S. 85 ff.; vgl. auch die weiterführenden Anmerkungen von *Schlink* in Rechtstheorie 7 (1976), besonders S. 101 f.: Rechtsdogmatische Theorien brauchen nicht (immer) aus Normtexten zu folgen, sie können vielmehr auch an ihnen scheitern!

[113] Als Begründung für das Gesagte kann auf die nach wie vor gültigen Ausführungen von *Otto von Gierkes* großer (zweiter) Kritik an *Labands* Staatsrecht aus dem Jahr 1883 (*Schmollers Jahrbuch*, Neue Folge 7/1883 – Neudruck Darmstadt 1961, besonders S. 22 ff.) verwiesen werden.

Zweiter Teil

Die demokratischen Grenzen des legislativen Zugriffsrechts

In § 2 II. wurde bereits angedeutet, daß sich demokratische Grenzen für das legislative Zugriffsrecht aus den haushaltsrechtlichen Bestimmungen des Grundgesetzes (Artikel 109 ff.), der kommunalen Selbstverwaltungsgarantie (Artikel 28 Abs. 2) und schließlich aus dem Gedanken ergeben können, daß die parlamentarische Kontrolle wegen der umfassenden Repräsentationsfunktion des Parlaments möglicherweise eine selbständige Funktion neben der Gesetzgebung besitzt. Dabei haben wir auch darauf hingewiesen, daß insoweit der vertikalen Gewaltenteilung oder genauer gesagt: der Tatsache, daß das Grundgesetz mehrere demokratische Entscheidungsebenen (Bund, Länder, kommunale Selbstverwaltungskörperschaften) kennt, besondere Bedeutung zukommt. Betont wurde daneben schließlich die Notwendigkeit, daß die den aufgezeigten demokratischen Steuerungsmöglichkeiten der Exekutive korrespondierenden Handlungsformen der Verwaltung untersucht werden müssen, um Funktion und Tragweite der behandelten demokratischen Äquivalente richtig zu erkennen[1].

Entsprechend diesen Überlegungen ist nunmehr genauer nach den aus Artikeln 109 ff. GG (§ 3) und aus Artikel 28 Abs. 2 GG (§ 4) sich ergebenden sowie den aus der möglicherweise selbständigen Bedeutung der parlamentarischen Kontrolle (§ 5) folgenden demokratischen Grenzen des legislativen Zugriffsrechts zu fragen.

§ 3 Das demokratische Haushaltsgesetz

Aus den Artikeln 109 ff. GG können sich dann Schranken für das legislative Zugriffsrecht ergeben, wenn sich zeigen läßt, daß das Haushaltsgesetz mit dem Haushaltsplan eine gegenüber dem „normalen" Gesetz spezielle verfassungsrechtliche Funktion besitzt und die besondere parlamentarisch-demokratische Legitimation von Haushaltsgesetz und Haushaltsplan der des Gesetzgebers gleichwertig ist (dazu I.). Daneben ist, wie gesagt, nach der korrespondierenden Hand-

---

[1] Vgl. § 2 II. bei Anm. 45 ff. (= 2.b).

lungsform der Verwaltung für den Vollzug jener Titel des Haushalts zu fragen, deren Verfügbarkeit nicht durch Gesetz, Vertrag oder den Grundsatz des Vertrauensschutzes[2] rechtlich vorab festgelegt ist (dazu II.). In einem letzten Schritt soll schließlich an einem praktischen Beispiel die Wirksamkeit der dem „normalen" Gesetzgeber durch Artikel 109 ff. GG gesetzten Grenzen untersucht werden (III.).

I. Die Begrenzung der gesetzgeberischen Befugnisse durch die Artikel 109 ff. GG

Um die dem „normalen" Gesetzgeber durch Artikel 109 ff. GG gezogenen Schranken genauer zu bestimmen, ist zunächst auf die Aufgabe und rechtliche Ausgestaltung der Haushaltsgesetzgebung und des Haushaltsplans einzugehen (1.) und dann noch genauer die parlamentarisch-demokratische Legitimation des gesetzlich festgestellten Haushaltsplans zu untersuchen (2.).

1. Die aus den verfassungsrechtlichen Regelungen über das Haushaltsgesetz und den Haushaltsplan folgenden inhaltlichen Schranken für den Gesetzgeber

a) Was zunächst das *Haushaltsgesetz* betrifft, das schon im Blick auf Artikel 110 Abs. 4 GG von dem ihm als Anlage beigefügten Haushaltsplan zu unterscheiden ist[3], so interessieren im vorliegenden Zusammenhang seine besondere rechtliche Verbindlichkeit, das in Artikel 110 Abs. 4 GG ausgesprochene Bepackungsverbot und schließlich die im Gesetzgebungsverfahren für die Bundesregierung geltenden Pflichten nach Artikel 113 GG.

(1) In Artikel 110 Abs. 2 S. 1 GG wird gesagt, daß der Haushaltsplan durch das Haushaltsgesetz festgestellt wird. Das Haushaltsgesetz besitzt, wie u. a. aus dem Bepackungsverbot folgt, nur Rechtswirkung gegenüber der Exekutive und keine Außenwirkung gegenüber dem Bürger; von der herrschenden Meinung wird es deshalb zutreffend als Organgesetz bezeichnet[4]. Bezüglich seiner Rechtswirkungen besteht noch Streit darüber, ob mit der Feststellung des Haushaltsplans durch das Haushaltsgesetz für die Verwaltung eine Verpflichtung zu dessen Vollzug oder „nur" eine dahingehende Ermächtigung begründet wird. Die haushaltsrechtlichen Bestimmungen der Verfassung (vgl. bes. Artikel 111−113 und 115 GG) sowie die gesetzliche Ausformung des Haushaltsrechts, für die sich das Parlament entschieden hat (vgl. etwa §§ 2, 3, 6, 19 Abs. 2, 21, 22, 25 HGrG sowie §§ 18, 22 S. 3, 36

---

[2] Zu dieser letzten, nicht ganz unbestrittenen Bindung des Haushaltsgesetzgebers *K. Lange*, Der Staat 11 (1972), S. 322 f.

[3] Das wird richtig betont von *v. Mutius*, VVDStRL 42 (1984), S. 161 f. mit Nachweisen.

[4] Dazu wiederum *v. Mutius*, aaO., S. 162 mit Nachweisen; vgl. daneben *Schuppert*, daselbst auf S. 229 f.

BHO), sprechen insoweit eindeutig für den lediglich ermächtigenden Charakter des Haushaltsplans[5]. Dafür spricht auch, daß der Haushaltsplan, wie das Bundesverfassungsgericht ausgeführt hat und wie später noch zu zeigen sein wird, eben „ein Wirtschafts*plan* und zugleich ein staatsleitender Hoheitsakt ist"[6]. Im übrigen besitzt dieser Streit mehr rein akademischen Charakter, wenn man bedenkt, daß auch von Befürwortern einer rechtlichen Verbindlichkeit des Haushaltsplans für die Exekutive dieser die Befugnis zuerkannt wird, unter Berufung auf Artikel 114 Abs. 2 GG und Artikel 109 Abs. 2 GG den Vollzug vorgesehener Ausgaben zu unterlassen[7]. Allerdings sollte nicht übersehen werden, daß der rein ermächtigende Charakter des Haushaltsplans die weitere Besonderheit, die bezüglich der rechtlichen Verbindlichkeit des Haushaltsgesetzes als Organgesetz besteht, deutlicher hervortreten läßt. Sie ist darin zu sehen, daß der Haushaltsplan hinsichtlich der rechtlich nicht vorab festgelegten Ausgabenansätze Ähnlichkeiten mit final strukturierten Planungsnormen[8] und Plänen besitzt.

(2) Eine weitere Eigenart des Haushaltsgesetzes neben seiner besonderen rechtlichen Verbindlichkeit ist in dem Bepackungsverbot gemäß Artikel 110 Abs. 4 GG zu sehen. Gegenüber den vorherrschenden Versuchen einer restriktiven Interpretation dieser Vorschrift[9] ist zu Recht festgestellt worden, daß dann etwa bei den sogenannten Haushaltssicherungsgesetzen[10] das Haushaltsgesetz „in zwei Teile zu zerfallen" drohe, „deren einer die klassischen Funktionen der Feststellung und Ermächtigung" erfülle und „deren anderer als kurzfristiges Konjunktur-, Wirtschafts- und/oder Sozialsteuerungsinstrument eingesetzt" werde. Man müsse sich deshalb in derartigen Fällen fragen, „ob der von den Verfassungen

---

[5] Dazu überzeugend *Hettlage* in FS W. Weber, S. 391 ff.; vgl. daneben übersichtlich zum Streitstand *Patzig*, Haushaltsrecht des Bundes und der Länder, Bd. 1, Rdnr. 190 ff.; a. A. zuletzt *Schuppert*, VVDStRL 42 (1984), S. 230 f.

[6] So BVerfGE 45, 1 (32 – Hervorhebung A. J.).

[7] S. etwa *Moeser*, DVBl. 1977, S. 483 f. und Beteiligung des Bundestages, S. 123. Gegen *Moesers* aus Artikel 113 GG abgeleitete Argumentation für eine Verbindlichkeit des Haushaltsplans überzeugend *Birk*, DVBl. 1983, S. 872 (es handelt sich um zeitlich und in ihrer Intensität gestufte Kontrollrechte der Regierung).

[8] Zum Rechtscharakter dieser Normen genauer § 9 III. bei Anm. 37 ff. Diese Sicht wird übrigens für den Haushaltsplan bestätigt, wenn in der Literatur der gesetzlich festgestellte Haushaltsplan (und weiter auch der Finanzplan) Ausgangspunkt von Überlegungen für eine umfassende Aufgabenplanung sind und nicht davon isoliert werden; s. nur *Seemann*, Die Verwaltung 13 (1980), S. 415 f., 418 f., 431, 433 und *Rürup*, Verwaltung und Fortbildung (Sonderheft 4) 1979, S. 141 ff. Dazu noch genauer hier bei Anm. 68 ff.

[9] S. bes. *v. Portatius* (Das haushaltsrechtliche Bepackungsverbot, S. 74, genauere Begründung S. 68 ff.), der seine Bedeutung darin sieht, daß es eine „Bepackung des Haushaltsgesetzes mit zustimmungspflichtigen Vorschriften" verbietet und so „die Umwandlung des Haushaltsgesetzes vom Einspruchsgesetz in ein Zustimmungsgesetz verhindert". Selbst diese Grenze wird aber etwa von *Maunz* (in *Maunz/Dürig* u. a., Grundgesetz, Kommentar, Artikel 110 Rdnr. 44 mit Anm. 6) nicht anerkannt.

[10] Beispiele dazu bei *v. Portatius*, Das haushaltsrechtliche Bepackungsverbot, S. 76 ff.

traditionsgemäß legitimierte Typ des Staatshaushaltsgesetzes" überhaupt noch vorliege[11].

Diese Bedenken können sich vor allem auf die Überlegung stützen, daß für das Verfahren der Haushaltsgesetzgebung besondere Regelungen gelten, die im Grunde nicht für die Haushaltssicherungsgesetze, mit denen ja geltende Gesetze – zeitweise – geändert werden, passen[12]: So existiert allein für den Haushaltsgesetzgeber eine verfassungsrechtliche Pflicht zum Tätigwerden in regelmäßigen Zeitabständen[13]. Der damit verbundene Zeitdruck soll nach den Vorstellungen der Verfassung also allein für die Etatberatungen bestehen. Auf Bundesebene hat die Notwendigkeit einer beschleunigten Beratung des Haushaltsgesetzes noch zur Folge, daß dieses nicht wie „normale" von der Bundesregierung eingebrachte Gesetze zunächst allein dem Bundesrat zugeleitet wird und dieser dann dazu vorab eine Stellungnahme abgibt (vgl. Artikel 76 Abs. 2 S. 1 und 2 GG), sondern das Haushaltsgesetz wird *zugleich* mit der Zuleitung an den Bundesrat beim Bundestag eingebracht (Artikel 110 Abs. 3 GG). Der Bundesrat besitzt also auf diese Weise – und das wirkt sich dann auch auf die Haushaltssicherungsgesetze aus – bei der Haushaltsgesetzgebung weniger Rechte als im normalen Gesetzgebungsverfahren[14]. Neben der zeitlich gebundenen Pflicht zum Erlaß des Haushaltsgesetzes und seiner dadurch bedingten beschleunigten Beratung ist für die Haushaltsgesetzgebung das ausschließliche Initiativrecht der Bundesregierung[15] zu beachten, das insoweit wiederum im Gegensatz zum normalen Gesetzgebungsverfahren ebenfalls die Haushaltssicherungsgesetze erfaßt. Das gilt dann schließlich auch für die Federführung des Haushaltsausschusses bei den Ausschußberatungen des Haushaltsgesetzes (vgl. etwa § 95 Abs. 1 der Geschäftsordnung des Bundestages)[16]. Zu diesen Verfahrensmodalitäten kommt hinzu, daß die Haushaltssicherungsgesetze ja mit dem Haushaltsgesetz uno actu verkündet werden. Das schafft zwangsläufig Rechtsunklarheit und Rechtsunsicherheit, da der betroffene Bürger zunächst einmal nicht mit der Änderung von außenwirksamen gesetzlichen Regelungen in einem typischerweise an die Exekutive adressierten Gesetz rechnen muß und es sich häufig zudem um mannigfache Einzeländerungen verschiedenster (Leistungs-)Gesetze von kurzer Dauer handelt, die eine Orientierung über die geltende Rechtslage deshalb außerordentlich erschweren[17].

---

[11] So *Grawert*, DVBl. 1981, S. 1031; vgl. auch *Stern*, Staatsrecht, Bd. 2, S. 1253.

[12] Das wird richtig betont von *Grawert*, aaO., S. 1031 f.

[13] Dazu *Moeser*, Beteiligung des Bundestages, S. 114 f., auch S. 43 f.; *Stern*, Staatsrecht, Bd. 2, S. 1212 f., 1216 f.

[14] Dazu ausführlich *v. Portatius*, Das haushaltsrechtliche Bepackungsverbot, S. 64 ff. Zu beachten ist aber die unverkürzbare Sechs-Wochen-Frist zur Stellungnahme des Bundesrates bei der Erstvorlage des Haushaltsgesetzes und von drei Wochen für entsprechende Änderungsvorlagen.

[15] Dazu *Moeser*, aaO., S. 115 f.; *Mandelartz*, Zusammenwirken, S. 118 ff.; *Oldiges*, Die Bundesregierung als Kollegium, S. 263 ff. und die Nachweise bei *v. Mutius*, VVDStRL 42 (1984), S. 163 Anm. 57.

[16] Im einzelnen zum Ablauf der Beratungen insoweit *Moeser*, aaO., S. 126 ff.

[17] Zur verfassungsrechtlichen Relevanz einer derartigen Entwicklung im allgemeinen s. Einlei-

Die aufgezeigten Unterschiede zwischen der Haushaltsgesetzgebung und der „normalen" Gesetzgebung sowie die damit verbundenen Folgen für den Bürger legen ein Verständnis des haushaltsrechtlichen Bepackungsverbots nahe, wie es von Grawert folgendermaßen beschrieben worden ist: „Diese Umstände (erg.: die Besonderheiten, die für den Erlaß des Haushaltsgesetzes gelten) führen dazu, das Bepackungsverbot so zu verstehen, daß Haushaltsgesetzgebung und sonstige Gesetzgebung getrennte Wege gehen und ihre je besonderen Wirkungen zeitigen können. Wird das Haushaltsgesetz auf die Feststellungs- und Ermächtigungsfunktion beschränkt, erkennt man mithin *in seinen verfassungsrechtlichen Funktionsbeschreibungen Typen- und Formgebote*, dann haben materiellrechtliche Befrachtungen überhaupt auszuscheiden. Das braucht kein Unglück zu sein. Die befrachtenden Normen würden aus der Hektik der Haushaltsberatungen ebenso gelöst wie aus den Fristbindungen der Haushaltsgesetze selbst... Der Zweck des Bepackungsverbots geht demnach positiv darauf, die an die Regierung gerichteten Ermächtigungssätze in den budgetbezogenen Schranken zu halten"[18].

Mit seiner These, daß die verfassungsrechtliche Funktion des Haushaltsgesetzes (die sich wiederum u. a. auch aus dem für dieses Gesetz geltenden Verfahren ergibt) für das Verständnis des Bepackungsverbots bestimmend sein muß, wendet Grawert auf einen Spezialfall die von ihm befürwortete allgemeine methodische Prämisse an, von der auch wir in den verfassungsrechtlichen Überlegungen zum Gesetzesbegriff ausgingen. Sie besagt, daß Funktions- und Verfahrensregelungen den Rückschluß auf begriffliche Inhalte erlauben[19]. Eine interessante Parallele für dieses Vorgehen ist in dem Bemühen zu sehen, in den geltenden Steuergesetzen die „Finanzzwecknormen" als die eigentlichen steuerrechtlichen Regelungen von den „Sozialzwecknormen", d.h. solchen Vorschriften abzuschichten, die zwar positiv in den Steuergesetzen enthalten sind, ihrem Inhalt nach aber „nicht eine Besteuerung nach der Leistungsfähigkeit realisieren wollen, sondern eine lenkende (insb. wirtschaftslenkende) Funktion haben"[20]. Bemerkenswert und im vorliegenden Zusammenhang bedeutsam ist nun, daß nach dieser Auffassung für die sogenannten Sozialzwecknormen, obwohl sie, wie gesagt, in die Steuergesetze aufgenommen sind, nicht die finanzverfassungsrechtlichen Kompetenznormen der Artikel 105 ff. GG, sondern die Artikel 74 Nr. 11, 84 ff., 104 GG gelten sol-

---

tung bei Anm. 18 ff. und für den konkreten Fall *Grawert*, DVBl. 1981, S. 1032. *Grawert* weist (aaO.) auch noch zu Recht darauf hin, daß die These der herrschenden Meinung, die Haushaltssicherungsgesetze seien eigenständige, „dem Haushaltsgesetz im engeren Sinne schlicht technisch beigefügte und aus seinem Anlaß erfolgte Rechtsetzung", kaum in Einklang zu bringen ist mit der überwiegend vertretenen Annahme, daß das Haushaltsgesetz für das *Außerkrafttreten* der Haushaltssicherungsgesetze den zeitlichen Maßstab setzt.

[18] *Grawert*, aaO., S. 1032 (Hervorhebung A. J.).

[19] Vgl. dazu bereits hier § 1 III. bei Anm. 230 f. und später noch ausführlich in § 9 II. bei Anm. 4 f., 6 ff.

[20] So *Tipke*, Steuerrecht, S. 70; vgl. weiter zu dieser Unterscheidung mit Nachweisen aus der einschlägigen Literatur daselbst S. 20 f., 150, 560 ff. und *derselbe*, Steuergerechtigkeit in Theorie und Praxis, S. 56 f. u. S. 61 ff.

len[21]. Was für das Haushaltsgesetz positivrechtlich durch Artikel 110 Abs. 4 GG ermöglicht wird, nämlich die Abschichtung der reinen, insbesondere auf den Haushaltsvollzug bezogenen haushaltsrechtlichen Normen von den sogenannten Haushaltssicherungsgesetzen, wird im Steuerrecht demnach sogar ohne eine solche ausdrückliche verfassungsrechtliche Vorschrift durch begriffliche Überlegungen, die vom Zweck der Steuer ihren Ausgang nehmen, versucht[22]. Dieses Vorgehen kann darum als Bestätigung (Erst-Recht-Schluß) für die hier vertretene Interpretation des Artikel 110 Abs. 4 GG dienen.

(3) Der Versuch einer Abschichtung der Sozialzwecknormen von den Finanzzwecknormen im Steuerrecht legt aber auch den weiteren Gedanken nahe, die Haushaltssicherungsgesetze schon allein deshalb für verfassungsrechtlich bedenklich zu erklären, weil sie verfahrensrechtlich wie das Haushaltsgesetz (obwohl sie ein solches nicht sind) behandelt werden. Ja man kann noch einen Schritt weitergehen und sich die Frage stellen, ob das gleiche nicht für die Haushaltsstrukturgesetze[23] gelten muß. Bei ihnen handelt es sich um nicht mit dem Haushaltsgesetz verbundene, selbständige Artikelgesetze, die ebenfalls ausschließlich dem Zweck dienen, den Haushaltsausgleich für den zu beratenden Haushalt und künftige Haushaltspläne sicherzustellen, und die auch von der Regierung initiiert sind. Sie „korrigieren" insoweit bestehende finanzwirksame Gesetze[24]. Die Haushaltsstrukturgesetze werden gleichfalls entsprechend ihrer primär haushaltswirtschaftlichen Zielsetzung federführend vom Haushaltsausschuß beraten und beim Bund als Haushaltsvorlagen im Sinne der parlamentarischen Geschäftsordnung angesehen[25]. Für sie ist weiter auch wie bei der Beratung des Haushaltsgesetzes der Zeitdruck typisch, unter dem ihre parlamentarische Behandlung steht[26]. Von

---

[21] Vgl. wiederum *Tipke*, Steuerrecht, S. 20, 71, 91 und Steuergerechtigkeit in Theorie und Praxis, S. 61 ff. (dort auch zu weiteren verfassungsrechtlichen und anderen rechtlichen Folgerungen, die sich aus dieser Unterscheidung ergeben); s. daneben auch *K. Vogel*, DÖV 1977, S. 842.

[22] S. nur *Tipke*, Steuerrecht, S. 20 (Hervorhebung dort): „Da es für die rechtliche Qualifizierung (erg.: bei der Frage, ob eine Sozialzwecknorm vorliegt) *nicht auf die technischen Äußerlichkeiten* ankommen kann, ergibt sich die grundgesetzliche Kompetenz zum Erlaß solcher Normen nicht aus der Steuerkompetenz der Artikel 105 ff., sondern aus Artikel 74 Nr. 11 GG . . ."

[23] Zu ihnen zuletzt *Schulze-Fielitz*, Parlamentarische Gesetzgebung, S. 118 ff.; vgl. daneben *v. Mutius*, VVDStRL 42 (1984), S. 188, 207, 211 und 215; *Moeser*, Beteiligung des Bundestages, S. 95 ff. u. kurz auch *Mußgnug*, Haushaltsplan, S. 248 f., 295 f.

[24] S. dazu *Moeser*, aaO., S. 98 f.

[25] So *Moeser*, aaO., S. 96 f. mit Nachweisen; vgl. auch *v. Mutius* (aaO., S. 189), der noch darauf hinweist, daß damit auch nicht „die sonst übliche faktische Öffentlichkeits-, insbesondere Verbandsbeteiligung" stattfindet.

[26] Nach *Moeser* (aaO., S. 98) ist über die Haushaltsstrukturgesetze des Bundes der Jahre 1965, 1966, 1967 u. 1975 in den Ausschüssen nie länger als sechs Wochen beraten worden. Dabei handelte es sich um Gesetze, die „zwischen 21 und 42 Artikel" beinhalteten, „wobei jeder Artikel eine oder mehrere Änderungen in sachlich zusammengehörenden Gesetzeskomplexen anordnete" (*Moeser*, aaO., S. 96). Der Vorsitzende des Rechtsausschusses im Deutschen Bundestag (10. Wahlperiode), der Abgeordnete *Helmrich*, hat in einem Diskussionsbeitrag (abgedruckt in Götz/Klein/Starck – Hrsg. –, Die öffentliche Verwaltung zwischen Gesetzgebung und richterlicher Kontrolle, 1985, S. 94 f.) entsprechend ausgeführt: „Wir haben 1984 bei den Haushaltsbe-

Mutius hat die Bedenken, die sich damit gegen die Haushaltsstrukturgesetze ergeben, u. E. richtig wie folgt zusammengefaßt: „Sie besitzen wegen der inhaltlichen und politischen Kopplung mit dem Haushaltsplan und der dadurch bedingten verfahrensrechtlichen Behandlung nicht denselben Grad der parlamentarischen Legitimation und Publizität wie das materielle Verwaltungsgesetz"[27]; außerdem erfahren diese Gesetze vom Inhaltlichen her gesehen „ihre Existenzberechtigung aus dem Grundsatz des Haushaltsausgleichs", so daß sie „primär von fiskalischen Erwägungen beherrscht" werden und „in ihren Auswirkungen nicht selten zu rechtsdogmatischen Brüchen im veränderten Verwaltungsgesetz" führen[28].

Die genannten Bedenken gegen die Haushaltsstrukturgesetze bestehen zusammengefaßt also darin, daß hier die Form des „normalen" Gesetzes für eine Regelungsaufgabe eingesetzt wird, die im Grunde das Haushaltsgesetz mit dem Haushaltsplan in dem für sie besonders vorgesehenen Verfahren zu erfüllen hat. Daß dies in der geforderten Form nicht geschieht, liegt nun augenscheinlich daran, daß der (Leistungs-)Gesetzgeber in der Vergangenheit in haushaltswirtschaftlich unverantwortlicher Weise finanzielle Verpflichtungen eingegangen ist oder anders gesagt: daß die Regierung ihr finanzwirtschaftliches Kontrollrecht nach Artikel 113 GG nicht wirksam genug ausgeübt hat[29]. Die Haushaltssicherungs- und Haushaltsstrukturgesetze sind so gesehen ein Beleg für die mangelhafte Wahrnehmung dieses (vorbeugenden) Kontrollrechts der Regierung[30]. Der Einwand, daß das Grundgesetz mit der Regelung des Artikel 113 GG „den Boden der parlamentarischen Demokratie verlassen und partiell auf Vorstellung(en) zurückgefallen" sei, die „dem staatsrechtlichen Denken der konstitutionellen Monarchie angehören"[31], verkennt die schon aus wahltaktischen Gründen bestehende zwangsläufige Tendenz des Parlaments zu verstärkten Ausgaben, die um einer soliden Finanzwirtschaft willen ein Gegengewicht erfordert[32]. Stellt eine vom Parlament gewählte und diesem verantwortliche Regierung dieses „Gegengewicht" dar, so kann

---

gleitgesetzen im Sozialrecht 252 Bestimmungen geändert, davon 61 in der Reichsversicherungsordnung. Daß bei der Geschwindigkeit, mit der Haushaltsbegleitgesetze gemacht werden, leicht – ich will es einmal vorsichtig sagen – unausgegorene Dinge herauskommen, liegt auf der Hand".

[27] AaO., S. 207.

[28] AaO., S. 211 (Leitsatz 14), vgl. auch S. 188.

[29] Auf das Haushaltsgesetz soll allerdings nach *Mußgnug* (Haushaltsplan, S. 207 f.; ähnlich *Oldiges*, Die Bundesregierung als Kollegium, S. 272 f.) der Artikel 113 GG keine Anwendung finden, da dies besonders wegen der dadurch möglichen zeitlichen Verzögerungen der Haushaltsberatungen zu Komplikationen bei der Verabschiedung des Haushalts führen könne und zudem der allein ermächtigende Charakter des Haushaltsplanes der Regierung hinreichende Handhaben zu einer sachgerechten Wahrnehmung ihrer Verantwortung für den Haushalt biete. Gegen diese Argumente überzeugend *Patzig*, Haushaltsrecht des Bundes und der Länder, Bd. 1, Rdnr. 220 mit Nachweisen. Daneben kann insoweit ebenfalls die Argumentation von *Birk* gelten (vgl. Anm. 7).

[30] Dieser Zusammenhang wird zutreffend von *Fischer-Menshausen* (in *v. Münch* – Hrsg. –, Grundgesetz-Kommentar, Bd. 3, Artikel 113 Rdnr. 14) betont.

[31] So *Mußgnug*, Haushaltsplan, S. 203.

[32] Dazu überzeugend *Stern*, Staatsrecht, Bd. 2, S. 1222 f.; vgl. auch *v. Arnim*, DVBl. 1985,

Artikel 113 GG kaum als ein Relikt aus der Epoche des Konstitutionalismus verstanden werden. Konsequenter ist dann schon der Hinweis, daß Artikel 113 GG eben wegen der parlamentarischen Verantwortlichkeit der Regierung etwa mehr der amerikanischen Präsidialdemokratie entspricht. Denn wenn die Bundesregierung ihre Zustimmung nach Artikel 113 GG versagt, so wird das häufig „zur Desavouierung der Regierungsmehrheit durch ihre Regierung vor aller Öffentlichkeit"[33] führen und faktisch deshalb wohl kaum vorkommen. Diese Möglichkeit dispensiert die Regierung allerdings rechtlich nicht von der ihr nach Artikel 113 GG obliegenden Pflicht zur finanzwirtschaftlichen Kontrolle gegenüber der Legislative.

b) Noch deutlicher treten die verfassungsrechtlichen Bedenken gegen Haushaltssicherungs- und Haushaltsstrukturgesetze sowie der dahinterstehende allgemeine Einwand gegen eine zu weit gehende finanzwirksame Leistungsgesetzgebung hervor, wenn man die verfassungsrechtlichen Regelungen über die Funktion des *Haushaltsplans* genauer betrachtet:

(1) Zunächst besitzt insoweit Artikel 109 Abs. 2–4 GG als verfassungsrechtlicher Anknüpfungspunkt für eine antizyklische Finanzpolitik besondere Bedeutung. Denn eine solche Politik, die „den Erfordernissen des gesamtwirtschaftlichen Gleichgewichts" (Artikel 109 Abs. 2 GG) entspricht, läßt sich durch den Haushaltsplan nur realisieren, wenn die Exekutive in hinreichendem Umfang über rechtlich vorab nicht festgelegte finanzielle Mittel verfügen kann. Konjunktursteuerung ist nun einmal „sachlogisch gouvernemental" und fordert deshalb eine finanzielle Elastizität[34]. Besonders deutlich zeigt das ein Blick in das „Ausführungsgesetz" zu Artikel 109 GG, das Gesetz zur Förderung der Stabilität und des Wachstums in der Wirtschaft (Stabilitätsgesetz)[35]. So sollen etwa nach § 6 Abs. 2

S. 1289 und weiter *Carl Schmitt*, Volksentscheid und Volksbegehren, S. 27 ff. zum verfassungsgeschichtlichen Hintergrund dieses Arguments.

[33] So *Rapp* in der FAZ vom 26. 7. 1965 (zitiert bei *Patzig*, Haushaltsrecht des Bundes und der Länder, Bd. 1, Rdnr. 222).

[34] So *Rehhahn*, Die verfassungsrechtliche Problematik konjunkturpolitischer Regelbindungen, S. 107 f.; für die Subventionsverwaltung ebenso *Stachels*, Das Stabilitätsgesetz im System des Regierungshandelns, S. 146. Das deshalb aus Artikel 109 Abs. 2 GG folgende Gebot einer notwendigen Flexibilität der öffentlichen Haushalte betont etwa *Jooss*, BayVBl. 1985, S. 619. Es stellt auch, wie gleich noch genauer darzulegen ist, eine Grenze für die Staatsverschuldung durch Kreditfinanzierung dar, so *Fischer-Menshausen* in *v. Münch* (Hrsg.), Grundgesetz-Kommentar, Bd. 3, Artikel 115 Rdnr. 14 c und aus volkswirtschaftlicher Sicht *Ehrlicher*, Der Staat 24 (1985), S. 48, 49. Kritisch zu diesem letzten Argument *Heun*, Die Verwaltung 18 (1985), S. 24 ff., 28.

[35] Genauer über das Verhältnis des Artikel 109 GG zum Stabilitätsgesetz *Knebel*, Koalitionsfreiheit und Gemeinwohl, S. 133 ff.; vgl. auch die Bemerkung von *K. Vogel* (Finanzverfassung und politisches Ermessen, S. 32 f.): § 1 StabG „übersetzt" den Artikel 109 Abs. 2 GG in „möglichst meßbare wirtschaftliche Größen"; ähnlich *Scheuner* in FS für Ernst Forsthoff (1972), S. 337 und in FS für Hans Schäfer, S. 114. Da es sich bei Artikel 109 Abs. 2 GG vom Rechtscharakter her gesehen um eine Staatszielbestimmung bzw. um einen Verfassungsauftrag handelt, können aus dem hier zugrunde gelegten Verständnis der Verfassung als Rahmenordnung keine Bedenken gegen diese Deutungen hergeleitet werden. Zum folgenden vgl. *Patzig*, DVBl. 1977, S. 844, 846 ff.

und § 14 StabG Bund und Länder bei abschwächender allgemeiner Wirtschaftstä-
tigkeit zusätzliche Ausgaben leisten. Die Mittel dazu sind nach § 6 Abs. 2 StabG
zunächst der Konjunkturausgleichsrücklage zu entnehmen. Diese Rücklage reicht
aber häufig nicht aus, wie sehr deutlich das Sonderprogramm zur regionalen und
lokalen Abstützung der Beschäftigung vom Herbst 1974 gezeigt hat. So konnte
Schleswig-Holstein als eines der damals am höchsten verschuldeten Bundesländer
den Landesanteil an diesem Programm nur dadurch finanzieren, daß es 77 Millio-
nen DM zusätzlich auf dem Kapitalmarkt aufnahm. Schleswig-Holstein machte
also weitere Schulden, um dem Artikel 109 GG zu entsprechen, was wiederum den
Haushaltsausgleich der kommenden Jahre zwangsläufig gefährdete.

Es muß also ein hoher Anteil an rechtlich ungebundenen Einnahmen in den
Haushalten von Bund und Ländern vorhanden sein, um dem durch das Stabilitätsgesetz konkretisierten Auftrag des Artikel 109 GG nachkommen zu können,
zumal denkbare Alternativen nicht vorhanden sind: Dem kurzfristigen Abbau
gesetzlich festgelegter Leistungen stehen die gegen die Haushaltssicherungs- und
Haushaltsstrukturgesetze entwickelten verfassungsrechtlichen Bedenken entgegen[36]. Er kommt zudem wegen der formellen Anforderungen an das Gesetzgebungsverfahren auch meistens zu spät, um den erstrebten wirtschaftlichen Erfolg
zu erreichen[37]. Gegen die Lösung des Stabilitätsgesetzes selbst, das durch Einfügung von Verordnungsermächtigungen in das geltende Einkommen- und Körperschaftssteuerrecht diesem Dilemma zu entgehen versucht, sprechen ebenfalls
erhebliche verfassungsrechtliche Bedenken, die letztlich in der Überlegung gründen, daß die Unmöglichkeit, den steuergesetzlichen Eingriff auf seine Verhältnismäßigkeit[38] bzw. seinen Verstoß gegen Artikel 3 Abs. 1 GG[39] hin effektiv zu
überprüfen, die Anwendung des Artikel 80 Abs. 1 GG im Steuerrecht verbietet[40].
Kurzfristige Steuererhöhungen (und -senkungen) kann daneben auf diese fragwürdige Weise auch wirksam nur der Bund beschließen, da er insoweit fast

---

[36] S. dazu bes. noch einmal das Zitat bei Anm. 27 f., das mit der Modifikation für die hier
geäußerten Bedenken gelten kann, daß nicht nur von primär fiskalischen Erwägungen geleitete
kurzfristige Änderungen von Verwaltungsgesetzen, sondern auch solche, die vorrangig konjunk-
turpolitisch im Sinne des Artikel 109 Abs. 2 GG (i. V. m. dem Stabilitätsgesetz) motiviert sind, zu
rechtsdogmatischen Brüchen im geänderten Gesetz führen können.

[37] Vgl. die Nachweise in Anm. 34. Die daraus resultierenden Schranken der Konjunktursteuerung (Nachfragesteuerung) betont auch *Maunz* (in *Maunz/Dürig* u. a., Grundgesetz, Kommentar, Artikel 109 Rdnr. 32): Es gibt insoweit „*faktische Grenzen*, da der überwiegende Teil der
Ausgaben durch *gesetzliche* oder sonstige rechtliche Verpflichtungen gebunden ist und daher
vielfach nicht kurzfristig den Erfordernissen wirksamer Konjunktursteuerung angepaßt werden
kann" (zweite Hervorhebung A. J.).

[38] So *Papier*, Finanzrechtliche Gesetzesvorbehalte, S. 76 ff., 89 ff. und *K. Vogel* in Gedächtnisschrift für Wolfgang Martens, S. 268 ff.

[39] So *Brinkmann*, Tatbestandsmäßigkeit der Besteuerung und formeller Gesetzesbegriff,
S. 87 ff.

[40] So im Ergebnis *Papier*, aaO., S. 126 ff.; *Brinkmann*, aaO., S. 115 ff.; *Vogel*, aaO., S. 271;
Kruse, Steuerrecht I, S. 40. Bedenken äußert auch *Rehhahn*, Die verfassungsrechtliche Problematik konjunkturpolitischer Regelbindungen, S. 107.

ausschließlich die Gesetzgebungskompetenz besitzt. Die Aufnahme weiterer Kredite auf dem Kapitalmarkt schließlich steigert, wie gesagt, die Verschuldung des Staates und gefährdet damit den künftigen Haushaltsausgleich. Auf diesen Gesichtspunkt ist jetzt noch genauer einzugehen.

(2) Die weitere Funktion des Haushaltsplans besteht nämlich in der Gewährleistung einer geordneten Finanzwirtschaft des Staates[40a]. Als verfassungsrechtliche Grenze für den Leistungsgesetzgeber kommt insoweit besonders die Tatsache in Betracht, daß der Haushaltsausgleich nach Artikel 110 Abs. 1 S. 2 GG aufgrund verschiedener Bestimmungen des Grundgesetzes nur bis zu einem gewissen Grade durch Kredite finanziert werden darf, d. h. daß es verfassungsrechtliche Grenzen der Staatsverschuldung gibt. Der Haushaltsplan ist, wie die verschiedenen – zum Teil verfassungsrechtlich begründeten – Haushaltsgrundsätze zeigen[41], der Ort, der diese Schranken sichtbar macht und damit zugleich auch begrenzend auf den (Leistungs-)Gesetzgeber zurückwirkt. Denn die regelmäßig wiederkehrende Verpflichtung zum Ausgleich des Haushalts kann nicht, wie wir unter a) sahen, durch ständige, von fiskalischen Erwägungen gesteuerte und in einem „besonderen" Gesetzgebungsverfahren bewirkte Änderungen von Leistungsgesetzen geschehen, sondern ist eben eine Aufgabe des Haushaltsplans als solchem. Darum sind ihm auch durch das Grundgesetz primär die nun genauer zu betrachtenden Grenzen der Staatsverschuldung gesetzt:

Explizit werden solche Grenzen in Artikel 115 Abs. 1 S. 2 GG genannt. Entscheidende Bedeutung kommt insoweit zunächst der Frage zu, was zu den Investitionen im Sinne der genannten Vorschrift zu rechnen ist. Da die Staatsverschuldung ja *zukünftige* Belastungen schafft, wäre im Grunde zu fordern, daß es sich um Investitionen für gemeinnützige Projekte mit langzeitiger Lebensdauer handeln muß; ihre „Zukunftswirkung" also „gleichsam das positive Gegengewicht zum spezifisch zukunftsbelastenden Effekt der Staatsverschuldung" darstellt[42]. Daraus würde dann u. a. folgen, daß nicht jede Maßnahme, mit der die Produktionsmittel der Volkswirtschaft erhalten oder verbessert werden, eine Investition im Sinne des Artikel 115 Abs. 1 S. 2 GG ist[43]. Ob sich allerdings diese Auffassung nun juristisch zwingend begründen läßt oder man sich besser mit der wohl herrschenden Meinung bei der Inhaltsbestimmung des Investitionsbegriffs in Artikel 115 Abs. 1 S. 2 GG an den im Gruppierungsplan (Gruppen 7 und 8) aufgeführten Maßnahmen orientiert, wofür § 10 Abs. 3 Nr. 2 HGrG im Blick auf die bei der Neufassung des

---

[40a] Dazu *Patzig*, Haushaltsrecht des Bundes und der Länder, Bd. 2, Artikel 109 Rdnr. 18 und *Maunz* in *Maunz/Dürig* u. a., Grundgesetz, Kommentar, Artikel 110 Rdnr. 56 i. V. m. 59.

[41] S. dazu etwa *Maunz*, aaO., Artikel 110, Rdnr. 28ff.; *Patzig*, Haushaltsrecht des Bundes und der Länder, Bd. 1, Rdnr. 84ff.; *Stern*, Staatsrecht, Bd. 2, S. 1238ff.

[42] So *Henseler*, AöR 108 (1983), S. 525 (genaue Begründung dieses Standpunktes S. 511ff., 522ff. mit ausführlichen Literaturnachweisen). Einen inhaltlich weiteren Investitionsbegriff vertritt aus finanzwissenschaftlichen Überlegungen insbesondere Heun, Die Verwaltung 18 (1985), S. 15ff.

[43] *Henseler*, aaO., S. 525ff.

jetzigen Artikel 115 GG im Jahre 1969 bestehende Haushaltspraxis sprechen könnte[43a], mag hier dahinstehen. Denn die die (Leistungs-)Gesetzgebung grundsätzlich beschränkende Wirkung des Artikel 115 Abs. 1 S. 2 (1. Halbsatz) GG ist in beiden Fällen nicht zu leugnen.

Das gilt entsprechend für die Frage nach dem Verhältnis des ersten Halbsatzes von Artikel 115 Abs. 1 S. 2 GG zum zweiten. Es geht insoweit, wie gesagt worden ist, um die Lösung des Konflikts, der zwischen dem „Schutz der zukünftigen Allgemeinheit... (und) dem Gegenwartsinteresse an der Sicherung wirtschaftlicher Stabilität"[44] besteht. Dabei ist zu beachten, daß der 2. Halbsatz das Verbot von Artikel 115 Abs. 1 S. 2 (1. Halbsatz) GG ja nicht aufhebt, sondern lediglich (ausnahmsweise) eine Durchbrechung gestattet. Wegen dieses Regel-Ausnahme-Verhältnisses spricht einiges dafür, dem Haushaltsgesetzgeber die Argumentationslast für die Berechtigung der geplanten Kreditaufnahme in dem Fall aufzuerlegen, in dem die Nettoverschuldung eines Haushaltsjahres die Summe der investiven Ausgaben im dargelegten Sinne überschreitet, und weiter den Nachweis für die Verfassungsmäßigkeit seines Vorgehens dann erst für erbracht zu halten, wenn feststeht, daß „jede denkbare im Haushaltsplan nicht vorgesehene Aufstockung investiver Ausgaben, jede (zusätzliche) Ausgabenkürzung und jede (zusätzliche) Einnahmeerhöhung nicht nur zu einem Hemmnis für den wirtschaftlichen Aufschwung werden könnte, sondern mit hoher Wahrscheinlichkeit werden wird"[45].

Doch selbst wenn man diese letzte Folgerung nicht ziehen will, so zeigt doch das dargelegte Verständnis des Artikel 115 Abs. 1 S. 2 GG insgesamt, wie sehr die verfassungsrechtlichen Grenzen der Staatsverschuldung eine hinreichende Flexibilität von Regierung und Parlament für die Haushaltsplanung erfordern. Diese Auslegung wird nun noch durch die These unterstrichen, daß nach der Absicht des Verfassungsgebers Artikel 115 Abs. 1 S. 2 GG eine *zusätzliche* Grenze für die Staatsverschuldung bilden sollte, so daß diese Bestimmung nicht die unmittelbar aus Artikel 109 Abs. 2 GG folgenden Grenzen für eine Kreditaufnahme auszuschließen vermag[46]. Diese die Staatsverschuldung begrenzende Funktion des Arti-

---

[43a] So etwa *Birk/Wolffgang*, Zur Vereinbarkeit des nordrhein-westfälischen Haushalts mit Art. 83 Satz 2 Landesverfassung, S. 31 ff. mit Nachweisen. Ähnlich *Patzig*, DÖV 1985, S. 304 f.; *Heuer* in *Heuer/Domnach*, Handbuch der Finanzkontrolle (Kommentar zum Bundeshaushaltsrecht), Artikel 115 Anm. 12; *Maunz* in *Maunz/Dürig* u. a., Grundgesetz, Kommentar, Artikel 115 Rdnr. 33 ff.; *Piduch*, Bundeshaushaltsrecht (Kommentar), Bd. 1, Artikel 115 Anm. 29 und Bd. 2, § 18 Anm. 4.

[44] So *Henseler*, aaO., S. 535.

[45] Dazu wiederum *Henseler*, aaO., S. 535 ff. (Ergebnis S. 538 f.); ähnliches Ergebnis bei *Birk*, DVBl. 1984, S. 749. Eine nicht so enge Interpretation dieser Ausnahmeregelung findet sich wiederum bei *Heun*, Die Verwaltung 18 (1985), S. 20 ff.

[46] Vgl. insoweit bes. *v. Arnim*, BayVBl. 1981, S. 516 f. mit Belegen aus der Entstehungsgeschichte des Artikel 115 GG; *von Arnim* betont aaO. entsprechend, daß Artikel 109 Abs. 2 GG „auch innerhalb des von der Höhe (erg.: durch Artikel 115 Abs. 1 S. 2 GG) markierten Kreditrahmens verfassungsrechtliche Bremswirkung entfalten" könne. Ähnlich im Ergebnis *Stern*, Staatsrecht, Bd. 2, S. 1277, 1281 f.; *Birk*, DVBl. 1984, S. 748 und *Heun*, Die Verwaltung 18 (1985), S. 21 f.

kel 109 Abs. 2 GG beruht auf der Erkenntnis, daß durch die genannte Vorschrift nicht etwa die auf den Lehren von Keynes aufbauende antizyklische Finanzpolitik verfassungsrechtlich festgeschrieben werden sollte. So kann Artikel 109 Abs. 2 GG zum Beispiel auch einmal zur Wahrung des gesamtwirtschaftlichen Gleichgewichts eine antizyklische Finanzpolitik durch Kreditaufnahme verbieten[47]. Im übrigen ist eine expansive Wirtschafts- und Finanzpolitik auch durch eine Auflösung von Rücklagen, Vermögensveräußerungen u. a. möglich; und umgekehrt kann eine entsprechende kontraaktive Politik durch Schuldentilgung, Rücklagenbildung und – zumindest nach herrschender Meinung – selbst durch eine Steuersenkung nach § 26 StabG betrieben werden[48].

Spricht der Text des Artikel 109 Abs. 2 GG noch ausdrücklich davon, daß bei der „*Haushalts*wirtschaft" dem gesamtwirtschaftlichen Gleichgewicht Rechnung zu tragen sei, so ist ein Teil der Lehre darüber hinausgegangen und hat etwa zur Begründung der verfassungsrechtlichen Notwendigkeit von imperativen Lohnleitlinien als Grenze der Tarifautonomie und auch zur verfassungsrechtlichen Rechtfertigung einer staatlichen Preispolitik Artikel 109 Abs. 2 GG herangezogen[49]. Anlaß für solche Forderungen ist die Überlegung, daß eine wirksame Konjunktursteuerung eben nicht nur von der Haushaltwirtschaft, sondern auch von dem Verhalten der Unternehmer, der Tarifpolitik etc. abhängt[50] und Artikel 109 Abs. 2 GG eine inhaltliche Bindung für die gesamte staatliche Wirtschaftspolitik darstellt[51]. Eine derart weitgehende Folgerung legt natürlich die Frage nahe, ob die Garantie des Artikel 109 Abs. 2 GG sich nicht zumindest auf die Interpretation weiterer *haushalts*rechtlicher Regelungen des Grundgesetzes, sofern durch sie die Erhaltung des gesamtwirtschaftlichen Gleichgewichts sichergestellt wird, auswirkt. Zu denken ist insoweit u. E. besonders an die Möglichkeit, das Gebot des Haushaltsausgleichs in Artikel 110 Abs. 1 S. 2 GG materiellrechtlich wenigstens in dem Sinne zu verstehen, daß „sein Rechtsgehalt vorwiegend in einer *Mißbrauchs-*

---

47 Vgl. dazu wiederum *v. Arnim* (BayVBl. 1981, S. 514 ff., bes. S. 516; daneben *derselbe*, DVBl. 1985, S. 1292), der insoweit zu Recht einen Mangel in der Argumentation des Plädoyers von *Püttner* gegen die Staatsverschuldung (vgl. *Püttner*, Staatsverschuldung als Rechtsproblem, bes. S. 12, 20) konstatiert. Ein entsprechendes Verständnis des Artikel 109 Abs. 2 GG findet sich bei *Scheuner* in FS für Hans Schäfer, S. 114, 116 u. a.; vgl. auch die Andeutung bei *Maunz* in *Maunz/Dürig* u. a., Grundgesetz, Kommentar, Artikel 110 Rdnr. 56 a. E.

48 So richtig *Stern*, Staatsrecht, Bd. 2, S. 1251 mit Nachweisen.

49 So bes. *Schachtschneider*, Der Staat 16 (1977), S. 493 ff. (zur verfassungsrechtlichen Rechtfertigung der Eingriffe in die Preisgestaltung durch Artikel 109 Abs. 2 GG S. 501 f., 514, 517; zur Begründung imperativer Lohnleitlinien durch Artikel 109 Abs. 2 GG bes. S. 513 ff.). Eine andere Begründung für staatliche Lohn- und Preisdirigismen liefert *Schmidt-Preuß*, Verfassungsrechtliche Zentralfragen staatlicher Lohn- und Preisdirigismen; vgl. zur Begrenzung der Tarifautonomie auch *Knebel*, Koalitionsfreiheit und Gemeinwohl.

50 Vgl. dazu nur *Maunz*, aaO., Artikel 109 Rdnr. 33.

51 So *Scheuner* in FS für Hans Schäfer, S. 112; *Schachtschneider*, Der Staat 16 (1977), S. 514 f. und *Hollmann*, Rechtsstaatliche Kontrolle der Globalsteuerung, S. 93 f., 95 ff., jeweils mit weiteren Nachweisen.

schranke" liegt[52]. Eine weitere mögliche Grenze für die Kreditfinanzierung, die sich ebenfalls aus einem materiellrechtlich verstandenen Ausgleichsgebot des Artikel 110 Abs. 1 S. 2 GG ableiten ließe, nennt Kirchhof, wenn er feststellt: „Das Faktum, daß das finanziell Mögliche die Grenze staatlichen Leistens ist, verfremdet staatliches Leistungsrecht, wenn das Recht nicht vorsorglich diese faktische Grenze meidet". Er zieht aus dieser Feststellung auch den richtigen Schluß, daß zu erwägen sei, ob man nicht „den Gedanken der institutionellen Garantie auf den Finanzstaat und seine Leistungsfähigkeit... beziehen und dort vorsichtig... verallgemeinern" müsse[53]. Gerade die geschilderte weite Auslegung des Artikel 109 Abs. 2 GG legt es, wie gesagt, nahe, diesen Gedanken Kirchhofs in Artikel 110 Abs. 1 S. 2 GG zu verorten. Im Verhältnis zu Artikel 115 Abs. 1 S. 2 GG würde das so verstandene Ausgleichsgebot des Artikel 110 Abs. 1 S. 2 GG wie Artikel 109 Abs. 2 GG als eine Spezialregelung zu verstehen sein, die ihre „Bremswirkung" auch *innerhalb* des nach Artikel 115 Abs. 1 S. 2 GG zulässigen Kreditrahmens entfaltet und folglich eine weitere zusätzliche Schranke für die Staatsverschuldung darstellt. Gleiches wird man für das Gebot einer wirtschaftlichen und sparsamen (ordnungsmäßigen) Ausgabengestaltung des Haushaltsplans behaupten können, das sich inzidenter aus Artikel 114 Abs. 2 S. 1 GG ergibt[54].

Artikel 109 Abs. 2, Artikel 110 Abs. 1 S. 2, Artikel 114 Abs. 2 S. 1 und Artikel 115 Abs. 1 S. 2 GG setzen also der Staatsverschuldung Grenzen, die bei der Haushaltsplanung zu beachten sind. Wie der aus Artikel 109 GG folgende Auftrag zur antizyklischen Finanzpolitik verlangt die Einhaltung dieser verfassungsrechtlichen Schranken finanzielle Handlungsspielräume, die eine übermäßige finanzwirksame (Leistungs-)Gesetzgebung nicht zulassen[55].

---

[52] So etwa *Stern*, Staatsrecht, Bd. 2, S. 1250 (Hervorhebung dort). *Püttner* (Staatsverschuldung als Rechtsproblem, S. 10 ff.) kommt aus demokratischen Überlegungen zu einer ähnlichen (wenn auch wegen Artikel 115 GG „als der speziellen einschlägigen Vorschrift" nicht wirksamen) Grenzziehung; das läßt sich aber mit *dieser* Begründung, wie *Henseler* überzeugend nachweist (AöR 108/1983, S. 497 ff.), nicht halten.

[53] *Kirchhof*, NVwZ 1983, S. 511; ähnlich *derselbe* in FAZ Nr. 77 vom 2. April 1983, S. 13. Zutreffender wäre es u. E., auch insoweit wie beim Sozialstaatsprinzip (s. dazu § 1 I. Anm. 66 mit Nachweisen) von einer „institutionellen Rahmen- oder Strukturgarantie" zu sprechen. Das legt sich um so mehr nahe, als Artikel 109 Abs. 2 GG, der ja die hier vertretene Auslegung des Artikel 110 Abs. 1 S. 2 GG bestimmt, als Konkretisierung des Sozialstaatsprinzips verstanden werden kann (s. zu diesem Zusammenhang nur *Badura*, FS Ipsen, S. 368 f., 376 ff.). Da die „institutionelle Rahmen- oder Strukturgarantie" sich nicht nur gegen den Staat, sondern auch gegen die Gesellschaft richtet (vgl. dazu wiederum § 1 I. Anm. 66), spricht auch einiges für das besonders von *Schachtschneider* vertretene Verständnis des Artikel 109 Abs. 2 GG als Grenze der durch Artikel 9 Abs. 3 GG garantierten Tarifautonomie (s. dazu hier bei Anm. 49).

[54] S. dazu *Fischer-Menshausen* in v. Münch (Hrsg.), Grundgesetz-Kommentar, Bd. 3, Artikel 110 Rdnr. 7 und Artikel 114 Rdnr. 18 f.; *Maunz* in *Maunz/Dürig* u. a., Grundgesetz, Kommentar, Artikel 110 Rdnr. 56 i. V. m. 59; *Stern*, Staatsrecht, Bd. 2, S. 1251.

[55] Zu den daneben für die Haushaltsgestaltung relevanten Vorschriften des Grundgesetzes sind schließlich auch die Artikel 104 a Abs. 1, 106 Abs. 3 u. 4 GG sowie die verfassungsrechtlichen Bindungen bei der Erhöhung von Bundessteuern zu zählen (s. dazu zusammenfassend *Maunz* in *Maunz/Dürig* u. a., Grundgesetz, Kommentar, Artikel 110 Rdnr. 60 ff.).

(3) Mit Ausnahme von Artikel 115 Abs. 1 S. 2 GG stellen die dargelegten verfassungsrechtlichen Grenzen für die Staatsverschuldung zugleich inhaltliche Anforderungen an die Gestaltung des Haushaltsplans überhaupt dar. Da das hier vertretene materielle Verständnis des haushaltsrechtlichen Ausgleichsgebots (Artikel 110 Abs. 1 S. 2 GG) sich letztlich am Maßstab des Artikel 109 Abs. 2 GG orientiert und da Artikel 114 Abs. 2 S. 1 GG nur inzidenter die Kreditfinanzierung beschränkt, erweist sich Artikel 109 Abs. 2 GG als die entscheidende Norm, die sowohl die wirtschaftspolitische (Konjunktursteuerung u. a.) wie die finanzpolitische (Sicherstellung der finanziellen Mittel für die Erfüllung staatlicher Aufgaben) Funktion des Haushaltsplans inhaltlich steuert. Die Schwierigkeiten, die mit der Interpretation des Artikel 109 Abs. 2 GG und seiner Justitiabilität verbunden sind, können natürlich nicht übersehen werden[56]; im vorliegenden Zusammenhang ist jedoch „entscheidend..., daß durch diese Vorschrift der staatlichen Haushaltswirtschaft normative Ziele vorgegeben werden, an denen es bisher gefehlt hat"[57]. Denn besonders daraus folgt die Berechtigung, nach der begrenzenden Funktion des Haushaltsplans gegenüber finanzwirksamen Gesetzen zu fragen.

c) Dem besonderen Verfahren, das für die Haushaltsgesetzgebung gilt (s. a)), entspricht also auch eine besondere inhaltliche Funktion des Haushaltsplans (s. b)). Die auf diese Weise sich aus Artikel 110 Abs. 4, Artikel 113 GG und den verfassungsrechtlichen Anforderungen an die Haushaltsplanung ergebenden Bedenken gegen Haushaltssicherungsgesetze, Haushaltsstrukturgesetze und letztlich damit gegen eine zu sorglos finanzwirksame allgemeine Gesetzgebung finden ihre *methodische Rechtfertigung* im Auslegungstopos der „praktischen Konkordanz", der nach dem hier vertretenen Verständnis ja auf dem Hintergrund des verfassungsrechtlichen Spannungsgedankens (Göldner) zu sehen ist[58]. Ähnlich wie die Lehre zunehmend erkennt, daß auf die dogmatische Figur der im Grundgesetz angesprochenen besonderen Gewaltverhältnisse (öffentlich-rechtliche Sonderbindungen) wegen der Eigenart der damit erfaßten Lebensverhältnisse und der dadurch begründeten spezifischen Rechtsbeziehungen nicht verzichtet werden kann[59] und daraus notwendigerweise eine Modifizierung der Lehre vom Gesetzesvorbehalt und auch des legislativen Zugriffsrechts folgt[60], sind die aufgezeigten Grenzen für die (Leistungs-)Gesetzgebung als durch die Artikel 109 ff. GG gerechtfertigt zu verstehen. Der Auslegungstopos der praktischen Konkordanz gebietet folglich, daß die dem Haushaltsgesetz mit dem Haushaltsplan durch die Verfassung zugesprochene Bedeutung bei dem Erlaß finanzwirksamer Gesetze beachtet wird.

Zu dieser allgemeinen methodischen Rechtfertigung paßt die Feststellung Bök-

---

[56] S. dazu neben der einschlägigen Kommentarliteratur etwa *Vogel*, Finanzverfassung und politisches Ermessen, S. 27 ff. und *Hollmann*, Rechtsstaatliche Kontrolle der Globalsteuerung, S. 135 ff.

[57] So *Stern*, Staatsrecht, Bd. 2, S. 1079.

[58] Vgl. dazu § 2 III. bei Anm. 74 f.

[59] Vgl. dazu § 1 II. bei Anm. 133 ff. und daneben noch § 8 II. bei Anm. 24 ff.

[60] Dazu genauer § 8 II. bei Anm. 29 ff.

kenfördes, daß für den Haushaltsgesetzgeber eine Bewilligungspflicht für Ausgaben, die durch Gesetz u. a. begründet sind, besteht, wenn man die dafür von ihm gegebene Begründung beachtet. Dazu führt er aus: „Auch in einem demokratischen Staat kann nicht die gesamte staatliche Tätigkeit und die Erfüllung aller staatlichen Verpflichtungen unter den jährlich wiederkehrenden Vorbehalt freier Etatbewilligung gestellt werden, wenn nicht ein *unbegrenzter Absolutismus des Parlaments* eintreten und die Verbindlichkeit des von der Volksvertretung selbst beschlossenen gesetzlichen Rechts völlig in Frage gestellt werden soll"[61]. Zu dieser Begründung ist kritisch bemerkt worden, daß sie im Grunde den Erlaß von Haushaltssicherungs- und Haushaltsstrukturgesetzen verbiete[62]. Dieser Einwand trifft zu; nur widerlegt er im Blick auf die unter a) und b) entwickelten Überlegungen nicht die Richtigkeit der These Böckenfördes. Vielmehr zeigt diese These unter Beachtung der dafür gegebenen Begründung genau das Spannungsverhältnis auf, das zwischen der finanzwirksamen „normalen" Gesetzgebung einerseits und dem Haushaltsrecht des Grundgesetzes andererseits besteht. Die Haushaltssicherungs- und Haushaltsstrukturgesetze vermögen, wie gesagt, dieses Spannungsverhältnis nicht zu lösen; das gelingt nach dem Ausgeführten vielmehr nur, wenn die im Vergleich zum „normalen" Gesetz besondere verfassungsrechtliche Funktion und Eigenart des Haushaltsgesetzes mit dem Haushaltsplan beachtet wird.

Wesentliche Voraussetzung für die damit geforderte Abgrenzung ist die Rückbesinnung auf die vor allem von Carl Schmitt verfassungsgeschichtlich und staatstheoretisch begründete Unterscheidung zwischen Gesetzen, die aus der Finanzhoheit des Staates folgen, und solchen, die als Ausflüsse der (eigentlichen) gesetzgebenden Gewalt verstanden werden können. Die zuerst erwähnten sogenannten „Geldgesetze" – d. h. gesetzliche Bestimmungen, die dem Staatshaushalt neue Einnahmen verschaffen und neue Ausgaben auferlegen – sind, wie Carl Schmitt richtig feststellt, „meistens auch nur der Form nach Gesetze und inhaltlich Verwaltungsakte der Finanz"[63]. Er betont dann aber weiter, daß die Abgabengesetze „nach der heutigen Auffassung Gesetze im materiellen Sinne" seien[64]; man wird das entsprechend auch für allgemeine Leistungsgesetze wie etwa das Bundessozialhilfegesetz, das Wohngeldgesetz, die Rentengesetze etc. behaupten können. Dennoch ist seine Differenzierung im vorliegenden Zusammenhang nicht ohne Belang. Denn sie lenkt das Augenmerk nicht nur auf Unterschiede, die zwischen den sogenannten Geldgesetzen und den übrigen Gesetzen bestehen, sondern legt für die ersteren letztlich auch die Unterscheidung zwischen Gesetz und Maßnahme („Verwaltungsakte der Finanz") nahe. Daneben stellt Carl Schmitt noch den engen Zusammenhang der sogenannten Geldgesetze mit dem Haushaltsplan her-

---

[61] *Böckenförde,* Organisationsgewalt, S. 111 (Hervorhebung A. J.).
[62] So *Patzig,* Haushaltsrecht des Bundes und der Länder, Bd. 1, Rdnr. 216 a. E.; ähnlich insoweit auch *K. Lange,* Der Staat 11 (1972), S. 320f.
[63] Volksentscheid und Volksbegehren, S. 23f.
[64] AaO., S. 23.

aus. „Der Haushaltsplan", so sagt er, „ist eine komplexe Größe, das Ergebnis der Verhandlung zwischen Regierung und Parlament; er ist ein Gesamtplan, ,gekennzeichnet durch die sich ausgleichenden Gesamtsummen von Einnahmen und Ausgaben'. Die einzelnen Posten stehen in engstem Zusammenhang, ohne welchen Zusammenhang ein Haushalts*plan* überhaupt nicht besteht". Daraus ergibt sich die notwendige Folgerung, daß „jede unmittelbare Veränderung oder Störung dieses Gleichgewichts (erg.: durch sogenannte Geldgesetze) eine unmittelbare Angelegenheit des Haushaltsplans selber" wird[65]. Das ist auch der Grund dafür, daß das „Initiativrecht in Finanzfragen" immer bei der Regierung lag[66].

Diese Überlegungen sind hier deshalb so ausführlich wiedergegeben worden, weil sie trotz der veränderten verfassungsrechtlichen Lage heute eine Bestätigung für die hier versuchte Begrenzung der sogenannten Geldgesetze durch die Artikel 109 ff. GG liefern können:

(1) Zunächst wird man daraus im Blick auf unsere Darlegungen zum Haushaltsgesetz und Haushaltsplan folgern dürfen, daß das finanzwirksame Maßnahmegesetz daneben keinen Platz mehr besitzt[67]. Das wird noch deutlicher, wenn man die neueren Reformüberlegungen zum Haushaltsrecht beachtet. Ihnen liegt überwiegend die Auffassung zugrunde, daß die Trennung zwischen einer (integrierten) Aufgabenplanung und der im Grundgesetz (Artikel 109 Abs. 3 GG) vorgesehenen Finanzplanung (bzw. – auch – dem Haushaltsplan) ein Mangel sei, der eine sachgemäße Wahrnehmung der dem Staat in Bund, Ländern und kommunalen Selbstverwaltungskörperschaften obliegenden Aufgaben gefährde[68]. Zum Teil wird eine solche Verpflichtung des Staates zur Aufstellung eines Programmbudgets auch bereits aus Artikel 114 Abs. 2 GG abgeleitet[69]. Gegenwärtige praktische Ansätze zu der geforderten Verknüpfung von Aufgabenplanung und Finanzplanung, wie sie etwa in der jährlich fortgeschriebenen Mittelfristigen Planung in Niedersachsen zu sehen sind, können allerdings dann nicht überzeugen, wenn sie es – wie eben die Mittelfristige Planung in Niedersachsen – an jeder systematischen Verknüpfung mit dem jährlich zu erlassenden Haushaltsplan fehlen lassen[70]. Die

---

[65] AaO., S. 24 (Hervorhebung dort).

[66] Dazu genauer *Schmitt*, aaO., S. 26 ff.

[67] Dazu noch genauer § 9 II. bei Anm. 20 und bei Anm. 35 f. (= b).

[68] S. insoweit nur die Kritik von *Seemann*, Die Verwaltung 13 (1980), S. 417 ff., 431, 433; *Rürup,* Verwaltung und Fortbildung (Sonderheft 4) 1979, S. 143 ff.; *Hansmeyer/Rürup,* Staatswirtschaftliche Planungsinstrumente, S. 48 ff. und der von der Projektgruppe Regierungs- und Verwaltungsreform beim Bundesminister des Inneren stammende Dritte Bericht zur Reform der Struktur von Bundesregierung und Bundesverwaltung: Teil I, S. 42 ff., vgl. auch den Anlagenband zu diesem Bericht: Teil I, bes. S. 18 ff.

[69] So *Fischer-Menshausen* in v. Münch (Hrsg.), Grundgesetz-Kommentar, Bd. 3, Artikel 114 Rdnr. 18 mit der Begründung, daß sonst eine Überprüfung der Haushaltsführung unter Wirtschaftlichkeitsgesichtspunkten, wie sie eben Artikel 114 Abs. 2 S. 1 GG fordert, nicht möglich sei. Diese Argumentation kann u. E. auch Artikel 109 Abs. 2 GG unterstützen.

[70] Der Mittelfristigen Planung in Niedersachsen, die in einer Komibination von Finanz- und Aufgabenplanung besteht, liegt eine völlig andere Systematik als der Haushaltsplanung des Landes zugrunde. Die Unterschiede gehen so weit, daß es ohne einen (bei den Ausschußberatun-

verschiedenen Lösungsansätze für die Beseitigung des bestehenden grundsätzlichen Mangels in dem Verhältnis von Aufgabenplanung und Finanz- bzw. Haushaltsplanung können hier nicht geschildert werden[71]; wichtig im vorliegenden Zusammenhang ist nur, daß solche Reformen denkbar sind und ihre Notwendigkeit, wie gesagt, zum Teil sogar verfassungsrechtlich begründet wird. Denn damit wird die These, daß es primär das Haushaltsgesetz mit dem Haushaltsplan ist, welches die sozialstaatlichen Voraussetzungen unserer Freiheit zu gewährleisten hat, leichter vorstellbar. Daß ein Programmbudget, wie immer es auch aussehen mag, verbunden mit dem gleichzeitigen verfassungsrechtlichen Verbot des finanzwirksamen Maßnahmegesetzes dem Parlament die Möglichkeit zu wirklichen Etatberatungen (zurück-)geben würde, ist dabei anzunehmen[72].

(2) Auch die von Carl Schmitt getroffene grundsätzliche Unterscheidung zwischen Gesetzen, die mit der Finanzhoheit des Staates in Zusammenhang stehen, und solchen, die „als Ausflüsse der gesetzgebenden Gewalt" verstanden werden

---

gen der Mittelfristigen Planung und der Haushaltspläne nicht vorliegenden) komplizierten „Schlüssel" praktisch unmöglich ist festzustellen, wie sich die in der Mittelfristigen Planung für bestimmte Aufgaben vorgesehenen finanziellen Mittel auf die Einzelpläne des Haushaltsplans mit ihrer Untergliederung in Kapitel und Titel auswirken. Das gilt auch für die den Einzelplänen des Haushaltsplans vorangestellten Übersichten und beigefügten Anlagen. Der Intention der gesetzlichen Regelung, nach der der Finanzplan dem Parlament mit dem Entwurf des Haushaltsgesetzes für das nächste Haushaltsjahr vorzulegen ist (§ 50 Abs. 3 HGrG), wird damit offensichtlich zuwider gehandelt. Denn auf diese Weise soll doch gerade sichergestellt werden, daß den Abgeordneten die Einordnung ihrer Beschlüsse zum Haushaltsplan in die übergeordnete finanzielle Planung möglich wird. Richtig fordert darum *Fischer-Menshausen* (in H. Haller – Hrsg. –, Probleme der Haushalts- und Finanzplanung, S. 69): „Ein einheitliches Kennziffersystem muß sicherstellen, daß das funktional und ökonomisch gegliederte Zahlenwerk des Finanzplans mit dem institutionell gegliederten Zahlenwerk des Haushaltsplans durch gegenseitige Verweisungen verbunden werden kann, damit das Parlament in der Lage ist, bei der Verabschiedung des Jahreshaushalts – denn hier werden die politischen Entscheidungen getroffen – die längerfristigen Auswirkungen seiner Beschlüsse zu erkennen und das Mehrjahreskonzept der Regierung zu berücksichtigen."

[71] Vgl. insoweit als erste Orientierung die in Anm. 68 genannte Literatur und ergänzend bes. *König*, Dynamische Verwaltung, S. 49 ff. sowie *Koller*, Der öffentliche Haushalt als Instrument der Staats- und Wirtschaftslenkung, S. 267 ff.

[72] Im Ansatz zeigt der Ablauf der Beratungen über den „Grünen Plan" im Bundestag, und zwar vor 1969, als die Förderung der Landwirtschaft noch nicht im breiteren Umfang gesetzlich geregelt war, wie entsprechende Haushaltsberatungen dann auszusehen hätten (vgl. zum folgenden und zu Entsprechungen *Kölble* in J. H. Kaiser – Hrsg. –, Planung I, S. 99 ff.): Der alljährlich vor den allgemeinen Haushaltsberatungen dem Bundestag vorgelegte „Grüne Plan", der das Programm der Bundesregierung zur Verbesserung der wirtschaftlichen Situation in der Landwirtschaft enthielt, bewirkte, daß eine bestimmte Gruppe von Ausgabetiteln getrennt von den allgemeinen Haushaltsberatungen in einer besonderen Debatte geprüft und beschlossen wurde. Diese sog. „grüne Debatte" des Bundestages erübrigte dann ein nochmaliges Eingehen des Parlaments auf diese vorab behandelten Ausgabetitel im Rahmen der allgemeinen Haushaltsberatungen. Der Grüne Plan erleichterte also die Etatberatungen und ermöglichte zugleich eine gründliche aufgabenbezogene Diskussion über die entsprechenden Ausgabenansätze. Das konnte freilich auch deshalb geschehen, weil das Parlament zu diesen Beratungen hinreichend Zeit besaß und nicht wegen anderweitiger umfangreicher (Gesetzes-)Vorhaben daran gehindert war.

müssen, besitzt für die begrenzende Funktion der Artikel 109 ff. GG erhebliche
Bedeutung. Trotz der verfassungsgeschichtlich wie dogmatisch begründeten Trennung zwischen dem Steuerbewilligungsrecht und Leistungsrecht[73] darf doch nicht
„die vergleichsrechtliche Relation zwischen dem Steuerpflichtigen und dem Empfänger von Staatsleistungen" übersehen werden[74]. So ist zum Beispiel zu fragen,
„warum der Finanzstaat die Gruppe der Vermögenden steuerlich belastet, anderen Gruppen, z. B. den vermögenslosen Arbeitnehmern, geldliche Hilfe zur Ver-
mögensbildung leistet, eine dritte Gruppe, z. B. die vermögenslosen Hausfrauen,
jedoch weder in ein Steuer- noch in ein Leistungsrechtsverhältnis einbezieht"[75].
Die genannte Relation besteht nun abstrakt gesehen eben darin, daß, wie Carl
Schmitt sagte, Geldleistungsgesetze sich immer auf das Gesamtgefüge des Haushaltsplans auswirken. Die unterschiedlichen verfassungsrechtlichen Maßstäbe,
die für das staatliche Besteuern und das staatliche Leisten gelten[76], werden darum
modifiziert – auch das ist ein Gebot praktischer Konkordanz – durch die Funktionen des Haushaltsgesetzes und Haushaltsplans, wie wir sie vor allem anhand der
Artikel 109 Abs. 2, 110 Abs. 1 und 4, 113, 114 Abs. 2 und 115 Abs. 1 GG dargelegt
haben. Besonders weil der Haushaltsplan durch Artikel 109 Abs. 2 GG noch
deutlicher als in früheren Zeiten eine selbständige inhaltliche Bedeutung gewonnen hat, kann er als der Ort verstanden werden, der die Relation zwischen
Steuerrecht und Leistungsrecht aufgrund eigener Maßstäbe herstellt und damit
auch den (Geld-)Gesetzgeber insoweit begrenzt[77]. Hierin scheint uns die eigentli-

---

[73] Dazu etwa *Kirchhof*, NVwZ 1983, S. 507 ff.; vgl. *derselbe*, JZ 1979, S. 153 ff., bes. S. 155 ff.

[74] Dazu genauer *Kirchhof*, JZ 1982, S. 309 ff. und ergänzend für Subventionen das Referat von
Friauf in Verhandlungen des 55. Deutschen Juristentages, Bd. 2, S. M 17, 30 f.

[75] So das Beispiel von *Kirchhof* (aaO., S. 309), der insoweit darauf hinweist, daß „ein gesetzes-
anleitender Gleichheitssatz" diese Frage zu beantworten habe; vgl. auch die folgende Anm.

[76] Das Leistungsrecht fragt im Gegensatz zum Steuerrecht nicht nur nach dem ökonomischen
Bestand (dem „Istbestand individuellen Einkommens und Vermögens"), sondern darüber hinaus
„nach den Gründen, weswegen jemand an den Einkommensströmen nicht oder nicht hinreichend
beteiligt ist" (so *Kirchhof*, aaO., S. 306 f.). Daraus ergibt sich der unterschiedliche verfassungsrechtliche Maßstab: Jeder Steuereingriff muß sich, wie teilweise in der Lehre vertreten wird, vor
dem Artikel 14 GG rechtfertigen; vor allem Artikel 14 Abs. 1 S. 2 und Abs. 2 GG stellen insoweit
Legitimation und Grenze für den steuerrechtlichen Eingriff dar (vgl. etwa *Kirchhoff*, JZ 1979,
S. 156 u. JZ 1982, S. 307). Der leistungsstaatliche Anspruch läßt sich dagegen – wenn überhaupt –
verfassungsrechtlich primär auf Artikel 1 GG, das durch das Sozialstaatspostulat zusätzlich legitimierte Verständnis der gleichen Freiheit (s. dazu noch einmal *Suhr*, Entfaltung, S. 112 ff.) und
nach manchen Autoren weiter auf Artikel 3 Abs. 1 GG zurückführen (s. dazu wiederum *Kirchhof*,
JZ 1979, S. 159 und JZ 1982, S. 308, allerdings mit deutlicher Tendenz zum Gedanken der
gleichen Freiheit: „Idee des für alle gleichen Anspruchs auf Entfaltung ihrer Persönlichkeit").

[77] *Schuppert* (VVDStRL 42/1984, S. 235; vgl. ähnlich schon *Kirchhof*, JZ 1979, S. 153 ff., bes.
S. 157 f.) sagt insoweit richtig, daß das Haushaltsrecht „als Zwischengelenk... zwischen dem
einnehmenden Steuerstaat und dem ausgebenden Leistungsstaat fungiert". Allerdings kann diese
Funktion des Haushaltsrechts entgegen *Schuppert* (aaO.) nach unseren Ausführungen nicht
lediglich „als Verfahrensrecht des Finanzstaats" verstanden werden. Die zuletzt genannte substantielle (inhaltliche) Begrenzung kann der Haushalt allerdings nur gegenüber finanzwirksamen
Maßnahmegesetzen bewirken (s. dazu noch hier bei Anm. 179 ff.).

che Rechtfertigung für die Unterscheidung Carl Schmitts zwischen Geldgesetzen, die aus der „Finanzhoheit" des Staates folgen, und den übrigen auf der „gesetzgebenden Gewalt" beruhenden Gesetzen zu liegen. Diese Unterscheidung liefert also die verfassungssystematische Begründung für unseren Versuch, die Befugnisse der Legislative zum Erlaß von „Geldgesetzen" im allgemeinen und insbesondere zu finanzwirksamen Leistungsgesetzen mit Maßnahmecharakter durch die Artikel 109 ff. GG zu begrenzen. Der positiv-rechtliche Anknüpfungspunkt für die getroffene Unterscheidung kann dabei zunächst in Artikel 113 GG und daneben auch in Artikel 114 GG – vor allem in Hinblick auf den umfassenden Prüfungsauftrag des Rechnungshofs in Artikel 114 Abs. 2 GG – gesehen werden.

2. Die besondere demokratische Legitimation des Haushaltsplans und sein Verhältnis zu Artikel 80 GG

a) Nachdem die Unterschiede, die zwischen dem für das Haushaltsgesetz geltenden Gesetzgebungsverfahren und der „normalen" Gesetzgebung bestehen, bereits geschildert worden sind[78], ist zur Klärung der Frage nach der *besonderen demokratischen Legitimation* des Haushaltsplans noch die parlamentarische Einflußnahme auf den Haushaltskreislauf genauer zu betrachten:

(1) Was die gesetzliche Feststellung des Haushaltsplans betrifft, die ja für das Parlament wegen des ausschließlichen Initiativrechts der Regierung die erste Möglichkeit einer (Mit-)gestaltung eröffnet, so ist in dieser Hinsicht für unsere Fragestellung besonders interessant, wieweit das Parlament den Inhalt des einzelnen Haushaltstitels festlegen kann. Mit Koller sind die im Haushaltsplan enthaltenen Ausgabeermächtigungen als „ein vom Parlament im Zusammenwirken mit der Regierung festgelegter finanzieller Rahmenplan" zu verstehen, „der den staatlichen Organisationseinheiten die Mittel für die Erfüllung ihrer Aufgaben zuteilt und aus einer Summe prinzipiell verbindlicher Richtsätze für die Haushaltsführung besteht"[79]. Mit der „prinzipiellen Verbindlichkeit" der Ausgabenansätze meint Koller im wesentlichen das gleiche, was hier zum Ermächtigungscharakter des Haushaltsplans und seiner im Hinblick auf die „freien" Titel bestehenden Ähnlichkeit mit final strukturierten Normen gesagt wurde[80]. Von Koller wird dieser Rechtscharakter der Ausgabeermächtigungen auch richtig vom Verwaltungsakt bzw. der „Verwaltungsverordnung" mit dem Hinweis abgegrenzt, daß es sich um einen „Plan" und damit um ein „Zwischengebilde von Gesetz und Verfü-

---

[78] Vgl. bei Anm. 12 ff. und auch bei Anm. 23 ff., wo genauer dargelegt wird, daß die Besonderheiten dieses Verfahrens weitestgehend auch für die Beratung der sog. Haushaltsstrukturgesetze gelten.

[79] *Koller*, Der öffentliche Haushalt als Instrument der Staats- und Wirtschaftsführung, S. 458.

[80] Vgl. insoweit *Koller*, aaO., S. 377 ff., bes. S. 388 f. mit dem ausdrücklichen Hinweis auf die Parallele zu (final strukturierten) Planungsnormen, die bei den rechtlich nicht vorab festgelegten Titeln besteht. Das stimmt mit unseren Ausführungen bei Anm. 8 und bei Anm. 68 ff. (notwendige Verbindung der Finanz- und Haushaltsplanung mit der Aufgabenplanung) überein.

gung" handele[81]. Da die konkrete Ausgabenermächtigung – richtig verstanden – aber das letzte Glied in der Kette der Finanz-(und Aufgaben-)planung darstellt[82], vermischen sich in ihr notwendig Planungs- und Maßnahmecharakter; sie ist „vom konkreten Sachzweck und den tatsächlichen Verhältnissen" stark geprägt[83].

Trotz dieser Sachlage ist es, was die Detailliertheit der einzelnen Haushaltsansätze betrifft, nötig, die Befugnisse des Haushaltsgesetzgebers von denen der Exekutive abzugrenzen. Allein die Tatsache, daß der Haushaltsgesetzgeber durch Erläuterungen zu den einzelnen rechtlich ungebundenen Ausgabeansätzen, die zudem für verbindlich erklärt werden können (§ 17 Abs. 1 BHO)[84], den „Auftrag" an die Exekutive weitestgehend inhaltlich konkretisieren kann, zeigt die Notwendigkeit einer solchen Abgrenzung. Da nun Kriterien hierfür nicht aus den haushaltsrechtlichen Bestimmungen des Grundgesetzes zu gewinnen sind[85], kann diese Frage nur das Gewaltenteilungsprinzip entscheiden. Dabei ist zu berücksichtigen, daß wegen des Planungs- bzw. Maßnahmecharakters der Ausgabenansätze die Unterscheidung zwischen Gesetzgebung und Vollziehung hier praktisch versagt[86]. Inwieweit dennoch ein aus dem Demokratieprinzip abgeleiteter Grundsatz der Gewaltenteilung eine Grenzziehung im geforderten Sinne ermöglicht, wird später noch genauer zu schildern sein[87]. An dieser Stelle reicht der Hinweis, daß solche

---

[81] AaO., S. 458.

[82] Dazu *Koller*, aaO., S. 218, 300 f., 304 f. u. a.; ähnlich *Kirchhof*, NVwZ 1983, S. 508.

[83] *Koller,* S. 388, genauer insoweit S. 384 ff.

[84] § 12 Abs. 4 HGrG ordnet insoweit im Gegensatz zur Regelung der BHO an, daß die Erläuterungen *„ausnahmsweise"* für verbindlich erklärt werden können; s. im einzelnen zu den Erläuterungen Graf, DVBl. 1965, S. 931 ff.; *Patzig,* Haushaltsrecht des Bundes und der Länder, Bd. 2, C § 17 BHO Rdnr. 14 ff.; *Lichterfeld,* Der Wandel der Haushaltsfunktion von Bundeslegislative und Bundesexekutive, S. 126 ff. und *Mandelartz,* Zusammenwirken, S. 39, 143. Selbst die nicht ausdrücklich für verbindlich erklärten Erläuterungen sind als maßgebliche *Auslegung* der dem einzelnen Titel beigefügten Zweckbestimmungen zu verstehen und deshalb von der Verwaltung zu beachten (vgl. *Piduch,* Bundeshaushaltsrecht, Kommentar, Bd. 2, § 17 BHO Erl. 8).

[85] Dazu genauer *Mandelartz,* Zusammenwirken, S. 124 ff., vgl. bes. S. 127: „Wenn aber das Parlament (erg.: – was die frei verfügbare Finanzmasse betrifft –) jede Ausgabenposition streichen kann, dann kann es auch mit der Drohung der Streichung einen Zwang zur weiteren Spezialisierung ausüben".

[86] Die begriffliche Unterscheidung von *Koller* zwischen „Planverwirklichung" (im Voranschlag) und „Planvollzug" (aaO., S. 385 – weiterführend aber S. 195 f., 367 f. mit Anm. 197) überzeugt ebensowenig wie die These *Lichterfelds* (aaO., S. 129 f.), daß „die Legislative zwar dazu befugt (sei), durch Genehmigung und möglicherweise Umgestaltung der exekutivischerseits vorgeschlagenen Haushaltspositionen ihr Plazet zu dem einzelnen Vorhaben zu erteilen und auf diese Weise den Staat als politische Körperschaft mitzuleiten"; es ihr aber untersagt sei, „das Staatswesen als Verwaltungsgremium mitzuverwalten". Konsequent insoweit aber *Mandelartz,* Zusammenwirken, S. 198 ff. Zur (unzulässigen) Verwischung der Unterschiede zwischen Rechtssetzung und Rechtsanwendung durch das Maßnahmegesetz im allgemeinen s. bereits hier § 1 III. bei Anm. 166 ff. und genauer noch § 9 II.; zur fehlenden Unterscheidung beim Richtlinien- und Grundsatzgesetz insoweit § 9 III. bei Anm. 38 f.

[87] Vgl. dazu allgemein § 5 II. bei Anm. 63 ff. und zur Reichweite der parlamentarischen Beteiligung an der (politischen) Planung daselbst bei Anm. 73 ff. Hinzuweisen ist daneben auf

Grenzen für den Haushaltsgesetzgeber, die in diesem Zusammenhang zu Recht u. a. unter Heranziehung der Wesentlichkeitstheorie entwickelt worden sind, tatsächlich bestehen[88].

Die für unsere Fragestellung wichtige Folgerung aus dem zur Haushaltsfeststellung Gesagten lautet demnach, daß das Parlament damit verfassungsrechtlich legitimiert wird, über konkretisierte Planungsinhalte bzw. Maßnahmen zu beschließen, und sich eine Abgrenzung zum eigentlichen Haushaltsvollzug nur aus dem Gewaltenteilungsprinzip ergeben kann.

(2) Das geltende Haushaltsrecht sieht nun vielfach aber auch eine Einschaltung des Parlaments in den Haushaltsvollzug als solchen vor, und die Praxis macht von diesen Möglichkeiten extensiven Gebrauch[89]. Nicht nur die gesetzliche Haushaltsfeststellung, sondern ebenfalls der Vollzug des Haushaltsplans besitzt mithin nach der gegenwärtigen Rechtslage eine „besondere" demokratische Legitimation. Daß dieser Sachverhalt mit den Bestimmungen des Grundgesetzes über die parlamentarische Kontrolle weitgehend vereinbar ist und selbst die verfassungsrechtliche Zulässigkeit, entsprechende parlamentarische Befugnisse auf den Haushaltsausschuß zu delegieren, im wesentlichen nur für die sogenannte nachbudgetäre Tätigkeit[90] ausgeschlossen werden muß, ist von anderer Seite ausführlich begründet worden[91]. Hier reicht deshalb der Hinweis, daß das geltende Recht eine verfassungsrechtlich durchweg unbedenkliche parlamentarische Einflußnahme auf den Haushaltsvollzug in bestimmten Formen vorsieht, die für den „normalen" Gesetzesvollzug nicht gilt und nach der hier vertretenen und später noch näher darzulegenden Auffassung aus verfassungsrechtlichen Gründen auch nicht gelten kann[92].

(3) Eine letzte gegenüber der „normalen" Gesetzgebung und ihrem Verhältnis zur Exekutive hervorzuhebende Besonderheit im Haushaltsrecht besteht schließlich in der „Entlastung" der Regierung durch das Parlament, die auf der Jahresrechnung des Finanzministers und dem Bericht des Rechnungshofs beruht (Arti-

---

unsere Ausführungen zum (final programmierten) Richtliniengesetz in § 9 III. bei Anm. 38 ff. und bei Anm. 76 f.

[88] S. dazu *Mandelartz*, Zusammenwirken, S. 145 ff., bes. S. 210 ff., 216 ff. und noch einmal hier in § 9 III. bei Anm. 42 ff. und bei Anm. 76 f.

[89] S. dazu nur den Überblick bei *Mandelartz*, Zusammenwirken, S. 30 ff., auch S. 43 ff.

[90] Dazu sind die Einstellung neuer Mittel in den Haushaltsplan oder eine Änderung in der Zwecksetzung bereits eingestellter Mittel zu zählen. Die nachträgliche Bewilligung einer Planstelle gehört auch hierher, „da die Planstellen wie andere Haushausmittel behandelt werden und den Geldansätzen gleichgesetzt sind" (so *Mandelartz*, aaO., S. 44 mit weiteren Literaturnachweisen).

[91] S. besonders *Mandelartz*, Zusammenwirken, S. 221 ff., 269 ff. und – z.T. abweichend – daneben *Moeser*, Beteiligung des Bundestages, S. 163 ff.; *Patzig*, Haushaltsrecht des Bundes und der Länder, Bd. 1, Rdnr. 249 ff.; *v. Mutius*, VVDStRL 42 (1984), S. 183; vgl. auch die zurückhaltende Stellungnahme *Kollers* aus Schweizer Sicht: Der öffentliche Haushalt als Instrument der Staats- und Wirtschaftslenkung, S. 402 ff. sowie die kritischen Ausführungen von *Wieland* (AöR 112/1987, S. 478 ff.) unter Hinweis auf gegenläufige Bestrebungen in den USA.

[92] Vgl. dazu schon unsere gegen die Maßnahmegesetze geäußerten Bedenken in § 1 III. bei Anm. 185 ff., 215 ff. und dazu später noch besonders § 9 II. bei Anm. 20 ff. (= 2. und 3.).

kel 114 GG)[93]. Die Frage, ob tatsächlich dieses besondere parlamentarische Kontrollrecht der von Regierung und Verwaltung praktizierten Haushalts- und Wirtschaftsführung „zu einem reinen parlamentarischen Ritual denaturiert ist"[94], mag hier dahinstehen. Denn entscheidend ist im vorliegenden Zusammenhang wiederum allein die Tatsache, daß die parlamentarischen Kontrollrechte im Haushaltswesen eine spezielle verfassungsrechtliche Ausformung erfahren haben. Dank der Berichterstattung durch den Rechnungshof *kann* diese Überprüfung zudem bei einer entsprechenden Bereitschaft der Volksvertretung intensiver ausfallen als die „normale" parlamentarische Kontrolle und damit auch die Befugnis des Parlaments zur Entlastung der Regierung ihre eigentliche Bedeutung als „Korrelat des parlamentarischen Bewilligungsrechts" zurückgewinnen[95].

b) Zu klären bleibt noch die Frage, ob aus der besonderen demokratischen Legitimation der Haushaltsfeststellung und des Haushaltsvollzugs die Folgerung abgeleitet werden muß, daß der gesetzlich festgestellte Haushaltsplan, soweit er rechtlich nicht vorab festgelegte Zuwendungen an Dritte vorsieht, zugleich eine Ermächtigung zum Erlaß anspruchsbegründender Zuwendungsrichtlinien durch die Exekutive enthält. Die Artikel 109 ff. GG würden so gesehen als *Spezialregelungen gegenüber dem Artikel 80 GG* zu verstehen sein[96] und die von der herrschenden Meinung u. a. unter Hinweis auf das Sozialstaatsprinzip betonte Notwendigkeit des Maßnahmegesetzes[97] auch aus diesem Grund weitgehend entfallen. Für eine solche Annahme, die in der Literatur mehrfach vertreten worden ist[98], sprechen folgende Gründe:

(1) Zunächst die wesentlichen rechtlichen Unterschiede, die zwischen einer im Haushaltsplan vorgesehenen Zuwendung (Subvention) und einem allgemeinen gesetzlich geregelten Leistungsanspruch des Bürgers bestehen. Um das zu verdeutlichen, ist kurz auf die Wirkungsweisen des Finanzstaats – das Besteuern,

---

[93] Vgl. dazu nur *Stern*, Staatsrecht, Bd. 2, S. 454 ff.; *Krebs,* Kontrolle in staatlichen Entscheidungsprozessen, S. 193 ff. und *v. Mutius*, VVDStRL 42 (1984), S. 184 ff.

[94] So *v. Mutius*, aaO., S. 186 mit Nachweisen. Nachdrücklich zur eigentlichen Bedeutung dieses parlamentarischen Kontrollrechts *Fischer-Menshausen* in v. Münch (Hrsg.), Grundgesetz-Kommentar, Artikel 114 Rdnr. 23 f. und *Krebs*, aaO., S. 196 f. Um diese Bedeutung (wieder) zu erkennen, wäre im Zusammenhang mit den Überlegungen zur Reform des Haushaltsrechts (vgl. dazu hier bei Anm. 68 ff.) zunächst an eine Ausweitung der von den Rechnungshöfen wahrgenommenen Kontrolltätigkeit zu einer politischen Erfolgskontrolle zu denken; vgl. dazu nur *Rürup/Seidler*, Die Verwaltung 14 (1981), S. 501 ff.

[95] So *Fischer-Menshausen*, aaO., Diese letzte Feststellung gilt unabhängig von der Tatsache, daß die „Entlastung" wie ihre Verweigerung rechtlich gesehen schlichte (unverbindliche) Parlamentsbeschlüsse darstellen; vgl. dazu wiederum *Stern*, Staatsrecht, Bd. 2, S. 459 ff.

[96] Das wäre die entscheidende, über unser Verständnis der Verwaltungsvorschriften (vgl. dazu § 2 II. bei Anm. 28 ff.) hinausgehende Folgerung, die dann allein für die Zuwendungsrichtlinien zu gelten hätte.

[97] S. dazu § 1 III. bei Anm. 174 ff.

[98] S. bes. *H. P. Ipsen*, VVDStRL 25 (1967), S. 292, 294 ff. und *Hansen*, Fachliche Weisung, S. 156 f., 327 ff.; vgl. daneben auch *Bullinger*, DÖV 1970, S. 770 und *Patzig*, Haushaltsrecht des Bundes und der Länder, Bd. 1, Rdnr. 230, 232 f.

Horten und Zuteilen – einzugehen[99]. Das Besteuern wie das Zuteilen bedarf einer besonderen gesetzlichen Regelung. Das Besteuern schon deshalb, weil ein grundrechtlicher Eingriff (Artikel 14 GG) vorliegt; das Zuteilen zumindest, wenn allgemeine Rechte begründet werden sollen, wie sich aus Artikel 80 GG ergibt[100]. Für das Horten dagegen genügt allein die haushaltsrechtliche Ermächtigung. Streng genommen teilt der Staat nun mit der Subventionsvergabe zwar auch etwas zu; diese Zuteilung begründet aber ein Gegenseitigkeitsverhältnis. Durch die Subvention wird nämlich ein Verhalten des Subventionsempfängers veranlaßt, das „dem öffentlichen Interesse als Gegenleistung erscheint"[101]. Bei den staatlichen Subventionen steht also die Sicherung der notwendigen sozialstaatlichen *Voraussetzungen*[102] und daraus folgend nicht der Zuteilungscharakter als solcher im Vordergrund, sondern der mit den einzelnen Subventionen verfolgte (durch Artikel 109 Abs. 2 GG inhaltlich determinierte) Zweck, d. h. sie sind Mittel zur Herbeiführung eines im öffentlichen Interesse erwünschten Verhaltens.

Neben diesen Unterschieden der Subventionen zum allgemeinen Leistungsanspruch wird ein weiterer deutlich, wenn man über Artikel 80 GG hinaus nach dem inneren Grund für die notwendige Regelung des Leistungsanspruchs durch Gesetz fragt. Er kann darin gesehen werden, daß mit der Zuteilung der durch die Erhebung der Steuer „begonnene" Eingriff in das Vermögen des Bürgers erst vollendet wird. Die Verhältnismäßigkeit des steuerrechtlichen Eingriffs läßt sich, wie besonders Papier gezeigt hat[103], verfassungsrechtlich deshalb nicht wirkungsvoll überprüfen, weil „die Einnahmeerzielung nie Selbstzweck, immer nur vordergründiger Eingriffszweck und Zwischenziel eines anderen, in erster Linie erstrebten (End-)-

---

[99] S. dazu im einzelnen *Kirchhof*, JZ 1979, S. 153 ff. Es geht im folgenden – wie ausdrücklich zu betonen ist – nicht nur um den Rechtscharakter von *Wirtschafts*subventionen, sondern um Subventionen (Zuwendungen im haushaltsrechtlichen Sinne) überhaupt. Denn sie alle betreffen ja in jedem Fall die finanzpolitische Funktion des Haushaltsplans, die – wie gezeigt – ebenfalls primär durch Artikel 109 Abs. 2 GG inhaltlich bestimmt ist. Dieser weite Subventionsbegriff liegt auch *Henkes* Entwurf eines Gesetzes über den Subventionsvertrag zugrunde (vgl. DVBl. 1984, S. 850).

[100] Denn Artikel 80 GG verbietet, daß im allgemeinen Staat-Bürger-Verhältnis Regelungen mit unmittelbarer Außenwirkung und einem sog. „Vorrang der Form" durch Verwaltungsvorschriften ergehen; vgl. insoweit schon § 1 II. bei Anm. 146 und § 2 II. bei Anm. 28 ff.

[101] So *K. Vogel* im Anschluß an *H. P. Ipsen*, in FS Ipsen, S. 552 Anm. 73; vgl. genauer dazu *Henke*, Wirtschaftssubventionen, S. 33 ff., auch S. 31 ff. und DVBl. 1984, S. 850 sowie ergänzend *Friauf* in Verhandlungen des 55. Deutschen Juristentages, Bd. 2, S. M 10 ff., 38 f. und *Henseler* VA 77 (1986), S. 261 ff.

[102] S. insoweit noch genauer § 9 II. bei Anm. 35 f. (= b). Dazu passen die inhaltliche Bindung der Subvention an das gesamtwirtschaftliche Gleichgewicht (§ 12 StabG) und auch die in den Haushaltsordnungen des Bundes und der Länder formulierten Voraussetzungen für die Veranschlagung von Zuwendungen und deren Verteilung. Diese zuletzt genannten Voraussetzungen sind übersichtlich zusammengestellt und (anhand der einschlägigen Verwaltungsvorschriften) kommentiert in dem Werk von *Krämer*: Zuwendungsrecht und Zuwendungspraxis, Bd. 2 (vgl. bes. die Abschnitte B und C sowie D VI, VII).

[103] Die finanzrechtlichen Gesetzesvorbehalte, S. 74 ff., 89 ff.

Erfolges ist"[104]. Dieser *wirkliche* Eingriffszweck manifestiert sich aber, wenn Dritten allgemeine Leistungsrechte zuerkannt werden, in eben dieser Zuerkennung. Erst dann vollzieht sich die Abgrenzung der Freiheitssphäre des einen (des Steuerpflichtigen) von der des anderen (des Anspruchsberechtigten), weil damit Vermögensherrschaft in private Hand zurückgegeben wird[105]. Diese durch den interaktionistischen Freiheitsbegriff und (damit in Zusammenhang stehend) das hier vertretene Verständnis des Sozialstaatsprinzips[106] nahegelegte Sicht findet ihren Grund auch in den unterschiedlichen verfassungsrechtlichen Maßstäben, die für staatliches Besteuern und staatliches Leisten gelten[107]. Wichtiger aber noch als diese Feststellung ist die Erkenntnis, daß sich mit dieser Begründung der steuerrechtliche Gesetzesvorbehalt wie die Forderung nach gesetzlicher Begründung des allgemeinen Leistungsanspruchs als Folgerungen aus dem durch die Freiheitsgrundrechte legitimierten Eingriffs- und Schrankendenken verstehen lassen.

Eben das läßt sich nun für die staatlichen Subventionen nach ihrem geschilderten Rechtscharakter grundsätzlich nicht behaupten[108]. Denn durch sie werden ja keine reinen Leistungsansprüche zuerkannt. Der Staat „verschenkt", wie gesagt, keine Subventionen, sondern teilt sie in Verfolgung eines öffentlichen Interesses zu, dessen Realisierung ein bestimmtes Verhalten des Subventionsempfängers erfordert. Durch ihre Vergabe werden darum *besondere* Rechtsverhältnisse mit gegenseitigen Rechten und Pflichten zwischen dem Staat als Subventionsgeber und dem Subventionsempfänger begründet. Es geht bei den Subventionen auch „um die Verfolgung *komplexer* öffentlicher Gemeinschaftsinteressen" und eben nicht „um Leistungsansprüche des Einzelnen unter Tatbestandsvoraussetzungen wirtschaftspolitischer Umwandelbarkeit"[109]. Daß im Haushaltsrecht für Subventionen im Gegensatz zu allgemeinen gesetzlichen Leistungsansprüchen ein Ver-

---

[104] *Papier,* aaO., S. 77, vgl. auch S. 89. Darin und in den Schwierigkeiten, den steuerrechtlichen Eingriff am Artikel 3 Abs. 1 GG zu überprüfen (vgl. dazu *Brinkmann,* Tatbestandsmäßigkeit der Besteuerung und formeller Gesetzesbegriff, S. 87 ff.), liegt auch der tiefere Grund für die Nichtanwendung des Artikel 80 Abs. 1 GG im Steuerrecht; vgl. dazu die Nachweise in Anm. 40.

[105] So *Kirchhof,* JZ 1979, S. 158; vgl. auch noch einmal *derselbe* in JZ 1982, S. 309 und *Friauf* (in Verhandlungen des 55. Deutschen Juristentages, Bd. 2, S. M 17, 30 f.) zur „vergleichsrechtlichen Relation zwischen dem Steuerpflichtigen und dem Empfänger von Staatsleistungen" (dazu schon hier bei Anm. 74 f.).

[106] S. bes. § 1 I. bei Anm. 65 ff.

[107] S. dazu Anm. 76.

[108] Die Möglichkeit, daß in bestimmten Fällen Subventionen zugleich mit ihrer Zuteilung an den Empfänger voraussehbar in grundrechtsrelevanter Weise Mitkonkurrenten beeinträchtigen und deshalb eventuell einer „normalen" gesetzlichen Ermächtigung bedürfen (s. dazu schon § 1 I. bei Anm. 55 f. und die Ausführungen dort in Anm. 55), widerspricht dieser Feststellung nicht, weil durch die Subvention auch dann nicht Vermögensherrschaft in private Hand zurückgegeben wird, sondern es insoweit um Folgeerscheinungen der staatlichen Intervention als solcher geht.

[109] So die Abgrenzung des Anspruchs nach dem Bundessozialhilfegesetz von einem durch Subventionsrichtlinien begründeten Anspruch bei *H. P. Ipsen,* VVDStRL 25 (1967), S. 297 (Hervorhebung A. J.). Zu den vielfältigen mit Subventionen verfolgten öffentlichen Interessen s. *Krämer,* Zuwendungsrecht und Zuwendungspraxis, Bd. 2, Abschnitt B VI und daneben *Henseler* (VA 77/1986, S. 258 ff.) allgemein zum „mehrstufigen Zielsystem" des Subventionsgebers.

wendungsnachweis (§ 26 Abs. 2 HGrG) gefordert wird und ein Prüfungsrecht des Rechnungshofs bei dem Subventionsempfänger vorgesehen ist (§ 43 Abs. 1 Nr. 3 HGrG)[110], unterstreicht die Besonderheit des durch die Subventionsvergabe entstehenden Rechtsverhältnisses.

(2) Ein grundrechtlicher bzw. rechtsstaatlicher Gesetzesvorbehalt muß für Subventionen aufgrund ihres geschilderten Rechtscharakters abgelehnt werden. Auch die Argumente der Wesentlichkeitstheorie, insbesondere ihre demokratische Fundierung, vermögen einen solchen im Blick auf die besondere demokratische Legitimation des Haushalts und die rechtliche Eigenart der Subventionen nicht zu rechtfertigen[111]. Schließlich ist zu beachten, daß dem Rechtscharakter und Zweck der Subventionen ihre Ausweisung im Haushaltsplan und die dadurch vermittelte demokratische Legitimation genau entspricht. Denn diese Übereinstimmung ist es, die den weiteren Schluß nahelegt, daß die Artikel 109 ff. GG gegenüber Artikel 80 GG für Subventionsrichtlinien im nun noch näher darzulegenden Sinne eine Spezialregelung darstellen:

Subventionen sind, wie wir sahen, ein wesentliches Mittel zur Durchsetzung öffentlicher Interessen. In der unmittelbaren Verfolgung dieser Interessen und der zeitlich grundsätzlich befristeten Vergabe der Subventionen zeigt sich deutlich ihr „Maßnahmecharakter"[112]. Auch die Veranschlagung entsprechender Mittel im Haushaltsplan besitzt nach unseren Darlegungen[113] als letztes konkretisierendes Glied in einer Kette von Planungen zweifellos Maßnahmecharakter. Diese Übereinstimmung wird noch dadurch unterstrichen, daß in regelmäßigen Zeitabständen ein neuer Haushaltsplan gesetzlich festgestellt und damit auch erneut über die Ausgabe finanzieller Mittel für Subventionen entschieden wird[114].

---

[110] Dazu im einzelnen *Krämer*, Zuwendungsrecht und Zuwendungspraxis, Bd. 2, Abschnitt E.

[111] Anders in neuerer Zeit etwa *H. Bauer*, DÖV 1983, S. 53 ff.; *Grosser*, Spannungslage, S. 74 ff.; *Jakobs,* BayVBl. 1985, S. 354 ff. und *Spannowsky*, Regionale Wirtschaftsförderung, S. 178 ff.; vgl. dazu bereits hier in § 1 II. bei Anm. 85 ff., 113 ff. und genauer noch zum Gesetzesvorbehalt im Bereich der Leistungsverwaltung § 8 II. bei Anm. 15 ff. *Stachels* (Das Stabilitätsgesetz im System des Regierungshandelns, S. 146, vgl. auch S. 145 Anm. 228) betont unter Hinweis auf § 12 StabG (= Vorlage eines Subventionsberichts durch die Regierung in jedem zweiten Jahr), daß „der Vorbehalt des Gesetzes nur *eine*, aber keine ausschließliche Form der Legitimation öffentlich-rechtlicher Machtäußerung" darstelle (Hervorhebung dort).

[112] Zu diesem verfassungsrechtlich relevanten Begriff bereits § 1 III. bei Anm. 166 ff., § 2 III. bei Anm. 80 ff. und genauer noch § 9 II. bei Anm. 9 ff. Richtig heißt es bei *Piduch* (Bundeshaushaltsrecht, Kommentar, Bd. 2, § 44 BHO Erl. 8) insoweit für Wirtschaftssubventionen: § 12 StabG verlangt, daß „Zuwendungen, insbesondere an Unternehmen und Wirtschaftszweige so gewährt werden sollen, daß es den Zielen des § 1 StWG nicht widerspricht... Die hiernach geforderte antizyklische Anpassung der Zuwendung setzt voraus, daß der Bund seinen Zuwendungsempfängern gegenüber keine unabänderlichen finanziellen Verpflichtungen eingegangen und auch sonst eine antizyklische Variation der Zuwendungen möglich ist".

[113] Vgl. bei Anm. 82 ff.

[114] Die Frage, ob der Haushaltsgesetzgeber verpflichtet sein kann, Subventionen für die gleichen Zwecke auch in den kommenden Haushalten zu veranschlagen, entscheidet sich grundsätzlich danach, inwieweit man einen gegenüber dem Leistungsgesetzgeber wirksamen verfassungsrechtlichen Grundsatz des Vertrauensschutzes anerkennt; s. dazu allgemein § 1 I. bei

Die weitere Konkretisierung der entsprechenden Ausgabenansätze im Haushaltsplan geschieht nun durch Subventionsrichtlinien. Ihre besondere demokratische Legitimation ist in den Artikeln 109 ff. GG und dem gemäß diesen Vorschriften erlassenen Haushaltsplan zu sehen. Hans Peter Ipsen spricht in diesem Zusammenhang zutreffend von der (im Gegensatz zu Rechtsverordnungen besonderen) „Erzeugungsregel", die „in der rechtssätzlichen parlamentarischen Ermächtigung zur Subventionsmittel-Austeilung zum parlamentarisch fixierten öffentlichen Subventionszweck" besteht[115]. Welche Rechtswirkung lösen entsprechende Richtlinien aber nun genau aus? Als Konkretisierung des im Haushaltsplan festgelegten Subventionszwecks legen sie, da ja das Subventionsverhältnis ein gegenseitiges besonderes Rechtsverhältnis darstellt, den Inhalt eben dieses Rechtsverhältnisses vorab verbindlich fest und können darum als verbindliche Allgemeine Geschäftsverbindungen oder besser: als Allgemeine Verwaltungsbedingungen verstanden werden[116]. Sie verpflichten insoweit *„als Rechtssatz* und *kraft Rechtserzeugung, nicht erst* kraft *Anwendung"* alle in der Subventionsverwaltung zuständigen Organe zu entsprechendem Handeln[116a]. Der Rechtscharakter der Subvention bestätigt diese Sicht auch deshalb, weil ja zur Realisierung des mit ihr verfolgten Zwecks „ein Staat freier Wirtschaft und freier Gesellschaft die Mitwirkung ihrer Glieder *mobilisieren"* muß[117]. Das geschieht eben primär durch den Erlaß von Subventionsrichtlinien, denen auch aus diesem Grunde sinnvollerweise die geschilderte Verbindlichkeit zukommt.

Dem Rechtscharakter der Subvention entspricht also nicht nur ihre Veranschlagung im Haushaltsplan, sondern auch die besondere demokratische Legitimation der Richtlinien, die den entsprechenden Haushaltsansatz konkretisieren. Diese besondere demokratische Legitimation der Subventionsrichtlinien zeigt sich auch noch daran, daß sie wie der gesetzlich festgestellte Haushaltsplan als ihre Ermächtigungsgrundlage nur zeitlich befristet gelten und ihre Verbindlichkeit darüber hinaus im Gegensatz zu der von „normalen" Gesetzen und Rechtsverordnungen nur solange besteht, wie im Haushaltsplan entsprechende Mittel vorhanden

---

Anm. 62 ff. und für den Haushaltsgesetzgeber *K. Lange* (Der Staat 11/1972, S. 322 f., auch S. 318), der einen solchen weitgehend bejaht, sowie *Henke* (Wirtschaftssubventionen, S. 111) und *Kirchhof* (NVwZ 1983, S. 512), die eine derartige Bindung wegen der Jährlichkeit des Haushaltsgesetzes grundsätzlich ablehnen.

[115] VVDStRL 25 (1967), S. 296.

[116] Ein entsprechendes Verständnis der Subventionsrichtlinien findet sich bei *Renck* (JuS 1971, S. 83) und *Henke* (Wirtschaftssubventionen, S. 60 ff., bes. S. 65 ff.) u. a. Allerdings wird dort nicht der verbindliche und somit normative Charakter der so verstandenen Subventionsrichtlinien anerkannt. Das ermöglicht erst die von *Meyer-Cording* (Die Rechtsnormen, bes. S. 97 ff.) begründete Lehre von den „institutionellen Wahlnormen" (s. dazu noch genauer hier bei Anm. 134 f.). Die Lösung von *Meister* (DVBl. 1972, S. 594 f.), der in den Subventionsrichtlinien ein verbindliches (allgemeines) Vertragsangebot sieht, verkennt die Sperrwirkung des Artikel 80 GG, die nur dann nicht greift, wenn eine besondere demokratische Legitimation für ein besonderes Rechtsverhältnis nachgewiesen wird – das eben ist bei den Subventionsrichtlinien der Fall.

[116a] So richtig *Ipsen*, aaO. (Hervorhebung dort).

[117] S. wiederum *Ipsen*, aaO., S. 297 (Hervorhebung A. J.).

sind[118]. Durch eine entsprechende Fassung der Subventionsrichtlinien kann natürlich sichergestellt werden, daß die im Haushalt veranschlagten Mittel zeitlich gestreckt verteilt werden; und weiter auch, daß die Verwaltungsbehörde nur dann zur Gewährung von Subventionen verpflichtet ist, wenn der mit ihnen verfolgte Zweck im konkreten Einzelfall auch tatsächlich erreicht werden kann[119]. Bei vorzeitiger Ausschöpfung der Haushaltsmittel ist der Erlaß eines entsprechenden Nachtragshaushalts möglich[119a]. Eine längerfristige Bindung gegenüber dem einzelnen Subventionsempfänger (und damit auch eine entsprechend längere Geltung der Subventionsrichtlinien) läßt sich schließlich durch die Veranschlagung einer Verpflichtungsermächtigung (§§ 12 Abs. 2, 4 und 5, 22 sowie 27 Abs. 1 HGrG) sicherstellen[120].

Als im dargelegten Sinne verpflichtende Rechtssätze begründen nun Subven-

---

[118] Dazu genauer *Hansen* (Fachliche Weisung, S. 327 f.), der zutreffend davon spricht, daß die Subventionsrichtlinien insoweit eine „haushaltsimmanente Regelungskategorie" darstellen; vgl. daneben *Henke*, Wirtschaftssubventionen, S. 133 ff. und DVBl. 1984, S. 851 f. sowie den Lösungsvorschlag von *Friauf* (Verhandlungen des 55. Deutschen Juristentages, Bd. 2, S. M 141 f.), der zwar von „einer Kombination zwischen dem generellen Subventionsgesetz und einer Ausführungs-Rechtsverordnung für die Subventionen" ausgeht, aber den Zusammenhang mit dem Haushaltsplan insofern herstellt, als von der gesetzlichen „Globalermächtigung zum Erlaß von konkreten Subventionsausführungsverordnungen (nur) ... in Verbindung mit einem haushaltsgesetzlich festgestellten Ausgabetitel im Rahmen der dort vorgesehenen und durch die Haushaltsvermerke präzisierten Zweckbestimmung Gebrauch gemacht werden darf". Dieser Lösungsvorschlag ist mehrheitlich vom Deutschen Juristentag gebilligt worden (s. aaO., S. M 199 und daselbst auf S. M 175 die zutreffenden Ausführungen über das Verhältnis von derartigen Rechtsverordnungen zum Haushaltsplan in dem Diskussionsbeitrag von *Heuer*). Deutlich kommt die im Text geschilderte finanzielle Verknüpfung der Richtlinien mit dem Haushaltsplan etwa in § 5 Abs. 1 des Bundeshaushaltsgesetzes vom 22. Juni 1966 (BGBl. II S. 437) zum Ausdruck, wo es u. a. heißt: „Verwaltungsvorschriften, die aus einer einzelnen Zweckbestimmung zu leistende Ausgaben nach bestimmten Merkmalen festlegen, sind so zu fassen, daß die unter der Zweckbestimmung veranschlagten Mittel zur Deckung der Ausgaben ausreichen. Ergibt sich, daß bei Aufrechterhaltung der Vorschriften eine Haushaltsüberschreitung erforderlich wird, sind die Vorschriften unverzüglich entsprechend zu ändern."

[119] Was diesen letzten Punkt betrifft, so ist auf die entsprechenden Formulierungsvorschläge von *Henke* (Wirtschaftssubventionen, S. 128 und DVBl. 1984, S. 851) zu verweisen. Danach sind Subventionen u. a. dann zu verweigern, wenn die wirtschaftliche Lage sich wesentlich geändert hat oder Tatsachen die Annahme rechtfertigen, daß die Erfüllung des Subventionszwecks durch den Bewerber nicht hinreichend gewährleistet ist.

[119a] Das Parlament könnte für diesen Fall durch eine dem einschlägigen Subventionstitel beigefügte (und für verbindlich erklärte) „Erläuterung" der Exekutive aufgeben, daß es rechtzeitig von der (voraussichtlichen) Erschöpfung der bewilligten Mittel in Kenntnis gesetzt wird, um so ohne Verzögerung auf den Erlaß des erforderlichen Nachtragshaushalts hinwirken zu können. Das Problem ließe sich daneben auch durch die Ausbringung eines (qualifizierten) Sperrvermerks lösen, der sich dann auf einen Teil der veranschlagten Subventionsmittel erstrecken müßte und später bei Erschöpfung der für die Exekutive frei verfügbaren Mittel (vom Parlament bzw. Haushaltsausschuß) aufgehoben würde. *Patzig* (Haushaltsrecht des Bundes und der Länder, Bd. 2, C § 37 BHO Rdnr. 18) bejaht in Ausnahmefällen sogar bei Erschöpfung der veranschlagten Mittel für rechtlich nicht verbindliche Leistungen die Befugnis des Finanzministers zu überplanmäßigen Ausgaben.

[120] Dazu genauer *Krämer*, Zuwendungsrecht und Zuwendungspraxis, Bd. 2, Abschnitt C I.3.

tionsrichtlinien wie Rechtsverordnungen einen Vorrang der Form. Das unterscheidet sie von „normalen" Verwaltungsvorschriften und erklärt zugleich den Rechtsanspruch des antragstellenden Bürgers auf ein Subventionsverhältnis entsprechend den geltenden Richtlinien. Die so gekennzeichnete besondere Verbindlichkeit der Subventionsrichtlinien ermöglicht auch eine Konjunktur- und Finanzpolitik durch Subventionen, wie sie dem Haushaltsplan nach unseren Darlegungen verfassungsrechtlich aufgegeben ist, worin ebenfalls eine Bestätigung für ihre hier vertretene Interpretation gesehen werden kann[120a].

(3) Die geschilderte Verbindlichkeit der Subventionsrichtlinien bestätigt daneben auch ein Vergleich mit anderen Fällen, in denen ein Vorrang der Form ebenfalls nicht durch Rechtsverordnungen, sondern durch andere untergesetzliche Rechtsvorschriften begründet wird:

Zunächst ist auf die durch Artikel 28 Abs. 2 GG garantierte Satzungsautonomie der kommunalen Selbstverwaltungskörperschaften zu verweisen. Sie läßt sich entsprechend unseren Ausführungen zu den Subventionsrichtlinien mit der besonderen demokratischen Legitimation der Kommunen und dem durch Artikel 28 Abs. 2 GG begrenzten speziellen Regelungsbereich rechtfertigen[121]. In den einzelnen Gemeindeordnungen sind diese Satzungsbefugnisse noch genauer umschrieben. Aus der Satzungsautonomie folgt auch eine modifizierte Bindung an Artikel 80 Abs. 1 GG[122].

Die Allgemeinverbindlichkeitserklärung des Tarifvertrages, die in § 5 TVG vorgesehen ist, findet ihre verfassungsrechtliche Rechtfertigung, wie das Bundesverfassungsgericht ausgeführt hat[123], letztlich durch Artikel 9 Abs. 3 GG und ist nicht an Artikel 80 Abs. 1 GG zu messen. Ob diese Begründung dogmatisch ausreicht, mag hier dahinstehen[124]. Denn interessant ist im vorliegenden Zusammenhang allein, daß die besondere grundrechtliche Legitimation für einen bestimmten Bereich (Artikel 9 Abs. 3 S. 1 GG: „Wahrung und Förderung der Arbeits- und Wirtschaftsbedingungen") wiederum die Anwendung der allgemeinen Regelung (Artikel 80 GG) ausschließt.

[120a] Eine besondere parlamentarische Kontrolle der Subventionsrichtlinien ließe sich durch eine gesetzliche Regelung sicherstellen, die z. B. besagt, daß diese Richtlinien vor ihrem Erlaß dem Parlament zur Unterrichtung oder zur Stellungnahme vorzulegen sind. Entsprechende Bestimmungen finden sich etwa für den Erlaß von Rahmenrichtlinien in § 102 Abs. 2 des Niedersächsischen Schulgesetzes i. d. F. vom 6. November 1980 (Niedersächsisches Gesetz- und Verordnungsblatt S. 25) und für Teil II des niedersächsischen Raumordnungsprogramms in § 5 Abs. 5 des Niedersächsischen Gesetzes über Raumordnung und Landesplanung i. d. F. vom 10. August 1982 (Niedersächsisches Gesetz- und Verordnungsblatt S. 339).

[121] Dazu genauer in § 4 I. und II.

[122] S. dazu § 4 I. bei Anm. 44 ff.

[123] BVerfGE 44, 322 (340) und BVerfGE 55, 7 (20).

[124] Dazu kritisch etwa *H. Schneider*, Gesetzgebung, Rdnr. 295 ff. Das Bundesverfassungsgericht hat sie auch zur Rechtfertigung der von den Heimarbeiterausschüssen nach dem Heimarbeitergesetz getroffenen verbindlichen Festsetzungen für Entgelte und sonstige Vertragsbedingungen vertreten: BVerfGE 34, 307 (316 ff.). Zu weiteren denkbaren Alternativen in diesem Zusammenhang vgl. die Nachweise bei *Janssen*, Streikrecht, S. 58 Anm. 245.

Ein drittes Beispiel stellt die Lehre von den Sonderverordnungen dar. Danach kann die Exekutive in öffentlich-rechtlichen Sonderbindungen allgemeine Anordnungen im Rahmen der einschlägigen gesetzlichen Regelungen treffen, für deren Verbindlichkeit bestimmte Verkündungsformen, wie z. B. die Veröffentlichung im Ministerialblatt, erforderlich sind[125]. Insoweit soll auch eine Bindung an Artikel 80 GG zumindest dann entfallen, wenn die in Frage stehenden öffentlich-rechtlichen Sonderbindungen ausdrücklich im Grundgesetz genannt sind. Zur Berechtigung und Reichweite dieser Lehre ist an dieser Stelle noch nicht Stellung zu nehmen[126]. Was hier interessiert, ist wiederum die Tatsache, daß die Anwendung des Artikel 80 GG durch die Lehre von den Sonderverordnungen für ganz bestimmte, inhaltlich begrenzte Fälle, nämlich die im Grundgesetz genannten öffentlich-rechtlichen Sonderbindungen, ausgeschlossen ist. Dafür kann als Begründung daneben nun aber nicht wie in den beiden zuerst genannten Beispielen auf eine besondere demokratische oder grundrechtliche Legitimation verwiesen werden, sondern allein auf den durch den Auslegungstopos der praktischen Konkordanz nahegelegten Gedanken, daß mit der verfassungsrechtlichen Erwähnung der öffentlich-rechtlichen Sonderbindungen notwendig auch deren Funktionsfähigkeit vorausgesetzt wird[127], wofür sich wiederum die besondere Regelungsform der Sonderverordnung als notwendig und tauglich erweist.

Dieser zuletzt genannte Gesichtspunkt rechtfertigt auch die gegenüber Artikel 80 GG besondere Regelungsform in den beiden zuerst genannten Beispielen wie die Notwendigkeit, im Haushaltsgesetz und Haushaltsplan die Ermächtigung an die Exekutive zum Erlaß verbindlicher Subventionsrichtlinien zu sehen. Ein rechtlich begrenzter – besonderer – Regelungsbereich, eine besondere verfassungsrechtliche Legitimation und die zur Erfüllung der verfassungsrechtlichen Vorgaben notwendige besondere Regelungsform – das sind kurz gesagt die Gemeinsamkeiten, die zwischen den angesprochenen Beispielen und der hier vertretenen These bestehen, daß die Exekutive verbindliche Subventionsrichtlinien aufgrund des Haushaltsgesetzes und Haushaltsplans erlassen kann; diese Beispiele können darum als Bestätigung für den dargelegten Rechtscharakter der Subventionsrichtlinien dienen.

---

[125] S. dazu *Böckenförde/Grawert*, AöR 95 (1970), S. 35 f.

[126] S. dazu genauer § 8 II. bei Anm. 33 ff. und auch schon § 1 II. bei Anm. 146. Ganz entsprechend der Lehre von den Sonderverordnungen ist auch der unabhängig von Artikel 80 Abs. 1 GG bestehende Vorrang der Form für Zuständigkeitsregelungen der Exekutive begründet worden; s. dazu aus neuerer Zeit etwa Nedden, VR 1985, S. 369 ff. Eine Grenze für das legislative Zugriffsrecht ergibt sich insoweit aber letztlich allein aus dem Grundsatz der Gewaltenteilung (s. *Nedden*, aaO., S. 372 f.).

[127] S. insoweit schon § 1 II. bei Anm. 135 ff. mit Nachweisen.

II. Der öffentlich-rechtliche Vertrag als entsprechende Handlungsform der Verwaltung

Die Frage, welche Handlungsform der Verwaltung dem gesetzlich festgestellten Haushaltsplan korrespondiert, stellt sich nach dem Gesagten primär für die Vergabe der im Haushalt veranschlagten, rechtlich nicht anderweitig festgelegten Subventionen. Bis in die jüngste Zeit hinein hat man insoweit im sogenannten Verwaltungsakt auf Unterwerfung bzw. im Verwaltungsakt auf Zustimmung die geeignete Vergabeform gesehen[128]. Dem steht, neben manchen dogmatischen Ungereimtheiten[129], der hier herausgearbeitete Charakter des Subventionsverhältnisses als eines Gegenseitigkeitsverhältnisses entgegen, dem eben auf Verwaltungsebene am ehesten der (gegenseitige) öffentlich-rechtliche Vertrag entspricht[130]. Darum verstanden wir ja die Subventionsrichtlinien als für die Exekutive verbindliche Allgemeine Verwaltungsbedingungen, die durch Vertragsschluß Bestandteil des Subventionsvertrages werden. In Übereinstimmung mit diesen Darlegungen hat Henke den Anwendungsbereich des öffentlich-rechtlichen Vertrages allgemein wie folgt beschrieben: „Wo der Gesetzgeber den Zwang und die ‚Automatik' für beide Seiten beabsichtigt, um die Rechtsverhältnisse ohne Zutun der Beteiligten und auch gegen ihren Willen entstehen zu lassen, wie im Steuer- und Sozialversicherungsrecht, da wäre es allerdings verfehlt, einen ‚faktischen' Vertragsschluß zu unterstellen. Hier handelt es sich um gesetzliche Schuldverhältnisse. Aber wo Leistungen nach Art des privaten Geschäftsverkehrs, Dienst-, Werk-, Geld- oder sonstige Leistungen, vom Staat so angeboten werden, wie man sie im Privatrecht vertraglich vereinbart oder durch schlüssige Handlung annimmt, da sollten die Rechtsbeziehungen nach dem Recht der vertraglichen Leistungsverhältnisse beurteilt werden"[131]. Diese Ausführungen entsprechen nicht nur unseren Darlegungen zum Rechtscharakter der Subvention und der aufgrund des gesetzlich festgestellten Haushaltsplans erlassenen einschlägigen Richtlinien, sondern darüber hinaus

---

[128] S. zum Verwaltungsakt auf Unterwerfung mit Nachweisen aus der entsprechenden Rechtsprechung des Bundesverwaltungsgerichts *Weides*, NJW 1981, S. 842f., 844 und JuS 1985, S. 368ff.; vgl. daneben auch *Ehlers*, VA 74 (1983), S. 125ff. und DVBl. 1986, S. 918. Nach *F. Kirchhof* (DVBl. 1985, S. 651ff.) ist der Verwaltungsakt auf Zustimmung im vorliegenden Fall die einschlägige Handlungsform der Verwaltung.

[129] Dazu überzeugend *Renck*, JuS 1971, S. 78ff.; vgl. auch *Menger* in FS für Werner Ernst zum 70. Geburtstag, S. 306ff. und *Braun*, BayVBl. 1983, S. 228ff. mit weiteren Nachweisen.

[130] So *Renck*, JuS 1971, S. 82f. und BayVBl. 1977, S. 77f.; *Menger*, VA 69 (1978), S. 93ff. und in FS für Werner Ernst zum 70. Geburtstag, S. 303ff.; *Henke*, Wirtschaftssubventionen, S. 20ff. und JZ 1984, S. 443f.; *Thiele*, Der Öffentliche Dienst 1980, S. 148ff.; *Braun*, BayVBl. 1983, S. 225ff., bes. S. 232ff. und JZ 1983, S. 841ff., bes. S. 843f., 846ff. u. a. Eine solche Lösung sieht auch wohl *Bullinger* (DÖV 1977, S. 819) vor. Selbst *F. Kirchhof*, der ja insoweit für den Verwaltungsakt auf Zustimmung eintritt, stellt fest (aaO., S. 652): „Der Verwaltungsvertrag könnte eigentlich bestens zur endgültigen, eindeutigen Lösung von Einzelfällen dienen und zugleich eine umfassende Bürgerbeteiligung gewährleisten, wie sie der Leistungsstaat wünscht"; er verbinde „als Idealtyp perfekt staatliches Regeln mit dem privaten Willen".

[131] *Henke*, JZ 1984, S. 444.

auch den Überlegungen in § 2 II. zur Bedeutung des Rechtsverhältnisses und der Unterscheidung zwischen allgemeinem und besonderem Rechtsverhältnis im Verwaltungsrecht[132]. Darauf ist zurückzukommen.

Doch zunächst muß noch auf ein Bedenken eingegangen werden, das gegen die Vergabe der haushaltsrechtlichen Subventionen durch Vertrag geäußert worden ist. Dieses geht dahin, daß „die massenhafte Vergabe von Zuwendungen... eine einvernehmliche Gestaltung der öffentlich-rechtlichen Geldzahlungen" nicht erlaube[133]. Der wiedergegebene Einwand übersieht u. E. die dogmatische Weiterentwicklung des zivilrechtlichen Vertragsrechts und die für das Verwaltungsrecht daraus möglichen Folgerungen. Beispielhaft sind insofern die Überlegungen von Meyer-Cording; zumal sie sich auch auf die öffentlich-rechtlichen Verträge erstrecken. Meyer-Cording hat unter Hinweis auf die in privaten Vereinen vorhandenen Vereinsnormen, die vielfach bestehenden Allgemeinen Geschäftsbedingungen und die für das Arbeitsverhältnis geltenden außergesetzlichen Regelungen (Tarifnormen, Betriebs- und Arbeitsordnungen, Allgemeine Arbeitsbedingungen u. a.) zunächst für das Privatrecht die Eigenart sogenannter institutioneller Rechtsnormen herausgearbeitet, denen sich der einzelne durch Statusvertrag unterwirft. Es liegt in diesen Fällen also eine „Kombination von Norm und Vertrag" vor, die als das geeignete rechtliche Instrument erscheint, um den Regelungsbedarf zu befriedigen, der durch „die Massenumsätze an Waren und Leistungen sowie die Menge der sozialen Kontakte" entstanden ist[134]. Genau diese „Kombination von Norm und Vertrag" ist es, die nach Meyer-Cording vielfach ebenfalls im öffentlichen Recht zu beobachten ist. Namentlich beim freiwilligen Eintritt in eine öffentlich-rechtliche Sonderbindung lassen sich, wie er darlegt, „unterlagerte vertragliche Momente" beobachten[135]. Eine „Kombination von Norm und Vertrag" muß nun u. E. auch im Abschluß eines Subventionsvertrages entsprechend den Subventionsrichtlinien gesehen werden. Denn die Subventionsrichtlinien sind ja, wie wir sahen[136], als Allgemeine Verwaltungsbedingungen zu verstehen, denen wegen ihrer besonderen demokratischen Legitimation ein normativer Charakter nicht abgesprochen werden kann. Der „massenhaften Vergabe von Zuwendungen" widerspricht also nicht der öffentlich-rechtliche Vertrag

---

[132] Vgl. § 2 II. bei Anm. 45 ff.

[133] So *Weides*, NJW 1981, S. 844; ähnlich im Ergebnis *Ehlers*, VA 74 (1983), S. 132.

[134] So *Meyer-Cording*, Die Rechtsnormen, S. 151 und auch S. 99 f., s. im übrigen bes. aaO., §§ 30 f. und 39. Ein weiteres Beispiel für diese „Kombination von Norm und Vertrag" stellen die nach den Arbeitsrechtsregelungsgesetzen verschiedener evangelischer Landeskirchen beschlossenen sog. Dienstvertragsordnungen dar; s. dazu ausführlich *Janssen*, Streikrecht, S. 10 ff. (bes. S. 13 ff., S. 15 Anm. 66), 20 f. und auch S. 36 Anm. 150, 55 f.

[135] AaO., § 34 (S. 122 ff.). Diese Auslegung spricht zumindest bei freiwillig begründeten öffentlich-rechtlichen Sonderbindungen für die Lehre von den Sonderverordnungen.

[136] Vgl. bei Anm. 116.

als Vergabeform, wenn man mit Meyer-Cording in den Subventionsrichtlinien institutionelle Rechtsnormen sieht[137].

Der tiefere Grund für die Notwendigkeit, den öffentlich-rechtlichen Vertrag im vorliegenden Fall als die geeignete korrespondierende Handlungsform der Verwaltung anzuerkennen, liegt für uns, auch das wurde schon in § 2 im Anschluß an Suhr dargelegt[138], im (interaktionistischen) Freiheitsbegriff des Grundgesetzes begründet[139]. Er stellt u. E. die eigentliche Erklärung für die wachsende Bedeutung des Rechtsverhältnisses und die Unterscheidung zwischen allgemeinem und besonderem Rechtsverhältnis im Verwaltungsrecht dar[140]. Die im Subventionsvertrag als einem besonderen Rechtsverhältnis sichtbar werdende „Kombination von Norm und Vertrag" zeigt dieser Sicht entsprechend, daß im verwaltungsrechtlichen Vertrag das Prinzip der Subordination und Koordination zu einer Synthese gelangen muß[141]. Diese Synthese läßt sich natürlich ebenfalls in den sog. Verwaltungsakt auf Unterwerfung bzw. auf Zustimmung hineinlesen. Der Antrag auf Erlaß eines entsprechenden Subventionsbescheides eröffnet dann nicht nur das diesbezügliche Verwaltungsverfahren, sondern „bringt zugleich die materiellrechtliche Erklärung des Einverständnisses mit dem Inhalt (erg.: des begehrten Zuwendungsbescheides) zum Ausdruck"[142]. Zu beachten bleibt nur, daß mit dieser Auslegung des Antrages nicht die in der Lehre geltend gemachten dogmatischen Bedenken gegen einen entsprechenden Verwaltungsakt ausgeräumt sind und ebenfalls nicht der Einwand, daß auch insoweit der rechtliche Charakter des Subventionsverhältnisses als eines Gegenseitigkeitsverhältnisses weitaus deutlicher im verwaltungsrechtlichen Vertrag zum Ausdruck kommt.

Welche der genannten Handlungsformen nun aber auch gewählt wird, so bleibt

---

[137] Erscheint demnach der verwaltungsrechtliche Vertrag als die geeignete Handlungsform der Verwaltung und widerspricht, wie wir sahen, die Regelung einzelner Subventionsmaßnahmen durch besonderes Gesetz den Artikeln 109 ff. GG, so kann die Aufgabe des Gesetzgebers im Subventionswesen eigentlich nur darin bestehen, ein allgemeines Subventionsgesetz zu erlassen (so schon *Böckenförde*, Gesetz, S. 400). Einen solchen Gesetzentwurf hat *Henke* (DVBl. 1984, S. 850 ff.) ausgearbeitet. Zu dem möglichen Inhalt eines solchen Gesetzes vgl. auch die Beschlüsse der Verwaltungsrechtlichen Abteilung auf dem 55. Deutschen Juristentag (Bd. 2 – Sitzungsberichte –, S. M 199) und daselbst die entsprechenden Ausführungen im Referat von Friauf (S. M 19, 40) sowie *Ehlers*, DVBl. 1986, S. 922 i. V. m. S. 917 ff.

[138] Vgl. dort bei Anm. 52 ff. und auch bei Anm. 104 ff.

[139] Darüber hinaus (und damit in Zusammenhang stehend) impliziert die Anerkennung des verwaltungsrechtlichen Vertrages natürlich auch ein bestimmtes Staatsverständnis; dazu deutlich zuletzt *Henke*, JZ 1984, S. 441 f.; vgl. im übrigen allgemein zur Geschichte des öffentlich-rechtlichen Vertrages in Deutschland *Bullinger*, Vertrag und Verwaltungsakt, S. 168 ff. (4. Kapitel).

[140] S. dazu noch einmal § 2 II. bei Anm. 45.

[141] So richtig *Braun*, BayVBl. 1983, S. 232.

[142] So *Weides*, JuS 1985, S. 369; ähnlich *Oldiges*, NJW 1984, S. 1932 und *F. Kirchhof*, DVBl. 1985, S. 653. Insoweit ist „davon auszugehen, daß der Antragsteller den Erlaß des Zuwendungsbescheides nur dann beantragen wird, wenn er sich zuvor bei der Behörde – insbesondere anhand der für sie maßgeblichen Subventionsrichtlinien – über den Inhalt der gewünschten Bewilligung erkundigt hat" (so richtig wiederum *Weides*, aaO.).

zu beachten, daß der Antragsteller zunächst einmal von seiner grundrechtlichen Freiheit Gebrauch macht, wenn er sich für eine vertragliche Bindung oder eine solche durch Verwaltungsakt entscheidet. Richtig ist insoweit für den verwaltungsrechtlichen Vertrag betont worden, daß sich „die Vertragsbindung als positive Konkretisierung des Grundrechts verstehen läßt"[143]. Natürlich kann es auch einen Umschlag des Grundrechtsgebrauchs in eine Grundrechtsvernichtung geben[144]; solange das aber nicht geschieht und keine anderweitigen verfassungsrechtlichen Hindernisse entgegenstehen, schafft ein entsprechender Antrag auf Erlaß eines Verwaltungsaktes bzw. auf Abschluß eines Subventionsvertrages eine zusätzliche – grundrechtliche – Legitimation für das Handeln der Exekutive, die neben die durch den Haushalt gestiftete demokratische tritt. Die hierfür die Subventionsvergabe bejahte „Kombination von Norm und Vertrag" besitzt also ihre Rechtfertigung nicht nur in der besonderen demokratischen Legitimation des Haushaltsplans und der auf ihm basierenden Subventionsrichtlinien, sondern daneben auch in dem sich im Vertragsschluß manifestierenden Grundrechtsgebrauch dessen, der sich für eine vertragliche Bindung gegenüber der Exekutive entscheidet[145].

III. Die verfassungsrechtliche Fragwürdigkeit des Investitionszulagengesetzes als praktisches Beispiel für die dem Gesetzgeber durch Artikel 109 ff. GG gezogenen Schranken

Als praktische Beispiele für eine verfassungsrechtlich bedenkliche Leistungsgesetzgebung können im Grunde schon die zahlreichen wirtschaftslenkenden Normen bzw. „Sozialzwecknormen" in den verschiedenen Steuergesetzen dienen[146]. Denn ihre häufige Abänderung durch Haushaltssicherungs- und Haushaltsstrukturgesetze u. a.[147] zeigt, daß der Gesetzgeber damit in den Steuergesetzen eine Materie zu regeln versucht, die sich im Grunde einer „normalen" gesetzlichen Regelung entzieht. Auch die schon erwähnte Lösung des Stabilitätsgesetzes, nach

---

[143] So *Göldner*, JZ 1976, S. 355 und zuletzt *Robbers*, JuS 1985, S. 926 f.; ansatzweise für den Antrag auf Erhalt einer Subvention bereits *H. P. Ipsen*, VVDStRL 25 (1967), S. 303.

[144] Dazu allgemein *Pietzcker*, Der Staat 17 (1978), S. 539, 542 ff. und im Anschluß daran *Menger* in FS für W. Ernst zum 70. Geburtstag, S. 314 ff.; vgl. auch *Robbers*, JuS 1985, S. 929 f. und *Quaritsch* in Gedächtnisschrift für Wolfgang Martens, S. 409 ff.

[145] Zur „Legitimation durch Einigung" vgl. auch die Ausführungen von *Krause* (Rechtsformen des Verwaltungshandelns, S. 220 ff.) und zum dogmatischen Zusammenhang, in dem die geschilderte Sicht mit der Entwicklung des subjektiven Rechts steht, s. hier § 2 II. bei Anm. 59 ff. Zu betonen ist aber noch einmal, daß nicht die Rechtsform als solche – Vertrag oder Verwaltungsakt auf Unterwerfung bzw. Zustimmung – diese zusätzliche Legitimation stiftet, sondern die (begrenzte) grundrechtliche Anerkennung der Selbstbindungsmöglichkeit; das ergibt sich – indirekt – ebenfalls aus den Ausführungen von *Sachs*, VA 76 (1985), S. 423 i. V. m. S. 412 ff. und *Oldiges*, NJW 1984, S. 1932 Anm. 88.

[146] S. dazu bereits bei Anm. 20 ff. mit Nachweisen.

[147] Entsprechend heißt es bei *Tipke* (Steuerrecht, S. 161): „Die zahlreichen Sozialzwecknormen... des Einkommensteuergesetzes haben Gesetzesänderungen in Permanenz, Hektik und Kurzfristigkeit (besonders in Wahljahren) zur Folge".

der durch Einfügung von Verordnungsermächtigungen in das Einkommens- und Körperschaftssteuerrecht die im Blick auf Artikel 109 Abs. 2 GG erforderliche finanzielle Flexibilität gewährleistet werden soll, vermag insoweit nicht zu überzeugen. Denn sie beseitigt den konstruktiven Fehler, der in der gesetzlichen Fixierung wirtschaftspolitischer Maßnahmen als solcher liegt[148], auf eine verfassungsrechtlich problematische[149] und zudem nicht unbedingt erfolgversprechende[150] Weise.

Konkret lassen sich diese Bedenken nun aber am Investitionszulagengesetz (InvZulG)[151] verifizieren. Für dieses Beispiel spricht einmal die Höhe der Subventionen, die jährlich aufgrund dieses Gesetzes ausgezahlt werden[152], und zum anderen die Tatsache, daß es sich hier um ein echtes Leistungsgesetz handelt: Auch dem, der keine Steuern zu zahlen hat, wird, wenn er die tatbestandlichen Voraussetzungen erfüllt, eine Investitionszulage gewährt[153]. Die verfassungsrechtlichen Bedenken gegen dieses Gesetz aufgrund der Artikel 109 ff. GG lassen sich in drei Punkten zusammenfassen:

(1) Durch das Investitionszulagengesetz wird, wie gesagt, die Verwendung eines erheblichen Teils der staatlichen Einnahmen vorab gesetzlich festgelegt und damit der freien Verfügbarkeit entzogen. Die bisherige Geschichte des Investitionszulagengesetzes zeigt zudem, daß sowohl durch gesetzliche Änderungen (vgl. bes. den § 4a und den – inzwischen schon wieder gestrichenen – § 4b InvZulG) als auch durch die Rechtsanwendung der Verwaltung dieses Förderungsinstrument ständig ausgeweitet worden ist[154]. Die Konjunktursteuerung im Wege des Investitionszulagengesetzes gefährdet dann aber eine solche durch den Haushalt (Artikel 109 Abs. 2 GG) – mit der Folge, daß die Artikel 109 ff. GG auf diese Weise an Bedeutung verlieren. Das gilt um so mehr, als die aufgrund des Investitionszula-

---

[148] Das ist ein der Frage, ob so etwas durch *Steuer*gesetze geschehen sollte, also vorgelagertes Problem.

[149] S. dazu bei Anm. 38 ff.

[150] Zu berücksichtigen ist nämlich, daß diese steuerrechtlichen Verordnungen noch der Zustimmung von Bundestag und Bundesrat bedürfen: vgl. die durch das Stabilitätsgesetz eingefügten §§ 51 Abs. 2 und 3 des Einkommensteuergesetzes und 19c, 23a Abs. 1 Nr. 2i des Körperschaftsteuergesetzes.

[151] I. d. F. der Bekanntmachung vom 28. Januar 1986 (BGBl. I S. 231), zuletzt geändert durch Artikel 6 des Steuerreformgesetzes 1990 vom 25. Juli 1988 (BGBl. I S. 1117). Nach dieser jüngsten Änderung tritt das Investitionszulagengesetz mit Ablauf des 31. Dezember 1989 außer Kraft (s. daselbst Nr. 3 des Artikel 6).

[152] Im Jahre 1976 betrugen sie immerhin 5,3 Milliarden DM (so *K. Vogel*, DÖV 1977, S. 838).

[153] Genauer zum Charakter der Investitionszulage als Subvention *K. Vogel*, DÖV 1977, S. 837 ff., bes. S. 841 f., 843; *Jooss*, BayVBl. 1985, S. 551 ff. und *Spannowsky*, Regionale Wirtschaftsförderung, S. 54 ff. Für die Investitionszulage nach § 4a InvZulG 1975 so auch das Bundesverwaltungsgericht in NJW 1985, S. 1972 f.

[154] So sind inzwischen zwei Drittel des Bundesgebiets als „förderungsbedürftig" im Sinne von § 3 InvZulG anerkannt (vgl. *Tipke*, Steuerrecht, S. 569 und im einzelnen dazu *Zitzmann*, Betriebs-Berater 1982, S. 522 ff.). Eine ähnliche Entwicklung ist für die Förderung nach dem Zonenrandförderungsgesetz zu beobachten (vgl. dazu nur *J. Martens*, ZRP 1981, S. 1041 ff.).

gengesetzes ausgezahlten Subventionen gar nicht im Haushalt erscheinen, bisweilen nicht einmal – so die Investitionszulage zur Konjunkturbelebung von 1974/75 – im nach § 12 Abs. 2 StabG dem Parlament vorzulegenden Subventionsbericht[155]. Diese Praxis ist, wie besonders Vogel dargelegt hat[156], deshalb verfassungswidrig, weil die Investitionszulage begrifflich eben keine Steuer darstellt und ihre Nichtberücksichtigung im Haushalt damit gegen das verfassungsrechtliche Bruttoprinzip (Artikel 100 Abs. 1 S. 1 GG) verstößt. Im Ergebnis werden durch diese Haushaltspraxis die für den leistungsstaatlichen Gesetzesvorbehalt so vielfach genannten Argumente wie: Sicherung der parlamentarischen Steuerungsfunktion, demokratische Legitimation u. a. ad absurdum geführt. Jede „gesetzlose", allein durch den Haushalt legitimierte Subvention wird diesen Forderungen darum besser gerecht[157].

(2) Nicht nur die Tatsache, daß durch das Investitionszulagengesetz erhebliche Einnahmen vorab rechtsverbindlich festgelegt werden und damit den für eine wirksame Konjunktursteuerung im Sinne des Artikel 109 Abs. 2 GG erforderlichen finanziellen Handlungsspielraum stark einschränken, spricht gegen dieses Gesetz, sondern vor allem der Versuch, eine derartige Wirtschaftsförderung gerade in *Gesetzes*form zu betreiben:

So läßt das Investitionszulagengesetz, bedingt durch seinen wirtschaftlichen Maßnahmecharakter, kein geschlossenes inneres System des Investitionszulagenrechts, das die Auslegung steuern könnte, erkennen. Es stellt vielmehr „ein Konglomerat verschiedenster wirtschaftspolitischer Zielsetzungen" dar, „bei denen lediglich ein Merkmal übereinstimmt: die staatliche Förderung privater Investitionen mittels einer Zulage, allerdings in jeweils unterschiedlicher Höhe"[158]. Der Versuch, Wirtschaftsförderung in Gesetzesform zu betreiben, führt auch zu einer großen Unsicherheit in der Rechtsanwendung. Hingewiesen sei dafür nur auf die Auslegungsprobleme, die mit den Tatbestandsmerkmalen des „förderungsbedürftigen Gebiets" (§ 3 Abs. 1 InvZulG u. a.) und der „volkswirtschaftlich besonderen Förderungswürdigkeit" (s. § 2 Abs. 2 InvZulG u. a.) von Investitionsvorhaben verbunden sind[159] oder die sich bei der Interpretation des inzwischen

---

[155] Dazu *K. Vogel*, aaO.

[156] DÖV 1977, S. 842ff.; vgl. daneben *Jooss*, BayVBl. 1985, S. 552 und *Spannowsky*, Regionale Wirtschaftsförderung, S. 58.

[157] Diese Bedenken gelten auch für Steuersubventionen (im Gegensatz zu direkten Finanzhilfen). Denn sie durchbrechen ebenfalls im Ergebnis das haushaltsrechtliche Bruttoprinzip, weil sie als Einnahmeverzichte nur die Einnahmeseite des Haushalts schmälern. Außerdem sind diese Subventionen „nach Tendenz und Effekt für Öffentlichkeit und Parlamentarier oft schwer erkennbar. Sie lassen sich nur durch Schätzung quantifizieren, Steuerschuldverhältnis und Vergünstigungsverhältnis werden vermengt und einheitlich im Steuerbescheid erfaßt. Die quantitative Entlastung ist durchweg nicht ohne weiteres ersichtlich" (so *Tipke*, Steuerrecht, S. 566f.; ähnlich *Jooss*, BayVBl. 1985, S. 583).

[158] So richtig *Tettinger*, DVBl. 1980, S. 635 mit Nachweisen.

[159] Dazu übersichtlich *Zitzmann*, Betriebs-Berater 1982, S. 522ff., 525ff. Zur dogmatischen Einordnung und Auslegung dieses zuletzt genannten Begriffs s. noch *Tettinger*, Rechtsanwen-

gestrichenen § 4 b InvZulG (Investitionszulage zur Förderung der Beschäftigung)[160] gestellt haben. Dem einzelnen Bürger wird so zwar durch das Investitionszulagengesetz ein gesetzlicher Subventionsanspruch zuerkannt[161], dessen Wirksamkeit aber durch die Weite und Ungenauigkeit der gesetzlichen Tatbestandsmerkmale eingeschränkt.

Das Verständnis dieser unsystematischen gesetzlichen Zusammenstellung von einzelnen wirtschaftlichen Förderungsmaßnahmen, die wie gesagt obendrein im Gesetz häufig durch ungenaue Tatbestandsmerkmale umschrieben sind, wird zusätzlich dadurch erschwert, daß die einschlägigen Regelungen seit Erlaß des Investitionszulagengesetzes im Jahr 1969 ständig geändert worden sind[162]. Das ist deshalb von Bedeutung, weil das Grundgesetz ausdrücklich allein für das Haushaltsgesetz wegen seines besonderen Charakters einen Erlaß in zeitlich kürzeren Abständen – ein Haushalts*plan* muß sogar, da für jedes Rechnungsjahr der Haushaltsausgleich zu erfolgen hat, jährlich vorgelegt werden[163] – vorsieht. Das wurde im einzelnen bereits dargelegt. Der Sinn der Regelungen für das „normale" Gesetzgebungsverfahren[164] unterstützt diese Sicht. Das Investitionszulagengesetz übernimmt also im Ergebnis eine Funktion, die von der Verfassung her dem Haushaltsgesetz mit dem Haushaltsplan obliegt und ebnet damit die Unterschiede, die zwischen dem „normalen" (Leistungs-)Gesetz und dem Haushaltsgesetz bestehen, ein. Die gleiche Feststellung gilt auch für viele steuerliche Subventionen[165]. Damit stellt sich für das Investitionszulagengesetz die Frage, ob aus der dargelegten Funktion des Haushaltsgesetzes und des Haushaltsplans sich nicht die Folgerung ergibt, daß die Artikel 109 ff. GG als Spezialregelungen gegenüber diesem Gesetz anzusehen sind und deshalb gegen seine Zulässigkeit sprechen. Gemäß Artikel 109 Abs. 2 GG soll ja durch die *Haushalts*wirtschaft dem gesamt-

---

dung und gerichtliche Kontrolle im Wirtschaftsverwaltungsrecht, S. 56, 94, 202 f., 445 ff.; *Pfeifer,* DVBl. 1975, S. 325 ff. und *H. Koch*, BayVBl. 1983, S. 328 ff.

160 Vgl. dazu *Dankmeyer*, Deutsches Steuerrecht 1982, S. 427 ff. und das Einführungsschreiben des Bundesministers der Finanzen zu dieser Vorschrift vom 16. 6. 1982 (Bundessteuerblatt 1982, Teil I, S. 569 ff.) sowie das Ergänzungsschreiben des Ministers hierzu vom 11. 10. 1982 (Bundessteuerblatt 1982, Teil I, S. 775 ff.).

161 *Pfeifer,* aaO., S. 326, vergleicht diesen zu Recht, was seine Struktur betrifft, mit dem Rechtsanspruch auf Sozialhilfe oder auf Zahlung einer Rente.

162 Das Investitionszulagengesetz vom 18. 8. 1969 (Bundesgesetzblatt I S. 492) ist bis heute – Ende 1988 – insgeamt 15mal (!), zum Teil sehr umfassend, geändert worden. In diesem Zusammenhang ist auch Artikel 39 des zweiten Haushaltsstrukturgesetzes (!) vom 22. Dezember 1981 (Bundesgesetzblatt I S. 1523, 1557) zu erwähnen, mit dem das „Gesetz über eine Investitionszulage für Investitionen in der Eisen- und Stahlindustrie" erlassen wurde, das sich von dem „allgemeinen" Investitionszulagengesetz im wesentlichen nur dadurch unterscheidet, daß es eine einzelne gleichgeartete Förderungsmaßnahme in ein besonderes Gesetz kleidet. Auch dieses (besondere) Gesetz ist inzwischen schon wieder dreimal geändert worden.

163 So richtig *Maunz* in *Maunz/Dürig* u. a., Grundgesetz, Kommentar, Artikel 110 Rdnr. 64.

164 Dazu bereits § 1 III. bei Anm. 227 ff. und im folgenden noch § 5 II. bei Anm. 69 f. und § 9 III. bei Anm. 43 ff.

165 Vgl. noch einmal das in Anm. 147 wiedergegebene Zitat von *Tipke*.

wirtschaftlichen Gleichgewicht Rechnung getragen werden, und der Gesetzgeber hat auch aufgrund der durch Artikel 109 Abs. 3 und Abs. 4 erteilten Ermächtigung durch das Haushaltsgrundsätzegesetz und das Stabilitätsgesetz die Instrumente für eine sinnvolle Erledigung dieser Aufgabe zur Verfügung gestellt[166].

(3) Die These, daß die Artikel 109 ff. GG gegenüber dem Investitionszulagengesetz Spezialregelungen darstellen, unterstützt ein Blick auf die Vorschriften des Grundgesetzes, die eine finanzielle Einflußnahme des Bundes auf die Investitionsförderung in den Bundesländern vorsehen. Die Literatur hat zu Recht die regionale Bedeutung der wichtigen im Investitionszulagengesetz vorgesehenen Förderungsmaßnahmen betont[167]. In Artikel 91a Abs. 1 Nr. 2 GG ist nun aber die Verbesserung der regionalen Wirtschaftsstruktur zur Gemeinschaftsaufgabe von Bund und Ländern erklärt worden und außerdem sind für die Durchführung dieser Förderung in Artikel 91a Abs. 3 und 4 GG von Bund und Ländern gemeinsam beschlossene Rahmenpläne vorgesehen sowie die Bereitstellung der Mittel in den jeweiligen Haushaltsplänen. Die genannte Rahmenplanung ist eindeutig eine Aufgabe der Exekutive[168], und es besteht kein Zweifel, daß es sich bei der in Artikel 91a Abs. 1 Nr. 2 GG genannten regionalen Wirtschaftsförderung um eine Länderaufgabe handelt[169], an der sich der Bund nur aufgrund eben dieser Vorschrift des Grundgesetzes beteiligen kann. Rechtfertigen läßt sich diese besondere Kompetenz des Bundes u. a. mit der Notwendigkeit einer wirksamen (da abgestimmten) antizyklischen Finanzpolitik, d. h. um den Verfassungsauftrag des Artikel 109 Abs. 2 GG zu erfüllen. So gesehen ergänzt Artikel 91a GG die in Artikel 109 Abs. 3 und 4 GG vorgesehenen Kompetenzen des Bundesgesetzgebers, die ja demselben Zweck dienen. Die Bestimmung des Artikels 91a GG als besondere Regelung für die regionale Wirtschaftsförderung verstärkt damit im Ergebnis

---

[166] Eine indirekte Bestätigung für die Bedenken gegen eine Wirtschaftsförderung in Gesetzesform, wie sie das Investitionszulagengesetz vorsieht, liefert auch die in der Literatur getroffene Feststellung (vgl. *Rasenack*, Der Staat 20/1981, S. 30), daß z. B. Steuersubventionen „augenscheinlich dann das gebotene Instrument (erg.: zur Wirtschaftsförderung darstellen), wenn... nicht Einzelfälle, sondern im großen Umfang gleichliegende Fälle betroffen" sind. Denn das ist bei der Investitionszulage gerade nicht der Fall. Wenn nun nach dem Investitionszulagengesetz eine „Kompetenzkoordination" zwischen Finanzamt und den in § 2 InvZulG genannten Stellen besteht (Ausdruck von *Rasenack*, aaO.; im einzelnen dazu *Tettinger*, DVBl. 1980, S. 636 f.), so kommt der Einwand hinzu, daß „die zieladäquaten Möglichkeiten und die Wirkung der Steuervergünstigungen... durch die Steuertechnik bestimmt und begrenzt" werden (so *Tipke*, Steuerrecht, S. 567); vgl. zur Parallelsituation der Investitionszulage nur § 5 Abs. 3 ff. InvZulG.
[167] Vgl. dazu *Tettinger*, Rechtsanwendung und gerichtliche Kontrolle im Wirtschaftsverwaltungsrecht, S. 132 f.
[168] Im einzelnen dazu *Marnitz*, Gemeinschaftsaufgaben, S. 88 ff., bes. S. 90 f. Zur Notwendigkeit einer Beteiligung der Parlamente an der Rahmenplanung daselbst S. 138 ff.; vgl. insoweit auch noch hier § 5 II. bei Anm. 73 ff. zur Beteiligung des Parlaments an der (politischen) Planung überhaupt.
[169] Ausdrücklich so noch einmal der Gesetzentwurf des Bundesrates zur Änderung des Gesetzes über die Gemeinschaftsaufgabe „Verbesserung der regionalen Wirtschaftsstruktur" (BT-Drs. 9/823, S. 1).

unsere bereits aus Artikeln 109 ff. GG abgeleiteten Bedenken gegen die Kompetenz des Bundes zum Erlaß des Investitionszulagengesetzes[169a].

Dieses Ergebnis wird noch dadurch bestätigt, daß das Investitionszulagengesetz selbst in seinem § 2 Abs. 2 Nr. 1 a) und Nr. 6 eine für die Förderung nach diesem Gesetz konstitutive Feststellung über die volkswirtschaftlich besondere Förderungswürdigkeit der vorgesehenen Maßnahme und in § 3 Abs. 3 die Festlegung bestimmter förderungsbedürftiger Gebiete von den Aussagen des Rahmenplans nach dem Gesetz über die Gemeinschaftsaufgabe „Verbesserung der regionalen Wirtschaftsstruktur" (das ja wiederum aufgrund des Artikel 91 a Abs. 1 Nr. 2, Abs. 2 und Abs. 3 GG ergangen ist) abhängig macht. Denn damit wird zumindest insoweit positivrechtlich eine Spezialität der Regelungen über die genannte Gemeinschaftsaufgabe anerkannt. Um nun mit dem Nebeneinander von regionaler Wirtschaftsförderung nach Artikel 91 a Abs. 1 Nr. 2 GG und nach dem Investitionszulagengesetz fertig zu werden, hat sich im übrigen eine Förderungspraxis entwickelt, die in verfassungsrechtlich bedenklicher Weise den Vollzug der Rahmenplanung durch die Länder[170] beeinträchtigt: Die Mittel aus der Gemeinschaftsaufgabe zur Förderung der regionalen Wirtschaftsstruktur sind nach dem einschlägigen Rahmenplan gewöhnlich zusätzliche Hilfen und können erst beantragt werden, wenn andere Finanzierungsmöglichkeiten, wie die nach dem Investitionszulagengesetz, voll ausgenutzt worden sind[171]. Für denjenigen, der eine Investition tätigen will, ist durchweg auch nur eine Förderung aus beiden Quellen wirklich interessant. Nach § 2 Abs. 1 InvZulG hängt nun aber die Berechtigung des Anspruchs auf eine entsprechende Investitionszulage von einer Bescheinigung des *Bundes*ministers für Wirtschaft darüber ab, daß das Vorhaben regionalwirtschaftlich bzw. volkswirtschaftlich förderungswürdig ist. Es bestehen insoweit also getrennte Zuständigkeiten nach dem Investitionszulagengesetz und zur Durchführung des Rahmenplans, die in der Praxis allerdings wegen der geschilderten Notwendigkeit einer Kombination beider Förderungsmöglichkeiten zugunsten des Bundes verwischt wurden. Das gilt um so mehr, als der Antrag auf die Investitionszulagenbescheinigung mit der Stellungnahme derselben Landesbehörde versehen wird, die auch über die Verteilung der Mittel aus der Gemeinschaftsaufgabe befindet. Im Ergebnis ist damit nämlich das „Ja" des Bundeswirtschaftsministers für das geplante Projekt allein entscheidend, weil es sich eben wegen der geschilderten Förderungspraxis (indirekt) auch auf die im Grunde den Ländern zustehende Ausführung der Rahmenpläne erstreckt[172].

[169a] Im Ergebnis ähnlich mit ausführlicher (und z. T. anderer) Begründung: *Spannowsky,* Regionale Wirtschaftsförderung, S. 59 ff.

[170] Zu dieser verfassungsrechtlichen Kompetenz der Länder *Marnitz,* Gemeinschaftsaufgaben, S. 87 f., 158 ff. und *Spannowsky,* aaO., S. 63.

[171] Vgl. dazu *Pfeifer,* DVBl. 1975, S. 323 f. mit Anm. 2 und 4; *Frowein,* VVDStRL 31 (1973), S. 28 f. mit Anm. 58 und zuletzt *Heinzel/Stuhrmann* in Bulletin der Bundesregierung Nr. 46 vom 13. April 1988, S. 455.

[172] S. dazu *Frowein,* aaO., S. 29 und auch S. 49; *Spannowsky,* aaO., S. 167 sowie *Heinzel/*

Diese Schwierigkeiten einer verfassungsrechtlich einwandfreien Koordinierung der getrennten Zuständigkeiten nach dem Investitionszulagengesetz und zur Durchführung des Rahmenplans können so ebenfalls für die Berechtigung der Annahme sprechen, daß die Kompetenz zum Erlaß des Investitionszulagengesetzes durch Artikel 91a Abs. 1 Nr. 2 GG ausgeschlossen ist. Die teilweise unterschiedlichen Förderungsvoraussetzungen nach dem Investitionszulagengesetz und den jeweiligen Rahmenplänen[173] stellen auch deshalb kein Gegenargument dar, weil sie sich durch eine entsprechende Änderung der Rahmenpläne beseitigen ließen. Die Bedenken, die sich aus den haushaltsrechtlichen Bestimmungen des Grundgesetzes gegen eine Förderung wirtschaftlicher Maßnahmen in Gesetzesform ableiten lassen, werden also noch durch die Spezialvorschrift des Artikel 91a Abs. 1 Nr. 2 GG im vorliegenden Fall bestätigt.

Die Investitionshilfekompetenz des Bundes nach Artikel 104a Abs. 4 GG muß aus den gleichen Gründen, obwohl sie ebenfalls als Adressaten nur die Länder im Auge hat, als abschließende Regelung für diesen Bereich angesehen werden[174]. Es bleibt dem Bund daneben natürlich die Kompetenz zur allgemeinen Wirtschaftsförderung im Rahmen seiner gesetzgeberischen Befugnisse. Interessant ist nun aber, daß die wohl herrschende Meinung die Reichweite seiner Fondskompetenzen in dieser Hinsicht, obwohl die Gelder dafür letztlich doch durch das Haushaltsgesetz bewilligt werden, nach seinen *Verwaltungs*kompetenzen bestimmt[175]. Denn damit wird indirekt anerkannt, daß die Bereitstellung der entsprechenden Mittel durch den Bundeshaushalt materiell gesehen als Verwaltungshandlung zu verstehen ist[176]. Entscheidend für die Fondskompetenzen des Bundes ist demnach nicht der Gesetzescharakter des Haushaltsgesetzes, sondern der Maßnahme-(Verwaltungs-)charakter der im Haushaltsplan vorgesehenen Subventionen – ihre „Rechtsnatur". Dieses Ergebnis erstaunt deshalb, weil sich für die herrschende Meinung im Gegensatz dazu bei einer Wirtschaftsförderung im Wege der „normalen" Gesetzgebung – und das eben zeigt das Investitionszulagengesetz plastisch – diese Frage nach der Rechtsnatur des in Aussicht genommenen Förderungsvorhabens und damit auch die nach einer entsprechenden Kompetenz des Gesetzgebers überhaupt nicht stellt.

Stuhrmann, aaO., S. 455. Im Grunde ist schon die im Investitionszulagengesetz vorgesehene Befugnis des Bundeswirtschaftsministers an sich verfassungsrechtlich problematisch, da damit „das Weisungsrecht des Artikel 85 Abs. 3 zu einem allgemeinen Mitentscheidungsrecht ausgedehnt (wird), das nicht wie die Weisung verwaltungsintern bleibt" (so richtig wiederum *Frowein*, aaO., S. 28 Anm. 57).

[173] Dazu *K. Lange*, Wirtschaftsförderung, S. 124 ff.

[174] Zum Verhältnis des Artikel 104a zu Artikel 91a GG s. *Marnitz* (Gemeinschaftsaufgaben, S. 165 ff.) und *Müller-Volbehr* (Fonds- und Investitionshilfekompetenz des Bundes, S. 81 f.).

[175] Dazu ausführlich mit Nachweisen *Müller-Volbehr*, aaO., S. 90 ff. (bes. S. 94 ff.) und S. 134 ff. Vgl. daneben *Maunz* in *Maunz/Dürig* u. a., Grundgesetz, Kommentar, Artikel 104a Rdnrn. 15, 18 sowie *Fischer-Menshausen* in v. Münch (Hrsg.), Grundgesetz-Kommentar, Bd. 3, Artikel 104a Rdnrn. 5, 9 ff., 23, 38.

[176] Deutlich so *Müller-Volbehr*, aaO., S. 91 ff. und S. 146 f.

Daß in der herrschenden Meinung dieser gedankliche Bruch in der Argumentation bisher – soweit wir sehen – nicht angesprochen wird, liegt primär wohl daran, daß man überwiegend die begriffliche Unterscheidung zwischen Gesetz und Maßnahme[177] verabschiedet hat. Sie steht mit der geschilderten Unterscheidung Carl Schmitts zwischen Gesetzen, die in der Finanzautonomie des Staates wurzeln, und solchen, die als Ausflüsse der gesetzgebenden Gewalt zu verstehen sind, in unmittelbarem Zusammenhang[178]. Nach heutigem Verständnis wird man allerdings nicht, auch das wurde schon angedeutet, jedes „Geldgesetz" im Sinne der Terminologie von Carl Schmitt als in der Finanzautonomie des Staates wurzelnd ansehen können. Selbst „Geldgesetze", die nicht nur „finanzielle Nebenwirkungen" auslösen[179], müssen als Ausfluß der gesetzgebenden Gewalt verstanden werden, wenn damit ein allgemeiner Leistungsanspruch Dritter unabhängig von der namentlich durch Artikel 109 Abs. 2 GG inhaltlich bestimmten Finanz- und Wirtschaftspolitik begründet werden soll. Dafür sind noch einmal die schon erwähnten Beispiele des Bundessozialhilfegesetzes und des Wohngeldgesetzes oder die gesetzlichen Rentenansprüche u. a. zu nennen. Bei derartigen Gesetzen wie auch bei Steuergesetzen kann der Haushalt seine schon geschilderte begrenzende Funktion[180] nur in der Weise wahrnehmen, als er notwendige finanzielle Freiräume für eine dem Artikel 109 Abs. 2 GG entsprechende Finanz- und Wirtschaftspolitik sichern muß. Dagegen folgen aus ihm insoweit keine inhaltlichen verfassungsrechtlichen Maßstäbe. Diese ergeben sich vielmehr – wenn überhaupt – nach unseren früheren Darlegungen[181] für die Steuergesetze besonders aus Artikel 14 Abs. 1 S. 2 und Abs. 2 GG und für die Leistungsgesetze aus Artikel 1 Abs. 1 GG und das durch das Sozialstaatspostulat zusätzlich legitimierte Verständnis der gleichen Freiheit (bzw. Artikel 3 Abs. 1 GG).

Es sind – das sei abschließend noch einmal betont – aber nicht allgemeine begriffsjuristische bzw. (wie in dem geschilderten Beispiel aus dem Steuerrecht[182]) teleologische Überlegungen, die im vorliegenden Zusammenhang unsere verfassungsrechtliche Kritik am Investitionszulagengesetz in den Vorwurf einmünden lassen, daß dabei der Unterschied zwischen Gesetz und Maßnahme übersehen wurde, sondern es ist umgekehrt der verfassungsrechtliche Sinn der Artikel 109 ff. GG, der – verbunden mit bundesstaatlichen Überlegungen – diese Unterscheidung gebietet[183]. Das „normale" finanzwirksame Maßnahmegesetz ist demnach

---

[177] Dazu schon § 1 III. bei Anm. 166 ff., 215 ff., § 2 III. bei Anm. 80 ff. und genauer noch später in § 9 II. bei Anm. 9 ff.

[178] Darauf wurde schon hier bei Anm. 63 f. hingewiesen.

[179] So das Unterscheidungskriterium bei *C. Schmitt*, Volksentscheid und Volksbegehren, S. 23.

[180] Vgl. bei Anm. 73 ff.

[181] Vgl. Anm. 76.

[182] Vgl. bei Anm. 20 ff. mit Nachweisen.

[183] Dieses Ergebnis stellt sich also als Konsequenz unserer methodischen Prämisse dar, daß die unterschiedlichen verfassungsrechtlichen Funktionen von Legislative und Exekutive unterschied-

durch diese Vorschriften, die gerade eine „besondere" gesetzliche Förderung entsprechender Vorhaben vorsehen, ausgeschlossen. Die Berechtigung dieser Sicht belegen auch unsere Ausführungen zum Rechtscharakter der von der Exekutive erlassenen Subventionsrichtlinien und zum verwaltungsrechtlichen Vertrag als die diesem Rechtscharakter entsprechende Vergabeform der Verwaltung für Subventionen.

§ 4 Die demokratische Selbstverwaltung

Artikel 28 Abs. 2 GG vermag die gesetzgeberischen Befugnisse deshalb zu begrenzen, weil das Grundgesetz mit dieser Vorschrift, wie besonders ihr inhaltlicher Zusammenhang mit Artikel 28 Abs. 1 GG zeigt[1], eine selbständige demokratische Entscheidungsebene statuiert. Wie in den Ländern, so muß gemäß Artikel 28 Abs. 1 S. 2 GG das Volk in den „Kreisen und Gemeinden eine Vertretung haben, die aus allgemeinen, unmittelbaren, freien, gleichen und geheimen Wahlen hervorgegangen ist". Die für die kommunalen Selbstverwaltungskörperschaften geltenden Sonderregelungen der Finanzverfassung (Artikel 106 Abs. 9 und Artikel 108 Abs. 5 GG u. a.) sprechen ebenfalls für die vom Grundgesetz anerkannte besondere demokratische Entscheidungsebene[2]; sie belegen zugleich mit der Gleichsetzung von Gemeinden und Gemeindeverbänden die Richtigkeit der schon aus dem Zusammenhang von Artikel 28 Abs. 1 und Abs. 2 GG ableitbaren Folgerung, daß Gemeinden und Kreise als eine „Ebene des verfassungsrechtlichen Aufbaus der Bundesrepublik" verstanden werden müssen[3].

Die gegenüber der parlamentarischen Legitimation des staatlichen Handelns in Bund und Ländern besondere, aber gleichwertige demokratische Legitimation der kommunalen Selbstverwaltungskörperschaften bedingt möglicherweise auch eine Modifizierung der herrschenden Lehre vom Gesetzesvorbehalt. Denn aus diesem Grund läßt sich ja nicht mehr unter Berufung auf eine bessere demokratische Legitimation der Legislative oder auf nicht aus dem Wortlaut der grundrechtlichen

---

liche (materielle) Inhalte dieser Funktionen implizieren; vgl. insoweit bereits § 1 III. bei Anm. 230f. und auch § 2 III. bei Anm. 113 sowie genauer noch § 9 I. bei Anm. 4f., 9 II. bei Anm. 6ff.

[1] Dazu etwa *Schmidt-Eichstaedt*, Bundesgesetze und Gemeinden, S. 124ff.; *G.-J. Richter*, Verfassungsprobleme, S. 92ff.

[2] Zur besonderen demokratischen Legitimation der kommunalen Selbstverwaltungskörperschaften als solcher s. noch hier unter II 3. Vgl. daneben etwa *Meyn*, Rechtssetzungsbefugnis, S. 30ff.; *M. Schröder*, Grundlagen, S. 330ff., 348ff.; *Wurzel*, Gemeinderat als Parlament? S. 111f., 121; *von Unruh*, Kommunale Selbstverwaltung 1833 und 1983, S. 23ff.; *Böckenförde* in Handbuch des Staatsrechts, Bd. 1, § 22 Rdnr. 25, 31f.; *v. Arnim*, AöR 113 (1988), S. 2ff.

[3] So *Schmidt-Eichstaedt*, aaO., S. 126 und zur Ableitung dieser Folgerung aus Artikel 28 Abs. 1 u. 2 GG aaO., S. 125f. mit Nachweisen, vgl. auch S. 202ff.

Gesetzesvorbehalte ableitbare grundrechtliche Postulate ein verfassungsrechtlicher Gesetzesvorbehalt begründen[4].

Wieweit nun der Gesetzgeber und die von Rechtsprechung und Lehre vertretene Reichweite des Gesetzesvorbehalts durch die verfassungsrechtliche Garantie der kommunalen Selbstverwaltung tatsächlich eingeschränkt werden, entscheidet sich nach dem Aussagegehalt des Artikel 28 Abs. 2 GG. Darauf ist zunächst einzugehen (I.). Die durch diese Bestimmung vollzogene Grenzziehung wirft wegen der gegenüber dem Gesetzgeber gleichwertigen demokratischen Legitimation der Gemeinden einerseits und ihrem Charakter als unterste *Verwaltungs*ebene andererseits die Frage nach den Besonderheiten dieser demokratischen Legitimation gegenüber der des Gesetzgebers auf (dazu II.). Im Anschluß daran bleiben dann noch anderweitige Begründungsversuche für eine unmittelbare demokratische Legitimation der Verwaltung als mögliche Grenzen für das legislative Zugriffsrecht zu untersuchen (dazu III.)

I. Der Artikel 28 Abs. 2 GG als Schranke für den Gesetzgeber

1. Der Kompetenzgegenstand und die Kompetenzgrenze des Artikel 28 Abs. 2 GG

Für den Aussagegehalt des Artikel 28 Abs. 2 GG ist zunächst entscheidend, was unter „Angelegenheiten der örtlichen Gemeinschaft" zu verstehen ist (dazu a) und inwieweit der so definierte Kompetenzgegenstand dieser Vorschrift durch Gesetz eingeschränkt werden kann (dazu b). Schließlich ist nach den hier interessierenden Folgerungen, die sich aus der dargelegten Interpretation des Artikel 28 Abs. 2 GG ergeben, zu fragen (dazu c).

a) Die herrschende Meinung versteht unter *Angelegenheiten der örtlichen Gemeinschaft* als Kompetenzgegenstand des Artikel 28 Abs. 2 GG in Übereinstimmung mit der Rechtsprechung des Bundesverfassungsgerichts solche, die „in der örtlichen Gemeinschaft wurzeln oder auf sie einen spezifischen Bezug haben". Danach ergibt sich also „der materielle Gehalt kommunaler Selbstverwaltung... aus einer *räumlichen* (örtlichen) und einer soziologischen (Gemeinschaft) Komponente"[5]. Dieses Verständnis ist bekanntlich mancher Kritik ausgesetzt, die vor

---

[4] So aber besonders *Bethge*, NVwZ 1983, bes. S. 577 ff. und *M.-J. Seibert*, DÖV 1986, S. 926 f. Zu den entsprechenden Begründungsversuchen s. § 1 II. bei Anm. 74 ff. und bei Anm. 104 ff. Vgl. zum Zusammenhang zwischen der besonderen demokratischen Legitimation der kommunalen Selbstverwaltungskörperschaften und der Lehre vom Gesetzesvorbehalt vor allem *Meyn*, Rechtssetzungsbefugnis, S. 25 ff., 46 ff.; *Schmidt-Eichstaedt,* Bundesgesetze und Gemeinden, S. 159, 204; *v. Arnim,* AöR 113 (1988), S. 20 ff.

[5] So *v. Mutius* (Gutachten E zum 53. Deutschen Juristentag, S. 17 f. mit Nachweisen – Hervorhebung dort) im Anschluß an die Rechtsprechung des Bundesverfassungsgerichts; vgl. BVerfGE 8, 122 (134) und 50, 195 (201). Zusätzlich wird vom Bundesverfassungsgericht und in der Literatur (vgl. etwa *Schmidt-Jortzig*, Kommunalrecht, S. 164 mit Nachweisen) darauf hingewiesen, daß für

allem darauf hinweist, daß der Verlust an nachbarschaftlichen Beziehungen und die vielfältige Verflochtenheit der ehemals örtlichen Angelegenheiten mit über-örtlichen notwendig zu einem Bedeutungsverlust der kommunalen Selbstverwaltung führen müssen[6]. Die dagegen wiederum vorgetragenen Argumente[7] haben eine fortschreitende Einengung des kommunalen Handlungs- und Entfaltungsspielraums nicht verhindern können[8]. Die beklagte Einengung ist zudem – darin stimmen die Analysen durchweg überein – zu einem wesentlichen Teil durch die Zunahme und wachsende Detailliertheit der für die Kommunen geltenden Gesetze und Verordnungen bedingt[9]. Da nun die herrschende Interpretation des für die Kommunen in Artikel 28 Abs. 2 GG festgelegten Kompetenzgegenstandes diese Entwicklung nicht aufzuhalten vermochte, besitzt die Frage nach einer möglicherweise wirksameren Begrenzung des Gesetzgebers durch Artikel 28 Abs. 2 GG eine für unser Thema wesentliche verfassungsrechtliche Relevanz[10].

Ansätze zu der damit geforderten Neuinterpretation der genannten Tatbestandsmerkmale von Artikel 28 Abs. 2 GG lassen sich schon der überkommenen Auslegung dieser Vorschrift entnehmen, wenn etwa gesagt wird, daß möglicherweise nicht „der räumliche Bezug... der Aufgabe selbst, sondern der Aufgaben*erfüllung*" entscheidend sei[11]. Auf den Verwaltungsvollzug stellt auch der Versuch einer Inhaltsbestimmung des durch Artikel 28 Abs. 2 GG festgelegten Kompetenzgegenstandes der Kommunen durch Schmidt-Eichstaedt ab. Er fordert insoweit, daß „an die Stelle der Fixierung auf die soziologische oder historische ‚Gemeinschaft'... die Bezugnahme auf die örtliche Verwaltungsentscheidung

---

das Vorliegen einer „Angelegenheit der örtlichen Gemeinschaft" auch entscheidend sei, daß sie von dieser eigenverantwortlich und selbständig bewältigt werden könne. Dieses Beurteilungskriterium, das augenscheinlich am Subsidiaritätsprinzip orientiert ist, wird uns im Zusammenhang mit der Frage nach Sinn und Reichweite des für Artikel 28 Abs. 2 GG geltenden Gesetzesvorbehalts noch beschäftigen. Es hat u. E. dort seinen systematischen Ort.

[6] Zu dieser Kritik wiederum *v. Mutius*, aaO., S. 18; daneben *Schmidt-Eichstaedt*, Bundesgesetze und Gemeinden, S. 135 f.; *Schmidt-Jortzig,* Kommunale Organisationshoheit, S. 47 ff.

[7] S. *v. Mutius* und *Schmidt-Jortzig*, aaO. (Anm. 6); *Ulrich*, DÖV 1978, S. 73 ff.; *Blümel*, VVDStRL 36 (1978), S. 244 ff. u. a.

[8] S. dazu nur die Analyse von *v. Mutius*, aaO., S. 57 ff.; *Blümel*, VVDStRL 36 (1978), S. 190 ff.; Staat und Gemeinden (Stellungnahme des Sachverständigenrates zur Neubestimmung der kommunalen Selbstverwaltung), S. 15 ff., 27 ff., 35 ff. und *Wagener*, Städte- und Gemeindebund 1982, S. 85 ff.

[9] S. dazu neben den in Anm. 8 genannten Arbeiten für die zunehmende Einengung der Gemeinden durch Bundesgesetze noch die empirischen Erhebungen von *Schmidt-Eichstaedt*, Bundesgesetze und Gemeinden, S. 43 ff., 85 ff., 96 ff. i. V. m. S. 165 ff., 209 ff.

[10] Das ist auch der Grund, der *Schmidt-Eichstaedt* veranlaßt, eine Neuinterpretation des Artikel 28 Abs. 2 GG zu versuchen; vgl. Bundesgesetze und Gemeinen, S. 122 ff., 137 ff., 165 ff. u. a.

[11] *v. Mutius,* aaO., S. 18 f. (Hervorhebung dort). *v. Mutius* nennt dort daneben als weiteres Kriterium „die Frage, ob die Erfüllung (erg.: einer Aufgabe) die Verwaltungs- und Finanzkraft der betreffenden Gemeinde übersteigt oder nicht". Damit ist indirekt das Subsidiaritätsprinzip angesprochen, das u. E. den Maßstab für den Gesetzesvorbehalt in Artikel 28 Abs. 2 GG liefert; vgl. dazu noch genauer bei Anm. 22 ff.

treten" müsse[12]. Eine Angelegenheit der örtlichen Gemeinschaft läge deshalb immer dann vor, wenn „sich die für die (erg.: Verwaltungs-)Entscheidung notwendigen Informationen in ihrer relevanten Mehrzahl zumindest potentiell den spezifischen Gegebenheiten des Ortes und/oder ortsspezifischen Daten der Einwohnerschaft entnehmen" ließen und wenn weiter „die Wirkungen der Einzelfallentscheidung überwiegend den Ort der Selbstverwaltungskörperschaft und/oder die örtliche Gemeinschaft der Einwohner" beträfen[13].

Diese Definition hat für sich, daß sie auf die örtliche *Verwaltungs*entscheidung abstellt, denn dem Artikel 28 Abs. 2 S. 2 GG läßt sich entnehmen, daß der ganze zweite Absatz dieser Vorschrift „eine Garantie zugunsten der örtlichen Verwaltung" darstellt[14]. Zu fragen ist allerdings mit Burmeister, ob nicht mit dem Begriff der „örtlichen Gemeinschaft" in Artikel 28 Abs. 2 S. 1 GG allein eine Begrenzung des Adressatenkreises, nicht aber des Kompetenzgegenstandes als solchem vollzogen wird[15]. Für diese Annahme spricht, daß die Gemeinden nach dem Wortlaut des Artikels 28 Abs. 2 S. 1 GG ja nicht alle *örtlichen* Angelegenheiten der Gemeinschaft in eigener Verantwortung regeln können, sondern eben *alle* Angelegenheiten, die – so kann man verdeutlichend fortfahren – die örtliche Gemeinschaft betreffen[16]. Die Gemeinden werden demnach unabhängig von der Frage, ob es sich um eine raum- bzw. gebietsbezogene Aufgabe handelt, dann in eigener Verantwortung tätig, wenn die Bürger der Gemeinde durch diese in besonderer Weise, d. h. anders als die übrige Bevölkerung, betroffen sind und demnach auch in besonderer Weise an den Folgen dieser Entscheidung zu tragen haben.

Dieses am allgemeinen Gleichheitssatz orientierte Kriterium besitzt sein unmittelbares Vorbild in der Deutung der in Artikel 137 Abs. 3 WRV enthaltenen Schrankenklausel durch das Bundesverfassungsgericht. Dazu hat das Gericht in einer Entscheidung aus dem Jahr 1976 ausgeführt: „Zu den ‚für alle geltenden Gesetzen' (erg.: i. S. d. Artikel 137 Abs. 3 WRV) können nur solche Gesetze rechnen, die für die Kirche dieselbe Bedeutung haben wie für den Jedermann. Trifft das Gesetz die Kirche nicht wie den Jedermann, sondern *in ihrer Besonderheit als Kirche* härter ... also *anders als* den normalen Adressaten, dann bildet es insoweit keine Schranke"[17]. Die Tatsache, daß auf diese Weise der Kompetenzgegenstand des Artikel 28 Abs. 2 GG als solcher in gleicher Weise definiert wird wie der „Gesetzesvorbehalt" des Artikel 137 Abs. 3 WRV, ist die konsequente Folgerung aus dem Unterschied, der zwischen dem Rechtsstatus der Kirchen und dem der kommunalen Selbstverwaltungskörperschaften besteht: Während es bei den

---

[12] Bundesgesetze und Gemeinden, S. 137.

[13] AaO., S. 140.

[14] *Schmidt-Eichstaedt*, aaO., S. 137 f.

[15] Vgl. *Burmeister*, Selbstverwaltungsgarantie, S. 70 f.

[16] Wie Anm. 15; vgl. auch den Diskussionsbeitrag von *Burmeister* in VVDStRL 36 (1978), S. 363 f.

[17] BVerfGE 42, 312 (334 – Hervorhebung dort). Genauer zur Bedeutung dieser Entscheidung, ihrer systematischen Einordnung usw. *Janssen*, Streikrecht, S. 27 ff.

Kirchen allein um eine Begrenzung ihrer durch Artikel 137 Abs. 3 WRV garantierten vorstaatlichen (originären) Regelungsautonomie durch den Gesetzgeber gehen kann, besitzen die kommunalen Selbstverwaltungskörperschaften von vornherein nur einen kraft Verfassung verliehenen Rechtsstatus, der ihnen als so
begrenzter eben durch Artikel 28 Abs. 2 GG zugesprochen wird[18]. Die Berechtigung, unter Beachtung dieser Unterschiede im Rechtsstatus die gleichen Abgrenzungskriterien zu benutzen, ergibt sich aus der übereinstimmenden Regelungsaufgabe: Der Abschichtung des für alle geltenden Rechtsbereichs von einem besonderen, nur für einen beschränkten Personenkreis bzw. für eine bestimmte Institution geltenden. Der besondere örtliche Adressatenkreis ist also von dem überörtlichen formal gesehen in gleicher Weise abzugrenzen wie das die Kirchen in „ihrer
Besonderheit" härter treffende Gesetz von den „für alle geltenden Gesetzen" im
Sinne des Artikel 137 Abs. 3 WRV.

Entgegen Burmeister ist es nun allerdings nicht möglich, eine Angelegenheit der
örtlichen Gemeinschaft immer dann zu bejahen, wenn die „unmittelbare Rechts-
und Interessensphäre der Bürgerschaft" berührt ist, und die Frage, ob „die Angelegenheit zugleich auch für das überregionale Einzugsgebiet, möglicherweise gar
für das Staatsganze von Bedeutung ist", für unerheblich zu erklären[19]. Die unmittelbare Betroffenheit der Rechts- und Interessensphäre allein kann schon deshalb
nicht das ausschlaggebende Entscheidungskriterium sein, weil häufig, wie etwa bei
Renten- und Steuergesetzen (Ausnahme: die Befugnis der Kommunen nach Artikeln 105 Abs. 2a, 106 Abs. 5 S. 3 u. 106 Abs. 6 S. 2 GG[20]), die Bürgerschaft einer
Gemeinde davon in gleicher Weise wie die Gesamtbevölkerung der Bundesrepublik direkt berührt wird. Der verfassungsrechtlich durch den Begriff der „örtlichen
Gemeinschaft" gekennzeichnete Adressatenkreis verliert also in diesen Fällen,
wenn man der Interpretation Burmeisters folgt, seine vom Grundgesetz ausdrücklich gewollten spezifischen Merkmale. Diesen Fehler vermeidet Schmidt-Eichstaedt, der allerdings, wie wir sahen, nicht nur auf den Adressatenkreis, sondern
daneben auf die vorwiegende „Herkunft der Tatbestandsmerkmale" für die zu
treffende Verwaltungsentscheidung abstellt[21]. Legt nun aber der Wortlaut des
Artikel 28 Abs. 2 GG eine Bestimmung des Kompetenzgegenstandes allein nach
dem besonderen Adressatenkreis nahe, so vermag die Abhängigkeit einer Verwaltungsentscheidung von ortsspezifischen Daten nur ein Indiz für die besondere
Betroffenheit der Gemeindebürger durch eben diese Verwaltungsentscheidung
darzustellen. Insoweit kann sie auch Bedeutung für die Bestimmung der Angelegenheiten, die die örtliche Gemeinschaft betreffen, gewinnen; nicht aber – wie

---

[18] Vgl. im einzelnen zu den Unterschieden (auch unter Berücksichtigung des Rechtsstatus, den
die übrigen juristischen Personen des öffentlichen Rechts, die Träger von Grundrechten sein
können, besitzen) wiederum *Janssen*, aaO., S. 28 ff.

[19] *Burmeister*, Selbstverwaltungsgarantie, S. 74.

[20] Dazu genauer *Papier*, Finanzrechtliche Gesetzesvorbehalte, S. 141 f.

[21] S. noch einmal *Schmidt-Eichstaedt*, aaO., S. 137 ff.

Schmidt-Eichstaedt es will – als selbständige Voraussetzung *neben* der besonderen Betroffenheit der Gemeindeeinwohner durch die in Frage stehende Verwaltungsentscheidung[21a].

b) Es ist nun auffallend, daß sowohl das Bundesverfassungsgericht wie die Lehre schon bei der Bestimmung des durch Artikel 28 Abs. 2 GG geschützten Kompetenzgegenstandes zusätzlich darauf abstellen, ob die Gemeinden in der Lage sind, die ihnen zukommenden Aufgaben eigenverantwortlich und selbständig zu erledigen[22]. Denn mit gleichem Recht läßt sich fragen, ob damit nicht die *Kompetenzgrenzen* des Artikel 28 Abs. 2 GG bezeichnet werden, d. h. die für den Gesetzgeber verbindliche Schranke, wenn er Angelegenheiten der örtlichen Gemeinschaft regelt. Die so oft betonten Unterschiede zwischen dem Rechtscharakter der Grundrechte und der institutionellen Garantie des Artikel 28 Abs. 2 GG hindern die herrschende Meinung insoweit dagegen nicht, das Übermaßverbot als verbindliche Schranke für den Gesetzgeber anzuerkennen[23]. Das gilt selbst für die Auslegung des Artikel 28 Abs. 2 GG durch Burmeister und Schmidt-Eichstaedt, die im übrigen ja besonders deutlich das grundrechtliche Verständnis der kommunalen Selbstverwaltungsgarantie verabschiedet haben[24].

Ist es aber richtig, daß das Übermaßverbot (Verhältnismäßigkeitsprinzip i. w. S.) in den (Freiheits-)Grundrechten zu verorten ist[25], so kann es wegen des anderen Rechtscharakters der kommunalen Selbstverwaltungsgarantie nicht als Schranke für den in Artikel 28 Abs. 2 GG enthaltenen gesetzlichen Regelungsvorbehalt dienen. Die in bewußter Abweichung von der entsprechenden Bestimmung des Artikel 127 WRV[26] gewählte Formulierung des Gesetzesvorbehalts in Artikel 28 Abs. 2 GG legt sein Verständnis als rahmenrechtlichen Schrankenvorbehalt nahe und vermag deshalb ebenfalls für die Nichtanwendbarkeit des Verhältnismäßigkeitsprinzips auf die kommunale Selbstverwaltungsgarantie des Grundgesetzes zu sprechen. Wie nun aber das Übermaßverbot (Verhältnismäßigkeitsprinzip i. w. S.), das ausdrücklich ja nicht im Grundgesetz genannt ist, letztlich unmittelbar aus den Freiheitsgrundrechten folgt, so läßt sich das Subsidiaritätsprinzip als

---

[21a] Im Ergebnis ähnlich die Ausführungen *Hendlers* (Selbstverwaltung als Ordnungsprinzip, bes. S. 309 ff.) zum „allgemeinen" Selbstverwaltungsgedanken im Grundgesetz.

[22] Vgl. die Nachweise in Anm. 5. Historische Anknüpfungspunkte nennen *v. Unruh* (Kommunale Selbstverwaltung 1833 und 1983, S. 18 Anm. 9) und *Schmidt-Eichstaedt* (aaO., S. 140 Anm. 45).

[23] Vgl. nur *v. Mutius*, Gutachten E zum 53. Deutschen Juristentag, S. 42 i. V. m. S. 26 f. mit Nachweisen.

[24] Vgl. *Schmidt-Eichstaedt*, Bundesgesetze und Gemeinden, S. 160 ff. i. V. m. S. 129 ff. und – wenn auch zum Teil in inhaltlicher Übereinstimmung mit dem Subsidiaritätsprinzip – *Burmeister*, Selbstverwaltungsgarantie, S. 160 f. i. V. m. S. 88 ff. u. a. Das Übermaßverbot dient Burmeister auch als Maßstab für die Ausübung der Aufsichtsbefugnisse: aaO., S. 136 ff., vgl. allerdings wiederum die hier sogar ausdrückliche Bezugnahme auf das Subsidiaritätsprinzip auf S. 138.

[25] S. schon § 1 I. bei Anm. 19 ff. i. V. m. unseren Ausführungen zum Verständnis des Rechtsstaatsprinzips als Zusammenfassung der „formalen" Grundrechte in § 1 III. bei Anm. 214.

[26] S. dazu *Burmeister*, Selbstverwaltungsgarantie, S. 84 f.

Maßstab und Grenze für den Gesetzgeber aus der den Kommunen garantierten Regelungsautonomie für alle Angelegenheiten der örtlichen Gemeinschaft ableiten. Ja man kann noch einen Schritt weitergehen und im Blick auf die Regelungen der Artikel 30, 70, 72–75, 83 GG u. a. im Subsidiaritätsprinzip den durchgehenden allgemeinen Maßstab für die Abgrenzung der dem Bund, den Ländern und den kommunalen Selbstverwaltungskörperschaften durch das Grundgesetz zugewiesenen Kompetenzen erblicken[27]. Das grundrechtlich fundierte Verhältnismäßigkeitsprinzip und das kompetenzrechtlich (vertikale Gewaltenteilung i. w. S.[28]) begründete Subsidiaritätsprinzip sind so voneinander zu unterscheiden. Die rechtssystematischen Ungereimtheiten tauchen erst dann auf, wenn man etwa das Subsidiaritätsprinzip – wie z. T. durch das Bundessozialhilfegesetz und das Jugendwohlfahrtsgesetz geschehen – zur Abgrenzung der gesellschaftlichen von der staatlichen Sphäre heranzieht[29]; oder aber umgekehrt mit der herrschenden Lehre bei der Begrenzung des gesetzlichen Schrankenvorbehalts in Artikel 28 Abs. 2 GG auf das Übermaßverbot zurückgreift.

Gegen die Anerkennung des Übermaßverbots als Maßstab und Grenze für den die Angelegenheiten der örtlichen Gemeinschaft regelnden Gesetzgeber läßt sich schließlich noch anführen, daß das „vollkommen andersgeartete Wesensverständnis des Regelungsvorbehalts (erg.: in Artikel 28 Abs. 2 GG) letztlich die zwangsläufige Konsequenz des ... Unterschieds zwischen den Kategorien des staatlichen Außen- und Innenrechtskreises" darstellt[30].

Spricht demnach alles für eine dem Gesetzgeber insoweit durch das Subsidiaritätsprinzip gezogene Schranke, so kann man eine gesetzliche Regelung, die in Artikel 28 Abs. 2 GG „eingreift", nicht daraufhin überprüfen, ob sie geeignet und erforderlich ist und weiter die Mindestposition der Kommunen wahrt[31], sondern darauf, ob sie sich mit dem Argument rechtfertigen läßt, daß die Kommunen die geregelte Angelegenheit nicht sachgemäß in eigener Verantwortung und selbständig bewältigen können[32]. Daneben kann eine gesetzliche Einschränkung des kom-

---

[27] So auch *Barion*, Der Staat 3 (1964), S. 12 f., 14 f., 20, 34 f., 37; vgl. daneben *Isensee*, Subsidiaritätsprinzip und Verfassungsrecht, S. 224 ff., 240 ff. mit ausführlichen Nachweisen. Ablehnend für das Verhältnis von Gemeinden und Kreisen *Schmidt-Jortzig/Schink*, Subsidiaritätsprinzip und Kommunalordnung, S. 20 ff., 30 ff. (zu diesem Fragenkreis noch genauer hier bei Anm. 53 ff.).

[28] S. schon § 2 II. bei Anm. 41 f. Das Verständnis des Artikel 28 Abs. 2 GG als Ausdruck der vertikalen Gewaltenteilung klingt deutlich bei *Burmeister* (Selbstverwaltungsgarantie, S. 98 Anm. 5, 105) und bei *Schmidt-Eichstaedt* (Bundesgesetze und Gemeinden, S. 130 ff.) an.

[29] S. dagegen die bis heute nicht widerlegten (und wohl auch nicht zu widerlegenden) Argumente bei *Barion*, aaO., S. 12 ff.

[30] So richtig *Burmeister* (Selbstverwaltungsgarantie, S. 89 Anm. 11 i. V. m. S. 57 f.), der trotzdem, wie gesagt, das Übermaßverbot als Grenze für den Gesetzgeber insoweit anerkennt.

[31] S. dazu § 1 I. bei Anm. 19 ff.

[32] So ja, wie bereits in Anm. 5 erwähnt, das Bundesverfassungsgericht und ein Teil der Literatur für die inhaltliche Bestimmung der „Angelegenheiten der örtlichen Gemeinschaft". Entsprechend im Ergebnis auch die Überlegungen von *Hill*, Die politisch-demokratische Funktion der kommunalen Selbstverwaltung nach der Reform, S. 20 ff.

munalen Handlungsspielraums durch das Subsidiaritätsprinzip dann gerechtfertigt sein, wenn übergemeindliche (gesamtstaatliche) Belange dies zwingend erfordern[33].

c) Aus der dargelegten Interpretation des Artikel 28 Abs. 2 S. 1 GG ergeben sich mehrere für unsere allgemeine Frage nach den demokratischen Grenzen des Gesetzgebers wesentliche *Folgerungen*:

(1) Zunächst folgt aus der hier vertretenen Auslegung der durch Artikel 28 Abs. 2 S. 1 GG den Gemeinden zur eigenverantwortlichen Regelung zugewiesenen „Angelegenheiten der örtlichen Gemeinschaft" eine Kompetenzausweitung für die Kommunen. Denn insoweit entfällt die Beschränkung „auf die räumliche Bedeutungsdimension einer Aufgabe"[34], d. h. das Erfordernis ihrer ausschließlich örtlichen Relevanz; und weiter kann auch auf die Prüfung, ob im konkreten Fall die soziologischen Gegebenheiten für das tatsächliche Vorhandensein einer örtlichen Gemeinschaft sprechen, verzichtet werden. Die Verflochtenheit von örtlichen Angelegenheiten mit überörtlichen schließt nicht aus, daß die Einwohner einer Gemeinde davon besonders (spezifisch) betroffen sind, und die alleinige Inhaltsbestimmung der den Kommunen vorbehaltenen Aufgaben durch den Adressatenkreis läßt, wie gesagt, auch die Frage nach dem Vorliegen bestimmter soziologischer Gegebenheiten (nachbarschaftliche Beziehungen) überflüssig erscheinen.

In den Fällen, in denen das Subsidiaritätsprinzip eine Bindung der örtlichen Verwaltungsentscheidung an eine überörtliche gebietet und sie damit ihren eigenständigen Charakter (weitgehend) verliert oder gar aus diesem Grund der Entzug der Verwaltungsentscheidung gefordert ist, tritt an die Stelle der unmittelbaren Begrenzung des Gesetzgebers durch Artikel 28 Abs. 2 GG ein aus dieser Vorschrift ableitbares Beteiligungsrecht der Kommunen an der höherstufigen Verwaltungsentscheidung[35]. Dieses Beteiligungsrecht wiederum darf dann nicht dadurch unterlaufen werden, daß der Gesetzgeber die entsprechende höherstufige Verwal-

---

[33] So richtig *Knemeyer* in Festgabe zum 70. Geburtstag von Georg Christoph von Unruh, S. 224 und für eine entsprechende Begrenzung der kommunalen Wirtschaftsföderung durch Gesetz auch *Stober*, JZ 1984, S. 113 f. Wenn *Meyn* (Rechtssetzungsbefugnis, S. 59) die Satzungsautonomie der Gemeinden in entsprechender Anwendung des Artikel 72 Abs. 2 Nr. 3 GG dann verneinen will, wenn „eine ‚Einheitlichkeit der Lebensverhältnisse'... unabdingbar erscheint", so ist damit u. E. ein Gesichtspunkt benannt, der auch bei Berücksichtigung des Subsidiaritätsprinzips die Berufung auf gesamtstaatliche Belange rechtfertigt.

[34] So zu Recht *Burmeister*, Selbstverwaltungsgarantie, S. 75; vgl. auch noch einmal *Schmidt-Eichstaedt*, Bundesgesetze und Gemeinden, S. 137 ff.

[35] Richtig wird dieser Zusammenhang gesehen von *Holzhauser* (Standortvorsorge, S. 75 f.); vgl. dazu auch *Schmidt-Jortzig*, Kommunalrecht, S. 172 f.; *Schmidt-Eichstaedt,* Bundesgesetze und Gemeinden, S. 147 f. und *Blümel*, VVDStRL 36 (1978), S. 245 ff., 260 ff. mit Nachweisen. Dieses Beteiligungsrecht ist nicht grundrechtlich etwa aus Artikel 19 Abs. 4 GG, der ja das Gebot eines wirksamen Rechtsschutzes enthält, begründet (s. dazu noch hier § 6 III. bei Anm. 57 ff. und § 7 II. bei Anm. 41 ff.), sondern folgt aus demokratischen – unmittelbar aus Artikel 28 Abs. 2 GG ableitbaren – Gründen. Zur notwendigen Differenzierung dieses Beteiligungsrechts bei höherstufigen (Raum-)Planungen nach der jeweiligen Intensität dieser Planung *Schmidt-Aßmann*, VA 71

tungsentscheidung an sich zieht. Insofern beschränkt also die vertretene Interpretation des Artikel 28 Abs. 2 GG zumindest indirekt die gesetzgeberischen Kompetenzen[36].

(2) Wird, wie hier geschehen, der Kompetenzgegenstand durch den Adressatenkreis bestimmt, so handelt es sich insoweit, wie die Parallele mit der vom Bundesverfassungsgericht vertretenen Auslegung der in Artikel 137 Abs. 3 WRV enthaltenen Schrankenklausel noch unterstreicht, um eine feststehende, letztlich am allgemeinen Gleichheitssatz orientierte Größe, die einer gesetzlichen Regelung nicht zugänglich ist. Diese Auslegung findet in dem einfachen Gesetzesvorbehalt in Artikel 28 Abs. 2 S. 1 GG einerseits, dem doppelten, auch auf den Kompetenzgegenstand bezogenem in Artikel 28 Abs. 2 S. 2 GG andererseits ihre zusätzliche Stütze[37]. So gesehen ist nun auch die in anderem Zusammenhang getroffene Feststellung Barions folgerichtig, daß „das Regeln in eigener Verantwortung nicht auf die Bestimmung, sondern... auf die Erledigung" der kommunalen Aufgaben bezogen werden muß, es sich insoweit also um die „Freigabe des Weges für die zu lösende Aufgabe" handelt[38]. Denn der dem Gesetzgeber zugängliche Handlungsspielraum der kommunalen Selbstverwaltungskörperschaften kann ja nach der hier vertretenen Inhaltsbestimmung für die Angelegenheiten der örtlichen Gemeinschaft allein in der Art und Weise der Aufgabenerfüllung gesehen werden.

(3) Aus dieser Bestimmung des dem Gesetzgeber zugänglichen Handlungs-

---

(1980), S. 122, 125, 132 f., 137 und AöR 101 (1976), S. 523 ff.; vgl. daneben für die Regionalplanung noch *Janning*, Städte- und Gemeindebund 1983, S. 275 ff.

[36] Keine Beschränkung des Gesetzgebers, aber gegebenenfalls eine solche für die Beschlußkompetenz des Gemeinderats ist aus Artikel 28 Abs. 2 GG schließlich dann abzuleiten, wenn dieser zu einer überörtlichen Angelegenheit Stellung nehmen will. Die Frage, wann das der Fall ist, bildete den Kernpunkt des Streits über die Rechtmäßigkeit der Beschlüsse verschiedener kommunaler Vertretungskörperschaften zur staatlichen Verteidigungspolitik vor einigen Jahren. Die hier vertretene Auslegung des Artikel 28 Abs. 2 GG erlaubt es, eine solche Beschlußfassung des Rats, soweit sie etwa eine das Gemeindegebiet erfassende und damit die Bürger besonders berührende entsprechende Planung des Bundes zum Thema hat, dann als eine den eigenen Wirkungskreis der Gemeinde betreffende Tätigkeit zu verstehen. Rechtswidrig wäre es dagegen, wenn der Rat einer Gemeinde insoweit „lediglich" als Institution allgemeiner staatsbürgerlicher Repräsentation tätig würde. In diesem Sinne auch *Penski* (ZRP 1983, S. 161 ff.), *Süß* (BayVBl. 1983, S. 513 ff.), *Schmitt-Kammler* (DÖV 1983, S. 869), *Theis* (JuS 1984, S. 422 ff.) und entsprechend auch *Wurzel* (BayVBl. 1986, S. 420 ff.) sowie *Oebbecke* (NVwZ 1988, S. 394 f.) zum allgemein-politischen Mandat der Gemeindevertretung. A. A. dagegen *Huber* (NVwZ 1982, S. 662 ff.), *Däubler* (ZRP 1983, S. 113 ff.) und *J. Hofmann* (DVBl. 1984, S. 116 ff.) u. a., die allesamt keine konkrete potentielle Betroffenheit der Gemeindeeinwohner verlangen. Zur einschlägigen Rechtsprechung s. die Nachweise bei *Schmidt-Jortzig*, DÖV 1989, S. 146.

[37] So richtig *Schmidt-Eichstaedt*, aaO., S. 133 f.; vgl. auch *J. Hofmann*, BayVBl. 1984, S. 293 und *Knemeyer* in Festgabe zum 70. Geburtstag von Georg Christoph von Unruh, S. 224. Für die herrschende Meinung, die den „Gesetzesvorbehalt" in Artikel 28 Abs. 2 GG sowohl auf die Bestimmung wie auf die Erledigung der kommunalen Aufgaben bezieht, s. nur *Hendler*, Selbstverwaltung als Ordnungsprinzip, S. 196 ff. und *Schmidt-Jortzig*, Kommunalrecht, S. 167 f. Für die Ansicht, die den genannten Gesetzesvorbehalt nur auf die Bestimmung der kommunalen Aufgaben bezieht, vgl. *v. Mutius*, Gutachten E zum 53. Deutschen Juristentag, S. 37 f.

[38] *Barion*, Der Staat 3 (1964), S. 22 f.

spielraums der Kommunen folgt weiter, daß selbst dann, wenn eine Angelegenheit der örtlichen Gemeinschaft aufgrund gesetzlicher Anordnung durch eine andere Körperschaft als die Gemeinde erledigt wird, der rechtliche Charakter dieser Angelegenheit dadurch nicht verändert wird. Das kommt in dem bereits unter (1) angesprochenen verfassungsrechtlichen Gebot zum Ausdruck, in einem solchen Fall die betroffene Gemeinde an der Entscheidungsfindung zu beteiligen. Die Frage, *ob* eine Angelegenheit der örtlichen Gemeinschaft durch die kommunalen Selbstverwaltungskörperschaften selbst oder etwa durch das Land erledigt wird, entscheidet der Gesetzgeber darum ebenfalls aufgrund des Subsidiaritätsprinzips[39]. Der Wortlaut des Artikel 28 Abs. 2 GG spricht insoweit für die Vermutung, daß das Subsidiaritätsprinzip auch im Verhältnis der Gemeinden zu den Kreisen gelten muß. Darauf ist noch zurückzukommen[40].

(4) Der dem Gesetzgeber zugängliche Regelungsbereich enthält eine Kompetenzaussage für den Landes- *und* den Bundesgesetzgeber. Denn auch der Bundesgesetzgeber kann unter Beachtung des Subsidiaritätsprinzips (rahmenrechtliche) Regelungen zur Erledigung der kommunalen Aufgaben erlassen, wenn und soweit ihm das nach dem Grundgesetz möglich ist[41]. Aus Artikel 28 Abs. 2 S. 1 GG folgt insofern aber zugleich ein umfassendes „Unbestimmtheitsgebot" für die Legislative[42], das grundsätzlich nur offene, auf das Typische sich beschränkende gesetzliche Regelungen für die Erledigung der die örtliche Gemeinschaft betreffenden Angelegenheiten zuläßt. Damit ist eine wesentliche Schranke für die Detailliertheit gesetzlicher Bestimmungen benannt. Daß sich entsprechende Grenzen für den Intensitätsgrad bundesgesetzlicher Vorschriften aus der besonderen demokratischen Legitimation der Landesparlamente ergeben, wird noch zu zeigen sein[43].

(5) Die besondere (im einzelnen noch genauer zu schildernde) demokratische Legitimation der Kommunen legt nun auch eine Beschränkung des verfassungsrechtlichen Gesetzesvorbehalts durch Artikel 28 Abs. 2 GG nahe. Das wiederum

---

[39] Entsprechendes muß für die Entscheidung der Frage gelten, ob die Kommunen eine Angelegenheit wahrnehmen dürfen oder müssen. Vgl. zum Ganzen wieder *Schmidt-Eichstaedt*, aaO., S. 160 ff.; ähnlich wohl auch *Burmeister*, Selbstverwaltungsgarantie, S. 105 f., 108 u. a. und Das Zentralörtlichkeitsprinzip – Basis für kommunale Standortentscheidungen von Einzelhandelsgroßbetrieben?, S. 10 mit Anm. 18.

[40] Dazu sogleich noch genauer bei Anm. 53 ff. Für eine entsprechende Auslegung vgl. besonders *G.-J. Richter*, Verfassungsprobleme, S. 123 ff.; daneben auch *Schmidt-Eichstaedt*, Bundesgesetze und Gemeinden, S. 129 ff.; *W. Thieme*, DVBl. 1983, S. 967 f.

[41] Die wohl h. M. stellt insoweit allein auf den Art. 83 ff. GG ab (dazu genauer *Schmidt-Eichstaedt*, aaO., S. 149 ff.), während *Burmeister* (Selbstverwaltungsgarantie, S. 43 ff., 47 ff., 144 ff. = II.) in dieser Hinsicht mit guten Argumenten zwischen gemeindlichem Organisationsrecht und dem Recht der kommunalen Handlungskompetenzen differenziert. Für letzteres sind dann nach *Burmeister* die Artikel 73–75 GG einschlägig.

[42] Ausdruck von *Schmidt-Eichstaedt*, aaO., S. 162. Eine ähnliche Folgerung ergibt sich aus dem Interpretationsansatz von *Burmeister*; vgl. *derselbe*, Selbstverwaltungsgarantie, S. 106 ff., 91 ff., 75.

[43] Vgl. § 5 I. bei Anm. 19 f.

ist im vorliegenden Zusammenhang wegen der dargelegten Reichweite dieser Vorschrift von besonderer Bedeutung. Nicht alle den Grundrechten beigefügten Rechts- und Gesetzesvorbehalte sind bekanntlich so zu verstehen, daß sie nur eine Einschränkung durch formelles Gesetz zulassen[44]. Ist das, wie etwa bei den Artikeln 2 Abs. 1 und 14 Abs. 1 S. 2 GG, nicht gefordert, genügt, falls es sich um die Regelung einer Angelegenheit der örtlichen Gemeinschaft handelt, eine kommunale Satzung[45]. Im übrigen bewirkt deren besondere demokratische Legitimation, daß an die gesetzliche Ermächtigung zum Erlaß von in Grundrechte eingreifende Satzungen zumindest nicht die strengen Anforderungen zu stellen sind, die nach Artikel 80 Abs. 1 GG gelten. Strittig ist allerdings, ob insoweit die in den Gemeindeordnungen formulierten Generalklauseln zum Erlaß von Satzungen ausreichen[46] oder aber gesetzliche Spezialermächtigungen (die dann aber, wie gesagt, den Anforderungen des Artikel 80 Abs. 1 GG nicht zu genügen brauchen) erforderlich sind[47]. Im vorliegenden Zusammenhang kann es mit dem Hinweis auf diese Streitfrage sein Bewenden haben, da für unser Thema allein die schon getroffene Feststellung interessiert, daß die hier vertretene extensive Interpretation des Artikel 28 Abs. 2 GG eine, wenn auch im einzelnen umstrittene, entsprechende Begrenzung der Lehre vom Gesetzesvorbehalt nach sich zieht.

2. Die Begrenzung des Gesetzgebers durch Artikel 28 Abs. 2 GG – Beispiele

Inwieweit die dargelegte Interpretation des Artikel 28 Abs. 2 GG dem Gesetzgeber Grenzen zu setzen vermag, soll anhand von Beispielen aus Rechtsprechung und Literatur unter drei Aspekten behandelt werden. Zunächst ist zu zeigen, unter welchen Voraussetzungen der Gesetzgeber die Erledigung von Angelegenheiten der örtlichen Gemeinschaft den Kommunen grundsätzlich entziehen kann (a), danach soll nach den Voraussetzungen gefragt werden, inwiefern so etwas punk-

---

[44] S. hierfür nur *Meyn*, Rechtssetzungsbefugnis, S. 46 ff.; *Papier,* Finanzrechtliche Gesetzesvorbehalte, S. 29 ff. und in Die öffentliche Verwaltung zwischen Gesetzgebung und richterlicher Kontrolle, S. 46 f., 50 ff. Kritisch dazu *Krebs*, Vorbehalt des Gesetzes und Grundrechte, S. 112 ff. und *Wülfing*, Grundrechtliche Gesetzesvorbehalte und Grundrechtsschranken, S. 37 ff.

[45] So richtig *Meyn*, aaO. und für Satzungen allgemein *Papier* in Die öffentliche Verwaltung zwischen Gesetzgebung und richterlicher Kontrolle, S. 47 sowie *Kloepfer*, JZ 1984, S. 694, 695. Aus der verfassungsrechtlichen Garantie der Satzungsautonomie durch Artikel 28 Abs. 2 GG und der gleichwertigen demokratischen Legitimation der kommunalen Selbstverwaltungskörperschaften (Artikel 28 Abs. 1 GG) folgt allerdings allein für diese eine verfassungsrechtliche Begrenzung des Gesetzgebers in den im Text angesprochenen Fällen; so auch *v. Arnim*, AöR 113 (1988), S. 21 f. mit Nachweisen.

[46] So *Schmidt-Eichstaedt*, aaO., S. 204 und im Grundsatz auch *v. Arnim* (aaO., S. 19 ff.), der allerdings wegen des von ihm vertretenen Postulats einer sog. Legitimation durch „Richtigkeit" (s. dazu genauer aaO., S. 11 ff.) in den im Text genannten Fällen eine konkrete gesetzliche Ermächtigungsgrundlage fordert.

[47] So *Wurzel*, Gemeinderat als Parlament?, S. 151 ff. mit Nachweisen und *Schmidt-Aßmann*, Kommunale Rechtssetzung, S. 8 mit dem wohl zutreffenden Hinweis in Anm. 18, daß die allgemeine Satzungsklausel der Gemeindeordnungen „nur organisatorische Bedeutung" besitzt.

tuell möglich ist (b), und schließlich ist auf den (wohl häufigsten) Fall einzugehen, daß den Kommunen für die Regelung der die örtliche Gemeinschaft betreffenden Angelegenheiten gesetzliche Grenzen gesetzt werden (c).

a) Was zunächst die Frage betrifft, ob die Gemeinden überhaupt die *Kompetenz* besitzen, eine Angelegenheit der örtlichen Gemeinschaft selbst in eigener Verantwortung zu regeln, oder dies aus Gründen, die sich aus dem Subsidiaritätsprinzip ergeben, abgelehnt werden muß, so sind dazu in der Vergangenheit mehrere einschlägige Gerichtsurteile ergangen. Hinzuweisen ist insoweit einmal auf die Entscheidungen des Verfassungsgerichtshofs von Nordrhein-Westfalen zur Neuordnung des Sparkassenwesens in diesem Bundesland und zu der Frage, ob und inwieweit Zahl und Einzugsbereich der Datenverarbeitungszentralen für die Kommunen verbindlich festgelegt werden können. Daneben sind in diesem Zusammenhang die Entscheidungen des OVG Lüneburg und des Bundesverwaltungsgerichts zu der Frage zu nennen, ob aus der kommunalen Selbstverwaltungsgarantie das Gebot einer Rückübertragung der Kompetenz zur Abfallbeseitigung auf die Kommunen folgt:

Eine Rechtsverordnung der Nordrhein-Westfälischen Landesregierung, die die verbindliche Zuordnung der kommunalen Selbstverwaltungskörperschaften zu bestimmten kommunalen Datenverarbeitungszentralen (Gemeinschaftseinrichtungen) enthielt, ist vom Verfassungsgerichtshof Nordrhein-Westfalen mit Urteil vom 9. 2. 1979 vor allem deshalb für nichtig erklärt worden, weil „das vom Landesgesetzgeber festgelegte Ziel des wirtschaftlichen Einsatzes leistungsfähiger Datenverarbeitungszentralen aufgrund freiwilliger Vereinbarungen von Gemeinden zu gemeinsamer Benutzung von Anlagen in ausreichendem Maße erreicht werden" könne[48]. Diese augenscheinlich am Subsidiaritätsprinzip orientierte Auslegung, die sich im vorliegenden Fall zum Teil aus der Entstehungsgeschichte der der streitigen Verordnung zugrunde liegenden Ermächtigungsnorm ableiten läßt[49], hat das Gericht dann in seiner Rechtsprechung zur Neuordnung der Sparkassen in Nordrhein-Westfalen bestätigt[50]. Denn hier betont der Verfassungsgerichtshof ebenfalls besonders den aus der kommunalen Selbstverwaltungsgarantie folgenden grundsätzlichen Vorrang freiwilliger Lösungen der Gemeinden vor durch verbindliche Rechtsvorschrift verordneten[51]. Er begründet dieses Gebot auch mit dem Hinweis auf das durch Artikel 28 Abs. 2 GG und die entsprechende Bestimmung der Landesverfassung (Artikel 78) garantierte Verhältnismäßigkeitsprinzip (Übermaßverbot)[52]. Da insoweit aber, wie gesagt, ein Zusammenhang

---

[48] S. Leitsatz Nr. 3 des genannten Urteils: DVBl. 1979, S. 668 (dieser Leitsatz ist von *Püttner* als dem Verfasser der Anm. zu diesem Urteil formuliert worden).

[49] Vgl. das genannte Urteil: DVBl. 1979, S. 669.

[50] Kurzer Überblick darüber bei *Heinevetter*, DÖV 1981, S. 780 ff.

[51] S. dazu *Heinevetter*, aaO., S. 781 und die Urteilsanmerkung von *Blümel*, DÖV 1980, S. 694, jeweils mit Nachweisen.

[52] Vgl. etwa die Ausführungen im Dürener Sparkassen-Urteil vom 11. 7. 1980, DÖV 1980, S. 692 f. und ergänzend dazu *Blümel*, aaO., S. 694 f.

zwischen dem Verhältnismäßigkeitsprinzip und dem Vorrang von freiwilligen Lösungen vor staatlich verordneten hergestellt wird, stehen diese Ausführungen mit der hier vertretenen Grenzziehung durch das Subsidiaritätsprinzip durchaus im Einklang. Das zeigt sich – indirekt – auch daran, daß der Verfassungsgerichtshof Nordrhein-Westfalen aus der einschlägigen Bestimmung des nordrhein-westfälischen Sparkassengesetzes i. V. m. Artikel 28 Abs. 2 GG (bzw. Artikel 78 Abs. 2 der Verfassung von Nordrhein-Westfalen) den grundsätzlichen Zuständigkeitsvorrang der Gemeinden vor den Gemeindeverbänden bei der Neuordnung der Sparkassen ableitet[53]. Wenn später allgemein das Verhältnis zwischen kreisangehörigen Gemeinden und Kreisen mit dem der Bundesländer zum Bund verglichen worden ist[54], so scheint uns darin eine diese Rechtsprechung zwar modifizierende, aber zutreffende Interpretation der Beziehungen zwischen Gemeinden und Landkreisen im Sinne des hier zur Bedeutung des Subsidiaritätsprinzips als allgemeinem kompetenzrechtlichem Maßstab Gesagten zu liegen.

Deutlicher noch als der Verfassungsgerichtshof Nordrhein-Westfalen ist vom OVG Lüneburg im Streit um die Zuständigkeit für die Abfallbeseitigung in Niedersachsen das Subsidiaritätsprinzip als Maßstab und Grenze für die Aufgabenverteilung zwischen Gemeinden und Kreisen (Gemeindeverbänden) herangezogen worden[55]. Auch zu dieser Rechtsprechung, die insoweit vom Bundesverwaltungsgericht nicht bestätigt wurde und im Schrifttum zwiespältige Aufnahme gefunden hat[56], ist zu betonen, daß sie die hier vertretene Bedeutung des Subsidiaritätsprinzips für die Auslegung des Artikel 28 Abs. 2 GG stützen kann, wenn man die erwähnte „bundesstaatsähnliche Struktur" (Frido Wagener) des zwischen kreisangehörigen Gemeinden und Kreisen bestehenden Verhältnisses im Auge behält. Dieser Vergleich ist auch deshalb so fruchtbar, weil er in Analogie zum

---

[53] S. dazu wiederum nur das Dürener Sparkassen-Urteil, aaO., S. 692 und die Ausführungen von *Heinevetter*, DÖV 1982, S. 783 f. So deutlich auch im Urteil des Verfassungsgerichtshofs Nordrhein-Westfalen vom 4. 3. 1983 (DVBl. 1983, S. 714 f.), wo das Gericht auch eine Verknüpfung zwischen Übermaßverbot und Subsidiaritätsprinzip vornimmt. Dagegen, was das Verhältnis kommunaler Gebietskörperschaften beim Betrieb von Sparkassen betrifft, das Bundesverwaltungsgericht; s. etwa DÖV 1983, S. 74 und die Anm. von *Bosse*, daselbst auf S. 75.

[54] S. *Wagener*, Die Gemeinden im Landkreis – die Selbstverwaltung im Staat, S. 30 ff.

[55] Vgl. Urteil vom 8. 3. 1979, DÖV 1980, S. 417 (418) und die Urteilsanmerkung von G.-J. *Richter*, daselbst auf S. 419 f.; s. daneben das Urteil des OVG Lüneburg vom 2. 9. 1980 (DVBl. 1981, S. 871, 872), das einen Streit zwischen einem Landkreis und dem Land Niedersachsen über die Pflicht zur Schulträgerschaft betrifft.

[56] Vgl. das Urteil des Bundesverwaltungsgerichts vom 4. 8. 1983 (BVerwGE 67, 321 ff.). Aus dem Schrifttum s. etwa die ablehnenden Stellungnahmen zu diesem Urteil von *Knemeyer*, DVBl. 1984, bes. S. 27 ff.; *J. Hofmann*, BayVBl. 1984, bes. S. 291 ff. und *Blümel*, VA 75 (1984), S. 197 ff., 207 ff., 297 ff. mit ausführlichen Nachweisen. Bejahend dagegen u. a. *Weides*, NVwZ 1984, S. 155 f., 157; *Papier*, DVBl. 1984, S. 453 f., 456; vor Erlaß des Urteils schon entsprechend das Gutachten von *Salzwedel/Loschelder* in Die Zuständigkeit der Landkreise für die Abfallbeseitigung, S. 95 ff. Eine gute neuere Übersicht über den Meinungsstand bietet die von Knemeyer und Hofmann herausgegebene Schrift: Gemeinden und Kreise sowie das Gutachten von *Loschelder*, Die Befugnis des Gesetzgebers zur Disposition zwischen Gemeinde- und Kreisebene, insbesondere S. 10 f., 46 ff.

Begriff der Bundestreue den Grundsatz des „gemeindefreundlichen Verhaltens" bzw. auch umgekehrt den der „Kreistreue" impliziert[57] und damit auf der Grundlage einer grundsätzlichen Vermutung für die Kompetenz der Kommunen sachgemäße Kompetenzabgrenzungen gewährleistet. Wenn vom OVG Lüneburg daneben in Übereinstimmung mit dem Verfassungsgerichtshof Nordrhein-Westfalen das Übermaßverbot im konkreten Fall als Grenze für den Verordnungsgeber genannt wird[58], so kann dem bei Zugrundelegung dieser „bundesstaatlichen" Sicht keine selbständige Bedeutung zukommen; es gilt insoweit vielmehr das zu der Rechtsprechung des Verfassungsgerichtshofs Nordrhein-Westfalen Gesagte entsprechend[59].

Namentlich bei den aus der Rechtsprechung des Verfassungsgerichtshofs Nordrhein-Westfalen stammenden Beispielen ist allerdings einschränkend zu fragen, ob überhaupt von einer besonderen Betroffenheit der örtlichen Gemeinschaft durch diese Entscheidungen der Nordrhein-Westfälischen Landesregierung gesprochen werden kann. Lehnt man das ab, so bleibt, um dennoch insoweit einen verfassungsrechtlichen Schutz der Gemeinden zu begründen, nur der besonders von Schmidt-Jortzig versuchte Weg, die kommunale Organisationshoheit als Folgerung aus der durch Artikel 28 Abs. 2 GG begründeten konstitutiven Verleihung des öffentlichen Status zu verstehen, der die Zuständigkeit „zur autonomen Sicherstellung der eigenen Handlungsfähigkeit" und damit eben eine „konstitutive Organisationshoheit" impliziert[60]. Gegen einen solchen Begründungsversuch wiederum spricht aber, daß nach dem Wortlaut des Artikel 28 Abs. 2 S. 1 GG die Kommunen alle Angelegenheiten der örtlichen Gemeinschaft selbst regeln können und nichts weiter[61]. Ist damit aber die Regelungsautonomie der Kommunen abschließend festgelegt, so scheint es primär Aufgabe des (Landes-)Gesetzgebers zu sein, die notwendigen Vorschriften für eine funktionsgerechte Kommunalorganisation zu schaffen[62]. Im Blick auf diese Rechtslage läßt sich darum allgemein feststellen, daß die hier vertretene Interpretation des Artikel 28 Abs. 2 GG zwar grundsätzlich eine Erweiterung des durch die kommunale Selbstverwaltungsgarantie garantierten Schutzes gegen gesetzliche Eingriffe bewirkt[63], dies aber für die kommunale Organisationshoheit nicht gelten kann; vielmehr ist insoweit sogar umgekehrt von einem größeren Handlungsspielraum des Gesetzgebers als üblicherweise angenommen auszugehen.

b) Die Frage, inwieweit der Gesetzgeber *punktuell* den Kommunen die Kom-

---

[57] Wie Anm. 54.

[58] DÖV 1980, S. 418 f. und dazu wiederum *Richter*, daselbst auf S. 420 f.

[59] Vgl. bei Anm. 52 ff.

[60] *Schmidt-Jortzig*, Kommunalrecht, S. 123, vgl. genauer daselbst S. 25 ff., 32 ff., 122 ff. und vor allem *derselbe*, Kommunale Organisationshoheit, bes. S. 161 ff.

[61] Ähnlich auch die Kritik *Bethges* (Die Verwaltung 15/1982, S. 221 ff.) an der Konzeption von *Schmitz-Jortzig*.

[62] So etwa *Grawert*, VVDStRL 36 (1978), S. 313 Anm. 140.

[63] Vgl. dazu schon bei Anm. 34 ff.

petenz entziehen kann, eine Angelegenheit der örtlichen Gemeinschaft selbst in eigener Verantwortung zu regeln, soll anhand von zwei in neuerer Zeit erwogenen gesetzlichen Bestimmungen erörtert werden, die den Freiraum der Kommunen im Bauplanungsrecht betreffen. An den besonderen Auswirkungen derartiger Regelungen auf die örtliche Gemeinschaft läßt sich wegen des Gebietsbezugs der Bauleitplanung und ihrer Rechtswirkungen wohl nicht zweifeln:

Überlegungen zur Reform des atomrechtlichen Genehmigungsverfahrens haben in der Literatur zu dem Vorschlag geführt, für die Standortentscheidung eines geplanten Kernkraftwerks ein gesondertes Planfeststellungsverfahren einzuführen und dieses dann in den Katalog der nach § 38 BBauG (heute: § 38 BauGB) privilegierten Fachplanungen aufzunehmen[64]. Was die zuletzt genannte Absicht betrifft, so wird sie für die Kommunen nur relevant, falls man überhaupt die Notwendigkeit eines Bebauungsplans für Kernkraftwerke im Außenbereich bejaht. Tut man das mit einer in der Literatur mehrfach vertretenen Meinung[65], so sind es gerade aus dem Subsidiaritätsprinzip zu gewinnende Argumente, die die Aufnahme eines solchen Planfeststellungsverfahrens in den § 38 BauGB zu rechtfertigen vermögen. Zur Begründung für diese These reicht es aus, auf die überörtliche (gesamtstaatliche) Bedeutung eines solchen Vorhabens und die Vielschichtigkeit der schon bei der Planungsentscheidung zu berücksichtigenden Gesichtspunkte zu verweisen und weiter auf den starken unmittelbaren Druck, der auf die Ratsherren bei ihrer Befugnis zu einer solchen Entscheidung ausgeübt würde[66]. Schließlich zeigt ein Vergleich mit den in § 38 BauGB genannten Fachplanungen, daß von der Bedeutung her gesehen gewichtige Argumente für die Aufnahme

---

[64] Zu diesem Vorschlag ausführlich *Kröncke*, Die Genehmigung von Kernkraftwerken, S. 131 ff., bes. S. 140 ff. und daneben *Friauf* in Rechtsfragen des Genehmigungsverfahrens von Kraftwerken, S. 66 ff., bes. S. 73 ff.

[65] So etwa *Hoppe*, NJW 1978, S. 1229 ff. und – einschränkend – DVBl. 1982, S. 913 ff.; *Krönke*, UPR 1982, S. 101 ff.; *J. Hofmann*, NVwZ 1989, S. 231; offengelassen bei *Wahl*, DÖV 1981, S. 602.

[66] Ein zwar nicht das atomrechtliche Genehmigungsverfahren im engeren Sinne betreffendes aber dennoch anschauliches Beispiel für den zuletzt genannten Gesichtspunkt stellt die in den Jahren 1982 bis 1985 geführte Auseinandersetzung um den Bau einer Wiederaufarbeitungsanlage in Dragahn im niedersächsischen Landkreis Lüchow-Dannenberg dar: Nach der von der Deutschen Gesellschaft zur Wiederaufarbeitung von Kernbrennstoffen (DWK) herausgegebenen Kurzbeschreibung dieses Projekts vom September 1983 wäre für die erste und zweite Aufbaustufe eine Fläche von 250 ha benötigt worden. Diese Fläche gehört zum Gebiet der Gemeinde Karwitz, die 717 Einwohner besitzt (so *Müllers* Großes Deutsches Ortsbuch, Ausgabe 1982/83). Hält man nun für ein solches Projekt einen Bebauungsplan für erforderlich (worüber damals heftig gestritten wurde), so hätte eben der Rat dieser kleinen Gemeinde, in dem seiner Zeit äußerst knappe politische Mehrheitsverhältnisse bestanden, eine solch schwerwiegende Planungsentscheidung treffen müssen. Es gehört wenig Phantasie dazu, um sich den massiven Druck vorzustellen, der dann auf die geringe Zahl der Ratsherren dort von den verschiedensten Stellen ausgeübt worden wäre. Durch die Entscheidung der DWK, die geplante Wiederaufbereitungsanlage im bayrischen Wackersdorf zu bauen, ist das Problem allerdings hinfällig geworden.

eines solchen atomrechtlichen Standort-Planfeststellungsverfahrens in diese Vorschrift sprechen würden[66a].

Ganz ähnliche Überlegungen vermögen das sogenannte landesplanerische Planungsgebot, wie es in das nordrhein-westfälische und später auch in das saarländische Landesplanungsgesetz nach längerer Diskussion aufgenommen wurde, zu rechtfertigen[67]. Danach kann in den erwähnten Ländern die Landesregierung die Gemeinden anweisen, einen Bauleitplan nach Maßgabe neuer oder geänderter Ziele der Landesplanung erstmalig zu erstellen, „wenn dies zur Verwirklichung von Planungen mit hervorragender Bedeutung für die überörtliche Wirtschaftsstruktur oder allgemeine Landesentwicklung erforderlich ist" (so § 21 Abs. 2 des Landesplanungsgesetzes von Nordrhein-Westfalen). Läßt man einmal die Frage nach der Kompetenz der Länder zu einer solchen Regelung außer Betracht[68], so geht schon aus den genannten tatbestandlichen Voraussetzungen für ein solches Planungsgebot hervor, daß hierfür ebenfalls die bereits aus dem Subsidiaritätsprinzip abgeleiteten Gesichtspunkte maßgebend sind. Denn die jeweilige Landesregierung kann ja auf diese Weise nicht beliebige staatliche Interessen durchsetzen, sondern nur solche, die eine große landespolitische Bedeutung besitzen[69].

Die Frage, ob die genannten Einschränkungen der kommunalen Bauleitplanung zulässig sind, läßt sich also nicht nach dem Übermaßverbot entscheiden. Daraus folgt auch, daß anders als bei einem grundrechtlichen Schutz, der ja stets die „Mindestposition" (Artikel 19 Abs. 2 GG) garantiert, für die kommunalen Selbstverwaltungskörperschaften in diesen Fällen als „Ausgleich" allein ein Beteiligungsrecht an der höherstufigen, die kommunale Planungshoheit beeinträchtigenden Verwaltungsentscheidung in Betracht kommt[70].

c) Ein gutes Beispiel für die Frage nach der richtigen gesetzlichen *Begrenzung*

[66a] Anderer Ansicht aber Holzhauser (Standortvorsorge, S. 151 f.), der allerdings in seiner Argumentation übersieht, daß auch die Planfeststellung von Abfallbeseitigungsanlagen, die ja ebenfalls von Privatleuten betrieben werden können, in den Katalog des § 38 BBauG aufgenommen worden ist.

[67] S. zur Diskussion darüber das Gutachten von *Stern/Burmeister*, Die Verfassungsmäßigkeit eines landesrechtlichen Planungsgebots für Gemeinden; *Brocke*, Standortvorsorge, S. 103 ff., auch S. 152 ff.; *Wahl*, Landesplanung, Bd. 2, S. 109 ff., 240 f. und Bd. 1, S. 266 f.; *Holzhauser*, Standortvorsorge, S. 137 ff. sowie *Hoppe* in Festgabe zum 70. Geburtstag von Georg Christoph von Unruh, S. 571 f. In Niedersachsen ist ein solches Planungsgebot in den Ausschußberatungen über das Gesetz zur Änderung des Niedersächsischen Gesetzes über Raumordnung und Landesplanung vom 1. Juni 1982 (Niedersächsisches Gesetz- und Verordnungsblatt S. 123) erwogen, aber abgelehnt worden (s. die Ausführungen des Berichterstatters über die Ausschußberatungen vor dem Plenum: Plenarprotokoll über die 83. Sitzung des Niedersächsischen Landtages am 12. 5. 1982 – 9. Wahlperiode – Sp. 1132 f.).

[68] Diese bestreitet *Brocke*, Standortvorsorge, S. 105 ff.; a. A. *Stern/Burmeister*, aaO., S. 43 ff.; *Holzhauser*, Standortvorsorge, S. 139 ff. u. a.

[69] So richtig *Stern/Burmeister*, aaO., S. 36 und *Holzhauser*, Standortvorsorge, S. 147, 148 f. Im Ergebnis ebenso mit ähnlichen Argumenten *Stober*, JZ 1984, S. 113 f.

[70] S. bereits bei Anm. 35 und die Nachweise dort. Für die Ausübung des Planungsgebots wird das auch ausdrücklich von *Stern/Burmeister* (aaO., S. 38 f., 59) und *Holzhauser* (Standortvorsorge, S. 148) betont.

des kommunalen Handlungsspielraums stellt die Diskussion über Zulässigkeit und Schranken der (direkten und indirekten) kommunalen Wirtschaftsförderung dar. Durchweg wird davon ausgegangen, daß es sich bei der Förderung der Wirtschaft im Gebiet einer Gemeinde um eine Angelegenheit der örtlichen Gemeinschaft handelt[71]. Das kann auch nach der hier vertretenen Interpretation dieses Begriffs nicht zweifelhaft sein, da eine solche Förderung nicht nur das finanzielle Aufkommen einer Gemeinde als solcher beeinflussen kann, sondern ebenfalls die Arbeitsplätze, städtebauliche Probleme, die Grundstückssituation u. a. dort[72]. Den Kommunen kann diese Befugnis auch nicht mit dem Argument bestritten werden, daß eine solche Förderung, wie etwa die Subventionierung eines Betriebes, sich zugleich auf die regionale oder gar überregionale Wirtschaft auswirken oder entsprechende Förderungsmaßnahmen des Landes bzw. des Bundes tangieren würde[73]. Vielmehr ist der Bund oder das Land dann eben aufgerufen, den Kommunen in dieser Hinsicht gesetzliche Schranken unter Beachtung des Subsidiaritätsprinzips zu setzen. Die Verzahnung der die örtliche Gemeinschaft betreffenden Angelegenheiten mit regionalen und überregionalen, so sagten wir, schließt ihren örtlichen Charakter nicht aus und damit auch nicht den Schutz der Kommunen vor gesetzlichen Einschränkungen, die das erforderliche Maß im Sinne des Subsidiaritätsprinzips überschreiten.

Das Schrifttum hat insoweit neben den aus dem europäischen Gemeinschaftsrecht, dem Verfassungsrecht und dem Gemeindehaushaltsrecht u. a. folgenden besonderen Schranken auch hinreichend klare allgemeine Grenzen für den Gesetzgeber entwickelt, die zwar als Folgerungen aus dem Übermaßverbot dargestellt werden, mehr oder weniger aber auch als durch das Subsidiaritätsprinzip gerechtfertigt verstanden werden können[74]. Wenn darauf hingewiesen worden ist, daß man „unter Zugrundelegung eines kompetenzrechtlichen Grundsatzes der Rücksichtnahme" zu einer weitgehend gleichen Grenzziehung für den die kommunale Wirtschaftsförderung beschränkenden Gesetzgeber gelange wie durch den Rückgriff auf das Übermaßverbot[75], so kann das als Bestätigung für diese Feststellung dienen. Denn auch unser Hinweis auf das Subsidiaritätsprinzip sollte der sachgemäßen „Zuordnung verschiedener autonomer Kompetenzen" dienen[76]. Kraft Artikel 28 Abs. 2 GG spricht insoweit nur die Vermutung für eine Kompe-

---

[71] *Lange,* Wirtschaftsförderung, S. 30 ff.; *Stober,* JZ 1984, S. 109 ff.; *v. Mutius,* Gutachten E vom 53. Deutschen Juristentag, S. 151 f.; *Knemeyer* in *Knemeyer/Schäfer/von der Heide,* Kommunale Wirtschaftsförderung, S. 9 f.

[72] Zu diesen Folgen *v. Mutius,* aaO., S. 151; *Lange,* Wirtschaftsförderung, S. 6 ff.; *Knemeyer,* aaO., S. 12.

[73] So aber *Altenmüller,* VBlBW 1981, S. 205 und DVBl. 1981, S. 621.

[74] S. dazu ausführlich *Lange,* Wirtschaftsförderung, S. 122 ff.; daneben *Stober,* JZ 1984, S. 113 f.

[75] *Lange,* Wirtschaftsförderung, S. 123 Anm. 3 unter Hinweis auf einen entsprechenden Versuch von *Brohm,* DVBl. 1980, S. 658.

[76] So *Brohm,* aaO.

tenz der Kommunen zur eigenständigen Regelung der die örtliche Gemeinschaft betreffenden Angelegenheiten. Die Grundsätze, die Brohm etwa aus Artikel 28 Abs. 2 GG für das Verhältnis der gemeindlichen zur überörtlichen Planung entwickelt hat, wie das Gebot einer „tendenziellen (überörtlichen) Rahmenplanung", die „planungsrechtliche Ersetzungsbefugnis" der Gemeinden und die Forderung nach einer möglichst reduzierten Verbindlichkeit (Richtliniencharakter) der überörtlichen Planung u. a.[77], können uneingeschränkt auch als Maßstäbe für die Entscheidung der Frage dienen, ob der Gesetzgeber rechtmäßig die kommunale Wirtschaftsförderung und -planung eingeschränkt hat. Damit ist allerdings nicht, wie schon dargelegt, dem Schutz einer „Mindestposition" der Gemeinden das Wort geredet, weil das ja gerade der fehlende Grundrechtscharakter des Artikel 28 Abs. 2 GG verbietet.

Ganz deutlich wird die Orientierung am Subsidiaritätsprinzip als Grenze für die kommunale Wirtschaftsförderung auch in den von Stober dafür entwickelten Schranken. Denn danach darf der Staat durch Gesetz nur „ausgleichend und ergänzend eingreifen, wenn die kommunale Wirtschaftsförderung und Wirtschaftsplanung nicht oder nur eingeschränkt funktioniert". Ein weiterer zulässiger Grund für einen gesetzlichen Eingriff in die kommunale Wirtschaftsförderung und Wirtschaftsplanung ist nach Stober dann gegeben, „wenn die Funktionsfähigkeit und Wettbewerbsfähigkeit der staatlichen Wirtschaftsplanung sowie die staatliche Daseinsvorsorge beeinträchtigt wird"[78]. Die Gewährleistung der sachgerechten Aufgabenerfüllung und gesamtstaatliche Belange rechtfertigen also ganz in Übereinstimmung mit unseren allgemeinen Ausführungen zu den Grenzen des kommunalen Handlungsspielraums eine gesetzliche Beschränkung der gemeindlichen Wirtschaftsförderung[79]. Der Gesetzgeber wird, so läßt sich im Ergebnis damit feststellen, durch die hier vertretene Interpretation des Artikel 28 Abs. 2 GG trotz dessen fehlenden grundrechtlichen Charakters wirksam begrenzt.

II. Die rechtliche Ausgestaltung der demokratischen Legitimation im kommunalen Verfassungsrecht

Aus der Tatsache, daß die Kommunen Verwaltungsaufgaben erfüllen, folgen Besonderheiten in der rechtlichen Ausgestaltung ihrer demokratischen Legitimation. Sie sind deshalb noch genauer zu betrachten, weil damit der Aussage-

---

[77] *Brohm*, DVBl. 1980, S. 658 f.

[78] *Stober*, JZ 1978, S. 113 f. *Stober* nennt dafür ausdrücklich das Beispiel einer staatlichen Standortplanung für den Bau eines Kraftwerks, die eine Gemeinde zur Anpassung ihrer Wirtschaftsplanungen an diese Ausweisung verpflichtet (aaO., S. 114 i. V. m. S. 106). Darin ist also eine – indirekte – Bestätigung unserer Ausführungen unter b) zu sehen.

[79] Weitere Beispiele aus der Bundesgesetzgebung, die ebenfalls die Frage betreffen, inwieweit der Gesetzgeber im Blick auf Artikel 28 Abs. 2 GG detaillierte Regelungen schaffen kann, behandelt noch *Schmidt-Eichstaedt*, Bundesgesetze und Gemeinden, S. 165 ff., 209 ff.

gehalt des Artikel 28 Abs. 1 und 2 GG als demokratisches Äquivalent gegenüber der parlamentarisch-demokratischen Legitimation des Gesetztgebers noch präziser bestimmt werden kann.

Der Grund dafür, daß allein die kommunale Verwaltungsebene, nicht aber der gesamte Bereich der Exekutive unmittelbar demokratisch legitimiert ist, ist in dem Umstand zu stehen, daß die Ratsherren durchweg „über eine hinreichende Kenntnis der konkreten tatsächlichen Gegebenheiten und Erfordernisse" verfügen und sie daneben weitgehend auch gleichmäßig an „einer Erhaltung und Pflege des Bewährten, an Abstellung von Mängeln und an ständiger Verbesserung interessiert" sind[80]. Die Detailkenntnis der ortsansässigen Bürger und ihre durchweg gleiche Interessenbetroffenheit durch die Entscheidungen der Gemeinde stellen also die innere Rechtfertigung für die unmittelbare demokratische Legitimation der kommunalen Verwaltungsstufe dar[81]. Beide Voraussetzungen fehlen notwendigerweise gewöhnlich bei den Landtags- und Bundestagsabgeordneten für Verwaltungsentscheidungen auf diesen Ebenen. Darum können die Parlamente die Exekutive „nur" kontrollieren, nicht aber selbst Entscheidungen in diesem Bereich fällen[82]. Die aus diesen Gegebenheiten folgenden Unterschiede in der rechtlichen Ausgestaltung der demokratischen Legitimation auf kommunaler Ebene gegenüber der parlamentarisch-demokratischen Legitimation sollen nun in drei Schritten dargelegt werden. Zunächst werden Rechtsstellung und Funktion der Gemeindevertretungen und ihrer Mitglieder geschildert (1); danach die Beziehungen zwischen Rat und hauptamtlicher Verwaltung (2), um daraus schließlich Folgerungen für das Verständnis der kommunalen Selbstverwaltung als demokratisches Äquivalent gegenüber der parlamentarisch-demokratischen Legitimation des Gesetzgbers zu ziehen (3).

---

[80] So etwa *Wolff/Bachof/Stober*, Verwaltungsrecht II, § 84 I Rdnr. 4 (S. 3) und ausführlicher *v. Arnim*, AöR 113 (1988), S. 15 ff. Zum Gesichtspunkt der (besonderen) Betroffenheit als entscheidendem Rechtfertigungsgrund für die Selbstverwaltung überhaupt vgl. noch *Hendler*, Selbstverwaltung als Ordnungsprinzip, S. 309 ff.

[81] Folgerichtig tauchen diese für eine demokratische Selbstverwaltung sprechenden Gesichtspunkte wieder in den für die Satzungsgewalt der (kommunalen) Selbstverwaltungskörperschaften gelieferten Begründungen auf: Da dem Gesetzgeber (den Parlamenten) die Detailkenntnisse fehlen, die örtlichen Gegebenheiten sich rasch wandeln, Satzungen nur für den Bereich der jeweiligen Körperschaft gelten und darum einen besonderen Personenkreis betreffen, „delegiert" das Grundgesetz in Artikel 28 Abs. 2 GG (und für die übrigen Körperschaften der Gesetzgeber) einen Teil der gesetzgeberischen Befugnisse auf die (kommunalen) Selbstverwaltungskörperschaften; vgl. etwa *Ossenbühl* in Allgemeines Verwaltungsrecht, S. 106 (= § 7 VI 1) und *Kirchhof* in Bundesverfassungsgericht und Grundgesetz, Bd. 2, S. 85 f.

[82] Daß aber auch die parlamentarische Kontrolle kraft Artikel 20 Abs. 2 GG ein demokratisches Äquivalent darstellt, wird in § 5 näher zu schildern sein.

1. Die rechtlichen Besonderheiten des Gemeinderats und seiner Mitglieder

a) Was zunächst die Aufgaben *des Rats* betrifft, so kommen ihm zweifellos politische, d. h. an eigenen Wertmaßstäben orientierte Entscheidungen zu[83]. Diese unterscheiden sich von den parlamentarischen primär dadurch, daß für die Kommunen aufgrund der vielen beschränkenden Rechtsvorschriften in dieser Hinsicht nur ein begrenztes Tätigkeitsfeld besteht. Hinzu kommt, daß die kommunalen Selbstverwaltungskörperschaften insoweit staatlicher (Rechts-)Aufsicht unterstehen. Unsere These, daß der Gesetzgeber, soweit er Angelegenheiten der örtlichen Gemeinschaft regelt, kraft Artikel 28 Abs. 2 GG einem „Unbestimmtheitsgebot" unterliegt[84], bestätigt diesen politischen Charakter der dem Rat zukommenden Aufgaben. Denn ihm wird durch Artikel 28 Abs. 2 GG ja eine Kompetenz zugesprochen, die bei Fehlen dieser Vorschrift der Gesetzgeber wahrnehmen könnte. Daneben beschließt die Gemeindevertretung nun aber vielfach über reine (weitgehend unpolitische) Verwaltungsangelegenheiten. So entscheidet sie über Widersprüche gegen im eigenen Wirkungskreis ergangene Verwaltungsakte, erläßt Richtlinien für die Verwaltung und kann Angelegenheiten der hauptamtlichen Verwaltung weitgehend durch Beschluß an sich ziehen u. a.[85].

Nicht nur in dieser gemischten Aufgabenstellung unterscheiden sich die Gemeindevertretungen von den Parlamenten, sondern auch in ihrer Zusammensetzung. So besteht eine gesetzliche Mitgliedschaft des Gemeindevorstandes im Rat, und in mehreren Gemeindeordnungen ist noch die Befugnis der Gemeindevertretung vorgesehen, weitere durch ihre Sachkunde ausgewiesene Bürger in die Ausschüsse zu wählen. Schließlich ist in diesem Zusammenhang auf die in Bayern vom Rat vorzunehmende Zuwahl berufsmäßiger beamteter Gemeinderatsmitglieder hinzuweisen[86].

Anders als auf parlamentarischer Ebene wird für die Kommunen auch die Zulässigkeit sogenanner Rathausparteien oder Wählervereinigungen bejaht. Da Parteien begriffsnotwendig überregional am Staatsganzen orientiert sind (Artikel 21 GG i. V. m. § 2 Abs. 1 PartG) und die Interessen der örtlichen Gemeinschaft sich damit nicht zu decken brauchen, muß es möglich sein, diese Interessen durch Gruppen, die lediglich bei der Willensbildung in den Gemeinden mitwirken, eben durch die sogenannten Rathausparteien oder Wählervereinigungen zur Geltung

---

[83] So die zutreffende Definition von *M. Schröder*, Grundlagen, S. 351, allgemein dazu S. 349 f.; im Ergebnis ebenso *Wurzel*, Gemeinderat als Parlament?, S. 25 f. und BayVBl. 1986, S. 418 f.

[84] Vgl. bei Anm. 42 f.

[85] Vgl. etwa §§ 57 Abs. 3, 40 Abs. 1 Nr. 1, 40 Abs. 2 der Niedersächsischen Gemeindeordnung und im übrigen den Überblick bei *Schönfelder*, Rat und Verwaltung, S. 6 ff., 216 f. *Schönfelder* weist auch auf in der Praxis zu beobachtende bedenkliche Eingriffe des Gemeinderats in die Zuständigkeit der Gemeindeverwaltung hin (aaO., S. 105 ff.) und betont demgegenüber zu Recht die Notwendigkeit einer Beschränkung des Gemeinderats auf die wesentlichen Verwaltungsentscheidungen um der Effektivität seines Handelns willen (aaO., S. 213 ff.).

[86] S. im einzelnen zu diesen und weiteren einschlägigen Regelungen *Schröder* Grundlagen, S. 359 ff. und (wenn auch weniger vollständig) *Wurzel*, Gemeinderat als Parlament?, S. 30 ff.

zu bringen[87]. Auch hier ist es also die besondere Aufgabenstellung der Kommunen, die diesen Unterschied rechtfertigt.

b) Aus den gegenüber den Parlamenten unterschiedlichen Aufgaben der Gemeindevertretung folgen auch Unterschiede zwischen der *Rechtsstellung der Ratsherren* und der Abgeordneten in den Parlamenten von Bund und Ländern:

Hinzuweisen ist dafür zunächst einmal auf die für die Gemeindevertreter fehlende Garantie der Indemnität und Immunität[88] und die in Nordrhein-Westfalen und Niedersachsen ausdrücklich formulierten Ersatzpflichten der Ratsherren für Schäden, die der Gemeinde durch pflichtwidrig mitbewirkte Beschlüsse entstehen[89]. Hinzu kommen die für die Mitglieder der Gemeindevertretungen geltenden besonderen Ineligibilitäts- und Inkompatibilitätsvorschriften[90]. Hervorzuheben ist daneben vor allem die in einigen Gemeindeordnungen ausdrücklich genannte, an das Beamtenrecht erinnernde Treuepflicht der Ratsherren[91]. Das Vertretungsverbot als besondere Form der allgemeinen Treuepflicht ist sogar in allen Gemeindeordnungen zu finden[92]. Weiter ist in diesem Zusammenhang das ebenfalls nur für die Ratsherren geltende Mitwirkungsverbot zu nennen[93] sowie ihre mit Ausnahme von Hessen in allen Gemeindeordnungen vorgesehene Vereidigung oder Verpflichtung auf die gewissenhafte Erfüllung der durch die Mandatsübernahme entstandenen Obliegenheiten zu Beginn ihrer Tätigkeit[94]. Schließlich bestehen auch hinsichtlich der

---

[87] Vgl. nur BVerfGE 11, 351 (365f.) und *Wurzel*, aaO., S. 26ff. mit Hinweisen auf die einschlägige Literatur.

[88] S. dazu *Wurzel*, aaO., S. 48ff.; *Schröder*, Grundlagen, S. 379ff. und auch *Schönfelder*, Rat und Verwaltung, S. 16f., 21.

[89] Dazu *Schröder*, Grundlagen, S. 409ff. und mit teilweise noch weitergehenden Folgerungen *Michaelis*, DVBl. 1978, S. 125ff.; *Hüttenbrink*, DVBl. 1981, S. 989ff. sowie für die Bauleitplanung *Degenhart*, NJW 1981, S. 2666f. und *Dolde* (NVwZ 1985, S. 251f.) zu einem insoweit einschlägigen Urteil des Bundesgerichtshofs vom 28.6. 1984 (BGHZ 92, 34, 51f.). Aus der Rechtsprechung s. zuletzt das Urteil des OLG Hamm vom 26.6. 1987 (NVwZ 1988, S. 573f.). Kritisch zur restriktiven Interpretation der einschlägigen niedersächsischen Vorschrift durch die Exekutive mit weiteren Literaturnachweisen: *Janssen*, Parlamentarisierung, S. 6f.

[90] Zu den Ineligibilitätsvorschriften s. aus der Rechtsprechung BVerfGE 57, 43ff. und aus der Literatur *Greifeld*, ZBR 1982, S. 97ff.; *Denninger*, Recht im Amt 1981, S. 101ff. und *Wurzel*, Gemeinderat als Parlament?, S. 45ff. Zu den Inkompatibilitätsvorschriften s. aus der Rechtsprechung BVerfGE 58, 177ff.; VGH Rheinland-Pfalz, VR 1982, S. 390ff. und aus der Literatur *Wurzel*, aaO., S. 40ff. und *Schröder*, Grundlagen, S. 441.

[91] Ausführlich dazu *Schröder*, Grundlagen, S. 388ff.; daneben wiederum *Wurzel*, aaO., S. 69ff.

[92] S. die Nachweise in Anm. 91 und daneben *Menger*, NJW 1980, S. 1827ff.; *H. Bauer*, NJW 1981, S. 2171f. und die Urteilsanmerkung von *Schoch*, DVBl. 1981, S. 678ff. sowie aus der Rechtsprechung BVerfGE 56, 99ff. und BVerfGE 61, 68ff.

[93] Vgl. dazu wiederum *Schröder*, Grundlagen, S. 396ff. und *Wurzel*, aaO., S. 72ff.; daneben *Borchmann*, NVwZ 1982, S. 17ff. (zur einschlägigen Rechtsprechung).

[94] Dazu ebenfalls *Wurzel*, aaO., S. 68f.; *Schröder*, Grundlagen S. 385ff.

Verschwiegenheitspflicht und Aussagepflicht (Zeugnisverweigerungsrecht) Unterschiede zwischen den Gemeindevertretern und Abgeordneten[95].

Alle genannten besonderen Bestimmungen für die Ratsherren lassen sich mehr oder weniger deutlich als notwendige Folgerung aus der Befugnis der Gemeindevertretung zu Verwaltungsentscheidungen verstehen. Die Gewährleistung einer objektiven, unbefangenen und gerechten derartigen Entscheidung setzt, wenn sie in die Zuständigkeit des Rats fällt, diese und ähnliche Regelungen notwendig voraus. Dennoch sind die Ratsherren als gewählte Vertreter des Gemeindevolkes keine Beamten; die genannten für sie geltenden Regelungen lassen sich allein aus der besonderen Funktion, die sie wahrnehmen, erklären. Exemplarisch für diese besondere Rechtsstellung der Ratsherren ist auch die für sie geltende Gemeinwohlbindung: Während der Abgeordnete allein seinem Gewissen unterworfen ist (Artikel 38 Abs. 1 Satz 2 GG), der Beamte dagegen „bei seiner Amtsführung auf das Wohl der Allgemeinheit Bedacht zu nehmen" hat (§ 35 BRRG), heißt es in den Gemeindeordnungen gewöhnlich, daß der Ratsherr *bei* seiner Gewissensentscheidung das Gemeinwohl bzw. öffentliche Wohl berücksichtigen solle[96]. Zutreffend hat nun dieses für den Status der Gemeindevertreter typische Ineinander von parlamentarischen und amtsrechtlichen Elementen Scheuner zusammenfassend wie folgt umschrieben:

„Die Stellung der Gemeindevertreter trägt... Zeichen einer doppelten Funktionsbestimmung. Auf der einen Seite der repräsentativen Stellung, die sich den parlamentarischen Grundsätzen nähert, auf der anderen einer Teilnahme an der Verwaltung der Gemeinde, die zwar nicht an den Maßstäben des öffentlichen Amts oder des Beamten gemessen werden kann, die aber doch als ehrenamtliche Tätigkeit eine rechtliche Bindung an das Gemeinwohl, an die Gleichbehandlung aller Bürger, Abwesenheit von Willkür und die anderen Prinzipien einer Verwaltungstätigkeit herbeiführt. Wo Gemeindevertreter an Verwaltungsentscheidungen teilnehmen, die Rechte der Bürger berühren, unterliegen sie den Bindungen an die rechtsstaatlichen Grundsätze des Verwaltungshandelns in stärkerem Maße als dies bei der frei gestaltenden Tätigkeit der staatlichen Parlamente der Fall ist"[97].

---

[95] Vgl. insoweit nochmals *Schröder*, Grundlagen, S. 400 ff.; *Wurzel*, aaO., S. 79 ff.

[96] Nachweise bei *Schröder*, Grundlagen, S. 379 Anm. 192. Nach *Peine* (JZ 1985, S. 919, ähnlich S. 920) besitzt der Abgeordnete allerdings, obwohl das Grundgesetz darüber konkret nichts aussagt, die verfassungsrechtliche Pflicht, „das Gemeinwohl zum Endpunkt seines Handelns zu erheben".

[97] So *Scheuner* in FS Ipsen, S. 170; vgl. im übrigen insoweit zusammenfassend *Schröder*, Grundlagen, S. 413 f.; *Wurzel*, Gemeinderat als Parlament?, S. 108 f. und *Achterberg*, AöR 109 (1984), S. 526 ff. Zusammenfassend zur verstärkt zu beachtenden Zurückdrängung der amtsrechtlichen Momente in der Rechtsstellung der Ratsherren: *Janssen*, Parlamentarisierung, S. 5 ff.

2. Das Verhältnis zwischen Rat und Verwaltung

Das Verhältnis zwischen Rat und Verwaltung ist nicht durch das Gewaltenteilungsprinzip bestimmt. Denn auch der Rat ist kraft Verfassung ein Verwaltungsorgan[98]. Er ist sogar, wie besonders deutlich seine „Richtlinienkompetenz" zeigt, insoweit das leitende Organ[99]. Es bestehen also, von der Befugnis zur Satzungsgebung einmal abgesehen, keine substantiellen Unterschiede zwischen dem Tätigkeitsbereich der Gemeindevertretung und dem der Verwaltung, sondern der bestimmende Gesichtspunkt für die Aufgabenverteilung zwischen ihnen ist allein der der „funktionsgerechten Funktionsausübung"[100].

Soweit dem entsprochen wird, folgt aus der Position des Rats als leitendem Verwaltungsorgan auch sein im übrigen unbegrenztes Zugriffsrecht auf die Bereiche der Verwaltung. Das kann hier im Gegensatz zur staatlichen Ebene wegen der fehlenden inhaltlichen Unterschiede der Tätigkeitsbereiche und der verfassungsrechtlich nicht besonders begründeten Legitimation der Gemeindeverwaltung als solcher nicht anders sein. Die Frage nach den demokratischen Äquivalenten gegenüber den Verwaltungsentscheidungen des Rats stellt sich darum ebenfalls nicht. Der Gesichtspunkt der funktionsgerechten Funktionsausübung spricht aber grundsätzlich gegen eine Harmonisierung der Wahlzeiten von Gemeinderat und Verwaltungsspitze[101] und ebenfalls gegen die in der Literatur zwar überwiegend abgelehnte, in einigen Gemeindeordnungen aber vorgesehene vorzeitige Abwahl hauptamtlicher kommunaler Wahlbeamter[102]. Denn namentlich im letzten Fall wird übersehen, daß eine sachgerechte Aufgabenerfüllung der Verwaltung eine

---

[98] S. dazu *Schmidt-Jortzig*, Kommunale Organisationshoheit, S. 153 ff.; *Wurzel*, aaO., S. 117 f.; *Schönfelder,* Rat und Verwaltung, S. 40 f.; *Schröder*, Grundlagen, S. 435 ff.; *Stober*, BayVBl 1981, S. 163; *Achterberg*, AöR 109 (1984), S. 527 u. a. und aus der Rechtsprechung etwa BayVerfGH, NVwZ 1985, S. 823 (824).

[99] *Stober*, Ämterverfassung, S. 42 ff., bes. S. 43 und 46 ff.; *Schönfelder*, Rat und Verwaltung, S. 215 ff.

[100] Dieser im Grunde für die Erklärung der kommunalen Inkompatibilitätsregelungen geprägte Begriff (s. *Schröder*, Grundlagen, S. 441) läßt sich aber auch, wie die Ausführungen von *Schröder* zur Frage einer Aufgabenteilung zwischen Rat und Verwaltung zeigen (aaO., S. 438 ff.), als übergeordneter, die betreffenden Regelungen in den Kommunalgesetzen und Geschäftsordnungen bestimmende Gesichtspunkt verstehen. Eine entsprechende Aufgabenverteilung zwischen Rat und Verwaltung ist darüber hinaus sogar verfassungsrechtlich unter Rückgriff auf die Artikel 20 Abs. 2, 28 Abs. 2 und 33 Abs. 2 GG begründbar, s. dazu *Janssen*, Parlamentarisierung, S. 13 f. mit Nachweisen. Die Verschiebung der Gewichte in der kommunalen Wirklichkeit analysiert eindrucksvoll *Wallerath*, DÖV 1986, S. 533 ff.; s. dazu auch *Janssen*, aaO., S. 9 ff.

[101] Das ist allerdings umstritten; s. dazu ausführlich *Schönfelder*, Rat und Verwaltung, S. 138 ff. (Ergebnis S. 146 f.) und daneben *Janssen*, Parlamentarisierung, S. 11 f. mit weiteren Nachweisen.

[102] Zusammenfassend dazu mit Nachweisen *Stober*, Ämterverfassung; vgl. daneben aus der neueren Literatur *Lichterfeld*, DVBl. 1982, S. 1021 ff.; *Benne*, Niedersächsischer Städteverband 1983, S. 4 ff. und *Thiele*, Der Öffentliche Dienst 1988, S. 49 ff. Aus der die Zulässigkeit entsprechender Regelungen bejahenden neueren Rechtsprechung s. etwa die Beschlüsse des Bundesverwaltungsgerichts vom 23. 1. 1985 (NVwZ 1985, S. 275 f.) und des VGH Kassel vom 3. 7. 1985 (NVwZ 1985, S. 604 f.) sowie sein Urteil vom 3. 9. 1987 (NVwZ 1988, S. 1153 f.).

Ämterverfassung für sie voraussetzt. Die konsequente Wahrnehmung des Beanstandungsrechts durch den Hauptverwaltungsbeamten und die ordnungsgemäße Erfüllung der Pflichten im übertragenen Wirkungskreis (die wiederum Voraussetzung für die Möglichkeit einer parlamentarischen Verantwortlichkeit der Regierung ist) dürften bei einer Abhängigkeit der Verwaltungsspitze vom Rat, die der parlamentarischen Verantwortlichkeit der Regierung nahekommt, in Frage gestellt sein[103].

Es bestehen demnach gute Gründe, die „Gleichgestimmtheit" zwischen Gemeindevertretung und kommunalen Wahlbeamten[104] nur begrenzt zuzulassen. Letztlich rechtfertigt diese Ansicht wiederum die unterschiedliche Aufgabenstellung von Rat und Parlament. Die politische Führungsrolle im Bereich der Verwaltung (Richtlinienkompetenz, Personalhoheit u. a.) übt auf kommunaler Ebene eben der Rat aus, während das bürokratische Moment durch die Verwaltung zum Tragen kommt. Im Beanstandungsrecht des kommunalen Hauptverwaltungsbeamten findet auch die im Vergleich zur Regierung besondere Stellung der Verwaltungsspitze ihren sichtbaren Ausdruck[105]. Hält man die politische Führungsrolle des Rats durch den Vorsprung an Fachwissen und Information auf seiten der Verwaltung für gefährdet, so ist über wirksamere Kontrollen durch den Rat nachzudenken[106]. Und sieht man die Notwendigkeit, daß die Verwaltungsspitze über ihre bürokratischen Aufgaben hinaus selbständige Steuerungsfunktionen übernehmen muß, weil sie der Rat von der Sache her nicht leisten kann[107], so setzt eine solche Aufgabenerfüllung, da sie häufig eben auch gegen die (partikularen) Interessen des Rats und seiner Fachausschüsse durchzusetzen ist[108], letztlich wohl die unmittelbare demokratische Legitimation des hauptamtlichen Bürgermeisters durch Direktwahl, wie sie in den Gemeindeordnungen von Bayern und Baden-Württemberg vorgesehen ist, voraus[109]. Das wären zumindest Korrekturen des geltenden Gemeindeverfassungsrechts, die an der Aufgabenstellung von Rat und Verwaltung und nicht

---

[103] S. dazu wiederum *Stober*, aaO., S. 39f., 51 ff.; daneben *Erichsen*, DVBl. 1980, S. 728 f.

[104] So aber der Aufsatz von *E. Klein* in DÖV 1980, S. 853 ff.

[105] So richtig *Stober*, Ämterverfassung, S. 51 ff., besonders S. 53 f. Für die Regierung existiert demgegenüber nur ein (schwach ausgeprägtes) finanzielles „Beanstandungsrecht" in Artikel 113 GG (s. dazu schon § 3 I. bei Anm. 29 ff.).

[106] S. dazu ausführlich *Schönfelder*, Rat und Verwaltung, S. 111 ff., 194 ff., 205 ff., 209 ff. und bes. sein Plädoyer für einen Korreferenten aus dem Rat, der dem auf Zeit gewählten hauptamtlichen Dezernenten zugeordnet wird, auf S. 168 ff. sowie sein Eintreten für eine Erweiterung der Möglichkeit, sachkundige Bürger in die Ratsausschüsse zu berufen und dort mitberaten zu lassen, auf S. 173 ff.

[107] Dazu eindrucksvoll *Banner*, DÖV 1984, S. 364 ff.

[108] S. dazu wiederum *Banner*, aaO. und den Erfahrungsbericht des Oberstadtdirektors von Hannover, *Lehmann-Grube* (DÖV 1985, S. 1 ff.).

[109] So auch die Konsequenz von *Banner*, aaO., bes. S. 371 ff.; *Schönfelder,* Rat und Verwaltung, S. 157 ff.; die Stellungnahme des Sachverständigenrates zur Neubestimmung der kommunalen Selbstverwaltung: Poltik und kommunale Selbstverwaltung, S. 51 ff.; *Wallerath*, DÖV 1986, S. 543 f. und *Janssen*, Parlamentarisierung, S. 12 f.

an diese Aufgabenstellung verfehlenden parlamentarischen Anleihen orientiert
wären.

3. Folgerungen: Die kommunale Selbstverwaltung als demokratisches Äquivalent gegenüber der parlamentarisch-demokratischen Legitimation des Gesetzgebers

Die demokratische Legitimation der Kommunen besitzt also in der Tat rechtliche Besonderheiten im Vergleich zu der parlamentarisch-demokratischen Legitimation des Gesetzgebers. Diese Besonderheiten resultieren, so sahen wir, aus der Rolle des Rats als (führendem) Verwaltungsorgan. Sie können nun aber nicht die *Gleichwertigkeit* der demokratischen Legitimation gegenüber der des Gesetzgebers ausschließen. Denn auf kommunaler Ebene läßt sich die personelle wie die sachlich-inhaltliche demokratische Legitimation für den durch Artikel 28 Abs. 2 GG garantierten Handlungsspielraum auf das Gemeindevolk zurückführen, das gemäß Artikel 20 Abs. 2, 28 Abs. 1 S. 2 und 3 GG als Teilvolk insoweit zwar eine im Verhältnis zur parlamentarisch-demokratischen Legitimation spezielle (besondere), aber eben gleichwertige demokratische Legitimation stiftet[109a]. Darum ist letztlich auch kommunale Satzungsgebung, wie Schmidt-Aßmann richtig sagt, „nicht Ausübung einer an sich dem Parlament zustehenden, den Gemeinden durch einfaches Gesetz nur delegierter Rechtssetzungsbefugnis"[110]. Besonders die Diskussion über die verfassungsrechtliche Zulässigkeit eines kommunalen Wahlrechts für Ausländer hat dieses Verständnis der für die Kommunen bestehenden demokratischen Legitimation deutlich gemacht[111]. Artikel 28 Abs. 2 GG begrenzt nun in seiner dargelegten (großen) Reichweite eben wegen der Gleichwertigkeit dieser demokratischen Legitimation den Bundes- und den Landesgesetzgeber. Das Grundgesetz hat im Ergebnis also mit Artikel 28 Abs. 1 und 2 GG eine vom Gesetzgeber besonders hinsichtlich der Konkretheit seiner Regelungen zu beachtende selbständige demokratische Entscheidungsebene statuiert.

In der andersartigen rechtlichen Ausformung der parlamentarisch-demokratischen Legitimation findet nun auch die Gewaltenteilung zwischen Exekutive und

---

[109a] S. dazu nur *Böckenförde*, in Handbuch des Staatsrechts, Bd. 1, S. 903, 906 f. und *v. Arnim*, AöR 113 (1988), S. 7 ff., 18 f. jeweils mit weiteren Nachweisen.

[110] Kommunale Rechtssetzung, S. 8 mit Nachweisen; vgl. daneben besonders *v. Arnim* (AöR 113 (1988), S. 19 ff.), der diesen Standpunkt ausführlich begründet. Die Gemeinde handelt insoweit darum, wie *Schmidt-Aßmann* (aaO.) weiter zutreffend feststellt, „anders als der Verordnungsgeber nicht an Stelle des Parlaments, sondern eigenständig im Rahmen gesetzlicher Vorgaben".

[111] S. dazu aus neuerer Zeit nur *Schink*, DVBl. 1988, S. 417 ff.; *Wollenschläger*, VR 1988, S. 337 ff.; *Papier*, in Aus Politik und Zeitgeschichte, B 24 (1988), S. 37 ff.; *Kämper*, ZRP 1989, S. 96 ff. Die gleichwertige demokratische Legitimation der Kommunen spricht u. a. auch für das Verständnis des Gemeinderats (und Kreistags) als Volksvertretung im Sinne des Artikel 17 GG, s. dazu genauer *Janssen*, Archiv für Kommunalwissenschaften 26 (1987), S. 211 f.

Legislative ihren rechtfertigenden Grund[112]. Die Parlamente können danach zwar als Folge ihrer nach dem Grundgesetz bestehenden umfassenden Repräsentationsfunktion[113] zu allen von der Exekutive zu treffenden Entscheidungen (unverbindliche) Entschließungen fassen; sie können solche Entscheidungen aber im Gegensatz zum Rat grundsätzlich nicht selbst treffen. Gerade die dargelegten Unterschiede zwischen Gemeinderat und Parlament in der Aufgabenstellung, ihrem Verhältnis zur Verwaltung bzw. Regierung und in der Rechtsstellung ihrer Mitglieder machen das, wie gesagt, deutlich. In eben diesen Unterschieden ist die entscheidende Antwort auf die Frage zu sehen, warum allein die kommunale Verwaltungsebene unmittelbar demokratisch legitimiert ist, und von dieser Antwort aus ergibt sich auch der richtige Ausgangspunkt für das im folgenden § 5 zu schildernde Verständnis der parlamentarischen Kontrolle und dem damit in Zusammenhang stehenden Verständnis der Gewaltenteilung zwischen Legislative und Exekutive.

III. Die anderweitigen Begründungsversuche für eine unmittelbare demokratische Legitimation der Verwaltung – zur Notwendigkeit der Beteiligung an Verwaltungsentscheidungen aus demokratischen Gründen

Die Frage einer hinreichenden demokratischen Legitimation des Verwaltungshandelns taucht unabhängig von Artikel 28 Abs. 2 GG besonders bei komplexen Verwaltungsentscheidungen wegen ihrer fehlenden gesetzlichen Programmierung und der für diese Entscheidungen charakteristischen Verflochtenheit von privaten und öffentlichen Interessen auf[114]. Aufgrund der hier vertretenen Auffassung vom Aussagegehalt verfassungsrechtlicher Prinzipien kann aber aus dem Demokratieprinzip als solchem (Artikel 20 Abs. 2 und 3 GG) unmittelbar keine Folgerung für die verfassungsrechtliche Notwendigkeit einer Beteiligung an komplexen Verwaltungsentscheidungen abgeleitet werden. Das ergibt sich zudem aus der Tatsache, daß das Grundgesetz sich für eine bestimmte Form der Demokratie, nämlich die repräsentative Demokratie, entschieden hat[115]. Im übrigen stellt die Selbstverwaltungsgarantie des Artikel 28 Abs. 2 GG „die einzige verfassungsrechtlich institutionalisierte Ausprägung des demokratischen Prinzips im Exekutivbereich" dar[116]. Der Bürger besitzt daneben nur die Möglichkeit der Eingabe (Artikel 17

---

[112] Dazu genauer § 5 II.

[113] Vgl. dazu § 5 I. bei Anm. 1 ff., 7 ff.

[114] Zur Eigenart dieser Entscheidung bereits § 1 III. bei Anm. 205 f.

[115] Dazu genauer unser „Ausblick". Dort wird auch (bei Anm. 26 ff.) dargelegt, daß Demokratie in anderer Form gar nicht denkbar (realisierbar) ist; s. daneben den Diskussionsbeitrag von *Quaritsch* in VVDStRL 33 (1975), S. 279.

[116] So *Burmeister*, Selbstverwaltungsgarantie, S. 110 f., 113. Die Selbstverwaltungsgarantie bildet insoweit auch nach *Burmeister* (aaO., S. 111) „ein ganz wesentliches Element des im Grundgesetz stark verkürzten status activus des Individuums". Im Ergebnis ebenso *Schmitt-Glaeser*, VVDStRL 31 (1973), S. 214 ff. und 306; *Grawert,* VVDStRL 36 (1978), S. 317 u. a. Den

GG)[117], um das Verwaltungshandeln von den „Volksvertretungen" in Bund und Ländern (oder den „zuständigen Stellen") überprüfen zu lassen. Das ist – so muß gefolgert werden – das alleinige vom Grundgesetz vorgesehene „demokratische Korrektiv"[118]. Wenn in einigen Genehmigungsverfahren für industrielle Großvorhaben (vgl. etwa §§ 4 ff. AtVfV oder § 10 Abs. 3, 6 BImSchG) die Jedermannsbeteiligung vorgesehen ist, so kommt dem Verwaltungsverfahren insoweit zweifellos die Funktion zu, einen gewissen Konsens über die beabsichtigte Entscheidung bzw. die Bereitschaft zu ihrer Akzeptanz herbeizuführen und damit zugleich demokratische Legitimationsdefizite auszugleichen[119]. Nur erfüllt das Verwaltungsverfahren damit keine verfassungsrechtliche, sondern allenfalls eine verfassungspolitisch erwünschte Aufgabe[120].

Daneben ist die Notwendigkeit einer Jedermannsbeteiligung an komplexen Verwaltungsentscheidungen mit den „Wahrnehmungsschwächen der staatlichen Entscheidungsbürokratie" und den „Defiziten bei der Interessenaufbereitung und -vermittlung durch politische Parteien und Verbände" begründet worden. Die aus organisationssoziologischen Gegebenheiten folgende „selektive Aufmerksamkeit" der genannten Stellen sei es, die die komplizierte Sachlage in diesen Fällen zwangsläufig verkürzt zur Kenntnis nehme und verarbeite[121]. Die Richtigkeit dieser Beobachtung wird man im Blick auf die primäre Orientierung der Parteien und Verbände an „langfristig angelegten Machtinteressen" sowie den bisweilen zu beobachtenden „Ressortegoismus" der Bürokratie und ihre Abhängigkeit von den politischen Zielvorstellungen der die Regierung tragenden Parlamentsmehrheit kaum bestreiten können[122]. Wenn daraus jedoch eine verfassungsrechtliche Rechtfertigung der Jedermannspartizipation aus demokratischen Gründen gefolgert wird, so stehen dem zwei Überlegungen entgegen:

Zunächst ist daran festzuhalten, daß die bei komplexen Verwaltungsentscheidungen gewöhnlich betroffenen subjektiven öffentlichen Rechte eines Bevölkerungsteils aus Artikel 2 Abs. 2 GG auch solche bleiben, wenn sie mit einem „(latent) öffentlichen Interesse" übereinstimmen[123]. Man kann also nicht einen

---

Standpunkt der Gegenmeinung vertritt besonders deutlich *Schuppert* (AöR 102/1977, S. 394 ff.): ein erweiterter Repräsentations- bzw. Legitimationsbegriff und – dem zugrundeliegend – ein Verständnis der Demokratie als „Prozeß der ständigen Erneuerung staatlicher Legitimität" sind dafür die theoretischen Ausgangspunkte.

[117] Dazu zusammenfassend *Friesenhahn* in FS für Hans Huber, S. 353 ff.; *Vitzthum,* Petitionsrecht und Volksvertretung und *Vitzthum/März*, JZ 1985, S. 809 ff.

[118] Gegen eine Ableitung des Anspruchs auf Partizipation an Verwaltungsentscheidungen aus Artikel 17 GG ausdrücklich *W. Schmidt*, JZ 1978, S. 294.

[119] S. insoweit nur *Wahl*, VVDStRL 41 (1983), S. 158 f., 182 f., 192; im Ergebnis ebenso *Schmidt-Aßmann*, Das Allgemeine Verwaltungsrecht als Ordnungsidee und System, S. 46 f.

[120] Anders wohl *Schuppert*, AöR 102 (1977), S. 395 ff., bes. S. 398 f. Ansätze insoweit auch bei *W. Schmidt*, JZ 1981, S. 293 ff.; VVDStRL 33 (1975), S. 210 ff. und Einführung, S. 103.

[121] S. bes. *W. Schmidt*, Einführung, S. 103 f.; JZ 1978, S. 293, 295 f.; VVDStRL 33 (1975), S. 203 ff. mit weiteren Nachweisen.

[122] Wie Anm. 121.

[123] So richtig etwa *Baumann*, BayVBl. 1982, S. 265 mit Anm. 132.

„*Übergang* vom Individualrechtsschutz aus Artikel 2 Abs. 2 GG zum öffentlichen Interesse an einer möglichst geringen Umweltbelastung der Gesamtbevölkerung im Wirkungsbereich der geplanten Anlage" behaupten und daraus den Schluß ziehen, daß aus *diesem* Grund die betreffenden Verwaltungsverfahren „zu einem Massenverfahren mit Jedermannsbeteiligung" geworden sind[124]. Denn es handelt sich ja, wie gesagt, allein um die Bevölkerung im „Wirkungsbereich der geplanten Anlage", d. h. um die dort davon „Betroffenen"[125]. Diese Sicht ist allerdings als Gegenposition zum herrschenden – substantiellen – Verständnis des subjektiven öffentlichen Rechts verständlich. Nimmt man dagegen das Rechtsverhältnis zum Ausgangspunkt der verwaltungsrechtlichen Betrachtung[126] und geht vom juristisch-technischen (funktionalen) Sinn des subjektiven öffentlichen Rechts aus (subjektes Recht als Folge der gesetzlichen bzw. verfassungsrechtlichen Konfliktentscheidung[127]), so bereitet die Vorstellung eines von der komplexen Verwaltungsentscheidung in seinen subjektiven Rechten betroffenen Personenkreises keine Schwierigkeiten. Nicht aus der Notwendigkeit einer ergänzenden demokratischen Legitimation für komplexe Verwaltungsentscheidungen folgt demnach die Forderung nach einer Bürgerbeteiligung zur Aufklärung des Sachverhalts, sondern aus der Tatsache, daß von dieser Entscheidung bestimmte Bürger in ihren Rechten „betroffen" sind. Es handelt sich also insoweit um eine „Betroffenenbeteiligung", die letztlich aus dem Gebot eines wirksamen Rechtsschutzes folgt[128].

Daneben kann nun aber weder aus demokratischen Gründen noch wegen der durch eine geplante Anlage bedingten Betroffenheit eines Bevölkerungsteils von der zu beobachtenden „selektiven Aufmerksamkeit" der staatlichen Bürokratie und der Parteien und Verbände unmittelbar auf die verfassungsrechtliche Notwendigkeit einer Jedermanns- oder Betroffenenbeteiligung geschlossen werden. Denn es ist trotz der genannten organisationssoziologischen Gegebenheiten ja nicht auszuschließen, daß die zuständige Behörde im konkreten Fall vor Erlaß der Entscheidung von sich aus alle relevanten Gesichtspunkte erwogen und die Entscheidung entsprechend begründet hat; d. h. aus ihren „Wahrnehmungsschwächen" folgt nicht notwendig, daß die fehlende Betroffenen- oder gar Jedermanns-

---

[124] So aber *W. Schmidt*, Einführung, S. 100 (Hervorhebung A. J.). Deutlich auch die entsprechende Folgerung von Schmidt für den Verwaltungsprozeß (NJW 1978, S. 1773): Der Kläger ist bei komplexen Verwaltungsentscheidungen nicht zum Schutz seiner Interessen, sondern als „Teil der Allgemeinheit" klagebefugt, da es um „Rechtsschutz zugunsten eines nicht mehr übersehbaren Personenkreises" geht. Daß in diesen Fällen eine „konkret-individuelle Grundrechtsbetroffenheit" nicht mehr vorliegt, betont auch *Ossenbühl*, DÖV 1981, S. 6f.

[125] Richtig gesehen u. a. von *Baumann*, aaO. und *H. Hofmann*, UPR 1984, S. 81. Noch weitergehender etwa *Sailer* (Natur + Recht 1987, S. 213): Wenn „ein Gebiet zum Lebenskreis des Klägers gehört", soll er auch die Verletzung naturschutzrechtlicher Regelungen rügen können.

[126] Zu entsprechenden sehr frühen Überlegungen bei *W. Henke* s. schon § 2 II. bei Anm. 45 ff.

[127] S. dazu bes. *Schapp*, Das subjektive Recht im Prozeß der Rechtsgewinnung, S. 144 ff., bes. S. 154 ff. und S. 14 ff. (zum theoretischen Ausgangspunkt) sowie im Anschluß daran – dabei eigene Ansätze weiterführend – *Henke*, DÖV 1980, S. 621 ff.

[128] Dazu sogleich bei Anm. 131 und noch genauer in § 7 I.

beteiligung zu einer mangelnden Aufklärung und Würdigung des zu entscheidenden Sachverhalts führt. Ob insoweit eine fehlerhafte Entscheidung zustande gekommen ist, zeigt sich erst ex post bei ihrer verwaltungsgerichtlichen Überprüfung. Man kann darum nicht zur Vermeidung *möglicher* Fehler ein verfassungsrechtliches Beteiligungsrecht für das Verwaltungsverfahren postulieren[129]. Das gilt für die Forderung nach Jedermannsbeteiligung um so mehr, als auf diesem Umweg dann ja auch eine schwerlich mit Artikel 19 Abs. 4 GG zu vereinbarende Popularklage anerkannt werden müßte[130].

Als verfassungsrechtlicher Anknüpfungspunkt für ein Beteiligungsrecht bleibt demnach nur noch das vor allem aus Artikel 19 Abs. 4 GG abgeleitete Gebot eines wirksamen gerichtlichen Rechtsschutzes, das, wie wir bereits in § 1 III. kurz andeuteten[131], bei komplexen Verwaltungsentscheidungen eine Beteiligung der Betroffenen im Verwaltungsverfahren notwendig machen kann. Darauf ist in § 7 noch genauer einzugehen. Hier kann aufgrund des Gesagten zu unserer Ausgangsfrage, ob das Grundgesetz über Artikel 28 Abs. 1 und 2 GG hinaus eine direkte demokratische Legitimation der Verwaltung fordert, festgestellt werden, daß dies nicht der Fall ist. Allein die besondere demokratische Legitimation der Verwaltung durch Artikel 28 Abs. 1 und 2 GG vermag darum auch nur dem Gesetzgeber Grenzen zu setzen.

§ 5 Die demokratische Kontrolle

Wir wiesen bereits im ersten Teil darauf hin, daß dem Parlament nach dem Grundgesetz eine umfassende Repräsentationsfunktion zukommt[1]. In der Wahl des Bundeskanzlers durch das Parlament[2] und der parlamentarischen Verantwortlichkeit der Regierung ist der rechtliche Grund für diese Kompetenz zu sehen; in der Beteiligung des Parlaments an der politischen Leitungsgewalt (Regierung)[3] findet sie besonders deutlichen Ausdruck. Diese umfassende Repräsentationsfunktion des Parlaments ist der Grund dafür, daß es nicht nur als Gesetzgeber,

---

[129] Die gesetzlich vorgesehene Jedermannsbeteiligung in den Genehmigungsverfahren für einige industrielle Großvorhaben u. a. ist darum richtig als Erweiterung des Amtsermittlungsgrundsatzes nach § 24 VwVfG zu verstehen (so auch *Papier*, NJW 1980, S. 316).

[130] Insofern konsequent *W. Schmidt*, DÖV 1976, S. 577 ff., bes. S. 580 ff.

[131] Vgl. § 1 III. bei Anm. 205 ff.

[1] S. § 1 III. bei Anm. 219 und § 2 II. bei Anm. 39 f. im Anschluß an *Böckenförde*, AöR 103 (1978), S. 6 ff.; vgl. auch *Hesse*, Grundzüge, S. 220 ff.

[2] Dazu unter Herausarbeitung der Unterschiede, die zwischen dem konstitutionellen Staatsrecht und auch noch zwischen der Weimarer Reichsverfassung und dem Grundgesetz bestehen: *Busch*, Parlamentarische Kontrolle, S. 16 ff. und ausführlich *Stern*, Staatsrecht, Bd. 1, S. 978 ff.

[3] S. dazu nur *Friesenhahn*, VVDStRL 16 (1978), S. 37 ff.; *Vitzthum*, Parlament und Planung, S. 259 ff.; *Magiera*, Parlament und Staatsleitung, S. 218 ff., auch S. 269 ff.; *Mössle*, Regierungsfunktionen des Parlaments, besonders S. 132 ff., 156 ff.

sondern auch durch seine Kontrolle von Regierung und Verwaltung demokratische Legitimation vermittelt. Das ist sogleich unter I. genauer darzustellen. Da nun das Parlament nach dem Grundgesetz auch als Kontrollorgan seine (direkte) demokratische Legitimation zur Geltung bringt, ist es möglich, die entscheidende Rechtswirkung des Gewaltenteilungsprinzips darin zu sehen, daß es – verstanden als Ausfluß aus dem Demokratieprinzip – die Grenzen der parlamentarisch-demokratischen Legitimation des Gesetzgebers aufzeigt und damit zugleich das Verständnis der parlamentarischen Kontrolle als demokratisches Äquivalent begründet. Darauf ist unter II. genauer einzugehen. Unter III. ist dann schließlich nach der rechtlichen Eigenart der auf der Verwaltungsebene der parlamentarischen Kontrolle im dargelegten Sinne entsprechenden Handlungsform zu fragen.

I. Die parlamentarische Kontrolle als Möglichkeit demokratischer Legitimation

1. Die Anforderungen an einen entsprechenden Begriff der parlamentarischen Kontrolle und der Inhalt der durch sie vermittelten Legitimation

Wie im § 3 das Haushaltsgesetz mit dem Haushaltsplan wegen seiner gleichwertigen demokratischen Legitimation (und der verfassungsrechtlichen Funktion des Haushalts) als Grenze für den (Leistungs-)Gesetzgeber in Betracht kam, so interessiert nunmehr auch die parlamentarische Kontrolle vor allem als selbständige demokratische Legitimationsform *neben* der parlamentarisch-demokratischen Legitimation des Gesetzgebers. Unter parlamentarischer Kontrolle sind darum im folgenden alle nicht auf die Gesetzgebung (einschließlich der Haushaltsgesetzgebung und der Vertragsgesetze nach Artikel 59 Abs. 2 GG) bezogenen Zuständigkeiten der Parlamente in Bund und Ländern zu verstehen, sofern der Bundestag und die Landtage in dieser Form auf das nicht gesetzlich bestimmte, „freie" Regierungshandeln Einfluß nehmen können.

Für den so bestimmten Bereich der parlamentarischen Kontrolle kann hier nun aber nicht, wie bisweilen üblich, zwischen nachträglicher Kontrolle des Regierungshandelns und der sachlichen Mitwirkung des Parlaments daran unterschieden werden. Denn in beiden Fällen wird ja das Regierungshandeln in einer Form demokratisch legitimiert, die sich von der des Gesetzes unterscheidet. Ob es allerdings auch verfassungsrechtlich zulässig ist, der parlamentarisch-demokratischen Legitimation des Gesetzgebers alternativ eine „einheitliche" durch parlamentarische Kontrolle vermittelte gegenüberzustellen, erscheint deshalb fraglich, weil Kontrolle begrifflich ein eigenverantwortliches vorgängiges Handeln der Regierung, das kontrolliert werden kann, voraussetzt. Verliert man diesen grundsätzlichen Charakter der Kontrolle aus den Augen, so besteht die Gefahr, daß das Parlament von vornherein in Regierungsentscheidungen (politisch) eingebunden wird und keine wirksame Überwachung der Regierungstätigkeit mehr leistet[4].

Gegenüber diesem auf den Zusammenhang von Verantwortung und Kontrolle abstellenden Argument muß zunächst darauf verwiesen werden, daß eine Trennung zwischen Kontrolle und (indirekter) Mitwirkung des Parlaments am Regierungshandeln in manchen Bereichen nicht mehr durchzuführen ist. Das gilt namentlich für Regierungsplanungen, da jede nachträgliche Kontrolle dieser Planungen wegen deren unmittelbarem Einfluß auf die weitere Regierungstätigkeit häufig zu spät kommen würde[5]. Daneben stellt der Hinweis auf den Charakter der Kontrolle als einer durchweg nachträglichen Überprüfung des Regierungshandelns primär ein verfassungspolitisches, nicht aber ein verfassungsrechtliches Argument dar. Das zeigt schon der Text des Grundgesetzes, nach dem der Begriff der Kontrolle nur in Artikel 45b GG für die Aufgabenbeschreibung des Wehrbeauftragten gebraucht wird[6]. Entscheidend spricht aber für den hier vertretenen Begriff der parlamentarischen Kontrolle die erwähnte Eigenschaft des Parlaments als „Repräsentationsorgan des Staatsbürgers"[7]; denn sie beinhaltet ja seine Befugnis, sich zumindest mit allen jenen Aufgaben zu befassen, für die der Bund bzw. das betreffende Land zuständig sind[8]. Diese Eigenschaft des Parlaments wiederum folgt aus seiner Kompetenz zur Wahl des Regierungschefs (so im Bund) bzw. der gesamten Regierung (so in den meisten Ländern) und der parlamentarischen Verantwortlichkeit der Regierung. Die Tatsache, daß sich die parlamentarischen Kontrollzuständigkeiten unter dem Grundgesetz i.S. einer politischen Mitwirkung am Regierungshandeln „funktionell verändert" haben, ist „grundgelegt" in eben diesen Kompetenzen; dadurch ist auch die hier vertretene einheitliche Betrachtung der parlamentarischen Kontrolle verfassungsrechtlich gerechtfertigt[8a].

---

[4] Auf diese Gefahren ist mehrfach hingewiesen worden; s. etwa *Dobiey*, Politische Planung, S. 122 ff., 127 ff. und *Vitzthum*, Parlament und Planung, S. 335 ff., 379 ff. (bes. S. 388 f.), vgl. auch S. 393, 395, 399 Anm. 32, 401 f.

[5] So auch *Scheuner* in FS für Werner Weber, S. 384. Zur Entwicklung und Funktion der parlamentarischen Kontrolle vgl. im übrigen *Magiera*, Parlament und Staatsleitung, S. 262 ff.; *Mandelartz*, ZParl 13 (1982), S. 8 ff.

[6] Im übrigen handelt es sich also, wie *Busch* (aaO., S. 15) richtig bemerkt, um einen „von Staatspraxis und Wissenschaft entwickelte(n) Begriff". Dazu aus neuerer Zeit *Krebs*, Kontrolle in staatlichen Entscheidungsprozessen, S. 122 ff. und *Vitzthum*, Petitionsrecht und Volksvertretung, S. 45 ff.

[7] So *Böckenförde*, AöR 103 (1978), S. 7.

[8] Ein gutes Beispiel für die insoweit noch erforderliche Grenzziehung stellt die Diskussion über die Frage dar, ob die Landesparlamente Entschließungen zum Problem einer atomwaffenfreien Zone fassen dürfen; s. dazu nur *Bismark*, DVBl. 1983, S. 829 ff. Allgemein zu dieser Grenzziehung etwa die gegensätzlichen Auffassungen von *Bushart* (ZRP 1988, S. 210 ff.) einerseits und *Knemeyer* (DÖV 1988, S. 397 f., 400) andererseits (mit entsprechenden Folgerungen für das Verständnis der kommunalen Auftragsangelegenheiten).

[8a] So besonders deutlich *Steiger* (Organisatorische Grundlagen des parlamentarischen Regierungssystems, S. 20, 18 f.), der allerdings nur den Zusammenhang zwischen der Wahl des Regierungschefs bzw. der Regierung durch das Parlament und der daraus folgenden parlamentarischen Berechtigung zur mitwirkenden Kontrolle herausstellt. Im Grunde ist es aber, wie im Text auch

Die Berechtigung nun, von einer demokratischen Legitimation des Regierungs- und Verwaltungshandelns durch parlamentarische Kontrolle zu sprechen, ergibt sich ebenfalls aus der Kompetenz des Parlaments zur Wahl der Regierung (des Regierungschefs) und ihrer parlamentarischen Verantwortlichkeit. Das zeigt folgende Überlegung:

Selbst das Gesetz steuert vielfach nicht abschließend die Tätigkeit der Exekutive, sondern enthält häufig im wesentlichen nur einen „Auftrag" an Regierung und Verwaltung[9]. Durch das Haushaltsgesetz als besonderer Gesetzgebungsform wird die Exekutive sogar grundsätzlich (nur) zu einem bestimmten Handeln ermächtigt. So gesehen läßt sich bereits die Wahl der Regierung durch das Parlament als ein an die Exekutive gerichteter Auftrag verstehen. Dieser Auftrag kann dann bei fehlendem Vertrauen in die gewählte Regierung vom Parlament auch während der Legislaturperiode unter bestimmten verfassungsrechtlichen Voraussetzungen wieder entzogen werden (Artikel 67, 68 GG). Der Wahlakt enthält zwar keinen derart konkretisierten Auftrag, wie ihn normalerweise das Gesetz und – wenn auch schon modifiziert – der Haushaltsplan beinhaltet, aber er kann doch ebenfalls als ein solcher verstanden werden. Regierungserklärungen[10] und -planungen, Berichte etc. sind so gesehen „Auslegungen" dieses Auftrags seitens der Exekutive, die vom Parlament im Wege der „Kontrolle", d.h. durch Entschließungen, Anfragen u.a. vorgeformt, ergänzt, gebilligt oder abgelehnt werden[10a]. Auch das Zitierungs- und Untersuchungsrecht (Artikel 43 und 44 GG) ist in diesem Zusammenhang zu beachten. Als konsequent im Sinne dieser Darlegungen ist die Feststellung zu bewerten, daß die beiden Entschließungen des Bundestages zum Kohlekraftwerk Buschhaus aus dem Jahre 1984[11] als „vorweggenommene parlamentarische Kontrolle" zu verstehen seien, weil das Parlament auf diese Weise

---

erwähnt, u. E. die Befugnis des Parlaments zur Wahl *und* Abwahl der Regierung (des Regierungschefs), die insoweit verfassungsrechtliche Relevanz besitzt.

[9] So die bekannte Formulierung von *Scheuner*, DÖV 1969, S. 585. In den final-programmierten Richtlinien- und Grundsatzgesetzen zeigt sich diese Form der gesetzlichen Steuerung besonders deutlich (zu ihnen genauer § 9 III. bei Anm. 37 ff.). Zu beachten sind in diesem Zusammenhang auch die gesetzlichen Ermächtigungen zum Erlaß von Rechtsverordnungen (Artikel 80 GG).

[10] Zu ihrer Bedeutung in diesem Zusammenhang *Böhret* in Verwaltung und Fortbildung (Sonderheft 4) 1979, S. 61 ff.

[10a] S. im einzelnen dazu übersichtlich *Vitzthum*, Parlament und Planung, S. 332 ff. und *Stern*, Staatsrecht, Bd. 2, S. 51 ff. Entsprechende Beispiele werden hier unter 3 (bei Anm. 21 ff.) behandelt, s. insoweit auch noch den Erfahrungsbericht von *Hahn*, Macht und Ohnmacht des Landtags von Baden-Württemberg, S. 56 ff., 74 ff.

[11] Bei der ersten Entschließung (Drs. 10/1683) handelt es sich um einen (vollständigen) Änderungsantrag aller Fraktionen des Bundestages zum Entschließungsantrag der Fraktion Die Grünen (Drs. 10/1587). Er wurde in der 77. Sitzung des Bundestages vom 28. 6. 1984 (Plenarprotokoll – 10. Wahlperiode – S. 5588) fast einmütig angenommen. Bekanntlich ist diese Entschließung wenig später (teilweise) zurückgenommen worden (vgl. BT-Drs. 10/1805 i. V. m. Plenarprotokoll der 80. Sitzung des Deutschen Bundestages – 10. Wahlperiode – vom 31. Juli 1984, S. 5807 ff.).

kundgetan habe, wie es „politisch das, was die Regierung in ihrer Organzuständig-
keit tun oder lassen wird, zu bewerten gedenkt"[12].

Aus dem Grundsatz der Gewaltenteilung lassen sich gegen eine solche „vorweggenommene" Kontrolle deshalb kaum Bedenken herleiten, weil entsprechenden
parlamentarischen Initiativen eine rechtliche Verbindlichkeit ja nicht zukommt[13].
Das gilt selbst dann, wenn es sich, wie eben bei den Entschließungen zum Kohlekraftwerk Buschhaus, um einen Einzelfall handelt. Denn von einem rechtlich
bedenklichen Interessenwiderstreit kann hier wohl ebenfalls wegen der fehlenden
Rechtsverbindlichkeit solcher Beschlüsse nicht gesprochen werden.

2. Die Länderparlamente als typische Kontrollorgane

Konkretere verfassungsrechtliche Züge nimmt das geschilderte Verständnis der
parlamentarischen Kontrolle an, wenn man sich der Funktion und Zusammensetzung der Landtage zuwendet. Die wesentlichen Verwaltungskompetenzen liegen
ja bei den Ländern, und es scheint darum kein Zufall, daß in einigen Landesverfassungen im Gegensatz zum Grundgesetz den Parlamenten ausdrücklich die Kontrolle der Exekutive als selbständige Aufgabe neben der Gesetzgebung zuge-
schrieben wird[14]. Weitere rechtliche und faktische Unterschiede zwischen Bund
und Ländern im Verhältnis von Parlament und Regierung unterstützen unsere
allgemeinen Aussagen zur Bedeutung der parlamentarischen Kontrolle:

So können die Länderparlamente besonders einen größeren Einfluß auf die
Zusammensetzung ihrer Regierungen ausüben[15]. Daneben ist die Trennung zwischen Regierung und Parlament in den Ländern durchweg nicht in dem Maße wie im
Bund durch die Trennung zwischen Opposition einerseits, Regierung und Re-
gierungsfraktion(en) andererseits überholt. Die Andersartigkeit der von den Ländern wahrzunehmenden Aufgaben, insbesondere ihre geringen Gesetzgebungs-

---

[12] So der Diskussionsbeitrag von *Schmidt-Jortzig* in VVDStRL 43 (1985), S. 235; vgl. daneben
aaO. die Diskussionsbeiträge von *Rauschning* (S. 219), *Steinberg* (S. 220), *Breuer* (S. 220), *Ossenbühl* (S. 222 f.), *Schnapp* (S. 229 f.) und *Maurer* (S. 231 f.) zu diesem Fall und allgemein zum
Problem auch *Vitzthum*, Petitionsrecht und Volksvertretung, S. 49 ff. Parlamentarische Beschlüsse werden in der Literatur auch ausdrücklich als besondere (Ersatz-)Formen der parlamentarisch-
demokratischen Legitimation des Regierungs- und Verwaltungshandelns anerkannt; vgl. etwa
Kloepfer, JZ 1984, S. 694 f.; *Löffler*, Parlamentsvorbehalt im Kernenergierecht, S. 64, 95 ff. (dort
auch eine Würdigung der einschlägigen Ausführungen in der Kalkar-Entscheidung des Bundesverfassungsgerichts: BVerfGE 49, 89, 132 f.; vgl. insoweit auch noch den folgenden Text: § 5 I. bei
Anm. 32 ff.).
[13] Anders aber *Meyn* (Kontrolle, S. 384 ff.), dessen Ansicht sich jedoch letztlich auf einen
verfassungsrechtlich nicht haltbaren Begriff der identitären Demokratie zurückführen läßt. Dazu
genauer hier „Ausblick" bei Anm. 11 ff.
[14] Vgl. Artikel 27 Abs. 2 der Verfassungs des Landes Baden-Württemberg, Artikel 3 Abs. 2 der
Vorläufigen Niedersächsischen Verfassung und Artikel 65 Abs. 3 der Verfassung des Saarlandes.
[15] Im einzelnen dazu *Weis*, Regierungswechsel in den Bundesländern (zu den einschlägigen
Bestimmungen der Landesverfassungen s. die Synopse auf S. 190 ff.); vgl. daneben *Katz*, Politische
Verwaltungsführung in den Bundesländern, S. 67 ff. u. S. 130.

kompetenzen, scheinen einer solchen Entwicklung entgegenzustehen[16]. Hinzu kommt, daß in den Länderparlamenten gewöhnlich weitaus konkretere Probleme aus den einzelnen Regionen als im Bundestag verhandelt werden; sie bringen zumindest die Abgeordneten verschiedener Parteien aus den davon betroffenen Wahlkreisen bei einem ihren Interessen zuwiderlaufenden oder diese Interessen unterstützenden Regierungshandeln zusammen. Die Tatsache, daß die Abgeordneten in den Länderparlamenten durchweg zugleich Mitglieder eines Rats oder Kreistages sind, verstärkt diese Tendenz[17]. Diese Mitarbeit in der kommunalen Selbstverwaltung macht den Landtagsabgeordneten auch zum Verbindungsmann für „seine" kommunale Körperschaft zur Landesebene. Daneben ist für seine Tätigkeit kennzeichnend, daß gerade der Landtagsabgeordnete – bedingt durch die weitreichenden Exekutivbefugnisse der Länder – mehr und mehr die Funktion eines Mini-Ombudsmannes übernimmt und häufig sogar die (direkten) Kontakte zwischen Regierenden und Regierten herstellt.

Diese rechtlichen und faktischen Gegebenheiten ermöglichen natürlich dem Landtagsabgeordneten eine besonders wirksame parlamentarische Kontrolle. Nimmt man die bereits dargelegten Unterschiede hinzu, die zwischen der Rechtsstellung der kommunalen Mandatsträger und den (Landtags-)Abgeordneten wie zwischen dem Parlament und den kommunalen Vertretungskörperschaften überhaupt bestehen, so tritt die „Zwischenstellung" der Landtage deutlich hervor: Sie sind weder wie der Bundestag primär Gesetzgebungsorgan[18], aber auch nicht wie

---

[16] So *Katz*, aaO., S. 276 f., 32 ff.; vgl. auch *Herbert Schneider*, Länderparlamentarismus in der Bundesrepublik, S. 123 ff. Auffällig ist auch das im Vergleich zum Bund geschlossenere und selbständigere Handeln der Landesregierungen, das trotz (bzw. wegen) des starken Einflusses der Landtage auf ihre Zusammensetzung zu beobachten ist; s. dazu *Katz*, aaO., S. 274 ff.

[17] Häufig nehmen diese Abgeordneten in den Kommunen sogar eine hervorgehobene Stellung u. a. als Landrat oder Bürgermeister (soweit das nach Landesrecht möglich ist) ein.

[18] *Herbert Schneider* (aaO., S. 122 ff.) lehnt es darum ausdrücklich ab, in den Länderparlamenten „Bundestage en miniature" zu sehen. Weitergehend noch der Versuch von *Meyn* (Rechtssetzungsbefugnis, S. 39, 43 ff.), der aus der „grundsätzlich gleichartigen Unterworfenheit von Ländern und Gemeinden" unter die zentralstaatliche Ebene (den Bund) eine „Strukturgleichheit" zwischen der demokratischen Legitimation der Landesparlamente und der der Gemeindevertretungen" folgert (aaO., S. 36, 39). *Meyn* begründet seine These vor allem mit zwei verfassungsrechtlichen Argumenten: Einmal ergibt sich aus Artikel 29 GG, daß die einzelnen Länder (wie die Gemeinden) nicht in ihrer Existenz garantiert sind, sondern sie bleiben „in dieser Hinsicht von der Willensbildung der übergeordneten Einheit Bund abhängig" (aaO., S. 36 – das Argument gilt in dieser Allgemeinheit, auch wenn man – was *Meyn* nicht tut – die neue Fassung des Artikel 29 GG berücksichtigt). Zum anderen ist die „Selbstorganisationsfreiheit" von Ländern und Gemeinden „gleichartig" beschaffen. Es besteht zwar „ein erheblicher quantitativer Unterschied hinsichtlich des Freiheitsraumes in der Verfassungsgestaltung für die Länder im Vergleich zu den Gemeinden"; dadurch wird aber nicht ein „qualitativer Unterschied" begründet. Denn „die Länder sind durch Artikel 28 I GG in den grundsätzlichen Entscheidungen ihrer Verfassungen festgelegt, wenn sie auch die Einzelausformung ihrer Verfassungsordnungen weitgehend selbst bestimmen können. Das gilt aber in qualitativer Hinsicht auch für die Gemeinden, denn die ‚eigene Verantwortung' in Artikel 28 II. 1 GG beinhaltet prinzipiell auch eine Eigengestaltungsfreiheit im Organisatorischen" (aaO., S. 37). Beachtet man diese Zusammenhänge, so kann der Charakterisierung der Länder als „gliedhafte Gebietskörperschaften höherer Ordnung" durch

die kommunalen Vertretungskörperschaften reines Verwaltungsorgan. Gerade dadurch gewinnt die Kompetenz der Landtage zur parlamentarischen Kontrolle besondere Bedeutung. Das gilt nun vor allem auch im Blick auf den Vollzug von Bundesgesetzen durch die Länder; denn durch Maßnahmegesetze wie überhaupt durch zu detaillierte Gesetze greift der Bund nicht nur in die Verwaltungskompetenzen der Länder als solche ein, sondern er beschränkt damit zugleich die Kontrollbefugnisse der Länderparlamente[19]. Zu beachten ist insoweit, daß die Landtage wegen ihrer geschilderten besonderen Stellung auch für die Kontrolle des Gesetzesvollzugs geradezu prädestiniert sind. Eine zu konkrete Gesetzgebung des Bundes unterläuft also zugleich die spezielle demokratische Legitimation der Exekutive in den einzelnen Ländern, die in ihrer Kontrolle durch die Landtage zu sehen ist. Die bereits in § 3 III.[20] aufgezeigten bundesstaatlichen Bedenken gegen das Investitionszulagengesetz können als Beispiel für die damit geforderte Grenzziehung dienen. Ähnliche Bedenken gegen entsprechende Bundes- *und* Landesgesetze lassen sich übrigens, wie wir in § 4 sahen, aus Artikel 28 Abs. 2 GG ableiten.

Im Ergebnis kann damit die Stellung der Länderparlamente wohl die zu Anfang entwickelte abstrakte These bestätigen, daß zwischen dem gesetzlichen Auftrag an die Exekutive und dem generellen, durch die Wahl der Regierung ausgesprochenen Auftrag nur ein gradueller Unterschied besteht. Namentlich für die Exekutive in den Ländern besitzt insoweit auch ihre demokratische Legitimation durch parlamentarische Kontrolle erhebliche Bedeutung.

3. *Die Wirksamkeit der parlamentarischen Kontrolle – Beispiele*

Um die Wirksamkeit der so gekennzeichneten parlamentarischen Kontrolle zu verdeutlichen, sollen im folgenden zunächst die Beschäftigung des Bundestages mit dem Bau des Schnellen Brüters in Kalkar vor Erlaß der dritten Teilerrichtungsgenehmigung und die zu diesem Vorhaben ergangene Entscheidung des Bundesverfassungsgerichts[21] näher betrachtet werden (a). Dem gleichen Zweck dient weiter unser Versuch, die Kontrolle der von der Niedersächsischen Landesregierung im Jahr 1979 getroffenen (ablehnenden) Entscheidung über den Bau eines integrierten Entsorgungszentrums in Gorleben durch den Niedersächsischen

---

Werner Weber (DVBl. 1950, S. 594) ihre Berechtigung nicht ganz abgesprochen werden. *Weber* hat diesen Standpunkt an anderer Stelle (Spannungen und Kräfte im westdeutschen Verfassungssystem, S. 60 ff.) noch vertieft. Auf das damit gestellte Problem des vom Grundgesetz vertretenen Föderalismus-Verständnisses kann hier nicht eingegangen werden.

[19] S. dazu bereits § 1 III. bei Anm. 221 und § 2 II. bei Anm. 41 f.

[20] Vgl. dort bei Anm. 167 ff.

[21] BVerfGE 49, 89. Was die parlamentarische Kontrolle dieses Projekts betrifft, so bleibt also die spätere Auseinandersetzung des Bundestages über den Beschluß zur Inbetriebnahme des Schnellen Brüters in Kalkar (BT-Drs. 9/2205) hier außer Betracht. Die Vorgeschichte dazu ist übersichtlich dokumentiert in der vom Presse- und Informationszentrum des Deutschen Bundestages herausgegebenen Schrift: Der „Schnelle Brüter" in Kalkar (= Zur Sache 2/83).

Landtag genauer darzustellen (b). Die gewählten Beispiele bieten sich besonders deshalb an, weil die Frage nach den Möglichkeiten einer wirksamen parlamentarischen Einflußnahme auf die genannten Vorhaben einen Teilaspekt des höchst aktuellen allgemeinen Problems darstellt, ob und inwieweit „der Staat der Industriegesellschaft" (Forsthoff) in der Lage ist, die Entwicklung der Technik sinnvoll zu steuern.

a) Was die parlamentarische Auseinandersetzung über den Bau des *Schnellen Brüters in Kalkar* vor Erlaß der dritten Teilerrichtungsgenehmigung betrifft, so ist zunächst zu beachten, daß für die Genehmigung dieses Vorhabens die Nordrhein-Westfälische Landesregierung zuständig war. Dennoch fand erstaunlicherweise die parlamentarische Auseinandersetzung darüber ausschließlich im Bundestag statt[22]. Diese Tatsache allein macht schon die politische Tragweite parlamentarischer Kontrolle deutlich; sie belegt aber weiter die bisweilen fehlende Bereitschaft der zuständigen Volksvertretungen zu einer solchen Kontrolle.

(1) Verfolgt man nun die Debatte über den geplanten Schnellen Brüter im Bundestag, so lassen sich zwei für unsere Fragestellung wichtige Feststellungen treffen:

Einmal fällt auf, daß Bundestag und Bundesregierung, wie auch das Bundesverfassungsgericht in seiner Kalkar-Entscheidung zutreffend bemerkt[23], sich mehrfach ausdrücklich für den Bau eines Schnellen Brüters ausgesprochen haben. Dazu kann u. a. auf die Beantwortung verschiedener Kleiner und Großer Anfragen[24], auf die Bewilligung haushaltsrechtlicher Mittel für die Schnellbrüterentwicklung[25] und insbesondere auf die stark umkämpfte Entschließung des Bundestages zur zweiten Fortschreibung des Energieprogramms der Bundesregierung vom 14. 12. 1978[26] verwiesen werden.

Diese zuletzt genannte Entschließung läßt, wenn man die parlamentarische Auseinandersetzung über ihren Inhalt und die sie begleitenden parteiinternen Diskussionen verfolgt, die weitere Feststellung zu, daß ihre tatsächliche Wirksamkeit der eines Gesetzes gleichkommt, ohne aber rechtlich der Nordrhein-Westfälischen Landesregierung die Verantwortung für die konkrete Entscheidung über die dritte Teilerrichtungsgenehmigung zum Bau des Schnellen Brüters in Kalkar zu nehmen. Welche Wirksamkeit dennoch selbst die Nordrhein-Westfälische Lan-

---

[22] Ausweislich der Jahrgänge 1969—1979 des vom Landtag Nordrhein-Westfalens (Zentraldokumentation) herausgegebenen „Parlamentsspiegels", der die Drucksachen und Protokolle der Landtage und des Bundestages u. a. unter verschiedenen Stichworten vollständig erfaßt.

[23] BVerfGE 49, 89 (130, 132f.).

[24] Vgl. etwa BT-Drsn. 7/3871 (S. 16f.), 8/1940 und 8/2372; s. daneben auch die Beantwortung einer Mündlichen Anfrage in Plenarprotokoll 8/125 vom 14. Dezember 1978, S. 5866f.

[25] Das Bundesverfassungsgericht (BVerfGE 49, 133) nennt einen Betrag von „rund 3 Milliarden DM", der dafür „in den letzten Jahren" bewilligt worden sei.

[26] Vgl. Plenarprotokoll der 125. Sitzung des Bundestages vom 14. Dezember 1978 (8. Wahlperiode), S. 9746ff., 9800ff. (Beschluß S. 9835) i. V. m. Drsn. 8/1357 (S. 9) u. 8/2370 (S. 4f.) sowie die Darstellung bei *Löffler*, Parlamentsvorbehalt im Kernenergierecht, S. 101f.

desregierung der genannten Entschließung des Bundestages beimaß, beweist die Bemerkung des Ministerpräsidenten von Nordrhein-Westfalen in seiner Stellungnahme dazu vor dem Bundestag; „die dritte Teilerrichtungsgenehmigung" (erg.: für den Schnellen Brüter in Kalkar), so sagte er, „kommt *nach* der Entschließung des Bundestages", und ergänzend fügte er hinzu, man müsse „doch wohl einer Regierung und Koalitionsfraktionen zugestehen, daß sie vor einer schwierigen Entscheidung... das Gespräch mit dem Souverän, mit dem Bundesgesetzgeber, suchen und nach diesem Gespräch ihre Entscheidungen treffen"[27]. Aber auch auf bundespolitischer Ebene kam dieser Entschließung wesentliche Bedeutung zu. Das zeigt sich besonders deutlich an den parteiinternen Auseinandersetzungen in der Regierungskoalition um eine Mehrheit für den Entschließungsantrag in den letzten Tagen vor der entscheidenden Bundestagssitzung. In der FDP-Fraktion gingen diese Auseinandersetzungen ja bekanntlich so weit, daß Außenminister Genscher als damaliger Parteivorsitzender sechs Abgeordneten seiner Fraktion, die eine Ablehnung des Entschließungsantrages eben wegen der darin enthaltenen Billigung des Schnellen Brüters in Kalkar in Aussicht gestellt hatten und damit eine Abstimmungsniederlage der Regierungskoalition im Bundestag heraufbeschworen, mit dem Rücktritt aller der Bundesregierung angehörenden FDP-Minister drohte, falls diese sechs Abgeordneten bei ihrer Haltung blieben. Die Rede des FDP-Abgeordneten Gärtner, einer der sechs „Rebellen" (so die Presse), spiegelt die unausgetragenen parteiinternen Spannungen noch deutlich wider[28].

Für die Form der Entschließung sprach im vorliegenden Fall schließlich, daß ihre offene Fassung, ihre inhaltliche Ausführlichkeit[29] und die elastische (politische) Bindungswirkung den mit der Genehmigung des Schnellen Brüters in Kalkar verbundenen vielschichtigen Problemen gerechter wurde als eine schlichte gesetzliche Zulassung oder Ablehnung dieses Atomkraftwerks. Daneben blieb auf diese Weise die Exekutive für die umstrittene Genehmigung letztlich zuständig, so daß unseren bereits angedeuteten[30] (und in § 6 noch näher darzulegenden) grundrechtlichen Bedenken gegen eine Zulassung der Kernkraftwerke durch Gesetz insoweit Rechnung getragen wurde.

(2) Die Kalkar-Entscheidung des Bundesverfassungsgerichts hatte sich mit der Frage zu befassen, ob die Bestimmung des § 7 AtG auch für die Genehmigung von Kernkraftwerken des Typs „Schneller Brüter" als Entscheidungsgrundlage ausreicht. Sie wurde durch den Vorlagebeschluß des OVG Münster veranlaßt, das über die Rechtmäßigkeit der ersten Teilerrichtungsgenehmigung für den Schnellen Brüter in Kalkar zu befinden hatte. Der Beschluß des Bundesverfassungsge-

---

[27] Plenarprotokoll, aaO., S. 9811 (Zuruf von der CDU/CSU bei dem zuerst wiedergegebenen Zitat: „Müssen wir doch Ersatzregierung spielen?"); ähnlich S. 9813: „Die Entschließung der Koalitionsfraktionen gibt uns in Nordrhein-Westfalen die *Möglichkeit,* die dritte Teilerrichtungsgenehmigung zu erteilen".

[28] Plenarprotokoll, aaO., S. 9824 ff.

[29] Vgl. Drs. 8/2370 und den ergänzenden Entschließungsantrag Drs. 8/2353.

[30] Vgl. § 1 III. bei Anm. 197 ff. und § 2 II. bei Anm. 58 ff.

richts ist neben seiner ausdrücklichen Betonung der eigenständigen, durch Artikel 20 Abs. 2 und Abs. 3 GG begründeten verfassungsrechtlichen Bedeutung der Exekutive, die, wie das Gericht richtig betont, durch die parlamentarische Bestellung der Regierung auch eine mittelbare personelle demokratische Legitimation besitzt[31], für das hier zur parlamentarischen Kontrolle des Schnellen Brüters in Kalkar Gesagte in zweierlei Hinsicht interessant:

Zunächst werden die außergesetzlichen Initiativen des Bundestages in dieser Frage für die Auslegung des § 7 AtG fruchtbar gemacht. Das geschieht etwa, wenn das Bundesverfassungsgericht unter ausdrücklichem Hinweis auf entsprechende Äußerungen der Regierung gegenüber dem Parlament[32] zu dem Ergebnis kommt, daß es sich bei dem Schnellen Brüter in Kalkar um einen Versuchsreaktor handelt, dessen Genehmigung noch nicht die grundsätzliche Entscheidung über die Einführung einer neuen Technologie beinhaltet; oder wenn das Gericht aus verschiedenen Bekundungen des Bundestages und der Bewilligung entsprechender Etatmittel folgert, daß die Genehmigung Schneller Brutreaktoren nach dem Willen des Parlaments unter den Voraussetzungen des § 7 AtG möglich sein soll[33]. Das Parlament vermag danach also – und darin liegt für uns zumindest ansatzweise eine weitere Bestätigung der bisherigen Überlegungen – auch ohne ausdrückliche gesetzliche Regelung das Handeln der Exekutive zu steuern und zu legitimieren. Die beschriebene tatsächliche Wirkung der nach Verkündung des Kalkar-Beschlusses gefaßten Entschließung des Bundestages zum gleichen Thema[34] kann diese These unterstützen; die genaue Analyse der parlamentarischen Mitwirkung an der Entscheidung der Niedersächsischen Landesregierung über ein nukleares Entsorgungszentrum in Gorleben wird sie noch weiter präzisieren.

Für unsere Überlegungen wesentlich sind daneben noch die Ausführungen des Bundesverfassungsgerichts zu den faktischen Grenzen gesetzlicher Regelungsmöglichkeiten. Wegen des raschen Wandels der Verhältnisse, der Offenheit der technischen Entwicklung u. a. hält es das Gericht für zulässig und geboten, daß der Gesetzgeber in § 7 Abs. 2 Nr. 3 AtG auf die „allgemein anerkannten Regeln der Technik" verweist und damit die weitere Konkretisierung solcher und ähnlicher unbestimmter Rechtsbegriffe der Exekutive bzw. der Rechtsprechung an-

---

[31] BVerfGE 49, 89 (125); vgl. auch BVerfGE 68, 1 (109) und *Eberle*, DÖV 1984, S. 489. Noch weitergehend *Staupe* (Parlamentsvorbehalt, S. 167ff.), der die These vertritt, daß der Wahlakt des Volkes der Regierung eine demokratische Legitimation verleiht, die „ebenso wie die des Parlaments eine unmittelbare" ist (aaO., S. 170).

[32] Vgl. BVerfGE 49, 130, s. auch S. 110f. (Stellungnahme der Nordrhein-Westfälischen Landesregierung).

[33] S. BVerfGE 49, 132f., vgl. auch S. 103f. (Stellungnahme der Bundesregierung) sowie S. 108, 110 (Stellungnahme der Nordrhein-Westfälischen Landesregierung) und unsere Ausführungen bei Anm. 23ff. Ganz entsprechend die Argumentation in BVerfGE 68, 1 (89, 109f.); vgl. daneben wiederum *Kloepfer*, JZ 1984, S. 694f. und *Löffler*, Parlamentsvorbehalt im Kernenergierecht, S. 64, 95ff.

[34] Vgl. bei Anm. 26ff.

heimgibt[35]. Denn „wo der Gesetzgeber ansonsten gezwungen wäre, entweder unpraktikable Regelungen zu treffen oder von einer Regelung gänzlich Abstand zu nehmen, was letztlich beides zu Lasten des Grundrechtsschutzes ginge"[36] (und damit wohl verfassungswidrig wäre), bleibt keine andere Lösung. Auch dieser Gedankengang, der unter Beachtung der sprachlichen Grenzen letztlich auf Organstruktur und Verfahren der Legislative abstellt[37], öffnet den Blick für die außergesetzlichen Möglichkeiten des Parlaments, an entsprechenden Regierungs- und Verwaltungsentscheidungen ihrer Struktur entsprechend mitzuwirken. Das nunmehr zu behandelnde Beispiel des zunächst in Gorleben geplanten integrierten Entsorgungszentrums kann die Notwendigkeit des Zusammenspiels zwischen Regierung und Parlament bei derartigen Entscheidungen belegen.

b) Die *Gorleben-Entscheidung* der Niedersächsischen Landesregierung ist noch in weitaus größerem Umfang als die Kalkar-Entscheidung der Landesregierung von Nordrhein-Westfalen von parlamentarischen Initiativen begleitet worden. Da es in Niedersachsen wie in den anderen Bundesländern zu diesem Zeitpunkt keine Standortvorsorgeplanung für Zwischen- bzw. Endlagerstätten der radioaktiven Abfälle und auch nicht für Anlagen zur Verwertung radioaktiver Reststoffe gab[38], setzte die parlamentarische Einflußnahme auf die Entscheidung über die Standortfrage für derartige Projekte erst ein, als dieses Problem für Niedersachsen akut wurde. Das war der Fall, als im November 1976 die damaligen Bundesminister Maihofer, Friderichs und Matthöfer bei ihrem Besuch in Hannover die Niedersächsische Landesregierung aufforderten, umgehend einen Standort für ein integriertes Entsorgungszentrum zu benennen[39]. Natürlich wäre es dem Parlament schon vorher unbenommen geblieben, eine entsprechende Standortplanung anzumahnen; nur kann man solche Anstöße schwerlich von der Volksvertretung erwarten, wenn schon die Regierungen, denen ja vor allem die „konzeptionelle Initiative" zukommt[40], die Dringlichkeit solcher Entscheidungen bewußt

---

[35] BVerfGE 49, 134ff. (besonders S. 136ff., S. 139f.), daneben auch S. 103f. (Stellungnahme der Bundesregierung), S. 108f. (Stellungnahme der Nordrhein-Westfälischen Landesregierung) u. S. 120f. (Stellungnahme der Beigeladenen des Ausgangsverfahrens). Zum Problem ähnlich *Wagner/Nobbe*, NJW 1978, S. 1031 u. *Rengeling*, NJW 1978, S. 2222.

[36] BVerfGE 49, 137.

[37] Dazu sogleich genauer unter II.

[38] Selbst nachdem Gorleben als Standort für ein integriertes Entsorgungszentrum in die engere Wahl gezogen worden war, wurde das in der dritten Änderung des Niedersächsischen Landes-Raumordnungsprogramms vom 23. Mai 1978 noch nicht berücksichtigt. Das geschah erst durch das neue Landesraumordnungsprogramm vom 16. 6. 1982 (Niedersächsisches Ministerialblatt S. 717) und seine Ergänzung vom 24. 1. 1984 (Niedersächsisches Ministerialblatt S. 106).

[39] Vgl. dazu den vor dem Niedersächsischen Landtag abgegebenen Bericht des Niedersächsischen Sozialministers von diesem Gespräch (Plenarprotokoll der 15. Sitzung vom 16. Mai 1979 – 9. Wahlperiode – Sp. 1785f.) und die in der gleichen Sitzung des Landtages vorgetragene Darstellung des Niedersächsischen Ministerpräsidenten (aaO., Sp. 1706); s. daneben auch die Ausführungen von Ministerpräsident Albrecht in der 58. Sitzung des Landtages vom 17. Februar 1977 (8. Wahlperiode, Sp. 5435).

[40] Vgl. dazu *Dobiey*, Politische Planung, S. 68f.

oder unbewußt verdecken und jahrelang untätig bleiben. Die Niedersächsische Landesregierung hat dann bekanntlich am 22. Februar 1977 Gorleben als vorläufigen Standort für eine Anlage benannt, die sowohl der Endlagerung radioaktiver Abfälle als auch der Wiederaufarbeitung abgebrannter Brennelemente dienen sollte. Von der Deutschen Gesellschaft zur Wiederaufarbeitung von Kernbrennstoffen (DWK) wurde darauf Ende März 1977 die erste Teilerrichtungsgenehmigung für die Wiederaufarbeitungsanlage beim damals zuständigen Niedersächsischen Sozialminister beantragt. Ende Juli 1977 folgte der Antrag der Physikalisch-Technischen Bundesanstalt auf Einleitung des gemäß § 9 b AtG für die Errichtung einer Anlage zur Endlagerung erforderlichen Planfeststellungsverfahrens[41]. In seiner Regierungserklärung vom 16. Mai 1979 führte Ministerpräsident Albrecht aus, daß die Landesregierung ein nukleares Entsorgungszentrum in Gorleben für technisch realisierbar halte, sie aber aus *politischen* Gründen der Bundesregierung empfehle, das Projekt der Wiederaufarbeitung nicht weiter zu verfolgen. Die Niedersächsische Landesregierung sei aber bereit, „ein Langzeitzwischenlager einzurichten, schwach- und mittelaktive Abfälle nach Durchführung der gesetzlich vorgeschriebenen Verfahren in niedersächsischen Salzstöcken endzulagern und die bergmännischen Erkundungsarbeiten (d. h.: Tiefbohrungen im Salzstock von Gorleben u. a.) zur Endlagerung hochaktiver Stoffe voranzutreiben"[42].

Für die Bewertung der parlamentarischen Initiativen, die diese Ereignisse begleiteten bzw. steuerten, ist besonders zu beachten, daß der Niedersächsische Landtag die politische Entscheidung über das nukleare Entsorgungszentrum in Gorleben ausdrücklich als eine ihm zukommende Aufgabe angesehen hat. In einer mehrheitlich am 23. 1. 1978 gefaßten Entschließung heißt es dazu: Der Landtag fordert die Landesregierung auf, „den Landtag in allen Fragen der Energieplanung umfassend zu unterrichten, damit der Landtag in der Lage ist, die Grundsatzdiskussion zu führen und die Grundsatz*entscheidungen* in diesem Bereich zu treffen"[43]. Das Protokoll über die zweite Beratung dieses Entschließungsantrags im Plenum macht deutlich, daß damit vor allem die Gorleben-Entscheidung gemeint war und seitens der Landesregierung ein Interesse an dieser Meinungsbildung des Parlaments bestand[44]. Entsprechend diesem ausdrücklich bekundeten Willen legten beide im Landtag vertretenen Parteien zur Plenarsitzung am 16. 5. 1979, in der die Landesregierung ihre Stellungnahme zum Gorleben-Projekt ab-

---

41 Vgl. LT-Drs. 8/3735 vom 3. 5. 1978 (Antwort der Niedersächsischen Landesregierung auf eine entsprechende Anfrage). Eine ausführliche Beschreibung des geplanten Projekts einschließlich des vorgesehenen Standortes liefert der von der DWK 1977 in zweiter Auflage vorgelegte „Bericht über das in der Bundesrepublik Deutschland geplante Entsorgungszentrum für ausgediente Brennelemente von Kernkraftwerken".

42 Plenarprotokoll der 15. Sitzung vom 16. Mai 1979 (9. Wahlperiode), Sp. 1715 f.

43 LT-Drs. 8/3323 (Nr. 6) i. V. m. Plenarprotokoll der 87. Sitzung vom 23. Februar 1978 (8. Wahlperiode), Sp. 8650 (Hervorhebung A. J.).

44 Vgl. Plenarprotokoll, aaO. (Anm. 43), Sp. 8599 ff., zur Haltung der Landesregierung Sp. 8632.

gab, Entschließungsanträge vor, die ebenfalls eine – vorläufige – Entscheidung über das geplante integrierte Entsorgungszentrum enthielten[45]. Überblickt man die gesamten parlamentarischen Initiativen bis hin zur Abgabe der Regierungserklärung, so zeigt sich darin ebenfalls, daß der Niedersächsische Landtag seinen Anspruch auf die politische Grundsatzentscheidung in der Gorleben-Frage ernst nahm:

Bereits vor dem entscheidenden Gespräch der genannten Bundesminister mit der Niedersächsischen Landesregierung im November 1976 war in einer Mündlichen Anfrage um Klärung darüber gebeten worden, ob tatsächlich ein „Atommüllpark" in Niedersachsen geplant sei, welche Standortkriterien dabei zugrunde gelegt würden und in welcher Weise sichergestellt sei, daß es nicht zu Gefährdungen für Mensch und Umwelt käme[46]. Nach dem erwähnten Gespräch forderte die CDU-Fraktion in einer Großen Anfrage vom 25. 11. 1976 genauere Informationen über das dort Verhandelte und über die Verbindlichkeit einer Vorauswahl von zukünftigen Standorten für Entsorgungsanlagen u. a.[47]. Weitere erwähnenswerte parlamentarische Initiativen sind der ausführlich diskutierte Entschließungsantrag der Opposition zur Aussetzung des Baues von Kraftwerken bis zur (positiven) Entscheidung über das Gorleben-Projekt[48], die Große Anfrage der damaligen Regierungskoalition von CDU und FDP zur Energiepolitik[49] und der Entschließungsantrag der CDU-Fraktion vom 1. 11. 1978, in dem die Übernahme der mit dem geplanten Entsorgungszentrum in Gorleben verbundenen außergewöhnlichen finanziellen Belastungen durch den Bund begehrt wurde[50]. Ergänzend wäre noch eine Kleine Anfrage vom Januar 1978 zu erwähnen, in der ganz konkrete, mit dem Bau des Entsorgungszentrums verbundene Sorgen der Bevölkerung von Gorleben und Umgebung angesprochen werden[51]. Daneben hat es der Landtag auch nach der (vorläufigen) Entscheidung der Landesregierung über dieses Vorhaben an Anregungen zur Lösung der Entsorgungsfrage nicht fehlen lassen[52]. Die genauere inhaltliche Darstellung der genannten Initiativen würde zeigen, daß die

---

[45] Vgl. Drsn. 9/683 u. 9/696.

[46] Mündliche Anfrage vom 17. 3. 1976 (Drs. 8/1435, S. 5), (Schriftliche) Antwort der Landesregierung vom 6. 4. 1976 (Drs. 8/1530). In etwas allgemeinerer Form war bereits im Bundestag vorher eine entsprechende Mündliche Anfrage am 9. 1. 1976 (BT-Drs. 7/4555, S. 2) gestellt worden; vgl. auch die Antwort der Bundesregierung vom 14. 1. 1976 (Plenarprotokoll der 21. Sitzung vom 14. Januar 1976 – 7. Wahlperiode – S. 14575).

[47] Vgl. Drs. 8/2100 und die Beantwortung im Landtag am 17. Februar 1977 (Plenarprotokoll der 58. Sitzung – 8. Wahlperiode – Sp. 5427 ff.).

[48] Vgl. für die erste Beratung Plenarprotokoll, aaO. (Anm. 47), Sp. 5440 ff. i. V. m. Drs. 8/2237; für die zweite Beratung Plenarprotokoll der 87. Sitzung vom 23. Februar 1978 (8. Wahlperiode), Sp. 8600 ff. i. V. m. Drs. 8/3323.

[49] Drs. 8/3327; diese Anfrage wurde in der Landtagssitzung vom 23. Februar 1978 (Plenarprotokoll der 87. Sitzung – 8. Wahlperiode – Sp. 8567 ff.) beraten.

[50] Vgl. Drs. 9/225 und die Beratung im Plenum am 3. Dezember 1978 (Plenarprotokoll der 7. Sitzung – 9. Wahlperiode – Sp. 547 ff.).

[51] Vgl. Drs. 8/3279 und die Beantwortung Drs. 8/3735.

[52] Vgl. besonders die Große Anfrage vom 26. 9. 1979 (Drs. 9/1066).

zur Landtagssitzung im Mai 1979 eingebrachten Entschließungsanträge der beiden damals noch im Landtag vertretenen Parteien, die durch die Ankündigung einer Regierungserklärung zum geplanten Bau eines integrierten Entsorgungszentrums in Gorleben ausgelöst wurden, das konsequente Ergebnis der vorangegangenen parlamentarischen Aktivitäten waren. Für den Willen des Landtages, sich politisch mit dem Vorhaben in Gorleben auseinanderzusetzen, legen schließlich noch die zahlreichen Diskussionsbeiträge zu diesem Thema in den Etatberatungen Zeugnis ab wie auch die Tatsache, daß der Landtag, als die Diskussion darüber einsetzte, noch während der Achten Wahlperiode durch Änderung seiner Geschäftsordnung den bisherigen, dem Ausschuß für Ernährung, Landwirtschaft und Forsten zugeordneten Unterausschuß für Umweltfragen zu einem selbständigen Ausschuß aufwertete, der nunmehr für die Beratungen der vom Plenum zugewiesenen parlamentarischen Initiativen zum geplanten Entsorgungszentrum in Gorleben durchweg federführend war.

Die geschilderte parlamentarische Einflußnahme auf die Gorleben-Entscheidung der Landesregierung zeigt, daß der Niedersächsische Landtag diese Entscheidung der Landesregierung faktisch mindestens ebenso wirksam mitgetragen hat wie das durch ein gesetzliches Genehmigungsverfahren für das Gorleben-Projekt möglich gewesen wäre. Insoweit bestehen also Parallelen zum Verhalten des Bundestages bei der Entscheidung über den Bau des Schnellen Brüters in Kalkar. Die Niedersächsische Landesregierung hat sich allerdings nicht wie die Nordrhein-Westfälische Landesregierung bei der Kalkar-Entscheidung vom Parlament das Gesetz des Handelns aus der Hand nehmen lassen. Diese Feststellung widerspricht nicht der soeben konstatierten wirksamen parlamentarischen Einflußnahme auf die Gorleben-Entscheidung. Der Wortlaut der Regierungserklärung zeigt vielmehr, wie sich beide Aspekte sinnvoll ergänzen: Die Überprüfung, ob das Gorleben-Projekt technisch realisierbar ist, fiel in die ausschließliche Verantwortung der Landesregierung. Sie hat diese Frage unabhängig vom Parlament unter Hinzuziehung vielfältiger wissenschaftlicher Beratung, die im sogenannten Gorleben-Symposion ihren sichtbaren Ausdruck fand, allein entschieden. Politisch durchsetzbar ist die positive Entscheidung der Regierung über die technische Realisierbarkeit des Vorhabens aber nur – so wird in der Regierungserklärung argumentiert –, wenn eine ausreichende parlamentarische Legitimation dafür besteht. Wegen des starken Widerstandes gegen das Gorleben-Projekt in der Bevölkerung, vor allem im betroffenen Landkreis Lüchow-Dannenberg, kann insoweit die einfache parlamentarische Mehrheit nicht genügen; vielmehr muß diese Entscheidung der Landesregierung vom Parlament als Ganzem getragen werden. Dies auch deshalb, weil eine durchweg ablehnende Haltung der Oppositionspartei zum Entsorgungszentrum in Gorleben bei positiver Einstellung der u. a. von dieser Partei getragenen Bundesregierung dazu weitere Unsicherheiten und Unruhen in der Bevölkerung schafft, die nur durch eine „besondere" parlamentarisch-demokratische Legitimation ausgeräumt werden können[53]. Die Frage, ob die wiedergegebene Stellungnahme der Niedersächsischen Landesregierung auf politisch-taktischen Überlegungen beruht, lassen wir dahingestellt, da ihr Inhalt nicht zu diesem Schluß nötigt. Wichtig an dieser Stellungnahme ist, daß dem Parlament – und zwar dem Parlament als *Ganzem* – danach unabhängig von gesetzgeberischen Befugnissen die Aufgabe zugesprochen wird, die erforderliche demokratische Legitimation für wichtige politische Entscheidungen, um die es ja bei der genannten Anlage in Gorleben ging, zu schaffen. Diesem Verständnis gemäß bemühte sich der Niedersächsische Ministerpräsident in der Debatte über seine Regierungserklärung, die Einigkeit des ganzen Hauses für die weiteren in der Gorleben-Frage von ihm vorgeschlagenen Schritte festzustellen[54].

Die Gorleben-Entscheidung stellt so ein gutes Beispiel für unsere These dar, daß die unmittelbare parlamentarisch-demokratische Legitimation nicht nur in Gesetzesform erfolgen kann und muß. Neben dem Umstand, daß gegen eine gesetzliche Entscheidung in derartigen Fällen noch aufzuzeigende grundrechtliche und auch demokratische Bedenken sprächen[55], zeigt die praktizierte Form parlamentarischer Einflußnahme auf die Entscheidung über das beantragte Entsorgungszentrum erhebliche *Vorteile* gegenüber einem gesetzlichen Genehmigungsverfahren auf:

Zunächst hätte bei einer Entscheidung über das nukleare Entsorgungszentrum in Gorleben in Gesetzesform die Gefahr bestanden, daß sich das gesamte parlamentarische Interesse auf eben dieses Gesetzgebungsverfahren allein konzentriert hätte und so viele Aspekte des Problems, die gerade durch die genannten zahlreichen parlamentarischen Initiativen zur Sprache kamen, gar nicht im Landtag erörtert worden wären. Es ist auch äußerst fraglich, ob diese Bündelungsfunktion des Gesetzgebungsverfahrens ein Hearing in der Form zugelassen hätte, wie es vom 28. März bis 3. April 1979 von der Niedersächsischen Landesregierung unter

---

[53] Vgl. die im Niedersächsischen Landtag vom 16. Mai 1979 abgegebene Regierungserklärung des Niedersächsischen Ministerpräsidenten (Plenarprotokoll der 15. Sitzung – 9. Wahlperiode – Sp. 1715 f., ergänzend auch Sp. 1746 f., 1749); daneben seine Ausführungen in einem im „Spiegel" (Nr. 23/1979, S. 27 ff.) abgedruckten Interview. Die Entscheidung der Landesregierung, die Errichtung einer Wiederaufarbeitungsanlage am (in der Nähe von Gorleben gelegenen) Standort Dragahn zu prüfen, begründete der Niedersächsische Ministerpräsident knapp vier Jahre später in seiner vor dem Niedersächsischen Landtag abgegebenen Regierungserklärung ganz entsprechend u. a. damit, daß inzwischen ein größerer politischer Grundkonsenes in der Frage der Wiederaufarbeitung unter drei der vier im Landtag vertretenen Fraktionen bestünde (vgl. Plenarprotokoll der 21. Sitzung vom 26. April 1983 – 10. Wahlperiode – Sp. 1891, auch 1892 f.).

[54] Deutlich wird das in der Stellungnahme des Niedersächsischen Ministerpräsidenten, aaO., Sp. 1750 f. Symptomatisch insoweit auch schon die Ausführungen des Niedersächsischen Ministerpräsidenten in der Landtagssitzung vom 23. Februar 1978 (Plenarprotokoll der 87. Sitzung – 8. Wahlperiode – Sp. 8632 ff.).

[55] Zu den grundrechtlichen Bedenken vgl. unsere Ausführungen in den §§ 6 und 7, zu den demokratischen Bedenken s. bereits § 4 II. bei Anm. 80 ff., besonders 112 f.

Hinzuziehung von über 60 in- und ausländischen Experten zur Klärung der Frage durchgeführt wurde, ob das geplante Vorhaben bei Gorleben sicherheitstechnisch realisierbar ist. Dieses Hearing ist mit den normalen Anhörungsverfahren der parlamentarischen Ausschüsse nach Anlage und Umfang nicht vergleichbar; insoweit mag allein der Hinweis genügen, daß Grundlage der Diskussion ein Bericht von 2200 Seiten mit vielen technischen Details – der sogenannte Gorleben-Report – war[56]. Wenn nun sowohl die Landesregierung und die Regierungspartei wie auch die Opposition im Niedersächsischen Landtag ihre Entscheidung über die bei Gorleben geplante Anlage mit den „Ergebnissen" eben dieses Hearings begründeten[57], so wird deutlich, wieweit parlamentarische Entscheidungsfindung von Initiativen abhängig ist, die vom Parlament selbst kaum ausgehen noch gesteuert werden können.

Bedacht werden sollte weiter, daß das Hearing wie die vielfältigen parlamentarischen Initiativen, die die Gorleben-Entscheidung begleiteten, sicher *eine* Erklärung dafür sind, daß die öffentliche Meinungsbildung über dieses in der Bundesrepublik Deutschland bis zum damaligen Zeitpunkt größte Vorhaben im Bereich der friedlichen Kernenergienutzung ohne größere gewaltsame Demonstrationen verlief. Ob dagegen ein entsprechendes gesetzliches Genehmigungsverfahren in gleicher Form friedensstiftend gewirkt hätte, muß bezweifelt werden.

Schließlich läßt sich auch hier ähnlich wie für die Kalkar-Entscheidung des Bundestages feststellen[58], daß die Regierungserklärung des Niedersächsischen Ministerpräsidenten und der Text der beiden sie begleitenden Entschließungsanträge[59] den vielschichtigen technischen und politischen Problemen, die mit dem Gorleben-Projekt verbunden waren, gerechter wurden als eine schlichte Bejahung oder Verneinung des beantragten Entsorgungszentrums in Gesetzesform – einer Form, die obendrein wegen der Schwerfälligkeit des Gesetzgebungsverfahrens einer raschen und elastischen Reaktion auf veränderte tatsächliche Verhältnisse im Wege gestanden hätte[60].

---

[56] Auszüge aus diesem Bericht und seiner Diskussion bietet die von Hatzfeldt, Hirsch und Kollert herausgegebene Dokumentation „Der Gorleben-Report".

[57] Vgl. Plenarprotokoll der 15. Sitzung vom 16. Mai 1979 – 9. Wahlperiode – Sp. 1714, 1718f., 1725f., 1741 u. a.; s. auch die Begründung des Entschließungsantrages der SPD vom 9. 5. 1979, Drs. 9/683, S. 2.

[58] Vgl. bei Anm. 29f.

[59] Drsn. 9/683 sowie 9/696.

[60] Weitgehend gleiche Feststellungen wie zur parlamentarischen Kontrolle der Gorleben-Entscheidung lassen sich übrigens auch zum (inzwischen abgebrochenem) Verfahren treffen, das die Errichtung einer Wiederaufarbeitungsanlage am Standort Dragahn zum Inhalt hatte (s. insoweit auch unsere Bemerkung in Anm. 53).

II.　Die parlamentarische Kontrolle als demokratisches Äquivalent: der Aussagegehalt des Gewaltenteilungsprinzips

1.　Das Verständnis des Gewaltenteilungsprinzips als Ausfluß aus dem Demokratieprinzip

Unsere theoretischen Ausführungen zur parlamentarischen Kontrolle wie die geschilderten praktischen Beispiele dazu haben deutlich gemacht, daß das Parlament auch auf diese Weise das Handeln der Exekutive demokratisch legitimieren kann. Ungeklärt ist allerdings noch, ob und inwieweit dadurch auch das legislative Zugriffsrecht beschränkt wird. Wie in § 3 die Artikel 109 ff. GG für eine solche Grenzziehung in Betracht kamen, und in § 4 sich dafür Artikel 28 Abs. 2 GG anbot, so muß nun ebenfalls für die begrenzende Funktion der parlamentarischen Kontrolle eine konkrete Verfassungsnorm benannt werden. Denn die Tatsache, *daß* demokratische Legitimation durch parlamentarische Kontrolle vermittelt wird, sagt eben noch nichts darüber aus, inwieweit diese ein demokratisches Äquivalent gegenüber dem Gesetzgeber darstellt. Der positiv-rechtliche Aufhänger kann insoweit nur, da das Grundgesetz weitere demokratische Äquivalente nicht kennt, der in Artikel 20 Abs. 2 und Abs. 3 GG niedergelegte Grundsatz der Gewaltenteilung sein. Damit stellt sich die Frage, ob der Grundsatz der Gewaltenteilung überhaupt als Ausfluß aus dem Demokratieprinzip verstanden werden kann und welcher Inhalt ihm gegebenenfalls beizulegen ist. Das ist deshalb jetzt genauer zu untersuchen.

Auszugehen ist von der in Artikel 20 Abs. 2 GG enthaltenen Aussage, daß die vom Volk ausgehende Staatsgewalt „durch besondere Organe der Gesetzgebung, der vollziehenden Gewalt und der Rechtsprechung ausgeübt" wird. Die genannten Organe besitzen also insoweit die gleiche Legitimation. Schon daraus folgt, daß das Gewaltenteilungsprinzip nicht neben dem Demokratieprinzip steht, sondern auf diesem aufbaut: „Es entfaltet seine Wirkung erst *innerhalb* des demokratischen Prinzips, als gliederndes Organisationsprinzip für die nähere Ausgestaltung der Ausübung der jeweils demokratisch legitimierten Staatsgewalt"[61]. Mit dieser Aussage stimmt nun unser allgemeiner methodischer Ausgangspunkt überein, daß sich unmittelbar aus dem Demokratieprinzip als solchem keine weitergehenden rechtlichen Anforderungen an den Gesetzgeber ergeben, als sie aus den einzelnen Bestimmungen des Grundgesetzes folgen[62]. Der in Artikel 20 Abs. 2 und Abs. 3 GG statuierte Grundsatz der Gewaltenteilung steht so gesehen als mögliche Grenze des legislativen Zugriffsrechts auf gleicher Ebene wie die Artikel 109 ff. und 28 Abs. 2 GG. Die Reichweite der parlamentarischen Kontrolle als demokratisches Äquivalent gegen-

---

[61] So *Böckenförde* (Richterwahl, S. 66 – Hervorhebung dort) mit genauerer Begründung dieses Standpunktes auf S. 66 ff.

[62] S. § 2 III. bei Anm. 73 und vorher schon § 1 II. bei Anm. 85 ff. u. a.

über dem Gesetzgeber hängt also tatsächlich von seinem nun näher darzulegenden konkreten Aussagegehalt ab.

Die neuere Lehre, die den Zusammenhang zwischen dem Grundsatz der Gewaltenteilung und dem Demokratieprinzip erkannt und näher entwickelt hat, sieht die wesentliche Aussage des Gewaltenteilungsprinzips in dem Gebot, entsprechend der verfassungsrechtlich festgelegten Organstruktur und dem Verfahren von Legislative, Exekutive und rechtsprechender Gewalt die staatlichen Kompetenzen zu verteilen bzw. dabei auf den Zusammenhang von Funktion, Kompetenz und Legitimation zu achten[63]. Für das hier allein interessierende Verhältnis von Legislative und Exekutive ist nun entscheidend, daß ein solches Verständnis des Gewaltenteilungsprinzips sich nahtlos in unser Bemühen einfügt, mit demokratischen Überlegungen die alleinige Demokratisierung der unteren (kommunalen) Verwaltungsstufe bzw. allgemein die fehlende Kompetenz des Parlaments für Verwaltungsentscheidungen zu begründen[64]. Auch die den „normalen" Gesetzgeber begrenzende Funktion der Artikel 109 ff GG folgte ja letztlich aus Organstruktur und Verfahren der Legislative.

Gesetzgeberische Befugnisse des Parlaments finden nach Artikel 20 Abs. 2 und 3 GG also dort ihre Grenze, wo seine Struktur und das für die Gesetzgebung vorgesehene Verfahren einem entsprechenden Tätigwerden entgegenstehen. Primärer Zweck des Gewaltenteilungsprinzips ist es demnach, sinnvolle (wirkungsvolle) demokratische Herrschaft zu gewährleisten; insoweit ist ihm Verbindlichkeit zuzuerkennen. Der unmittelbare Schluß von der im Vergleich zur Exekutive „besseren" demokratischen Legitimation des Parlaments auf ein legislatives Zugriffsrecht ist damit grundsätzlich unzulässig. Auch als Kontrollorgan von Regierung und Verwaltung bringt das Parlament seine bessere demokratische Legitimation zur Geltung. Die bessere demokratische Legitimation des Parlaments wird also nicht negiert, sondern – nur das beinhaltet das Gebot der Gewaltenteilung als Ausfluß des Demokratieprinzips – aus ihrem ausschließlichen Zusammenhang mit der Gesetzgebung herausgelöst. Wenn der Grundsatz der Gewaltenteilung es gebietet, kann das Parlament seine „bessere" demokratische Legitimation eben nur im Wege der Kontrolle vermitteln; eine andere parlamentarische Handlungsform wäre dann rechtswidrig. Das gleich noch zu besprechende Beispiel des Verhältnisses von Parlament und (politischer) Planung kann die damit gebotene Grenzziehung verdeutlichen.

Eine (indirekte) Bestätigung für diese Interpretation des Gewaltenteilungsprinzips und dem daraus folgenden Verständnis der parlamentarischen Kontrolle als demokratisches Äquivalent gegenüber der demokratischen Legitimation des Ge-

---

[63] S. die Nachweise in Anm. 6 der Einleitung und daneben BVerfGE 68, 1 (86). Hier – und nicht bei der Lehre vom Gesetzesvorbehalt (s. insoweit aus neuerer Zeit nur *Eberle*, DÖV 1984, S. 489 f., auch 490 ff. und *Staupe*, Parlamentsvorbehalt, S. 201 ff., bes. S. 214 ff.) – sind also die Eigenarten des Gesetzgebungsverfahrens verfassungsrechtlich zu berücksichtigen.

[64] S. die Ausführungen in § 4 II. bei Anm. 80 ff., 98 ff. und besonders bei Anm. 112 f.

setzgebers liefert die Richtlinienkompetenz des Bundeskanzlers nach Artikel 65
S. 1 GG. Denn unabhängig von dem Streit, ob Artikel 65 S. 1 GG als solcher eine
gegenüber dem Gesetzgeber wirksame Kompetenzvorschrift darstellt oder nur
regierungsinterne Bedeutung besitzt[65], setzt diese Vorschrift, vor allem wenn man
sie im Zusammenhang mit der parlamentarischen Verantwortlichkeit des Bundeskanzlers sieht (Artikel 67 Abs. 1, 68 Abs. 1 GG), einen eigenständigen Verantwor-
tungsbereich des Regierungschefs voraus, der nicht allein als Vollzugskompetenz
parlamentarischer Vorgaben verstanden werden kann[66]. Die inhaltliche Konkretisierung dieser Kompetenz geschieht aus der Sicht des Parlaments vor allem durch
die Regierungserklärung[67], die ja in Wahrnehmung der durch Artikel 65 S. 1 GG
eingeräumten Befugnis abgegeben wird. Die allgemeine Vorschrift des Artikel 65
GG wird bekanntlich ergänzt durch besondere verfassungsrechtliche Bestimmungen zur Organisationsgewalt bzw. Personalgewalt der Regierung, zu der Befehls-
und Kommandogewalt des Bundesverteidigungsministers und den außenpoliti-
schen Befugnissen der Regierung u. a.[68]. Mit diesem eigenständigen Verantwor-
tungsbereich der Regierung bzw. des Regierungschefs und der damit verbundenen
eigenständigen Bedeutung der parlamentarischen Kontrolle stimmen die Folgerungen überein, die sich aus den Bestimmungen des Grundgesetzes über das
Gesetzgebungsverfahren ergeben[69]. Denn diese Vorschriften zeigen, daß Gesetze
wegen der Schwerfälligkeit und Dauer des Gesetzgebungsverfahrens nicht ohne
weiteres abänderbar sein sollen; auch der ihnen zu entnehmende Sinn, die Distanz
zwischen dem konkreten politischen Regelungsimpuls und dem Erlaß einer entsprechenden Regelung als Gesetz sicherzustellen[70], verweist auf spezifische, nur
für die Gesetzgebung geltende Inhalte.

Die aus dem Bundesstaatsprinzip und Artikel 28 Abs. 2 GG folgende, aber auch
durch die vorgelegte Interpretation der Artikel 109 ff. GG begründete Forderung
nach einer im Vergleich zur herrschenden Meinung strengeren Unterscheidung
zwischen Gesetzgebung (Rechtssetzung) und Vollziehung findet damit ihre zusätzliche Begründung in dem (auf dem Demokratieprinzip basierenden) Grundsatz der Gewaltenteilung. Die insoweit in § 2 III. versuchte begriffliche Unterscheidung[71] besitzt also ihre verfassungsrechtliche Rechtfertigung. Das wird sich

---

[65] S. die Nachweise in § 2 I. Anm. 13.

[66] Zu Recht wird daher von *Dobiey* (Politische Planung, S. 67) Artikel 65 Satz 1 GG als
„Zentralnorm für die Funktionen der Bundesregierung" verstanden.

[67] Zu ihrem Programmcharakter *Böhret*, Verwaltung und Fortbildung (Sonderheft 4) 1979,
S. 61 ff.

[68] S. die Nachweise in § 2 I. Anm. 12.

[69] S. dazu besonders *Starck*, Gesetzesbegriff, S. 157 ff., 169 ff.; *J. Ipsen*, Richterrecht, S. 140 ff.;
Wank, Grenzen richterlicher Rechtsfortbildung, S. 154 ff.; *Magiera*, Parlament und Staatsleitung,
S. 177 ff.; *Zimmer*, Funktion – Legitimation – Kompetenz, S. 256 ff.; *Degenhart*, DÖV 1981,
S. 478 ff.; *Schulze-Fielitz*, Parlamentarische Gesetzgebung, S. 179 f., auch S. 207 ff.; vgl. daneben
schon hier § 1 III. bei Anm. 227.

[70] Dazu schon § 1 III. bei Anm. 228 f.

[71] Vgl. dort bei Anm. 77 ff.

bei dem gleich genauer zu betrachtenden Verhältnis von Parlament und (politischer) Planung und vor allem bei der Frage nach der verfassungsrechtlichen Zulässigkeit des Maßnahmegesetzes in § 9 II. noch deutlicher zeigen[72].

2. Die neuere Diskussion über das Verhältnis von Parlament und Planung und über die verfassungsrechtlichen Grenzen der Rechtsprechung als Beispiel für den Aussagegehalt des Gewaltenteilungsprinzips

a) Zum Verhältnis von *Parlament und Planung* existiert eine umfangreiche Literatur aus neuerer Zeit[73]. Diese interessiert hier deshalb, weil sie zur Klärung des allgemeinen Verhältnisses zwischen Parlament und Regierung und damit auch zum Verständnis des Gewaltenteilungsprinzips Wesentliches beigetragen hat. In der genannten Literatur wird durchweg zunächst eine begriffliche Erfassung der (politischen) Planung versucht und danach gewöhnlich die Frage gestellt, ob die so definierte Planung mehr dem Bereich der Regierung oder dem des Parlaments zuzuordnen ist[74]. Meistens kommt man insoweit mehr oder weniger deutlich zu dem Ergebnis, daß die Aufstellung des entsprechenden Planes primär der Regierung zukommt; er aber der parlamentarisch-demokratischen Legitimation bedarf[75]. Die Geister scheiden sich allerdings bei der Frage, in welcher Form die parlamentarisch-demokratische Legitimation des aufgestellten Planes zu leisten ist. Während teilweise die parlamentarische Kontrolle im dargelegten Sinne für allein zulässig bzw. für „ausreichend" erachtet wird[76], wird von anderer Seite ein entsprechendes Gesetz oder ein rechtlich verbindlicher Parlamentsbeschluß gefordert[77].

Bei der einhelligen Betonung des Prozeßcharakters der politischen Planung, ihrer raschen Abänderbarkeit und elastischen Bindung[78] u. a. erstaunt das Zögern

---

[72] Vgl. dort bei Anm. 6ff.

[73] S. dazu vor allem die Monographien zur politischen Planung von *Dobiey, Vitzthum, Würtenberger* und *Brünner*.

[74] S. *Dobiey,* S. 14ff., 53ff.; *Vitzthum,* S. 60ff., 219ff. (bes. S. 249ff.); *Würtenberger,* S. 36ff., 139ff.; *Brünner,* S. 105ff., 256ff. und 260ff.

[75] *Dobiey,* S. 77ff.; *Vitzthum,* S. 249ff., 257ff.; *Brünner,* S. 256ff.; *Würtenberger,* S. 217ff.

[76] Dazu genauer *Vitzthum,* S. 364ff. Zu den Bedenken gegen eine Verwischung der Verantwortlichkeiten durch parlamentarische Mitwirkung an der politischen Planung allgemein *derselbe,* S. 335ff., 388f., auch S. 224ff.; eindeutiger insoweit *Dobiey,* der eine (verbindliche) parlamentarische Mitwirkung an der politischen Planung für verfassungswidrig hält: S. 127ff. (zur daraus folgenden Form und Organisation der parlamentarischen Planungsbeteiligung vgl. S. 132ff.).

[77] Ein Gesetz verlangt besonders *Würtenberger,* S. 185ff., vgl. aber auch die Einschränkung auf S. 188f. für sich rasch ändernde Planungen. Würtenberger fordert aus verfassungsrechtlichen Gründen auch für die Finanzplanung die Gesetzesform und hält deshalb § 9 Abs. 2 Satz 2 StabG für verfassungswidrig, vgl. aaO., S. 292ff., bes. 299f. *Brünner* (aaO., S. 266ff., bes. 269f.) fordert allgemein für die österreichischen Verhältnisse eine verbindliche Genehmigung des Finanzplans durch das Parlament.

[78] S. *Dobiey,* S. 14ff., besonders S. 23ff.; *Vitzthum,* S. 60ff., besonders S. 71ff.; *Würtenberger,* S. 38ff., 68ff., besonders S. 86ff.; *Brünner,* S. 116ff., besonders S. 140ff. und 145ff.

der Literatur, die parlamentarische Kontrolle als spezielle demokratische Legitimation dieser Planung anzuerkennen[79]. Gerade weil eine den Artikeln 110 Abs. 2 und 59 Abs. 2 GG (bzw. 115 a Abs. 1 und 115 l Abs. 2 GG) entsprechende allgemeine Vorschrift für die politische Planung im Grundgesetz fehlt, kann aber über die Frage, in welcher Weise sie ihre demokratische Legitimation gewinnt, nur der Grundsatz der Gewaltenteilung entscheiden. Zeichnen die politische Planung nun die genannten Eigenschaften aus (was in jedem Einzelfall zu prüfen ist), so muß die parlamentarische Kontrolle kraft des Gewaltenteilungsprinzips im hier verstandenen Sinne als die in diesem Fall allein mögliche demokratische Legitimationsform dieser Planung anerkannt werden. In Ansätzen wird das auch im Schrifttum gesehen, wenn die Gefahr betont wird, daß eine rechtlich verbindliche Mitwirkung des Parlaments an der politischen Planung zu einer Verwischung der Verantwortlichkeiten von Regierung und Parlament und damit zu der Unmöglichkeit einer wirksamen parlamentarischen Kontrolle führt[80]. Dieses Argument gewinnt nun aber seine eigentliche verfassungsrechtliche Stoßkraft dadurch, daß der Zusammenhang erkannt wird, der zwischen dem Grundsatz der Gewaltenteilung und der parlamentarischen Kontrolle besteht[81]. Wenn – wie hier geschehen – die verfassungsrechtliche Regelung des Gewaltenteilungsprinzips in Artikel 20 Abs. 2 und Abs. 3 GG so verstanden wird, daß sie in Verbindung mit der parlamentarischen Kontrolle eine besondere demokratische Legitimationsform *neben* der gesetzlichen, haushaltsgesetzlichen (Artikel 110 Abs. 2 GG) und der durch Artikel 28 Abs. 2 GG begründeten darstellt, dann ist nicht die Verwischung der Verantwortlichkeiten zwischen Regierung und Parlament als solche das entscheidende verfassungsrechtliche Argument gegen eine rechtlich verbindliche Mitwirkung des Parlaments an der politischen Planung, sondern eben die Nichtbeachtung der für sie verbindlichen besonderen demokratischen Legitimation. Diese besondere demokratische Legitimation ist es letztlich, die insoweit den parlamentarischen Gesetzgeber und – auch das entscheidet sich bei Fehlen anderweitiger Spezialregelungen des Grundgesetzes nach dem Grundsatz der Gewaltenteilung im dargelegten Sinne – möglicherweise eine ebenfalls im Gesetz vorgesehene rechtlich verbindliche Beschlußkompetenz des Parlaments über die politische Planung begrenzt.

Mit diesem Ergebnis wird natürlich nicht der Befugnis des Gesetzgebers zur

---

[79] Eindeutig tut das, wie gesagt (Anm. 76), nur *Dobiey*, aaO.

[80] Dazu die Nachweise in Anm. 76. Daneben kann hierzu ergänzend die Diskussion über die Mitwirkung des Parlaments und des Haushaltsausschusses am Haushaltsvollzug herangezogen werden; s. insoweit die entsprechenden Argumente bei *Kröger*, DÖV 1973, S. 441 f.; *Berg,* Der Staat 9 (1970), S. 40 f.; *Boldt,* ZParl 3 (1973), S. 547 ff.; *Wieland,* AöR 112 (1987), S. 478 ff. Vgl. auch den Überblick über die verschiedenen Stellungnahmen bei *Mandelartz*, Zusammenwirken, S. 6 ff.

[81] Genau das wird von jenen Stimmen in der Literatur, die sich gegen eine Verwischung der Verantwortlichkeit von Parlament und Regierung wenden, bisweilen abgelehnt; vgl. etwa *Kröger*, aaO., S. 441; *Berg,* aaO., S. 39.

Festlegung allgemeiner inhaltlicher Anforderungen für bestimmte politische Planungen und des maßgeblichen Verfahrens für die Planaufstellung widersprochen. Entsprechende Grundsatz- und Richtliniengesetze, die bereits als parlamentarische Initiativen bekannt geworden sind[82] oder ihrem wesentlichen Inhalt nach in der Literatur konzipiert wurden[83], hätten nach dem bisher Gesagten allerdings bestimmten inhaltlichen Anforderung zu genügen; darauf soll zusammenfassend in § 9 III. näher eingegangen werden[84].

b) Das dargelegte Verständnis des Gewaltenteilungsprinzips wird ebenfalls durch die neuere Diskussion über die *verfassungsrechtlichen Grenzen der Rechtsprechung* bestätigt. Denn sie hat ja nicht nur die spezifische Funktion der Rechtsprechung im Vergleich zu den Funktionen der Gesetzgebung (und Regierung) unter Beachtung von Organstruktur und Verfahren der jeweiligen Gewalt aufgezeigt[85], um die Kompetenzen der Gerichte auf diese Weise genauer zu bestimmen; vielmehr haben diese Untersuchungen umgekehrt auch die aus einem so verstandenen Gewaltenteilungsprinzip fließenden faktischen Grenzen des Gesetzgebers deutlich werden lassen. Das wird bezeichnenderweise im Schrifttum kaum betont, obwohl man anerkennt, daß der Anteil der Rechtsprechung an der Rechtsbildung sich *„qualitativ"* von dem des Gesetzgebers unterscheidet[86]. Die Unterschiede lassen sich mit Wank zunächst auf die für den Gesetzgeber unmögliche vollständige Vorhersehbarkeit der Fälle zurückführen: erst der tatsächliche konkrete Einzelfall (und der Vergleich mit anderen – ähnlichen – Fällen) entscheidet über die wirkliche Bedeutung und Reichweite einer gesetzlichen Vorschrift. Hinzu kommt die schon betonte „Starrheit" des Gesetzgebungsverfahrens und die daraus sich ergebende schwierige Anpassung an sich rasch ändernde Wertvorstellungen und tatsächliche Situationen sowie schließlich auch die häufige „Unmöglichkeit einer Festlegung durch die Gesetzessprache"[87]. Allgemein gesprochen eignet sich also das gerichtliche Verfahren wegen „der engeren, aber eingehenderen" Pro-

---

[82] Vgl. dazu *Vitzthum*, Parlament und Planung, S. 393 ff. mit Nachweisen und daneben *Liesegang*, ZRP 1972, S. 259 ff.

[83] S. insoweit besonders die Ausführungen von *Wagener* zu den Anforderungen an ein „Planungsgrundsätzegesetz" in Politikverflechtung zwischen Bund, Ländern und Gemeinden, S. 157 ff.

[84] *Dobiey* (Politische Planung, S. 133 ff., bes. S. 149 f.) schlägt noch die verfassungsrechtliche Verankerung eines regelmäßig von der Regierung vorzulegenden Planungsberichts und eines Planungsausschusses des Bundestages vor, der dann, soweit es für seine Planungskontrolle erforderlich ist, das Recht des „unmittelbaren Zugriffs auf Basisdaten und sonstige Planungsinformationen der Bundesregierung, die in technischer Form gespeichert sind", haben soll. Dieser Vorschlag paßt sich, da er ja allein auf eine Verbesserung der parlamentarischen Kontrollmöglichkeiten zielt, in das hier Gesagte problemlos ein.

[85] Vgl. dazu besonders *Böckenförde*, Richterwahl, S. 87 ff. Daneben u. a. *J. Ipsen*, Richterrecht, S. 128 ff., 138 ff.; *Wank*, Grenzen richterlicher Rechtsfortbildung, S. 119 ff., 154 ff.; *H.-P. Schneider*, DÖV 1975, S. 443 ff., besonders S. 447 ff.; *Starck*, VVDStRL 34 (1976), S. 67 ff., auch schon Gesetzesbegriff, S. 195 ff. und zuletzt *Schuppert*, DVBl. 1988, besonders S. 1197 ff.

[86] So *Böckenförde*, Richterwahl, S. 115.

[87] *Wank*, aaO., S. 119 ff.; ähnlich *Sendler*, DVBl. 1988, S. 835; s. zu den sprachlichen Grenzen

blemsicht besonders zur Gesetzeskonkretisierung[88] und zeigt damit gleichfalls dem Gesetzergeber durch das Gewaltenteilungsprinzip gesetzte (zugegebenermaßen fließende) Grenzen auf.

Anders als für den Bereich der politischen Planung kommt für die rechtsprechende Gewalt allerdings nicht die parlamentarische Kontrolle als demokratisches Äquivalent in Betracht; doch besitzt auch die Judikative eine eigene demokratische Legitimation[89], so daß ihre Kompetenzen ebenfalls nach dem hier vertretenen Verständnis des Gewaltenteilungsprinzips den Gesetzgeber beschränken können. Aus diesem Grund bestehen etwa gegen Vollziehungsgesetze nicht nur aus den Rechtsschutzbestimmungen des Grundgesetzes, insbesondere aus Artikel 19 Abs. 4 GG, folgende verfassungsrechtliche Bedenken[90], sondern auch solche, die sich im Blick auf die Funktion der Rechtsprechung letztlich aus den Grenzen der demokratischen Legitimation des Gesetzgebers ergeben.

III. Das gestufte Verwaltungsverfahren als entsprechende Handlungsform der Verwaltung

1. Die rechtliche Eigenart und Legitimation der gestuften Verwaltungsentscheidung

a) Die *Eigenart* der gestuften Verwaltungsentscheidung erklärt sich aus ihrer mangelnden gesetzlichen Programmierung; diese fehlende Programmierung wiederum findet ihren Grund in dem „komplexen" Charakter der betreffenden Entscheidung[91] bzw. in dem raschen Wandel der Verhältnisse, auf die sie gestaltend einwirkt. Bei dieser Sachlage kommt zwangsläufig dem Verwaltungs*verfahren* große Bedeutung zu[92]. Die parlamentarischen Vorgaben für gestufte Verwaltungsentscheidungen erschöpfen sich bei der parlamentarischen „Kontrolle" im dargelegten Sinne in einer entsprechenden (rechtlich unverbindlichen) Entschließung. Eine ähnliche Situation besteht für die Exekutive, wenn es um den „Vollzug" offener Gesetzestatbestände und von Plänen, wie etwa dem Landes-Raumordnungsprogramm, geht. Denn auch in diesem Fall bildet sich die Entscheidung wegen der inhaltlich weiten rechtlichen Vorgaben gewöhnlich erst in einem mehrstufigen Verfahren heraus.

---

auch unsere Bemerkungen zu entsprechenden Ausführungen in der Kalkar-Entscheidung des Bundesverfassungsgerichts bei Anm. 35 ff.

[88] *J. Ipsen*, aaO., S. 147 f.

[89] Dazu *Böckenförde*, Richterwahl, S. 71 ff.

[90] S. dazu schon § 1 III. bei Anm. 166 und weiter das dort in Anm. 202 wiedergebene Zitat aus der Verfassungslehre von *Carl Schmitt*.

[91] Zum Charakter komplexer Verwaltungsentscheidungen s. bereits § 1 III. bei Anm. 205 f.

[92] Zu diesem Zusammenhang *Schmidt-Aßmann*, Das allgemeine Verwaltungsrecht als Ordnungsidee und System, S. 54, 57; *Schenke*, VBlBW 1982, S. 314 f.; *Wahl*, VVDStRL 41 (1983), S. 158 f. und *Pietzcker*, daselbst, S. 202 f. u. a.

Charakteristisch für die gestufte Verwaltungsentscheidung sind zunächst ihre planungsrechtlichen und ordnungsrechtlichen Inhalte, die allerdings in den einschlägigen gesetzlichen Bestimmungen häufig unzureichend unterschieden werden. In der Planfeststellung einerseits, der Kontrollerlaubnis andererseits, kommen diese Unterschiede, die – was den Entscheidungsmodus betrifft – auch auf qualitativ verschiedenen Formen der Abwägung beruhen, deutlich zum Ausdruck[93].

Neben dieser inhaltlichen Abschichtung ist für die hier interessierenden Entscheidungen typisch, daß sie auch formal in mehreren, häufig auf verschiedenen Ebenen sich vollziehenden Teilschritten gewonnen werden. Dabei lassen sich die einzelnen aufeinander folgenden Entscheidungen wegen der fehlenden inhaltlichen Vorgaben nicht im Wege der Deduktion (Subsumtionsschluß) aus den bisherigen Entscheidungen ableiten, sondern die vorhergehenden Entscheidungen programmieren die folgenden insofern, als sie für diese die Grundlage darstellen und das Feld der Alternativen einengen[94]. Eine Einengung ergibt sich in einigen Genehmigungsverfahren (Atom- und Immissionsschutzrecht u. a.) im Verlauf des Verfahrens auch insoweit, als die Einwendungsberechtigten ihre Einwendungen gegen das geplante Projekt nur innerhalb der Auslegungsfrist für die Antragsunterlagen erheben können. Tun sie das nicht rechtzeitig, so sind sie vom weiteren Verwaltungsverfahren und – zumindest nach herrschender Meinung in Rechtsprechung und Lehre – auch vom verwaltungsgerichtlichen Rechtsschutz präkludiert[95]. Für die stufenweise Entwicklung der Entscheidung ist gesetzlich häufig noch die Möglichkeit vorgesehen, Vorbescheide und Teilgenehmigungen zu erlassen[96].

Für die gestufte Verwaltungsentscheidung ist neben ihrem gewöhnlichen Doppelcharakter als Planungsentscheidung und Kontrollerlaubnis und ihrer schritt-

---

[93] Dazu zusammenfassend Wahl, DVBl. 1982, S. 51 ff. und für die Planungsentscheidung noch besonders in Frühzeitige Bürgerbeteiligung bei Planungen, S. 136 f., 141 f. Wir gehen in § 7 II. bei Anm. 39 ff. noch genauer auf den Charakter der Planungsentscheidung (Planfeststellung) ein. Auf eine gesonderte – vorgelagerte – Planungsentscheidung kann bei flächenintensiven Großvorhaben schon wegen der dichten Besiedlung der Bundesrepublik und der zahlreichen vorhandenen Industrieanlagen nicht verzichtet werden; s. dazu für das atomrechtliche Genehmigungsverfahren *Kröncke*, Die Genehmigung von Kernkraftwerken, S. 4 f., 82 ff. und *Ronellenfitsch*, Das atomrechtliche Genehmigungsverfahren, S. 282 f.

[94] Es ist wiederum namentlich das Verdienst von *Wahl*, exemplarisch am (Landes-)Raumordnungsrecht die dogmatischen Besonderheiten dieser Entscheidungsfindung herausgearbeitet zu haben; vgl. bes. Landesplanung, Bd. 1, §§ 7–11, 13 und vorher allgemein bereits DÖV 1975, S. 373 ff. *Schmidt-Aßmann* (Der Staat 19/1980, S. 114 ff.) hat die Bedeutung der Ausführungen *Wahls* zum Raumordnungsrecht für das allgemeine Verwaltungsrecht nachdrücklich betont.

[95] S. aus der Rechtsprechung dazu BVerfGE 61, 82; BVerwGE 60, 297 und 66, 99 sowie aus der Literatur zusammenfassend *Stober*, AöR 106 (1981), S. 41 ff.; *J. Ipsen*, AöR 107 (1982), S. 280 ff.; *Ronellenfitsch*, VA 74 (1983), S. 369 ff.; *Streintz*, VA 79 (1988), S. 272 ff. u. a.

[96] S. dazu etwa *Schmidt-Aßmann* in Festgabe aus Anlaß des 25 jährigen Bestehens des Bundesverwaltungsgerichts, S. 34 ff. und die Übersicht zum Vorbescheid bei *Selmer/Schulze-Osterloh*, JuS 1981, S. 395 ff.; vgl. daneben *J. Ipsen* AöR 107 (1982), S. 275 ff.; *Jarras*, UPR 1983, S. 241 ff.; *H. Hofmann*, UPR 1984, S. 78 ff. u. a.

weisen Entstehung noch die Beteiligung der Bürger an der Entscheidungsfindung typisch. Dabei kann zwischen Jedermannsbeteiligung und Betroffenenbeteiligung, denen auch wohl verschiedene Funktionen zukommen[97], unterschieden werden[98]. Nur für die Betroffenenbeteiligung lassen sich allerdings, wie wir in § 4 III. sahen, verfassungsrechtliche Gründe aus Artikel 19 Abs. 4 GG gewinnen. Diese Feststellung schließt nicht aus, daß eine Verwaltungsentscheidung wegen mangelnder Aufklärung des Sachverhalts u. a., die sich nun auch aus einer unterlassenen oder zu engen Bürgerbeteiligung an dieser Entscheidung ergeben kann, gerichtlich aufgehoben wird. Schon aus diesem Grund wird die Verwaltung gewöhnlich auf eine umfassende Bürgerbeteiligung vor Erlaß komplexer Verwaltungsentscheidungen bedacht sein. Das gilt um so mehr, als sich gerade bei mangelnder Programmierung des Verwaltungshandelns und komplizierten Sachverhalten die gesuchte Entscheidung häufig erst im Gespräch mit dem Bürger und durch die Auseinandersetzung mit seinen Argumenten herausbildet[99].

b) Die geschilderte Eigenart der Entscheidungsfindung muß natürlich die Frage nach der *hinreichenden demokratischen Legitimation* der Verwaltung für ein solches Vorgehen aufkommen lassen. Das Verwaltungsverfahren, in dem derartige Entscheidungen entstehen, besitzt zweifellos einen „Rechtswahrungsauftrag", der sich vor allem durch die Handlungsperspektive ex ante von der gerichtlichen Kontrolle ex post unterscheidet[100] und, wie schon bemerkt, gerade bei fehlender oder ungenügender gesetzlicher Programmierung des Verwaltungshandelns Bedeutung gewinnt. Dieses „Versagen" des Gesetzgebers folgt nun aber, so sahen wir, notwendig aus dem Grundsatz der Gewaltenteilung. Ist dieser wiederum als Ausfluß aus dem Demokratieprinzip zu verstehen, so muß allgemein für die verfassungsrechtliche Legitimation des geschilderten Verwaltungshandelns auf die unmittelbar durch Artikel 20 Abs. 2 GG begründete Eigenständigkeit der Exekutive verwiesen werden, die durch die parlamentarische Kontrolle im geschil-

---

[97] Dazu der Versuch einer Abschichtung bei *Wahl* (VVDStRL 41/1983, S. 159, 160 ff., 164, 169 f. und bes. S. 182 ff. sowie die Übersicht auf S. 192): Einerseits (als erste Stufe) Öffentlichkeits-, Interessenten- und Verbandsbeteiligung mit dem Ziel der Partizipation und Legitimierung bzw. Konsensbildung, andererseits Betroffenenbeteiligung (zweite Stufe) zum Zwecke der Rechtswahrung und als Folge eines vorverlagerten Gerichtsschutzes.

[98] Zu den unterschiedlichen gesetzlichen Regelungen insoweit *J. Ipsen*, aaO., S. 278 mit Anm. 13.

[99] S. dazu bereits § 1 III. bei Anm. 211. Eine weitere Eigenart gestufter (komplexer) Verwaltungsentscheidungen, die allerdings den geschilderten Weg ihrer inhaltlichen Konkretisierung lediglich modifiziert, sei nicht unerwähnt: das häufige Nebeneinander paralleler Genehmigungsverfahren bei industriellen Großvorhaben wie etwa Kraftwerken, s. dazu nur *M. A. Wagner*, Die Genehmigung umweltrelevanter Verfahren in parallelen und konzentrierten Verfahren, bes. S. 190 ff.

[100] Vgl. dazu *Wahl*, VVDStRL 41 (1983), S. 160 ff.; daneben *Pietzcker*, daselbst, bes. S. 208 f.; *Scholz*, VVDStRL 34 (1976), S. 149 ff., 163 ff. und *Schmidt-Aßmann*, daselbst auf S. 127 ff., auch S. 264 ff.; *Degenhart*, DVBl. 1982, S. 874 ff.; *Held*, Der Grundrechtsbezug des Verwaltungsverfahrens, S. 34 ff.

derten Sinne auch ihre demokratische Rechtfertigung erfährt[101]. Gerade die Funktion der Länderparlamente und ihre Stellung in der Gesamtverfassung machen das deutlich. Als weiterer besonderer Anknüpfungspunkt für eine demokratische Legitimation der Verwaltungsentscheidung ist daneben noch Artikel 28 Abs. 2 GG zu beachten, dem insoweit, wenn man seiner hier vertretenen Interpretation folgt, große Bedeutung zukommt. Der „Rechtswahrungsauftrag" des gestuften Verwaltungsverfahrens besitzt also keine verfassungsrechtliche Legitimation in dem Sinne, daß er den demokratischen Gesetzgeber begrenzen kann. Das vermag neben den demokratischen Äquivalenten allein, wie wir schon andeuteten[102] und gleich noch näher zu untersuchen haben, die durch Artikel 19 Abs. 4 GG garantierte Durchsetzbarkeit verfassungsrechtlich anerkannter subjektiver Rechte. Das (gestufte) Verwaltungsverfahren „kompensiert" darum auch nicht die fehlende gesetzliche Programmierung der Verwaltungsentscheidung, sondern kann richtig nur als die der parlamentarischen Kontrolle adäquate Handlungsform auf der Verwaltungsebene verstanden werden.

2. Das atomrechtliche Genehmigungsverfahren als Beispiel für ein gestuftes Verwaltungsverfahren

Nachdem uns schon als Beispiel für die Kontrolltätigkeit der Parlamente ihre (politische) Mitwirkung an Entscheidungen der Exekutive über aktuelle atomrechtliche Vorhaben diente, liegt es auch für die Verwaltungsebene nahe, anhand des atomrechtlichen Genehmigungsverfahrens die geschilderte Eigenart der gestuften Verwaltungsentscheidung und ihre die parlamentarische Kontrolle ergänzende Funktion noch kurz zu untersuchen. Dieses Beispiel bietet sich um so mehr an, als für das Atomrecht die notwendige Offenheit der gesetzlichen Regelung vom Bundesverfassungsgericht in seiner Kalkar-Entscheidung anerkannt[103] und weiter die grundrechtliche Bedeutung der atomrechtlichen Verfahrensvorschriften im Mühlheim-Kärlich-Beschluß des Gerichts ausdrücklich betont worden sind[104].

An den Regelungen des atomrechtlichen Genehmigungsverfahrens fällt zunächst negativ die ungenügende Abschichtung der planungsrechtlichen Standortentscheidung von der eigentlichen Genehmigungsentscheidung auf. Eine raumordnerische Standortvorsorgeplanung ist zwar in einigen Bundesländern vorhanden[105], doch fehlt, wie gesagt, die geforderte Unterscheidung im Atomrecht

---

[101] Vgl. dazu noch einmal die Stellungnahmen von *Vitzthum* (Parlament und Planung, S. 364 ff.) und *Dobiey* (Politische Planung, S. 102 ff.) zur Legitimation der politischen Planung durch das Parlament.

[102] S. § 2 II. bei Anm. 58 und § 4 III., besonders bei Anm. 131.

[103] BVerfGE 49, 89 (133 ff.).

[104] BVerfGE 53, 30 (63 ff.). Genauer zur verfassungsrechtlichen Bedeutung des Beteiligungsrechts im atomrechtlichen Genehmigungsverfahren und seiner Reichweite noch hier in § 7 III. bei Anm. 51 ff.

[105] Zum Stand der Standortvorsorgeplanung in den verschiedenen Bundesländern und zum

selbst[106]. Das hat man häufig kritisiert[107]. In der Literatur ist aus diesem Grund mehrfach die Einführung eines Planfeststellungsverfahrens für die Entscheidung der Standortfrage bei Atomkraftwerken gefordert worden[108], während die Praxis sich überwiegend mehr schlecht als recht bisher damit geholfen hat, daß sie die Standortentscheidung als wesentliches Element der ersten Teil(errichtungs)genehmigung ansah[109].

Ist also von der Notwendigkeit einer (positiv-rechtlich nicht realisierten) Abschichtung von Planungs- und Genehmigungsentscheidung im Atomrecht auszugehen, so besteht das Erfordernis eines stufenweisen Vorgehens, wie die Praxis beweist[110], auch für den Erlaß der Genehmigungsentscheidung selbst. Die Institute des Vorbescheids und besonders der Teilgenehmigung (§§ 7a AtG, 18, 19 AtVfV) besitzen hier darum besondere Bedeutung[111]. Die ohne unmittelbaren Anhaltspunkt im positiven Recht entwickelte Praxis des Freigabevorbehalts[112] stellt eine weiter differenzierende Form der Stufung für das atomrechtliche Genehmigungsverfahren dar. Durch Präklusionsvorschriften (§§ 7b AtG, 7 Abs. 1 AtVfV)[113] ist sichergestellt, daß mit jedem Teilbescheid auch wirklich eine neue

---

Rechtsgehalt dieser Ausweisung *Wahl*, DÖV 1981, S. 600 ff. und in Frühzeitige Bürgerbeteiligung bei Planungen, S. 121 ff.; *Brocke,* Standortvorsorge, S. 44 ff., 89 ff.; *Holzhauser,* Standortvorsorge, S. 5 ff., 13 ff., 17 ff., 95 ff., auch S. 115 ff. und 133 ff.; *Vitzthum/März,* VBlBW 1987, S. 323 ff.

[106] In § 7 AtG etwa sind die sicherheitsrechtlichen Voraussetzungen der Anlage (§ 7 Abs. 2 Nrn. 3–5) und die Anforderungen an den Standort (§ 7 Abs. 2 Nr. 6) nebeneinander als Genehmigungsvoraussetzungen aufgeführt.

[107] *Degenhart,* Kernenergierecht, S. 123 ff., 199 ff. u. S. 247 f.; *Brocke,* Standortvorsorge, S. 21 ff.; *Wahl,* DVBl. 1982, S. 60 f.; *Friauf* in Rechtsfragen des Genehmigungsverfahrens von Kraftwerken, S. 64 ff.; *Kröncke,* Die Genehmigung von Kernkraftwerken, S. 82 ff.; *H. Hofmann,* UPR 1984, S. 74 f. und *Vitzthum/März,* VBlBW 1987, S. 322 u. a.

[108] Ein solches Planfeststellungsverfahren müßte dann auch, da zunehmend die Erforderlichkeit eines Bebauungsplans für die Errichtung von Atomkraftwerken gefordert wird (s. dazu die Nachweise in § 4 Anm. 65), in den Katalog der durch § 38 BauGB privilegierten Fachplanungen aufgenommen werden; vgl. zu diesem Vorschlag ausführlich *Kröncke,* Die Genehmigung von Kernkraftwerken, S. 131 ff., bes. S. 140 ff.; daneben *Friauf* in Rechtsfragen des Genehmigungsverfahrens von Kraftwerken, S. 66 ff., bes. S. 73 ff. und *Holzhauser,* Standortvorsorge, S. 176 ff. sowie auch unsere Ausführungen in § 4 I. bei Anm. 64 ff.

[109] Dem steht in Zukunft wohl, wenn eine ausdrückliche Billigung des Standorts in der ersten Teilgenehmigung fehlt, das Urteil des Bundesverwaltungsgerichts vom 22. 10. 1987 (BVerwGE 78, 177, 178) entgegen. Vgl. daneben genauer zum Regelungsgehalt und zur Bindungswirkung der ersten Teil(errichtungs-)genehmigung im atomrechtlichen Genehmigungsverfahren: *Klante,* Erste Teilerrichtungsgenehmigung und Vorbescheid im Atomrecht und *derselbe,* BayVBl. 1987, S. 5 ff. sowie *Ronellenfitsch,* Das atomrechtliche Genehmigungsverfahren, S. 409 ff., auch S. 395 ff.

[110] S. dazu die Angaben bei *J. Ipsen,* DVBl. 1980, S. 148 Anm. 24.

[111] Aus der Literatur vgl. dazu neben *Ronellenfitsch* (aaO.) bes. noch *Degenhart,* Kernenergierecht, S. 61 ff., 215 ff.

[112] Dazu *Ossenbühl,* DVBl. 1980, S. 803; *Ronellenfitsch,* aaO., S. 372 ff., 415 f.; *Klante,* aaO., S. 198 ff.

[113] Zu ihrer Auslegung, insbesondere zum genauen Verhältnis zwischen § 7b AtG und § 7 Abs. 1 AtVfV wiederum zusammenfassend *Ronellenfitsch,* aaO., S. 340 f., 417 ff. und JuS 1983, S. 596 ff. sowie *Wilting,* Genehmigungsverfahren, S. 42 ff., 99 f., 115 ff.

Verfahrensstufe betreten wird. Weist ein Landesraumordnungsprogramm Standorte für Kernkraftwerke u. a. aus[114], so findet die Konkretisierung dieser raumordnerischen Entscheidung ebenfalls in mehreren Schritten (und auf verschiedenen Ebenen) statt und mündet, falls man für die Errichtung von Kernkraftwerken einen Bebauungsplan für erforderlich hält[115], in einen solchen ein[116].

Was schließlich die Bürgerbeteiligung im atomrechtlichen Genehmigungsverfahren betrifft, so ist sie gemäß § 7 Abs. 4 AtG i. V. m. §§ 4 ff. AtVfV als Jedermannsbeteiligung ausgestaltet worden. Diese Regelung schließt natürlich nicht die später noch genauer zu begründende These aus[117], daß sich *verfassungs*rechtlich allein aus Artikel 19 Abs. 4 GG eine Betroffenenbeteiligung begründen läßt und sich insofern auch Unterschiede zu den Aussagen des Bundesverfassungsgerichts im Mülheim-Kärlich-Beschluß ergeben.

Nach unseren allgemeinen Ausführungen zum gestuften Verwaltungsverfahren kann nun aber auch nicht das atomrechtliche Genehmigungsverfahren trotz der Offenheit der gesetzlichen Genehmigungstatbestände eine verfassungsrechtlich relevante Legitimationsfunktion in dem Sinne wahrnehmen, daß es den Gesetzgeber zu beschränken vermag. Seine eigentliche Bedeutung besteht wie die des (gestuften) Verwaltungsverfahrens überhaupt in der Erfüllung des Rechtswahrungsauftrags. Die geschilderte parlamentarische Kontrolle der Entscheidung über den Bau des Schnellen Brüters in Kalkar und der Planung eines integrierten Entsorgungszentrums in Gorleben können zur Verdeutlichung unserer These dienen, daß die verfassungsrechtliche Legitimation der Exekutive zu eigenständigem Handeln durch die parlamentarische Kontrolle ihre zusätzliche demokratische Rechtfertigung erfährt. Wenn man festgestellt hat, daß die atomrechtlichen Genehmigungsvoraussetzungen „im Interesse eines dynamischen Grundrechtsschutzes unbestimmt gehalten" worden seien[118], so wird damit allerdings für den Gesetzgeber neben der demokratischen (Gewaltenteilungsprinzip) zusätzlich eine grundrechtliche Schranke benannt. Das gestufte atomrechtliche Genehmigungs-

---

[114] Vgl. dazu die Nachweise in Anm. 105.

[115] Vgl. die Nachweise in § 4 I. Anm. 65.

[116] Nach anderer Ansicht kann die Standortvorsorgeplanung als Rechtfertigung für die bauplanungsrechtliche Zulässigkeit eines Kernkraftwerks nach § 35 Abs. 1 BBauG (heute in durch eine neue Nr. 6 ergänzter Fassung: § 35 Abs. 1 BauGB) dienen; so die Lösung von *Schmidt-Aßmann*, Das bebauungsrechtliche Planungserfordernis bei §§ 34, 35 BBauG, bes. S. 49 ff. und *Söfker*, Städte- und Gemeindebund 1982, S. 256 ff.

[117] Vgl. § 7 I. bei Anm. 9 ff.

[118] Diese Aussage trifft *Ronellenfitsch* (JuS 1983, S. 596; ähnlich *Maurer*, VVDStRL 43/1985, S. 160 f. und *Degenhart*, NJW 1984, S. 2189) unter Hinweis auf die Kalkar-Entscheidung (BVerfGE 49, 89) und den Mülheim-Kärlich-Beschluß (BVerfGE 53, 30) des Bundesverfassungsgerichts; vgl. zur Kalkar-Entscheidung schon hier bei Anm. 36. Es ist insoweit aber auch die These des Bundesverfassungsgerichts zu beachten, daß „ausfüllungsbedürftige materiellrechtliche Normen, die in den Grundrechtsschutz eingreifen,... eher tragbar (erscheinen), wenn durch ein formalisiertes, gerichtlich kontrollierbares Verfahren dafür vorgesorgt wird, daß die wesentlichen Entscheidungsfaktoren geprüft und die mit der Norm angestrebten Ziele wirklich erreicht werden" (so BVerfGE 33, 303, 341; ähnlich BVerfGE 41, 251, 265 und 44, 105, 116, u. a.).

verfahren erscheint dann nicht nur als die der parlamentarischen Kontrolle adäquate Handlungsform auf der Verwaltungsebene, sondern besitzt daneben eine
grundrechtliche Rechtfertigung. Ob und inwieweit diese These zutrifft, wird ein
wesentliches Thema des nun folgenden dritten Teils sein[119].

---

[119] Nach unseren Darlegungen in § 2 II. bei Anm. 58 i. V. m. § 1 III. bei Anm. 197 ff. kommt in
dieser Hinsicht besonders eine Begrenzung des Gesetzgebers durch Artikel 19 Abs. 4 GG in
Betracht. Daß insoweit tatsächlich eine Schranke für den Gesetzgeber in dem Sinne besteht, als es
ihm untersagt ist, selbst über die Standortfrage oder gar die Genehmigung eines Atomkraftwerks
zu entscheiden, zeigen genauer die nun folgenden Ausführungen in § 6 bei Anm. 10 ff. und bei
Anm. 23 ff. Wie daneben die Überlegungen in § 7 II. bei Anm. 41 ff. deutlich machen werden,
bestehen auch gegen eine Standortvorsorgeplanung durch Gesetz verfassungsrechtliche Bedenken.

Dritter Teil

Die grundrechtlichen Grenzen des legislativen Zugriffsrechts

In welcher Weise sich aus den Grundrechten Grenzen für das legislative Zugriffsrecht ergeben können, haben wir bereits in § 2 II. dargelegt[1]. Danach ist die Anerkennung der im Grundgesetz vorgesehenen polaren Legitimation durch Demokratie *und* Grundrechte Voraussetzung für eine solche Grenzziehung. Das Verständnis der grundrechtlichen Legitimation als eine die demokratische Legitimation des Gesetzgebers (auch) begrenzende wird wiederum durch die vom Grundgesetz statuierte Bindung der Gesetzgebung an die Grundrechte (Artikel 1 Abs. 3 GG) möglich. Denn diese Bindung hat nicht nur dazu geführt, daß die Grundrechte verbindliche „Abwägungsvorbehalte" gegenüber dem Gesetzgeber darstellen[2], sondern daß sie ihn darüber hinaus auch an einem Tätigwerden überhaupt hindern können, wenn er ihre Durchsetzbarkeit in Frage stellt. Das Grundgesetz garantiert nämlich, wie besonders Artikel 19 Abs. 4 GG beweist, nicht nur die Existenz des grundrechtlichen subjektiven Rechts als solche, sondern zugleich seine wirksame gerichtliche Durchsetzbarkeit[3]. Diese zusätzliche Garantie ist es, aus der sich grundrechtliche Schranken für das legislative Zugriffsrecht ergeben. Derartige Schranken sind – auch das wurde schon in § 2 II. angedeutet – in zweifacher Form denkbar: Einmal kann ein gesetzgeberisches Tätigwerden zu einer Verkürzung des gerichtlichen Rechtsschutzes selbst führen (dazu § 6); zum anderen ist es vor allem bei komplexen Verwaltungsentscheidungen möglich, daß ein frühzeitiges gesetzliches Eingreifen in das Verwaltungsverfahren vollendete Tatsachen und damit faktische Rechtslagen schafft, die einen wirksamen Rechtsschutz gegen darauf aufbauende Verwaltungsentscheidungen praktisch unmöglich machen (dazu § 7).

---

[1] Vgl. § 2 II. bei Anm. 58 ff.; vgl. daneben ergänzend § 1 II. bei Anm. 94 f. und 124 ff. sowie § 1 III. bei Anm. 196 ff. und bei Anm. 206 ff.

[2] S. dazu *Schlink* (Abwägung, S. 198 f.; ähnlich *derselbe*, Amtshilfe, S. 104 f.), der diese Eigenschaft der Grundrechte „als Fortsetzung" der Lehre vom Gesetzesvorbehalt „unter den veränderten Bedingungen der Bindung der Gesetzgebung an die Grundrechte" versteht.

[3] S. dazu *Lorenz*, Jura 1983, S. 395, 396 f. mit Nachweisen. Für eine Ableitung dieser Folgerung aus den materiellen Grundrechten als solchen – also unabhängig von Artikel 19 Abs. 4 GG – s. nur die Ausführungen von *Schenke*, Rechtsschutz, S. 81 ff.

§ 6 Die Garantie des effektiven gerichtlichen Rechtsschutzes durch Artikel 19 Abs. 4 GG

I. Die Ansätze in Rechtsprechung und Lehre für eine Begrenzung des Gesetzgebers durch das Gebot eines effektiven gerichtlichen Rechtsschutzes

Es wurde schon gesagt, daß Artikel 19 Abs. 4 GG von der ganz herrschenden Meinung in Rechtsprechung und Lehre (auch) als Garantie für einen effektiven Rechtsschutz verstanden wird[4]. Der Möglichkeit, aus diesem allgemeinen Gebot Folgerungen für die Wahl der Rechtsform abzuleiten, scheint nun aber die Feststellung des Bundesverfassungsgerichts in einer sehr frühen Entscheidung zu widersprechen, nach der das deutsche Verfassungsrecht es nicht gebietet, „die Form hoheitlicher Maßnahmen so zu wählen, daß der einzelne dagegen einen möglichst umfassenden Rechtsschutz hat"[5]. Etwas anderes gilt aber nach Ansicht des Gerichts für die Frage der Legalenteignung. In seiner bekannten Entscheidung zum Hamburger Deichordnungsgesetz leitet es allerdings nicht aus Artikel 19 Abs. 4 GG, sondern aus dem betroffenen Grundrecht des Artikel 14 GG selbst das Gebot ab, daß eine Legalenteignung besonders wegen der damit verbundenen Verkürzung des Rechtsschutzes nur ausnahmsweise zulässig ist[6]. Die Rechtsschutzverkürzung liegt in diesem Fall nach dem Bundesverfassungsgericht darin, daß Artikel 19 Abs. 4 GG dem einzelnen keinen Rechtsschutz gegen eine seine Rechte unmittelbar berührende gesetzliche Regelung gewährt und insoweit auch

---

[4] S. die Nachweise in § 1 Anm. 200 und daneben aus der Rechtsprechung des Bundesverfassungsgerichts BVerfGE 35, 382 (401) und 40, 272 (275) u. a.. Zu Tendenzen in der Rechtsprechung und Lehre, die Forderung nach effektivem *gerichtlichem* Rechtsschutz aus den materiellen Grundrechten abzuleiten, kritisch *Bethge* (NJW 1982, S. 6f.), *Lorenz* (Jura 1983, S. 396f.), *Schenke* (in Bonner Kommentar, Artikel 19 Abs. 4 Rdnr. 432) und *Haag* („Effektiver Rechtsschutz", S. 83ff.), da damit der insoweit speziellere Charakter des Artikel 19 Abs. 4 GG übersehen wird.

[5] BVerfGE 10, 89 (105) – „Erft-Verband"; zuletzt so auch BVerfGE 70, 35 (56 und 61 – Sondervotum *Steinberger* –) und der Beschluß des Bundesverfassungsgerichts vom 25. 9. 1986 (DVBl. 1987, S. 134). Dieser Ansicht des Bundesverfassungsgerichts entspricht indirekt die teilweise in der Verwaltungsrechtslehre und -rechtsprechung vertretene Ansicht, daß der Gesetzgeber die Rechtsform des Verwaltungshandelns ohne Rücksicht auf dessen sachlichen Gehalt beliebig bestimmen kann. Denn die Bejahung dieser These bewirkt ebenfalls in bestimmten Fällen eine Verkürzung des Rechtsschutzes für den betroffenen Bürger (vgl. dazu etwa *Pestalozza*, Formenmißbrauch des Staates, S. 155ff.; *v. Mutius* in FS für H. J. Wolff, S. 167ff. mit weiteren Nachweisen und aus der Rechtsprechung Bayerischer VGH, DVBl. 1978, S. 181, 182, die alle dieser Entwicklung u. a. mit dem Hinweis auf Artikel 19 Abs. 4 GG widersprechen). Allerdings hat die Literatur insoweit Lösungsmöglichkeiten aufgezeigt, die diese möglichen Rechtsschutzverkürzungen als tragbar erscheinen lassen (vgl. z. B. die Ausführungen von Pestalozza, aaO., S. 154ff. zum Rechtsschutz gegen Bebauungspläne und die bei *v. Mutius*, aaO., S. 181ff. aufgezeigten prozessualen [Ausweich-]Möglichkeiten).

[6] BVerfGE 24, 367 (401f.). Eine verfassungsrechtliche Begründung dieses Gebots unter Hinweis auf Artikel 19 Abs. 4 GG findet sich dagegen bei *Mauder*, Rechtliches Gehör, S. 41f.

nicht die Verfassungsbeschwerde als gleichartiger „Ersatz" in Betracht kommt[7]. Zu dieser Begründung, die spätere Urteile des Bundesverfassungsgerichts bestätigt und vertieft haben[8], ist mit Recht bemerkt worden, daß die gleiche Folgerung dann auch für andere Grundrechte, die ihrem Wortlaut nach eine Austauschbarkeit von Gesetz und Verwaltungsakt vorsehen (vgl. Artikel 8 Abs. 2 S. 2, 11 Abs. 2 S. 1 und 12 Abs. 1 S. 2 GG), zu ziehen sei[9]. Denn auch in diesen Fällen treffen ja die Gründe zu, die nach dem Bundesverfassungsgericht für eine unzulässige Rechtsschutzverkürzung bei der Legalenteignung sprechen.

In der Literatur ist unter dem Aspekt der Rechtsschutzverkürzung zunächst die aufgrund der Verfassungsrechtslage in Hamburg gegebene und dort – nach dem Urteil der Rechtsprechung – zum Teil willkürlich praktizierte Möglichkeit diskutiert worden, Bauleitpläne oder die Schließung von Schulen u. a. statt durch Rechtsverordnung durch förmliches Gesetz in Kraft zu setzen[9a]. Daneben hat sich die Lehre mit dem Argument der Rechtsschutzverkürzung vor allem im Zusammenhang mit der Frage auseinandergesetzt, ob die Standortentscheidung für industrielle Großvorhaben durch Gesetz erfolgen sollte[10]. Insoweit wird im wesentlichen die geschilderte Begründung des Bundesverfassungsgerichts aus seinem Urteil zum Hamburger Deichordnungsgesetz wiederholt[11]. Ergänzend ist noch auf die in den verschiedenen Fachplanungsgesetzen vorgesehene Bürgerbeteiligung und die Beteiligung der kommunalen Selbstverwaltungskörperschaften als ein den Rechtsschutz der Betroffenen verstärkendes Moment hingewiesen worden und weiter auf den Instanzenzug in der Vewaltungsgerichtsbarkeit[12]. Anführen ließe sich insoweit auch, daß eine Entscheidung über die Standortfrage eines industriellen Großvorhabens durch Verwaltungsakt im Gegensatz zu einer entsprechenden gesetzlichen Regelung zunächst noch einmal im Widerspruchsverfahren auf Rechtsmäßigkeit *und* Zweckmäßigkeit hin überprüft wird und zudem für ihre

---

[7] Wie Anm. 6. Das genannte Urteil des Bundesverfassungsgerichts erging zu einem Zeitpunkt, als die Verfassungsbeschwerde noch nicht in das Grundgesetz selbst aufgenommen war. Aber auch als das geschehen war, hat das Bundesverfassungsgericht seine Rechtsprechung zur Legalenteignung insofern nicht geändert; vgl. insoweit nur BVerfGE 45, 297 (331 ff.) und BVerfGE 58, 300 (331).

[8] Vgl. noch einmal BVerfGE 45, 297 (331 ff.) und BVerfGE 58, 300 (331).

[9] *Schenke*, Rechtsschutz, S. 50 f.

[9a] S. dazu besonders *Goerlich*, DÖV 1985, S. 945 ff. und ausführlich *derselbe*, „Formenmißbrauch" und Kompetenzverständnis, passim (bes. S. 3 ff., 21 ff., 66 ff., 77 ff., 98).

[10] Vgl. *Henle*, UPR 1982, S. 255 f.; *Papier* NJW 1977, S. 1718; *Blümel*, DVBl. 1977, S. 321 Anm. 493; *H. Wagner*, DVBl. 1978, S. 842; *Vitzthum*, Parlament und Planung, S. 39 Anm. 63; *Friauf* in Rechtsfragen des Genehmigungsverfahrens von Kraftwerken, S. 73 und *Maurer*, VVDStRL 43 (1985), S. 159 mit weiteren Nachweisen in Anm. 66. Allgemein zu diesem Problem ohne Bezug auf die Frage der Standortentscheidung für industrielle Großvorhaben *Roellecke*, NJW 1978, S. 1779; *Kloepfer*, VVDStRL 40 (1982), S. 65 Anm. 2; *Meessen*, DÖV 1970, S. 319 ff.; *Pestalozza*, Formenmißbrauch des Staates, S. 165 f.; *Maurer*, aaO., S. 158 f. u. a.

[11] Vgl. insoweit etwa *Henle*, aaO.; *Roellecke*, aaO.; *Papier*, aaO.; *Vitzthum*, aaO. und *Friauf*, aaO.

[12] So etwa *Henle*, aaO., S. 256.

gerichtliche Kontrolle in Gesetz, Verordnung, Satzung oder Verwaltungsvorschriften[13] genauere rechtliche Maßstäbe als nur die für das Gesetz geltenden des
Verfassungsrechts vorliegen.

Erstaunlich ist nun, daß weder die Literatur noch die Rechtsprechung des
Bundesverfassungsgerichtes in diesem Zusammenhang auf die Frage eingegangen
sind, ob nicht die entscheidende Rechtsschutzverkürzung in den genannten Fällen
darin begründet liegt, daß derartige Gesetze im Gegensatz zu Verwaltungsentscheidungen sich nicht auf ihre Begründung (Motive) hin gerichtlich überprüfen
lassen. Denn ließe sich diese Frage bejahen, so müßte nicht nur die vom Wortlaut
des Artikel 14 Abs. 3 GG her bestehende freie Wahlmöglichkeit zwischen Gesetz
und Verwaltungsakt entfallen und entsprechendes für die bereits genannten anderen Grundrechte gelten, die eine solche Austauschbarkeit der Rechtsformen vom
Wortlaut her ebenfalls vorsehen, sondern es bestände dann darüber hinaus die
Möglichkeit, aus Artikel 19 Abs. 4 GG das grundsätzliche Verbot von Vollziehungsgesetzen[14] wegen deren Rechtsschutzverkürzung abzuleiten. Damit würde
auch der „Umweg" über die materiellen Grundrechte, den das Bundesverfassungsgericht seit dem Deichordnungsurteil für die Begründung eines wirksamen
gerichtlichen Rechtsschutzes nimmt[14a], überflüssig. Diese Überlegungen machen
wohl hinreichend die Relevanz der nunmehr zu behandelnden Frage deutlich, ob
sich Gesetze im Gegensatz zu Verwaltungsentscheidungen überhaupt gerichtlich
auf ihre Begründung (Motive) hin überprüfen lassen.

II. Die Unmöglichkeit und Unzulässigkeit einer gerichtlichen Überprüfung der gesetzgeberischen Motive als entscheidender Grund für die Rechtsschutzverkürzung durch Vollziehungsgesetze

In § 2 III. haben wir bereits gesehen, daß sich rechtstheoretisch zwischen Norm-
begründungs- und Normdurchsetzungsverfahren unterscheiden läßt und das
Normdurchsetzungsverfahren letztlich einen dezisionistischen Akt darstellt[15].
Daß diese Unterscheidung auch verfassungsrechtlich geboten ist und daraus die
Unmöglichkeit und Unzulässigkeit folgt, Gesetze gerichtlich auf ihre Begründung
(Motive) hin zu überprüfen, ist nunmehr zu zeigen.

---

[13] Zum Rechtscharakter des für die Standortentscheidung häufig relevanten Flächennutzungs-
plans und des möglichen Rechtsschutzes dagegen s. *Schmidt-Aßmann*, Kommunale Rechtssetzung, S. 36 ff. i. V. m. S. 51 ff.; zu den Regionalplänen, die insoweit ebenfalls Bedeutung besitzen,
übersichtlich *Löhr* (DVBl. 1980, S. 13 ff.), *Schmidt-Aßmann* (DÖV 1981, S. 238 f., 245 f.) und
Weidemann (DVBl. 1984, S. 767 ff.); zu den raumordnerischen Standort*vorsorge*plänen schließlich, für die das gleiche gilt: *Brocke* (Standortvorsorge, S. 63 ff., 89 ff., 129 ff.), *Wahl* (in Frühzeitige Bürgerbeteiligung bei Planungen, S. 120 ff.), *Holzhauser* (Standortvorsorge, S. 95 ff., 159 ff.,
auch S. 115 ff. und S. 133 ff.), *Vitzthum/März* (VBlBW 1987, S. 324 ff., 365 ff.) und BVerfGE 76,
107 (114 f.).

[14] Zu ihrem hier zugrunde gelegten Inhalt s. § 1 III. bei Anm. 202 ff.

[14a] Kritisch zu diesem „Umweg" auch *Mauder*, Rechtliches Gehör, S. 41 ff.

[15] Vgl. dort bei Anm. 93 ff.

1. Die Gegenargumente in Rechtsprechung und Lehre

Gegen diesen Versuch könnte zunächst das schon von Forsthoff ins Feld geführte Argument sprechen, daß das Maßnahmengesetz wegen seines administrativen Charakters gerichtlich umfassender überprüft werden müßte. Zur Begründung dieser Ansicht führt er aus: „Die Auffassung, daß das gewählte Parlament als Exponent des demokratischen Volkswillens in Ausübung seiner gesetzgeberischen Funktion ein Anrecht auf größere Freiheit von Kontrollen habe als die Verwaltung, findet weder im Grundgesetz eine Stütze noch ist sie überhaupt rechtsstaatlich zu begründen. Daß die Emanationen der gesetzgebenden Gewalt in weiterem Maße unkontrolliert bleiben als die Verwaltungsakte, hat seinen Grund ausschließlich in der Rechtsnatur und -struktur des Gesetzes. Wo diese jedoch der Überprüfung kein Hindernis entgegensetzen, muß die Nachprüfbarkeit deshalb bejaht werden. Das ist bei Maßnahmegesetzen um so mehr geboten, als die rechtsstaatlichen Bedenken, denen Maßnahmegesetze begegnen, den Ausgleich einer verstärkten verfassungsgerichtlichen Kontrolle zwingend gebieten."[16]

Daß nicht das verfassungsrechtlich festgelegte Gesetzgebungsverfahren, sondern allein der Gesetzesinhalt darüber entscheidet, in welchem Umfang eine gerichtliche Kontrolle gesetzlicher Regelungen möglich ist, ist dann besonders von der Rechtsprechung und Literatur zu den Gesetzen zur kommunalen Gebietsreform in der Bundesrepublik vertreten worden. Diese Gesetze stellen ja ihrem Inhalt nach Verwaltungsakte dar[17]. Obwohl das explizit kaum zugegeben wird, darf man hierin wohl mit Forsthoff die Ursache dafür sehen, daß die Verfassungsgerichtshöfe der Länder, deren Rechtsprechung ja das Bundesverfassungsgericht im wesentlichen gefolgt ist, durchweg die Neugliederungsgesetze praktisch wie Verwaltungsakte überprüft haben[18]. Diese (unbewußte) Übertragung verwal-

---

16 Rechtsstaat im Wandel, S. 121; ähnlich derselbe, VVDStRL 15 (1957), S. 84 f. (Diskussionsbeitrag). Zusammenfassung der Thesen *Forsthoffs* bei *Zeidler*, Maßnahmegesetz und „klassisches" Gesetz, S. 34 ff.; gleicher Ansicht wie *Forsthoff* insoweit *Quaritsch*, Das parlamentslose Parlamentsgesetz, S. 69 f. Auch die bereits angesprochenen Hamburger Fälle (s. bei Anm. 9 a) sind letztlich mit diesem Argument korrigiert worden. Die allgemeine Entwicklung zu einer entsprechend intensiven Prüfungspraxis der Verfassungsgerichte ist von *Forsthoff* allerdings an anderer Stelle kritisch genauer analysiert worden. Sie führt, wie er dort darlegt, im Ergebnis zur „Herabstufung der Gesetzgebung als einer der wichtigsten Vorgänge des Verfassungslebens durch die Unterstellung unter die Kategorien des Verwaltungsrechts: die Bundesrepublik als Administration" (Der Staat der Industriegesellschaft, S. 143, zum ganzen Vorgang S. 135 ff.). Daneben betont *Schlaich* (VVD StRL 39/1981, S. 116 f.) insoweit richtig: „Kompensation schafft nicht Kompetenz, sie schafft *Notkompetenz*, deren erste und dauernde Pflicht es ist, sich entbehrlich zu machen."

17 So auch *Salzwedel*, DÖV 1969, S. 576; *Ossenbühl*, DÖV 1969, S. 553; *G. Seibert*, Selbstverwaltungsgarantie und kommunale Gebietsreform, S. 21 f.; *Friesenhahn* in Gedenkschrift für Max Imboden, S. 126 u. a. Für administrative Gebietsänderungsakte betont das auch *Rasch*, DVBl. 1983, S. 620 f.

18 Besonders deutlich VerfGH Nordrhein-Westfalen, DVBl. 1977, S. 46 ff. und DVBl. 1976, S. 391 ff. Weitere Nachweise zu dieser Rechtsprechung bei *Stüer*, DVBl. 1977, S. 3 f. und DÖV 1978, S. 83 ff., besonders S. 85. Allgemeiner Überblick über die Rechtsprechung zur Gebietsre-

tungsrechtlicher Vorstellungen auf das Gesetzgebungsverfahren wird auch noch daran deutlich, daß man in Rechtsprechung und Lehre das durchweg gesetzlich statuierte Anhörungsrecht der kommunalen Selbstverwaltungskörperschaften vor Erlaß der Gebietsreformgesetze zusätzlich verfassungsrechtlich unter Heranziehung der Artikel 28 Abs. 2 und auch Artikel 103 GG u. a. zu begründen versuchte[19]. In die gleiche Richtung weist der ebenfalls unternommene Versuch, die Überprüfung der gesetzgeberischen Motive bei den Gesetzen zur Gebietsreform mit dem Hinweis auf eine entsprechend umfassende verwaltungsgerichtliche Überprüfung der vom jeweiligen Gemeinderat als Satzung beschlossenen Bebauungspläne zu rechtfertigen[20].

Es ist schließlich nun im Blick auf die in § 1 III. geschilderte Entwicklung zum inhaltslosen Gesetzesbegriff hin[21] nur konsequent, wenn später nicht allein für Gesetze mit administrativem Charakter, sondern für die Gesetzgebung überhaupt besondere gerichtlich überprüfbare Ermittlungs- und Abwägungspflichten u. a. gefordert worden sind[22]. Denn der Versuch konnte ja nicht ausbleiben, den Verlust an rechtsstaatlicher Substanz, der mit der Auflösung des Gesetzesbegriffs verbunden war, zu kompensieren. Daß man die Lösung insoweit in einer erhöhten inhaltlichen Bindung des Gesetzgebers an die Verfassung sah und die verfassungsgerichtliche Überprüfbarkeit seiner neu entdeckten Pflichten postulierte, kann nach den hier in § 1 geschilderten verfassungsrechtlichen Gründen für die Gesetzesflut nicht mehr verwundern. Ist nun aber, wie jetzt genauer zu zeigen ist, dieser Weg aus verfassungsrechtlichen Gründen nicht möglich, so ist damit ein weiterer Hinweis für die Notwendigkeit gegeben, sich auf die verbindlichen verfassungsrechtlichen Inhalte des Gesetzesbegriffs selbst zurückzubesinnen. Das wird uns in § 9 genauer beschäftigen.

2. Die Argumente für die Ablehnung einer gerichtlichen Überprüfung der gesetzgeberischen Motive

a) In der *Literatur* sind insoweit folgende Argumente genannt worden:
Die praktische Unmöglichkeit, die entscheidenden Motive des Gesetzgebers für die beschlossene Regelung aus den Gesetzesmaterialien zu eruieren, hat bereits

---

form in der Dissertation von *Balke* (Umfang und Intensität der verfassungsgerichtlichen Überprüfung von Gesetzen zur kommunalen Gebietsreform) und besonders bei *Stüer*, Funktionalreform und kommunale Selbstverwaltung, S. 137 ff.

[19] Dazu übersichtlich *Loschelder*, Kommunale Selbstverwaltungsgarantie und gemeindliche Gebietsgestaltung, S. 270 ff.; vgl. daneben *Burmeister*, Selbstverwaltungsgarantie, S. 13 Anm. 43 und S. 194 f. Kritisch dazu besonders *Friesenhahn*, aaO., S. 137 f.

[20] So *Stüer*, DVBl. 1977, S. 3 ff. Kritisch dazu insbesondere *Koch*, DVBl. 1983, S. 1131 f.

[21] Vgl. dort bei Anm. 151 ff.

[22] S. insoweit nur *Schwerdtfeger* in FS Ipsen, S. 173 ff. und *v. Arnim*, Gemeinwohl und Gruppeninteressen, S. 274 f. Kritisch dazu zuletzt *Gusy*, ZRP 1985, S. 296 ff. und *Steinberg*, Der Staat 26 (1987), S. 174 ff.

Zeidler in seiner Monographie über „Maßnahmegesetz und ‚klassisches' Gesetz" aus dem Jahr 1961 an einem konkreten Beispiel, den parlamentarischen Beratungen zu § 8 des Straffreiheitsgesetzes von 1954, ausführlich demonstriert[23]. Er spricht in diesem Zusammenhang zutreffend von „der Unbrauchbarkeit der inneren Einstellung einer als Einheit zu wertenden Vielzahl von Personen" für die Ermittlung der gesetzgeberischen Absichten[24]. In neuerer Zeit hat dann besonders Schlaich die Notwendigkeit einer Beschränkung der verfassungsgerichtlichen Kontrolle auf das Gesetz als solches betont[25]. Er weist zunächst richtig darauf hin, daß allein das Gesetz selbst und nicht der parlamentarische Prozeß der Entscheidungsfindung Gegenstand der verfassungsgerichtlichen Normenkontrolle sei; dieses Verfahren diene darum auch nicht „dem nachträglichen rechtlichen Gehör für den Gesetzgeber"[26]. Die Freiheit des Gesetzgebers bei der Entscheidungsfindung folgt, wie er weiter ausführt, aus der Tatsache, daß „die Verfassung zu den Aufgaben des Gesetzgebers und deren Verwirklichung weitgehend schweigt"[27]. Diese durch das Fehlen verfassungsrechtlicher Maßstäbe begründete Freiheit des Gesetzgebers ermöglicht nach Schlaich schließlich auch erst die wirkliche parlamentarische Auseinandersetzung über das zu erlassende Gesetz. Eine verfassungsgerichtliche Überprüfung des Gesetzgebers, die über die ausdrücklich genannten verfassungsrechtlichen Maßstäbe hinausgehe, räume zudem dem Gedanken der Kompensation parlamentarischer Entscheidungsdefizite durch das Bundesverfassungsgericht einen verfassungsrechtlich bedenklich weiten Raum ein, weil damit letztlich die Maßgeblichkeit des Wahlausgangs, die Rolle der Opposition wie die parlamentarischen Funktionen überhaupt in Frage gestellt würden[28].

b) Für die besonders von Zeidler und Schlaich vertretene These, daß eine gerichtliche Überprüfung der gesetzgeberischen Motive nicht möglich ist, spricht als entscheidender verfassungsrechtlicher Grund demnach letztlich das *demokratische Prinzip des Grundgesetzes* selbst:

---

[23] Vgl. *Zeidler*, aaO., S. 179 ff., bes. S. 194 und 198 f. Die genaue Bezeichnung des genannten Gesetzes lautet: Gesetz über den Erlaß von Strafen und Geldbußen und die Niederschlagung von Strafverfahren und Bußgeldverfahren (Straffreiheitsgesetz) vom 17. Juli 1954 (BGBl. I S. 203).

[24] AaO., S. 200. Im Ergebnis ebenso aus allgemeinen Überlegungen *Wank*, Grenzen richterlicher Rechtsfortbildung, S. 61 ff. Ganz entsprechend hat im Jahr 1982 der damalige Bundespräsident *Carstens* seine Auflösungsanordnung des Bundestages in einer Fernsehansprache damit begründet, daß er nicht erforschen könne, aus welchem Grunde auch immer der jeweilige Abgeordnete das Vertrauen verweigert habe, und daß er deshalb das Abstimmungsergebnis hinnehmen müsse (so gibt *Achterberg*, DVBl. 1983, S. 485, die Ausführungen von *Carstens* in der genannten Rede wieder).

[25] *Schlaich*, VVDStRL 39 (1981), S. 106 ff. und JuS 1982, S. 601 ff.

[26] So VVDStRL 39 (1981), S. 108 ff.; ähnlich JuS 1982, S. 602 f.

[27] So JuS 1982, S. 601 f.; vgl. auch VVDStRL 39 (1981), S. 111 f. und daneben *Gusy*, ZRP 1985, S. 292, 295, 298.

[28] VVDStRL 39 (1981), S. 115 ff., vgl. auch S. 111 und JuS 1982, S. 603 f. Dieser Gedanke klingt bereits bei *Zeidler* (Maßnahmegesetz und „klassisches" Gesetz, S. 195 Anm. 96) an. *Schlaich* (VVDStRL 39/1981, S. 113 f.) weist schließlich noch auf die unterschiedlichen „Verfassungsmäßigkeitsprüfungen in parlamentarischen und gerichtlichen Verfahren" hin.

Das Grundgesetz hat sich, wie Artikel 20 Abs. 2 GG beweist, für die mittelbare (repräsentative) Demokratie entschieden. Es geht also davon aus, daß das Volk über seine Angelegenheiten grundsätzlich nicht selbst direkt entscheiden kann, sondern es dazu besonderer Organe der Leitung und der Willensbildung bedarf. So auch bei der Gesetzgebung, für die das Parlament zuständig ist. Die rechtliche Voraussetzung dafür, daß im Parlament über die richtige gesetzgeberische Lösung ohne Rücksichtnahme auf irgendwelche Interessen diskutiert und abgestimmt werden kann, schafft das in Artikel 38 Abs. 1 Satz 2 GG statuierte freie Mandat des Abgeordneten. Diese Rechtsstellung der Abgeordneten wird durch ihre materielle Absicherung und die verfassungsrechtlich garantierte Indemnität und Immunität unterstützt. Auch die weiteren, bereits dargelegten Unterschiede zwischen den kommunalen Mandatsträgern und den Abgeordneten der Landtage und des Bundestages geben einen Hinweis auf die vom Verfassungsgeber gewollte Unabhängigkeit in der gesetzgeberischen Entscheidung.

Dieser verfassungsrechtlichen Form der parlamentarischen Demokratie liegt auch wegen der weitgehend fehlenden inhaltlichen Maßstäbe der Verfassung unausgesprochen der Gedanke zugrunde, daß der Beratung eines Gesetzentwurfs oder eines anderen Gegenstandes parlamentarischer Beschlußfassung keine Lösung *vorgegeben* ist, sondern diese Lösung erst aufgrund der Beratungen – freie Diskussion – *gefunden* wird. Nur auf diesem Hintergrund bekommen die genannten Regelungen der Artikel 20 Abs. 2 und 38 Abs. 1 GG ihren spezifischen verfassungsrechtlichen Sinn und hierin liegt auch der Grund dafür, daß die den Gesetzentwürfen häufig beigegebenen Begründungen keine entscheidende Aussagekraft für die Motive des Gesetzgebers besitzen können.

Natürlich ist nicht zu übersehen, daß die mehrheitlich oder sogar einstimmig beschlossene Lösung nicht unbedingt die objektiv „richtige" ist[29]. Die Folgerung aus dieser Feststellung muß deshalb mit Roellecke lauten, „daß nicht die sichere, wahrscheinliche oder mögliche Richtigkeit Mehrheitsentscheidungen legitimiert, sondern daß es für Mehrheitsentscheidungen nur eine Qualifikation geben kann: das rechtsstaatlich-demokratische Willensbildungsverfahren"[30]. Als „materieller" Legitimationsgrund läßt sich aber ergänzend anführen, daß die parlamentarischen Beratungen eines Gesetzentwurfs zu einer Rationalisierung des politischen Prozesses führen[31].

---

[29] Vgl. dazu *Gusy*, AöR 106 (1981), S. 337 ff.; die Diskussionsbeiträge von *Walter* und *Roellecke* in VVDStRL 29 (1971), S. 91, 99 f.; *Hesse*, Grundzüge, S. 229 f. u. a.

[30] AaO., S. 100; vgl. daneben wiederum *Gusy*, aaO., S. 342 ff.

[31] Dazu *Hesse*, Grundzüge, S. 54 (Hervorhebung A. J.): Die parlamentarische Demokratie des Grundgesetzes „schafft Rationalität durch das ihr eigene Verfahren der politischen Willensbildung und durch die Publizität dieses Verfahrens. Das demokratische Verfahren politischer Willensbildung führt zu einer Formung der ungeformten Willensrichtung. Es ermöglicht Entscheidungen nach festen Regeln. Es begründet Verantwortung und schafft Möglichkeiten, diese Verantwortung zu realisieren. Es läßt den Vorgang der politischen Willensbildung nicht im Dunkeln der Abmachungen oder Entschlüsse von unkontrollierten Machthabern, sondern rückt

Nimmt man zu diesen verfassungsrechtlichen Regelungen der parlamentarischen Entscheidungsfindung die bereits getroffene Feststellung hinzu, daß allein
das Gesetz als solches Gegenstand parlamentarischer Erörterung und Beschlußfassung ist, nicht aber darüber hinaus eine ihm beigegebene Begründung, so legt
sich die Folgerung nahe, daß die gesetzgeberische Entscheidung des Parlaments
einer sachlichen, gerichtlich nachprüfbaren Begründung gar nicht zugänglich ist.
Denn der Gesetzesinhalt wird ja, wie gesagt, wegen fehlender konkreter Vorgaben der Verfassung erst in der parlamentarischen Beratung bestimmt, und der
Sinn dieser Form der Entscheidungsfindung liegt nach unseren Feststellungen, da
sie keine Richtigkeitsgewähr bietet, in der Vermittlung demokratischer Legitimation und der Rationalisierung des politischen Prozesses.

Die damit gegebene Unmöglichkeit, die wirklichen Gründe des Parlaments für
das beschlossene Gesetz zu benennen, belegen schließlich noch zwei weitere
Überlegungen: Einmal läßt sich nicht ausschließen, daß die wahren Gründe für die
getroffene gesetzgeberische Entscheidung des Parlaments – bewußt oder unbewußt – in den parlamentarischen Beratungen gar nicht zur Sprache kommen; zum
anderen besteht zwischen Beratung und „Handeln" (der Abstimmung selbst) ein
Unterschied; das eine geht in das andere nicht ohne weiteres über[32]. Darin liegt
u. a. das bereits angesprochene dezisionistische Moment des Normendurchset-
zungsverfahrens[33]. Im Grunde spricht das geschilderte Wesen der parlamentarischen Demokratie des Grundgesetzes überhaupt für die genannte rechtstheoretische Unterscheidung. Es spricht weiter (i. V. m. dem dargelegten Verständnis des
Gewaltenteilungsprinzips) dafür, das Gesetz im Gegensatz zu Verwaltungsmaßnahmen als eine „final nicht determinierte und deshalb kategorisch geltende (erg.:
allgemein verbindliche) Regelung von Sachbereichen" zu verstehen und in eben
diesem Geltungsmodus eine Eigenart des Gesetzes zu sehen, die es allein mit der
Verfassung gemein hat[33a]. Dieses Ergebnis erlaubt die abschließende Folgerung,
daß die von Zeidler konstatierte *faktische* Unmöglichkeit, die Motivation des

ihn prinzipiell in das Licht der Öffentlichkeit. Die damit gewonnene Rationalität des politischen
Prozesses ist freilich weniger eine solche funktioneller Reibungslosigkeit, dafür um so mehr eine
solche der Einsehbarkeit, Überschaubarkeit, Verstehbarkeit: *substantielle Rationalität*, die tätige
Anteilnahme erst ermöglicht und Grundlage staatlicher Legitimität ist."

[32] Dazu vertiefend *Bubner*, Handlung, Sprache und Vernunft, S. 230ff. und 257ff.

[33] S. dazu § 2 III. bei Anm. 92ff.

[33a] So *Barbey*, Bundesverfassungsgericht und einfaches Recht, S. 27, zur Begründung dieses
Standpunktes im einzelnen S. 17ff. Die verfassungsrechtliche Rechtfertigung des dem Gesetzgebungsverfahren eigenen dezisionistischen Moments und die kategorische Geltung des Gesetzes
selbst sind auch der Grund dafür, daß der namentlich von *Lücke* (Begründungszwang und
Verfassung, bes. S. 214ff. mit entsprechenden weiteren Verweisen) vertretenen These, das
Parlament habe aus verfassungsrechtlichen Gründen mit dem jeweiligen Gesetz eine Begründung dafür zu beschließen, widersprochen werden muß: Statuiert das Grundgesetz nicht ausdrücklich eine solche Pflicht, so läßt sie sich entgegen *Lücke* nach dem Gesagten nicht aus so
allgemeinen verfassungsrechtlichen Vorschriften wie Artikel 1 Abs. 1, 19 Abs. 4, 20 Abs. 1 und 2
(Demokratieprinzip) GG oder gar aus dem verfassungsrechtlichen Prinzip der Rechtssicherheit
ableiten.

Gesetzgebers im Wege juristischer Auslegung festzustellen[34], verfassungs*rechtliche* Gründe besitzt und entgegen der These Forsthoffs[35] das Parlament ein „Anrecht auf größere Freiheit von (gerichtlichen) Kontrollen... als die Verwaltung" hat.

c) Der *gedankliche Fehler* Forsthoffs besteht nach dem Gesagten darin, daß er unmittelbar aus dem *Begriff* des Maßnahmegesetzes – seinem exekutivischen Charakter – die umfassende Prüfungskompetenz der Verfassungsgerichte für diese Gesetze folgert. Er übersieht dabei, daß die gewählte *Gesetzes*form zwingend das ausschließliche Gebundensein an (weitgehend fehlende) verfassungsrechtliche Maßstäbe und die geschilderten Eigenheiten des parlamentarischen Verfahrens auslöst und *darum* eine gerichtliche Überprüfung des Maßnahmegesetzes, die über die der „Rechts-Gesetze" hinausgeht, nicht möglich ist[36]. Ein entsprechender gedanklicher Fehler liegt der Ansicht zugrunde, daß die Gebietsreformgesetze wie Bebauungspläne gerichtlich überprüft werden können. Hier wird nämlich übersehen, daß der Bebauungsplan als Maßnahme der Exekutive im Gegensatz zu den Gebietsreformgesetzen auch von einem Organ der Exekutive, dem Gemeinderat, beschlossen wird. Damit unterliegt der Bebauungsplan nicht nur den vorhandenen gesetzlichen Bindungen des Baugesetzbuchs (und der Gemeindeordnungen), sondern grundsätzlich auch, sofern nicht diese gesetzlichen Spezialregelungen greifen, den allgemeinen rechtlichen Maßstäben, die für Ermessensentscheidungen der Verwaltung gelten[37].

Gerade das von der Literatur genannte „Vorbild" für eine intensive verfassungsgerichtliche Überprüfung der Gebietsreformgesetze, die verwaltungsgerichtliche Kontrolle der Bebauungspläne, stellt ein gutes Beispiel für den angesprochenen gedanklichen Fehler dar. Denn die Voraussetzungen für den Erlaß eines Bebauungsplans und die für die Gesetzgebung unterscheiden sich besonders deutlich voneinander. Hervorzuhebende spezielle Voraussetzungen für den Erlaß eines Bebauungsplans sind u. a.: die Notwendigkeit einer Bürgerbeteiligung (§ 3 BauGB), die detaillierten gesetzlichen Anforderungen an den Inhalt des Planes (§§ 1 Abs. 5 S. 2, 9 BauGB) und seine Begründungspflicht (§ 9 Abs. 8 BauGB). Schon

---

[34] S. die Nachweise in Anm. 23 und 24.

[35] S. den Nachweis in Anm. 16.

[36] Es ist das besondere Verdienst von *Friesenhahn* (Gedenkschrift für Max Imboden, S. 126 ff.) und *H. Meyer* (DÖV 1971, S. 805 ff.), diesen Gesichtspunkt für die Gebietsreformgesetze nachdrücklich betont zu haben. Kritisch insoweit zu Recht auch das Sondervotum *Steinberger* (in BVerfGE 70, 35, 66 f.) und die Anmerkung von *Schenke* (DVBl. 1985, S. 1368) zu diesem Urteil des Bundesverfassungsgerichts, in dem das Gericht unter Berufung auf Artikel 3 Abs. 1 GG die These vertritt, daß ein (aufgrund der besonderen Hamburger Verhältnisse) als *Gesetz* beschlossener Bebauungsplan wie eine Satzung nach § 47 Abs. 1 Nr. 1 VwGO gerichtlich überprüft werden muß (BVerfGE 70, 35, 55 ff.).

[37] Daß insoweit erhebliche Unterschiede zwischen den Bindungen des Gesetzgebers und der Verwaltung bestehen, haben in einigen Punkten schon unsere Ausführungen in § 1 I. bei Anm. 4 ff., besonders 19 ff. (zum Verhältnismäßigkeitsprinzip), bei Anm. 42 ff. (zum allgemeinen Gleichheitssatz) und bei Anm. 62 ff. (zum Vertrauensschutz) gezeigt.

diese kurzen Hinweise machen deutlich, warum bei Bebauungsplänen eine intensive verwaltungsgerichtliche Kontrolle möglich ist, und es will wegen der besonderen Rechtsbindungen auch kein Zufall scheinen, daß die für das Verwaltungsrecht allgemein verbindliche Abwägungsdogmatik von der Rechtsprechung vor allem im Bauplanungsrecht entwickelt worden ist. Im Prinzip gelten insoweit aber die gleichen Anforderungen für alle kommunalen Satzungen[38]. Die innere Rechtfertigung für diese Bindung des Satzungsgebers liegt darin, daß die Exekutive bei konkreten Maßnahmen[39] „von vornherein Gleichbehandlung" schuldet; sie muß „zur Erfüllung dieses Gebots... ihre Entscheidungsmaßstäbe explizit machen, also Begründungen ihrer Entscheidungen liefern"[40]. Eine gerichtliche Begründungskontrolle ist bei konkreten Satzungen demnach als Folge dieser Pflicht möglich und geboten. Für den Bebauungsplan gilt das um so mehr, als er seinem wesentlichen Inhalt nach je eine Bündelung von Einzelfallentscheidungen enthält[41].

Was das in den Gemeindeordnungen und Landkreisordnungen geregelte Verfahren für den Erlaß von Satzungen betrifft, so stellen sich die im Vergleich zum Verfassungs- und Parlamentsrecht besonderen gesetzlichen Ausformungen, die das kommunale Verfassungsrecht insoweit erfahren hat, als eine konsequente Folgerung aus dem verfassungsrechtlich (Artikel 28 Abs. 2 GG) festgelegten Charakter des Rats (und des Kreistags) als Exekutivorgan dar. Das wurde bereits im einzelnen dargelegt[42]. Erinnert sei im vorliegenden Zusammenhang nur noch einmal an das in den Gemeinde- und Landkreisordnungen geregelte Mitwirkungsverbot der kommunalen Mandatsträger bei Interessenbetroffenheit und die Ansicht, daß sie für eine fehlerhafte Bauleitplanung nach Amtshaftungsgrundsätzen u. a. haften sollen[43]. Im Ergebnis können diese Unterschiede zum parlamentarischen Entscheidungsverfahren unsere These bestätigen, daß der Gesetzgeber im Gegensatz zur Verwaltung grundsätzlich keiner gerichtlichen Kontrolle seiner Motive, sondern nur einer gerichtlichen Begründ*bar*keitskontrolle unterliegt[44].

d) Ist demnach die Forderung nach erhöhten Begründungspflichten des Gesetzgebers und – daraus folgend – nach umfassender richterlicher Prüfung seiner

---

[38] So richtig *Schmidt-Aßmann*, Kommunale Rechtssetzung, S. 11 f. Zu ihrem Charakter als Verwaltungsentscheidungen s. noch *Achterberg*, AöR 109 (1984), S. 527.

[39] Zur inhaltlichen Bestimmung dieses Begriffs genauer § 9 II. bei Anm. 9 ff.; vgl. aber auch schon § 2 III. bei Anm. 78 ff.

[40] *H. J. Koch*, DVBl. 1983, S. 1132 Anm. 60.

[41] S. insoweit nur aus der Literatur *Koch*, aaO., S. 1132; *Niehues*, DVBl. 1982, S. 321 f.; *Brohm*, NJW 1981, S. 1694 ff. u. a. und aus der Rechtsprechung zum (überwiegend) konkret-individuellen Charakter seiner Festsetzungen etwa BVerwGE 50, 114 (121) sowie BVerfGE 70, 35 (52 f.).

[42] Vgl. § 4 II., besonders bei Anm. 98 ff.

[43] Vgl. BGHZ 92, 34 (51 f.) und die in § 4 II. Anm. 89 genannte Literatur.

[44] S. zur Unterscheidung von Begründungs- und Begründbarkeitskontrolle noch einmal *Koch*, DVBl. 1983, S. 1130 ff. Für eine gerichtliche Begründbarkeitskontrolle des Gesetzgebers tritt auch *Schlaich* ein: VVDStRL 39 (1981), S. 195 (Diskussionsbeitrag).

Motive rechtswidrig und führt sie notwendig zu falschen Grenzziehungen zwischen den Kompetenzen von Legislative und Verfassungsgerichten, so bleibt die Frage nach dem *Aussagewert der Gesetzesmaterialien* für die verfassungsgerichtliche Normenkontrolle. Das Bundesverfassungsgericht hat wiederholt die Formel geprägt, daß der in einer gesetzlichen Vorschrift „zum Ausdruck kommende objektivierte Wille des Gesetzgebers"[45] für ihre Auslegung entscheidend sei. Gesetzesmaterialien gewinnen danach vor allem Bedeutung, wenn der Sinn des Gesetzes zweifelhaft ist. Sie dienen daneben Verwaltung und Gerichten als Hilfsmittel, um die Vermutung der Verfassungswidrigkeit des anzuwendenden Gesetzes zu entkräften; dagegen können sie nicht positiv die Verfassungswidrigkeit eines Gesetzes begründen, da eine solche Funktion der Gesetzesmaterialien unserem Versuch widersprechen würde, die im Vergleich zur Verwaltung größere Freiheit des Gesetzgebers von gerichtlichen Kontrollen zu rechtfertigen. Bei der Untersuchung der Materialien ist mit Wank „dem Wachstumsprozeß, der Entstehungsgeschichte des Gesetzes, vor allem der Kausalität bestimmter Vorschläge und Äußerungen für die spätere Fassung" nachzugehen[46]. Besondere Bedeutung kommt *insoweit* dem Ausschußbericht vor der zweiten Lesung und der sich daran anschließenden parlamentarischen Debatte bis zum Gesetzesbeschluß zu, da mit diesem Ausschußbericht das Parlament mit dem Ergebnis der Beratungen konfrontiert wird, die ein Teil seiner Mitglieder in seinem Auftrag durchgeführt hat. Der Ausschußbericht hält damit für die beratenden Ausschüsse wie für das Parlament als Ganzes ein „zurechenbares" Ergebnis fest, von dem sich zu distanzieren die zweite und dritte Lesung des Gesetzes im Plenum die Möglichkeit bietet.

Ein eindeutiger Gesetzeswortlaut erübrigt nach alledem gewöhnlich den Rückgriff auf die Gesetzesmaterialien. Das belegen wiederum die einzelnen Gesetze zur Gebietsreform. Wenn es beispielsweise in einem solchen Gesetz heißt, daß der Landkreis X aufgelöst und ein neuer Landkreis Y gebildet wird, dem bestimmte, in diesem Gesetz genannte Gemeinden angehören, dann ist der Wortlaut dieser Regelung, der objektivierte Wille des Gesetzes, eindeutig. Es ist auch, wie besonders eindringlich Friesenhahn gezeigt hat, eine materielle Prüfung der Gesetze zur Gebietsreform über das allgemeine Willkürverbot hinaus kaum möglich[47]. Für die

---

[45] So BVerfGE 1, 299 (312). Ganz entsprechend BVerfGE 33, 265 (294); 38, 154 (163); 62, 1 (45) u. a. Vgl. daneben besonders die damit übereinstimmenden Ausführungen in einem Beschluß des VGH Baden-Württemberg vom 19. 12. 1980, VBlBW 1981, S. 323 (324).

[46] *Wank*, Grenzen richterlicher Rechtsfortbildung, S. 63.

[47] Vgl. *Friesenhahn* in Gedenkschrift für Max Imboden, S. 135 f. und daneben *Meyer*, DÖV 1971, S. 808 f. Die Möglichkeit, daß die Neugliederungsgesetze im Rahmen des Artikel 28 Abs. 2 GG bei der kommunalen Verfassungsbeschwerde auch daraufhin überprüft werden können, ob sie (offensichtlich) willkürlich sind, wird mit folgender Überlegung gerechtfertigt: Artikel 3 Abs. 1 GG komme insoweit „nicht als Grundrecht, sondern als Element des objektiven Gerechtigkeitsprinzips und damit des Grundsatzes der Rechtsstaatlichkeit" in Betracht, wobei dieser Grundsatz „zusätzlich vielleicht noch durch die kommunale Selbstverwaltungsgarantie und das dieser inhärente Prinzip des gemeindefreundlichen und damit auch gemeindegleichmäßigen Verhaltens angereichert" sei (so *Bethge*, AöR 104/1979, S. 103 f.). Eine weitergehende Überprü-

Annahme einer willkürlichen Regelung wiederum gibt in diesen Fällen, wie das von uns gebildete Beispiel zeigt, der Wortlaut eines solchen Einzelfallgesetzes nichts her, sondern allenfalls der Vergleich mit anderen Neugliederungsgesetzen. Doch selbst wenn man dieses Verfahren unter Hinweis auf das Gebot der Systemgerechtigkeit zuläßt, bewirkt es hier kaum eine genauere verfassungsrechtliche Begrenzung des Gesetzgebers. Denn bei der ungeheuren Vielzahl der bei einer Gebietsreform zu beachtenden Gesichtspunkte lassen sich ohne Mühe solche in den Gesetzesmaterialien finden, die die Vermutung willkürlichen Handelns des Gesetzgebers ausschließen. Dies gilt um so mehr, wenn man in die Betrachtung mit einbezieht, daß die für die Abgeordneten entscheidungserheblichen Umstände in der parlamentarischen Beratung nicht unbedingt zur Sprache kommen müssen. Ähnliche Schwierigkeiten für die gerichtliche Überprüfung der Gebietsreformgesetze bestehen selbst dann, wenn man die von den Verfassungsgerichtshöfen der Länder aus Artikel 28 Abs. 2 GG entwickelten Maßstäbe auf sie anwendet. Denn allein vom Wortlaut dieser Gesetze her dürfte sich bei einer reinen gerichtlichen Begründ*bar*keitskontrolle auch in diesem Fall schwerlich ein Verfassungsverstoß nachweisen lassen. Der Hinweis darauf, daß die Neugliederungsgesetze „administrativen Charakter" besitzen[48], es sich dabei um einen „Vorgang der Planung" handelt[49] bzw. diese Gesetze als Maßnahme- oder Einzelfallgesetze zu qualifizieren sind[50], vermag nach unseren Überlegungen zum parlamentarischen Gesetzgebungsverfahren keine erweiterte verfassungsgerichtliche Prüfungskompetenz im Sinne einer Begründungskontrolle zu rechtfertigen. Das wird von den Verfassungsgerichtshöfen der Länder theoretisch bisweilen auch anerkannt[51], bei der konkreten Überprüfung der Gebietsreformgesetze aber regelmäßig nicht durchgehalten[52].

Im *Ergebnis* kann demnach, wie besonders deutlich die Gebietsreformgesetze zu zeigen scheinen, durch den Erlaß eines Vollziehungsgesetzes eine derart

---

fung der Neugliederungsgesetze über das Willkürverbot hinaus ließe sich anhand des Artikel 28 Abs. 2 GG allenfalls dann rechtfertigen, wenn man ähnlich wie bei den Grundrechten einen Kern des Selbstverwaltungsrechts anerkennt, der etwa mit *Loschelder* (Kommunale Selbstverwaltungsgarantie und gemeindliche Gebietsgestaltung, bes. S. 215 ff., 250 ff.) in der Integrationsfunktion der Gemeinden und Kreise gesehen werden könnte. Dieser Kern wäre allerdings nicht wie bei den Grundrechten (Artikel 19 Abs. 2 GG) unantastbar, sondern hier gewönne nach unserer Interpretation des Artikel 28 Abs. 2 GG das Subsidiaritätsprinzip Bedeutung. Eine solche Lösung entwickelt ausführlich – allerdings unter teilweisem Rückgriff auf das Verhältnismäßigkeitsprinzip – das Gutachten von *W. Geiger* zur niedersächsischen Kreisreform im Raum Lüchow-Dannenberg vom Oktober 1978 (Maschinenschrift, S. 15 ff.).

[48] Deutlich *Ossenbühl*, DÖV 1969, S. 553 u. a.

[49] *Hoppe* in Bundesverfassungsgericht und Grundgesetz, Bd. 1, S. 664; ähnlich *Hoppe/Rengeling*, Rechtsschutz bei der kommunalen Gebietsreform, S. 9.

[50] *G. Seibert*, Selbstverwaltungsgarantie und kommunale Gebietsreform, S. 21 f.; *Salzwedel*, DÖV 1969, S. 546, 547; *Ossenbühl*, DÖV 1969, S. 550 u. a.

[51] Vgl. etwa VerfGH Nordrhein-Westfalen (OVGE 24, 315, 317).

[52] Besonders deutlich VerfGH Nordrhein-Westfalen, DVBl. 1977, S. 46 ff. und DBVl. 1976, S. 391 ff.

schwerwiegende Verkürzung des Rechtsschutzes für die Betroffenen eintreten, daß aus dem in Artikel 19 Abs. 4 GG verankerten Gebot eines wirksamen Rechtsschutzes (und nicht aus den – materiellen – Freiheitsgrundrechten) die Notwendigkeit folgt, dem Staat den Erlaß derartiger Gesetze allgemein zu verbieten[53]. Das nunmehr zu behandelnde Beispiel der Niedersächsischen Kreisreform und ihrer gerichtlichen Kontrolle soll die Richtigkeit und Notwendigkeit dieser Folgerung verdeutlichen.

III. Das Niedersächsische Kreisreformgesetz als praktisches Beispiel für eine unzulässige Rechtsschutzverkürzung

Das gewählte Beispiel bietet sich unseres Erachtens aus mehreren Gründen an. Einmal handelt es sich bei der Niedersächsischen Kreisreform um die letzte große kommunale Gebietsreform in der Bundesrepublik, so daß ihre Abwicklung auch den letzten Stand der zu diesem ganzen Fragenkomplex geäußerten Ansichten wiedergibt. Diese Möglichkeit wird dadurch begünstigt – und das ist der weitere Grund, der uns dieses Beispiel wählen läßt –, daß die Niedersächsische Kreisreform durch *einen* gesetzgeberischen Akt und nicht durch mehrere, zeitlich auseinanderfallende Einzelgesetze durchgeführt wurde[54]. Gerade dieses Vorgehen des Gesetzgebers hat es bewirkt, daß praktisch alle bisher zur Gebietsreform vorgetragenen rechtlichen Gesichtspunkte erneut zur Sprache kamen. Das zeigt sich etwa an den zwölf zum Teil recht umfangreichen wissenschaftlichen Gutachten, die zur hier allein interessierenden Kreisreform in Niedersachsen vorliegen[55]; das zeigt sich aber auch an dem gut 350 Schreibmaschinenseiten starken Urteil des Niedersächsischen Staatsgerichtshofs, mit dem aufgrund einer Normenkontrollklage über die Verfassungsmäßigkeit der Kreisreform in Niedersachsen entschieden wurde[56].

1. Die Voraussetzungen für eine verfassungswidrige Rechtsschutzverkürzung durch das Niedersächsische Kreisreformgesetz

Eine verfassungswidrige Rechtsschutzverkürzung durch das genannte Gesetz könnte allerdings nur dann eingetreten sein, wenn einmal Artikel 19 Abs. 4 GG auch für die kommunalen Selbstverwaltungskörperschaften gilt (dazu a) und wenn weiter die Kommunen sich tatsächlich auf die Verletzung eigener Rechte gegenüber Maßnahmen der Gebietsreform berufen können (dazu b). Schließlich

---

[53] Damit erweisen sich die bei Anm. 14 geäußerten möglichen Folgerungen als berechtigt.

[54] Zurückgestellt wurde allein die eventuelle Neugliederung des Landkreises Lüchow-Dannenberg – jenes Landkreises also, in dem nach den Vorstellungen der Niedersächsischen Landesregierung das geplante nukleare Entsorgungszentrum liegen sollte.

[55] Die Gutachten zur Neuordnung der staatlichen Mittelinstanz (Regierungsbezirke) u. a. also ausgeschlossen.

[56] Später abgedruckt u. a. in Niedersächsisches Ministerialblatt 1979 S. 547–627.

dürfen keine besonderen verfassungsrechtlichen Gründe die Auflösung der Landkreise selbst durch Gesetz gebieten (dazu c).

a) *Die Anwendung des Artikel 19 Abs. 4 GG* auf die kommunalen Selbstverwaltungskörperschaften ist umstritten. Dagegen wird eingewandt, daß Artikel 19 Abs. 4 GG als das „formelle Hauptgrundrecht" zumindest nach der insoweit engen Rechtsprechung des Bundesverfassungsgerichts *„generell kaum* als Schutznorm zugunsten der *prinzipiell grundrechtsunfähigen* kommunalen Gebietskörperschaften streitet"[57]. Die hier vertretene Auslegung des Artikel 28 Abs. 2 GG selbst, die einen möglichen grundrechtlichen Charakter dieser Vorschrift ja ausdrücklich verneint, unterstützt auf den ersten Blick diesen Einwand. Dafür kann auch sprechen, daß Burmeister, dessen Interpretation des Artikel 28 Abs. 2 GG unsere Auslegung wesentlich mitbestimmte, die kommunale Verfassungsbeschwerde nach Artikel 93 Abs. 1 Nr. 4 b GG „als Typus eines nach unten verlagerten Bund-Länder-Streits" versteht[58] und damit auch insoweit dem Versuch widerspricht, die kommunale Selbstverwaltungsgarantie unter Berufung auf die genannte Regelung der kommunalen Verfassungsbeschwerde im Grundgesetz als Sondertypus eines Grundrechts zu deuten.

Andererseits ist aber zu beachten, daß die Ablehnung des grundrechtlichen Charakters von Artikel 28 Abs. 2 GG nicht den Umkehrschluß rechtfertigt, „diese Verfassungsbestimmung enthalte als ‚reines' Organisationsprinzip keine als Rechtsverletzung rügefähige Schutzfunktion zugunsten der Kommunen". Denn der „besondere verfassungsrechtliche Status der Gemeinden, der diese von sonstigen Einrichtungen der mittelbaren Staatsverwaltung abhebt, gründet sich ja gerade auf die ihnen *als Recht* zuerkannte Kompetenz, frei von staatlicher Vormundschaft über die Art und Weise der Wahrnehmung der ihnen übertragenen Verwaltungsaufgaben zu entscheiden, und an die Behauptung dieses Rechts ist ihre Befugnis zur verfassungsgerichtlichen Beschwerde geknüpft"[59].

Die Kommunen können demnach ihnen kraft Verfassung zustehende subjektive Rechte geltend machen. Diese sind zwar, wie bisweilen gesagt wird, letztlich „formale" subjektive Rechte[60], doch liegt z. B. der entscheidende Unterschied zwischen der Beziehung Staat – Kommunen und dem Verhältnis von Bund und Ländern darin, daß die Kommunen als Selbst*verwalt*ungskörperschaften staatlicher Entscheidungsgewalt unterworfen sind und deshalb kraft Artikel 28 Abs. 2 GG ein subjektives Recht gegen den Staat besitzen, während das für das Verhältnis von Bund und Ländern in der gleichen Form nicht zutrifft. Denn „diese sind jeweils ‚der Staat', ihnen kommen innerhalb der *Gesamtordnung* bestimmte Ei-

---

[57] So *Bethge*, Die Verwaltung 15 (1982), S. 215 (Hervorhebung dort). Zur Frage der Grundrechtsfähigkeit der Gemeinden s. die Nachweise bei *Knemeyer* (BayVBl. 1988, S. 129 ff.), der eine solche für die bayerischen Gemeinden bejaht.

[58] *Burmeister*, Selbstverwaltungsgarantie, S. 187.

[59] *Burmeister*, aaO., S. 184 f. (Hervorhebung dort).

[60] Dazu in Abgrenzung zu den grundrechtlich begründeten subjektiven Rechten *Lorenz*, Rechtsschutz, S. 123 i. V. m. S. 76 Anm. 11.

genbereiche zu, die durch Kompetenzvorschriften abgegrenzt werden, ohne daß deshalb Fälle, in denen etwa der Bund weisungsbefugt und insofern den betreffenden Ländern ‚über‘- oder besser: vorgeordnet ist (vgl. z. B. Artikel 37; 84 Abs. 3; 91 Abs. 2; 115 f Abs. 1 Ziff. 2 GG), als Ausübung staatlicher Herrschaft angesprochen werden könnten"[61]. Den aufgezeigten Unterschied zwischen dem Verhältnis von Bund und Ländern und dem von Staat und kommunalen Selbstverwaltungskörperschaften bestätigt auch ein Blick auf die kommunale Verfassungsbeschwerde. Denn selbst wenn man mit Burmeister insoweit Parallelen mit dem Bund-Länder-Streit nach Artikel 93 Abs. 1 Nr. 3 GG entdeckt, so bleibt doch als entscheidende Differenz, daß nach Artikel 93 Abs. 1 Nr. 4b GG allein die einzelne kommunale Selbstverwaltungskörperschaft als potentiell Verletzte und damit als Antragstellerin in Betracht kommt; nicht aber die „staatliche" Gegenseite als Bund oder Land. Das ist eben nur dann der Fall, wenn auf der staatlichen Ebene als solcher, d. h. zwischen Bund und Land (bzw. zwischen den Ländern – vgl. Artikel 93 Abs. 1 Nr. 4 GG) gestritten wird.

Es ist im Ergebnis demnach unzulässig, aus der Ablehnung des grundrechtlichen Charakters der kommunalen Selbstverwaltungsgarantie und im Blick auf gewisse Parallelen zwischen der kommunalen Verfassungsbeschwerde und dem Bund-Länder-Streit nach Artikel 93 Abs. 1 Nr. 3 GG die durch Artikel 28 Abs. 2 GG den Kommunen zugesprochene spezifische Rechtsstellung zu negieren. Da nun Artikel 19 Abs. 4 GG seinem Wortlaut nach nicht auf die Verletzung grundrechtlich fundierter subjektiver Rechte abstellt, kann wegen der geschilderten „Staatsunterworfenheit" der Kommunen diese Vorschrift mit der wohl herrschenden Meinung[62] auf sie Anwendung finden. Auch hier ist insoweit also ein Rückgriff auf den Aussagegehalt des Artikel 28 Abs. 2 GG selbst nicht erforderlich[63].

b) Bedeutung vermag Artikel 19 Abs. 4 GG als Garantie eines wirksamen Rechtsschutzes für die Landkreise in unserem Beispiel allerdings nur zu gewinnen, wenn diese sich gegenüber Maßnahmen der Gebietsreform tatsächlich auch auf *eigene Rechte* berufen können[64]. Die Verfassungsgerichtshöfe der Länder haben

---

[61] So *Lorenz*, aaO., S. 123 (Hervorhebung dort), der es darum auch trotz der insoweit bestehenden subjektiven Rechte (mit allerdings nur „technisch-funktionalem Gehalt" – aaO., Anm. 18) ablehnt, Bund und Länder in die Rechtsschutzgarantie des Artikel 19 Abs. 4 GG einzubeziehen (aaO., Anm. 19).

[62] S. die Nachweise bei *Bethge*, Die Verwaltung 15 (1982), S. 215 Anm. 65 f. sowie bei *Lorenz*, aaO., S. 123 Anm. 20 und daneben *Schnapp*, VA 78 (1987), S. 442 f. *Bethge* (aaO., S. 215) weist noch auf das zur Rechtfertigung dieser Ansicht in der Literatur genannte Argument hin, daß Artikel 19 Abs. 4 GG kraft Verfassung „aus dem grundrechtlichen Gesamtzusammenhang, wie ihn Artikel 19 Abs. 3 GG in Sachen Grundrechtsberechtigung juristischer Personen erfordert, herausgenommen und einer Sonderstellung zugeführt" wird – von der systematischen Stellung des Artikel 19 Abs. 4 GG her gesehen ein durchaus ernstzunehmendes Argument, zumal ja, wie gesagt, die von Artikel 19 Abs. 4 GG erfaßten subjektiven Rechte nicht grundrechtlich fundierte zu sein brauchen.

[63] Anders ausdrücklich *Bethge*, aaO., S. 215 ff.

[64] Daß allein die Gemeinden und Kreise selbst und nicht ihre Einwohner von den Umgliederungsmaßnahmen unmittelbar betroffen sind und darum insoweit auch allein subjektive Rechte

nun, wie schon erwähnt, aus der kommunalen Selbstverwaltungsgarantie einen ganzen Katalog derartiger Rechte entwickelt, und das Bundesverfassungsgericht ist ihnen darin weitgehend gefolgt[65]. Neben diesen inhaltlichen Anforderungen an die Gebietsreformgesetze wird von den Verfassungsgerichten auch das Anhörungsrecht der Kommunen bei Neugliederungsmaßnahmen aus der kommunalen Selbstverwaltungsgarantie abgeleitet und daneben eine Bindung an das Willkürverbot des Artikel 3 Abs. 1 GG betont[66]. Es fragt sich nur, ob die hier vertretene Interpretation des Artikel 28 Abs. 2 GG sich mit dieser Rechtsprechung vereinbaren läßt. Daran könnten deshalb Zweifel bestehen, weil gerade Burmeister, dessen Auslegung wir insoweit weitgehend folgten, für Gebietsreformgesetze als verfassungsrechtliche Bindung nur das Anhörungsrecht der Kommunen anerkennt[67]. Bedenkt man, daß es auch gute Gründe gegen eine Ableitung des Anhörungsrechts aus Artikel 28 Abs. 2 GG gibt[68], so bliebe den Kommunen bei Maßnahmen der Gebietsreform selbst bei Bejahung des Standpunktes von Burmeister immer noch die Berufung auf Artikel 3 Abs. 1 GG, die allerdings im Rahmen der kommunalen *Verfassungs*beschwerde wegen deren Beschränkung auf eine mögliche Verletzung des Artikel 28 Abs. 2 GG auch nur schwer begründbar ist[69].

Die in § 4 dargelegte Interpretation des Artikel 28 Abs. 2 GG schließt allerdings bei Gebietsreformgesetzen eine Berufung auf eben diese Vorschrift entgegen Burmeister nicht grundsätzlich aus. Denn die Unterscheidung zwischen eigenem und übertragenem Wirkungskreis (Selbstverwaltungsaufgaben und Fremdverwaltungsaufgaben) wurde hier ja gerade nicht aufgegeben. Damit wird auch der Schutz der Voraussetzungen, die eine örtliche Gemeinschaft konstituieren und sie damit als durch eine Verwaltungsentscheidung besonders Betroffene erst vorstellbar machen, durch Artikel 28 Abs. 2 GG möglich. Demnach steht nichts im Wege, etwa mit Loschelder den „Gesichtspunkt gemeindlicher Integration als konkrete(n) Maßstab und eindeutige Grenze für staatliche Dispositionen über Existenz und territorialen Bestand der Gemeinden" (und Kreise) anzuerkennen[70].

---

der kommunalen Selbstverwaltungskörperschaften als solche verletzt sein können, betont zu Recht *Rasch* (DVBl. 1983, S. 620 f.) schon für administrative Gebietsänderungsakte.

[65] S. dazu bes. die Darstellungen von *Balke* (Umfang und Intensität der verfassungsgerichtlichen Überprüfung von Gesetzen zur kommunalen Gebietsreform) und *Stüer* (Funktionalreform und kommunale Selbstverwaltung, S. 137 ff.).

[66] Zum Anhörungsrecht vgl. *Loschelder*, Kommunale Selbstverwaltungsgarantie und gemeindliche Gebietsgestaltung, S. 270 ff. und *Burmeister*, Selbstverwaltungsgarantie, S. 194 f. Zum Recht der Kommunen, sich im Rahmen der kommunalen Verfassungsbeschwerde auf Artikel 3 Abs. 1 GG zu berufen, vgl. die Nachweise in Anm. 47.

[67] Vgl. *Burmeister*, Selbstverwaltungsgarantie, S. 188 ff. *Burmeister* begründet diesen Standpunkt damit, daß durch Artikel 28 Abs. 2 GG ja „nur" ein bestimmter Verwaltungstypus garantiert sei, nicht aber das „*territoriale Substrat* der gemeindlichen Aktionsvollmacht" (aaO., S. 189 – Hervorhebung dort).

[68] Dazu *Friesenhahn* in Gedenkschrift für Max Imboden, S. 137 f. und *Meyer*, DÖV 1971, S. 807 f. (vgl. dort bes. Anm. 39).

[69] Vgl. dazu etwa die in Anm. 47 wiedergegebene Begründung von *Bethge*.

[70] Kommunale Selbstverwaltungsgarantie und gemeindliche Gebietsgestaltung, S. 270.

Voraussetzung ist nur, daß die Beseitigung einzelner kommunaler Selbstverwaltungskörperschaften durch ein staatliches Neugliederungsgesetz als ein Teilakt der durch Artikel 28 Abs. 2 GG ja verbotenen institutionellen Beseitigung der Gemeinden und Kreise verstanden wird[71].

c) Bestehen demnach materielle schutzwürdige Rechte der kommunalen Selbstverwaltungskörperschaften aus Artikel 28 Abs. 2 GG und wohl auch aus Artikel 3 Abs. 1 GG gegenüber Maßnahmen der Gebietsreform, so bleibt zu fragen, ob die Auflösung (oder Veränderung) verschiedener niedersächsischer Landkreise *durch Gesetz* verfassungsrechtlich geboten war. Dagegen sprechen zunächst unsere Darlegungen in § 4 I. zur Reichweite des in Artikel 28 Abs. 2 GG vorgesehenen Gesetzesvorbehalts. Daneben ist jedoch zu bedenken, daß in der Literatur für die Auflösung der einzelnen kommunalen Selbstverwaltungskörperschaften wegen „der Gewähr der eigenen Rechtspersönlichkeit" eine gesetzliche Regelung gefordert wird[72]. In unserem konkreten Beispiel ließe sich zur Begründung dieser Ansicht auch noch auf den (von seinem Wortlaut her insoweit nicht unbedingt zwingenden) Artikel 43 Abs. 2 der Vorläufigen Niedersächsischen Verfassung verweisen, der u. a. für die „räumliche Gliederung der allgemeinen Landesverwaltung" ein Gesetz fordert.

Selbst wenn man nun aber aus den genannten Gründen für die niedersächsische Kreisreform ein Gesetz für verfassungsrechtlich geboten hält, bleibt folgende Frage: Reicht ein solcher Gesetzesvorbehalt so weit, daß auch der *Vollzug* dieser Gebietsreform ein Gesetz erforderte, oder war gerade im Blick auf die Verkürzung des Rechtsschutzes eine entsprechende gesetzliche Regelung nur insoweit verfassungsrechtlich zulässig (und geboten), als lediglich die allgemeinen Grundsätze, nach denen die Reform durchgeführt werden sollte – der Plan bzw. das System – durch Gesetz festgelegt werden durften? Diese Frage stellt sich deshalb zu Recht, weil allein Artikel 74 der Baden-Württembergischen Verfassung eine eindeutige Antwort im Sinne der ersten Alternative enthält[73]. Daß für die übrigen Bundesländer eine Beantwortung im Sinne der zweiten Alternative gar nicht so fern liegt, bestätigt die Feststellung des Bayerischen Verfassungsgerichtshofs, der Vorbehalt des Gesetzes fordere nicht, „daß die Gemeindeneugliederung im Rahmen einer allgemeinen Gebietsreform nur durch Gesetz vorgenommen werden dürfe"; vielmehr könne sich „der Gesetzgeber ... darauf beschränken, die tatbe-

---

[71] S. *Loschelder*, aaO., S. 267 ff. im Anschluß an *Meyer*, DÖV 1971, S. 804.

[72] So *Meyer*, aaO., S. 804. Was die vorhandenen *gesetzlichen* Bestimmungen betrifft, so ist in den Gemeinde- und Kreisordnungen der Bundesländer durchweg vorgesehen, daß gebietliche Veränderungen einer gesetzlichen Regelung bedürfen. Ausnahmen gelten insoweit – von den Stadtstaaten einmal abgesehen – allein für Bayern und das Saarland; vgl. dazu genauer *Hoppe/ Rengeling*, Rechtsschutz bei der kommunalen Gebietsreform, S. 4 ff. Die hier allein interessierende Frage ist nur, ob diese gesetzlichen Regelungen einer *verfassungs*rechtlichen Prüfung standhalten.

[73] Es ist im übrigen wiederum der Gedanke der praktischen Konkordanz, der diese Frage nahelegt.

standlichen Voraussetzungen selbst festzulegen"[74]. In unserem konkreten Beispiel verbieten von ihrem Wortlaut her auch nicht der schon erwähnte Artikel 43 Abs. 2 der Vorläufigen Niedersächsischen Verfassung und ebenfalls nicht die kommunale Selbstverwaltungsgarantie (Artikel 44 der Vorläufigen Niedersächsischen Verfassung bzw. Artikel 28 Abs. 2 GG), entsprechend der Unterscheidung des Bayerischen Verfassungsgerichtshofes allein eine gesetzliche Festlegung der Maßstäbe – des Systems, der Grundsätze – für die Niedersächsische Kreisreform zu fordern bzw. dafür auf die §§ 13 Abs. 1 und 14 Abs. 1 der Niedersächsischen Landkreisordnung zu verweisen[75], den Vollzug der Kreisreform aufgrund der allgemeinen gesetzlichen Bestimmungen aber der Exekutive zu überlassen. Entgegen den zitierten Ausführungen des Bayerischen Verfassungsgerichtshofs ist das unseres Erachtens nun nicht nur zulässig, sondern geradezu geboten, wenn man den konkreten Ablauf der Kreisreform in Niedersachsen verfolgt und dabei die durch die gesetzlichen Einzelfallregelungen bedingten Verkürzungen des Rechtsschutzes für die betroffenen Landkreise beachtet.

2. Die parlamentarische Beratung und die gerichtliche Kontrolle des Niedersächsischen Kreisreformgesetzes

a) Die *parlamentarischen Beratungen* des Achten Gesetzes zur Verwaltungs- und Gebietsreform[76], das in Artikel I die Neugliederung der niedersächsischen Landkreise regelt, bekamen dadurch eine besondere Note, daß im Laufe der achten Legislaturperiode in Niedersachsen ein Regierungswechsel stattfand: An der ursprünglichen, von der Regierungskoalition der SPD/FDP in der ersten Lesung unterstützten Konzeption des Gesetzentwurfs der Landesregierung wurde von der neuen Regierungskoalition der CDU/FDP in der zweiten und dritten Lesung dieses Gesetzes zwar formal festgehalten, in wesentlichen Teilen wurde sie aber in den Ausschußberatungen modifiziert. Der Niedersächsische Staatsgerichtshof sah sich bei der Überprüfung des Gesetzes darum gezwungen, wie sein Urteil zeigt, nicht nur entsprechend den Verfassungsgerichtshöfen mehrerer ande-

---

[74] Bayerischer VerfGH vom 7. 4. 1978, DVBl. 1978, S. 806 (806 – Leitsatz –, genauer dazu 810 ff.). Zu beachten ist allerdings, daß diese Ausführungen nur für die Abgrenzung der Regelungsbereiche von Gesetz und Verordnung gelten!

[75] Dem entsprechen *Böckenfördes* Ausführungen (Organisationsgewalt, S. 101) zur Eigenart des „institutionellen Gesetzesvorbehalts", um den es sich hier ja handelt. Richtig insoweit auch *Schmidt-Aßmann* (in FS Ipsen, S. 348 f.): „Bei den speziellen Organisationsvorbehalten für die Zuständigkeit und die räumliche Bezirksgliederung, wie sie manchen Landesverfassungen vertraut sind,... müssen gesetzlich nur die Grundsätze festgelegt werden. Fehl gehen dagegen alle Versuche, Regelungen der sachlichen und örtlichen Zuständigkeit aus dem Eingriffsvorbehalt abzuleiten und entsprechend genaue gesetzliche Vorzeichnungen zu verlangen... So brauchen die Bezirke der Behörden auch dort, wo ihre Festlegung durch das Parlament ausdrücklich vorgesehen ist, gesetzlich nicht ‚parzellenscharf' beschrieben zu sein." Genauer zum institutionellen Gesetzesvorbehalt hier in § 8 I. bei Anm. 36 ff.

[76] Niedersächsisches Gesetz- und Verordnungsblatt 1977, S. 233.

rer Bundesländer das System der Kreisreform aus der Begründung des Regierungsentwurfs abzuleiten und auf diese Weise die wahre Absicht, das „Motiv" des Gesetzgebers zu eruieren, sondern er mußte hierzu zusätzlich auf die Auschußprotokolle und den Ausschußbericht vor dem Plenum zurückgreifen[77]. Die damit gegebenen Schwierigkeiten wurden für das Gericht dadurch nicht eben leichter, daß sich alle beratenden Ausschüsse durchweg insoweit einig waren, als sie es auch nach Vortrag und Würdigung der verschiedenen wissenschaftlichen Gutachten zur Kreisreform ablehnten, über das allgemeine Willkürverbot hinaus konkrete *rechtliche* Kriterien (auch im Sinne einer strengen Systembindung) für die Kreisneugliederung anzuerkennen. Die Ausschüsse berieten diesen Gesetzentwurf also wie jeden anderen. Sie erkannten eine besondere Pflicht zur Abwägung bzw. zur Diskussion nicht an, sondern hielten insoweit wie bei den übrigen Gesetzesberatungen allein die Kenntnisnahme der für die gesetzliche Regelung wesentlichen tatsächlichen Umstände für erforderlich[78].

Der Charakter der Beratungen wurde im übrigen dadurch entscheidend bestimmt, daß die Ausschußmitglieder – und das gilt besonders für den federführenden Innenausschuß – häufig zugleich Kreistagsmitglieder (bisweilen sogar Landräte) in den von der Reform betroffenen Landkreisen waren. Da, wie gesagt, die Kreisreform in Niedersachsen in *einem* gesetzgeberischen Akt durchgeführt wurde, kamen diese Sonderinteressen in den Beratungen des Neugliederungsgesetzes besonders stark zum Tragen. Für den neutralen Beobachter mußte sich deshalb zwangsläufig die Frage nahelegen, ob nicht auch für die Landesparlamente – falls sie zum Erlaß von Einzelfall- und Maßnahmegesetzen unbeschränkt zuständig sind – ein den Gemeindeordnungen entsprechendes Mitwirkungsverbot geschaffen werden muß[79] oder aber – und das entspricht der hier vertretenen Argumentation – dieser Umstand einmal mehr die Unzulässigkeit von Einzelfallgesetzen u. a. zeigt.

b) An dem *Urteil* des Niedersächsischen Staatsgerichtshofs zu dem Kreisreformgesetz aus dem Jahr 1979 befremdet zunächst, daß die theoretischen Ausführungen zum Prüfungsumfang[80] für eine Beschränkung der gerichtlichen Kontrolle sprechen, die konkrete Überprüfung der einzelnen Reformmaßnahmen dann aber nach einem viel „genaueren", verfassungsrechtlich nicht mehr nachvollziehbaren Maßstab durchgeführt wird[81]. Das Ergebnis dieser Prüfung, nach dem u. a. die

---

[77] Vgl. bes. die Ausführungen des Urteils in Niedersächsisches Ministerialblatt 1979, S. 589 ff.

[78] Diese Feststellung hat im dem Plenum vorgetragenen Ausschußbericht keinen Niederschlag gefunden; sie beruht vielmehr auf unseren eigenen in den Ausschußberatungen gewonnenen Eindrücken.

[79] So die Überlegung von G. *Seibert*, Selbstverwaltungsgarantie und kommunale Gebietsreform, S. 36 ff.

[80] In Niedersächsisches Ministerialblatt 1979, bes. S. 587 f.

[81] Es handelt sich dabei, wie schon erwähnt, um ein Normenkontrollverfahren gemäß Artikel 42 Abs. 1 Nr. 2 der Vorläufigen Niedersächsischen Verfassung i. V. m. §§ 13 Nr. 6, 35 ff. des Niedersächsischen Gesetzes über den Staatsgerichtshof. Artikel I des Achten Niedersächsischen

Verfassungswidrigkeit der neu geschaffenen Landkreise Friesland und Ammerland festgestellt wird, der überdimensionale Landkreis Emsland dagegen oder die zusammengestückelten Landkreise Holzminden und Diepholz für verfassungsgemäß gehalten werden, erscheint unter rechtlichen Gesichtspunkten wenig einleuchtend. Wie stark der Staatsgerichtshof bei seiner Entscheidungsfindung auf die „Motive" des Gesetzgebers abgestellt hat, erhellt auch ein „Fragenkatalog", den er zur Vorbereitung auf die erste mündliche Verhandlung der Landesregierung übersandte. Darin wird die *Landesregierung* u. a. um Aufklärung darüber gebeten, von welchen Tatsachen und „Erwägungen" bzw. „Wertungen" der *Gesetzgeber* bei seinen Entscheidungen ausgegangen sei, ob er bestimmte Dinge „bedacht" habe, welche Umstände für seine Entscheidung „bedeutsam" gewesen seien, ob sie „stärker beurteilt" worden seien als andere, ob der Gesetzgeber davon „ausgegangen" sei, daß bestimmte Folgen durch die Kreisreform eintreten würden und so fort[82]. Deutlicher kann wohl kaum die Fragwürdigkeit einer gerichtlichen Überprüfung der gesetzgeberischen Motive zum Ausdruck kommen.

Diese Entwicklung erscheint allerdings im Blick auf die allein denkbare Alternative, den Verzicht auf jede wirksame gerichtliche Überprüfung des Kreisreformgesetzes auf seine materielle Rechtmäßigkeit hin, zwangsläufig. Der Niedersächsische Staatsgerichtshof macht also in weitgehender Übereinstimmung mit der Rechtsprechung der Verfassungsgerichtshöfe verschiedener anderer Bundesländer aus dieser durch die gesetzliche Regelungsform verursachten Not dadurch eine „Tugend", daß er sich eben nicht auf eine allein mögliche Begründ*bar*keitskontrolle des Kreisreformgesetzes beschränkt, sondern eine nach unseren Ausführungen nur bei Exekutivmaßnahmen zulässige Begründungskontrolle versucht[83]. Das

---

Gesetzes zur Verwaltungs- und Gebietsreform konnte so an der ganzen Verfassung und nicht nur, wie es bei der kommunalen Verfassungsbeschwerde nach Artikel 93 Abs. 1 Nr. 4b GG der Fall gewesen wäre, lediglich an Artikel 28 Abs. 2 GG gemessen werden. Der rechtliche Prüfungsmaßstab wurde dadurch aber nicht erweitert. Denn wir wiesen schon darauf hin, daß nach ganz herrschender Lehre Neugliederungsgesetze auch im Rahmen der kommunalen Verfassungsbeschwerde daraufhin überprüft werden können, ob sie offensichtlich willkürlich sind, da es sich nach der Literatur bei dem Willkürverbot um einen auch den Inhalt des Artikel 28 Abs. 2 GG mitbestimmenden und von Artikel 3 Abs. 1 GG abgelösten Rechtsgrundsatz handelt (vgl. dazu Anm. 47). Die zwölf wissenschaftlichen *Gutachten* zur niedersächsischen Kreisreform, die mit einer Ausnahme im Auftrag der von der Gebietsreform betroffenen Landkreise und kreisfreien Städte angefertigt wurden, gehen zum Teil in dem Versuch, rechtliche Maßstäbe für diese Reform zu gewinnen, noch über das Urteil des Niedersächsischen Staatsgerichtshofs hinaus. Besonders kennzeichnend sind dafür die beiden von Frido Wagener angefertigten Gutachten zur „Kreisneugliederung im Kreis Göttingen/Northeim" und zur „Kreisneugliederung im Raum Hildesheim/Alfeld", in denen verwaltungswissenschaftliche Maßstäbe zu rechtlichen hochstilisiert werden. Aus dem Bemühen, die Position der betroffenen Gebietskörperschaften wirksam zu verteidigen, ist ein solches Vorgehen verständlich, einer verfassungsrechtlichen Prüfung dagegen hält es kaum stand.

[82] Zitate aus den beiden Teilen des „Fragenkatalogs", der der Niedersächsischen Landesregierung unter dem 26. Juni 1978 und 4. Juli 1978 vom Staatsgerichtshof zugesandt wurde.

[83] Zu dieser Unterscheidung vgl. noch einmal *Koch*, DVBl. 1983, S. 1126 ff.

von ihm aus Artikel 28 Abs. 2 GG bzw. Artikel 44 der Vorläufigen Niedersächsischen Verfassung mit Hilfe des Gemeinwohlgebots entwickelte umfangreiche „verfassungsrechtliche" Kontrollsystem stellt sich als eine konsequente Folge dieses Bemühens dar. Denn läßt sich der Maßstab für die Neugliederung der Landkreise anhand des Wortlauts der Reformgesetzgebung nicht feststellen, so bleibt nur der Weg einer eigenständigen Entwicklung verfassungsrechtlicher Maßstäbe durch die Gerichte, anhand deren die gewünschte Begründungskontrolle (Motivforschung) wirkungsvoll durchgeführt werden kann. Daß die Verfassungsgerichte der Länder bei der Entwicklung solcher „verfassungsrechtlicher Maßstäbe" für die Gebietsreformgesetze genuine Aufgaben des Gesetzgebers wahrgenommen haben, ist richtig besonders von Friesenhahn betont worden[84]. Im übrigen besitzen für die Exekutive wegen der grundsätzlichen Pflicht zur Begründung ihrer Entscheidungen[85] selbst so abstrakte verfassungsrechtliche Maßstäbe für die Reformgesetze wie Artikel 3 Abs. 1 und Artikel 28 Abs. 2 GG eine andere Bedeutung als für den Gesetzgeber.

3. Ergebnis

Die verfassungsrechtlichen Bedenken gegen die Niedersächsische Kreisreform bestehen nach dem Gesagten darin, daß die in Artikel I des Achten Gesetzes zur Verwaltungs- und Gebietsreform in Niedersachsen zusammengefaßten Einzelfallgesetze in unverhältnismäßiger Weise den Rechtsschutz der Landkreise verkürzen. Denn als verfassungsrechtlicher Maßstab kommt für diese Gesetze neben der negativen Grenze der evidenten Willkür allenfalls der aus Artikel 28 Abs. 2 GG gefolgerte der Integration auf Kreisebene in Betracht. Beide müssen aber ohne die nach unseren Ausführungen unzulässige Berücksichtigung der gesetzgeberischen Gründe (Motive) für die getroffenen Maßnahmen wirkungslos bleiben[86]. Die verfassungswidrige Verkürzung des Rechtsschutzes durch Vollziehungsgesetze tritt in unserem Beispiel noch um so deutlicher zutage, als bei Vollzug der Kreisreform durch Verwaltungsakt nicht nur wie bei jeder Verwaltungshandlung die Überprüfung der Motive – der Begründung – möglich gewesen wäre, sondern obendrein in den §§ 13 Abs. 1, 14 Abs. 1 der Niedersächsischen Landkreisordnung allgemeine gesetzliche Maßstäbe für die Durchführung der Niedersächsischen Kreisreform vorlagen, die möglicherweise im Wege einer ergänzenden Gesetzgebung wegen des geforderten Gesetzesvorbehalts hätten verfeinert werden müssen[87].

---

[84] In Gedenkschrift für Max Imboden, S. 136 f.; vgl. daneben *Meyer*, DÖV 1971, S. 808 f.

[85] Vgl. dazu schon bei Anm. 39 f.

[86] S. dazu bereits bei Anm. 47 f.

[87] Auch wenn man mit *Ossenbühl* (DÖV 1969, S. 550) u. a. die genannten Bestimmungen der Niedersächsischen Landkreisordnung als Rahmenregelungen und den Artikel I des Achten Niedersächsischen Gesetzes zur Verwaltungs- und Gebietsreform als „anwendendes Einzelfallgesetz" versteht, das an die Rahmenvorschriften der Niedersächsischen Landkreisordnung gebun-

Das Beispiel der Niedersächsischen Kreisreform zeigt also hinlänglich, daß entgegen der anfangs zitierten Äußerung des Bundesverfassungsgerichts im Erft-Verband-Urteil das Verfassungsrecht dem Gesetzgeber durchaus wegen der Forderung eines wirksamen Rechtsschutzes die Regelung von Einzelfällen wie die von Maßnahmen überhaupt verbieten kann. Das folgt allerdings nicht, wie die Ausführungen im Urteil des Bundesverfassungsgerichts zum Hamburger Deichordnungsgesetz und seine darauf aufbauende Rechtsprechung[88] nahelegen könnten, aus dem jeweils betroffenen materiellen Grundrecht bzw. Artikel 28 Abs. 2 GG selbst, sondern aus Artikel 19 Abs. 4 GG und gilt grundsätzlich für alle (außenwirksamen) Vollziehungsgesetze[89].

§ 7 Das aus Artikel 19 Abs. 4 GG folgende Beteiligungsrecht im Verwaltungsverfahren

I. Die verfassungsrechtliche Begründung des Beteiligungsrechts

Die Notwendigkeit für eine Beteiligung der von komplexen Verwaltungsentscheidungen Betroffenen im Verwaltungsverfahren ist schon in § 1 III. dargelegt worden. Auch wurde dort bereits darauf hingewiesen, daß daneben Ermessensentscheidungen der Verwaltung überhaupt bzw. – sofern man insoweit einen Unterschied machen will[1] – solche mit Beurteilungsspielräumen eine vorherige Anhörung (Beteiligung) der von diesen Entscheidungen Betroffenen fordern können. Der verfassungsrechtliche Grund für dieses Beteiligungsrecht muß, wie wir ebenfalls schon feststellten, in dem Umstand gesehen werden, daß bei derartigen Verwaltungsentscheidungen das Gebot eines wirksamen gerichtlichen Rechts-

---

den ist, hilft das im vorliegenden Fall nicht weiter. Denn die in den §§ 13 Abs. 1, 14 Abs. 1 der Niedersächsischen Landkreisordnung genannten Maßstäbe sind so allgemein, daß erst die nach unseren Ausführungen nicht verbindlich feststellbare *Begründung* für die einzelne durch Gesetz vollzogene Landkreisauflösung eine Entscheidung darüber möglich machen würde, ob diesen Maßstäben entsprochen wurde. Der Fall liegt eben anders als bei den an die Haushaltsordnung gebundenen und ebenfalls als Gesetz beschlossenen Haushaltsplänen. Denn die Zweckbestimmungen der einzelnen Titel des Haushaltsplans sowie die Haushaltsvermerke und -erläuterungen lassen den genauen Grund der Veranschlagung erkennen und ermöglichen damit die Prüfung, ob die Vorschriften der Haushaltsordnung eingehalten sind. Im übrigen fordert der Artikel 110 Abs. 2 GG ausdrücklich die Gesetzesform für den Haushaltsplan. Unabhängig davon vgl. zu dem Verhältnis von Rahmengesetz und ausfüllendem Gesetz bei den Richtlinien- und Grundsatzgesetzen noch genauer § 9 III. bei Anm. 55 ff.

[88] Vgl. die Nachweise in Anm. 7.

[89] Ähnlich wie hier aus Artikel 19 Abs. 4 GG verbindliche inhaltliche Kriterien für den Gesetzesbegriff abgeleitet wurden, hat Zuleeg mit dem „Verrechtlichungsgebot" des Artikel 19 Abs. 4 GG die These begründet, daß „die ‚Vermutung' für die Anwendbarkeit des öffentlichen Rechts auf die Tätigkeit eines Hoheitsträgers im Verhältnis zum einzelnen" spricht (VA 73/1982, S. 397, genauer 395 ff.).

[1] S. dazu schon § 1 I. bei Anm. 9 f.

schutzes ohne vorherige Anhörung der Betroffenen im Verwaltungsverfahren faktisch leerlaufen würde. Es ist also nicht der allgemeine „Rechtswahrungsauftrag" des Verwaltungsverfahrens, der ein Beteiligungsrecht der Betroffenen in diesen Verfahren gebietet[2], sondern dieses Recht basiert, wie gesagt, auf der Notwendigkeit, in bestimmten Fällen einen Teil des Gerichtsschutzes in das Verwaltungsverfahren vorzuverlegen.

Die Frage lautet nun aber, ob das Gebot einer Beteiligung der Betroffenen im Verwaltungsverfahren in den genannten Fällen aus Artikel 19 Abs. 4 GG folgt oder aus dem einschlägigen materiellen Grundrecht, auf das sich der einzelne Bürger im konkreten Einzelfall berufen kann. Diese Frage besitzt deshalb im vorliegenden Zusammenhang große Bedeutung, weil besonders bei einer Ableitung des Beteiligungsrechts aus Artikel 19 Abs. 4 GG eine klare Grenzziehung zwischen der demokratischen Legitimation des Gesetzgebers und der grundrechtlichen des Betroffenen möglich wäre. Denn Artikel 19 Abs. 4 GG kann, wie schon erwähnt[3], als Teil des formalen Rechtsstaatsbegriffs verstanden werden, der wiederum auf verfassungsrechtlicher Ebene gleichberechtigt neben dem Demokratieprinzip steht. Umgekehrt sind bei einer Verortung des Beteiligungsrechts in den materiellen Grundrechten Unklarheiten insofern möglich, als im konkreten Einzelfall namentlich bei Anerkennung der Wesentlichkeitstheorie des Bundesverfassungsgerichts und der herrschenden Lehre zum Gesetzesvorbehalt zweifelhaft sein kann, ob das in Frage stehende materielle Grundrecht ein Tätigwerden des Gesetzgebers gebietet oder dieses gerade aus Rechtsschutzgründen ausgeschlossen ist[4]. Nur bei einer klaren Trennung zwischen materiellem grundrechtlichen Anspruch und seiner durch Artikel 19 Abs. 4 GG garantierten prozessualen Durchsetzbarkeit ist folglich auch sichergestellt, daß nicht „Inhalt und Ausmaß auch der Durchsetzbarkeit durch den Gesetzesvorbehalt (erg.: des jeweiligen materiellen Grundrechts) relativiert bzw. modifiziert werden"[4a].

Um nun die aufgeworfene Frage entscheiden zu können, bedarf es zunächst einer genaueren Klärung des Verhältnisses, in dem Artikel 19 Abs. 4 GG zu den materiellen Grundrechten steht. Die wohl herrschende Meinung sieht die eigenständige Bedeutung des Artikel 19 Abs. 4 GG darin, „verfassungsrechtlich sicher-

---

[2] Dazu bereits § 5 III. bei Anm. 100 ff. im Anschluß an *Wahl*, VVDStRL 41 (1983), S. 160 ff., 169 f. u. a.

[3] Vgl. § 1 III. bei Anm. 214 (= 2.b).

[4] Ein Handeln des Gesetzgebers kann allerdings richtigerweise wegen des verfassungsrechtlich begründeten Beteiligungsrechts nur insoweit geboten sein, als der Gesetzgeber verpflichtet ist, überhaupt Verfahren bereitzustellen, die das Beteiligungsrecht regeln (so auch *Ossenbühl*, DÖV 1981, S. 9; *Starck*, JuS 1981, S. 242; *J. Ipsen*, AöR 107/1982, S. 284 f.; *Held*, Der Grundrechtsbezug des Verwaltungsverfahrens, S. 190 ff.; ähnlich im Ergebnis *Grimm*, NVwZ 1985, S. 867 f. i. V. m. S. 869 f.). Letztlich handelt es sich hier um einen vom (richtig verstandenen) Eingriffsdenken her gebotenen Gesetzesvorbehalt (vgl. *Schlink*, Amtshilfe, S. 136 f. und Abwägung, S. 212 f. sowie hier § 1 I. bei Anm. 43 f. und bei Anm. 51 f.). S. zu dieser Problematik auch das Zitat aus BVerfGE 77, 229 in § 1 III. Anm. 209.

[4a] So richtig *Arndt*, Praktikabilität und Effizienz, S. 125.

zustellen, daß der Schutz vor Rechtsverletzungen (auch) durch solche staatlichen Organe gewährleistet wird, denen Gerichtsqualität i. S. der Artikel 92 und 97 GG zukommt"[5]. Diese Auslegung schließt es aus, verfassungsrechtliche Anforderungen für das Verwaltungsverfahren wie Beteiligungsrechte der von komplexen Verwaltungsentscheidungen Betroffenen aus Artikel 19 Abs. 4 GG abzuleiten. Ein solches Beteiligungsrecht wie auch die Notwendigkeit anderer (gesetzlicher) Regelungsinhalte können sich dann aber für das Verwaltungsverfahren aus dem Verständnis der (materiellen) Grundrechte als Verfahrensgarantien ergeben. Diesen Weg ist bekanntlich das Bundesverfassungsgericht gegangen, und ein großer Teil der Literatur ist ihm darin weitgehend gefolgt[6].

Von anderer Seite wird nun aber demgegenüber betont, daß es sich bei Artikel 19 Abs. 4 GG nur scheinbar um eine lediglich prozeßrechtlich bedeutsame Vorschrift handele. Aus dieser Bestimmung ergebe sich vielmehr ein allgemeines „Verrechtlichungsgebot"[7], was u. a. für die Garantie subjektiver Rechte Folgen habe. Denn Artikel 19 Abs. 4 GG diene „als auf ‚Rechtsbesserung' – auch in materieller Hinsicht – angelegte Grundentscheidung der Schaffung einer rechtlich verfestigten Stellung des Individuums zum Staat" und beeinflusse insoweit auch das Verständnis des subjektiven Rechts in dem Sinne, daß dieses „durch das Zusammenwirken von materialem Rechtsstaat und Rechtsschutzgewährleistung" seiner Grundlage in der Verfassung selbst besitze[8]. Diese weitergehende Aussage des Artikel 19 Abs. 4 GG läßt es ebenfalls zu, dem Verwaltungsverfahren bei komplexen Verwaltungsentscheidungen die Aufgabe eines effektiven Rechtsschutzes zuzusprechen. Denn „faßt man... Artikel 19 Abs. 4 GG als notwendige Ergänzung des materiellen Rechts und als Garantie zu *dessen* Effektuierung und Sicherung auf, so bedeutet das Versagen des durch Artikel 19 Abs. 4 GG garan-

---

[5] *Schenke* in Bonner Kommentar, Artikel 19 Abs. 4 Rdnr. 290.

[6] So ausdrücklich *Schenke*, aaO., Rdnr. 291, 431 und Rechtsschutz, S. 85 ff. mit Nachweisen; vgl. daneben *Bethge*, NJW 1982, S. 6 f. Zur Rechtsprechung des Bundesverfassungsgerichts s. die Darstellung von *Held*, Der Grundrechtsbezug des Verwaltungsverfahrens, S. 80 ff. Die Widersprüchlichkeit dieser Argumentation liegt darin, daß letztlich dann auch die Garantie des gerichtlichen Rechtsschutzes aus den materiellen Grundrechten abgeleitet werden muß. Denn verortet man diese, wie es ja danach geschieht, ausschließlich in Artikel 19 Abs. 4 GG, so bleibt nicht recht verständlich, warum sich nur für das Verwaltungsverfahren Anforderungen aus den Grundrechten ergeben. Vielmehr liegt dann der Umkehrschluß näher, daß keine grundrechtlichen Anforderungen für das Verwaltungsverfahren bestehen. Diese letzte Folgerung kann man schlüssig darum nur dann umgehen, wenn der Aussagegehalt des Artikel 19 Abs. 4 GG anders interpretiert wird (s. dazu den folgenden Text). Gegen eine grundrechtliche Ableitung des Beteiligungsrechts im Verwaltungsverfahren ausdrücklich *Laubinger*, VA 73 (1982), S. 83 ff. (Verortung im Rechtsstaatsprinzip); differenzierend zur Rechtsprechung des Bundesverfassungsgerichts, insbesondere zum Mülheim-Kärlich-Beschluß des Gerichts (BVerfGE 53, 30 ff., bes. 63 ff.): *Ossenbühl* in FS Eichenberger, S. 189 ff.; *J. Ipsen*, AöR 107 (1982), S. 282 ff.; *Held*, Der Grundrechtsbezug des Verwaltungsverfahrens, S. 106 ff., auch S. 103 ff. und S. 193 ff.; *Wahl*, VVDStRL 41 (1983), S. 166 ff. und in Frühzeitige Bürgerbeteiligung bei Planungen, S. 114 ff., 131 ff.; *Haag*, „Effektiver Rechtsschutz", S. 119 ff. u. a.

[7] So *Lorenz*, Rechtsschutz, S. 14 ff.; s. auch *Zulegg*, VA 73 (1982), S. 395 ff.

[8] *Lorenz*, aaO., S. 56 f.

tierten richterlichen Schutzes nicht, daß damit jeder Schutz überhaupt entfiele, sondern umgekehrt, daß das Rechtsschutzziel mit anderen Mitteln angestrebt werden muß"[9].

Für die so begründete Anwendung des Artikel 19 Abs. 4 GG auf das Verwaltungsverfahren spricht zunächst, daß sie das durch diese Bestimmung garantierte Gebot eines effektiven Rechtsschutzes konsequent zu Ende denkt. Sie findet daneben eine indirekte Bestätigung in dem vom Bundesverfassungsgericht gebilligten § 3 der Atomanlagen-Verordnung (jetzt § 7 Abs. 1 AtVfV), der eine präklusive Begrenzung des gerichtlichen Kontrollauftrags dann zuließ, wenn die Betroffenen im Verwaltungsverfahren die Möglichkeit besaßen, auf die angegriffene Entscheidung Einfluß zu nehmen[10]. Denn diese Rechtsauffassung kann als Beleg dafür dienen, daß wegen der Breiten- und Tiefenwirkung komplexer Verwaltungsentscheidungen und ihrer fehlenden gesetzlichen Programmierung das Verwaltungsverfahren notwendig gerichtsförmige Züge annehmen muß und dem Gerichtsverfahren gegenüber eine Entlastungsfunktion besitzt[11]. Das Bundesverfassungsgericht hebt insoweit auch zu Recht hervor, daß es einer raschen und vollständigen Klärung der Sach- und Rechtslage dient und den frühzeitigen Interessenausgleich unter den Beteiligten befördert, wenn die Argumente der von der Entscheidung Betroffenen bereits im Verwaltungsverfahren zur Sprache kommen[12]. Es ist daneben, wie schon in § 1 III. bemerkt[13], die für komplexe Verwaltungsentscheidungen charakteristische „diskursive Entwicklung ‚der Sache' im Verkehr zwischen Verwaltung und Bürger", die dem Verwaltungsverfahren insoweit im Blick auf die von der Entscheidung Betroffenen die Funktion eines vorverlagerten gerichtlichen Rechtsschutzes zwangsläufig zukommen läßt.

Die geschilderte Einwirkung des Artikel 19 Abs. 4 GG auf das Verwaltungsverfahren kann nun aber, wie ausdrücklich zu betonen ist, ohne jeden Rückgriff auf das (materiale) Rechtsstaatsprinzip begründet werden[14], wenn man die systematische Stellung und Struktur des Artikel 19 Abs. 4 GG selbst beachtet. Ähnlich wie Rupert Scholz es für Artikel 9 Abs. 1 und Abs. 3 GG dargetan hat[15], läßt sich

---

9 *Lorenz*, aaO., S. 144f. (Hervorhebung dort). Richtig wird von Lorenz an anderer Stelle (Jura 1983, S. 399) darum auch betont, daß die Exekutive „gemäß Art. 1 Abs. 3 GG die Schutzwirkung des Art. 19 Abs. 4 ebenfalls zu beachten" habe. Darum dürfe „ihr Verfahren ... nicht so angelegt sein, daß der gerichtliche Rechtsschutz ausgeschlossen oder unzumutbar erschwert würde". Ähnlich wie *Lorenz* vorher schon *Kopp*, Verfassungsrecht und Verwaltungsverfahrensrecht, S. 148ff.; vgl. auch *Schmidt-Aßmann*, NVwZ 1983, S. 4f. und *Streintz*, VA 79 (1988), S. 284, 292.
10 S. BVerfGE 61, 82 (109ff.).
11 Vgl. dazu auch *Scholz*, VVDStRL 34 (1976), S. 211ff.; *Schmidt-Aßmann*, NVwZ 1983, S. 4f.
12 BVerfGE 61, 114ff.; so auch *Kloepfer*, VA 77 (1986), S. 35f.
13 Vgl. dort bei Anm. 210f.
14 *Laubinger* (VA 73/1982, S. 83f. mit weiteren Nachweisen) beruft sich dagegen allein auf das Rechtsstaatsprinzip zur Begründung des Beteiligungsrechts im Verwaltungsverfahren.
15 *Scholz*, Die Koalitionsfreiheit als Verfassungsproblem, S. 145ff., 330f. und in *Maunz/Düring* u. a., Grundgesetz, Kommentar, Artikel 9 Rdnr. 39ff., bes. 40 (zu Artikel 9 Abs. 1) und

Artikel 19 Abs. 4 GG als selbständiges „Ausübungsrecht" ansehen. Dieses wird inhaltlich in seiner Reichweite zwar von den als subjektiven Rechten verstandenen materiellen Grundrechten (mit-)bestimmt; es besitzt seine eigenständige Bedeutung aber in dem besonderen „Wirkungszusammenhang"[16], der eben durch Artikel 19 Abs. 4 GG in der Weise hergestellt wird, daß eine spezifische Ausübungsform der (grundrechtlichen) subjektiven Rechte – ihre gerichtliche Durchsetzbarkeit – als diesen immanent garantiert wird[17]. Der Text des Artikel 19 Abs. 4 GG („in seinen Rechten verletzt") kann diese Auslegung stützen[18]. Da nun Artikel 19 Abs. 4 GG insoweit abschließende Bedeutung besitzt, „wirkt" diese Vorschrift auf die ihren Inhalt bestimmenden materiellen Grundrechte in dem Sinne zurück, daß sie es verbietet, aus dem Verständnis der materiellen Grundrechte als Verfahrensgarantien ein Beteiligungsrecht der Betroffenen an komplexen Verwaltungsentscheidungen abzuleiten[18a]. Wenn dem Verwaltungsverfahren in bestimmten Fällen notwendig die Funktion eines vorverlagerten Gerichtsschutzes (und damit eines vorverlagerten Grundrechtsschutzes[19]) zukommt, so folgt das demnach allein aus Artikel 19 Abs. 4 GG. Es ist, um es noch einmal zu betonen, der durch Artikel 19 Abs. 4 GG gestiftete Wirkungszusammenhang zwischen den materiellen Grundrechten und ihrer gerichtlichen Durchsetzbarkeit, der diese Auslegung begründet[20]. Sie besitzt im vorliegenden Zusammenhang, wie anfangs erwähnt, deshalb

---

Rdnr. 192 (letzter Absatz) sowie daneben Rdnr. 3, 174 f., 178 f., 183, 268, 352 u. a. (zu Artikel 9 Abs. 3).

[16] Ausdruck von *Scholz*, Die Koalitionsfreiheit als Verfassungsproblem, S. 146.

[17] Ähnlich *Lorenz*, Jura, 1983, S. 395, 396 f.

[18] Es werden also nicht ohne unmittelbaren Anhalt im Verfassungstext Aussagen des Grundgesetzes in einen eigenständigen Zusammenhang gebracht, wie es teilweise bei der Auslegung des Artikel 9 Abs. 1 und Abs. 3 GG durch *Scholz* (s. die Nachweise in Anm. 15) geschieht. Die methodische Kritik von *Wahl* (Der Staat 20/1981, S. 508 ff.) trifft also nicht unsere Interpretation von Artikel 19 Abs. 4 GG.

[18a] Diese Konsequenz ergibt sich – indirekt – auch aus den Ausführungen von *Arndt*, Praktikabilität und Effizienz, S. 124 ff.

[19] S. etwa *Ossenbühl*, NJW 1981, S. 377; DÖV 1981, S. 6 und DVBl. 1981, S. 69; ähnlich auch *Grimm*, NVwZ 1985, S. 869.

[20] In der Literatur finden sich Stimmen, die der dargelegten Interpretation des Artikel 19 Abs. 4 GG nahekommen. Hinzuweisen ist insoweit bes. auf die von *Schmidt-Aßmann* im Anschluß an zwei Beschlüsse des Bundesverfassungsgerichts vertretene Auslegung. Er spricht zutreffend von dem „eigenständigen rechtsstaatlichen" Wert eines durch Artikel 19 Abs. 4 GG zusammengehaltenen ... Gerichtsschutzstandards" und erläutert das Verhältnis zwischen materiellen Grundrechten und Artikel 19 Abs. 4 GG in weitgehender Übereinstimmung mit den vorstehenden Überlegungen wie folgt: Die materiellen Grundrechte lassen „weniger als einzelne, sondern gemeinsam... die materielle Basis des genannten Rechtsschutzes hervortreten und erinnern daran, daß es bei allen Ausgestaltungen nicht um Effektivitätssteigerungen des Gerichtsschutzes als formales Prinzip, sondern um die zu schützenden Rechte geht. Insofern besitzen die Grundrechte... im Schutzbereich des Artikel 19 Abs. 4 GG weniger eine eigenständige dogmatische Funktion als verdeutlichenden Charakter" (NVwZ 1983, S. 4, vgl. auch S. 3 = III. 1. und S. 4 = III. 4.; ähnlich *Lorenz*, Jura 1983, S. 396 f., 399 und *Ossenbühl* in FS Eichenberger, S. 184 u. a.). Da das Beteiligungsrecht im Verwaltungsverfahren sich auf die Begründung des zu erlassenden Verwaltungsaktes auswirken (und damit die Möglichkeit seiner wirksamen gerichtlichen Über-

Bedeutung, weil Artikel 19 Abs. 4 GG als Teil des formalen Rechtsstaatsprinzips verstanden werden kann und damit besonders wirksam eine gesetzliche Beschränkung des Beteiligungsrechts an komplexen Verwaltungsentscheidungen verbietet[21]. Entsprechendes muß nach unseren Ausführungen in § 6 III. für das Verhältnis des Artikel 28 Abs. 2 GG zu Artikel 19 Abs. 4 GG gelten.

II. Die Reichweite des Beteiligungsrechts

Die verfassungsrechtliche Ableitung des Beteiligungsrechts an Verwaltungsentscheidungen aus Artikel 19 Abs. 4 GG entscheidet nicht die Frage, *wer* einen Anspruch auf Beteiligung an der Verwaltungsentscheidung besitzt. Der Kreis der insoweit Berechtigten bestimmt sich nach der Reichweite der subjektiven öffentlichen Rechte, die durch diese Entscheidung betroffen werden. Hier interessiert allerdings allein, da es ja um die Begrenzung des *Gesetzgebers* durch das aus Artikel 19 Abs. 4 GG folgende Beteiligungsrecht geht, die Reichweite der verfassungsrechtlich (und nicht „nur" gesetzlich) begründeten subjektiven öffentlichen Rechte[22]. Die Klärung dieser Frage ist im vorliegenden Zusammenhang besonders deshalb geboten, weil gerade bei komplexen Verwaltungsentscheidungen, die hier ja primär in Betracht kommen, äußerst strittig ist, wie weit durch sie subjektive öffentliche Rechte berührt werden[23]. Um die nicht ohne weiteres erkennbaren Grenzen zu verdeutlichen, die dem Gesetzgeber durch das aus Artikel 19 Abs. 4

---

prüfung verstärken) soll, paßt es auch zu dem Gesagten, wenn *Dolzer* (DÖV 1985, S. 13) die Begründung des Verwaltungsaktes „als eine vorwirkende Annexgarantie zum Gerichtsschutz des Art. 19 Abs. 4 GG" versteht und diese Ansicht mit dem Hinweis rechtfertigt, daß „nur so... Art. 19 Abs. 4 GG seine weitgreifende Funktion der Eröffnung des Zugangs zu den Gerichten effektiv erfüllen" könne.

[21] Eine Anwendung des Artikel 103 Abs. 1 GG auf das Verwaltungsverfahren kann daneben nicht in Betracht kommen. Den Rechtsweg zu den Verwaltungsgerichten eröffnet – verfassungsrechtlich gesehen – allein und ausschließlich Artikel 19 Abs. 4 GG, der „als auf der Verfassungsebene abschließende Regelung des Rechtsschutzes gegen Eingriffe der öffentlichen Gewalt verstanden werden" muß (so richtig *Skouris*, Verletztenklagen, S. 89; ebenso *Mauder*, Rechtliches Gehör, S. 21f., 40, 72f.). Besonders deutlich wird insoweit der spezielle Charakter des Artikel 19 Abs. 4 GG, wenn man der Auslegung des Artikel 103 Abs. 1 GG durch *Bohnert* (JZ 1978, S. 711ff.) folgt: keine schlüssige Einschränkung des Adressatenkreises, der Anspruch auf rechtliches Gehör vor den Gerichten besitzt, möglich. Eine analoge Anwendung des Artikel 103 Abs. 1 GG auf das Verwaltungsverfahren und damit die Bejahung eines entsprechenden verfassungsrechtlichen Anspruchs auf Anhörung wird dagegen in der Lehre durchaus vertreten, so etwa von *Feuchthofen* (DVBl. 1984, S. 172f.).

[22] Vgl. insoweit die Nachweise zum grundrechtlich fundierten subjektiven Recht in § 1 III. Anm. 199. Zur Systematik der grundrechtlichen subjektiven Rechte *Henke*, DÖV 1984, S. 1ff. Für die Reichweite des aus Artikel 28 Abs. 2 GG ableitbaren subjektiven öffentlichen Rechts s. im folgenden unter 2. bei Anm. 41ff.

[23] Im übrigen besteht im Ergebnis weitgehend Einigkeit über die grundrechtliche „Betroffenheit" (und die der kommunalen Selbstverwaltungskörperschaften) durch Verwaltungsentscheidungen. Deshalb wurde auf die Frage nach der allgemeinen Reichweite der verfassungsrechtlich fundierten subjektiven Rechte im vorhergehenden § 6, die ja dort für die Begrenzung des Gesetzgebers eine entsprechende Bedeutung besitzt, nicht besonders eingegangen. Daß gerade

GG folgende Beteiligungsrecht im Verwaltungsverfahren gesetzt sind, soll im folgenden also nach der Reichweite des verfassungsrechtlich fundierten subjektiven Rechts, das durch dieses Verfahren betroffen ist, besonders gefragt werden.

Für die Beantwortung dieser Frage ist nun zunächst genauer auf die Größe des Adressatenkreises, der durch eine solche staatliche Maßnahme berührt wird, einzugehen (dazu 1.), und weiter zu beachten, daß im Hinblick auf die Planungshoheit der Gemeinden auch ein Stufenverhältnis der Betroffenheit existieren könnte (dazu 2.). Zur Klarstellung sei noch angemerkt, daß es im folgenden nicht um die Verdrängung bzw. Ausweitung gesetzlich begründeter subjektiver öffentlicher Rechte durch verfassungsrechtliche geht, sondern allein um das Problem, inwieweit es verfassungsrechtlich besonders geschützte Rechtspositionen (subjektive öffentliche Rechte) gibt, die wegen des durch Artikel 19 Abs. 4 GG garantierten Beteiligungsrechts im Verwaltungsverfahren den Gesetzgeber zu begrenzen vermögen[23a].

1. Die Größe des Adressatenkreises

Was die Größe des Adressatenkreises betrifft, so ist, wie gesagt, vor allem zu klären, inwieweit verfassungsrechtlich begründete subjektive Rechte durch komplexe Verwaltungsentscheidungen betroffen sind. Neben grundrechtlich fundierten subjektiven Rechten kommt insoweit noch eine mögliche Verletzung des Artikel 28 Abs. 2 GG in Betracht, da auf diese Bestimmung ja ebenfalls Artikel 19 Abs. 4 GG Anwendung findet[24]. Besonderheiten ergeben sich für komplexe Verwaltungsentscheidungen in dieser Frage dadurch, daß häufig auf seiten des Antragstellers realiter keine Grundrechtsbetroffenheit vorliegt, weil als Antragsteller etwa die öffentlichen Hände in der privatrechtlichen Form der AG oder GmbH u. a. auftreten. Auf diese Weise kann sich nämlich keine „Metamorphose von Trägern öffentlicher Verwaltung zu Grundrechtssubjekten und Grundrechtsbe-

---

an komplexen Verwaltungsentscheidungen ein Beteiligungsrecht in Betracht kommt, haben wir bereits in § 1 III. bei Anm. 205 ff. dargelegt.

[23a] Vgl. insoweit besonders klar wieder (s. bereits § 6 bei Anm. 33a) *Barbey* (Bundesverfassungsgericht und einfaches Gesetz, S. 34 Anm. 58 unter c), der dort zunächst ebenfalls betont, daß „Grundgesetz und einfaches Gesetz... gleichermaßen kategorisch" gelten, und dann daraus folgert, daß die Grundrechte deshalb nur eine „besonders geschützte, nicht aber eine gegenüber dem verfassungsmäßigen ‚einfachen' Recht vorrangige Rechtsposition" gewähren. In der mangelnden Erkenntnis dieses zwischen Grundrechten und Gesetzesrecht bestehenden Verhältnisses liegt unseres Erachtens auch der Grund dafür, daß es bis heute nicht gelungen ist, die Grundrechte in die Lehre von subjektiven öffentlichem Recht schlüssig zu integrieren (s. zuletzt dazu nur *Ramsauer*, AöR 111/1986, S. 501 ff. und Bauer, AöR 113/1988, S. 613 f.). Die Lösung kann aufgrund dieses Verhältnisses aber nur darin bestehen, daß die Grundrechte *neben* dem Gesetzesrecht selbständige subjektiv öffentliche Rechte begründen und dieses Nebeneinanderbestehen von grundrechtlich und gesetzlich begründeten subjektiven öffentlichen Rechten mit *Henke* (in: FS für Werner Weber, S. 498 ff.; DÖV 1980, S. 624 f. und DÖV 1984, S. 2 f.) in Analogie zur zivilrechtlichen Unterscheidung zwischen absoluten und relativen Rechten gedeutet wird.

[24] Zur Begründung s. § 6 III. bei Anm. 57 ff.

rechtigten" vollziehen[25]; vielmehr muß auf den öffentlichen Charakter der von ihnen verfolgten Aufgabe und ihren wirklichen Rechtsstatus abgestellt werden[26]. Die geschilderte Situation ist z.B. bei der Genehmigung eines Flughafenbaues gegeben und weitgehend auch bei der Genehmigung von Atomkraftwerken (und atomaren Entsorgungsanlagen)[27]. Bei Planfeststellungsbeschlüssen zugunsten „direkter" stattlicher Vorhaben liegt sogar „ein ‚normales' Verwaltungsverhältnis vor, in dessen Rahmen dem Bürger Lasten aus Gründen des öffentlichen Wohls aufgebürdet werden"[28]. Ein Beispiel dafür liefert etwa der Planfeststellungsbeschluß für den Bau einer öffentlichen Straße.

In allen genannten Fällen besteht nun nicht das für die Nachbarklage typische Dreiecksverhältnis, sondern der Staat greift, da das Dreieck materiellrechtlich gesehen zur Strecke „schrumpft"[28a], mit seiner Genehmigung des beantragten Vorhabens realiter allein und unmittelbar in die Rechte der betroffenen Bevölkerung und Gemeinden ein. Im Grunde müßte deshalb auch die Standort- und Genehmigungsentscheidung für ein industrielles Großvorhaben, soweit dafür gesetzlich kein Planfeststellungsbeschluß vorgesehen ist, in diesen Fällen in Form einer Allgemeinverfügung ergehen und die Konstruktion des Verwaltungsakts mit Drittwirkung insoweit aufgegeben werden[29]. Aus dem Fehlen eines Dreieckverhältnisses in den genannten Fällen ist weiter zu folgern, daß der von einem „staatlichen" Bauvorhaben Betroffene im Gegensatz zum „Nachbarn" eine vollumfängliche gerichtliche Überprüfung der ergangenen Verwaltungsentscheidung verlangen kann[30]. Auf diese Weise besteht dann sogar die Möglichkeit, daß eine Verwaltungsentscheidung wegen ungenügender Aufklärung des Sachverhalts durch die Behörde, die unabhängig von

---

[25] So richtig *Wahl*, DVBl. 1982, S. 59.

[26] Diese These kann – dogmatisch gesehen – als eine Folgerung aus der Lehre vom Verwaltungsprivatrecht verstanden werden. Zu einer entsprechenden Anwendung dieses Gedankens auf das Recht der Angestellten und Arbeiter im öffentlichen Dienst s. *Janssen*, Streikrecht, S. 42 ff., auch S. 35 f.

[27] Vgl. dazu *H. Hofmann*, Rechtsfragen der atomaren Entsorgung, S. 21 f., 27, 295 f., UPR 1984, S. 76, 81 und in Recht und Technik im Spannungsfeld der Kernenergiekontroverse, S. 59 f.; *Degenhart*, Kernenergierecht, S. 113, 186; *Held*, Der Grundrechtsbezug des Verwaltungsverfahrens, S. 119 f. Zu den faktischen Verflechtungen zwischen Staat und Energiewirtschaft insoweit *Winter*, NJW 1979, S. 399 f. und *de Witt*, DVBl. 1980, S. 1008. Einschränkend in dieser Hinsicht *Lerche*, Kernkraft und rechtlicher Wandel, S. 27 ff.; *Löffler*, Parlamentsvorbehalt im Kernenergierecht, S. 47; *Berger*, Grundfragen umweltrechtlicher Nachbarklagen, S. 137 f. mit Anm. 26.

[28] So *Löwer*, DVBl. 1981, S. 533.

[28a] *Löwer*, aaO.

[29] So im Ansatz für das Atomrecht auch *Baumann* (BayVBl. 1982, S. 293 f.), der, wie schon erwähnt (s. § 1 I. bei Anm. 48), insoweit allerdings von einem Verwaltungsakt mit echter Doppelwirkung spricht, der „im Tenor zum einen die (begünstigende) Gestattung, aber zum anderen auch die belastende Regelung in Form einer Duldungsverfügung" enthält; ähnlich *Winter*, NJW 1979, S. 400.

[30] So *Löwer* (aaO.) für den straßenrechtlichen Planfeststellungsbeschluß und ähnlich auch *H. Hofmann* (UPR 1984, S. 81 f.) für die Klage gegen Atomkraftwerke.

Rechtsschutzgesichtspunkten auch in einer unterlassenen oder mangelnden Anhörung der betroffenen Bevölkerung liegen *kann*, durch die Verwaltungsgerichte aufgehoben wird[31].

Doch selbst wenn ein Privater und nicht die öffentliche Hand Träger eines industriellen Großvorhabens ist, bleibt zu fragen, ob in diesen Fällen wegen der zu erwartenden schwerwiegenden Einwirkungen eines solchen Vorhabens auf seine Umgebung in der Standortentscheidung und der anschließenden Genehmigung jeweils nur ein Verwaltungsakt mit Drittwirkung gesehen werden darf und daraus folgend lediglich eine beschränkte Klagemöglichkeit der „Nachbarn" gegen die entsprechenden Entscheidungen der Verwaltung anzunehmen ist. Für die Stimmen in der Literatur, die das bezweifeln[32], spricht, daß es sich eben bei den mit solchen Projekten verbundenen Umweltschäden nicht um gewöhnliche Zivilisationsschäden, die als natürliche Lebensrisiken hinzunehmen sind, handelt[33]. Die Schwierigkeiten, die diese Sicht der herrschenden Meinung macht, wären vielleicht geringer, wenn man das substantielle Verständnis des subjektiven öffentlichen Rechts aufgeben[34] und weiter (endlich) erkennen würde, daß der Staat mit der Genehmigung von industriellen Großvorhaben zugleich nicht beliebig erneuerbare natürliche Ressourcen (Luft, Wasser, Boden bzw. Bodenschätze u. a.) *verteilt* und damit unter mehreren Möglichkeiten, die eine unterschiedliche Betroffenheit unter den „Beteiligten" auslösen können, eine auswählt. Geht man, wie hier geschehen, von dem grundrechtlichen Gebot der gleichen Freiheit aus[35], so ergibt sich aus dem Gesagten notwendig die Folgerung, daß in diesen Fällen verfassungsrechtlich gesehen das Recht des Antragstellers wie das der „Nachbarn" als in gleicher Weise schutzbedürftig bewertet werden müssen.

Diesem Ergebnis widerspricht auch nicht, daß damit in den angesprochenen Fällen der mit der Schutznormtheorie verbundene Interessenausgleich zwischen Antragsteller und „Nachbarn"[36] weitgehend hinfällig wird. Denn den geforderten Interessenausgleich, der im übrigen wegen der Besonderheit der vorliegenden

---

[31] Schon aus diesem Grund muß die zuständige Behörde vor Erlaß einer (komplexen) Verwaltungsentscheidung auf eine weitgehende Beteiligung der Bevölkerung bedacht sein; s. dazu schon § 5 III. bei Anm. 99 und auch § 4 III. Anm. 129.

[32] S. bes. *Baumann*, aaO., S. 292 ff., auch S. 265 f. mit Nachweisen; vgl. daneben *H. Hofmann*, Rechtsfragen der atomaren Entsorgung, S. 325 f. sowie *Murswiek*, Die staatliche Verantwortung für die Risiken der Technik, S. 88 ff. (1. Kapitel) und zusammenfassend *derselbe* in Wirtschaft und Verwaltung 1986/4, S. 180 ff.

[33] S. dazu nur *H. Hofmann*, Rechtsfragen der atomaren Entsorgung, S. 318 ff., 349 ff.; BayVBl. 1983, S. 35 f. und in Recht und Technik im Spannungsfeld der Kernenergiekontroverse, S. 61 ff.; *Baumann*, JZ 1982, S. 753 ff. sowie *Theuerkaufer*, Die Klagebefugnis privater Dritter bei atomrechtlichen Anlagegenehmigungen, S. 75 ff., bes. S. 81 ff. Die Gegenposition markiert deutlich *Degenhart*, DVBl. 1983, S. 926 ff., bes. S. 934 ff.

[34] S. dazu schon § 4 III. bei Anm. 126 f. Dieser Ansatz wird für die Nachbarklagen konkretisiert von *J. Martens*, NJW 1985, S. 2302 ff., besonders S. 2307 ff.; vgl. insoweit auch *H. Bauer*, DVBl. 1986, S. 217 f. und AöR 113 (1988), S. 622 ff.

[35] S. zu diesem Gebot bereits § 1 I. bei Anm. 38 ff.

[36] Dazu übersichtlich *Löwer*, aaO., S. 533.

Sachverhalte aus den geschilderten Gründen nur bedingt durch die Schutznormtheorie zu leisten ist, bewirken die vom Gesetzgeber für die Genehmigungsverfahren von Großprojekten durchweg geschaffenen Präklusionsvorschriften. Das hat das Bundesverfassungsgericht ausdrücklich betont[37], und in der Literatur ist aus diesem Beschluß nicht ganz zu Unrecht die Folgerung gezogen worden, das Bundesverfassungsgericht halte derartige Vorschriften u. a. aus diesem Grund für verfassungsrechtlich geboten[38].

Aus der geschilderten Reichweite des verfassungsrechtlich fundierten subjektiven öffentlichen Rechts bei komplexen Verwaltungsentscheidungen und daraus folgend der Klagebefugnis ergibt sich nun aber auch ein entsprechend umfassendes Beteiligungsrecht der Betroffenen im Verwaltungsverfahren. Denn es macht ja die Eigenart der angesprochenen Fälle aus, daß Entscheidungen über den Standort oder die nachfolgenden (Teil-)Genehmigungen vollendete Tatsachen und damit faktische Rechtslagen schaffen, so daß ohne ein Beteiligungsrecht der Betroffenen an diesen Entscheidungen der ihnen durch Artikel 19 Abs. 4 GG garantierte Rechtsschutz dagegen wirkungslos bliebe.

2. Das Stufenverhältnis der Betroffenheit

Besitzt demnach das Beteiligungsrecht der Betroffenen an komplexen Verwaltungsentscheidungen wegen der geschilderten Reichweite des verfassungsrechtlich begründeten subjektiven öffentlichen Rechts erhebliche Bedeutung als Grenze für den Gesetzgeber, so könnte sich diese Wirkung noch verstärken, wenn ein Stufenverhältnis der Betroffenheit in Betracht käme. Ein solcher Fall ist, wie schon angedeutet, nur bei Verletzung der gemeindlichen Planungshoheit durch überörtliche Planungen denkbar. Das folgt aus der Eigenart der Planungsentscheidungen[39], die darin besteht, daß nicht wie bei der klassischen Genehmigung (Kontrollerlaubnis) über einen Anspruch befunden wird. Die Planungsentscheidung zielt ihrem Inhalt nach also nicht auf die letztlich grundrechtlich geschützte Rechtsstellung der Antragsteller und „Nachbarn"; vielmehr wird mit einer solchen Entscheidung, wie es in § 75 Abs. 1 Satz 1 VwVfG für die Planfeststellung im allgemeinen heißt, „die Zulässigkeit des Vorhabens... im Hinblick auf alle von ihm berührten öffentlichen Belange festgestellt". Jeder einzelne Belang steht dabei unter Abwägungsvorbehalt; es kommt auf die objektive Abgewogenheit, nicht auf die Bejahung oder Verneinung eines Anspruchs an.

Dieser Charakter der Planungsentscheidung wird auch nicht dadurch aufgehoben, daß Planfeststellungsbeschlüsse bisweilen zugleich die Genehmigung des

---

[37] BVerfGE 61, 82 (115 f.).

[38] So *Ronellenfitsch* JuS 1983, S. 598.

[39] Zum folgenden bes. *Wahl*, DVBl. 1982, S. 51 ff. und für die Raumordnungsentscheidungen *derselbe* in Frühzeitige Bürgerbeteiligung bei Planungen, S. 136 ff., bes. S. 141 f. sowie im Anschluß daran *Schoeneberg*, UPR 1985, S. 43 f.

Vorhabens selbst mitenthalten (vgl. etwa §§ 9b AtG, 7 Abs. 1 AbfG). Vielmehr zeigt sich gerade daran, daß die durch eine Planungsentscheidung ausgelösten Rechtsfolgen sich nur graduell von dem Rechtsverhältnis unterscheiden, das durch die Genehmigung eines industriellen Großvorhabens zwischen der Verwaltung und den Betroffenen zum Entstehen kommt. Unabhängig davon übt eine Planungsentscheidung auch eine präjudizierende Wirkung auf nachfolgende Planungs- und Genehmigungsentscheidungen aus. Deutlich zeigt sich das bei den dem Bebauungsplan zeitlich vorangehenden Planungen der Raumordnung. Derartige vorbereitende raumordnerische Planungen besitzen präjudizierende Wirkung für den durch den Bebauungsplan vollzogenen Akt der Zuteilung. Nimmt man die Tendenz der Lehre hinzu, die Zulässigkeit industrieller Großvorhaben – die Fälle des § 38 BauGB natürlich ausgenommen – von dem Vorliegen eines entsprechenden Bebauungsplans abhängig zu machen[40], so wird die Frage nach einem rechtzeitigen und damit wirksamen Rechtsschutz besonders einsichtig.

Trotz dieser rechtlichen Wirkungen der Planungsentscheidungen kann nun aber insoweit nicht aus dem Verständnis der Grundrechte als „Entstehungssicherung und Bestandsschutz" (Kloepfer) eine Betroffenheit grundrechtlich fundierter subjektiver Rechte durch überörtliche Planungen gefolgert werden. Denn abgesehen von der Schwierigkeit, eine Entscheidung über den von einer solchen Planung betroffenen Adressatenkreis zu fällen, würde damit Artikel 28 Abs. 2 GG als die von der Verfassung vorgesehene speziellere Norm, aus der sich eine Betroffenheit subjektiver Rechte durch überörtliche Planungen ableiten läßt, übersehen[41]. Es geht in dieser Hinsicht allerdings nicht um die stellvertretende Durchsetzung individueller Schutzansprüche durch die Gemeinde[42], sondern um weitergehende, mit den subjektiven Rechten der Gemeindeeinwohner nicht identische materielle Positionen[43], die letztlich eben aus der Planungshoheit der Gemeinden folgen. Für ihre Festlegung ist es allerdings nicht erforderlich, den insoweit bisweilen rigiden Standpunkt der Rechtsprechung zu teilen[44]. Die Betroffenheit der Kommunen

---

[40] S. dazu die Nachweise in § 4 Anm. 65.

[41] S. dazu nur *Schmidt-Aßmann*, DVBl. 1981, S. 339 mit Nachweisen. Zu den Unterschieden, die zwischen der Rechtsstellung der Bundesländer und der der Kommunen bestehen, s. bereits § 6 III. bei Anm. 60 f. Der materiellrechtliche Grund für diese Abschichtung liegt, wie gesagt, in der Eigenart der Planungsentscheidung (vgl. dazu die Nachweise in Anm. 39).

[42] S. dazu etwa aus der Rechtsprechung VGH Mannheim, DVBl. 1976, S. 808 f.; BayVGH, DVBl. 1979, S. 677 ff.; BVerfGE 61, 82 (103 f.); BayVGH, DÖV 1986, S. 208; OVG Saarl., DÖV 1987, S. 496 und aus der Literatur *Lerche*, Kernkraft und rechtlicher Wandel, S. 34 f.; *Steinberg*, DVBl. 1982, S. 19; *Kloepfer*, VA 76 (1985), S. 385; *Schoeneberg*, UPR 1985, S. 40; *Johlen*, DÖV 1989, S. 206 ff.

[43] Genauer dazu *Sommer* in Regionale Raumordnung und gemeindliche Planungshoheit im Konflikt?, S. 40 ff. und ergänzend *Wichmann/Maier*, DVBl. 1987, S. 817 f. im Anschluß an BVerwGE 77, 128 ff.

[44] Vgl. dazu *Lerche* in FS zum 100jährigen Bestehen des Bayerischen Verwaltungsgerichtshofs, S. 223 ff.; *Steinberg*, JuS 1982, S. 298 ff. und DVBl. 1982, S. 13 ff.; *Blümel*, VA 73 (1982), S. 337 ff.; *Kloepfer*, VA 76 (1985), S. 385 f.; *Langer*, DÖV 1987, S. 424 f.; *Ronellenfitsch*, VA 79 (1988), S. 223 ff.

durch überörtliche Planungen läßt sich nach der hier vertretenen Interpretation des Artikel 28 Abs. 2 GG z. B. bereits dann bejahen, wenn ihr Planabwägungsanspruch als solcher – seine mögliche Verletzung – in Betracht kommt[45]. Denn schon in diesem Fall geht es um die Verteidigung des den Gemeinden verfassungsrechtlich garantierten Rechts, „frei von staatlicher Vormundschaft über die Art und Weise der Wahrnehmung der ihnen übertragenen Verwaltungsaufgaben zu entscheiden"[46].

Die Gemeinden können sich im Ergebnis also unter Berufung auf ihre durch Artikel 28 Abs. 2 GG geschützte Planungshoheit grundsätzlich gerichtlich gegen überörtliche Planungen, insbesondere Raumordnungsprogramme, die eine Standortvorsorgeplanung enthalten[47], zur Wehr setzen[48]. Daraus läßt sich nun aber nicht unmittelbar folgern, daß ein Beteiligungsrecht der Gemeinden etwa bei der Standortvorsorgeplanung auch aufgrund des Artikel 19 Abs. 4 GG zwingend geboten sei. Das müßte nach unseren Darlegungen nur dann bejaht werden, wenn ohne eine solche Beteiligung ein wirksamer Rechtsschutz gegen derartige Planungen unmöglich würde. Bedenkt man, daß es sich bei der Standortvorsorgeplanung allein um eine „Freihalte- und Flächensicherungsplanung" handelt, nicht aber um eine „Vorwegentscheidung oder Ersetzung *aller* Standortprobleme des fachlichen Genehmigungsverfahrens"[49], so wird man kaum behaupten können, daß durch sie für die Gemeinden vollendete Tatsachen und daraus folgende faktische Rechtslagen geschaffen werden, deren spätere Beseitigung praktisch ausgeschlossen ist. Weil das nicht der Fall ist, muß es insoweit bei dem aus Artikel 28 Abs. 2 GG abgeleiteten Beteiligungsrecht der Gemeinden an derartigen Planungen verbleiben[49a], und daneben ein solches auf Artikel 19 Abs. 4 GG gestütztes Beteiligungsrecht grundsätzlich verneint werden. Entsprechendes wird weitgehend für andere überörtliche Planungen gelten, ist aber in jedem Einzelfall genauer zu prüfen.

Es ist demnach in der Regel allein das in § 6 näher entwickelte Gebot eines

---

[45] So etwa *Sailer*, BayVBl. 1981, S. 550f. und Natur + Recht 1987, S. 209ff.

[46] So *Burmeister*, Selbstverwaltungsgarantie, S. 184. Daß insoweit auch ein Beteiligungsrecht der Gemeinden, das unmittelbar aus Artikel 28 Abs. 2 GG und damit letztlich aus demokratischen Gründen folgt, anzunehmen ist, wurde bereits gesagt (vgl. § 4 I. bei Anm. 35 und bei Anm. 39). Im folgenden geht es allein um die Frage, ob ein solches Recht in den angesprochenen Fällen sich *auch* aus Artikel 19 Abs. 4 GG ergibt. Diese unterschiedliche Begründung des kommunalen Beteiligungsrechts übersehen etwa *Vitzthum/März* (VBlBW 1987, S. 371 ff.) in ihren Ausführungen zu einem kommunalen Beteiligungsrecht an der Standortvorsorgeplanung.

[47] S. dazu die Nachweise in § 5 Anm. 105.

[48] Als Klageart kommt entweder das Normenkontrollverfahren nach § 47 VwGO in Betracht (so *Sommer*, aaO., S. 32f.) oder aber eine Feststellungsklage (§ 43 VwGO) bzw. – vorbeugende – Unterlassungsklage (so *Sailer*, aaO., S. 551f.). S. zum Ganzen auch *Holzhauser*, Standortvorsorge, S. 160f.

[49] So *Wahl* in Frühzeitige Bürgerbeteiligung bei Planungen, S. 124f. (Hervorhebung dort); vgl. daneben insoweit *Holzhauser*, Standortvorsorge, S. 13ff. und *Vitzthum/März*, VBlBW 1987, S. 324f.

[49a] S. dazu noch einmal § 4 I. bei Anm. 35 und bei Anm. 39.

wirksamen Rechtsschutzes als solches und nicht ein mit Artikel 19 Abs. 4 GG begründbares Beteiligungsrecht der Kommunen im Verwaltungsverfahren, das überörtliche Planungen, die in die kommunale Planungshoheit eingreifen, in Gesetzesform verbietet. Aber auch die Tragweite dieses Ergebnisses ist noch längst nicht hinreichend geklärt. Es spricht einiges dafür, mit Schmidt-Aßmann insoweit einen „phasenspezifischen Rechtsschutz" in dem Sinne zu fordern, daß bei Bestehen kommunaler Klagebefugnisse gegen überörtliche Planungen deren gerichtliche Kontrolle aufgrund späterer Klagen Privater gegen die Standort- oder Genehmigungsentscheidung ausgeschlossen ist[50]. Auch was den *Umfang* der gerichtlichen Kontrollbefugnisse (und nicht nur die Klagebefugnis als solche) betrifft, wäre Artikel 28 Abs. 2 GG dann also als Spezialregelung gegenüber den grundrechtlich fundierten subjektiven Rechten anzusehen – eine Folgerung, gegenüber der Bedenken aus Artikel 19 Abs. 4 GG kaum tragen dürften.

III. Das Beteiligungsrecht im atomrechtlichen Genehmigungsverfahren als praktisches Beispiel

In den §§ 4 ff. AtVfV ist für das atomrechtliche Genehmigungsverfahren eine Jedermannsbeteiligung vorgesehen. Der Verordnungsgeber ist damit nach unseren Darlegungen in § 4 III. über das verfassungsrechtlich Gebotene hinausgegangen. Im einzelnen bleibt nun noch zu klären, ob auch im atomrechtlichen Genehmigungsverfahren der Gesichtspunkt eines wirksamen Rechtsschutzes für ein Beteiligungsrecht spricht (dazu 1.) und wieweit das verfassungsrechtlich geforderte Beteiligungsrecht hier reicht (dazu 2.).

1. Die verfassungsrechtliche Begründung des Beteiligungsrechts

Die ungenügende Abschichtung der planungsrechtlichen Standortentscheidung von der Genehmigungsentscheidung im geltenden Atomrecht ist häufig kritisiert worden[51]. Die Schwierigkeiten zeigen sich besonders in dem Bemühen von Rechtsprechung und Lehre, Regelungsgehalt und Bindungswirkung der ersten Teil(errichtungs)genehmigung zu bestimmen[52]. Unabhängig von dem Problem, ob die Standortfrage für ein Atomkraftwerk in der ersten Teil(errichtungs)genehmigung abschließend entschieden werden kann, enthält eine solche Genehmigung zugleich ein vorläufiges positives Gesamturteil über die geplante Anlage (§ 18 AtVfV). Diese Entscheidung ermöglicht auch schon bauliche Maßnahmen und präjudiziert aufgrund ihrer Rechtswirkung weitgehend die folgenden Teilgenehmigungen. Ein wirksamer Rechtsschutz gegen die vorgesehene Anlage erfordert also gerade wegen des komplexen Regelungscharakters der ersten Teil(er-

---

[50] So *Schmidt-Aßmann*, DVBl. 1981, S. 339.
[51] S. die Nachweise in § 5 Anm. 107.
[52] S. die Nachweise in § 5 Anm. 109.

richtungs)genehmigung notwendig eine Betroffenenbeteiligung vor ihrem Erlaß. Der verfassungsrechtliche Sinn der Öffentlichkeitsbeteiligung im atomrechtlichen Genehmigungsverfahren kann damit insoweit in Übereinstimmung mit unseren allgemeinen Ausführungen darin gesehen werden, durch den Anspruch der Betroffenen auf Beteiligung im Genehmigungsverfahren diesem Personenkreis eine wirksame Verteidigung seiner Rechte zu gewährleisten[53].

Die ausschließliche verfassungsrechtliche Ableitung des Beteiligungsrechts der Betroffenen im atomrechtlichen Genehmigungsverfahren aus der Rechtsschutzgewährleistung des Artikel 19 Abs. 4 GG ermöglicht auch entgegen den teilweise anders verstandenen Ausführungen des Bundesverfassungsgerichts im Mülheim-Kärlich-Beschluß[54] grundsätzlich die Anwendung des § 46 VwVfG im atomrechtlichen Genehmigungsverfahren, falls es bei fehlendem Versagungsermessen[55] im konkreten Fall zu einem Verstoß gegen die §§ 4ff. AtVfV gekommen ist[56]. Die

---

[53] So im Ergebnis auch *Ossenbühl*, DVBl. 1981, S. 69 f., 71 und DÖV 1981, S. 6 f.; *Blümel* in Fünftes Deutsches Atomrecht-Symposion, S. 213 ff.; vgl. auch *Degenhart*, Kernenergierecht, S. 205 ff. Ob man dagegen eine durch Artikel 19 Abs. 4 GG geforderte Betroffenenbeteiligung vor Erlaß eines Vorbescheids nach § 7 a AtG bejahen muß, erscheint trotz der durch einen solchen Bescheid ausgelösten Bindungen für das Genehmigungsverfahren zweifelhaft (zu diesen Bindungen im einzelnen *Klante*, Erste Teilerrichtungsgenehmigung und Vorbescheid im Atomrecht, S. 342 ff. und im Anschluß an das Urteil des Bundesverwaltungsgerichts vom 19. 12. 1985, BVerwGE 72, 300 ff.: *Rengeling*, DVBl. 1986, S. 270 f. sowie *Klante*, BayVBl. 1987, S. 5 ff.). Denn die durch einen entsprechenden Vorbescheid getroffene Regelung erschöpft sich in einer Feststellung und beinhaltet noch keine Gestattung zur Ausführung des Vorhabens; diese ist dem Genehmigungsverfahren vorbehalten (s. dazu *Ronellenfitsch*, Das atomrechtliche Genehmigungsverfahren, S. 406 f. und *H. Hofmann*, UPR 1984, S. 79). Sind das Vorbescheidsverfahren und das eigentliche Genehmigungsverfahren genügend zeitlich hintereinander geschaltet, so dürfte für einen wirksamen gerichtlichen Rechtsschutz gegen das in Frage stehende Atomkraftwerk die gerichtliche Anfechtungsmöglichkeit des Vorbescheids durch den Betroffenen grundsätzlich ausreichen. Allerdings ist *gesetzlich* eine Öffentlichkeitsbeteiligung vor Erlaß des Vorbescheids zwingend vorgeschrieben. Andernfalls würden auch die atomrechtlichen Präklusionsvorschriften in diesem Fall nicht greifen.

[54] BVerfGE 53, 30 (62 ff.).

[55] Dazu *Breuer*, Der Staat 20 (1981), S. 406 ff. und ausführlich *Klante*, Erste Teilerrichtungsgenehmigung und Vorbescheid im Atomrecht, S. 254 ff. Für die auf die erste Teil(errichtungs)genehmigung folgenden Teilgenehmigungen wird durchweg ein Versagungsermessen abgelehnt; s. *J. Ipsen*, AöR 107 (1982), S. 276 f.; ähnlich *Ossenbühl*, NJW 1981, S. 377 und *Breuer*, VA 72 (1981), S. 270 f.; a. A. vor allem *Klante*, aaO., S. 315 ff.

[56] So *Ossenbühl*, NJW 1981, S. 375 ff.; NVwZ 1982, S. 471 und im Ergebnis auch *Laubinger*, VA 73 (1982), S. 77 f. sowie *Lerche*, Kernkraft und rechtlicher Wandel, S. 24 ff. Weitergehend noch *Degenhart*, DVBl. 1981, S. 206 ff. (Anwendung des Grundgedankens von § 46 VwVfG auch auf das gerichtliche Verfahren). Dagegen vor allem *Blümel* in Frühzeitige Bürgerbeteiligung bei Planungen, S. 65 ff. mit weiteren Nachweisen und aus der Rechtsprechung besonders VG Arnsberg, DVBl. 1981, S. 648 f. Zum Meinungsstand übersichtlich *Held* (Der Grundrechtsbezug des Verwaltungsverfahrens, S. 199 ff.), der im übrigen die These vertritt (aaO., S. 243 ff.), daß es für die Frage der Unbeachtlichkeit von Verfahrensfehlern i. S. des § 46 VwVfG letztlich allein darauf ankommt, ob die Gerichte verpflichtet sind, die materielle Rechtslage vollständig selbständig zu ermitteln und dann „durchzuentscheiden". Da nun weiter nach *Held* bei komplexen Verwaltungsentscheidungen wie der atomrechtlichen Genehmigung dem Verwaltungsverfahren insoweit (zum Teil) „eine Garantiefunktion... für die Sachrichtigkeit der Entscheidung" (aaO., S. 247)

richtige Begründung für diese Ansicht liefert Ossenbühl[57]: „Eine Beachtung der Verfahrensvorschrift um ihrer selbst (und nicht – nur – um der Richtigkeit der Sachentscheidung) willen wäre nur dann geboten, wenn der Verfahrensvorschrift auch eine Befriedungs- und Konsensfunktion zukäme, was aber für das Atomrecht nicht der Fall ist". Versucht man demgegenüber aus dem betroffenen materiellen Grundrecht selbst den Partizipationsanspruch zu begründen, so liegt zumindest die Gefahr sehr nahe, die gesetzlichen Beteiligungsvorschriften in dem Sinne „verfassungsrechtlich aufzuladen", daß ihnen zusätzlich jene von Ossenbühl zu Recht abgelehnte Befriedigungs- und Konsensfunktion bzw. eine nicht näher konkretisierte Grundrechtsrelevanz zugesprochen wird und damit insoweit die Anwendbarkeit des § 46 VwVfG im atomrechtlichen Genehmigungsverfahren grundsätzlich negiert werden muß. Auch dieses materiellrechtlich unbefriedigende Ergebnis spricht unseres Erachtens für die hier vertretene verfassungsrechtliche Begründung des Beteiligungsrechts.

2. Die Reichweite des Beteiligungsrechts

Unabhängig von der Frage, ob eine Betroffenheit subjektiver Rechte vorliegt und damit eine Klagebefugnis im Sinne des § 42 Abs. 2 VwGO gegeben ist, ist besonders von Degenhart[58] „aus allgemeinen rechtsstaatlichen Verfahrenserfordernissen" ein Anhörungsrecht im atomrechtlichen Genehmigungsverfahren für diejenigen gefordert worden, die „noch von potentiellen Auswirkungen des Kraftwerksbetriebs berührt werden, deren mögliche Belastungen sich jedoch im Rahmen grundrechtlicher technisch-zivilisatorischer Situationsbezogenheit bewegen"[59]. Dieser Versuch, ein gegenüber der Klagebefugnis erweitertes Beteiligungsrecht im Verwaltungsverfahren verfassungsrechtlich zu begründen, ist wegen der Negierung einer grundrechtlichen Betroffenheit für einen großen Teil der in der Nähe eines Kernkraftwerkes lebenden Bevölkerung durch die herrschende Lehre[60] verständlich; er muß aber nach der hier vertretenen verfassungsrechtli-

---

zukommt und die Verwaltungsgerichte damit auf eine *Nachprüfung* der behördlichen Entscheidung beschränkt sind, muß man seiner Ansicht nach für diese Fälle eine Anwendbarkeit des § 46 VwVfG grundsätzlich ausschließen. Nach der hier vertretenen verfassungsrechtlichen Begründung des Beteiligungsrechts kann diesem Standpunkt mit der Modifikation zugestimmt werden, daß insoweit nur eine Verletzung jener atomrechtlichen Verfahrensvorschriften beachtlich ist, die den wirksamen gerichtlichen Rechtsschutz des von der Verwaltungsentscheidung Betroffenen sicherstellen sollen.

[57] NJW 1981, S. 378; vgl. auch DVBl. 1981, S. 69 f., 71.

[58] Kernenergierecht, S. 221 ff.

[59] *Degenhart* (aaO., S. 222) nennt als Beispiel die Situation, daß „tatsächliches Betroffensein... allein in einem den einzelnen als Glied der Allgemeinheit treffenden Bevölkerungsrisiko liegt".

[60] Zur Fragwürdigkeit dieser Ansicht s. schon unsere Ausführungen bei Anm. 29 ff. und daneben ergänzend *Theuerkaufer*, Die Klagebefugnis Dritter bei atomrechtlichen Genehmigungsverfahren, S. 111 ff.

chen Begründung des Beteiligungsrechts abgelehnt werden: Ist kein subjektives öffentliches Recht ersichtlich, das betroffen sein könnte, so läßt sich aus den verfassungsrechtlichen Rechtsschutzgarantien deshalb kein Anspruch auf Anhörung ableiten, weil diese als „formale Sicherungen der Freiheit" (Doehring) eben das Betroffensein dieser Freiheit voraussetzen. Wie schon bemerkt, hilft insoweit auch nicht ein Verständnis der Grundrechte als „Entstehungssicherung und Bestandsschutz" weiter, das der Argumentation Degenharts ebenfalls zugrunde liegt[61]; – vor allem dann nicht, wenn daran wie bei Degenhart für die Bestimmung der Klagebefugnis nicht festgehalten wird. In diesem Zusammenhang ist dagegen noch einmal auf die dargelegte Funktion des Artikel 28 Abs. 2 GG für einen wirksamen (phasenspezifischen) Rechtsschutz zu verweisen[62].

Daß im übrigen unsere allgemeinen Ausführungen zur Breitenwirkung komplexer Verwaltungsentscheidungen und der daraus folgenden Betroffenheit subjektiver Rechte besonders für den Bau von Atomkraftwerken gelten müssen, ergibt sich schon aus den vielfältigen faktischen und finanziellen Verzahnungen, die zwischen den Herstellern/Betreibern der Kernkraftwerke und der öffentlichen Hand bestehen[63]. Es liegt also in diesen Fällen kein wirkliches Dreiecksverhältnis im üblichen Sinne vor, sondern die Standortentscheidung wie der Genehmigungsbescheid enthalten – materiell gesehen – Duldungsverfügungen an die durch das geplante Kraftwerk Betroffenen. Zu Recht wird darum besonders für das atomrechtliche Genehmigungsverfahren die Aufgabe der Schutznormtheorie im üblichen Sinne und als Folge davon die Ablehnung des Verwaltungsakts mit Drittwirkung gefordert[64]. Stimmt man dem zu, so ist der Kreis, der einen *verfassungs*rechtlichen Anspruch auf Beteiligung am atomrechtlichen Genehmigungsverfahren besitzt und damit auch klagebefugt ist, möglicherweise größer als die herrschende Meinung annimmt.

Rechtfertigung und Reichweite des Beteiligungsrechts im atomrechtlichen Genehmigungsverfahren bestätigen also im Ergebnis voll unsere theoretischen Überlegungen zum Beteiligungsrecht der Betroffenen an komplexen (mehrstufigen) Verwaltungsentscheidungen.

---

[61] AaO., S. 145 f., 155 ff.
[62] S. dazu bei Anm. 40 ff.
[63] Vgl. die Nachweise in Anm. 27.
[64] Vgl. die Nachweise in Anm. 32.

Vierter Teil

Folgerungen

§ 8 Die Reichweite des Gesetzesvorbehalts und der Bereich des legislativen Zugriffsrechts

Eine Begrenzung des legislativen Zugriffsrechts, die über die im zweiten und dritten Teil aufgezeigten Schranken hinausgeht, kann sich nur noch ergeben, wenn unsere bisherigen Ausführungen eine allgemeine Aussage über den Bereich des legislativen Zugriffsrechts und weiter über den für das legislative Zugriffsrecht verbindlichen Gesetzesbegriff zulassen. Der Bereich des legislativen Zugriffsrechts wiederum ist entscheidend durch die Reichweite der Gesetzesvorbehalte mitbestimmt. Es ist sinnvoll mit der Frage nach ihrer Reichweite zu beginnen, da sich bereits in § 1 III. zeigte[1], daß eine Lehre vom Gesetzesbegriff im wesentlichen auf der über die Gesetzesvorbehalte aufbaut.

Wie sehr nun der Bereich des legislativen Zugriffsrechts durch die Reichweite der Gesetzesvorbehalte bestimmt ist, zeigt schon die Überlegung, daß bei Bejahung eines umfassenden Gesetzesvorbehalts die Funktion des legislativen Zugriffsrechts nur in der Konkretisierung der aufgrund von Gesetzesvorbehalten bereits erlassenen gesetzlichen Regelungen liegen müßte. Der damit gegebene ausschließliche Vollzugscharakter des legislativen Zugriffsrechts[2] würde sich noch verstärken, wenn man mit dem Bundesverfassungsgericht nicht nur die Frage, ob der Gesetzgeber handeln muß, sondern auch die, wie genau seine Regelungen zu sein haben, aufgrund der Wesentlichkeitstheorie entscheidet[3]. Eine andere Funktion kommt dem legislativen Zugriffsrecht dagegen zwangsläufig zu, wenn man von einem auf Eingriffe beschränkten Gesetzesvorbehalt ausgeht. Sie bestände dann möglicherweise auch in der Sicherung der politischen Führungsaufgabe des Parlaments, und alle Argumente, die insoweit für den demokratischen Gesetzes-

---

[1] S. besonders § 1 III. bei Anm. 216 ff. i. V. m. § 1 III. bei Anm. 165 ff.

[2] Insoweit erkennt auch *Böckenförde* – indirekt – durch seine mit dem hier Gesagten übereinstimmende Ortsbestimmung des legislativen Zugriffsrechts (Gesetz, S. 394, 395, anders aber S. 400) den Vollziehungscharakter von Gesetzen an; s. dazu auch *Rottmann*, EUGRZ 1985, S. 293 mit Anm. 172.

[3] S. dazu die Nachweise in § 1 Anm. 145.

vorbehalt (und die Wesentlichkeitstheorie) ins Feld geführt werden[4], hätten dann hier ihren Platz. Die damit offensichtliche Verknüpfung der Lehre vom legislativen Zugriffsrecht mit der Frage nach der Reichweite der Gesetzesvorbehalte erfordert also zunächst den Umfang der verfassungsrechtlichen Gesetzesvorbehalte genauer zu untersuchen.

I. Der beschränkte grundrechtliche Gesetzesvorbehalt als Ausgangspunkt

Die von der Lehre vertretene Ausweitung des Gesetzesvorbehaltes stützt sich, wie wir in § 1 II. gesehen haben[5], auf demokratische und rechtsstaatliche bzw. grundrechtliche Gründe, die dann in der Wesentlichkeitstheorie des Bundesverfassungsgerichts zusammenfließen. Wesentliche Voraussetzung dieser Argumentation ist eine bestimmte Auffassung vom Aussagegehalt der Verfassungsprinzipien[6], die Absolutsetzung der parlamentarisch-demokratischen Legitimation des Gesetzgebers[7] und damit verbunden die nur beschränkte Anerkennung der institutionellen und funktionellen demokratischen Legitimation der Exekutive[8]. Das gilt weitestgehend auch für den Versuch, einen umfassenden Gesetzesvorbehalt aus rechtsstaatlichen bzw. grundrechtlichen Erwägungen zu begründen[9], wobei insoweit allerdings ein fragwürdiges Verständnis der grundrechtlichen Gesetzesvorbehalte wie eine ebenso fragwürdige Grundrechtstheorie hinzukommen[10].

Unsere Erörterungen im zweiten und dritten Teil der Arbeit haben gezeigt, daß die Absolutsetzung der parlamentarisch-demokratischen Legitimation des Gesetzgebers aus demokratischen und grundrechtlichen Gründen nicht zu halten ist. Sie haben damit die beschränkte Aussagekraft des Demokratieprinzips dargetan. Im dritten Teil wurde darüber hinaus deutlich, daß die Rechtsschutzgarantie des Artikel 19 Abs. 4 GG den Aussagegehalt des allgemeinen Rechtsstaatsprinzips (mit-)bestimmt[11] und u. a. aufgrund dieser Vorschrift die verfassungsrechtlich begründeten subjektiven Rechte – auch von der Frage der Legitimation des Gesetzgebers her gesehen – als Abwehrrechte verstanden werden müssen[12]. Damit ist die allgemeine Folgerung zulässig, daß die Gründe der herrschenden Meinung für eine Ausweitung des Gesetzesvorbehalts nicht zu halten sind, sondern den in § 1 II. dagegen vorgetragenen Argumenten gefolgt werden muß. Es ist also, was die Reichweite des vom Grundgesetz geforderten Gesetzesvorbehalts betrifft, davon auszugehen, daß dieser wegen der beschränkten Aussagekraft der

---

4 S. dazu § 1 II. bei Anm. 78 ff. und bei Anm. 129 ff.
5 Vgl. dort bei Anm. 74 ff.
6 S. dazu § 1 II. bei Anm. 85 ff. und bei Anm. 113.
7 Vgl. § 1 II. bei Anm. 93 ff.
8 Vgl. § 1 II. bei Anm. 89 ff. und 114 ff. und § 2 II. bei Anm. 37 f.
9 Vgl. § 1 II. bei Anm. 127 f.
10 Vgl. § 1 II. bei Anm. 121 ff.
11 S. dazu schon genauer § 1 III. bei Anm. 214 (= 2.b).
12 S. dazu im Ansatz schon § 1 II. bei Anm. 124 ff.

verfassungsrechtlichen Prinzipien nicht weiter reicht als die den einzelnen Grundrechten beigefügten Gesetzesvorbehalte und daß er als Eingriffsvorbehalt zu verstehen ist[13]. Ein allgemeiner rechtsstaatlicher bzw. grundrechtlicher oder demokratischer Gesetzesvorbehalt i. S. der anfangs geschilderten Lehre (und Verfassungsrechtsprechung)[14] besteht daneben nicht[14a]. Zu klären bleibt demnach im folgenden nur noch, welche Folgerungen sich konkret aus dieser Feststellung für die Reichweite des Gesetzesvorbehalts im Bereich der Leistungsverwaltung, in den öffentlich-rechtlichen Sonderbindungen und schließlich für die Reichweite des „institutionellen" Gesetzesvorbehalts ergeben.

II. Die Reichweite des Gesetzesvorbehalts im einzelnen

1. Die Reichweite des Gesetzesvorbehalts in der Leistungsverwaltung

Es liegt nun nahe, einen solchen nach den soeben gezogenen Folgerungen mit dem Hinweis zu negieren, daß eine Leistung gewöhnlich keinen „Eingriff" darstellt und dies mutatis mutandis auch im Blick auf den Konkurrenten des durch eine Subvention Begünstigten gilt[15]. Das ist nach dem in § 3 Ausgeführten insofern richtig, als die Verwaltung schon aufgrund der haushaltsrechtlichen Ermächtigungen leisten darf. Weiter können auch, das wurde ebenfalls in § 3 deutlich, für den Sonderfall, daß aufgrund des gesetzlich festgestellten Haushaltsplans Subventionsrichtlinien in Form von (publizierten) Verwaltungsvorschriften erlassen werden, Ansprüche des Bürgers auf eine Subvention gemäß diesen Richtlinien entstehen. Im übrigen muß es dabei bleiben, daß allgemeine Rechte des Bürgers gegen die Verwaltung über den Anspruch auf fehlerfreie Ermessensausübung hinaus allein durch Gesetz oder durch aufgrund eines Gesetzes erlassene Rechtsverordnungen bzw. durch Satzungen entstehen können. Denn „normale" Verwaltungsvorschriften stellen (nur) Vollzugsmaximen dar und begründen wegen Artikel 80 GG keinen Vorrang der Form[16]. Für die Frage, wann derartige gesetzliche Ansprüche begründet werden *müssen*, läßt sich demnach über das Gebot hinaus, daß dies außerhalb der Subventionsrichtlinien grundsätzlich nur in Gesetzesform geschehen *kann*, tatsächlich nichts sagen. Die Leistungsverwaltung ist damit, sofern

---

[13] Gleiches Ergebnis bei *Schlink*, Amtshilfe, S. 134 f. mit Nachweisen (dort auch zu Recht kritisch zum Argument von der Lückenhaftigkeit der grundrechtlichen Gesetzesvorbehalte). *Papier* (in Die öffentliche Verwaltung zwischen Gesetzgebung und richterlicher Kontrolle, S. 46 ff., 54 ff.) setzt ebenfalls den „allgemeinen" Gesetzesvorbehalt des Grundgesetzes mit den grundrechtlichen Sondervorbehalten gleich, versteht diese allerdings nicht streng als Eingriffsvorbehalte.

[14] Vgl. 1 II. bei Anm. 74 ff. (= 1.a) und bei Anm. 98 ff. (= 2.a).

[14a] Etwas anderes gilt natürlich für den allgemeinen rechtsstaatlichen Gesetzesvorbehalt in den Landesverfassungen, soweit er dort ausdrücklich positiv umschrieben wird; s. dazu *Böckenförde*, Organisationsgewalt, S. 91 f. und *Böckenförde/Grawert*, AöR 95 (1970), S. 27 f.

[15] Zu diesem Sonderproblem bereits § 1 I. bei Anm. 54 ff.

[16] S. dazu schon § 2 II. bei Anm. 30 f.

die besonders in § 3, aber auch die in den übrigen Paragraphen entwickelten
Grenzen beachtet werden, ein (wesentlicher) Bereich des legislativen Zugriffsrechts. Für das legislative Zugriffsrecht bliebe dagegen in der Leistungsverwaltung
kein Raum, wenn man, wie Georg Müller es etwa tut, die Wesentlichkeitstheorie
im Prinzip bejaht und zugleich die These vertritt, daß die Regelungsbereiche von
Gesetz, Rechtsverordnung und Verwaltungsrichtlinie sich gegenseitig ausschlie
ßen; Überschneidungen insoweit also grundsätzlich unzulässig sind[17].

Folgt man dagegen dem hier vertretenen Standpunkt, so sollte nicht übersehen
werden, daß wichtige Bereiche der Verwaltungtätigkeit, die man gemeinhin der
Leistungsverwaltung zurechnet, von einem richtig verstandenen Eingriffs- und
Schrankendenken erfaßt werden. Das trifft, wie erwähnt, besonders für die Regelung von Organisations-, Verfahrens- und Verteilungsfragen zu[18]. Ferner sind,
was die Bindungen der Leistungsverwaltung betrifft, unsere Ausführungen zum
Verständnis des Sozialstaatsprinzips zu beachten. Garantiert dieses auch die gleiche Freiheitschance, so ergeben sich daraus zwar keine Anforderungen für das
Tätigwerden des Gesetzgebers über den Erlaß des Haushaltsgesetzes hinaus, wohl
aber für die Ausübung des Verwaltungsermessens. Wie wir sahen[19], können
nämlich auch faktische Grundrechtsbeeinträchtigungen subjektive Freiheitsrechte berühren und damit auch das Recht des Bürgers auf ein Handeln der Verwaltung begründen, das sich im Hinblick auf seine konkrete Beeinträchtigung als
geeignet und erforderlich erweist und weiter seine „Mindestposition" wahrt.
Schließlich gilt für den Entzug staatlicher Leistungen durch die Exekutive natürlich das zur Aufhebung und Änderung von Leistungsgesetzen Gesagte[20], soweit
nicht einschlägige gesetzliche Spezialregelungen existieren, die diese Grundsätze
konkretisieren. Im übrigen muß es beim allgemeinen, durch das Sozialstaatsprinzip begründeten Verfassungsauftrag des Staates zur Herstellung und Gewährleistung der gleichen Freiheit verbleiben, dem keine subjektiven Rechte des Bürgers
korrespondieren und dessen Erfüllung natürlich, was ja selbst für die Eingriffsverwaltung unbestritten ist, immer unter dem „Vorbehalt des Möglichen" steht[21].

---

[17] Rechtssetzung, S. 144 ff., vgl. auch S. 189, 194 für Gesetze, S. 180 ff., 188 f., 193 ff. für
Rechtsverordnungen, S. 206 für Richtlinien und zusammenfassend S. 210 ff.

[18] Vgl. § 1 I. bei Anm. 44, 49 und ergänzend *Schlink*, Amtshilfe, S. 136 ff.

[19] S. § 1 I. bei Anm. 53 ff.

[20] S. § 1 I. bei Anm. 64 ff.

[21] Auf die Tatsache, daß im Polizeirecht z. B. der Vorbehalt des Möglichen immer bewußt
geblieben ist (Entscheidung der Frage etwa, ob eingeschritten wird aufgrund des Opportunitätsprinzips, woraus ein begrenzter Anspruch des Einzelnen auf polizeiliches Einschreiten folgt), im
Leistungsbereich dieser Vorbehalt dagegen im Bewußtsein verdrängt wird, hat *Kirchhof* zu Recht
hingewiesen: JZ 1982, S. 306 und ausführlich NVwZ 1983, S. 509 ff. Außerdem darf nicht übersehen werden, daß im Blick auf die schon angesprochene Gefährdung grundrechtlicher Freiheit
durch eine ausufernde Gesetzgebung und den Zusammenhang zwischen Artikel 1 Abs. 1 GG und
den Freiheitsrechten „verrechtlichte Sicherheit erst einsetzen (sollte), wenn gewährleistet ist, daß
eigenverantwortliches Leistenwollen erfolglos war. Darin liegt die verpflichtende Seite der
menschlichen Würde, nicht nur als ‚selbstverantwortliche Persönlichkeit anerkannt' zu werden,
sondern auch danach zu trachten, eine solche zu sein" (so Weiß, DÖV 1978, S. 606).

Der genannte „Vorbehalt des Möglichen" macht auch deutlich, daß die Verwaltung Leistungen letztlich nur erbringen kann, wenn sie vorher im Wege des steuerrechtlichen Eingriffs vom Bürger die finanziellen Voraussetzungen dafür erhalten hat. Dieser Zusammenhang ist besonders bei Geldleistungen des Staates an Private zu beachten und läßt darum, was das leistungsstaatliche Handeln betrifft, an einen Gesetzesvorbehalt in dem Sinne denken, daß der Staat, bevor er über den Weg der Steuer und der anschließenden Verteilung der „gehorteten" Finanzmassen vorgeht[22], zunächst den direkten Weg über eine Gestaltung der Privatrechtsordnung in der Weise zu suchen hat, daß dieser „Umweg" verhindert wird. Denn zumindest bei längerfristigen Subventionen kann die Feststellung gelten: „Soziales Ordnen bedeutet auf lange Sicht die gegenüber sozialstaatlichem Nehmen und Geben rechtsstaatsfreundlichere Lösung". Man hätte dann aber anzuerkennen, daß „dem Sozialstaat der Auftrag" innewohnt, „den Verteilerstaat zu reduzieren"[23], wofür nach unserer Interpretation des Sozialstaatsbegriffs einiges spricht.

Aus diesen Überlegungen zur Reichweite des Gesetzesvorbehalts in der Leistungsverwaltung folgt für den Bereich des legislativen Zugriffsrechts damit, daß er sich bei Beachtung der im zweiten und dritten Teil entwickelten Grenzen grundsätzlich auf die gesamte Leistungsverwaltung erstrecken kann, sofern eben nicht, wie zuletzt bemerkt, die Verpflichtung des Sozialstaats, den Verteilerstaat zurückzudrängen, zum gesetzlichen Handeln zwingt.

2. Die Reichweite des Gesetzesvorbehalts in öffentlich-rechtlichen Sonderbindungen

Zur Reichweite des Gesetzesvorbehalts in den öffentlich-rechtlichen Sonderbindungen ist in unserer Kritik an der Rechtsprechung des Bundesverfassungsgerichts[24] schon das Erforderliche gesagt worden. Hier ist nur noch zu fragen, inwieweit die Ausführungen im zweiten und dritten Teil der Arbeit das Gesagte bestätigen können oder modifizieren. Zunächst ist mit Loschelder[25] davon auszugehen, daß dem Begriff der öffentlich-rechtlichen Sonderbindung Verfassungsrelevanz zumindest insoweit zukommt, als solche Sonderbindungen im Grundgesetz genannt sind. Entfaltet er auf verfassungsrechtlicher Ebene Wirkungen[26], so kann ihm eine eigenständige verfassungsrechtliche Bedeutung nicht abgesprochen werden. Ähnliche Erwägungen sprachen unseres Erachtens schon dafür, dem Begriff

---

[22] Zum Besteuern, Horten und Zuteilen als Wirkungsweisen des Finanzstaats genauer *Kirchhof*, JZ 1979, S. 153 ff. und im Anschluß daran hier in § 3 I. bei Anm. 99 ff.

[23] So *Suhr*, Der Staat 9 (1970), S. 78.

[24] Vgl. § 1 II. bei Anm. 135 ff.

[25] Sonderbindung, passim; für unseren Zusammenhang besonders wichtig die Ausführungen zum Gesetzesvorbehalt und zum legislativen Zugriffsrecht auf S. 464 ff.

[26] S. dazu noch einmal § 1 II. bei Anm. 135 ff.

des Maßnahmegesetzes verfassungsrechtliche Relevanz beizumessen[27]. Inkonsequent verfährt in dieser Hinsicht bezüglich der öffentlich-rechtlichen Sonderbindungen aber besonders Ronellenfitsch, wenn er einerseits den im Grundgesetz genannten öffentlich-rechtlichen Sonderbindungen verfassungsrechtliche Relevanz insofern zuspricht, als er zur Gewährleistung ihrer Funktionsfähigkeit eine Lockerung des von der Verfassung festgelegten Gesetzesvorbehalts sowie des verfassungsrechtlich gebotenen Rechtsschutzes (Artikel 19 Abs. 4 GG) postuliert, und andererseits die „besonderen Gewaltverhältnisse" als „verfassungsrechtliche Kategorie" verabschieden will, weil sie, wie er meint, insoweit nur auf verwaltungsrechtlicher Ebene Bedeutung besitzen[28].

Die genannte Rechtswirkung entfaltet der verfassungsrechtlich relevante Begriff der öffentlich-rechtlichen Sonderbindung nun, wenn man den Auslegungstopos der praktischen Konkordanz im hier verstandenen Sinne[29] zugrundelegt, d. h. die im Grundgesetz genannten öffentlich-rechtlichen Sonderbindungen vermögen den Gesetzgeber so weit zu beschränken, wie es ihre mit der Aufnahme in das Grundgesetz zugleich garantierte Funktionsfähigkeit gebietet. Es ist hier also in gleicher Form eine Grenzziehung vorzunehmen, wie wir sie in § 3 zwischen dem „normalen" Gesetzgeber und dem Haushaltsgesetzgeber unter Rückgriff auf das Gebot der praktischen Konkordanz versucht haben. Von ähnlichen Überlegungen waren letztlich auch die Abgrenzungsversuche in den folgenden Paragraphen bestimmt. Zur Kennzeichnung der genannten Grenze für den Gesetzgeber in den öffentlich-rechtlichen Sonderbindungen ist nun nicht nur auf ihre schon genannten Charakteristika als solche abzustellen[30], sondern auch, wie unsere Überlegungen zu den demokratischen Grenzen des legislativen Zugriffsrechts ebenfalls bereits ergeben haben, auf Organstruktur und Verfahren der Legislative, d. h. auf das Gewaltenteilungsprinzip im hier verstandenen spezifischen Sinne. „Diffus" und damit der gesetzlichen Regelung nicht zugänglich kann unseres Erachtens zum Beispiel eine allgemeine Anordnung für eine öffentlich-rechtliche Sonderbindung darum auch dann genannt werden, wenn deren rasche Abänderbarkeit wegen der Funktionsfähigkeit eben dieser Sonderbindung von vornherein gefordert werden muß.

Die These, daß Artikel 80 Abs. 1 GG wegen der schon mitgeteilten Überlegungen[31] auf die öffentlich-rechtlichen Sonderbindungen keine Anwendung finden kann, läßt sich nach unseren Ausführungen im zweiten und dritten Teil weder widerlegen noch haben sich für diese Ansicht zusätzliche Argumente ergeben. Das konnte nicht anders sein, da hier allein die Legitimation der Exekutive zur außen-

---

27 Vgl. § 1 III. bei Anm. 168 ff.
28 Vgl. *Ronellenfitsch*, DÖV 1981, S. 933 ff. und VA 73 (1982), S. 245 f. Ähnlich bereits schon (worauf *Ronellenfitsch* nicht hinweist) *Jesch*, Gesetz und Verwaltung, S. 212. Zutreffende Kritik insowiet bei *N. Klein*, DVBl. 1987, S. 1105 ff.
29 Vgl. dazu § 2 III. bei Anm. 75.
30 S. wiederum § 1 II. bei Anm. 135 ff.
31 Vgl. § 1 II. bei Anm. 146.

wirksamen Rechtssetzung für den nicht dem (grundrechtlichen) Gesetzesvorbehalt unterstehenden Bereich zur Diskussion stand. Verneint man die Anwendung des Artikel 80 Abs. 1 GG insoweit aber, was ja auch durch die Wesentlichkeitstheorie geschieht, so bleibt bei Ablehnung der von der Wesentlichkeitstheorie genannten allgemeinen Maßstäbe und Bejahung einer nur begrenzten demokratischen Legitimation des Gesetzgebers für die Entscheidung der Frage, wie genau eine aufgrund eines Gesetzesvorbehalts ergangene gesetzliche Regelung in den öffentlich-rechtlichen Sonderbindungen zu sein hat, als Kriterium allein die Gewährleistung der Funktionsfähigkeit eben dieser Sonderbindungen. Es gilt insoweit also die gleiche Grenze wie für das legislative Zugriffsrecht. Zu beachten ist daneben aber, daß die Entscheidung, ob der Gesetzgeber überhaupt Regelungen für die öffentlich-rechtliche Sonderbindung erlassen muß, hier ausschließlich von dem Vorliegen einer grundrechtlichen Beeinträchtigung abhängig gemacht wurde. In diesem Bereich verbleiben ihm also auch Handlungsspielräume, die dem legislativen Zugriffsrecht offenstehen. Wie beim Gesetzesvorbehalt in der Leistungsverwaltung muß hier demnach ebenfalls die Ansicht verneint werden, daß es sich bei den Regelungskompetenzen von Legislative und Exekutive für die öffentlich-rechtlichen Sonderbindungen ausschließlich um zwei sich ergänzende (und nicht überschneidende) Aufgabenbereiche handelt[32].

Bei Bejahung der These, daß Artikel 80 Abs. 1 GG auf die öffentlich-rechtlichen Sonderbindungen keine Anwendung findet, kann in Anlehnung an unsere Überlegungen zum Rechtscharakter der Subventionsrichtlinien der Lehre von den Sonderverordnungen[33] unter der Voraussetzung gefolgt werden, daß diese Sonderverordnungen im Anschluß an eine den verfassungsrechtlichen Anforderungen genügende gesetzliche Vorschrift ergehen. Denn es ist kein Grund ersichtlich, warum die Exekutive in diesen Fällen nicht kraft ihrer institutionellen und funktionellen demokratischen Legitimation außenverbindliche Rechtssätze, die (bei hinreichender Publikation) den Vorrang der Form begründen, sollte erlassen dürfen. Wie bei der Subvention besteht bei den öffentlich-rechtlichen Sonderbindungen ein besonderes Rechtsverhältnis zwischen Verwaltung und Bürger, das im Grundgesetz seine Stütze findet[34] und in dem sich – zumindest vielfach – öffentliche und private Interessen überlagern. Zwar fehlt für die Sonderverordnungen die besondere *demokratische* Legitimation, die für die Subventionsrichtlinien im Haushaltsgesetz und Haushaltsplan zu sehen war, doch läßt sich hier zumindest von einer besonderen verfassungsrechtlichen Legitima-

---

[32] Diese Ansicht ergibt sich aber – implizit – aus den Darlegungen *Loschelders*; vgl. seine allgemeinen Ausführungen zur Frage nach dem „Regelungsautor in der Sonderbindung" (aaO., S. 464 ff.). Denn dort geht *Loschelder* wie *G. Müller* letztlich von einem verbindlichen Regelungsbereich der verschiedenen Regelungsformen aus.

[33] Vgl. die Nachweise in § 1 Anm. 146.

[34] Vgl. für die Subventionen insoweit noch einmal besonders Artikel 109 Abs. 2 GG und daneben allgemein unsere Ausführungen in § 3 I. bei Anm. 121 ff., besonders bei Anm. 126 ff.

tion als solcher insofern sprechen, als es ja um im Grundgesetz ausdrücklich genannte öffentlich-rechtliche Sonderbindungen geht[35].

Aus diesen Erwägungen zur Reichweite des Gesetzesvorbehalts in den öffentlich-rechtlichen Sonderbindungen folgt für den Bereich des legislativen Zugriffsrechts also, daß ihm allein jene Bereiche, die nicht vom Gesetzesvorbehalt erfaßt werden, unter der Bedingung offenstehen, daß damit die Funktionsfähigkeit der öffentlich-rechtlichen Sonderbindungen nicht in Frage gestellt wird. Wann eine solche Gefährdung der Funktionsfähigkeit angenommen werden muß, entscheidet primär das Gewaltenteilungsprinzip im hier verstandenen Sinne, dessen Interpretation ja durch die These unterstützt wurde, daß die parlamentarische Kontrolle wegen der umfassenden Repräsentationsfunktion des Parlaments ein demokratisches Äquivalent gegenüber der demokratischen Legitimation des Gesetzgebers sein kann.

3. Die Reichweite des „institutionellen" Gesetzesvorbehalts

Aus der im zweiten und dritten Teil unserer Erörterungen gewonnenen Erkenntnis, daß die Berufung auf die bessere parlamentarisch-demokratische Legitimation des Gesetzgebers in der überwiegend vertretenen Form nicht zu halten ist, folgt auch die Ablehnung eines allgemeinen institutionellen Gesetzesvorbehalts, wie er unter Hinweis auf die Wesentlichkeitstheorie in der Literatur gefordert worden ist[36]. Im Grundgesetz sind nur besondere institutionelle Gesetzesvorbehalte genannt (vgl. etwa Artikel 84 Abs. 1, 85 Abs. 1, 87 Abs. 1 S. 2 und Abs. 3 S. 1, 108 Abs. 1 S. 2 und Abs. 2 S. 2). Da es insoweit nicht um Eingriffe in Freiheitssphären geht, sind diese besonderen Gesetzesvorbehalte augenscheinlich demokratisch (Sicherstellung der politischen Führungsaufgabe des Parlaments u. a.[37]) und bundesstaatlich motiviert. Aus diesem Grund erscheint es einleuchtend, wenn für die genannten Gesetzesvorbehalte die Anwendung des Artikel 80 Abs. 1 GG abgelehnt wird[38]. Zu den im Grundgesetz ausdrücklich genannten institutionellen

---

[35] Ein Beispiel für den Versuch, unter Hinweis auf eine besondere Bestimmung des Grundgesetzes *vertraglich* vereinbarten Regelungen normative Kraft über den Kreis der Vertragspartner hinaus zukommen zu lassen, wurde schon in § 3 angesprochen: die verfassungsrechtliche Rechtfertigung der Allgemeinverbindlichkeitserklärung von Tarifverträgen nach § 5 Tarifvertragsgesetz durch Artikel 9 Abs. 3 GG u. a. (s. dazu § 3 I. bei Anm. 123 f.).

[36] Ansatzweise bei *Schmidt-Aßmann* in FS Ipsen, S. 345 f., 351 f. und *Oldiges*, Die Bundesregierung als Kollegium, S. 230 ff.; deutlich *Steinberg*, Politik und Verwaltungsorganisation, S. 340 ff. und *Stettner*, Grundfragen der Kompetenzlehre, S. 349 ff.; zusammenfassend dazu *Loeser*, Das Bundes-Organisationsgesetz, S. 148 ff.

[37] So *Schmidt-Aßmann*, aaO., S. 348 u. a.

[38] So durch *Böckenförde* Organisationsgewalt, S. 101. Das ergibt sich auch aus den Ausführungen von *Ossenbühl* (Verwaltungsvorschriften und Grundgesetz, S. 510) zur Reichweite des Artikel 80 GG. Folgerichtig auch die These *Böckenfördes* (aaO.), daß der Gesetzgeber bei institutionellen Gesetzesvorbehalten „selbst den Umfang seiner eigenen Regelung begrenzen und das weitere der Exekutive überlassen" kann. Denn entscheidend ist insoweit doch, daß die im Text genannten Gesetzesvorbehalte des Grundgesetzes und die institutionellen Gesetzesvorbehalte

Gesetzesvorbehalten ist nach der hier vertretenen Interpretation der kommunalen Selbstverwaltungsgarantie auch noch der Gesetzesvorbehalt in Artikel 28 Abs. 2 GG zu zählen. Denn die „Regelungen der kommunalen Funktionssphäre" berühren „unmittelbar die verfassungsrechtlich vorgezeichnete Organisationsstruktur der Verwaltung"[39]. In diesem Fall findet darum ebenfalls Artikel 80 Abs. 1 GG keine Anwendung, womit im Prinzip auch die Anpassungspflicht der gemeindlichen Bauleitplanung an als Verwaltungsvorschriften beschlossene Raumordnungsprogramme u. a. ihre Rechtfertigung findet.

Böckenförde will nun daneben ungeschriebene *besondere* institutionelle Gesetzesvorbehalte dann anerkennen, wenn die vollziehende Gewalt aus sich „eine Veränderung in der Substanz der staatlichen Hoheitsrechte und in ihrem eigenen verfassungsrechtlichen Status" vornimmt oder Organisationsregelungen schafft, die „den Gesamtaufbau, die politisch-soziale Grundordnung des Gemeinwesens (Verfassung im materiellen Sinn) betreffen bzw. verändern"[40]. Damit wird nicht, wie es auf den ersten Blick scheinen könnte, der Anwendung der Wesentlichkeitstheorie das Wort geredet[41]. Diese geht nämlich – unbewußt – von einer durch die Verfassung vorgegebenen Ordnung aus, die stufenweise durch Gesetz, Verordnung, Verwaltungsvorschriften, Einzelakt konkretisiert wird. Aus diesem Grund ist es dann auch nicht möglich, die grundsätzliche Zuständigkeit der Regierung für die Organisationsgewalt anzuerkennen. Das geschilderte Verfassungsverständnis hat – was die Frage nach den Rechtssetzungskompetenzen betrifft – in neuerer Zeit seinen deutlichen Niederschlag in der bereits mehrfach genannten Arbeit von Georg Müller über „Inhalt und Formen der Rechtssetzung als Problem der demokratischen Kompetenzordnung" gefunden. Hält man aber demgegenüber am – natürlich durch Aufgabennormen wie den Artikel 109 Abs. 2 GG u. a. modifizierten – Rahmencharakter des Grundgesetzes fest[42], so kann eben wegen der grundsätzlichen Zuständigkeit der Regierung für die Organisationsgewalt[43] die Eigenart der ungeschriebenen institutionellen Gesetzesvorbehalte als besonderer trotz der zitierten allgemeinen Maßstäbe nach wie vor bejaht werden[44].

Die Richtigkeit dieser Sicht wird noch durch Artikel 87 a GG unterstrichen. Da

---

der Landesverfassungen (s. dazu *Böckenförde*, aaO., S. 99 f. mit Anm. 41) eben politische (demokratische) Gesetzesvorbehalte enthalten und diesem Charakter Genüge getan ist, wenn das Parlament selbst verbindlich die gebotene Entscheidung als solche trifft. Das Gesagte gilt auch für den letztlich aus den parlamentarischen Kontrollrechten folgenden ungeschriebenen besonderen Gesetzesvorbehalt (dazu sogleich im Text).

[39] So richtig *Burmeister*, Selbstverwaltungsgarantie, S. 160; vgl. auch unsere Ausführungen in § 4 I. bei Anm. 22 ff.

[40] AaO., S. 96; ähnlich *Ossenbühl*, Verwaltungsvorschriften und Grundgesetz, S. 269 ff. und OVG Münster, JZ 1980, S. 93 ff. (94).

[41] So allerdings wohl *Böckenförde*, Gesetz, S. 398 mit Anm. 68 a.

[42] Vgl. dazu die Ausführungen in § 2 III. bei Anm. 69 ff. und im vorliegenden Zusammenhang daneben besonders *Böckenförde*, Gesetz, S. 401 f.

[43] Dazu grundlegend *Böckenförde*, Organisationsgewalt, S. 78 ff., 130 ff.

[44] So auch *Böckenförde*, aaO., S. 100 f., 96 Anm. 27.

diese Vorschrift nicht nur haushaltsrechtliche, sondern darüber hinaus auch „organisationsrechtliche Ausstrahlungswirkungen" besitzt[45], beweist sie, daß entgegen der Wesentlichkeitstheorie eben nicht ausschließlich der Gesetzgeber als solcher, sondern auch der Haushaltsgesetzgeber für die Grundzüge der Organisation verantwortlich sein kann. Den besonderen Charakter der angesprochenen Gesetzesvorbehalte bestätigt daneben die Überlegung, daß ihre Notwendigkeit immer nur dann anzunehmen ist, wenn die in Aussicht genommene organisatorische Regelung im konkreten Einzelfall die bestehenden parlamentarischen Einflußmöglichkeiten auf die Exekutive *verändert*. Die Organisationsgewalt steht, wie gesagt, grundsätzlich der Regierung zu; nicht aber die Entscheidung darüber, in welchem Umfang sie sich der parlamentarischen Kontrolle unterwirft. Das vermag im für das Parlament positiven wie negativen Sinne nur dieses selbst zu entscheiden. Es gibt eben, wie Artikel 20 Abs. 3 GG zeigt, nur ein legislatives Zugriffsrecht, nicht aber ein Zugriffsrecht der Exekutive. Nur dann also, wenn im konkreten Einzelfall durch eine organisatorische Regelung der parlamentarische Einfluß auf die Exekutive (in demokratisch relevanter Weise) tangiert ist, tritt der ungeschriebene besondere institutionelle Gesetzesvorbehalt in Kraft, weil in anderweitiger verbindlicher Form die Exekutive nicht gebunden werden kann[46].

Die Notwendigkeit eines ungeschriebenen institutionellen Gesetzesvorbehalts kann demnach auch nicht abstrakt mit der Begründung behauptet werden, daß die betreffende Materie bereits vor Erlaß des Grundgesetzes unter den institutionellen Gesetzesvorbehalt fiel und die Verfassung durch ihr ausdrückliches Schweigen insoweit daran nichts geändert habe, sondern umgekehrt diese Ansicht ebenfalls konkludent billige. Denn dabei wird zunächst übersehen, daß das Grundgesetz als nachkonstitutionelle Verfassung mit ausdrücklicher Anerkennung der institutionellen und funktionellen demokratischen Legitimation der Exekutive (Artikel 20 Abs. 2 und Abs. 3 GG) zumindest nicht insoweit mit Gesetzesvorbehalten „angereichert" werden kann, als für die fragliche Materie schon im konstitutionellen Staatsrecht ein institutioneller Gesetzesvorbehalt galt. Im übrigen würde eine solche Verfahrensweise unseren Ausführungen zum Aussagegehalt des Demokra-

---

[45] So *Schmidt-Aßmann* in FS Ipsen, S. 344 mit weiteren Nachweisen in Anm. 30.

[46] *Ossenbühl* (VVDStRL 29/1971, S. 175) stellt insofern zum Beispiel richtig fest, daß, wenn „Bund und Länder in Privatrechtsformen ausweichen oder Private in die staatliche Verwaltungsführung einspannen wollen... es eines besonderen Organisationsgesetzes" bedarf, "welches den Aufgabenkreis, die Rückbindung an den staatlichen Verwaltungsapparat (Aufsicht), die Finanzierung, Geschäftsführung und andere Details zu umreißen hätte". Nicht ausreichend sei insoweit „die in der Praxis vielfach anzutreffende konkludente Zustimmung des Gesetzgebers dadurch, daß das Parlament im Staatshaushalt Zuschüsse an die betreffende ‚Verwaltungsgesellschaft' bewilligt". Ein geradezu klassisches Beispiel für die gerügte Praxis stellt die als GmbH geführte Niedersächsische Finanzierungsgesellschaft dar, die ohne jede Beteiligung des Landtages von der Landesregierung begründet wurde und praktisch frei von haushaltsrechtlichen Bindungen und parlamentarischer Kontrolle öffentliche Mittel verplant und verausgabt. Vgl. auch die grundsätzlichen Ausführungen des Rechnungshofs von Berlin zu diesem Problem, die *Battis* (DÖV 1976, S. 721) wiedergibt.

tieprinzips widersprechen[47]. Kein Problem des ungenannten institutionellen Gesetzesvorbehalts, sondern des grundrechtlichen Eingriffsvorbehalts ist schließlich noch die Frage, inwieweit organisatorische Regelungen wegen ihrer Verflochtenheit mit Eingriffsregelungen der Gesetzesform bedürfen[48]; daneben handelt es sich hier auch nur um ganz konkrete Einzelfälle.

Im Ergebnis ist damit für die Reichweite des institutionellen Gesetzesvorbehalts festzustellen, daß er nur für verfassungsrechtlich genau festgelegte Einzelmaterien erforderlich ist oder aus der dem Parlament obliegenden Pflicht abgeleitet werden muß, (demokratisch relevante) Veränderungen im Umfang seiner Kontrollrechte selbst festzulegen. Selbst in diesem zuletzt genannten Fall kann es sich nach unseren Ausführungen aber nur um bestimmte Sachverhalte handeln, so daß auch insoweit nicht, wie es die Wesentlichkeitstheorie u. a. nahelegt, die bessere demokratische Legitimation des Parlaments als solche den institutionellen Gesetzesvorbehalt fordert. Das legislative Zugriffsrecht nun besitzt für organisatorische Regelungen folglich einen ähnlich weiten Handlungsspielraum wie in der Leistungsverwaltung. Seine Grenze ergibt sich insoweit primär aus der grundsätzlichen Organisationsgewalt der Regierung und dem dadurch besonders begründeten Gebot, die Grenzen der parlamentarisch-demokratischen Legitimation des Gesetzgebers im Blick auf die selbständige Bedeutung der parlamentarischen Kontrolle zu beachten. Daneben kommen hier als Grenze des legislativen Zugriffsrechts natürlich ebenfalls die Artikel 109 ff. GG und im Blick auf die Kommunen auch alle übrigen im zweiten und dritten Teil erörterten demokratischen und grundrechtlichen Äquivalente in Betracht. Eine abschließende Aufgabenteilung zwischen Exekutive und Legislative für organisatorische Regelungen besteht damit aber wegen eines fehlenden umfassenden Gesetzesvorbehalts und der hier vertretenen Ablehnung der Ansicht, daß Gesetz, Rechtsverordnung und Verwaltungsrichtlinie sich gegenseitig prinzipiell ausschließen[49], nicht.

III. Der Bereich des legislativen Zugriffsrechts

Die Beantwortung der Frage nach der Reichweite der grundgesetzlichen Gesetzesvorbehalte sollte dazu dienen, den Bereich des legislativen Zugriffsrechts genauer zu bestimmen. Nach den vorstehenden Überlegungen läßt sich dazu nun folgendes sagen:

Ausgehend von der Feststellung, daß es keinen allgemeinen demokratischen oder rechtsstaatlichen bzw. grundrechtlichen Gesetzesvorbehalt i. S. der in § 1 II.

---

[47] Vgl. dazu § 1 II. bei Anm. 85 ff. und § 2 III. bei Anm. 73 f.

[48] Vgl. dazu *Schenke*, VA 68 (1977), S. 129 ff.; *Schnapp*, AöR 105 (1980), S. 270 und die kritische Bemerkung zu dieser Tendenz von *Schmidt-Aßmann* in FS Ipsen, S. 345 f. Daneben s. hierzu bereits § 1 II. bei Anm. 148 f.

[49] S. dazu schon § 8 II. bei Anm. 16 f.

geschilderten Lehre (und Verfassungsrechtsprechung) gibt[50], konnte zunächst für den Bereich der Subventionsverwaltung und des institutionellen Gesetzesvorbehalts die Nichtanwendbarkeit des Artikel 80 GG vertreten werden. Mit guten Gründen wird das, wie wir schon früher sahen[51], auch für die öffentlich-rechtlichen Sonderbindungen angenommen. Hier fallen dann zudem, soweit gesetzliche Regelungen in Erfüllung des geforderten Gesetzesvorbehalts ergehen, die Anforderungen an ihre Konkretheit mit den Grenzen des legislativen Zugriffsrechts zusammen. Da aber für die öffentlich-rechtlichen Sonderbindungen auch nur ein auf grundrechtliche Eingriffe beschränkter Gesetzesvorbehalt gilt, bleibt bei ihnen ebenfalls Raum für das legislative Zugriffsrecht. Falls die im zweiten und dritten Teil entwickelten Schranken nicht greifen, sind zum „Bereich" des legislativen Zugriffsrechts also zunächst jene Gebiete zu zählen, die durch Subventionsrichtlinien, Sonderverordnungen und organisatorische Verwaltungsvorschriften geregelt werden können. Insoweit bestehen aber augenscheinlich nach unseren bisherigen Überlegungen besonders bezüglich der Konkretheit entsprechender gesetzlicher Vorschriften enge Grenzen.

In allen den Fällen, in denen Artikel 80 GG Anwendung findet, können aufgrund des legislativen Zugriffsrechts natürlich auch statt Rechtsverordnungen gesetzliche Regelungen ergehen. Dafür kommt der gesamte Bereich der Ordnungsverwaltung und daneben die leistende und planende Verwaltung (soweit sie gesetzlich durchnormiert werden darf) in Betracht. Insoweit sind aber ebenfalls nach unseren Ausführungen im zweiten und dritten Teil der Konkretheit derartiger gesetzlicher Regelungen nicht zu übersehende Grenzen gesetzt.

Als wesentlicher Bereich des legislativen Zugriffsrechts erweist sich damit die Befugnis zur Richtlinien- und Grundsatzgesetzgebung. Denn für derartige Gesetze gelten, da sie keine Außenwirkung besitzen und wegen ihrer primär finalen Programmierung die Unterscheidung zwischen Rechtssetzung und Vollziehung kaum zulassen, die im zweiten und dritten Teil aufgezeigten Grenzen nur bedingt[52]. Über die Richtigkeit dieser Folgerung kann jedoch abschließend erst nach der nunmehr zu versuchenden inhaltlichen Festlegung des für das legislative Zugriffsrecht verbindlichen Gesetzesbegriffs entschieden werden.

---

[50] Vgl. § 8 I. bei Anm. 12 ff.
[51] Vgl. § 1 II. bei Anm. 146.
[52] S. dazu im folgenden unter § 9 III.

§ 9 *Der für das legislative Zugriffsrecht verbindliche Gesetzesbegriff*

I. *Der abstrakt-generelle Gesetzesbegriff als Ausgangspunkt*

Unsere in § 1 geäußerten Bedenken gegen den durchweg bejahten inhaltslosen verfassungsrechtlichen Gesetzesbegriff stützten sich zu einem großen Teil auf Argumente, die ebenfalls gegen die von der herrschenden Meinung vertretene Ausweitung des Gesetzesvorbehalts angeführt wurden. Das gilt vor allem für unseren Versuch, die auch insoweit zu beobachtende vorbehaltlose Berufung auf die bessere parlamentarisch-demokratische Legitimation des Gesetzgebers in Frage zu stellen[1]. Die im zweiten und dritten Teil wiedergegebenen Überlegungen können als Rechtfertigung für diesen Versuch gelten. Was die in § 1 aus Artikel 19 Abs. 4 GG gewonnenen Argumente für den abstrakt-generellen Gesetzesbegriff betrifft, so beinhalten unsere Überlegungen im dritten Teil die konkrete Beweisführung für die Richtigkeit dieser Darlegungen. Da die aus Artikel 19 Abs. 4 GG gefolgerten Inhalte für den verfassungsrechtlichen Gesetzesbegriff mit denen übereinstimmen, die sich in dieser Hinsicht aus Artikel 3 Abs. 1 und Artikel 19 Abs. 1 GG ergeben[2], und die genannten Vorschriften des Grundgesetzes alle als inhaltliche Präzisierung des (gegenüber dem Demokratieprinzip und Sozialstaatsprinzip selbständigen) formalen Rechtsstaatsbegriffs verstanden werden können[3], ergibt sich aus den Überlegungen des dritten Teils auch eine indirekte Rechtfertigung für die aus Artikel 3 Abs. 1 und Artikel 19 Abs. 1 GG gewonnenen Aussagen zum Gesetzesbegriff.

Die in Auseinandersetzung mit der herrschenden Meinung in § 1 entwickelten inhaltlichen Kriterien für das verfassungsgemäße Gesetz finden im Ergebnis also weitgehend ihre Bestätigung durch die Überlegungen des zweiten und dritten Teils. Bestätigt hat sich damit auch die These Grawerts, daß inhaltliche Kriterien für den Gesetzesbegriff letztlich nur dann gewonnen werden können, wenn sich die gesetzgeberischen Kompetenzen wirksam begrenzen lassen[4]. Dies ist hier in der Weise versucht worden, daß nach den Grenzen der parlamentarisch-demokratischen Legitimation des Gesetzgebers gefragt wurde. Als *Folgerung* aus der darauf gegebenen Antwort und nicht aus abstrakten begrifflichen Deduktionen ergibt sich augenscheinlich eine Rechtfertigung des abstrakt-generellen Gesetzesbegriffs, wobei aber, wie in § 1 III. gezeigt, wegen der unterschiedlichen Rechtswirkungen des Gesetzes (Organgesetz oder grundrechtsrelevantes Gesetz[5]) im einzelnen dafür auch unterschiedliche verfassungsrechtliche Argumente gelten.

Für die Frage nach dem für das legislative Zugriffsrecht verbindlichen Gesetzes-

---

[1] Vgl. besonders § 1 III. bei Anm. 165 ff. i. V. m. § 1 III. bei Anm. 215 ff.

[2] S. dazu § 1 III. bei Anm. 185 ff. und bei Anm. 191 ff.

[3] Vgl. § 1 III. bei Anm. 214 (= 2.b).

[4] *Grawert*, Jura 1982, S. 307, 309, vgl. auch S. 306.

[5] S. zu den Unterschieden im einzelnen die Ausführungen in § 1 III. bei Anm. 185 ff. (= 2.a) und bei Anm. 215 ff. (= 2.c).

begriff braucht nun nicht weiter „der" Gesetzesbegriff des Grundgesetzes untersucht zu werden. Vielmehr haben unsere Ausführungen zum Bereich des legislativen Zugriffsrechts deutlich gemacht, daß für seine Grenzen primär die Frage
entscheidend ist, wie konkret gesetzliche Regelungen im Regierungs- und Verwal-
tungsbereich sein dürfen und welche Folgerungen sich aus dieser Antwort für den
Inhalt der für das legislative Zugriffsrecht typischen Gesetzesform ergeben. Ist
nun das Maßnahmegesetz in neuerer Zeit besonders Anlaß gewesen, die Frage
nach der zulässigen Konkretheit gesetzlicher Regelungen im Bereich der Exekutive zu stellen, so erscheint es sinnvoll, zunächst auf diese Gesetzesform näher
einzugehen (II.), um danach die Kriterien des für das legislative Zugriffsrecht
typischen Gesetzesbegriffs und die darin zum Ausdruck kommende Funktion des
legislativen Zugriffsrechts selbst zu untersuchen (III.).

II. Die verfassungsrechtliche Unzulässigkeit des Maßnahmegesetzes

Die Zulässigkeit des Maßnahmegesetzes soll hier, wie soeben betont, unter der
Frage diskutiert werden, inwieweit sich Argumente gegen diese Gesetzesform aus
der vom Grundgesetz vollzogenen Unterscheidung zwischen Gesetzgebung und
Vollziehung bzw. Rechtssetzung und Rechtsanwendung ergeben. Daß für die
genannte Unterscheidung nicht nur mehrere Bestimmungen des Grundgesetzes
als solche sprechen[6], sondern sich für sie darüber hinaus inhaltliche Kriterien
gewinnen lassen, wenn man nach den Grenzen der parlamentarisch-demokratischen Legitimation des Gesetzgebers fragt, wurde schon in § 1 angedeutet[7]. Genauer zeigten das dann unsere Ausführungen im zweiten und dritten Teil. Darauf
ist hier – diese Überlegungen zusammenfassend – noch einmal im Blick auf die
Frage nach der verfassungsrechtlichen Zulässigkeit des Maßnahmegesetzes einzugehen. Bevor das geschieht, soll aber noch kurz untersucht werden, ob denn
tatsächlich begriffliche Unterschiede zwischen Gesetz und Maßnahme existieren.
Daß damit über die verfassungsrechtliche Problemerörterung hinaus (aber von ihr
angeleitet) nach rechtstheoretischen Abgrenzungsmerkmalen gefragt wird, ist
deshalb gefordert, weil die verfassungsrechtliche Begrifflichkeit als solche letztlich
darauf aufbaut. Insofern stellt die rechtstheoretische Überlegung also nur sicher,
daß der Sinn der verfassungsrechtlichen Aussagen nicht verfehlt wird[8].

---

6 S. dazu § 1 III. bei Anm. 166 f.
7 Vgl. § 1 III. bei Anm. 217 ff.
8 S. schon unsere Bemerkung in § 2 III. bei Anm. 113.

1. Der rechtstheoretische Unterschied zwischen Gesetz und Maßnahme

Der wesentliche Unterschied zwischen Gesetz und Maßnahme liegt, so sahen wir schon in § 2[9], wie der zwischen Norm und Einzelakt darin, daß das Gesetz gegenüber der Maßnahme eine größere Distanz zur „Seinssphäre" besitzt. Daraus folgt auch der unterschiedliche „Geltungsmodus": das Gesetz gilt über den Einzelfall hinaus, während die Maßnahme eine konkrete Situation betrifft. Zwar ist die Maßnahme nicht wie der Einzelakt (grundsätzlich) auf einen Adressaten beschränkt[10]; was sie mit letzterem aber gemein hat, ist ihr auf Abwicklung einer überschaubaren und einmaligen Lage begrenzter Geltungsmodus. Daß diese Abgrenzung auch eine besondere erkenntnistheorische Rechtfertigung besitzt, sollte unser Hinweis auf die in der Gegenwartsphilosophie betonte Differenzierung zwischen Norm und Maxime belegen[11]. Die Verwobenheit der Maximen in die konkrete menschliche Handlung einerseits, ihre ausdrücklich gewollte intersubjektive Übereinstimmung durch die Norm andererseits stellen, so sagten wir, den eigentlichen Grund für die unterschiedliche Distanz von Gesetz und Maßnahme zur „Seinssphäre" dar.

Nun muß aber ergänzend zu dieser letzten These betont werden, daß sich die Gesetze als gewollte Übereinstimmung zwischen subjektiven Handlungsmaximen nicht auf deren additive Zusammenfassung beschränken können und sie sich weiter nicht zu jedem beliebigen Zeitpunkt[12] beschließen lassen. Für die inhaltlichen Anforderungen an das Gesetz reicht es auch nicht aus, auf die Reziprozität des Normierten abzustellen[13]; dagegen kommt dem Ziel einer gültigen Abgrenzung zwischen Gesetz und Maßnahme insoweit schon die Feststellung näher, daß Normen allgemein „ihren Ort *zwischen* den Maximen und dem Sittengesetz" haben[14]. Denn damit wird zunächst einmal ausdrücklich anerkannt, daß Normen und folglich auch Gesetze einen bestimmten Abstraktionsgrad besitzen müssen. Dieser wiederum läßt sich nur, wie implizit aus der angesprochenen Zwischenstellung der Normen folgt, dadurch erreichen, daß sie die Inhalte der Maximen und des Sittengesetzes in sich vereinigen, oder anders – in der Terminologie einer bekannten rechtstheoretischen These – gesprochen, daß sie zwischen Politik und (präsenter) Ethik *vermitteln*[15]. Solange das Gesetz also politische Zwecke als

---

[9] Vgl. § 2 III. bei Anm. 78 f.

[10] Wie Anm. 9.

[11] Vgl. dazu § 2 III. bei Anm. 80 ff.

[12] So aber wohl *Bubner*; vgl. Neue Hefte für Philosophie 17 (1979), S. 116, 118 sowie Handlung, Sprache und Vernunft, S. 279 ff.

[13] S. dazu *Bubner*, Handlung, Sprache und Vernunft, S. 283 f.

[14] *Bubner*, Neue Hefte für Philosophie 17 (1979), S. 114 (Hervorhebung A. J.) und Geschichtsprozesse und Handlungsnormen, S. 253 f.

[15] Zu dieser Funktion des Rechts überhaupt, die zugleich eine Definition des Rechtsbegriffs ausmacht: *Böckenförde*, Staat, Gesellschaft, Freiheit, S. 26 ff. Von hier aus erscheint auch, was das Normenverständnis betrifft, die Ablehnung der Imperativtheorie schlüssig. Denn wenn die Vermittlungsleistung als solche das für die Norm Charakteristische ist, so sind die

solche zum Ausdruck bringt, ohne die genannte Vermittlungsleistung zu erbringen, besitzt es keine normative Bedeutung und stellt folglich eine Maßnahme dar[16]. Der für das Gesetz geforderte Vorgang der Vermittlung – das ist die weitere Ergänzung, die wir der Unterscheidung von Norm und Maxime hinzufügen müssen – kann nun aber nicht beliebig geleistet („gewollt") werden[17], sondern nur dann, wenn keine besondere Situation, sondern eine „Normallage" besteht bzw. eingetreten ist[18]. Denn erst sie läßt es zu, eben eine allgemeine, über den konkreten Anlaß hinausgehende Geltungsanordnung zu treffen.

Nicht der Unterschied zwischen Norm und Maxime als solcher ist also mit dem zwischen Gesetz und Maßnahme identisch, sondern das Gesetz zeichnet sich darüber hinaus durch die geschilderte Vermittlungsleistung in der Normallage aus. Nur unter dieser Voraussetzung besitzt es einen allgemeinen Geltungsmodus, der ja seine größere Distanz zur „Seinssphäre" begründet. Exaktere Kriterien zur Unterscheidung von Gesetz und Maßnahme sind letztlich wegen der Geschichtlichkeit des Rechts kaum möglich. Die jetzt noch genauer aufzuzeigende verfassungsrechtliche Relevanz der genannten Unterscheidung war es, wie gesagt[19], die dennoch diesen rechtstheoretischen Versuch erforderlich machte.

2. Die verfassungsrechtliche Rechtfertigung der Unterscheidung von Gesetz und Maßnahme durch die Erörterungen des zweiten und dritten Teils

a) Zunächst soll untersucht werden, inwieweit aus den *demokratischen Grenzen des legislativen Zugriffsrechts* Argumente für diese Unterscheidung folgen:

(1) Aus der Interpretation der Artikel 109 ff. GG ergaben sich Schranken für finanzwirksame Gesetze wegen der vom Grundgesetz dem Haushalt zugeschriebenen besonderen Funktion, die wiederum in den ebenfalls besonderen verfassungsrechtlichen Verfahrensregeln über Verabschiedung und Vollzug des Haushaltsplans ihre Bestätigung fand. Diese Grenzen betreffen nun insbesondere das kurzfristige und konkrete finanzwirksame Maßnahmegesetz. Denn für den von ihm erfaßten Regelungsbereich kommt gerade das Haushaltsgesetz mit dem Haushaltsplan in Betracht. Das gilt um so mehr, als die von der Exekutive erlassenen Subventionsrichtlinien wegen der besonderen demokratischen Legitimation des

---

Imperative, die sich aus ihr ergeben, das Sekundäre. Die Norm muß dann zunächst und vor allem als „gewollte Übereinstimmung zwischen den subjektiven Handlungsmaximen" *(Bubner)* bzw. als „allgemeine Geltungsanordnung" *(Larenz)* begriffen werden.

[16] Zur Klarstellung sei angemerkt, daß es hier allein um die rechtliche Bedeutung des Gesetzes als Rechtssatz im üblichen Sinne geht. Daß daneben Verwaltungsakte und Verwaltungsvorschriften als Vollzugsmaximen schon wegen ihrer Programmierungsfunktion eine rechtliche Bedeutung im weiteren Sinne besitzen, wurde betont; vgl. § 2 III. bei Anm. 83 ff.

[17] S. § 2 Anm. 98.

[18] Zur Voraussetzung der Normallage für das Gesetz *Böckenförde*, NJW 1978, S. 1884 ff., 1888 f.

[19] Vgl. schon unsere Bemerkung bei Anm. 8 f. und *Böckenförde*, ZParl 11 (1980), S. 593 f.

Haushalts, der speziellen verfassungsrechtlichen Ausgestaltung des Haushaltsrechts und schließlich des spezifischen Rechtscharakters, den das zwischen Verwaltung und Bürger bestehende Subventionsverhältnis auszeichnet, die Rechtswirkung von Rechtsverordnungen besitzen. Diesen haushaltsrechtlichen Besonderheiten entspricht es, daß sich auf verwaltungsrechtlicher Ebene vor allem der öffentlich-rechtliche Vertrag als die geeignete Handlungsform für die Verteilung der Subventionen erwies. Die staatliche Steuerung des Wirtschaftsgeschehens als eine wesentliche sozialstaatliche Intervention geschieht also global betrachtet primär durch den Haushalt und punktuell im Einzelfall durch die im Haushalt ausgekehrten Subventionen, die in der geschilderten Form vergeben werden. Das finanzwirksame Maßnahmegesetz hat in diesem Bereich demnach keinen Platz. Das von uns besprochene Beispiel des Investitionszulagengesetzes bestätigt diese Feststellung.

Betrachtet man das geschilderte Instrumentarium insgesamt, so wird auch deutlich, daß es nicht nur wegen seiner Spezialität, sondern ebenfalls wegen seiner Differenziertheit das Handeln des „normalen" (Maßnahme-)Gesetzgebers in diesem Bereich ausschließen muß. Den zwischen Staat und Bürger entstehenden besonderen Rechtsverhältnissen (Henke), die letztlich ihren Grund in der anders strukturierten Freiheit im sozialen Lebensraum finden (Suhr)[20], entsprechen die in § 3 aufgezeigten verwaltungsrechtlichen und verfassungsrechtlichen (parlamentarischen) Handlungsformen des Staates und nicht das (Maßnahme-)Gesetz.

(2) Allgemeinere Grenzen ergaben sich, was die Konkretheit der gesetzlichen Regelungen betrifft, weiter aus der Interpretation des Artikel 28 Abs. 2 GG in § 4. Da der Schutzbereich des Artikel 28 Abs. 2 GG nach der dort vertretenen Auslegung dieser Vorschrift weiter reicht als es die h. M. annimmt und der Handlungsspielraum der Gemeinden danach nur durch das Subsidiaritätsprinzip beschränkt wird, besitzt diese Begrenzung des Gesetzgebers durch die kommunale Selbstverwaltungsgarantie erhebliche Bedeutung. Die gegenüber dem Parlamentsrecht des Grundgesetzes und der Landesverfassungen andersartigen Regelungen des kommunalen Verfassungsrechts, insbesondere die unterschiedliche Rechtsstellung der Ratsherren und Kreistagsabgeordneten gegenüber den Landtags- und Bundestagsabgeordneten sind ein zusätzlicher Beleg dafür, daß über konkrete Verwaltungsaufgaben wohl die kommunalen Vertretungsorgane, nicht aber die Parlamente als Gesetzgeber entscheiden sollen. Artikel 28 Abs. 2 GG entfaltet diese Rechtswirkung, da bereits seine systematische Stellung in dem die politische Grundordnung der Bundesrepublik betreffenden Abschnitt des Grundgesetzes und das daraus u. a. folgende Verständnis des ihm beigefügten Gesetzesvorbehalts als eines rahmenrechtlichen Schrankenvorbehalts zeigen, daß das Grundgesetz mit dieser Vorschrift eine vom Gesetzgeber gerade hinsichtlich der Konkretheit

---

[20] S. zu diesem Ausgangspunkt unserer dogmatischen Betrachtung § 2 II. bei Anm. 45 ff. (zu *Henke*) und bei Anm. 54 ff. (zu *Suhr*).

seiner Regelungen zu beachtende selbständige demokratische Entscheidungsebene statuiert.

Bei der kommunalen Satzung als *der* Regelungsform der kommunalen Selbstverwaltung zeigen sich die demokratischen Grenzen für konkrete Regelungen des Gesetzgebers besonders deutlich. Der Bundes- wie der Landesgesetzgeber wird durch eine allgemeine Anordnung, die von einem ebenfalls unmittelbar demokratisch legitimierten Organ beschlossen wird und sich vom Gesetz in der Regel eben durch ihren (teilweisen) Vollziehungs-(Maßnahme-)Charakter unterscheidet, beschränkt. Dem Gesetzgeber werden hier also direkt durch die Verwaltung und nicht wie auf Bundes- und Landesebene nur mittelbar durch die Exekutive „über" die parlamentarischen Haushaltsbefugnisse (Artikel 109 ff. GG) und die gleich (3) noch näher zu betrachtenden parlamentarischen Kontrollrechte Grenzen gesetzt. Kraft Artikel 28 Abs. 2 GG hat der Gesetzgeber die direkte demokratische Legitimation der kommunalen Selbstverwaltung als demokratisches Äquivalent anzuerkennen.

Auch hier ist es nicht allein die Spezialität des Artikel 28 Abs. 2 GG gegenüber dem (Maßnahme-)Gesetz, die letzteres im Schutzbereich des Artikel 28 Abs. 2 GG ausschließt, sondern zusätzlich wiederum die Erkenntnis, daß konkrete Angelegenheiten von der untersten demokratischen Entscheidungsebene bei Berücksichtigung des Subsidiaritätsprinzips sachgerechter im Sinne der sozialstaatlichen Freiheit erledigt werden können. Die in § 4 genannten Beispiele zu der hier vertretenen Interpretation des Artikel 28 Abs. 2 GG können die Möglichkeit der durch diese Bestimmung geforderten Grenzziehung zwischen Gesetz und Maßnahme belegen.

(3) Als ein gegenüber dem Gesetz (Gesetz als Auftrag der Verwaltung[21]) und dem Haushalt (Ermächtigungscharakter des Haushaltsgesetzes) allgemeineres Mittel für die parlamentarische Steuerung der Exekutive ist bereits die ausschließlich politische Mitwirkung des Parlaments am Regierungshandeln, die sich u. a. in parlamentarischen Entschließungen und Anfragen artikuliert, zu verstehen. Eine entsprechende Befugnis folgt aus seinem Recht zur Wahl der Regierung (des Regierungschefs) und deren Abhängigkeit vom Vertrauen der Volksvertretung. Das wurde in § 5 genauer geschildert. Dieses Mittel parlamentarischer Steuerung – hier allgemein mit „parlamentarischer Kontrolle" gekennzeichnet – stellt dann ein die gesetzgeberischen Befugnisse begrenzendes demokratisches Äquivalent dar, wenn sich das Gesetz wegen des für seinen Erlaß vorgesehenen schwerfälligen Verfahrens und der Organstruktur des Parlaments als für die Steuerung der Exekutive ungeeignet erweist. Das ist insbesondere bei Regierungsplanungen, aber auch bei detaillierten Organisationsregelungen auf der Ministerialebene und ähnlichen „Maßnahmen" der Fall. Diese Folgerung legt eben die Ableitung des Gewaltenteilungsprinzips aus dem Demokratieprinzip nahe. Da das Parlament

---

[21] So die bekannte Formulierung von *Scheuner*; s. seinen Aufsatz in DÖV 1969, S. 585 ff.

nach dem Grundgesetz eine umfassende Repräsentationsfunktion besitzt und folglich auch als Kontrollorgan von Regierung und Verwaltung seine direkte demokratische Legitimation zur Geltung bringt, ist es möglich, die entscheidende Rechtswirkung des Gewaltenteilungsprinzips darin zu sehen, daß es, wie wir in § 5 feststellten, die im Vergleich zur Exekutive bessere demokratische Legitimation des Parlaments aus ihrem ausschließlichen Zusammenhang mit der Gesetzgebung herauslöst. Damit ermöglicht das Gewaltenteilungsprinzip erst sinnvolle – reale – demokratische Herrschaft und gewährleistet sie zugleich.

Diese begrenzende Funktion der „parlamentarischen Kontrolle" ist nun besonders bei der Frage nach der rechtlichen Eigenart und den Aufgaben der Länderparlamente deutlich geworden. Gegenüber Maßnahmengesetzen des Bundes ergibt sich insoweit noch eine zusätzliche Grenze dadurch, daß diese nicht nur in rechtswidriger Weise in die Verwaltungskompetenzen der Länder eingreifen, sondern sie damit zugleich rechtswidrig die Kontrollbefugnisse der Landtage beschränken[22].

Der unseren Überlegungen zugrunde liegende Freiheitsbegriff und die darauf aufbauende Unterscheidung zwischen besonderem und allgemeinem Rechtsverhältnis (bzw. zwischen relativen und absoluten Rechten) unterstützt ebenfalls dieses Verständnis der „parlamentarischen Kontrolle". Denn die Zusammenfassung der neben der Gesetzgebung bestehenden Äußerungsformen des Parlaments unter dem Begriff „parlamentarische Kontrolle" kann als ein dieser Unterscheidung entsprechender Versuch, die verschiedenen parlamentarischen Steuerungsmöglichkeiten der Exekutive voneinander abzuschichten, verstanden werden. In bestimmten Situationen vermag eben parlamentarische Kontrolle weitaus differenzierter und wirkungsvoller als das Gesetz die Freiheit im sozialen Lebensraum zu schützen und zu gewährleisten. Wie das zu geschehen hat, sollten die beiden in § 5 I. geschilderten Beispiele zeigen. Die Effektivität des Freiheitsschutzes und der Freiheitsgewährleistung durch „parlamentarische Kontrolle" kommt aber wie beim Haushaltsplan erst voll in den Blick, wenn man, wie hier geschehen, ergänzend die dieser parlamentarischen Steuerungsmöglichkeit korrespondierende Handlungsform der Verwaltung, die Eigenart des im gestuften Verwaltungsverfahren erlassenen Verwaltungsaktes – seine Entstehung – genauer untersucht. Ähnlich wie beim verwaltungsrechtlichen Vertrag bilden sich insoweit nämlich besonders durch die Beteiligung der „Betroffenen" an der Verwaltungsentscheidung Rechtsverhältnisse zwischen jenen und der entscheidenden Behörde heraus, die der Eigenart der Freiheit im sozialen Lebensraum durchaus entsprechen. Daß das Parlament im Parteienstaat der Gegenwart häufig daneben aus organisationssoziologischen Gründen gar nicht in der Lage ist, konkrete Sachverhalte vollständig zu erfassen, geschweige denn zu verarbeiten, wurde ebenfalls betont.

---

[22] Die Landtage wiederum dürfen in diesen Fällen nicht als Gesetzgeber tätig werden, weil sie dann die „Ingerenzrechte der Bundesexekutive" überspielen würden (so richtig der Diskussionsbeitrag von *Ronellenfitsch* in VVDStRL 43/1985, S. 219).

Im Ergebnis gilt demnach hier wie bei den Artikeln 109 ff. GG und Artikel 28 Abs. 2 GG, daß neben der gegenüber dem (Maßnahme-)Gesetz spezielleren Kompetenz der parlamentarischen Kontrolle für bestimmte Fälle die Differenziertheit der Rechtsbeziehungen zwischen Staat und Bürger und die Notwendigkeit ihrer adäquaten parlamentarischen Steuerung im heutigen Sozialstaat den Erlaß von Maßnahmegesetzen verbieten. Gerade für die parlamentarische Kontrolle ist aber zu betonen, daß die Gesichtspunkte der Spezialität und der sozialstaatlich motivierten Forderung nach sachgerechtem demokratischen Handeln der öffentlichen Hand in der Argumentation praktisch zusammenfließen. Das Verständnis der parlamentarischen Kontrolle als demokratisches Äquivalent gegenüber dem Gesetzgeber macht schließlich noch besonders deutlich, daß die Grenzziehung zwischen Gesetz und Maßnahme in bestimmten Bereichen, wie ja die rechtstheoretische auch, unscharf bleiben muß; die angestellten verfassungsrechtlichen Überlegungen dispensieren dennoch nicht davon.

Zusammenfassend zeigen die unter (1) bis (3) aufgezeigten demokratischen Grenzen des Gesetzgebers, daß es in der Tat verfassungsrechtlich geboten ist, zwischen Gesetz und Maßnahme zu unterscheiden. Denn aufgrund dieser Grenzen wird dem Gesetzgeber ja die Regelung typischer Vollzugsaufgaben untersagt:

Nur die unterste – kommunale – Verwaltungsebene, so will es das Grundgesetz, ist demokratisiert. Die Gründe, die das rechtfertigen und die in der Eigenart des kommunalen Verfassungsrechts, insbesondere in der Rechtsstellung der Ratsherren und Kreistagsabgeordneten ihren Niederschlag gefunden haben, wurden genannt. Können diese Gründe nun für die parlamentarische Entscheidungsfindung nicht gelten, sondern setzt das Bundes- und Landesverfassungsrecht, wie gerade die demokratischen Äquivalente des Haushalts und der parlamentarischen Kontrollrechte zeigen, insoweit eine eigenständige Befugnis der Exekutive voraus, ohne ihre hinreichende parlamentarische Steuerung in Frage zu stellen, so ergibt sich in der Tat bereits aus den angestellten demokratischen Überlegungen das verfassungsrechtliche Postulat einer Unterscheidung zwischen Gesetz und Maßnahme. Das gilt um so mehr, als nachgewiesen werden konnte, daß die aufgezeigten demokratischen Äquivalente durch angemessene Handlungsformen der Verwaltung sinnvoll ergänzt werden und sich auf diese Weise ein für die Realisierung und den Schutz der „sozialen Freiheit" angemessenes Instrumentarium ergibt. Wenn wir schließlich bei der Behandlung der verfassungsrechtlichen Vorschriften über das Gesetzgebungsverfahren in § 1 feststellten, daß ein wichtiges Ziel dieses Verfahrens in der Sicherung einer angemessenen *Distanz* zwischen gesetzgeberischem Anlaß und dem Beschluß des Gesetzes in dritter Lesung liegt[23], so unterstützt diese Ansicht die hier bejahte verfassungsrechtliche Notwendigkeit einer Unterscheidung zwischen Gesetz und Maßnahme.

b) Aus den Erörterungen über die *grundrechtlichen Grenzen des legislativen*

---

[23] Vgl. § 1 III. bei Anm. 227 ff.

Zugriffsrechts in § 6 folgte zunächst die verfassungsrechtliche Unzulässigkeit von Einzelfall (Einzelpersonen-)gesetzen, weil sie dem Gebot eines wirksamen gerichtlichen Rechtsschutzes (Artikel 19 Abs. 4 GG) widersprechen. Damit finden die in § 1 aus Artikel 19 Abs. 1 GG abgeleiteten Bedenken gegen derartige Gesetze[24] eine zusätzliche Bestätigung. Wichtiger als diese Folgerung ist im vorliegenden Zusammenhang aber die ebenfalls aus § 6 sich ergebende weitere, daß nicht nur Einzelfall(Einzelpersonen-)gesetze, sondern Vollziehungsgesetze überhaupt unzulässig sind. Denn grundrechtsrelevante Gesetze müssen wegen des Gebots eines wirksamen Rechtsschutzes so abstrakt sein, daß sie einen selbständigen, der gerichtlichen Prüfung zugänglichen Vollzugsakt für ihre Durchsetzbarkeit erfordern[25]. Da für Kommunen ebenfalls das Gebot eines effektiven Rechtsschutzes gilt, sind sie insoweit auch gegen Vollziehungsgesetze geschützt. Das in § 6 besprochene Beispiel der niedersächsischen Kreisreform konnte die Möglichkeiten der damit gebotenen Grenzziehung verdeutlichen.

Eine Ausdehnung des Verbots von Vollziehungsgesetzen ergab sich, wie wir in § 7 sahen, aus der Erkenntnis, daß namentlich bei komplexen Verwaltungsentscheidungen ein wirksamer Rechtsschutz ohne Beteiligung der Betroffenen im Verwaltungsverfahren nicht möglich ist. Einer gesetzlichen Regelung derartiger, sich im Verwaltungsverfahren häufig erst im Gespräch mit dem Bürger herausbildenden Entscheidungen würde also bereits dieses aus Artikel 19 Abs. 4 GG gefolgerte Beteiligungsrecht entgegenstehen. Die in § 7 besprochenen Regelungen über die Beteiligung am atomrechtlichen Genehmigungsverfahren zeigten die Relevanz dieser Grenzziehung auf. Eine gesetzliche Regelung komplexer Verwaltungsentscheidungen würde zudem wegen der diffizilen Sachlage in diesen Fällen häufig die Wirklichkeit verfehlen. Darauf haben wir schon in § 4 III. hingewiesen.

Das Gebot eines effektiven Rechtsschutzes als solches wie das daraus folgende Beteiligungsrecht an komplexen Verwaltungsentscheidungen müssen so beide erneut als Spezialregelungen gegenüber den gesetzgeberischen Komptenzen verstanden werden und können zugleich auch wieder als Beleg dafür dienen, daß Freiheitsschutz und Freiheitsgewährleistung im Sozialstaat der Gegenwart eines besonderen, durch das parlamentarisch-demokratische Gesetz nur begrenzt zu leistenden Vorgehens des Staates bedürfen. Maßnahmegesetze, die Grundrechtsrelevanz besitzen oder den Rechtsschutz der Kommunen beeinträchtigen, sind damit nicht nur aus demokratischen, sondern zusätzlich aus den genannten grundrechtlichen Gründen ausgeschlossen.

---

[24] Vgl. § 1 III. bei Anm. 191 ff.
[25] S. schon § 1 III. bei Anm. 204 und Anm. 202.

3. Die Regelung des Ausnahmerechts im demokratischen Rechtsstaat als praktisches Beispiel für die erfolgte Grenzziehung

Die Notwendigkeit einer Unterscheidung von Gesetz und Maßnahme muß dann besonders deutlich hervortreten, wenn ein staatlicher Notstand eintritt; die Normallage also nicht mehr besteht. Die Tatsache, daß das Grundgesetz auf diese Situation nur bei Vorliegen einzelner äußerster Nostandsfälle mit einer abschließenden verfassungsrechtlichen Normierung reagiert, dispensiert, wie besonders die Erfahrungen der vergangenen Jahre mit dem Terrorismus zeigen, nicht von einem weiteren Nachdenken über eine verfassungsrechtliche Regelung, die der Notstandsproblematik (dem Ausnahmezustand) umfassend gerecht wird.

a) Es ist namentlich das Verdienst von Böckenförde, diese Notwendigkeit nicht nur klar erkannt, sondern auch eine Antwort darauf mit dem Entwurf eines *verfassungsrechtlichen Regelungsmodells* versucht zu haben[26]. An diesen Ausführungen interessiert hier besonders, welche inhaltlichen Kriterien dem dabei verwandten Maßnahmebegriff zugrunde gelegt werden und welchen staatlichen Organen aus welchen Gründen in dem Regelungsmodell die Kompetenz zur „Abwicklung" (Bewältigung) der Ausnahmesituation zukommt:

Was die begriffliche Unterscheidung zwischen Gesetz und Maßnahme betrifft, so betont Böckenförde zunächst, daß der „Maßnahmebegriff... kein Kompetenzbegriff, sondern ein rechtsinhaltlicher Begriff" ist[27]. Sein Rechtsinhalt besitzt aber insofern für die Abgrenzung der Kompetenzen zwischen Legislative und Exekutive Bedeutung, als er eine *gesetzliche* Regelung ausschließt[28]. Der Gesetzgeber kann Ausnahmesituationen des Staates erst dann regeln, wenn „eine besondere Lage so weit antizipierbar und von solcher erwarteter Dauer ist, daß sie einer Regelung durch generelle Normen zugänglich und bedürftig erscheint". Hier fehlt dann genau genommen „eine echte Ausnahmelage, die durch die Unvorhersehbarkeit ihres konkreten Charakters gekennzeichnet ist"; es ist eine „Sonder-Normallage" entstanden[29].

Den Maßnahmebegriff sieht Böckenförde durch die Merkmale: Zweckbezogenheit, Erforderlichkeit/Verhältnismäßigkeit, fehlender Dauercharakter und seine suspendierende Wirkung charakterisiert[30]. Fügt sich diese Kennzeichnung bereits in unsere begriffliche Unterscheidung ohne weiteres ein, so gilt das erst recht für die weitere Feststellung Böckenfördes, daß „eine Regelung, die einen

---

[26] S. besonders NJW 1978, S. 1881 ff. und in FS für Martin Hirsch, S. 259 ff.; daneben ergänzend derselbe, ZParl 11 (1980), S. 591 ff.

[27] *Böckenförde*, NJW 1978, S. 1889.

[28] Unmißverständlich insoweit die Feststellung: „Maßnahmen zur Bewältigung des Ausnahmezustandes bedürfen zwar der Durchsetzbarkeit und des Befehlscharakters, sie dürfen aber nicht Gesetzescharakter und damit gleichen Rang und Qualität mit dem Recht der Normallage erhalten" (NJW 1978, S. 1886).

[29] Wie Anm. 27. Zur Problematik der rechtlichen Erfassung des Ausnahmezustandes allgemein auch *M. Schröder*, AöR 103 (1978), S. 132 ff.

[30] S. ZParl 11 (1980), S. 593.

*Rechts*gedanken verwirklicht und normativ näher zum Ausdruck bringt, die folglich nicht *vorläufig* und *zweck*abhängig, sondern auf Dauer angelegt ist und eine Geltung aus der in ihr innewohnenden *Rechtsidee* anstrebt", nur im Wege der Gesetzgebung ergehen sollte[31]. Denn damit wird ja (mit anderen Worten) ebenfalls auf die von uns geschilderte notwendige Vermittlungsleistung des Gesetzes in der Normallage[32] abgestellt.

Die Kompetenzen von Legislative und Exekutive in Ausnahmesituationen des Staates werden von Böckenförde wie folgt gegeneinander abgegrenzt: Die unmittelbare demokratische Legitimation des Parlaments erfordert es, daß ihm die „Feststellungskompetenz für den Ausnahmezustand" zufällt. Dagegen kommt als Inhaber der Ausnahmebefugnis nur ein Organ in Betracht, das u. a. „auf zugreifendes Handeln, auf Aktion ausgerichtet und dementsprechend organisiert" ist; dies kann nur die Regierung sein. Nicht geeignet wäre dagegen „ein quasi-parlamentarisches Gremium, wie etwa der Gemeinsame Ausschuß. Es würde, auf Aktion ausgerichtet, seinen *parlamentarischen* Charakter nach Größe und Arbeitsweise notwendig verlieren und nur den Schein einer parlamentarischen Kompetenz aufrechterhalten"[33]. Das Parlament wahrt insofern seinen Einfluß auf die Regierung, als es den Rahmen für die Ausnahmebefugnis genau festlegt und sich verstärkte Kontrollrechte vorbehält. Eine inhaltliche Normierung der Ausführungsbefugnisse verbietet dagegen die Natur des Regelungsgegenstandes[34].

Die entscheidende Übereinstimmung der geschilderten Abgrenzung Böckenfördes mit dem hier zur parlamentarischen Kontrolle Gesagten liegt für uns in seiner Feststellung, daß der Gemeinsame Ausschuß als „quasi-parlamentarisches Gremium" keine wirkliche parlamentarische Arbeit mehr leisten und sich damit selbst aufgeben würde, wenn man ihm in einer Ausnahmesituation exekutivische Vollmachten (die Entscheidung über die Durchführung von „Maßnahmen" u. a.) zugeständе, und es *darum* verstärkte parlamentarische Kontrollrechte geben müßte. Denn damit erfährt unsere These, daß parlamentarische Kontrolle in bestimmten Situationen als demokratisches Äquivalent verstanden werden kann, ihre indirekte Bestätigung.

b) Das angesprochene Beispiel läßt noch einige *allgemeine Folgerungen* zu:

Zunächst drängt sich die Frage auf, ob nicht das klassische Verständnis des Sozialstaats auch die These nahelegt, daß kurzfristige Eingriffe des Staates in die Marktwirtschaft und damit ebenfalls finanzwirksame, wirtschaftliche Maßnahmegesetze Ausnahmecharakter besitzen. Bejaht man das, so kann nicht ein solches Maßnahmegesetz als primäres Instrument des Sozialstaats angesehen werden, sondern, wie hier ja vertreten, eben das Haushaltsgesetz mit dem Haushaltsplan.

---

[31] ZParl 11 (1980), S. 594 (Hervorhebung A. J.); genauer dazu NJW 1978, S. 1884 f., 1886, 1888 f.
[32] S. § 9 II. bei Anm. 12 ff.
[33] NJW 1978, S. 1889 (Hervorhebung dort).
[34] Im einzelnen *Böckenförde*, aaO., S. 1890.

Besinnt man sich an dieser Stelle der Überlegungen auf das geschilderte Regelungsmodell für das Ausnahmerecht im demokratischen Rechtsstaat, so ergeben sich verblüffende Parallelen: Wie bei diesem Regelungsmodell verbleibt durch das verfassungsrechtlich geforderte Haushaltsgesetz mit dem Haushaltsplan die (lediglich die Exekutive *ermächtigende*) „Feststellungskompetenz" beim Parlament. Die weitere Parallele mit dem genannten Regelungsmodell ist darin zu sehen, daß der Haushaltsvollzug, der namentlich im Hinblick auf die freien Haushaltstitel mit dem gewöhnlichen Gesetzesvollzug nicht vergleichbar ist, bei der Exekutive unter Einräumung spezifischer Kontrollinstrumente des Parlaments (Artikel 114 GG) verbleibt. So gesehen können darum die von uns aus den haushaltsrechtlichen Bestimmungen des Grundgesetzes abgeleiteten Grenzen für den (Leistungs-)Gesetzgeber als Indiz dafür verstanden werden, daß die „Sonder-Normallage" für ihn nicht ohne weiteres gegeben ist.

Zu der damit verbundenen allgemeinen Folgerung, daß sozialstaatliche Intervention und insbesondere staatliche Subventionspolitik weitaus eher als „Ausnahmezustand" zu verstehen ist (und demnach Maßnahmecharakter trägt), als bisher zugegeben wird, kommt man letztlich allerdings nur, wenn man von der These Abschied nimmt, daß in diesen Fällen wegen Fehlens anderer Regelungsinstrumente das finanzwirksame, wirtschaftliche Maßnahmegesetz u. a. verfassungsrechtlich zwingend geboten sei[35]. Denn erst wenn diese verfassungsrechtliche Rechtfertigung hinfällig wird, kann man ohne Vorbehalt den realen inhaltlichen Charakter staatlicher Regelungs- und Handlungsformen anerkennen. Daß sie tatsächlich aufgegeben werden muß, sollten namentlich die im zweiten Teil aufgezeigten demokratischen Äquivalente zeigen, die u. E. ja auch durch den sozialstaatlichen Freiheitsbegriff legitimiert sind[36]. Zudem vermag auch der Gesetzgeber, wie nunmehr genauer zu zeigen ist, im sozialstaatlichen Bereich durch Richtlinien- und Grundsatzgesetze regelnd tätig zu werden.

III. Die verfassungsrechtlichen Kriterien des Richtlinien- und Grundsatzgesetzes und die Funktion dieser Gesetze

Was die zulässige Konkretheit gesetzlicher Regelungen angeht, so hat sich für das legislative Zugriffsrecht durch die dargelegten verfassungsrechtlichen Bedenken gegen das Maßnahmegesetz eine wichtige Grenze ergeben. Zu klären bleibt damit nur noch, welchen Inhalt und welche Bedeutung neben dem abstrakt-generellen Gesetzesbegriff das Grundsatz- und Richtliniengesetz nach dem Grundgesetz besitzt, weil sich dadurch auch Funktion und Grenze des legislativen Zugriffsrechts noch genauer bestimmen lassen.

---

[35] S. dazu § 1 III. bei Anm. 174 ff.
[36] S. noch einmal § 2 II. bei Anm. 51 ff.

1. Der Begriff des Richtlinien- und Grundsatzgesetzes und seine Erscheinungsform

a) Was zunächst die *Richtliniengesetze bzw. Planungsgesetze* betrifft[37], so handelt es sich insoweit um primär final programmierte Normen, die an die Exekutive gerichtet sind (Organgesetze). Die finale Programmierung dieser Gesetze hat zur Folge, daß bei ihnen die Unterscheidung zwischen Rechtssetzung und Rechtsanwendung (bzw. Rechtssatz und Einzelakt) versagt[38]. Das gilt allerdings nicht uneingeschränkt für den durch Gesetz beschlossenen Plan als solchen (das „Plangesetz"), da dieser im Gegensatz zum Planungsgesetz in bestimmten Fällen als Maßnahme begriffen werden kann[39]. Das Richtliniengesetz besitzt trotz seiner vorwiegend finalen Programmierung einen eindeutigen Regelungscharakter. So sehen das Raumordnungsgesetz des Bundes wie die Landes-Raumordnungsgesetze ein bestimmtes Verfahren für die Aufstellung der Raumordnungsprogramme vor, erkennen diesen Programmen eine bestimmte Rechtswirkung zu (Pflicht zur Anpassung für die darauf aufbauenden Pläne etc.) und formulieren gewisse inhaltliche Vorgaben in Form von Grundsätzen, die in den Programmen zu Zielen verdichtet werden etc.[40] Ähnliches gilt für das Stabilitätsgesetz[41].

Wegen seines spezifischen Regelungscharakters können sich allgemeine verfassungsrechtliche Anforderungen an den Inhalt des Richtliniengesetzes nur aus den Bestimmungen des Grundgesetzes über das Gesetzgebungsverfahren und daneben noch aus dem sich besonders in der Richtlinienkompetenz des Regierungschefs (für das Grundgesetz vgl. Artikel 65 S. 1 GG) zum Ausdruck kommenden eigenständigen Gestaltungsauftrag der Regierung ergeben[42]. Aus den Vorschriften über das Gesetzgebungsverfahren lassen sich, wie schon früher erwähnt[43], die Momente der Dauer und grundsätzlichen Wichtigkeit als Kriterien für den Gesetzesbegriff sowie das Postulat einer notwendigen Distanz zwischen dem konkreten Anlaß zur gesetzlichen Regelung und ihrem Erlaß nach Beendigung der parlamentarischen Beratungen ableiten. Daß sich namentlich Richtlinien- und Planungsgesetze auf längerfristige Vorgaben von grundsätzlichem Gewicht beschränken müssen und den u. a. durch Flexibilität gekennzeichneten Plan selbst nicht regeln

---

[37] Zur einschlägigen Literatur für diesen Gesetzesbegriff vgl. die Nachweise in § 1 III. Anm. 179.

[38] Vgl. den Nachweis in § 1 Anm. 226.

[39] Zu dieser Unterscheidung *Würtenberger*, Politische Planung, S. 199 ff., besonders S. 203 und *Mössle*, Regierungsfunktionen des Parlaments, S. 216 ff. (= III.); s. daneben auch *Müller*, Rechtssetzung, S. 47 ff.

[40] Im einzelnen hierzu *Wahl*, Landesplanung, Band 1, S. 156 ff.

[41] Vgl. *Hollmann*, Rechtsstaatliche Kontrolle der Globalsteuerung, S. 131 ff. und die Kommentare zum Stabilitätsgesetz von *Stern/Münch/Hansmeyer*, insbesondere S. 65 ff. und *Möller*, besonders S. 45 ff.

[42] Vgl. dazu § 5 II. bei Anm. 65 ff.

[43] S. § 1 III. bei Anm. 227 ff. und § 5 II. bei Anm. 69 f.

dürfen[44], bestätigt daneben das angesprochene Recht der Regierung zur konzeptionellen Initiative. Der Plan als solcher muß gewöhnlich rasch abänderbar sein, nicht aber das bei der Aufstellung des Planes zu beachtende Verfahren, die zu berücksichtigenden Abwägungsgesichtspunkte (Grundsätze) und seine „allgemeinen" Ziele[45]. Auch begrifflich vermag die spezifische Bindungswirkung der final programmierten Normen kaum anders als eben durch Grundsätze und (allgemeine) Ziele rechtlich faßbar ausgedrückt zu werden. Für die Konkretisierung der Forderung nach grundsätzlicher Wichtigkeit der gesetzlichen Regelung besteht, auch wenn man die vom Bundesverfassungsgericht für die Reichweite des Gesetzesvorbehalts vertretene Wesentlichkeitstheorie ablehnt, kein Hinderungsgrund, sich der u. a. von G. Müller in teilweiser Übereinstimmung mit dieser Rechtsprechung entwickelten Entscheidungskriterien wie: Akzeptierbarkeit, finanzielle Auswirkungen, Bedeutung für die Ausgestaltung des politischen Systems u. a. zu bedienen[46]. Der Weg für eine derartige Bestimmung des Inhalts von Richtliniengesetzen – das bleibt abschließend hierzu noch einmal zu betonen – wird im Grunde erst dadurch frei, daß parlamentarische Kontrolle, wie hier geschehen, als demokratisches Äquivalent verstanden werden kann (und ihr korrespondierende besondere Handlungsformen der Verwaltung anerkannt werden). Was diesen Begründungszusammenhang betrifft, so kann auf unsere entsprechenden Ausführungen zum Maßnahmegesetz verwiesen werden[47].

b) Eine ähnliche Rechtsstruktur wie die Planungs- und Richtliniengesetze weisen auch die *allgemeinen Organisationsgesetze* einiger Bundesländer auf[48]. Sie können zwar nicht als final-strukturierte Regelungen verstanden werden, wohl aber als Grundsatzgesetze. Diese Beschränkung auf das Grundlegende (und Dauerhafte) hat auch bei diesen Gesetzen ihre Ursache darin, daß Organstruktur und

---

[44] Vgl. das zum Verhältnis von Parlament und Planung in § 5 II. Gesagte.

[45] S. zu letzteren etwa Teil I des Landes-Raumordnungsprogramms Niedersachsen vom 1. Juni 1982 (Niedersächsisches Gesetz- und Verordnungsblatt S. 127 ff.). In der Begründung des Regierungsentwurfs zu diesem Landes-Raumordnungsprogramm wird das Gebot einer Beschränkung des Gesetzgebers auf das Grundsätzliche deutlich ausgesprochen. Es heißt dort: Das Gesetz kann „grundsätzlich nur für denjenigen Teil eines Programms oder Planes die angemessene Form sein . . ., der sich mit generellen und abstrakten Regelungen und damit mit Regelungen von längerer Dauer befaßt. Räumlich-konkret ausgeformte Planungsaussagen hingegen müssen in zeitlich kürzeren Abständen veränderten Verhältnissen angepaßt werden können; diese Möglichkeit der Veränderung, der Elastizität, ist ein grundlegendes Merkmal des Planes" (LT-Drs. 9/2602, S. 17; vertiefend dazu LT-Drs. 9/2000, S. 10 f.).

[46] Rechtssetzung, S. 110 ff.; ganz ähnlich *Staupe*, Parlamentsvorbehalt, S. 247 ff., s. daneben auch die auf S. 238 ff. entwickelten Kriterien für das Vorliegen einer „Grundrechtswichtigkeit".

[47] Vgl. § 9 II. bei Anm. 21 ff.

[48] Vgl. etwa Allgemeines Verwaltungsgesetz für das Land Schleswig-Holstein in der Fassung vom 19. 3. 1979 (Gesetz- und Verordnungsblatt für Schleswig-Holstein S. 181), das Landesverwaltungsgesetz von Baden-Württemberg in der Fassung vom 2. 1. 1984 (Gesetzblatt für Baden-Württemberg, S. 101) oder das nordrhein-westfälische Gesetz über die Organisation der Landesverwaltung vom 10. 7. 1962 (Gesetz- und Verordnungsblatt für das Land Nordrhein-Westfalen S. 421). Genauer dazu *Loeser*, Das Bundes-Organisationsgesetz, S. 83 ff., 230 ff., 236 ff., 243.

Verfahren der Legislative, d. h. das Gewaltenteilungsprinzip, die genannte Beschränkung erfordert. Bei Organisationsgesetzen besitzt dieser Gesichtspunkt wie auch bei Richtliniengesetzen deshalb besondere Bedeutung, weil subjektive Rechte durch ihren Vollzug im allgemeinen nicht berührt werden. Die durch den Gesetzesvollzug ausgelöste Betroffenheit subjektiver Rechte ist es aber ja gerade, die bei Gesetzen mit „Außenwirkung" deren abstrakt-generellen Charakter fordert und daneben die Beschränkung auf das Grundsätzliche zurücktreten läßt. Die nun dem legislativen Zugriffsrecht mit der gebotenen Beschränkung der allgemeinen Organisationsgesetze auf das Grundsätzliche gesetzten Grenzen hat für den Bereich der Bundesregierung im einzelnen besonders Böckenförde dargelegt[49].

c) Die skizzierten Eigenheiten der Richtlinien- und allgemeinen Organisationsgesetze besitzen auch *mittelbare verfassungsrechtliche Vorbilder* in der im Grundgesetz vorgesehenen Grundsatzgesetzgebung (vgl. besonders Artikel 91 a Abs. 2 S. 2 und 109 Abs. 3 GG)[50] und weiter sogar in der Rahmengesetzgebung nach Artikel 75 GG[51]. Zwar haben Grundsatz- und Rahmengesetzgebung primär den Sinn, für bestimmte Bereiche die Rechtsgleichheit in den Bundesländern sicherzustellen, sie müssen sich aber insoweit – und das macht sie in vorliegendem Zusammenhang interessant – (aus bundesstaatlichen Gesichtspunkten) eben auf den „Rahmen" bzw. die „Grundsätze" beschränken. Typisch ist für diese Gesetze weiterhin, daß sie ähnlich wie bisweilen Richtliniengesetze durch nachfolgende Gesetze näher konkretisiert werden bzw. der von ihnen vorgegebene Rahmen auf diese Weise ausgefüllt wird. Die Grundsatzgesetzgebung des Bundes bietet sich schließlich als Parallelfall für die Richtliniengesetze noch deshalb an, weil ein Grundsatzgesetz auch den Bundesgesetzgeber selbst bei dem Erlaß eines seinen Inhalt konkretisierenden Gesetzes bindet[52] und eine Bindung an das Grundsatzgesetz auch unmittelbar für die Bundes- und die Landesverwaltung (einschließlich der Kommunalverwaltung) besteht. Ob darüber hinaus etwa für die Grundsatzgesetzgebung nach Artikel 109 Abs. 3 GG gefolgert werden kann, daß mit ihrer inhaltlichen Beschränkung auf die grundlegenden Dinge bzw. Richtlinien auch eine Festlegung der gesetzgeberischen Kompetenzen gegenüber der Exekutive auf

---

[49] Organisationsgewalt, S. 286 ff.; vgl. daneben (wenn auch mit anderer Begründung und weniger eindeutigem Ergebnis) *Oldiges*, Die Bundesregierung als Kollegium, S. 240 ff. Allgemein zu den der Exekutive vorbehaltenen organisatorischen Regelungen zuletzt *Nedden*, VR 1985, S. 308 und VR 1985, S. 369 ff. (besonders S. 372 f.); *Schnapp*, VVDStRL 43 (1985), S. 192 ff. sowie besonders *Loeser*, aaO., S. 155 ff.

[50] Dazu *Tiemann*, DÖV 1974, S. 229 ff.; *Schreven*, Die Grundsatzgesetzgebung im Grundgesetz und *Mössle*, Regierungsfunktionen des Parlaments, S. 226 ff.

[51] Das gilt besonders, wenn man der Interpretation von *K. Müller* (DÖV 1964, S. 332 ff.) folgt. Zu den – teilweisen – Parallelen mit den Regelungen des Grundgesetzes über die Gemeinschaftsaufgaben vgl. noch *Frowein*, VVDStRL 31 (1973), S. 23 f.

[52] *Fricke* (DÖV 1980, S. 321) spricht insoweit im Blick auf das Haushaltsgrundsätzegesetz zutreffend davon, daß dem Bund „eine einseitig beabsichtigte Aufkündigung der Einheitlichkeit im Haushaltsrecht" nicht möglich sei, da sich dazu „Bund und Länder anläßlich der Haushaltsreform gemeinsam bekannt" hätten.

Bundesebene vorliegt, ist allerdings umstritten[53]. Einmütig wird insoweit jedoch zugestanden, daß „das parlamentarische Gesetzgebungsverfahren zu langsam und schwerfällig sei, um sämtliche jeweils erforderlichen konjunkturpolitischen Entscheidungen zu treffen", und diese Entscheidungen darum „grundsätzlich der gouvernementalen Sphäre zuzuweisen" seien[54]; damit wird also zumindest die hier versuchte Begrenzung für die Richtlinien- und Organisationsgesetze bestätigt.

d) Der Charakter eines das Grundsatz- oder Richtliniengesetz konkretisierenden Gesetzes als „*Vollziehungsgesetz*" hebt nun aber nicht seine spezifische, für das legislative Zugriffsrecht verbindliche inhaltliche Bedeutung auf. Denn auch ein solches „Vollziehungsgesetz" ist wiederum nur insoweit verfassungsrechtlich zulässig, als es sich auf Grundzüge (Richtlinien) beschränkt. Derartige Vollziehungsgesetze können in zweifacher Form auftreten. Einmal als Verfahrensgesetze, die die gesetzlich vorgegebenen Grundsätze nicht inhaltlich konkretisieren, sondern durch detaillierte Regelungen des Verfahrens ergänzen (so etwa die Haushaltsordnungen in Bund und Ländern). Das geschieht als Folge der im Grundgesetz vorgesehenen Grundsatz- und Rahmengesetzgebung häufig und interessiert hier weniger. Daneben konkretisieren die „ausfüllenden" Gesetze aber auch die gesetzlich vorgegebenen Grundsätze bzw. Richtlinien inhaltlich näher. Ihre Bindung an das „vorgegebene" Gesetz ist entweder verfassungsrechtlich bedingt (so bei der im Grundgesetz vorgesehenen Grundsatz- und Rahmengesetzgebung)[55] oder sie folgt aus allgemeinen Auslegungsregeln (so etwa das Verhältnis der gesetzesförmigen Raumordnungsprogramme bzw. Landesentwicklungsprogramme zum jeweiligen Landesplanungsgesetz)[56].

Das den Inhalt des Planungs- und Grundsatzgesetzes ausfüllende Gesetz ist selbst zunächst insoweit auf „Grundsätze" beschränkt, als es zu keiner Rechts-

---

[53] Bejahend *Stern*, NJW 1967, S. 1834; dagegen *Möller*, Kommentar zum Gesetz zur Förderung der Stabilität und des Wachstums in der Wirtschaft, Artikel 109 Rdnr. 12 und *Tiemann*, DÖV 1974, S. 236 Anm. 56.

[54] So *Möller*, aaO., Artikel 109 Rdnr. 15; ähnlich *Stern* in *Stern/Münch/Hansmeyer*, Gesetz zur Förderung der Stabilität und des Wachstums in der Wirtschaft, S. 72 (Einführung) und *Tiemann*, aaO., S. 235 f.

[55] Dazu zusammenfassend *Schreven*, Die Grundsatzgesetzgebung im Grundgesetz, S. 88 ff. und *Tiemann*, aaO., S. 234 f.

[56] Zu diesem Problembereich gehört auch das Nebeneinander von Raumordnungsrecht und Fachplanungsrecht und weiter das Nebeneinander von Haushaltsplan und Haushaltsordnung bzw. Haushaltsgrundsätzegesetz u. a. Aus der Literatur dazu zusammenfassend *Würtenberger*, Politische Planung, S. 343 ff.; *Haverkate*, Rechtsfragen, S. 123 ff.; *Voigt*, Die Rechtsformen staatlicher Pläne, S. 64 ff.; *Mössle*, Regierungsfunktionen des Parlaments, S. 228 ff. und *Maurer* in FS Obermayer, S. 98 ff. (= C und D). Besonders für den Fall, daß der Gesetzgeber institutionelle Garantien ausfüllt, wird bisweilen sogar von einem „Hineinwachsen einfachen Gesetzesrechts in das Verfassungsrecht" gesprochen und damit im Ergebnis eine Höherwertigkeit eines solchen Gesetzesrechts behauptet; s. vor allem *Degenhart*, Systemgerechtigkeit, S. 79 ff., 102 ff., besonders S. 108 ff. sowie die (berechtigte) Kritik an dieser These von *Würtenberger* (Politische Planung, S. 352 ff.), *Peine* (Systemgerechtigkeit, S. 244 ff.) und – besonders deutlich – *Haverkate* (Rechtsfragen, S. 126 ff.).

schutzverkürzung führen darf. Dazu kann es praktisch nur im Blick auf die Kommunen kommen. Das in § 6 besprochene Beispiel der Niedersächsischen Kreisreform durch Gesetz zeigt die Tragweite dieser Grenzziehung auf; in diesem Zusammenhang ist auch an den Hinweis in § 7[57], daß u. a. gesetzlich beschlossene Programme in die Planungshoheit der Gemeinden eingreifen können, zu erinnern. Im übrigen gelten für Vollziehungsgesetze die bereits genannten allgemeinen Grenzen für das Richtliniengesetz[58].

2. Die Mittelstandsförderungsgesetze verschiedener Bundesländer als Beispiele für eine verfehlte Richtliniengesetzgebung

Die Mittelstandsförderungsgesetze verschiedener Bundesländer[59] sind in einer einschlägigen Dissertation wie folgt charakterisiert worden:

„Die Mittelstandsförderungsgesetze sind ihrem wesentlichen Inhalt nach ‚Richtliniengesetze‘, bei denen es sich um die Normierung eines bestimmten politischen Programms durch einen gesetzesförmigen Parlamentsakt handelt, um es für die Exekutive, aber auch für die künftige Gesetzgebung verbindlich zu machen"[60]. Entsprechend wird der Sinn dieser Richtliniengesetzgebung darin gesehen, daß „der Gesetzgeber... ein politisches Programm in Gesetzesform bringt"[61]. Der Vollzug der Mittelstandsförderungsgesetze sei „ohne Ausführungsbestimmungen in Richtlinien... infolge der meist wenig faßbaren Gesetzesvorschriften... nicht möglich". Die genannten Gesetze enthielten darum gewöhnlich auch einen „Auftrag... an die Exekutive, Maßnahmen und Programme zur Mittelstandsförderung zu entwickeln und durchzuführen, also Richtlinien zu erlassen". Insoweit handelt es sich aber nicht nur, wie richtig in der genannten Arbeit festgestellt wird, „um bloße Ausführungsrichtlinien, welche ein koordiniertes Verhalten der einzelnen in den Vollzug eingeschalteten Behörden sicherstellen sollen, sondern um Richtlinien, welche erst ‚Art und Umfang der Förderungsmaßnahmen sowie deren Voraussetzungen und Verfahren‘ festlegen"[62].

---

[57] Vgl. § 7 II. bei Anm. 41 ff.

[58] Vgl. § 9 III. bei Anm. 42 ff.

[59] Mit Ausnahme von Nordrhein-Westfalen und Bremen besitzen inzwischen alle Bundesländer Mittelstandsförderungsgesetze. Eine gute, wenn auch nicht vollständige Übersicht über den Gesetzesstand bietet die Schrift: *Kamp* (Hrsg.), Informationen zur Mittelstandsforschung, Mittelstandsförderungsgesetze und Mittelstandsförderung.

[60] *Hofmeir*, Mittelstandsförderung in der Bundesrepublik unter besonderer Berücksichtigung der Gesetzgebung der Länder, S. 99. Weiterführende Überlegungen zu einem solchen Gesetzestyp bei *Bullinger*, DÖV 1970, S. 770 f.

[61] *Hofmeir*, aaO., S. 103; ganz ähnlich *Kamp*, aaO., S. 56 und 85.

[62] *Hofmeir*, aaO., S. 105. Ergänzend vgl. wiederum *Kamp*, aaO., S. 54: „Gemeinsam ist allen Mittelstandsförderungsgesetzen bzw. -gesetzentwürfen, daß sie hinsichtlich der Maßnahmekomplexe und Einzelmaßnahmen lediglich qualitative Ausführungen enthalten, jedoch keine Angaben über den Umfang der Förderung oder über zeitliche und sachliche Prioritäten. So wird deutlich, daß es sich zwar um verbindliche Absichtserklärungen der politischen Entscheidungsträ-

Diese Ausführungen sind hier deshalb wörtlich wiedergegeben worden, weil sie den tatsächlichen Regelungsgehalt der Mittelstandsförderungsgesetze präzis beschreiben. Interessant ist aber, daß es mit dieser Bestandsaufnahme in der genannten Dissertation wie auch in der gesamten parlamentarischen Auseinandersetzung über diese Gesetze sein Bewenden hat. Allenfalls rechts*politische* Bedenken gegen eine solche Gesetzgebung, nicht aber verfassungs*rechtliche* werden noch in den Plenardebatten geäußert[63]. Das muß deshalb erstaunen, weil diesen Gesetzen praktisch jeder Regelungsgehalt fehlt und sie daneben ziemlich willkürlich einzelne konkrete Förderungsmaßnahmen zugunsten des Mittelstandes aus der Vielzahl der weiterhin allein durch Richtlinien geregelten herausgegriffen haben, obwohl für alle Förderungsmaßnahmen in gleicher Weise eine gewisse Flexibilität geboten ist. Darauf ist nun noch genauer einzugehen.

Was den zuletzt genannten Punkt betrifft, so ist eine bestimmte Flexibilität der Förderungsmaßnahmen schon deshalb geboten, weil für das gesetzliche Förderungsobjekt „Mittelstand" keine verbindliche Definition besteht[64]. Hinzu kommt der rasche Wandel der Förderungspraxis. Wenn nun in den Mittelstandsförderungsgesetzen etwa Förderungsmaßnahmen für überbetriebliche Ausbildungsstätten, den EDV-Einsatz, die Beteiligung an Messen und Ausstellungen u. a. vorgesehen werden[64a], so erscheint eine gesetzliche Fixierung auf derart spezielle Bereiche schon aus diesem Grund fraglich. Mit aller Deutlichkeit beweist insoweit der aufgrund des Niedersächsischen Mittelstandsförderungsgesetzes alle drei Jahre vorzulegende Mittelstandsbericht 1981 der Landesregierung (Drs. 9/2675) die Untauglichkeit einer zu konkreten gesetzlichen Festlegung[65]. Denn losgelöst von den gesetzlich vorgesehenen Maßnahmen zur Stärkung des Mittelstandes wird

---

ger handelt, daß aber kein Anspruch auf die Durchführung einer bestimmten Förderungsmaßnahme abgeleitet werden kann."

[63] Besonders kennzeichnend Plenarprotokoll der 36. Sitzung des Rheinland-Pfälzischen Landtages vom 14. 7. 1977 (8. Wahlperiode), S. 1668f., 1670, 1674; Plenarprotokoll der 50. Sitzung des Nordrhein-Westfälischen Landtages vom 16. 6. 1977 (8. Wahlperiode), S. 2799, 2806 und der 43. Sitzung des Schleswig-Holsteinischen Landtages vom 13. 7. 1977 (8. Wahlperiode), S. 2910.

[64] Vgl. insoweit nur den Hinweis des Abg. Luckhardt im Schleswig-Holsteinischen Landtag, daß für den Begriff „Mittelstand" in der wirtschaftspolitischen Praxis „annähernd 200 verschiedene Definitionen existent sind" (Plenarprotokoll der 43. Sitzung vom 13. 7. 1977 – 8. Wahlperiode – S. 2910). Die gleiche inhaltliche Ungenauigkeit besitzt der in einigen Mittelstandsförderungsgesetzen daneben verwandte Begriff der „freien Berufe"; s. dazu nur Drs. 8/2275, S. 1 f. der Bürgerschaft der Freien und Hansestadt Hamburg (= Bericht des Ausschusses für Hafen und Wirtschaft). Wenn der Gesetzgeber dennoch diese Materie glaubt regeln zu können, so ist demgegenüber an die Forderung Lorenz von Steins (Verwaltungslehre, Teil 2, S. 85) zu erinnern, daß eine gesetzliche Regelung erst dann an Stelle der Verwaltungsverordnung ergehen sollte, wenn das Regelungsobjekt „wissenschaftlich in einen bestimmten *Begriff* gebracht werden kann, und wenn dieser Begriff für das ganze Volk ein *gemeinverständlicher* ist; so zwar, daß mit dem Worte, das ihn bezeichnet, eine für alle ziemlich gleichmäßig klare *Vorstellung* von demjenigen verbindet, was dasselbe bedeutet" (Hervorhebung dort).

[64a] Übersichtlich zu den entsprechenden Regelungen in den Mittelstandsförderungsgesetzen *Kamp*, aaO., (Anm. 58), S. 9, 12, 16.

[65] Vgl. zum folgenden besonders die Seiten 3f., 40, 47ff., 52ff. des genannten Berichts.

dort ein umfassender Katalog neuer Förderungsleitlinien formuliert und zugleich darauf hingewiesen, daß von einer im Niedersächsischen Mittelstandsförderungs- gesetz vorgesehenen Maßnahme bisher überhaupt kein Gebrauch gemacht wor- den sei. Man erwägt deshalb, diese in Zukunft aus dem Gesetz zu streichen. Interessant ist auch, daß in dem genannten Bericht die Notwendigkeit gesehen wird, neben den im Mittelstandsförderungsgesetz genannten Förderungsmaßnah- men zahlreiche geltende Spezialgesetze zugunsten des Mittelstandes zu ändern. Der „Fehler" der Mittelstandsförderungsgesetze liegt also in der Tat wohl darin, daß sie sich bei der Festlegung der Förderungsmaßnahmen nicht, wie hier für die Richtliniengesetze allgemein gefordert wurde, auf entsprechende Grundsätze be- schränken. Ansatzweise ist das allerdings in dem Entwurf der nordrhein-westfäli- schen Landesregierung für ein „Wirtschaftsförderungsrahmengesetz" (LT-Drs. 8/ 4460) versucht worden. Stern beschreibt diesem Verständnis entsprechend den Rechtscharakter des Stabilitätsgesetzes als einen „Plan der Pläne" (nämlich der Haushaltspläne) mit Rahmen- oder Richtliniencharakter[65a].

Die verfassungsrechtlich bedenkliche Festlegung auf bestimmte spezielle För- derungsmaßnahmen in den Mittelstandsförderungsgesetzen kommt nun aber des- halb nicht zum Tragen, weil diese Gesetze als solche praktisch keinen Regel- ungsgehalt besitzen. Es handelt sich, wie anfangs festgestellt, um politische Pro- gramme in Gesetzesform. Die schon dargelegten spezifischen Bindungswirkungen der Richtliniengesetze bestehen hier nicht[66]. Das zeigt sich vor allem daran, daß durch die Mittelstandsförderungsgesetze nicht, wie etwa durch das Stabilitätsge- setz, für die Aufstellung des Haushaltsplans eine Bindung begründet wird, son- dern es „bestimmen sich", wie es durchweg in den Mittelstandsförderungsgesetzen heißt[67], umgekehrt alle dort vorgesehenen Förderungsmaßnahmen „nach dem jeweiligen Haushaltsplan". Diese Regelung bewirkt, daß der Haushaltsgesetzge- ber, wenn er etwa anderen wirtschaftlichen Maßnahmen Priorität zumißt, diesen ohne Berücksichtigung der in den Mittelstandsförderungsgesetzen enthaltenen Förderungsgesichtspunkte auch tatsächlich den Vorzug geben kann. Solche Haus- haltsvorbehalte sind zwar auch aus anderen Gesetzen bekannt[68], doch stellt diese Tatsache als solche zunächst einmal keinen Rechtfertigungsgrund für die insoweit fehlende Verbindlichkeit derartiger Gesetze dar. Für die Mittelstandsförderungs- gesetze kommen außerdem noch die bereits angesprochenen Besonderheiten hinzu, daß das gesetzliche Förderungsobjekt „Mittelstand" inhaltlich völlig unbe- stimmt ist und neben den gesetzlich fixierten Förderungsmöglichkeiten des Mittel- standes noch weitere gleichwertige in Richtlinienform bestehen oder denkbar

---

Teilweise stimmt damit auch der Mittelstandsbericht 1984 der niedersächsischen Landesregierung (Drs. 10/4000) überein; vgl. daselbst etwa S. 4ff., 44ff.

[65a] *Stern* in *Stern/Münch/Hansmeyer*, Gesetz zur Förderung der Stabilität und des Wachstums in der Wirtschaft, S. 68f. (Einführung).

[66] Vgl. § 9 III. bei Anm. 40f.

[67] S. die Übersicht bei *Kamp*, aaO., S. 6ff.

[68] Vgl. die Nachweise bei *Mußgnug*, Haushaltsplan, S. 12, 329ff., besonders 334ff.

sind. Als weitere Besonderheit der Mittelstandsförderungsgesetze ist im vorliegenden Zusammenhang zu beachten, daß der Exekutive darin durchweg ein weiter Entscheidungsspielraum für die Frage eingeräumt wird, ob sie überhaupt die einzelne gesetzliche Förderungsmaßnahme ergreift und wie sie diese dann konkret durchführt[69].

Die Mittelstandsförderungsgesetze beinhalten also im Gegensatz zu den gewöhnlich unter Haushaltsvorbehalt stehenden gesetzlichen Regelungen auch im übrigen weitgehend[70] keine wirkliche rechtliche Aussage. Ihnen kommt damit ganz präzise der Charakter von Richtlinien im Sinne des Artikel 65 S. 1 GG zu, der nach hiesigem Verständnis eben wegen der bestehenden demokratischen Äquivalente zumindest als Beleg für einen genuinen Bereich der Regierung verstanden werden muß. Die Mittelstandsförderungsgesetze vermögen darum auch ihrem wesentlichen Inhalt nach keine Bindung im Sinne des Artikel 20 Abs. 3 GG für die Exekutive (und Rechtsprechung) zu begründen und müssen schon deshalb weitgehend als verfassungswidrig angesehen werden[71]. Für diese letzte Ansicht spricht nicht nur der Gegenbegriff der „Richtlinie" im Sinne des Artikel 65 S. 1 GG[71a], sondern auch der Gesetzesbegriff selbst, wie er von uns in Abgrenzung zur Maßnahme rechtstheoretisch formuliert wurde[72]. Es zeigt sich an dieser Stelle

---

[69] So heißt es gewöhnlich in den Mittelstandsförderungsgesetzen, daß die Behörden des betreffenden Landes die im Gesetz genannten Maßnahmen ergreifen „können" bzw. „sollen" (s. dazu die Zusammenstellung der einschlägigen Vorschriften in der Synopse bei *Kamp*, aaO., S. 9 ff.).

[70] Eine Ausnahme stellen insoweit besonders die Vorschriften über die Vergabe öffentlicher Aufträge dar; s. dazu die Übersicht bei *Kamp*, aaO., S. 18 ff.

[71] Vgl. dazu *Gusy* (JuS 1983, S. 192 f.), der dem Artikel 20 Abs. 3 GG wohl zu Recht auch ein „Anwendungsgebot" in dem Sinne entnimmt, daß der Gesetzgeber grundsätzlich verpflichtet ist, „die Befugnisse der Exekutive in hinreichend klarer Weise" zu determinieren, um sie so in die Lage zu versetzen, „ihre Aufgaben rechtmäßig zu erfüllen". Allein diese Auslegung, so führt *Gusy* weiter aus, „entspricht auch der Tatsache, daß die Gesetze nicht nur Handlungs-, sondern zugleich Kontrollnormen bezüglich der Rechtmäßigkeit exekutiver Kompetenzausübung sind". Lehnt man diese Auslegung des Artikel 20 Abs. 3 GG ab, so bleibt als verfassungsrechtlicher Anknüpfungspunkt der rechtsstaatliche Grundsatz der Normenklarheit, der eben dem *Rechts-staat* immanent ist; vgl. insoweit schon § 1 Anm. 150 a. E.

[71a] Dagegen ausdrücklich für die Richtliniengesetze überhaupt *Mössle*, Regierungsfunktionen des Parlaments, S. 213 ff.

[72] Vgl. § 9 II. bei Anm. 9 ff. Selbst die Frage, ob die Mittelstandsförderungsgesetze zumindest faktisch – etwa wie eine Entschließung – die Haushaltsplanung in den Ländern beeinflussen, wird nicht vorbehaltlos bejaht. Eine entsprechende Analyse verschiedener Landeshaushaltspläne gelangt zu dem Ergebnis, daß „die gesetzliche Fixierung der Mittelstandsförderung in einem Mittelstandsförderungsgesetz einerseits durchaus zu einer intensivierten Förderungspraxis führen kann (Beispiel: Bayern, Baden-Württemberg), daß dies andererseits aber nicht zwangsläufig erfolgt (Beispiel: Hessen). Erläuternd heißt es dazu: „Hängt somit, was den hier untersuchten Teilbereich der materiellen Förderung auf der Basis der Länderhaushalte betrifft, die Wirkung eines solchen Gesetzeswerkes wesentlich von seiner politischen Umsetzung in die Praxis ab, so ist grundsätzlich zu fragen, ob es dazu überhaupt eines Gesetzes bedarf. Wie das Beispiel in Nordrhein-Westfalen (erg.: in dem es ja kein Mittelstandsförderungsgesetz gibt!) deutlich macht, ist die Existenz eines Mittelstandsförderungsgesetzes keineswegs die unabdingbare Voraussetzung zur Förderung der mittelständischen Wirtschaft" (so *Kamp*, aaO., S. 84). Folgerichtig wird darum

ebenfalls, daß der Begriff des Gesetzes notwendig einen bestimmten Inhalt impliziert, wenn man in den für die parlamentarisch-demokratische Legitimation des Gesetzgebers geltenden Grenzen zugleich solche für das Gesetz selbst verbindliche erkennt[73].

3. Die Funktion des Richtlinien- und Grundsatzgesetzes und des legislativen Zugriffsrechts

a) Das *Richtlinien- und Grundsatzgesetz* besitzt nach unseren Darlegungen die Funktion, der Exekutive für ihr Handeln (allgemeine) Zwecke (Grundsätze) vorzugeben und das zur Realisierung dieser Zwecke zu beachtende Verfahren festzulegen, um auf diese Weise ihr Handeln inhaltlich zu steuern und zu koordinieren. Letzteres gilt sowohl für die Sicherstellung eines einheitlichen gesetzgeberischen Vorgehens in den verschiedenen Bundesländern bzw. in Bund und Ländern wie auch auf den verschiedenen Verwaltungsebenen der Bundes- und Landesverwaltung (einschließlich der Kommunalverwaltung). Die Richtlinien- und Grundsatzgesetze stellen eine spezifische Gesetzesform neben dem sonst grundsätzlich verbindlichen abstrakt-generellen Gesetzesbegriff dar, der ja auch gegen das Maßnahmegesetz spricht. Sie sind damit neben den in §§ 3 und 5 dargelegten Handlungsformen typischer Ausdruck sozialstaatlicher Steuerung durch das Parlament.

Von den abstrakt-generellen Gesetzen unterscheiden sie sich durch ihre fehlende Außenwirkung (Organgesetz) und die durchweg finale Programmierung, die ja die übliche Trennung zwischen Rechtssetzung und Vollziehung bzw. zwischen Norm und Einzelakt verbietet. Auf verwaltungsrechtlicher Ebene ist der damit korrespondierende Unterschied zwischen punktuellem, hoheitlichem Verwaltungsakt einerseits und dem sich im gestuften Verwaltungsverfahren erst herausbildenden andererseits zu beachten. Das *Gemeinsame* zwischen den abstrakt-generellen Gesetzen und den Richtlinien- und Grundsatzgesetzen besteht nach dem Gesagten darin, daß beide schon aufgrund der Bestimmungen über das

---

in der gleichen Untersuchung (aaO., S. 85) der „mögliche ideelle Wert" der Mittelstandsförderungsgesetze hervorgehoben, der nach den Debatten in den verschiedenen Landtagen über die Mittelstandsförderungsgesetze durchweg auf der Überzeugung beruht, daß eine wirkungsvolle politische Absichtserklärung zugunsten des Mittelstandes notwendig ein Mittelstandsförderungsgesetz erfordert.

[73] Neben den verfassungsrechtlichen Bedenken gegen die Mittelstandsförderungsgesetze sollten auch nicht die verfassungspolitischen übersehen werden, die vor allem darin bestehen, daß eine solche Gesetzgebung für das Parlament eine Alibi-Funktion besitzen kann, indem es sich unter Berufung auf die beschlossenen Mittelstandsförderungsgesetze den wirklichen Fragen einer effektiven Förderung des Mittelstandes nicht mehr stellt. Umgekehrt eröffnen diese Gesetze der Exekutive die Möglichkeit, ihr Handeln in diesem Bereich stets mit dem Hinweis auf irgendeine Vorschrift des betreffenden Mittelstandsförderungsgesetzes zu rechtfertigen, statt, wie es der Fall sein müßte, als eigenständiges Handeln gegenüber dem Parlament zu verantworten. In allgemeinerem Zusammenhang haben wir eine derartige problematische Verrechtlichung politisch zu verantwortenden Staatshandelns schon in § 1 I. (Verfassungsrechtliche Legitimation politisch motivierter Gesetzgebung) gewürdigt.

Gesetzgebungsverfahren keine konkreten Situationen regeln dürfen; vor allem nicht solche, die unmittelbar in die Rechte der Kommunen eingreifen. Die im übrigen unterschiedliche Gesetzesform ist – so will es scheinen – bedingt durch die unterschiedliche Funktion, die das Gesetz zum Schutz und zur Gewährleistung der Freiheit im sozialen Lebensraum besitzt. Das Richtlinien- und Grundsatzgesetz beeinhaltet im Gegensatz zum rechtsstaatlichen keine unmittelbare Abgrenzung der Freiheitssphären und schafft deshalb auch keine Grundlage für einen „Eingriff" in die Rechte anderer; ihm geht es vielmehr darum, die Voraussetzungen dieser Freiheit sicherzustellen. Die „Tiefendimension" der Freiheit (Suhr) ist es, die eine solche Gesetzgebung und die dadurch ausgelöste Regierungs- und Verwaltungstätigkeit im Auge hat. Das inhaltlich Gemeinsame beider Gesetzesformen liegt also in ihrer Orientierung am Freiheitsbegriff des Grundgesetzes; darin ist die Brücke zu sehen, die – um mit Carl Schmitt zu reden[74] – den rechtsstaatlichen und politischen (demokratischen) Gesetzesbegriff über die genannten formalen Komponenten hinaus verbindet. Das Sozialstaatspostulat des Grundgesetzes erlaubt, wie dargelegt, eine entsprechende Interpretation des Freiheitsbegriffs.

b) Für die Funktion des *legislativen Zugriffsrechts* ergibt sich aus dem Gesagten folgendes:

Wie wir in § 8 gesehen haben, gebieten die grundgesetzlichen Gesetzesvorbehalte nicht die Steuerung der Exekutive durch das Richtlinien- und Grundsatzgesetz. Denn es gibt keinen allgemeinen demokratisch motivierten oder das Eingriffsdenken „überwindenden" allgemeinen grundrechtlichen Gesetzesvorbehalt. Das Richtlinien- und Grundsatzgesetz muß also in der Tat als typischer Ausdruck des freien politischen (demokratischen) Willens der Legislative zu gesetzgeberischem Handeln verstanden werden. Das legislative Zugriffsrecht und seine Grenzen und nicht aus der Wesentlichkeitstheorie abgeleitete allgemeine Gesetzesvorbehalte umschreiben darum Grundlage und Schranken einer solchen Gesetzgebung[75]. Die Wesentlichkeitstheorie kann dagegen als allgemeine inhaltliche Kennzeichnung für die von uns versuchte Bestimmung von Bereich und Funktion des legislativen Zugriffsrechts verstanden werden. Hier und nicht bei der Lehre vom Gesetzesvorbehalt hat sie (allenfalls) ihren Ort und liefert dann die elastische Formel, die dem legislativen Zugriffsrecht gemäß ist. Für eine Lehre vom Gesetzesvorbehalt paßt die Wesentlichkeitstheorie dagegen auch deshalb nicht, weil dieser ja den Erlaß eines Gesetzes zwingend gebietet und nicht wie das legislative Zugriffsrecht nur die Möglichkeit dazu eröffnet. Es können damit, wie schon bemerkt[76], für die Festlegung des dem legislativen Zugriffsrecht vorbehaltenen Bereichs die besonders von Georg Müller und Staupe entwickelten Wesentlichkeitskriterien zur

---

[74] Verfassungslehre, S. 41, 146.

[75] Ähnliches Ergebnis bei *Böckenförde*, Gesetz, S. 400 – allerdings sieht Böckenförde im Gegensatz zu unseren Ausführungen auch das Maßnahmegesetz als eine für das legislative Zugriffsrecht typische Regelungsform an.

[76] S. § 9 III. bei Anm. 46.

Abschichtung der verschiedenen Regelungsebenen ergänzend herangezogen werden[77]. Neben dem Richtlinien- und Grundsatzgesetz bleibt für das legislative Zugriffsrecht natürlich das abstrakt-generelle Gesetz die verbindliche Handlungsform in den Fällen, in denen es außenwirksame Rechtsverordnungen, Subventionsrichtlinien und Sonderverordnungen zulässigerweise ersetzt.

---

[77] Die Ausführungen von *Rottmann* (EuGRZ 1985, S. 293, 296) zum Inhalt des für den rechtsstaatlich-institutionellen Gesetzesvorbehalt typischen Gesetzesbegriffs sind *insoweit* ebenfalls einschlägig.

Ausblick

Die Rückbesinnung auf die inhaltliche Bedeutung der repräsentativen Demokratie als notwendige Voraussetzung für eine wirksame Begrenzung der gesetzgeberischen Befugnisse

Unser Bemühen um eine Begrenzung des legislativen Zugriffsrechts beruhte auf der Überlegung, daß sie zur Eindämmung der auch verfassungsrechtlich bedenklichen Gesetzesflut beitragen kann. Nach dem Ausgeführten ist insoweit eine Schrankenziehung, die über die in Rechtsprechung und Literatur vertretenen Ansichten hinausgeht, allein in dem Sinne möglich, als das auf Bereiche der Exekutive „zugreifende" Gesetz selbst aus demokratischen und grundrechtlichen Gründen inhaltlichen Anforderungen genügen muß. Im Ergebnis gibt es also primär qualitative und nicht quantitative verfassungsrechtliche Argumente gegen eine übermäßige Gesetzgebung.

Die vorgetragene Argumentation setzt nun aber die Möglichkeit, staatliches Handeln überhaupt parlamentarisch-demokratisch zu legitimieren, wie selbstverständlich als gegeben voraus, obwohl nicht zu übersehen ist, daß inzwischen das parlamentarische System als solches in eine Krise geraten ist[1] und diese Krise im Kern die Glaubwürdigkeit parlamentarisch-demokratischer Legitimation selbst in Frage stellt. Das wiederum zeigt sich besonders deutlich an der vielfach zu beobachtenden Weigerung, auf diesem Wege zustande gekommene Entscheidungen des Staates zu akzeptieren[2]. Diese Beobachtung berührt unsere bisherigen Überlegungen unmittelbar. Denn bestehen die Zweifel an der parlamentarisch-demokratischen Legitimation als solcher – ihrer Glaubwürdigkeit – zu Recht, so wird diesen Überlegungen gleichsam der Boden entzogen – die Realität hat sie dann anscheinend überholt.

Den Verfassungsjuristen fordert diese Realität so auf, genauer nach dem Sinngehalt jenes Begriffs im Grundgesetz zu fragen, der die angezweifelte Legitima-

---

[1] Das Phänomen der Gesetzesflut kann auch als ein Symptom für diese Krise verstanden werden. Daneben ist daran zu erinnern, daß es zweifellos mit dem schwindenden Vertrauen des Bürgers in ein objektives Verwaltungshandeln zusammenhängt; s. insoweit bereits § 1 Anm. 1.

[2] Zu den (durchaus plausiblen) Gründen dafür, die sich aus der Tatsache ergeben, daß vielfach die Grenzen des Mehrheitsprinzips – vor allem die Verpflichtung zur Mäßigung – verkannt werden, übersichtlich *Guggenberger* in An den Grenzen der Mehrheitsdemokratie, S. 184 ff.; vgl. ergänzend daselbst den Aufsatz von *Guggenberger* und *Offe*, S. 8 ff., besonders S. 11 ff. Zu den „Defiziten" des Mehrheitsprinzips vgl. auch *Gusy*, AöR 106 (1981), S. 350 ff.

tion für staatliche Entscheidungen letztlich stiften soll – dem der repräsentativen Demokratie. Dazu besteht um so mehr Anlaß, als in der repräsentativen Demokratie zunehmend keine eigenständige demokratische Legitimationsform gesehen wird, sondern lediglich ein Surrogat für die (im Grunde bessere) direkte Demokratie[3]. Diese These hat nämlich Folgerungen gezeitigt, die unseres Erachtens mit der angesprochenen Krise des parlamentarischen Systems in unmittelbarem Zusammenhang stehen. Das ist nunmehr kurz zu schildern:

(1) Es ist vor allem Gerhard Leibholz gewesen, der schon sehr früh die repräsentative Demokratie als für das Grundgesetz verbindlichen Begriff unter Berufung auf die politische Wirklichkeit verabschiedet hat. In seiner Abhandlung „Der Strukturwandel der modernen Demokratie" aus dem Jahr 1952[4] führt er dazu aus: „Der grundsätzliche verfassungstheoretische Unterschied zwischen dem modernen Parteienstaat und der traditionellen, liberal-repräsentativen parlamentarischen Demokratie geht entscheidend darauf zurück, daß der moderne Parteienstaat seinem Wesen wie seiner Form nach nichts anderes wie eine rationalisierte Erscheinungsform der *plebiszitären* Demokratie oder – wenn man will – ein *Surrogat der direkten Demokratie* im modernen Flächenstaat ist". Leibholz hat aus dieser Einsicht bereits in der genannten Abhandlung ganz konkrete Folgerungen etwa für die Interpretation des Artikel 38 Abs. 1 S. 2 GG[5] wie für das Abgeordnetenrecht überhaupt[6] gezogen, und das Bundesverfassungsgericht ist ihm darin bekanntlich gefolgt.

Weitere Entwicklungen in der Praxis, die für unser Thema relevant sind, lassen sich als Konsequenz aus diesem gedanklichen Ansatz verstehen, wenn sie von Leibholz selbst auch nicht angesprochen wurden. Ist die plebiszitäre (direkte) Demokratie im Gewande der parteistaatlichen die Staatsform der Gegenwart, so

---

[3] So, wie gleich zu zeigen sein wird, schon *Leibholz*, Strukturprobleme der modernen Demokratie, S. 78 ff. u. a.; noch deutlicher *Meyn*, Kontrolle, S. 183 ff. und S. 364 ff., vgl. auch S. 251 ff. Diese These setzt sich fort in den noch zu schildernden Forderungen nach ergänzenden direktdemokratischen Legitimationsformen neben oder gar statt der parlamentarisch-demokratischen.

[4] Abgedruckt in Strukturprobleme der modernen Demokratie, S. 78 ff., das folgende Zitat dort auf S. 93 f. (Hervorhebung A. J.); vgl. ergänzend seine dort ebenfalls abgedruckten Beiträge: Zum Begriff und Wesen der Demokratie (S. 142 ff., besonders S. 145 ff.) sowie: Volk und Partei im neuen deutschen Verfassungsrecht (S. 71 ff., besonders S. 75 ff.) und weiter seinen Aufsatz: Parteienstaat und repräsentative Demokratie, in Zur Theorie und Geschichte der Repräsentation und Repräsentationsverfassung, S. 241 ff. Zu diesem Verständnis von *Leibholz* vgl. aus der neueren Literatur *Meyn*, Kontrolle, S. 135 ff., S. 262 ff. und *Röhrich*, NJW 1981, S. 2674 ff.

[5] Er beschränkt seine Funktion auf die Abwehr „gewisse(r) äußerste(r) Konsequenzen des Parteienstaats" und spricht von einem „Spannungsverhältnis" zwischen Artikel 21 und Artikel 38 GG; vgl. Der Strukturwandel der modernen Demokratie, aaO., S. 112 ff. und daneben Parteienstaat und repräsentative Demokratie, aaO., S. 254 ff. *Meyn* (Kontrolle, S. 142 Anm. 121) weist mit Belegen darauf hin, daß *Leibholz* in späteren Äußerungen noch entschiedener die Einschränkung des Artikel 38 Abs. 1 Satz 2 GG durch Artikel 21 GG betont hat.

[6] Verständnis der Aufwandsentschädigung als „Entgelt" bzw. „Besoldung"; vgl. Der Strukturwandel der modernen Demokratie, aaO., S. 103 f.

liegt zunächst die allgemeine Forderung nach möglichst umfassender und verbindlicher Einflußnahme der Parteien „über" das Parlament auf das Handeln des Staates nahe. Der zugrunde gelegte Demokratiebegriff führt so, falls man mit der herrschenden Meinung die Verbindlichkeit von Parlamentsbeschlüssen nicht anerkennt[7], zwangsläufig zu einer Ausweitung des Gesetzesvorbehalts aus demokratischen Gründen und weiter zu einem praktisch unbegrenzten legislativen Zugriffsrecht. Daneben befördert die Parteienstaatsdoktrin natürlich die Relativierung der Unterschiede, die zwischen der demokratischen und grundrechtlichen Legitimation bestehen, eine (faktische) Nivellierung der vertikalen Gewaltenteilung bis hin zu den Kommunen[8] und – über eine Politisierung der Beamtenschaft[9] – auch eine solche der horizontalen Gewaltenteilung. Hinzukommt eine nur beschränkte Anerkennung des freien Mandats.

(2) Diese mit der Parteienstaatsdoktrin in Zusammenhang stehenden Relativierungen rechtsstaatlicher Verfassungsmomente mußten und müssen weiterhin die Anerkennung eines materiellen Rechtsstaatsbegriffs befördern und auch die Auslegung des allgemeinen Gleichheitssatzes als eines materiellen Gerechtigkeitspostulats, wie sie ja besonders wiederum Leibholz vertreten hat[10]. Denn greifen

---

[7] Diese These vertritt aber, worauf gleich noch genauer einzugehen ist, besonders *Meyn*, Kontrolle, S. 384 ff.

[8] S. dazu nur *Böckenförde* in FS für Friedrich Schäfer, S. 190 f.

[9] *Leibholz* hat zwar gefordert, daß „der Politisierungsprozeß der obersten Schicht des Beamtentums… nicht weiter getrieben werden (sollte), als dies in der konstitutionellen Monarchie und der Weimarer Republik der Fall war". Im gleichen Zusammenhang betont er aber, daß das Beamtentum „nicht unter Berufung darauf, daß es aufgrund seines Fachwissens und seiner moralischen Qualitäten im modernen Verwaltungsstaat eine für dessen Verwirklichung unentbehrliche Rolle spielt und innerhalb desselben dazu berufen ist, den Staatsgedanken zu repräsentieren und die traditionelle Staatsidee lebendig zu erhalten, etwa den Anspruch erheben (könne), zu den legitimen Gegenspielern des Parteienstaates gezählt zu werden"; das Beamtentum erfüllt nach Leibholz im heutigen Parteienstaat also keine „politisch-selbständige Funktion" (Der Strukturwandel der modernen Demokratie, aaO., S. 111 f.). Diese vollständige theoretische Leugnung der *selbständigen* politischen Funktion der Beamtenschaft (Verwaltung) und die ausschließliche Kompetenz der Parteien zur Wahrnehmung dieser Funktion mußte dann aber zwangsläufig die parteipolitische Durchdringung der Beamtenschaft nach sich ziehen, als man in der Staatswirklichkeit den faktisch vorhandenen politischen Spielraum der vollziehenden Gewalt entdeckte. Diese Durchdringung hat dann in der Folgezeit auch bald stattgefunden und stellt eine wesentliche Ursache für das schwindende Vertrauen des Bürgers in die Objektivität des Verwaltungshandelns dar (s. dazu bereits § 1 Anm. 1). Die Gegenposition zu Leibholz markiert schon damals sehr deutlich Werner Weber mit dem bedenkenswerten Vorschlag (s. dazu allgemein hier noch bei Anm. 43) der unmittelbaren Volkswahl des Bundespräsidenten, damit er zum „Patron" des Beamtentums werden kann, dessen es in der „Konkurrenz der Führungseliten und gegenüber dem Andringen massierten Gruppeneinflußstrebens" notwendig bedarf (Spannungen und Kräfte im westdeutschen Verfassungssystem, S. 139 ff. – Zitat S. 140).

[10] S. die Nachweise in § 1 Anm. 6 und die Ausführungen in § 1 Anm. 47 dazu. Für *Podlech*, der ja eine restriktive Auslegung des allgemeinen Gleichheitssatzes vertritt (s. wiederum § 1 I. bei Anm. 47 f.), ergibt sich zumindest die Notwendigkeit für eine Bindung des Gesetzgebers selbst an den allgemeinen Gleichheitssatz u. a. daraus, daß das Parlament nicht mehr wirkliche Stätte der politischen Auseinandersetzung ist (Gehalt und Funktion des allgemeinen Gleichheitssatzes,

die „formalen" Sicherungen nicht mehr, so ist der Ruf nach inhaltlichen unvermeidbar. Dem Bundesverfassungsgericht als Hüter der Verfassung werden auf diese Weise auch Aufgaben zugesprochen, die seinem Status als Gericht kaum noch entsprechen. Derartige Korrektive erscheinen um so unvermeidlicher, je radikaler man rechtliche Folgerungen aus dem Verständnis der parlamentarischen Demokratie des Grundgesetzes als Surrogat der direkten Demokratie zieht. Genau das ist nun im Anschluß an Leibholz geschehen. Als beispielhaft dafür kann die Untersuchung von Karl-Ulrich Meyn über „Kontrolle als Verfassungsprinzip" (1982) angesehen werden. Ausgehend von der These, daß „Demokratie in ihrer reinsten und allgemeinsten Form... nicht mehr und nichts konkreter als Selbstbestimmung oder Selbstherrschaft des Volkes" bedeutet, wird diese Definition von Meyn auch als verbindlich für das Verständnis des im Grundgesetz niedergelegten Demokratieprinzips angesehen. Im Artikel 20 Abs. 2 S. 2 GG wird nach Meyn das demokratische Prinzip lediglich „in seine repräsentative Realform überführt". Es wird damit aber „nicht etwa der Begriff der Demokratie definiert, sondern lediglich eine Entscheidung über die Form seiner das Prinzip einschränkenden Realisierung im modernen Massen- und Flächenstaat getroffen"[11].

Diese Unterscheidung zwischen der zugrunde gelegten Definition der Demokratie und der im Grundgesetz (lediglich) festgeschriebenen Ausübungsform bestimmt die weitere Auslegung Meyns in dem Sinne, daß im Zweifel aus der gegebenen Definition die entscheidenden verfassungsrechtlichen Aussagen gewonnen werden. Parlamentarische Kontrolle wird so als „*Surrogat* für den utopischen Idealfall der Identität zwischen Regierenden und Regierten" verstanden[12] und Leibholz als Inkonsequenz vorgehalten, daß bei ihm „der verfassungstheoretische Stellenwert von Kontrolle... nur aus ihrer Eigenschaft als Bindeglied zwischen zwei als unabhängige Repräsentativkörperschaften verstandenen Verfassungsorganen" besteht. Leibholz habe es unterlassen, „die Bestimmung der Kontrollfunktion des Parlaments... in die Theorie vom plebiszitären Surrogatcharakter der parteistaatlichen Demokratie" einzuordnen[13]. Das eben geschieht dann in der Untersuchung von Meyn und führt aufgrund der geschilderten Prämisse zu den verfassungsrechtlichen Folgerungen, daß schlichte Parlamentsbeschlüsse rechtliche Verbindlichkeit für die Regierung besitzen[14], die gesetzliche Einführung eines Mandatsverlustes nach einem Partei- oder Fraktionswechsel von Abgeordneten zulässig ist[15] und ebenfalls die gesetzliche Einführung von konsultativen

---

S. 193), d. h. aus der gewandelten (mangelhaften) parlamentarisch-demokratischen Legitimation des Gesetzgebers folgt als Korrektiv die dogmatische These seiner Bindung an den allgemeinen Gleichheitssatz.

[11] *Meyn*, Kontrolle, S. 189.
[12] AaO., S. 117 (Hervorhebung A. J.) und passim, vgl. etwa S. 184 ff., 198 ff. und zusammenfassend S. 365 ff.
[13] AaO., S. 140.
[14] S. 384 ff.
[15] S. 381 ff.

Volksbefragungen, die „zu einer Befassungs- und Entscheidungspflicht" des Parlaments führen können[16], u. a.

(3) Der *Surrogat*charakter der parteistaatlichen Demokratie konnte nun aber in dem Moment nicht mehr genügen, in dem Zweifel an dieser Legitimationsleistung der „etablierten" Parteien aufkamen. Die „Repräsentationsfunktion der politischen Parteien" (und nicht der einzelnen Abgeordneten), von der Meyn noch spricht[17], besteht dann nicht mehr; das ist genau die heutige Situation[18]. Es wird darum auch jetzt nicht mehr nach *Surrogaten* für die direkte Demokratie gefragt, sondern man greift mehr oder weniger deutlich auf diese als verbindliche Staatsform unmittelbar zurück. Das geschieht auf mehreren Wegen. In diesen Zusammenhang gehört zunächst der Versuch, die Partizipation an Verwaltungsentscheidungen demokratisch zu begründen[19]; dazu gehört weiter die namentlich in der Auseinandersetzung um den Frankfurter Flughafenausbau (Startbahn-West) erhobene Forderung nach einem „Verwaltungs(akt)referendum"[20] bzw. die Überlegung, die Standortplanung für umweltbelastende Großvorhaben durch Volksbegehren und Volksentscheid zu legitimieren[21], und schließlich sind hier die allgemeinen Forderungen nach großzügigerer Ausgestaltung des „Popularvorbehalts" zu nennen – nach einem verfassungsrechtlich neu festzulegenden Kompetenzbereich also, der dem Volk direkt zur Entscheidung vorbehalten ist[22]. Daneben gibt es auch noch weitergehende „basisdemokratische" Überlegungen, wie sie etwa von der Partei der Grünen artikuliert worden sind[23].

Nicht aber die Forderungen als solche und ihre Bewertung interessieren hier, sondern der aufgezeigte Argumentationszusammenhang, der sich beinahe zwangsläufig ergibt, wenn man auch für das Grundgesetz den Begriff der direkten Demokratie zugrundelegt. Es muß nun angesichts der konstatierten Legitimationskrise, in der das parlamentarisch-demokratische System augenscheinlich steckt, erstaunen, daß als „systemimmanente Antwort" darauf gewöhnlich ledig-

---

[16] S. 379 f.

[17] AaO., S. 371, genauer dazu S. 371 ff. und S. 270 ff. (= III.).

[18] S. nur den Bericht von *Noelle-Neumann* in der FAZ vom 2. 12. 1982 und die Nachweise in Anm. 2.

[19] S. dazu die Nachweise in § 4 Anm. 120.

[20] *Pestalozza*, NJW 1982, S. 1571 ff.

[21] S. dazu *Steinberg*, ZRP 1982, S. 113 ff. und – diesen Ansatz weiterführend – Die Verwaltung 16 (1983), S. 475 ff. sowie *Roßnagel*, ZParl 17 (1986), S. 587 ff. Im Zusammenhang mit der demokratischen Begründung der Partizipationsforderungen und den von *Pestalozza*, *Steinberg* und *Roßnagel* geäußerten Vorschlägen muß auch die Forderung nach einer (altruistischen) Verbandsklage gesehen werden.

[22] S. etwa *Pestalozza*, Popularvorbehalt. Allgemein zum Volksbegehren und Volksentscheid im geltenden Recht unter vergleichender Betrachtung der Schweizer Verhältnisse: *Hernekamp*, Formen und Verfahren direkter Demokratie; vgl. dazu auch die sozialwissenschaftliche Arbeit von *Troitzsch*, Volksbegehren und Volksentscheid und schließlich den rechtsvergleichenden Überblick von *Strübel* in Aus Politik und Zeitgeschichte, B 42 (1987), S. 17 ff.

[23] S. dazu besonders die Beiträge von *Steffani*, *Oberreuter* und *J. Huber* in Aus Politik und Zeitgeschichte, B 2 (1983) sowie die Übersicht von *Krüger*, BayVBl. 1988, S. 354 ff.

lich die Forderung nach einer Parlementsreform erhoben wird[24] oder man darüber hinaus das Heil in der positiven Deutung des „kooperativen Verbändestaa-
tes" sucht, um auf diese Weise die durch das Parlament nicht mehr zu integrie-
renden gesellschaftlichen Kräfte zu steuern[25]. Denn auf die Krise der *parteistaatlichen* Demokratie läßt sich noch eine andere Antwort geben, wenn man
den dargelegten Argumentationszusammenhang berücksichtigt. Er lenkt ja den
Blick auf den Ausgangspunkt, das Verständnis des auch für das Grundgesetz
verbindlichen Demokratiebegriffs als direkter Demokratie zurück. Wird nun
demgegenüber „das Wirkliche *als Grenze* dessen genommen, was möglich ist",
so erweist sich das Verständnis der Demokratie als Selbstherrschaft des Volkes
als Fiktion bzw. Ideologie[26]. Denn Demokratie ist nicht in anderer als repräsen-
tativer Form zu realisieren und darum auch, da es insoweit keine Alternativen
gibt, begrifflich nur als repräsentative Demokratie denkbar[27]. Der Volkswille ist
aus sich heraus diffus und bedarf erst der Formung, wie besonders deutlich der
Volksentscheid zeigt, bei dem ja das Volk zur Entscheidung über eine Frage
aufgerufen wird, die ihm von außen (einer anderen Instanz) vorgelegt wird.
Hinzu kommt als entscheidendes Argument gegen den Begriff der direkten Demokratie, daß soziale und politische Gemeinschaften nur als Wirkungs- und
Handlungseinheiten (Heller) existieren, die auf ein bestimmtes Ziel ausgerichtet sind und eine Herrschaftsorganisation besitzen. Schließlich ist zu beachten,
daß sich die im Volk realiter vorhandenen Interessen und Bedürfnisse nicht von
selbst (aus sich heraus) entsprechend ihrem Gewicht artikulieren, sondern sich
normalerweise bestimmte „Eliten" durchsetzen, die keinesfalls die „allgemeine
Interessen-Beteiligung und -Relevanz der politischen Willensbildung verkör-
pern"[28]. Das haben empirische Forschungen zur Pluralismustheorie hinreichend
bewiesen. Zu diesem tatsächlichen Befund kommen die rechtlichen Aussagen
der Artikel 20 Abs. 2 und 38 GG hinzu. Für das Grundgesetz ist danach „die
‚mittelbare' oder ‚repräsentative' Demokratie die eigentliche und volle Demokratie und man sollte ihr (erg.: darum) jene einen uneigentlichen Charakter

---

[24] Übersichtlich zu den entsprechenden Überlegungen *H.-P. Schneider*, AöR 105 (1980),
S. 4 ff. Bisweilen beschränkt sich diese Forderung wiederum auf einige technische Änderungen
der einschlägigen Geschäftsordnungen. Einen weiterführenden Vorschlag enthält aber die Abhandlung von *Schlaich* in AöR 105 (1980), S. 189 ff. *Schlaich* bejaht die Zulässigkeit einer gesetzlichen Regelung zur Wählbarkeitsbeschränkung von Beamten aufgrund des Artikel 137
Abs. 1 GG und sieht darin ein taugliches Instrument, um die Verbeamtung der Parlamente
zurückzudrängen.
[25] S. dazu zusammenfassend *Gusy*, Vom Verbändestaat zum Neokorporatismus?; daneben
für die Verwaltung *Schuppert*, Verselbständigte Verwaltungseinheiten.
[26] So richtig *Suhr*, Bewußtseinsverfassung, S. 348 f. (Hervorhebung dort).
[27] Das hat zuletzt besonders deutlich *Böckenförde* (FS Eichenberger, S. 306 ff. und in Handbuch des Staatsrechts, Bd. 2, S. 29 ff.) gezeigt. Die hier folgende kurze Begründung orientiert
sich an diesen Ausführungen.
[28] *Böckenförde* in FS Eichenberger, S. 308. Neben der von Böckenförde genannten Literatur ist für diesen letzten Punkt noch besonders auf die Untersuchung *v. Arnims* über „Gemeinwohl und Gruppeninteressen" (s. vor allem S. 151 ff.) hinzuweisen.

plakatierenden Zusätze, die im politischen Sprachgebrauch ihren Sinn haben mögen, nicht beifügen"[29].

Aus dem Gesagten folgt, daß die anfangs geschilderten Versuche, *Surrogate* für die direkte Demokratie aus dem Grundgesetz abzuleiten, allesamt ins Leere fallen. Nicht nach Surrogaten ist darum als Antwort auf die Krise des parlamentarisch-demokratischen Systems Ausschau zu halten, sondern nach Gewährleistungen dafür, daß Repräsentation formell wie auch inhaltlich tatsächlich zustande kommt[30]. Die formelle Repräsentation, die den rechtsförmlichen Legitimations- und Zurechnungszusammenhang zwischen dem Handeln der Leitungsorgane und dem Volk betrifft, braucht dabei hier weniger zu interessieren. Denn die heutige Krise des parlamentarisch-demokratischen Systems besteht ja vielmehr darin, daß die Bürger sich in dem Handeln der Leitungsorgane, in der Form, wie dort ihre Probleme beraten und entschieden werden, häufig nicht mehr wiederfinden können; das zu gewährleisten ist aber gerade Aufgabe der Repräsentation im inhaltlichen Sinne. Vermag nun die parteistaatliche parlamentarische Demokratie in ihrer gegenwärtigen Ausprägung diese Repräsentation augenscheinlich nicht zu leisten, so lautet die hier ja allein zu behandelnde verfassungsrechtliche Frage, ob die extensive Interpretaion des Artikel 21 GG, wie sie namentlich das Bundesverfassungsgericht praktiziert[31], und sein Verständnis des Abgeordnetenstatus[32] noch zu halten sind. Denn verfassungsrechtlich verbindlich ist, wie gesagt, der Demokratiebegriff des Grundgesetzes in den Artikeln 20 Abs. 2 und 38 GG (und nicht in Artikel 21 GG) definiert; sie verbieten auch die in der Lehre vertretene Ansicht vom Surrogatcharakter der parteistaatlichen Demokratie. Rechtlich spricht daneben vieles dafür, daß die in Artikel 21 GG den Parteien zweifellos zugesprochene Vermittlerrolle im demokratischen Entscheidungsprozeß keineswegs dazu führen muß, ihnen irgendwelche über den privatrechtlichen Rechtsstatus hinausgehenden besonderen rechtlichen Eigenschaften zuzuerkennen[33]. Hinzu kommt, daß schon aufgrund des verfassungsrechtlichen Demokratiebegriffs der Rechtsstatus des Abgeordneten nach dem Grundgesetz, wie es der Wortlaut des Artikel 48 Abs. 2 S. 1 GG ja ebenfalls nahelegt, als öffentliches (demokratisches) Amt verstanden werden kann und muß[34]. Bedenkt man schließlich, daß den

---

[29] So richtig *Henke*, DVBl. 1973, S. 559.

[30] Zur Unterscheidung zwischen formaler und inhaltlicher Repräsentation *Böckenförde* in FS Eichenberger, S. 318 f. und in Handbuch des Staatsrechts, Bd. 2, S. 39 f. Daß die gleiche Unterscheidung das Repräsentationsmodell im Schlußbericht der Enquete-Kommission Verfassungsreform bestimmt, zeigt *Wahl*, AöR 103 (1978), S. 486 f.

[31] Dazu übersichtlich *Stern*, Staatsrecht, Bd. 1, S. 456 ff. und die Nachweise aus der Rechtsprechung bei *Leibholz/Rinck/Hesselberger*, Grundgesetz, Kommentar anhand der Rechtsprechung des Bundesverfassungsgerichts, Artikel 21, Rdnr. 3, 5 ff.

[32] S. besonders das Diätenurteil: BVerfGE 40, 296 und dazu die erläuternden Ausführungen von *Schlaich/Schreiner*, NJW 1979, S. 676 ff.

[33] Dazu mit aller wünschenswerten Klarheit *Martens*, Öffentlich als Rechtsbegriff, S. 152 ff.

[34] Dazu *Henke*, DVBl. 1973, S. 558 ff. und NVwZ 1985, S. 620; vgl. auch *Wiese*, AöR 101 (1976), S. 548 ff.; *Stern*, Staatsrecht, Bd. 1, S. 1051 ff.; *Böckenförde* in FS Eichenberger, S. 320

Abgeordneten im Gegensatz etwa zum Bundespräsidenten und den Mitgliedern der Bundesregierung (Artikel 55 Abs. 2, 66 GG) nach dem Grundgesetz nicht die Ausübung eines Berufs oder Gewerbes neben ihrer parlamentarischen Tätigkeit verboten ist[35] und ihre Diäten nach Artikel 48 Abs. 3 S. 1 GG Entschädigungscharakter besitzen, so wird man der erwähnten Rechtsprechung des Bundesverfassungsgerichts in wesentlichen Punkten nicht mehr folgen können. Das gilt zunächst allgemein für das scheinbar bestehende „Spannungsverhältnis" zwischen Artikel 21 und 38 GG[36] und dann besonders für die vom Bundesverfassungsgericht geforderte Vollalimentierung der Abgeordneten in Bund und Ländern, soweit sich diese Vollalimentierung grundsätzlich nicht an dem dem einzelnen Abgeordneten durch seine Mandatstätigkeit tatsächlich entstehenden „Schaden" orientieren soll[37].

Man kann noch einen Schritt weiter gehen und in Anknüpfung an Überlegungen von Schlaich, die er zur (möglichen) Verantwortung des Gesetzgebers für die pluralistische Zusammensetzung des Parlaments angestellt hat[38], danach fragen, ob dem demokratischen Gesetzgeber nicht im Blick auf die Krise des parlamentarisch-demokratischen Systems aus Artikel 38 GG die Aufgabe erwächst, zur Gewährleistung der Repräsentation im inhaltlichen Sinne die Stellung des einzelnen Abgeordneten gegenüber seiner Partei (und den Interessengruppen) nachhaltiger als bisher abzusichern[39]. Henke hat insoweit ein „strengeres Disziplinarrecht" für die Abgeordneten vorgeschlagen[40], doch eignet sich das wohl weniger dazu, die angesprochenen Bindungen des einzelnen Abgeordneten abzubauen. Da diese Bindungen häufig die berufliche und wirtschaftliche Existenz des Abgeordneten betreffen, könnte man eher daran denken, von dem einzelnen Abgeordneten vor seiner Wahl den Nachweis einer mehrjährigen beruflichen Tätigkeit zu verlangen, und ergänzend an den grundsätzlichen Ausschluß seiner Wiederwahl. Letzteres

---

und in Handbuch des Staatsrechts, Bd. 2, S. 40 f.; *Maluschke*, Philosophische Grundlagen des demokratischen Verfassungsstaates, S. 295; *Höfling*, ZRP 1988, S. 396 u. a.

[35] Damit übereinstimmend ist auch aus dem Diätenurteil des Bundesverfassungsgerichts gefolgert worden, daß es nicht den „Vollzeitparlamentarier", sondern nur die „Vollalimentierung" der Abgeordneten in Bund und Ländern fordert, so besonders *Schlaich/Schreiner*, NJW 1979, S. 674 ff.

[36] BVerfGE 2, 1 (72 f.); vgl. auch BVerfGE 4, 144 (149 ff.). Dazu die methodische Kritik bei *Schlink*, Der Staat 15 (1976), S. 361 Anm. 77 und die Bemerkungen von *Henke*, NVwZ 1985, S. 620 f.

[37] S. BVerfGE 40, 296 (317 f.).

[38] AöR 105 (1980), S. 238 ff., auch S. 232 ff.

[39] Diese Frage stellt sich um so mehr, als wir anfangs (§ 1 Anm. 47) die Bindung des Gesetzgebers an das Recht im Sinne einer überpositiven Ordnung (Artikel 20 Abs. 3 GG) mit dem Argument verneinten, daß Gerechtigkeit ein offener Begriff ist, über dessen Inhalt das Parlament als „universales Auditorium" (Perelman) durch Gesetz entscheidet. Dem Parlament kann diese Eigenschaft nur zugesprochen werden, wenn ihm tatsächlich Repräsentation im inhaltlichen Sinne gelingt, was eben der Parteienstaat in seiner jetzigen Struktur augenscheinlich nicht leistet.

[40] DVBl. 1973, S. 560. Für eine stärkere disziplinarrechtliche Verantwortlichkeit der Abgeordneten auch *Wiese*, AöR 101 (1976), S. 363 ff.

wäre etwa bei einer einmaligen Wahl der Abgeordneten auf zirka acht Jahre und
einem Wahlmodus, nach dem alle vier Jahre die Hälfte der Parlamentsmitglieder
neu gewählt wird, möglicherweise realisierbar. Ein solch konkreter und weitrei-
chender Vorschlag wird hier trotz aller eventuellen Bedenken dagegen ausgesprochen, um an einem Regelungsbeispiel zu veranschaulichen, wie Vertrauen in die
parlamentarischen Entscheidungsträger und damit wirkliche inhaltliche Repräsentation sich vielleicht wieder einstellen könnte[41]. Zur Erreichung dieses Zieles
bleibt daneben als allgemeiner verfassungsrechtlicher Anknüpfungspunkt das
„Sinnpotential", das die Kennzeichnung unseres Gemeinwesens als Republik
(Artikel 20 Abs. 1 GG) beinhaltet, weil damit u. a. „das Amtsethos, der treuhän-
derische Dienst für das Volk" angesprochen sind[42]. Doch enthält dieser verfassungsrechtliche Begriff kaum mehr als einen Appell im geschilderten Sinne. In
Verbindung mit der aufgeworfenen verfassungsrechtlichen Frage nach der Gewährleistung der inhaltlichen Repräsentation steht schließlich auch die verfassungspolitische, ob die repräsentative Demokratie des Grundgesetzes *ergänzen-*
der plebiszitärer Komponenten als Korrektiv bedarf[43], wozu im weiteren Sinne
auch der Gedanke einer Direktwahl des Bundespräsidenten zu rechnen wäre[44].

Alle verfassungsrechtlichen und gesetzlichen Regelungen können natürlich nur
die Voraussetzung für eine „aufrechte innere Repräsentation" der Abgeordneten
schaffen[45] und vielleicht noch das Bewußtsein für die Notwendigkeit einer solchen
Repräsentation schärfen; sie vermögen diese aber nicht herzustellen[46]. Eingedenk
dieser Grenzen, die ja in ähnlicher Form für jede juristische Argumentation
gelten, ergibt sich als Fazit aus unseren Überlegungen, daß das Grundgesetz eine
klare Antwort auf die Herausforderungen der Gegenwart gibt. Daraus folgt weiter
wegen der angesprochenen Krise des parlamentarischen Systems notwendig die

---

[41] Im Ansatz ähnlich *Anonymus*, ZRP 1988, S. 65 f.

[42] S. dazu *Isensee*, JZ 1981, S. 1 ff. (Zitate S. 1 und 8); daneben *Henke* in Handbuch des
Staatsrechts, Bd. 1, S. 871 ff., bes. S. 874 f.

[43] So auch *Böckenförde* in FS Eichenberger, S. 316 und in Handbuch des Staatsrechts, Bd. 2,
S. 37 f. zur Möglichkeit von Volksentscheid und Volksbegehren „als Balancierungs- und korrigie-
rendes Element der Leitungs- und Entscheidungsgewalt der repräsentativen Organe". Zur abwei-
chenden Haltung im Schlußbericht der Enquete-Kommission Verfassungsreform zu entsprechenden Überlegungen s. wiederum *Wahl*, AöR 103 (1978), S. 478 ff.

[44] Daß sich dafür mittelbar aus dem Grundgesetz eine Notwendigkeit ergeben könnte, zeigen
die in Anm. 9 wiedergegebenen Überlegungen von *Werner Weber*. Der Gedanke einer Volkswahl
des Bundespräsidenten als Korrektiv für das repräsentative parlamentarische System klingt in den
Überlegungen an *Forsthoff* an (Deutsche Zeitung vom 15. 2. 1974); vgl. in diesem Zusammenhang auch den Diskussionsbeitrag von *Böckenförde*, VVDStRL 25 (1967), S. 221; ablehnend
ausdrücklich der Schlußbericht der Enquete-Kommission Verfassungsreform, BT-Drs. 7/5924,
S. 20 f.

[45] Dazu *Suhr*, Bewußtseinsverfassung, S. 293 ff. i. V. m. S. 343 ff. und vertiefend vom sozialpsy-
chologischen Standpunkt *derselbe*, Der Staat 20 (1981), S. 517 ff.

[46] Daß es dazu neben rechtlichen Regelungen vor allem der Einsicht bedarf, daß nicht alle
politischen Fragen durch Mehrheitsbeschluß wirklich gelöst und entschieden werden können,
zeigen die in Anm. 2 genannten Autoren eindringlich.

Forderung an die Staatsrechtswissenschaft, entschiedener als bisher die insoweit einschlägigen Aussagen der Verfassung zur Geltung zu bringen. Die Staatsrechtswissenschaft muß sich, allgemein gesprochen, ihrer besonderen politischen Verantwortung wieder stärker bewußt werden und damit auch ihrer Verpflichtung zu einer Verfassungsauslegung, die mehr ist als abstrakte gedankliche Spielerei.

Literaturverzeichnis

Achterberg, Norbert: Die Abstimmungsbefugnis des Abgeordneten bei Betroffenheit in eigener Sache, AöR 109 (1984), S. 505
- Deutschland nach 30 Jahren Grundgesetz (Mitbericht), VVDStRL 38 (1980), S. 55
- Kriterien des Gesetzesbegriffs unter dem Grundgesetz, DÖV 1973, S. 289
- Das Parlament im modernen Staat, DVBl. 1974, S. 693
- Probleme der Funktionenlehre, München 1970
- Soziokonformität, Kompetenzbereich und Leistungseffizienz des Parlaments, DVBl. 1972, S. 841
- Vertrauensfrage und Auflösungsanordnung. Kritische Bemerkungen zum „Wahlurteil" des Bundesverfassungsgerichts, DVBl. 1983, S. 477
Alexy, Hans/Gotthold, Jürgen: Verwaltung zwischen konditionaler Programmierung und eigener Verwaltungsverantwortung. Zur Lage der Verwaltung bei der Ausführung von Planungsgesetzen, in: Verrechtlichung, hrsg. von Rüdiger Voigt, Königstein/Ts. 1980, S. 20
Altenmüller, Reinhard: Direkte kommunale Wirtschaftsförderung? Eine Ergänzung zur Abhandlung „Kommunale Wirtschaftsförderung" von Franz-Ludwig Knemeyer und Barbara Rost-Haigs (DVBl. 1981, 241 ff.), DVBl. 1981, S. 619
- Die Wirtschaftsförderung kommunaler Gebietskörperschaften, VBlBW 1981, S. 201
Anonymus: Der Fall Barschel. Zur Legitimationskrise unserer Parteiendemokratie – Ansätze zu ihrer Überwindung, ZRP 1988, S. 62
Arndt, Wolfgang: Praktikabilität und Effizienz. Zur Problematik gesetzesvereinfachenden Verwaltungsvollzuges und der „Effektuierung" subjektiver Rechte, Köln 1983
Arnim, Hans Herbert von: Begrenzung öffentlicher Ausgaben durch Verfassungsrecht. Ist die Finanzverfassung noch zeitgemäß?, DVBl. 1985, S. 1286
- Gemeindliche Selbstverwaltung und Demokratie, AöR 113 (1988), S. 1
- Gemeinwohl und Gruppeninteressen. Die Durchsetzungsschwäche allgemeiner Interessen in der pluralistischen Demokratie. Ein Beitrag zu verfassungsrechtlichen Grundfragen der Wirtschaftsordnung, Frankfurt am Main 1977
- Grundprobleme der Staatsverschuldung, BayVBl. 1981, S. 514
- Verfassungsfragen der Fraktionsfinanzierung im Bundestag und in den Landesparlamenten, ZRP 1988, S. 83
Badura, Peter: Wachstumsvorsorge und Wirtschaftsfreiheit, in: Festschrift für Hans Peter Ipsen zum 70. Geburtstag, Tübingen 1977, S. 367
Balke, Wolfgang: Umfang und Intensität der verfassungsgerichtlichen Überprüfung von Gesetzen zur kommunalen Gebietsreform, Diss. jur., Münster 1975
Banner, Gerhard: Kommunale Steuerung zwischen Gemeindeordnung und Parteipolitik – am Beispiel der Haushaltspolitik –, DÖV 1984, S. 364
Barbey, Günther: Bundesverfassungsgericht und einfaches Gesetz, Berlin/New York, 1986
Barion, Hans: Die sozialethische Gleichschaltung der Länder und Gemeinden durch den Bund. Eine konkretisierte Studie zum Subsidiaritätsprinzip, Der Staat 3 (1964), S. 1
Battis, Ulrich: Rechnungshof und Politik. Zur Kontrolle der Planung und Finanzierung von Verwaltungsbauten durch Dritte, DÖV 1976, S. 721
Bauer, Hartmut: Altes und Neues zur Schutznormtheorie, AöR 113 (1988), S. 582

– Der Gesetzesvorbehalt im Subventionsrecht, DÖV 1983, S. 53
– Subjektive öffentliche Rechte des Staates. Zugleich ein Beitrag zur Lehre vom subjektiven öffentlichen Recht, DVBl. 1986, S. 208
– Zum personellen Anwendungsbereich der kommunalrechtlichen Vertretungsverbote, NJW 1981, S. 2171
Bauernfeind, Heinz: Zum Verbot von Einzelfallgesetzen gemäß Art. 19 I GG, DVBl. 1976, S. 193
Baumann, Wolfgang: Betroffensein durch Großvorhaben. Überlegungen zum Rechtsschutz im Atomrecht, BayVBl. 1982, S. 257 und S. 292
– Der Grundrechtsvorbehalt der „sozialadäquaten technisch-zivilisatorischen Risiken" und der „exekutive Gestaltungsspielraum" im Atomrecht. Zugleich eine Besprechung von Degenhart, Kernenergierecht: Schwerpunkte, Entscheidungsstrukturen, Entwicklungslinien, 1981, JZ 1982, S. 749
Baumeister, Ludger: Auslegung und Abwandlung des § 34 BBauG durch Rechtsprechung und Gesetzgebung, in: Verwaltungsrecht zwischen Freiheit, Teilhabe und Bindung. Festgabe aus Anlaß des 25 jährigen Bestehens des Bundesverwaltungsgerichts, München 1978, S. 23
Beckmann, Martin: Die gerichtliche Überprüfung von Verwaltungsvorschriften im Wege der verwaltungsgerichtlichen Normenkontrolle, DVBl. 1987, S. 611
Benne, Günter: Die Abberufung des Hauptverwaltungsbeamten in Niedersachsen, Niedersächsischer Städteverband 1983, S. 4
Berg, Wilfried: Zur Übertragung von Aufgaben des Bundestages auf Ausschüsse, Der Staat 9 (1970), S. 21
Berger, Ulrich G.: Grundfragen umweltrechtlicher Nachbarklagen, Köln/Berlin/Bonn/München 1982
Bericht der Sachverständigenkommission: Staatszielbestimmungen/Gesetzgebungsaufträge, Bonn 1983
Bethge, Herbert: Aktuelle Aspekte der Verfassungsgarantie der kommunalen Selbstverwaltung, Die Verwaltung 15 (1982), S. 205
– Grundrechtsträgerschaft juristischer Personen. Zur Rechtsprechung des Bundesverfassungsgerichts, AöR 104 (1979), S. 54 und S. 265
– Grundrechtsverwirklichung und Grundrechtssicherung durch Organisation und Verfahren. Zu einigen Aspekten der aktuellen Grundrechtsdiskussion, NJW 1982, S. 1
– Parlamentsvorbehalt und Rechtssatzvorbehalt für die Kommunalverwaltung, NVwZ 1983, S. 577
Bieback, Karl-Jürgen: Die öffentliche Körperschaft. Ihre Entstehung, die Entwicklung ihres Begriffs und die Lehre vom Staat und den innerstaatlichen Verbänden in der Epoche des Konstitutionalismus in Deutschland, Berlin 1976
Birk, Dieter: Die finanzverfassungsrechtlichen Vorgaben und Begrenzungen der Staatsverschuldung, DVBl. 1984, S. 745
– Steuerung der Verwaltung durch Haushaltsrecht und Haushaltskontrolle, DVBl. 1983, S. 865
Birk, Dieter/Wolffgang, Hans-Michael: Zur Vereinbarkeit des nordrhein-westfälischen Haushalts 1984 mit Art. 83 Satz 2 Landesverfassung (= Schriftenreihe des Bundes der Steuerzahler Nordrhein-Westfalen e. V. Nr. 13, 1984)
Bismark, Hans: Atomwaffenfreie Bundesländer? Zur Kompetenz der Landesparlamente in Sicherheitsfragen, DVBl. 1983, S. 129
Bleckmann, Albert: Zum materiellrechtlichen Gehalt der Kompetenzbestimmungen des Grundgesetzes, DÖV 1983, S. 129
Bleckmann, Albert/Eckhoff, Rolf: Der „mittelbare" Grundrechtseingriff, DVBl. 1988, S. 373
Blümel, Willi: Festsetzung von Lärmschutzbereichen und gemeindliche Selbstverwaltungsgarantie, VA 73 (1982), S. 329
– Funktion und Ausgestaltung der Öffentlichkeitsbeteiligung im atomrechtlichen Genehmigungsverfahren, in: Fünftes Deutsches Atomrechts-Symposium, hrsg. von Rudolf Lukes, Köln/Berlin/Bonn/München 1977, S. 223
– Gemeinden und Kreise vor den öffentlichen Aufgaben der Gegenwart (Bericht), VVDStRL 36 (1978), S. 171

- Grundrechtsschutz durch Verfahrensgestaltung, in: derselbe (Hrsg.), Frühzeitige Bürgerbeteiligung bei Planungen, Berlin 1982, S. 23
- Die Standortvorsorgeplanung für Kernkraftwerke und andere umweltrelevante Großvorhaben in der Bundesrepublik Deutschland, DVBl. 1977, S. 301
- Urteilsanmerkung, DÖV 1980, S. 693
- Das verfassungsrechtliche Verhältnis der kreisangehörigen Gemeinden zu den Kreisen, VA 75 (1984), S. 197 und S. 297

Böckenförde, Ernst-Wolfgang: Ausnahmerecht und demokratischer Rechtsstaat, in: Festschrift für Martin Hirsch, Baden-Baden 1981, S. 259
- Demokratie als Verfassungsprinzip, in: Handbuch des Staatsrechts, Bd. 1, hrsg. von Josef Isensee und Paul Kirchhof, Heidelberg 1987
- Demokratische Willensbildung und Repräsentation, in: Handbuch des Staatsrechts, Bd. 2, hrsg. von Josef Isensee und Paul Kirchhof, Heidelberg 1987, S. 29
- Entstehung und Wandel des Rechtsstaatsbegriffs, in: derselbe, Staat, Gesellschaft, Freiheit, Frankfurt am Main 1976, S. 65
- Gesetz und gesetzgebende Gewalt. Von den Anfängen der deutschen Staatsrechtslehre bis zur Höhe des staatsrechtlichen Positivismus, 2. Aufl., Berlin 1981 (zit.: Gesetz)
- Grundrechtstheorie und Grundrechtsinterpretation, in: derselbe, Staat, Gesellschaft, Freiheit, Frankfurt am Main 1976, S. 221
- Die historische Rechtsschule und das Problem der Geschichtlichkeit des Rechts, in: derselbe, Staat, Gesellschaft, Freiheit, Frankfurt am Main 1976, S. 9
- Die Methoden der Verfassungsinterpretation – Bestandsaufnahme und Kritik, NJW 1976, S. 2089
- Mittelbare/repräsentative Demokratie als eigentliche Form der Demokratie. Bemerkungen zu Begriff und Verwirklichungsproblemen der Demokratie als Staats- und Regierungsform, in: Festschrift für Kurt Eichenberger zum 60. Geburtstag, Basel/Frankfurt am Main 1982, S. 301
- Die Organisationsgewalt im Bereich der Regierung. Eine Untersuchung zum Staatsrecht der Bundesrepublik Deutschland, Berlin 1964 (zit.: Organisationsgewalt)
- Parlamentarische Untersuchungsausschüsse und kommunale Selbstverwaltung, AöR 103 (1978), S. 1
- Rechtsstaat und Ausnahmerecht. Eine Erwiderung, ZParl 11 (1980), S. 591
- Die sozialen Grundrechte im Verfassungsgefüge, in: Soziale Grundrechte, hrsg. von Ernst-Wolfgang Böckenförde/Jürgen Jekewitz/Thilo Ramm, Heidelberg/Karlsruhe 1981, S. 7
- Sozialer Bundesstaat und parlamentarische Demokratie. Zum Verhältnis von Parlamentarismus und Föderalismus unter den Bedingungen des Sozialstaats, in: Festschrift für Friedrich Schäfer, Opladen 1980, S. 182
- Der verdrängte Ausnahmezustand. Zum Handeln der Staatsgewalt in außergewöhnlichen Lagen, NJW 1978, S. 1881
- Verfassungsfragen der Richterwahl. Dargestellt anhand der Gesetzentwürfe zur Einführung der Richterwahl in Nordrhein-Westfalen, Berlin 1974 (zit.: Verfassungsfragen)
- Der Verfassungstyp der deutschen konstitutionellen Monarchie im 19. Jahrhundert, in: derselbe (Hrsg.), Moderne deutsche Verfassungsgeschichte (1815–1918), Köln 1972, S. 146

Böckenförde, Ernst-Wolfgang/Grawert, Rolf: Sonderverordnungen zur Regelung besonderer Gewaltverhältnisse, AöR 95 (1970), S. 1

Böckenförde, Ernst-Wolfgang/Wieland, Joachim: Die „Rundfunkfreiheit" – ein Grundrecht? Überlegungen zu den verfassungsrechtlichen Vorgaben in Art. 5 Abs. 1 GG für die Organisation des Rundfunks, Archiv für Presserecht 1982, S. 77

Böhret, Carl: Politische Vorgaben für ziel- und ergebnisorientiertes Verwaltungshandeln aus Regierungserklärungen, in: Verwaltung und Fortbildung, Sonderheft 4: Ziel- und ergebnisorientiertes Verwaltungshandeln, 1979, S. 61

Böhret, Carl/Hugger, Werner: Entbürokratisierung durch vollzugsfreundlichere und wirksamere Gesetze, Speyerer Arbeitsheft 35, Speyer 1980

Bohnert, Joachim: Zum Problem des Anhörungsrechts Dritter im Strafverfahren, JZ 1978, S. 710

Boldt, Hans: Zum Verhältnis von Parlament, Regierung und Haushaltsausschuß, ZParl 3 (1973), S. 534

Borchmann, Michael: Interessenkollision im Gemeinderecht, NVwZ 1982, S. 17

Bosse, Roderich: Urteilsanmerkung, DÖV 1983, S. 75

Braun, Wilfried: Der öffentlich-rechtliche Vertrag im Spannungsfeld zwischen Verwaltungsakt und verwaltungsprivatrechtlichem Rechtsgeschäft, JZ 1983, S. 841
– Wandel in den Handlungsformen der Leistungsverwaltung. Hat der öffentlich-rechtliche Vertrag eine Zukunftsperspektive?; BayVBl. 1983, S. 225

Breuer, Rüdiger: Die Bedeutung der Entsorgungsvorsorgeklausel in atomrechtlichen Teilgenehmigungen, VA 72 (1981), S. 261
– Strukturen und Tendenzen des Umweltschutzrechts, Der Staat 20 (1981), S. 393

Brinkmann, Johannes A.: Tatbestandsmäßigkeit der Besteuerung und formeller Gesetzesbegriff, Köln 1982

Brocke, Helmut: Rechtsfragen der landesplanerischen Standortvorsorge für umweltbelastende Großanlagen, Münster (Westf.) 1979 (= Beiträge zum Siedlungs- und Wohnungswesen, Bd. 53) (zit.: Standortvorsorge)

Brohm, Winfried: Der Schutz privater Belange bei Bauplanungen. Antragsbefugnis, Abwägungsgebot, Plangewährleistungsrechte, insbesondere für gewerbliche Interessen, NJW 1981, S. 1689
– Verwirklichung überörtlicher Planungsziele durch Bauleitplanung, DVBl. 1980, S. 653

Brünner, Christoph: Politische Planung im parlamentarischen Regierungssystem. Dargestellt am Beispiel der mittelfristigen Finanzplanung, Wien/New York 1978

Bubner, Rüdiger: Geschichtsprozesse und Handlungsnormen. Untersuchungen zur praktischen Philosophie, Frankfurt am Main 1984
– Handlung, Sprache und Vernunft. Grundbegriffe praktischer Philosophie, Frankfurt 1976
– Norm und Geschichte, in: Neue Hefte für Philosophie 17 (1979), S. 109
– Theorie und Praxis – eine nachhegelsche Abstraktion, Frankfurt 1971

Bullinger, Martin: Leistungsstörungen beim öffentlich-rechtlichen Vertrag. Zur Rechtslage nach den Verwaltungsverfahrensgesetzen, DÖV 1977, S. 812
– Vertrag und Verwaltungsakt. Zu den Handlungsformen und Handlungsprinzipien der öffentlichen Verwaltung nach deutschem und englischem Recht, Stuttgart 1962
– Die Zuständigkeit der Länder zur Gesetzgebung I, DÖV 1970, S. 761

Burmeister, Joachim: Verfassungstheoretische Neukonzeption der kommunalen Selbstverwaltungsgarantie, München 1977 (zit.: Selbstverwaltungsgarantie)
– Das Zentralörtlichkeitsprinzip – Basis für kommunale Standortentscheidungen von Einzelhandelsgroßbetrieben? (Schriftenreihe des Niedersächsischen Städtetages, Heft 13), Hannover 1985

Busch, Eckart: Parlamentarische Kontrolle. Ausgestaltung und Wirkung, 2. Aufl., Heidelberg/Hamburg 1985

Bushart, Christoph: Die Kontrolle der Bundesauftragsverwaltung durch die Landesparlamente, ZRP 1988, S. 210

Däubler, Wolfgang: „Atomwaffenfreie Zonen" in der Bundesrepublik, ZRP 1983, S. 113

Dankmeyer, Udo: Grundzüge der neuen Investitionszulage zur Beschäftigungsförderung, Deutsches Steuerrecht 1982, S. 427

Degenhart, Christoph: Gesetzgebung im Rechtsstaat, DÖV 1981, S. 477
– Die Haftung der Gemeinde für verfahrensfehlerhafte Bauleitplanung, NJW 1981, S. 2666
– Kernenergierecht. Schwerpunkte – Entscheidungsstrukturen – Entwicklungslinien, Köln/Berlin/Bonn/München 1981
– Systemgerechtigkeit und Selbstbindung des Gesetzgebers als Verfassungspostulat, München 1976 (zit.: Systemgerechtigkeit)
– Technischer Fortschritt und Grundgesetz: Friedliche Nutzung der Kernenergie, DVBl. 1983, S. 926
– Das Verwaltungsverfahren zwischen Verwaltungseffizienz und Rechtsschutzauftrag, DVBl. 1982, S. 872

– Der Verwaltungsvorbehalt, NJW 1984, S. 2184
– Vollendete Tatsachen und faktische Rechtslagen, AöR 103 (1978), S. 163
– Zum Aufhebungsanspruch des Drittbetroffenen beim verfahrensfehlerhaften Verwaltungsakt, DVBl. 1981, S. 201
Denninger, Eduard: Unvereinbarkeit von Amt und Mandat auf Gemeindeebene. Zur Auslegung der § 37 HessGO, § 27 HessKrO, Recht im Amt 1981, S. 101
Deutscher Bundestag. Presse- und Informationszentrum (Hrsg.): Der „Schnelle Brüter" in Kalkar. Beschluß des Bundestages zur Inbetriebnahme (= Zur Sache 2/83), 1983
Dobiey, Burkhard: Die politische Planung als verfassungsrechtliches Problem zwischen Bundesregierung und Bundestag, Berlin 1975 (zit.: Politische Planung)
Doehring, Karl: Alternativen des Sozialstaats, in: 30 Jahre Grundgesetz, hrsg. von D. Merten und R. Morsey, Berlin 1979, S. 125
– Sozialstaat, Rechtsstaat und freiheitlich-demokratische Grundordnung, Sonderheft der Zeitschrift „Die politische Meinung", 1978 (zit.: Sozialstaat)
– Das Staatsrecht der Bundesrepublik Deutschland unter besonderer Berücksichtigung der Rechtsvergleichung und des Völkerrechts, 3. Aufl., Frankfurt am Main 1984 (zit.: Staatsrecht)
Dolde, Klaus-Peter: Enteignungsgleicher Eingriff und Amtspflichtverletzung durch Aufstellung nichtiger Bebauungspläne, NVwZ 1985, S. 250
Dolzer, Rudolf: Zum Begründungsgebot im geltenden Verwaltungsrecht, DÖV 1985, S. 9
Drews, Bill/Wacke, Gerhard/Vogel, Klaus/Martens, Wolfgang: Gefahrenabwehr. Allgemeines Polizeirecht (Ordnungsrecht) des Bundes und der Länder, 9. Aufl., Köln/Berlin/Bonn/München 1986
Dürig, Günter: Kommentierung des Artikel 3 Abs. 1 GG, in: Maunz/Dürig u. a., Grundgesetz. Kommentar (Loseblatt), Bd. 1, München 1958 ff. (Stand 1973)
Eberle, Carl-Eugen: Gesetzesvorbehalt und Parlamentsvorbehalt. Erkenntnisse und Folgerungen aus der jüngeren Verfassungsrechtsprechung, DÖV 1984, S. 485
Ehlers, Dirk: Die Handlungsformen bei der Vergabe von Wirtschaftssubventionen, VA 74 (1983), S. 112
– Rechtsverhältnisse in der Leistungsverwaltung, DVBl. 1986, S. 912
Ehrlicher, Werner: Aspekte der Staatsverschuldung, Der Staat 24 (1985), S. 31
Eichenberger, Kurt: Gesetzgebung im Rechtsstaat (1. Bericht), VVDStRL 40 (1982), S. 7
Eiselt, Gerhard: Richtlinien für Unterricht und Erziehung im Schulwesen als administrativ gesetztes Recht, DÖV 1980, S. 405
Erichsen, Hans-Uwe: Geltung und Reichweite von Gesetzes- und Parlamentsvorbehalt. Zur Regelungskompetenz im Schulverhältnis. Das Recht auf Bildung, VA 67 (1976), S. 93
– Zum staatlich-schulischen Erziehungsauftrag und zur Lehre vom Gesetzes- und Parlamentsvorbehalt, VA 69 (1978), S. 387
– Zum Verhältnis von Gesetzgebung und Verwaltung nach dem Grundgesetz, VA 70 (1979), S. 249
– Zur Verfassungswidrigkeit der Abwahl kommunaler Wahlbeamter, DVBl. 1980, S. 723
Feuchthofen, Jörg: Der Verfassungsgrundsatz des rechtlichen Gehörs und seine Ausgestaltung im Verwaltungsverfahren, DVBl. 1984, S. 170
Fischer-Menshausen, Herbert: Kommentierung der Artikel 104 a–115 GG in: Grundgesetz-Kommentar, Bd. 3, hrsg. von Ingo v. Münch, 2. Aufl., München 1983
– Mittelfristige Finanzplanung und Haushaltsrecht, in: Probleme der Haushalts- und Finanzplanung, hrsg. von Heinz Haller, Berlin 1969, S. 56
Flach, Werner: Hegels Bestimmung des Verhältnisses von Freiheit und Gleichheit, Archiv für Rechts- und Sozialphilosophie 57 (1971), S. 549
Forsthoff, Ernst: Begriff und Wesen des sozialen Rechtsstaats (Bericht), VVDStRL 12 (1954), S. 8
– Der Staat der Industriegesellschaft. Dargestellt am Beispiel der Bundesrepublik Deutschland, München 1971
– Über Maßnahmegesetze, in: derselbe, Rechtsstaat im Wandel, 2. Aufl., München 1976, S. 105

– Ein Volkspräsident? Das höchste Amt der Bundesrepublik sollte im Volk verankert sein, Deutsche Zeitung vom 15. 2. 1974

Friauf, Karl-Heinrich: Ordnungsrahmen für das Recht der Subventionen (1. Referat), in: Verhandlungen des 55. Deutschen Juristentages, Bd. 2, München 1984, S. M 8

– Das Standortplanfeststellungsverfahren als Rechtsproblem, in: Rechtsfragen des Genehmigungsverfahrens von Kraftwerken (Veröffentlichungen des Instituts für Energierecht zu Köln 41/42), Düsseldorf 1978, S. 63

Fricke, Eberhard: Regierung und Parlament beim Haushaltsvollzug, DÖV 1980, S. 317

Friehe, Heinz-Josef: Das Abwehrrecht des Wettbewerbers gegen die Subventionierung eines Konkurrenten, JuS 1981, S. 867

Friesenhahn, Ernst: Parlament und Regierung im modernen Staat (Bericht), VVDStRL 16 (1958), S. 9

– Die verfassungsrechtliche Garantie der kommunalen Selbstverwaltung in der Bundesrepublik Deutschland und im Lande Nordrhein-Westfalen und die Rechtsprechung der Verfassungsgerichte, in: Der Staat als Aufgabe. Gedenkschrift für Max Imboden, Basel/Stuttgart 1972, S. 115

– Zur neueren Entwicklung des Petitionsrechts in der Bundesrepublik Deutschland, in: Festschrift für Hans Huber, Bern 1981, S. 353

Frowein, Jochen Abr.: Gemeinschaftsaufgaben im Bundesstaat (Bericht), VVDStRL 31 (1973), S. 13

Geiger, Willi: Verfassungsrechtliches Gutachten zur niedersächsischen Kreisreform im Raum Lüchow-Dannenberg, Oktober 1978 (Maschinenschrift)

Gierke, Otto von: Labands Staatsrecht und die deutsche Rechtswissenschaft, in: Jahrbuch für Gesetzgebung, Verwaltung und Volkswirtschaft im Deutschen Reich (Schmollers Jahrbuch), Neue Folge 7 (1883), S. 1097 (Neudruck: Darmstadt 1961)

Göldner, Detlef: Gesetzmäßigkeit und Vertragsfreiheit im Verwaltungsrecht, JZ 1976, S. 352

– Integration und Pluralismus im demokratischen Rechtsstaat. Bemerkungen zur Doppelfunktion von Einheit und Gegensatz im System des Bonner Grundgesetzes, Tübingen 1977

Goerlich, Helmut: Formenmißbrauch – Einzelfallgesetz – Gewaltenteilung, DÖV 1985, S. 945

– „Formenmißbrauch" und Kompetenzverständnis. Eine exemplarische Studie zur geschriebenen Verfassung im Bundesstaat, Tübingen 1987

– Grundrechte als Verfahrensgarantien. Ein Beitrag zum Verständnis des Grundgesetzes für die Bundesrepublik Deutschland, Baden-Baden 1981

Götz, Volkmar: Recht der Wirtschaftssubventionen, München 1966

Grabitz, Eberhard: Freiheit und Verfassungsrecht. Kritische Untersuchungen zur Dogmatik und Theorie der Freiheitsrechte, Tübingen 1976

– Vertrauensschutz als Freiheitsschutz, DVBl. 1973, S. 675

Graf, Albert: Hat der Landtag des Landes Nordrhein-Westfalen oder einer seiner Ausschüsse das Recht, die Erläuterungen des Haushaltsplans (die rechte Seite des Etats) mit die Landesregierung bindender Wirkung zu ändern?, DVBl. 1965, S. 931

Grawert, Rolf: Gemeinden und Kreise vor den öffentlichen Aufgaben der Gegenwart (Mitbericht), VVDStRL 36 (1978), S. 277

– Gesetz und Gesetzgebung im modernen Staat, Jura 1982, S. 247 und S. 300

– Grenzen und Alternativen des gerichtlichen Rechtsschutzes in Verwaltungsstreitsachen. Rechtsvergleichender Bericht: Bundesrepublik Deutschland – Italien, DVBl. 1983, S. 973

– Widerruf und Erstattung im Recht der Zuwendungen. Die haushaltsrechtlichen Änderungen des Verwaltungsverfahrens, DVBl. 1981, S. 1029

Greifeld, Andreas: Die Allgemeinheit der Wahl und das „Beamtenmonopol" in den Volksvertretungen. Zu der Zulässigkeit von Einschränkungen des passiven Beamtenwahlrechts, ZBR 1982, S. 97

Grimm, Dieter: Reformalisierung des Rechtsstaats als Demokratiepostulat?, JuS 1980, S. 704

– Verfahrensfehler als Grundrechtsverstöße, NVwZ 1985, S. 865

Gross, Rolf: Zur originären Rechtssetzung der Exekutive, DÖV 1971, S. 186

Grosser, Hans-Dieter: Die Spannungslage zwischen Verfassungsrecht und Verfassungswirklich-

keit bei Vergabe von staatlichen Wirtschaftssubventionen durch die öffentliche Hand, Berlin 1983 (zit.: Spannungslage)
– Verfassungsdirektiven der staatlichen Subventionierung nach der Wesentlichkeits-Rechtsprechung des Bundesverfassungsgerichts, BayVBl. 1983, S. 551
Guggenberger, Bernd: An den Grenzen der Mehrheitsdemokratie, in: An den Grenzen der Mehrheitsdemokratie. Politik und Soziologie der Mehrheitsregel, hrsg. von Bernd Guggenberger und Claus Offe, Opladen 1984, S. 184
Guggenberger, Bernd/Offe, Claus: Politik aus der Basis – Herausforderung der parlamentarischen Mehrheitsdemokratie, in: An den Grenzen der Mehrheitsdemokratie. Politik und Soziologie der Mehrheitsregel, hrsg. von Bernd Guggenberger und Claus Offe, Opladen 1984, S. 8
Gusy, Christoph: Das Grundgesetz als normative Gesetzgebungslehre?, ZRP 1985, S. 291
– Das Mehrheitsprinzip im demokratischen Staat, AÖR 106 (1981), S. 329
– Vom Verbändestaat zum Neokorporatismus?, Wien 1981
– Der Vorrang des Gesetzes, JuS 1983, S. 189
Haag, Theodor August: „Effektiver Rechtsschutz" – grundrechtlicher Anspruch oder Leerformel?, Diss. jur., Konstanz 1986
Häberle, Peter: Berufs„ständische" Satzungsautonomie und staatliche Gesetzgebung, DVBl. 1972, S. 909
– Besprechung von: Walter Krebs, Vorbehalt des Gesetzes und Grundrechte (1975), DÖV 1976, S. 538
– Grundrechte im Leistungsstaat (Mitbericht), VVDStRL 30 (1972), S. 43
– „Leistungsrecht" im sozialen Rechtsstaat, in: Festschrift für Günther Küchenhoff, 2. Halbband, Berlin 1972, S. 453
Hahn, Roland: Macht und Ohnmacht des Landtags von Baden-Württemberg. Die Rolle des Landtags von Baden-Württemberg im politischen Prozeß 1972–1981, Kehl am Rhein/Straßburg 1987
Hamann, Andreas: Rechtsfragen zu ermessenslenkenden Verwaltungsvorschriften, VA 73 (1982), S. 28
Hansen, Hans-Jürgen: Fachliche Weisung und materielles Gesetz. Zugleich ein Beitrag zur Lehre von der Gewaltenteilung, zum Gesetzmäßigkeitsprinzip und zum Vorbehalt des (formellen) Gesetzes, Hamburg 1971 (zit.: Fachliche Weisung)
Hansmeyer, Karl-Heinrich/Rürup, Bert: Staatswissenschaftliche Planungsinstrumente, 2. Aufl., Tübingen/Düsseldorf 1975
Hart, H. L. A.: Freiheit und ihre Priorität bei Rawls, in: Über John Rawls' Theorie der Gerechtigkeit, hrsg. von Otfried Höffe, Frankfurt am Main 1977, S. 131
Hase, Friedhelm/Ladeur, Karl-Heinz/Ridder, Helmut: Nochmals: Reformalisierung des Rechtsstaats als Demokratiepostulat?, JuS 1981, S. 794
Hatzfeld, Hermann Graf/Hirsch, Helmut/Kollert, Roland (Hrsg.): Der Gorleben-Report. Ungewißheiten und Gefahren der nuklearen Entsorgung. Auszüge aus dem Gutachten und dem Hearing der niedersächsischen Landesregierung, Frankfurt am Main 1979
Haverkate, Görg: Rechtsfragen des Leistungsstaats. Verhältnismäßigkeitsgebot und Freiheitsschutz im leistenden Staatshandeln, Tübingen 1983 (zit.: Rechtsfragen)
Hegenbarth, Rainer: Symbolische und instrumentelle Funktionen moderner Gesetze, ZRP 1981, S. 201
Heinevetter, Klaus: Die Rechtsprechung zur Neuordnung der Sparkassen in Nordrhein-Westfalen, DÖV 1981, S. 780
Heinzel, Klaus/Stuhrmann, Gerd: Die Maßnahmen im Bereich der regionalen Wirtschaftsförderung und der Berlinförderung, in: Bulletin der Bundesregierung Nr. 46 vom 13. April 1988, S. 453
Held, Jürgen: Der Grundrechtsbezug des Verwaltungsverfahrens, Berlin 1984
Hendler, Reinhard: Selbstverwaltung als Ordnungsprinzip. Zur politischen Willensbildung und Entscheidung im demokratischen Verfassungsstaat der Industriegesellschaft, Köln/Berlin/Bonn/München 1984
Henke, Wilhelm: Allgemeine Fragen des öffentlichen Vertragsrechts, JZ 1984, S. 441

- Das demokratische Amt der Parlamentsmitglieder. Der Hintergrund des Streites um den Parteiwechsel von Abgeordneten, DVBl. 1973, S. 553
- Entwurf eines Gesetzes über den Subventionsvertrag, DVBl. 1984, S. 845
- Juristische Systematik der Grundrechte, DÖV 1984, S. 1
- Die Parteien im Ämterstaat, NVwZ 1985, S. 616
- Das Recht der Wirtschaftssubventionen als öffentliches Vertragsrecht, Tübingen 1979 (zit.: Wirtschaftssubventionen)
- Die Rechtsformen der sozialen Sicherung und das allgemeine Verwaltungsrecht (Mitbericht), VVDStRL 28 (1970), S. 149
- Die Republik, in: Handbuch des Staatsrechts, Bd. 1, hrsg. von Josef Isensee und Paul Kirchhof, Heidelberg 1987, S. 863
- Das subjektive öffentliche Recht, Tübingen 1968
- Das subjektive öffentliche Recht auf Eingreifen der Polizei, DVBl. 1964, S. 649
- Das subjektive Recht im System des öffentlichen Rechts. Ergänzungen und Korrekturen, DÖV 1980, S. 621
- System und Institute des öffentlichen Rechts der Wirtschaft, DVBl. 1983, S. 982
- Zur Lehre vom subjektiven öffentlichen Recht, in: Festschrift für Werner Weber zum 70. Geburtstag, Berlin 1974, S. 495
Henle, Victor: Errichtungsgesetze für Großvorhaben? Zur Aufgabe von Gesetzgebung und Verwaltung bei der Planung von Flughäfen, UPR 1982, S. 215 und S. 253
Henseler, Paul: Staatliche Verhaltenslenkung durch Subventionen im Spannungsfeld zur Unternehmerfreiheit des Begünstigten, VA 77 (1986) S. 249
- Verfassungsrechtliche Aspekte zukunftsbelastender Parlamentsentscheidungen, AÖR 108 (1983), S. 490
Hernekamp, Karl: Formen und Verfahren direkter Demokratie. Dargestellt anhand ihrer Rechtsgrundlagen in der Schweiz und in Deutschland, Frankfurt am Main 1979
Herzog, Roman: Gesetzgeber und Verwaltung (Mitbericht), VVDStRL 24 (1966), S. 183
- Kommentierung des Artikel 19 Abs. 1 GG, in: Maunz/Dürig u. a., Grundgesetz. Kommentar (Loseblatt), Bd. 1, München 1958 ff. (Stand: September 1981)
Hesse, Konrad: Bestand und Bedeutung der Grundrechte in der Bundesrepublik Deutschland, EuGRZ 1978, S. 427
- Grundzüge des Verfassungsrechts der Bundesrepublik Deutschland, 16. Aufl., Heidelberg 1988 (zit.: Grundzüge)
Hettlage, Karl M.: Zur Rechtsnatur des Haushaltsplans, in: Festschrift für Werner Weber zum 70. Geburtstag, Berlin 1974, S. 391
Heuer, Ernst: Kommentierung von Artikel 115 GG, in: Heuer/Domnach, Handbuch der Finanzkontrolle. Kommentar zum Bundeshaushaltsrecht (Loseblatt), Frankfurt am Main 1981 ff. (Stand 1983)
Heun, Werner: Staatsverschuldung und Grundgesetz, Die Verwaltung 18 (1985), S. 1
Hill, Hermann: Einführung in die Gesetzgebungslehre, Heidelberg 1982
- Impulse zum Erlaß eines Gesetzes, DÖV 1981, S. 487
- Die politisch-demokratische Funktion der kommunalen Selbstverwaltung nach der Reform, Baden-Baden 1987
Hirschberg, Lothar: Der Grundsatz der Verhältnismäßigkeit, Göttingen 1981
Höfling, Wolfram: Amtsgedanke und Bürgervertrauen, ZRP 1988, S. 396
Höger, Harro: Die Bedeutung von Zweckbestimmungen in der Gesetzgebung der Bundesrepublik Deutschland, Berlin 1976 (zit.: Zweckbestimmungen)
Hoffmann-Riem, Wolfgang: Selbstbindungen der Verwaltung (2. Bericht), VVDStRL 40 (1982), S. 187
Hofmann, Hasso: Atomenergie und Grundrechte, in: Recht und Technik im Spannungsfeld der Kernenergiekontroverse, hrsg. von Alexander Roßnagel, Opladen 1984, S. 55
- Atomgesetz und Recht auf Leben und Gesundheit, BayVBl. 1983, S. 33
- Der Einfluß der Großtechnik auf Verwaltungs- und Prozeßrecht, UPR 1984, S. 73
- Grundpflichten als verfassungsrechtliche Dimension (Mitbericht), VVDStRL 41 (1983), S. 42

– Das Postulat der Allgemeinheit des Gesetzes, in: Die Allgemeinheit des Gesetzes. 2. Symposion der Kommission „Die Funktion des Gesetzes in Geschichte und Gegenwart" am 14. und 15. November 1986, hrsg. von Christian Starck, Göttingen 1987, S. 9

– Rechtsfragen der atomaren Entsorgung, Stuttgart 1981

Hofmann, Jochen: Abfallbeseitigung und kommunale Selbstverwaltung. Überlegungen zum „Rastede-Urteil" des Bundesverwaltungsgerichts, BayVBl. 1984, S. 289

– Bauplanung und Atomrecht – das Beispiel Wiederaufbereitungsanlage Wackersdorf, NVwZ 1989, S. 225

– Die verfassungs- und kommunalrechtliche Zulässigkeit von Gemeinderatsbeschlüssen zu verteidigungspolitischen Fragen, DVBl. 1984, S. 116

Hofmeir, Georg: Mittelstandsförderung in der Bundesrepublik Deutschland unter besonderer Berücksichtigung der Gesetzgebung der Länder, Diss. jur., München 1977

Hollmann, Hermann H.: Rechtsstaatliche Kontrolle der Globalsteuerung. Möglichkeiten und Grenzen einer normativen Kontrolle globalsteuernder Wirtschaftspolitik am Beispiel des Stabilitätsgesetzes, Baden-Baden 1980

Holzhauser, Guido: Probleme der Standortvorsorge für umweltbelastende Großvorhaben aus bundesrechtlicher Sicht, Köln/Berlin/Bonn/München 1983 (zit.: Standortvorsorge)

Hoppe, Werner: Der Fortbestand wirtschaftslenkender Maßnahmegesetze bei Änderung wirtschaftlicher Verhältnisse. Ein Beitrag zum Geltungsbegriff bei Maßnahmegesetzen, DÖV 1965, S. 546

– Kommunale Selbstverwaltung und Planung, in: Selbstverwaltung im Staat der Industriegesellschaft. Festgabe zum 70. Geburtstag von Georg Christoph von Unruh, Heidelberg 1983, S. 555

– Planung und Pläne in der verfassungsgerichtlichen Kontrolle, in: Bundesverfassungsgericht und Grundgesetz. Festgabe aus Anlaß der 25jährigen Bestehens des Bundesverfassungsgerichts, Bd. 1, Tübingen 1976, S. 663

– Ungewißheiten beim bebauungsrechtlichen Planungserfordernis (§ 35 Abs. 1 BBauG) für industrielle Großvorhaben, DVBl. 1982, S. 913

– Zur planungsrechtlichen Zulässigkeit von Kraftwerken und sonstigen Großvorhaben im „Außenbereich", NJW 1978, S. 1229

– Zur Struktur von Normen des Planungsrechts, DVBl. 1974, S. 641

Hoppe, Werner/Rengeling, Hans Werner: Rechtsschutz bei der kommunalen Gebietsreform, Frankfurt 1973

Huber, Berthold: Die Erklärung des Gemeindegebiets zur atomwaffenfreien Zone, NVwZ 1982, S. 662

Huber, Joseph: Basisdemokratie und Parlamentarismus, in: Aus Politik und Zeitgeschichte, Beilage zur Zeitschrift „Das Parlament", B 2 (1983), S. 31

Huber, Konrad: Maßnahmegesetz und Rechtsgesetz. Eine Studie zum rechtsstaatlichen Gesetzesbegriff, Berlin 1963

Hüttenbrink, Jost: Die öffentlich-rechtliche Haftung der ehrenamtlichen Organwalter gegenüber ihren Selbstverwaltungskörperschaften, DVBl. 1981, S. 989

Hufen, Friedhelm: Heilung und Unbeachtlichkeit grundrechtsrelevanter Verfahrensfehler? Zur verfassungskonformen Auslegung der §§ 45 und 46 VwVfG, NJW 1982, S. 2160

Huh, Young: Rechtsstaatliche Grenzen der Sozialstaatlichkeit?, Der Staat 18 (1979), S. 183

Ipsen, Hans Peter: Deutsche Staatsrechtswissenschaft im Spiegel der Lehrbücher, AöR 106 (1981), S. 161

– Verwaltung durch Subventionen (Bericht), VVDStRL 25 (1967), S. 257

Ipsen, Jörn: Einwendungsbefugnis und Einwendungsausschluß im atomrechtlichen Genehmigungsverfahren, DVBl. 1980, S. 146

– Enteignung, enteignungsgleicher Eingriff und Staatshaftung. Zu den Auswirkungen der Eigentumsrechtsprechung des BVerfG auf die Haftung für staatliches Unrecht, DVBl. 1983, S. 1029

– Die Genehmigung technischer Großanlagen. Rechtliche Regelung und neuere Judikatur, AöR 107 (1982). S. 259

– Rechtsfolgen der Verfassungswidrigkeit von Norm und Einzelakt, Baden-Baden 1980 (zit.: Rechtsfolgen)

– Richterrecht und Verfassung, Berlin 1975 (zit.: Richterrecht)

Isensee, Josef: Grundrechte und Demokratie. Die polare Legitimation im grundgesetzlichen Gemeinwesen (Bonner Akademische Reden 53), Bonn 1981

– Kirchenautonomie und sozialstaatliche Säkularisierung in der Krankenpflegeausbildung. Rechtsgutachten, Freiburg 1980

– Mehr Recht durch weniger Gesetze?, ZRP 1985, S. 139

– Republik – Sinnpotential eines Begriffs. Begriffsgeschichtliche Stichproben, JZ 1981, S. 1

– Subsidiaritätsprinzip und Verfassungsrecht. Eine Studie über das Regulativ des Verhältnisses von Staat und Gesellschaft, Berlin 1968

– Die typisierende Verwaltung. Gesetzesvollzug im Massenverfahren am Beispiel der typisierenden Betrachtungsweise des Steuerrechts, Berlin 1976

– Verfassung ohne soziale Grundrechte. Ein Wesenszug des Grundgesetzes, Der Staat 19 (1980), S. 367

– Wirtschaftsdemokratie – Wirtschaftsgrundrechte – Soziale Gewaltenteilung. Verfassungsrechtliche Aspekte der unternehmerischen Mitbestimmung, Der Staat 17 (1978), S. 161

Jakobs, Michael Ch.: Rechtsfragen des Subventionswesens, BayVBl. 1985, S. 353

Janning, Hermann: Das Beteiligungsrecht der Gemeinden an der Regionalplanung, Städte- und Gemeindebund 1983, S. 275

Janssen, Albert: Die Behandlung der Petitionen auf kommunaler Ebene. Zur Reichweite verfassungsrechtlicher Vorgaben im Gemeinderecht, in: Archiv für Kommunalwissenschaften 26 (1987), S. 206

– Das Streikrecht der Angestellten und Arbeiter im öffentlichen Dienst und der „Dritte Weg" der Kirchen. Zugleich ein Beitrag zur exemplarischen Bedeutung des Kirchenrechts, Heidelberg 1982 (zit.: Streikrecht)

– Die zunehmende Parlamentarisierung der Gemeindeverfassung als Rechtsproblem (Schriftenreihe des Niedersächsischen Städtetages, Heft 17), Göttingen 1988 (zit.: Parlamentarisierung)

Jarras, Hans D.: Bindungs- und Präklusionswirkung von Teilgenehmigung und Vorbescheid. Zugleich ein Beitrag zum Regelungsgegenstand dieser Akte, UPR 1983, S. 241

Jellinek, Hans Jörg: Ursachen und Reduktionsmöglichkeiten der Überfülle von Rechtsvorschriften, Verwaltung und Fortbildung 6 (1978), S. 62

Jesch, Dietrich: Gesetz und Verwaltung. Eine Problemstudie zum Wandel des Gesetzmäßigkeitsprinzips. Tübingen 1961

Johlen, Heribert: Zum Erfordernis der Rechtsverletzung im Sinne der §§ 42 Abs. 2, 113 Abs. 1 S. 1 VwGO bei der Anfechtung eines Planfeststellungsbeschlusses, DÖV 1989, S. 204

Jooss, Gerhard: Wirtschaftsförderung – Methoden und Probleme staatlicher Intervention in der sozialen Marktwirtschaft. Ein Beitrag aus der Sicht der Praxis, BayVBl. 1985, S. 545, 581, 615

Junker, Ernst Ulrich: Die Richtlinienkompetenz des Bundeskanzlers, Tübingen 1965

Kamp, M. Ernst (Hrsg.): Informationen zur Mittelstandsforschung. Mittelstandsförderungsgesetz und Mittelstandsförderung (Institut für Mittelstandsforschung, Forschungsgruppe Bonn), 3. Aufl., Bonn 1979

Kämper, Burkhard: Kommunalwahlrecht für Ausländer in Nordrhein-Westfalen? Zur Frage der Möglichkeit einer Weiterentwicklung des grundgesetzlichen Volksbegriffes, ZRP 1989, S. 96

Katz, Alfred: Politische Verwaltungsführung in den Bundesländern. Dargestellt am Beispiel der Landesregierung Baden-Württemberg, Berlin 1975

Kewenig, Wilhelm: Zur Revision des Grundgesetzes: Planung im Spannungsverhältnis von Regierung und Parlament, DÖV 1973, S. 23

Kirchhof, Ferdinand: Der Verwaltungsakt auf Zustimmung, DVBl. 1985, S. 651

Kirchhof, Paul: Die Bedeutung der Unbefangenheit für die Verwaltungsentscheidung, VA 66 (1975), S. 370

– Rechtsmaßstäbe finanzstaatlichen Handelns. Das Besteuern, das Horten und Zuteilen von Finanzvermögen, JZ 1979, S. 153

– Rechtsquellen und Grundgesetz, in: Bundesverfassungsgericht und Grundgesetz. Festgabe aus Anlaß des 25jährigen Bestehens des Bundesverfassungsgerichts, Bd. 2, Tübingen 1976, S. 50

– Spendabel auf Kosten der Zukunft. Die Staatsverschuldung im demokratischen Rechtsstaat, FAZ vom 2. April 1983
– Steuergerechtigkeit und sozialstaatliche Geldleistungen, JZ 1982, S. 305
– Die Steuerung des Verwaltungshandelns durch Haushaltsrecht und Haushaltskontrolle, NVwZ 1983, S. 505
– Verwalten durch „mittelbares" Einwirken, Köln/Berlin/Bonn/München 1977
Kisker, Gunter: Neue Aspekte im Streit um den Vorbehalt des Gesetzes, NJW 1977, S. 1313
– Urteilsanmerkung, DVBl. 1982, S. 886
– Zuständigkeit des Parlaments für politische Leitentscheidungen. Vorlagebeschluß des OVG Münster zur Genehmigung eines Schnellen Brüters in Kalkar, ZParl 9 (1978), S. 53
Klante, Thomas: Erste Teilerrichtungsgenehmigung und Vorbescheid im Atomrecht. Regelungsgehalt und Verbindlichkeit, Köln/Berlin/Bonn/München 1984
– Der Regelungsgehalt der ersten atomrechtlichen Teilgenehmigung. Eine Bestandsaufnahme nach der Wyhl-Entscheidung des Bundesverwaltungsgerichts, BayVBl. 1987, S. 5
Klein, Eckart: Zur Gleichgestimmtheit zwischen Gemeindevertretung und kommunalen Wahlbeamten, DÖV 1980, S. 853
Klein, Norbert: Grundrechte und Wesensgehaltgarantie im besonderen Gewaltverhältnis, DVBl. 1987, S. 1102
Kloepfer, Michael: Gesetzgebung im Rechtsstaat (3. Bericht), VVDStRL 40 (1982), S. 63
– Gleichheit als Verfassungsfrage, Berlin 1980
– Rechtsschutz im Umweltschutz, VA 76 (1985), S. 371 und VA 77 (1986), S. 30
– Übergangsgerechtigkeit bei Gesetzesänderungen und Stichtagsregelungen, DÖV 1978, S. 225
– Verfassung und Zeit. Zum überhasteten Gesetzgebungsverfahren, Der Staat 13 (1976), S. 457
– Der Vorbehalt des Gesetzes im Wandel, JZ 1984, S. 685
Kloepfer, Michael/Messerschmidt, Klaus: Privatschulpflicht und Subventionsabbau, DVBl. 1983, S. 193
Knebel, Jürgen: Koalitionsfreiheit und Gemeinwohl. Zur verfassungsrechtlichen Zulässigkeit staatlicher Einwirkung auf die tarifautonome Lohngestaltung, Berlin 1978
Knemeyer, Franz-Ludwig: Aufgabenkategorien im kommunalen Bereich. – Mittelbare Staatsverwaltung? – Fremdverwaltung? – Zur Bedeutung der Organleihe –, DÖV 1988, S. 397
– Die bayerischen Gemeinden als Grundrechtsträger. – Zugleich eine Positionsbestimmung der Gemeinden im Staat –, BayVBl. 1988, S. 129
– Die verfassungsrechtliche Gewährleistung des Selbstverwaltungsrechts der Gemeinden und Landkreise, in: Selbstverwaltung im Staat der Industriegesellschaft. Festgabe zum 70. Geburtstag von Georg Christoph von Unruh, Heidelberg 1983, S. 209
– Das verfassungsrechtliche Verhältnis der Kommunen zueinander und zum Staat. Überlegungen zur Grundsatzentscheidung des Bundesverwaltungsgerichts vom 4. 8. 1983 in Sachen Abfallbeseitigung Rastede, DVBl. 1984, S. 23
Knemeyer, Franz-Ludwig/Hofmann, Jochen (Hrsg.): Gemeinden und Kreise. Zur verfassungsrechtlichen Aufgabenbestimmung und -abgrenzung. Expertengespräch zur Selbstverwaltungsgarantie, Stuttgart/München/Hannover 1984
Knemeyer, Franz-Ludwig/Schäfer, Dieter/von der Heide, Hans-Jürgen: Kommunale Wirtschaftsförderung. Möglichkeiten der Gemeinden und Kreise, Wünsche der Wirtschaft, Stuttgart/München/Hannover 1981
Koch, Hans-Joachim: Das Abwägungsgebot im Planungsrecht. Einige Bemerkungen zur Intensität verwaltungsgerichtlicher Kontrolle, veranlaßt durch BVerwG, Urteil vom 21. 8. 1981, DVBl. 1983, S. 1125
Koch, Horst Heinrich: Zur Auslegung des Rechtsbegriffs „volkswirtschaftlich besonders förderungswürdig" im Investitionszulagengesetz, BayVBl. 1983, S. 328
Kölble, Josef: Pläne im Bundesmaßstab oder auf bundesrechtlicher Grundlage, in: Planung I. Recht und Politik der Planung in Wirtschaft und Gesellschaft, hrsg. von Josef H. Kaiser, Baden-Baden 1965, S. 91
König, Herbert: Dynamische Verwaltung, Bürokratie zwischen Politik und Kosten, Stuttgart 1977
Koller, Heinrich: Der öffentliche Haushalt als Instrument der Staats- und Wirtschaftslenkung.

Ein Beitrag zur politischen und rechtlichen Bedeutung des haushaltsrechtlichen Instrumentariums und zum Wandel der Haushaltskompetenzen von Parlament und Regierung, Basel und Frankfurt am Main 1983

Kopp, Ferdinand O.: Um eine neue Begründung des Vertrauensschutzes im öffentlichen Recht, BayVBl. 1980, S. 38

– Verfassungsrecht und Verwaltungsverfahrensrecht. Eine Untersuchung über die verfassungsrechtlichen Voraussetzungen des Verwaltungsverfahrens in der Bundesrepublik und die Bedeutung der Grundentscheidungen der Verfassung für die Feststellung, Auslegung und Anwendung des geltenden Verwaltungsverfahrensrechts, München 1971

Krämer, Erwin: Zuwendungsrecht. Zuwendungspraxis. Kommentar zu den zuwendungsbezogenen haushaltsrechtlichen Vorschriften des Bundes und der Länder mit Verfahrenshinweisen für die Behörden und Zuwendungsempfänger (Loseblatt), Bd. 1 und Bd. 2, Heidelberg 1982 ff.

Krause, Peter: Rechtsformen des Verwaltungshandelns. Überlegungen zu einem System der Handlungsformen der Verwaltung, mit Ausnahme der Rechtssetzung, Berlin 1974

Krebs, Walter: Grundrechtlicher Gesetzesvorbehalt und Pressesubventionierung, DVBl. 1977, S. 632

– Kontrolle in staatlichen Entscheidungsprozessen. Ein Beitrag zur rechtlichen Analyse von gerichtlichen, parlamentarischen und Rechnungshof-Kontrollen, Heidelberg 1984

– Vorbehalt des Gesetzes und Grundrechte. Vergleich des traditionellen Eingriffsvorbehalts mit den Grundrechtsbestimmungen des Grundgesetzes, Berlin 1975

– Zum aktuellen Stand der Lehre vom Vorbehalt des Gesetzes, Jura 1979, S. 304

– Zur Rechtssetzung der Exekutive durch Verwaltungsvorschriften, VA 70 (1979), S. 259

Kriele, Martin: Einführung in die Staatslehre. Die geschichtlichen Legitimitätsgrundlagen des demokratischen Verfassungsstaates, Hamburg 1975

– Freiheit und Gleichheit, in: Handbuch des Verfassungsrechts, hrsg. von Ernst Benda u. a., Berlin/New York 1983, S. 129

Kröger, Klaus: Die Ministerverantwortlichkeit in der Verfassungsordnung der Bundesrepublik Deutschland, Frankfurt/M. 1972

– Zur Mitwirkung des Bundestages am Haushaltsvollzug, DÖV 1973, S. 439

Kröncke, Dirk: Die Genehmigung von Kernkraftwerken. Zu den Einzelgenehmigungen und zu einer atomrechtlichen Planfeststellung, Köln/Berlin/Bonn/München 1982

– Die planungsrechtliche Zulässigkeit von Kernkraftwerken, UPR 1982, S. 10

Kruse, Heinrich Wilhelm: Steuerrecht I. Allgemeiner Teil, 3. Aufl., München 1973

Krüger, Hartmut: Die Entscheidungsbefugnis in der demokratischen Ordnung des Grundgesetzes. Bemerkungen zur aktuellen Diskussion über das Mehrheitsprinzip in der Demokratie, BayVBl. 1988, S. 353

Kunig, Philipp: Das Rechtsstaatsprinzip. Überlegungen zu seiner Bedeutung für das Verfassungsrecht der Bundesrepublik Deutschland, Tübingen 1986

Ladeur, Karl-Heinz: Der Vorbehalt des Gesetzes im Telekommunikationsrecht. Das Beispiel des ISDN, Zeitschrift für Gesetzgebung 2 (1987), S. 140

Lange, Klaus: Die Abhängigkeit der Ausgabenwirtschaft der Bundesregierung von der parlamentarischen Budgetbewilligung, Der Staat 11 (1972), S. 313

– Kriterien für die Wirksamkeit von Instrumenten und Programmen des Verwaltungshandelns, DÖV 1981, S. 73

– Möglichkeiten und Grenzen gemeindlicher Wirtschaftsförderung, Köln 1981 (zit.: Wirtschaftsförderung)

Langer, Stefan: Vorbeugender Rechtsschutz gegen Planungen, DÖV 1987, S. 418

Larenz, Karl: Methodenlehre der Rechtswissenschaft, 4. Aufl., Berlin/Heidelberg/New York 1979

Laubinger, Hans-Werner: Grundrechtsschutz durch Gestaltung des Verwaltungsverfahrens, VA 73 (1982), S. 60

Laufer, Heinz: Der überregelte Staat, in: Aus Politik und Zeitgeschichte, Beilage zur Wochenzeitung „Das Parlament", B 15 (1987), S. 27

Lecheler, Helmut: Die Personalgewalt öffentlicher Dienstherrn, Berlin 1977

– Verwaltung als „außerparlamentarische Gewalt", DÖV 1974, S. 441

Lehmann-Grube, Hinrich: Der Einfluß politischer Vertretungskörperschaften auf die Verwaltung, DÖV 1985, S. 1

Leibholz, Gerhard: Parteienstaat und repräsentative Demokratie. Eine Betrachtung zu Artikel 21 und 38 des Bonner Grundgesetzes (1951), in: Zur Theorie und Geschichte der Repräsentation und Repräsentationsverfassung, hrsg. von Heinz Rausch, Darmstadt 1968, S. 235

– Der Strukturwandel der modernen Demokratie, in: derselbe, Strukturprobleme der modernen Demokratie, 3. Aufl., Karlsruhe 1967 (Neuausgabe: Frankfurt 1974), S. 78

– Volk und Partei im neuen deutschen Verfassungsrecht, in: derselbe, Strukturprobleme der modernen Demokratie, 3. Aufl., Karlsruhe 1967 (Neuausgabe: Frankfurt 1974) S. 71

– Zum Begriff und Wesen der Demokratie, in: derselbe, Strukturprobleme der modernen Demokratie, 3. Aufl., Karlsruhe 1967 (Neuausgabe: Frankfurt 1974), S. 142

Leibholz, G./Rinck, H. J./Hesselberger, D.: Grundgesetz für die Bundesrepublik Deutschland. Kommentar anhand der Rechtsprechung des Bundesverfassungsgerichts (Loseblatt), 6. Aufl., Köln 1979 ff.

Leisner, Walter: Beamtentum in Anarchiegefahr, ZBR 1981, S. 143

– „Gesetz wird Unsinn..." Grenzen der Sozialgestaltung im Gesetzesstaat, DVBl. 1981, S. 849

– Rechtsstaat – ein Widerspruch in sich?, JZ 1977, S. 537

Lepa, Manfred: Verfassungsrechtliche Probleme der Rechtssetzung durch Rechtsverordnung, AöR 105 (1980), S. 337

Lerche, Peter: Grenzen der Wehrfähigkeit kommunaler Planungshoheit, in: Festschrift zum hundertjährigen Bestehen des Bayerischen Verwaltungsgerichtshofs, München 1979, S. 223

– Kernkraft und rechtlicher Wandel, Bielefeld 1981

Lichterfeld, Frank: Der Wandel der Haushaltsfunktionen von Bundeslegislative und Bundesexekutive. Ein Beitrag zum Verhältnis von Parlament und Regierung im Haushaltsbereich unter besonderer Berücksichtigung der Stellung und Funktion des Haushaltsausschusses des Deutschen Bundestages, Diss. jur., Heidelberg 1969

Lichterfeld, Ulf: Zur Abberufung (Abwahl) von kommunalen Hauptverwaltungsbeamten, DVBl. 1982, S. 1021

Liesegang, Helmuth C. F.: Zum Entwurf eines Gesetzes über die parlamentarische Kontrolle der Regierungsplanung, ZRP 1972, S. 259

Linck, Joachim: Zum Vorrang des Parlaments gegenüber den anderen Gewalten. Bemerkung zur Kalkar-Entscheidung des BVerfG, DÖV 1979, S. 165

Link, Christoph: Herrschaftsordnung und bürgerliche Freiheit. Grenzen der Staatsgewalt in der älteren deutschen Staatslehre, Wien/Köln/Graz 1979

Locke, John: Zwei Abhandlungen über die Regierung, 1690 (Deutsche Übertragung von Hans Jörn Hoffmann, Frankfurt am Main/Wien 1967)

Löffler, Klaus: Parlamentsvorbehalt im Kernenergierecht. Eine Untersuchung zur parlamentarischen Verantwortung für neue Technologien, Baden-Baden 1985

Löhr, Rolf-Peter: Gerichtliche Rechtsschutzmöglichkeiten der Gemeinden gegen Regionalpläne, DVBl. 1980, S. 13

Loeser, Roman: Das Bundes-Organisationsgesetz, Baden-Baden 1988

Löwer, Wolfgang: Klagebefugnis und Kontrollumfang der richterlichen Planprüfung bei straßenrechtlichen Planfeststellungsbeschlüssen, DVBl. 1981, S. 528

Lorenz, Dieter: Das Gebot effektiven Rechtsschutzes des Art. 19 Abs. 4 GG, Jura 1983, S. 393

– Der Rechtsschutz des Bürgers und die Rechtsweggarantie, München 1973 (zit.: Rechtsschutz)

Loschelder, Wolfgang: Die Befugnis des Gesetzgebers zur Disposition zwischen Gemeinde- und Kreisebene. Aufgabenverteilung und Aufsichtszuordnung nach dem Maßstab des Art. 28 Abs. 2 GG (= Schriften des Niedersächsischen Landkreistages, Bd. 6) Göttingen 1986

– Kommunale Selbstverwaltungsgarantie und gemeindliche Gebietsgestaltung, Berlin 1976

– Vom besonderen Gewaltverhältnis zur öffentlich-rechtlichen Sonderbindung. Zur Institutionalisierung der engeren Staat/Bürger-Beziehungen, Köln/Berlin/Bonn/München 1982 (zit.: Sonderbindung)

Lübbe, Hermann: Philosophie nach der Aufklärung. Von der Notwendigkeit pragmatischer Vernunft, Düsseldorf/Wien 1980

Lübbe-Wolff, Gertrude: Rechtsprobleme der behördlichen Umweltberatung, NJW 1987, S. 2705

Lücke, Jörg: Begründungszwang und Verfassung. Zur Begründungspflicht der Gerichte, Behörden und Parlamente, Tübingen 1987

– Soziale Grundrechte als Staatszielbestimmungen und Gesetzgebungsaufträge, AöR 107 (1982), S. 15

Maassen, Hermann: Die Freiheit des Bürgers in einer Zeit ausufernder Gesetzgebung, NJW 1979, S. 1473

Magiera, Siegfried: Parlament und Staatsleitung in der Verfassungsordnung des Grundgesetzes. Eine Untersuchung zu den Grundlagen der Stellung und Aufgaben des Deutschen Bundestages, Berlin 1979 (zit.: Parlament und Staatsleitung)

Maluschke, Günther: Philosophische Grundlagen des demokratischen Verfassungsstaates, Freiburg/München 1982

Mandelartz, Herbert: Zur sogenannten „mitwirkenden" Kontrolle, insbesondere beim Haushaltsvollzug, ZParl 13 (1982), S. 7

– Das Zusammenwirken von Parlament und Regierung beim Haushaltsvollzug. Ein Beitrag zum parlamentarischen Regierungssystem der Bundesrepublik Deutschland, Frankfurt am Main 1980 (zit.: Zusammenwirken)

Marnitz, Siegfried: Die Gemeinschaftsaufgaben des Art. 91 a GG als Versuch einer verfassungsrechtlichen Institutionalisierung der bundesstaatlichen Kooperation. Eine verfassungsrechtliche und verfassungspolitische Untersuchung, Berlin 1974 (zit.: Gemeinschaftsaufgaben)

Martens, Joachim: Fehlentwicklung einer Subvention im Steuerrecht, ZRP 1981, S. 104

– Der verwaltungsrechtliche Nachbarschutz – eine unendliche Geschichte?, NJW 1985, S. 2302

Martens, Wolfgang: Grundrechte im Leistungsstaat (Bericht), VVDStRL 30 (1972), S. 7

– Öffentlich als Rechtsbegriff, Bad Homburg v. d. H./Berlin/Zürich 1969

Mauder, Johannes: Der Anspruch auf rechtliches Gehör, seine Stellung im System der Grundrechte und seine Auswirkung auf die Abgrenzungsproblematik zwischen Verfassungs- und Fachgerichtsbarkeit, München 1986 (zit.: Rechtliches Gehör)

Maunz, Theodor: Kommentierung der Artikel 104 a (Stand 1979), 109 (Stand: 1979), 110 (Stand: 1981) und 115 (Stand 1981), in: Maunz/Dürig u. a., Grundgesetz. Kommentar (Loseblatt), Bd. 3, München 1958 ff.

– Selbstbindungen der Verwaltung, DÖV 1981, S. 497

Maurer, Hartmut: Der Verwaltungsvorbehalt (Bericht), VVDStRL 43 (1985), S. 135

– Vollzugs- und Ausführungsgesetze, in: Festschrift für Klaus Obermayer zum 70. Geburtstag, München 1986, S. 95

Mayntz, Renate: Soziologie der öffentlichen Verwaltung, 3. Aufl., Heidelberg 1985

Meessen, Karl Matthias: Maßnahmegesetze, Individualgesetze und Vollziehungsgesetze, DÖV 1970, S. 314

Meister, Hans: Subventionen der öffentlichen Verwaltung außerhalb gesetzlicher Regelungen, DVBl. 1972, S. 593

Menger, Christian-Friedrich: Die Problematik des sogenannten kommunalrechtlichen Vertretungsverbotes, NJW 1980, S. 1827

– Probleme der Handlungsformen bei der Vergabe von Wirtschaftssubventionen – mitwirkungsbedürftiger Verwaltungsakt oder öffentlich-rechtlicher Vertrag?, in: Festschrift für Werner Ernst zum 70. Geburtstag, München 1980

– Zu den Handlungsformen bei der Vergabe von Subventionen, VA 69 (1978), S. 93

– Zweitbearbeitung zu Artikel 19 Abs. 1 GG, in: Bonner Kommentar zum Grundgesetz (Loseblatt), Bd. 3, Hamburg 1964 ff. (Stand: Juni 1979)

Menzel, Andreas: Nochmals: Zum materiellrechtlichen Gehalt der Kompetenzbestimmungen des Grundgesetzes, DÖV 1983, S. 805

Meyer, Hans: Die kommunale Neuordnung als verfassungsgerichtliches Problem, DÖV 1971, S. 801

Meyer-Cording, Ulrich: Die Rechtsnormen, Tübingen 1971

Meyn, Karl-Ulrich: Gesetzesvorbehalt und Rechtssetzungsbefugnis der Gemeinden, Göttingen 1977 (zit.: Rechtssetzungsbefugnis)

– Kontrolle als Verfassungsprinzip. Problemstudie zu einer legitimitätsorientierten Theorie der politischen Kontrolle in der Verfassungsordnung des Grundgesetzes, Baden-Baden 1982 (Zit.: Kontrolle)

Michaelis, Rüdiger: Verantwortung ohne Verantwortlichkeit. Zur Unvereinbarkeit der unbeschränkten Haftungsfreistellung kommunaler Mandatsträger mit dem Selbstverwaltungsrecht gemäß Art. 28 Abs. 2 GG, DVBl. 1978, S. 125

Miebach, Peter: Die negative öffentlichrechtliche Konkurrentenklage im wirtschaftlichen Wettbewerb, JuS 1987, S. 956

Möller, Alex (Hrsg.): Kommentar zum Gesetz zur Förderung der Stabilität und des Wachstums der Wirtschaft, 2. Aufl., Hannover 1969

Moeser, Ekkehard: Die Beteiligung des Bundestages an der staatlichen Haushaltsgewalt. Eine Untersuchung zur rechtlichen und tatsächlichen Stellung des Bundestages in haushaltswirtschaftlichen Entscheidungsprozessen, Berlin 1978 (zit.: Beteiligung des Bundestages)

– Die Bindung an den Staatshaushalt. Zur Pflicht der Regierung, bewilligte Geldmittel zu verausgaben, DVBl. 1977, S. 479

Mössle, Wilhelm: Regierungsfunktionen des Parlaments, München 1986

Müller, Friedrich: Der Vorbehalt des Gesetzes, in: derselbe, Rechtsstaatliche Form – Demokratische Politik. Beiträge zu öffentlichem Recht, Methodik, Rechts- und Staatstheorie, Berlin 1977, S. 15

Müller, Georg: Inhalt und Formen der Rechtssetzung als Problem der demokratischen Kompetenzordnung, Basel 1979 (zit.: Rechtssetzung)

Müller, Klaus: Zur Problematik der Rahmenvorschriften nach dem Grundgesetz, DÖV 1964, S. 332

Müller-Volbehr, Jörg: Fonds- und Investitionshilfekompetenz des Bundes, München 1975

Murswiek, Dietrich: Die staatliche Verantwortung für die Risiken der Technik. Verfassungsrechtliche Grundlagen und immissionsschutzrechtliche Ausformung, Berlin 1985

– Zur Bedeutung der grundrechtlichen Schutzpflichten für den Umweltschutz, Wirtschaft und Verwaltung (Vierteljahresbeilage zum Gewerbearchiv und Umwelt- und Planungsrecht) 1986/4, S. 179

Mussgnug, Reinhard: Besprechung von: Josef Isensee, Die typisierende Verwaltung (1976), Die Verwaltung 11 (1978), S. 116

– Der Haushaltsplan als Gesetz, Göttingen 1976 (zit.: Haushaltsplan)

Mutius, Albert von: Grundrechtsschutz contra Verwaltungseffizienz im Verwaltungsverfahren?, NJW 1982, S. 2150

– Rechtsnorm und Verwaltungsakt. Zu Möglichkeiten und Grenzen rechtsdogmatischer Differenzierungen im Bereich des Verwaltungshandelns, in: Festschrift für H. J. Wolff zum 75. Geburtstag, München 1973, S. 167

– Sind weitere rechtliche Maßnahmen zu empfehlen, um den notwendigen Handlungs- und Entfaltungsspielraum der kommunalen Selbstverwaltung zu gewährleisten?, Gutachten E zum 53. Deutschen Juristentag, München 1980

– Die Steuerung des Verwaltungshandelns durch Haushaltsrecht und Haushaltskontrolle (Bericht), VVDStRL 42 (1984), S. 147

Naujoks, Rolf: Der Anwendungsbereich des Verwaltungsverfahrensgesetzes. Ein Beispiel für den fehlenden Beruf unserer Zeit zur Gesetzgebungstechnik, JZ 1978, S. 41

Nedden, Burckhard: Geltung des Gesetzesvorbehalts für die Festlegung behördlicher Zuständigkeiten?, VR 1985, S. 369

– Verrechtlichung der Verwaltung und richterliche Kontrolldichte: Ursachen – Kritik – Perspektiven, VR 1985, S. 305

Nevermann, Knut: Lehrplanrevision und Vergesetzlichung. Verfassungsrechtliche Grenzen der Parlamentarisierung curricularer Entscheidungen, VA 71 (1980), S. 241

Niehues, Norbert: Die Bekanntgabe dinglicher Verwaltungsakte. Zugleich eine Anmerkung zum Vorlagebeschluß des HessVGH vom 10. 6. 1981 betreffend die Gültigkeit der Veröffentlichung von Bebauungsplänen, DVBl. 1982, S. 317

Noelle-Neumann, Elisabeth: Wandlungen im Demokratie-Verständnis. Plebiszitäre Einstellungen dringen vor, FAZ vom 2. Dezember 1982

Novak, Richard: Gesetzgebung im Rechtsstaat (2. Bericht), VVDStRL 40 (1982), S. 40

Oberreuter, Heinrich: Abgesang auf einen Verfassungstyp?, in: Aus Politik und Zeitgeschichte, Beilage zur Wochenzeitung „Das Parlament", B 2 (1983), S. 19

Oebecke, Janbernd: Individualrechtsschutz gegen Überschreitungen der gemeindlichen Verbandskompetenz NVwZ 1988, S. 393
– Weisungs- und unterrichtungsfreie Räume in der Verwaltung, Köln 1986

Oldiges, Martin: Die Bundesregierung als Kollegium. Eine Studie zur Regierungsorganisation nach dem Grundgesetz, Hamburg 1983
– Richtlinien als Ordnungsrahmen der Subventionsverwaltung, NJW 1984, S. 1927

Oschatz, Georg-Berndt: Erscheinungen der Verrechtlichung in der Staats- und Kommunalverwaltung, DVBl. 1980, S. 736

Ossenbühl, Fritz: Abschied vom enteignungsgleichen Eingriff?, NJW 1983, S. 1
– Änderungsgenehmigung und Öffentlichkeitsbeteiligung im Atomrecht, DVBl. 1981, S. 65
– Die Erfüllung von Verwaltungsaufgaben durch Private (Bericht), VVDStRL 29 (1971), S. 137
– Freigabepraxis im atomrechtlichen Genehmigungsverfahren, DVBl. 1980, S. 803
– Grundrechtsschutz im und durch Verfahrensrecht, in: Festschrift für Kurt Eichenberger zum 60. Geburtstag, Basel/Frankfurt am Main 1982, S. 183
– Kernenergie und Verfassungsrecht, DÖV 1981, S. 1
– Die Quellen des Verwaltungsrechts, in: Allgemeines Verwaltungsrecht, hrsg. von Hans-Uwe Erichsen und Wolfgang Martens, 8. neubearbeitete Aufl., Berlin/New York 1988, S. 59
– Rechtliches Gehör und Rechtsschutz im Eingemeindungsverfahren, DÖV 1969, S. 548
– Regelungsgehalt und Bindungswirkung der 1. Teilgenehmigung im Atomrecht, NJW 1980, S. 1353
– Selbstbindungen der Verwaltung, DVBl. 1981, S. 857
– Verwaltungsverfahren zwischen Verwaltungseffizienz und Rechtsschutzauftrag, NVwZ 1982, S. 465
– Verwaltungsvorschriften und Grundgesetz, Bad Homburg v. d. H./Berlin/Zürich 1968
– Der Vorbehalt des Gesetzes und seine Grenzen, in: Die öffentliche Verwaltung zwischen Gesetzgebung und richterlicher Kontrolle. Göttinger Symposion, hrsg. von Volkmar Götz u. a., München 1985, S. 9
– Welche normativen Anforderungen stellt der Verfassungsgrundsatz des demokratischen Rechtsstaates an die planende staatliche Tätigkeit, dargestellt am Beispiel der Entwicklungsplanung?, Gutachten B zum 50. Deutschen Juristentag, München 1974
– Zur Außenwirkung von Verwaltungsvorschriften, in: Verwaltungsrecht zwischen Freiheit, Teilhabe und Bindung. Festgabe aus Anlaß des 25jährigen Bestehens des Bundesverwaltungsgerichts, hrsg. von Otto Bachof u. a., München 1978, S. 433
– Zur Bedeutung von Verfahrensmängeln im Atomrecht, NJW 1981, S. 375
– Zur Erziehungskompetenz des Staates, in: Festschrift für Friedrich Wilhelm Bosch zum 65. Geburtstag, Bielefeld 1976, S. 751

Osterloh, Lerke: Erfordernis gesetzlicher Ermächtigung für Verwaltungshandeln in der Form des Verwaltungsakts?, JuS 1983, S. 280

Pankoke, Eckart: Lorenz von Steins staats- und gesellschaftswissenschaftliche Orientierungen, in: Blasius, Dirk/Pankoke, Eckart: Lorenz von Stein. Geschichts- und gesellschaftswissenschaftliche Perspektiven, Darmstadt 1977, S. 79

Papier, Hans-Jürgen: Einwendungen Dritter im Verwaltungsverfahren, NJW 1980, S. 313
– Die finanzrechtlichen Gesetzesvorbehalte und das grundgesetzliche Demokratieprinzip. Zu-

gleich ein Beitrag zur Lehre von den Rechtsformen der Grundrechtseingriffe, Berlin 1973 (zit.: Finanzrechtliche Gesetzesvorbehalte)
- Interkommunaler Kompetenzkonflikt, DVBl. 1984, S. 453
- Rechtliche Bindung und gerichtliche Kontrolle planender Verwaltung im Bereich des Bodenrechts, NJW 1977, S. 1714
- Verfassungsrechtliche Probleme des Ausländerwahlrechts, in: Aus Politik und Zeitgeschichte, Beilage zur Wochenzeitung „Das Parlament", B 24 (1988), S. 37
- Der Vorbehalt des Gesetzes und seine Grenzen, in: Die öffentliche Verwaltung zwischen Gesetzgebung und richterlicher Kontrolle. Göttinger Symposion, hrsg. von Volkmar Götz u. a., München 1985, S. 36
- Zum Schicksal des enteignungsgleichen Eingriffs, NVwZ 1983, S. 258
Patzig, Werner: Haushaltsrecht des Bundes und der Länder: Bd. 1 (Grundriß), Baden-Baden 1981; Bd. 2 (Kommentar zu den Rechts- und Verwaltungsvorschriften – Loseblatt), Baden-Baden 1981 ff.
- Konjunktursteuerung im Bundesstaat. 10 Jahre Erfahrungen mit dem Stabilitäts- und Wachstumsgesetz, DVBl. 1977, S. 841
- Zur Problematik der Kreditfinanzierung staatlicher Haushalte, DOV 1985, S. 293
Peine, Franz-Joseph: Der befangene Abgeordnete, JZ 1985, S. 914
- Systemgerechtigkeit. Die Selbstbindung des Gesetzgebers als Maßstab der Normenkontrolle, Baden-Baden 1985
Penski, Ulrich: Gemeindliche Zuständigkeit und staatliche Verteidigungspolitik. Zur Frage der Zulässigkeit verteidigungspolitischer Beschlüsse von Gemeinden, ZRP 1983, S. 161
Perelman, Chaïm: Über die Gerechtigkeit, München 1967
Pestalozza, Christian: Formenmißbrauch des Staates. Zu Figur und Folgen des „Rechtsmißbrauchs" und ihre Anwendung auf staatliches Verhalten, München 1973
- Gesetzgebung im Rechtsstaat, NJW 1981, S. 2081
- Der Popularvorbehalt, Berlin 1981
- Startbahn frei für das Verwaltungs(akt)referendum!, NJW 1982, S. 1571
Pfeiffer, Manfred: Investitionszulagengesetz und Rahmenplan der Gemeinschaftsaufgabe „Verbesserung der regionalen Wirtschaftsstruktur", DVBl. 1975, S. 323
Piduch, Erwin Adolf: Bundeshaushaltsrecht. Kommentar (Loseblatt), Bd. 1 und Bd. 2, Stuttgart/Berlin/Köln/Mainz 1970 ff.
Pieroth, Bodo: Grundlagen und Grenzen verfassungsrechtlicher Verbote rückwirkender Gesetze, Jura 1983, S. 122 und S. 250
Pietzcker, Jost: Die Rechtsfigur des Grundrechtsverzichts, Der Staat 17 (1978), S. 527
- Selbstbindungen der Verwaltung, NJW 1981, S. 2088
- Das Verwaltungsverfahren zwischen Verwaltungseffizienz und Rechtsschutzauftrag (Mitbericht), VVDStRL 41 (1983), S. 193
Pitschas, Rainer: Soziale Sicherung durch fortschreitende Verrechtlichung? Staatliche Sozialpolitik im Dilemma von aktiver Sozialgestaltung und normativer Selbstbeschränkung, in: Verrechtlichung, hrsg. von Rüdiger Voigt, Königstein/Ts. 1980, S. 150
Podlech, Adalbert: Gehalt und Funktionen des allgemeinen verfassungsrechtlichen Gleichheitssatzes, Berlin 1971
- Das Grundrecht der Gewissensfreiheit und die besonderen Gewaltverhältnisse, Berlin 1969
Politik und kommunale Selbstverwaltung. Grundmodell zur Reform der inneren Kommunalverfassung (Stellungnahme des Sachverständigenrates zur Neubestimmung der kommunalen Selbstverwaltung beim Institut für Kommunalwissenschaften der Konrad-Adenauer-Stiftung), Köln 1984
Portatius, Alexander von: Das haushaltsrechtliche Bepackungsverbot. Ein Beitrag zur Interpretation des Art. 110 Abs. 4 GG, Berlin 1975
Projektgruppe Regierungs- und Verwaltungsreform beim Bundesminister des Innern: Dritter Bericht zur Reform der Struktur von Bundesregierung und Bundesverwaltung nebst Anlagenband, Bonn 1972

Püttner, Günter: Staatsverschuldung als Rechtsproblem. Ein verfassungsrechtliches Plädoyer gegen die Kreditfinanzierung der öffentlichen Haushalte, Berlin/New York 1980

Quaritsch, Helmut: Das parlamentslose Parlamentsgesetz, 2. Aufl., Hamburg 1961

– Der Verzicht im Verwaltungsrecht und auf Grundrechte, in: Gedächtnisschrift für Wolfgang Martens, Berlin/New York 1987, S. 407

Ramsauer, Ulrich: Die Bestimmung des Schutzbereichs von Grundrechten nach dem Normzweck, VA 72 (1981), S. 89

– Die faktischen Beeinträchtigungen des Eigentums, Berlin 1980

– Die Rolle der Grundrechte im System der subjektiven öffentlichen Rechte, AöR 111 (1986), S. 501

Randelzhofer, Albrecht: Der Anspruch auf fehlerfreie Ermessensentscheidung in Rechtslehre und Rechtsprechung, BayVBl. 1975, S. 573

– Kritische Würdigung der Lehre vom Anspruch auf fehlerfreie Ermessensentscheidung, BayVBl. 1975, S. 607

Rasch, Ernst: Bemerkungen zur Rechtsnatur organisatorischer Maßnahmen, DVBl. 1983, S. 617

Raschauer, Bernhard: Selbstbindungen der Verwaltung (3. Bericht), VVDStRL 40 (1982), S. 240

Rasenack, Christian: Steuersubventionen oder direkte Finanzhilfen?, Der Staat 20 (1981), S. 1

Rausch-Gast, Regine: Selbstbindung des Gesetzgebers, Frankfurt am Main 1983

Rehhahn, Hans Ulrich: Die verfassungsrechtliche Problematik konjunkturpolitischer Regelbindungen, Berlin 1981

Renck, Ludwig: Die Rechtsnatur von Verkehrsregelungen durch Verkehrszeichen – BGHSt 20, 125, JuS 1967, S. 545

– Der Verwaltungsakt im Subventionsrecht, BayVBl. 1977, S. 76

– Verwaltungsakt und verwaltungsrechtlicher Vertrag – BVerwG, NJW 1969, 809, JuS 1971, S. 77

Rengeling, Hans Werner: Anlagenbegriff, Schadensvorsorge und Verfahrensstufung im Atomrecht. Bemerkungen zu dem Urteil des Bundesverwaltungsgerichts vom 19. 12. 1985 betreffend das Kernkraftwerk Wyhl, DVBl. 1986, S. 265

– Vorbehalt und Bestimmtheit des Atomgesetzes. Zur Verfassungsmäßigkeit des Schnellen Brüters von Kalkar, NJW 1978, S. 2217

Richter, Gerd-Jürgen: Verfassungsprobleme der kommunalen Funktionalreform. Zur dogmatischen Einordnung des Art. 28 Abs. 2 Grundgesetz, Köln 1977 (zit.: Verfassungsprobleme)

Robbers, Gerhard: Der Grundrechtsverzicht. Zum Grundsatz „volenti non fit iniuria" im Verfassungsrecht, JuS 1985, S. 925

– Rückwirkende Rechtsprechungsänderung, JZ 1988, S. 481

Röhrich, Wilfried: Der Parteienstaat der Bundesrepublik Deutschland, NJW 1981, S. 2674

Roellecke, Gerd: Der Begriff des positiven Gesetzes und das Grundgesetz, Mainz 1969

– Die Verwaltungsgerichtsbarkeit im Grenzbereich zur Gesetzgebung, NJW 1978, S. 1776

Rojahn, Ondolf: Der Gesetzesvorbehalt für die Übertragung von Hoheitsrechten auf zwischenstaatliche Einrichtungen, JZ 1979, S. 118

Ronellenfitsch, Michael: Das atomrechtliche Genehmigungsverfahren, Berlin 1983

– Das besondere Gewaltverhältnis – ein zu früh totgesagtes Rechtsinstitut, DÖV 1981, S. 933

– Breitbandkabel und fernmelderechtliche Planfeststellung, VA 79 (1988), S. 211

– Der Einwendungsausschluß im Wasserrecht, VA 74 (1983), S. 369

– Entwicklungstendenzen in der Rechtsprechung zum besonderen Gewaltverhältnis, VA 73 (1982), S. 245

– Gemeindliches Eigentum und materielle Präklusion – BVerfGE 61, 82, JuS 1983, S. 594

Rossnagel, Alexander: Kontrolle großtechnischer Anlagen durch Verwaltungsreferenda? ZParl 17 (1986), S. 587

Rottmann, Frank: Der Vorbehalt des Gesetzes und die grundrechtlichen Gesetzesvorbehalte, EuGRZ 1985, S. 277

Rürup, Bert: Das rationale Budget, Verwaltung und Fortbildung, Sonderheft 4: Ziel- und ergebnisorientiertes Verwaltungshandeln, 1979, S. 141

Rürup, Bert/Seidler, Hans: Von der fiskalischen Haushaltskontrolle zur politischen Erfolgskontrolle. Die Tätigkeit der Rechnungshöfe im Lichte gewandelter Erfordernisse und budgetrechtlicher Möglichkeiten, Die Verwaltung 14 (1981), S. 501

Rupp, Hans Heinrich: Art. 3 GG als Maßstab verfassungsgerichtlicher Gesetzeskontrolle, in: Bundesverfassungsgericht und Grundgesetz. Festgabe aus Anlaß des 25jährigen Bestehens des Bundesverfassungsgerichts, Bd. 2, Tübingen 1976, S. 364

– Grundfragen der heutigen Verwaltungsrechtslehre. Verwaltungsnorm und Verwaltungsrechtsverhältnis, Tübingen 1965 (zit.: Grundfragen)

– Urteilsanmerkung, JZ 1977, S. 226

– Verwaltungsakt und Vertragsakt. Eine Darstellung der Probleme anhand des Vertragssystems der Sozialversicherung, insbesondere des Ersatzkassenrechts, DVBl. 1959, S. 81

– Die „Verwaltungsvorschriften" im grundgesetzlichen Normensystem. Zum Wandel einer verfassungsrechtlichen Institution, JuS 1975, S. 609

Sachs, Michael: „Volenti non fit iniuria". Zur Bedeutung des Willens des Betroffenen im Verwaltungsrecht, VA 76 (1985), S. 398

Sailer, Christian: Naturschutz ohne Rechtsschutz?, Natur + Recht 1987, S. 207

– Der Rechtsschutz von Gemeinden gegenüber staatlichen Planungsentscheidungen, BayVBl. 1981, S. 545

Salzwedel, Jürgen: Zur verfassungsgerichtlichen Nachprüfung von Willkür und mangelnder Konzeptionsgerechtigkeit der Eingemeindungen. Anmerkung zum Urteil des VerfGH Rheinl.-Pfalz vom 17. 4. 1969, DÖV 1969, S. 546

Salzwedel, Jürgen/Loschelder, Wolfgang: Verfassungsrechtliche Vorgaben für die Festlegung der Abfallbeseitigungskompetenz durch den Gesetzgeber, in: Die Zuständigkeit der Landkreise für die Abfallbeseitigung (= Schriften des Niedersächsischen Landkreistages, Bd. 2), Göttingen 1982, S. 95

Schachtschneider, Karl Albrecht: Imperative Lohnleitlinien unter dem Grundgesetz, Der Staat 16 (1977), S. 493

Schapp, Jan: Das subjektive Recht im Prozeß der Rechtsgewinnung, Berlin 1977

Schaumann, Wilfried: Der Auftrag des Gesetzgebers zur Verwirklichung der Freiheitsrechte, JZ 1970, S. 48

– Gleichheit und Gesetzmäßigkeitsprinzip, JZ 1966, S. 721

Scheffler, Hans-Hermann: Wachsende Bedeutung der Verwaltungsvorschriften, DÖV 1980, S. 236

Scheffler, Thomas: Schutz der Grundrechte vor gesetzlichen Einzeleingriffen, Düsseldorf 1981 (zit.: Schutz der Grundrechte)

Schenke, Wolf-Rüdiger: Delegation und Mandat im öffentlichen Recht, VA 68 (1977), S. 118

– Gesetzesvorbehalt und Pressesubventionen, Der Staat 15 (1976), S. 553

– Gesetzgebung durch Verwaltungsvorschriften? Bemerkungen zu BVerfGE 40, 237 = DÖV 1976, 50, DÖV 1977, S. 27

– Rechtsschutz bei normativem Unrecht, Berlin 1979 (zit.: Rechtsschutz)

– Subventionen und Gesetzesvorbehalt, Gewerbearchiv 1977, S. 313

– Urteilsanmerkung, DVBl. 1985, S. 1367

– Verfassung und Zeit – von der „entzeiteten" zur zeitgeprägten Verfassung, AöR 103 (1978), S. 566

– Die Verfassungsorgantreue, Berlin 1977

– Das Verwaltungsverfahren zwischen Verwaltungseffizienz und Rechtsschutzauftrag, VBlBW 1982, S. 313

– Zweitbearbeitung zu Artikel 19 Abs. 4 GG, in: Bonner Kommentar zum Grundgesetz (Loseblatt), Bd. 3, Hamburg 1964ff. (Stand: Dezember 1982)

Schertl, Ulrike: Verwaltungsvorbehalt und gesetzgeberischer Übereifer, BayVBl. 1987, S. 393

Scheuing, Dieter H.: Selbstbindungen der Verwaltung (1. Bericht), VVDStRL 40 (1982), S. 153

Scheuner, Ulrich: Die Erhaltung des gesamtwirtschaftlichen Gleichgewichts. Der verfassungsrechtliche Auftrag zur aktiven Konjunkturpolitik, in: Festschrift für Hans Schäfer zum 65. Geburtstag am 26. Januar 1975, Köln/Berlin/Bonn/München 1975, S. 109

– Das Gesetz als Auftrag der Verwaltung, DÖV 1969, S. 585
– Das imperative Mandat in Staat und Gemeinde. Eine kritische Untersuchung, in: Festschrift für Hans Peter Ipsen zum 70. Geburtstag, Tübingen 1977, S. 143
– Staatszielbestimmungen, in: Festschrift für Ernst Forsthoff zum 70. Geburtstag, München 1972, S. 325
– Zur Entwicklung der politischen Planung in der Bundesrepublik Deutschland, in: Festschrift für Werner Weber zum 70. Geburtstag, Berlin 1974, S. 369
Schink, Alexander: Kommunalwahlrecht für Ausländer?, DVBl. 1988, S. 417
Schlaich, Klaus: Das Bundesverfassungsgericht – Stellung, Verfahren, Entscheidung, JuS 1981, S. 741, 823 und JuS 1982, S. 41, 278, 437, 597
– Die Verfassungsgerichtsbarkeit im Gefüge der Staatsfunktionen (Mitbericht), VVDStRL 39 (1981), S. 99
– Wählbarkeitsbeschränkungen für Beamte nach Art. 137 Abs. 1 GG und die Verantwortung des Gesetzgebers für die Zusammensetzung der Parlamente, AöR 105 (1980), S. 188
Schlaich, Klaus/Schreiner, Hermann Josef: Die Entschädigung der Abgeordneten. Die neuen Abgeordnetengesetze der Länder und das Diätenurteil des Bundesverfassungsgerichts, NJW 1979, S. 673
Schlink, Bernhard: Abwägung im Verfassungsrecht, Berlin 1976 (zit.: Abwägung)
– Die Amtshilfe. Ein Beitrag zu einer Lehre von der Gewaltenteilung in der Verwaltung, Berlin 1982 (zit.: Amtshilfe)
– Besprechung von: Dieter Suhr, Entfaltung der Menschen durch die Menschen (1976), Der Staat 18 (1979), S. 615
– Juristische Methodik zwischen Verfassungstheorie und Wissenschaftstheorie, Rechtstheorie 7 (1976), S. 94
– Zwischen Identifikation und Distanz. Zur Stellung des Beamten im Staat und zur Gestaltung des Beamtenrechts durch das Staatsrecht, Der Staat 15 (1976), S. 335
Schlußbericht der Enquete-Kommission Verfassungsreform, Bundestags-Drucksache 7/5924 vom 9. 12. 1976
Schmidt, Walter: Abschied vom „unbestimmten Rechtsbegriff". Zweck-Mittel-Entscheidungen der Verwaltung und der Verwaltungsrechtsschutz, NJW 1975, S. 1753
– Besprechung von: Burkhard Rüberg, Vertrauensschutz gegenüber rückwirkender Rechtsprechung (1977), AöR 105 (1980), S. 475
– Bürgerinitiativen – politische Willensbildung – Staatsgewalt, JZ 1978, S. 293
– Einführung in die Probleme des Verwaltungsrechts, München 1982 (zit.: Einführung)
– Gesetzesvollziehung durch Rechtssetzung. Untersuchungen zu den Verwaltungsvorschriften und zur „Selbstbindung" der Verwaltung, Bad Homburg v. d. H./Berlin/Zürich 1969 (zit.: Gesetzesvollziehung)
– Die Gleichheitsbindung an Verwaltungsvorschriften – BVerwGE 34, 278, JuS 1971, S. 184
– Organisierte Einwirkungen auf die Verwaltung. Zur Lage der zweiten Gewalt (Bericht), VVDStRL 33 (1975), S. 183
– Die Programmierung von Verwaltungsentscheidungen, AöR 96 (1971), S. 321
– Rechtsschutz gegen ein Begründungsdefizit bei Verwaltungsentscheidungen über öffentliche Interessen. Zur Problematik von Bürgerklage und Verbandsklage, DÖV 1976, S. 577
– Soziale Grundrechte im Verfassungsrecht der Bundesrepublik Deutschland, in: Beiheft 5 der Zeitschrift „Der Staat": Instrumente der sozialen Sicherung und Währungssicherung in der Bundesrepublik Deutschland und in Italien (1981), S. 9
– „Vertrauensschutz" im öffentlichen Recht. Randpositionen des Eigentums im spätbürgerlichen Rechtsstaat, JuS 1973, S. 529
– Die Verwaltungsgerichtsbarkeit an den Grenzen des Verwaltungsrechtsschutzes, NJW 1978, S. 1769
– Der „Verwaltungsvorbehalt" – ein neuer Rechtsbegriff?, NVwZ 1984, S. 545
Schmidt-Assmann, Eberhard: Das allgemeine Verwaltungsrecht als Ordnungsidee und System, Heidelberg 1982
– Art. 19 IV GG als Teil des Rechtsstaatsprinzips, NVwZ 1983, S. 1

- Das bebauungsrechtliche Planungserfordernis bei §§ 34, 35 BBauG, Köln/Berlin/Bonn/München 1982
- Institute gestufter Verwaltungsverfahren: Vorbescheid und Teilgenehmigung. Zum Problem der Verfahrensrationalität im administrativen Bereich, in: Verwaltungsrecht zwischen Freiheit, Teilhabe und Bindung. Festgabe aus Anlaß des 25jährigen Bestehens des Bundesverwaltungsgerichts, München 1978, S. 569
- Kommentierung des Artikel 19 Abs. 4 GG, in: Maunz/Dürig u. a., Grundgesetz. Kommentar (Loseblatt), Bd. 2, München 1958 ff. (Stand 1985)
- Die kommunale Rechtssetzung im Gefüge der administrativen Handlungsformen und Rechtsquellen, München 1981 (zit.: Kommunale Rechtssetzung)
- Konzentrierter oder phasenspezifischer Rechtsschutz? Zu zwei Flughafenentscheidungen des Bundesverfassungsgerichts, DVBl. 1981, S. 334
- Rechtsfragen der Landesplanung und Landesentwicklung und das Allgemeine Verwaltungsrecht, Der Staat 19 (1980), S. 108
- Rechtsstaatliche Anforderungen an Regionalpläne, DÖV 1981, S. 237
- Die Stellung der Gemeinden in der Raumplanung. Systematik und Entwicklungstendenzen, VA 71 (1980), S. 117
- Verfassungsrechtliche und verwaltungspolitische Fragen einer kommunalen Beteiligung an der Landesplanung. Zur Auslegung und Fortentwicklung des § 5 Abs. 2 und 3 BROG, AöR 101 (1976), S. 520
- Verwaltungsorganisation zwischen parlamentarischer Steuerung und exekutivischer Organisationsgewalt, in: Festschrift für Hans Peter Ipsen zum 70. Geburtstag, Tübingen 1977, S. 333
- Verwaltungsverantwortung und Verwaltungsgerichtsbarkeit (Mitbericht), VVDStRL 34 (1976), S. 221
Schmidt-Eichstaedt, Gerd: Bundesgesetze und Gemeinden. Die Inanspruchnahme der Kommunen durch die Ausführung von Bundesgesetzen, Stuttgart 1981
Schmidt-Jortzig, Edzard: Gemeindliche Selbstverwaltung und Entwicklungszusammenarbeit, DÖV 1989, S. 142
- Kommunale Organisationshoheit. Staatliche Organisationsgewalt und körperschaftliche Selbstverwaltung, Göttingen 1979
- Kommunalrecht, Stuttgart 1982
Schmidt-Jortzig, Edzard/Schink, Alexander: Subsidiaritätsprinzip und Kommunalordnung, Köln 1982
Schmidt-Preuss, Mathias: Verfassungsrechtliche Zentralfragen staatlicher Lohn- und Preisdirigismen, Baden-Baden 1977
Schmitt, Carl: Grundrechte und Grundpflichten (1932), in: derselbe, Verfassungsrechtliche Aufsätze aus den Jahren 1924–1954. Materialien zu einer Verfassungslehre, Berlin 1973, S. 181
- Nachtrag zur Abhandlung: Legalität und Legitimität (1932), in: derselbe, Verfassungsrechtliche Aufsätze aus den Jahren 1924–1954. Materialien zu einer Verfassungslehre, Berlin 1973, S. 345
- Verfassungslehre, 5. unveränderte Aufl., Berlin 1970
- Volksentscheid und Volksbegehren. Ein Beitrag zur Auslegung der Weimarer Verfassung und zur Lehre von der unmittelbaren Demokratie, Berlin und Leipzig 1927
Schmitt-Glaeser, Walter: Partizipation an Verwaltungsentscheidungen (Mitbericht), VVDStRL 31 (1973), S. 179
Schmitt-Kammler, Arnulf: Zur verfassungsrechtlichen Beurteilung gemeindlicher „atomwaffenfreier Zonen", DÖV 1983, S. 869
Schnapp, Friedrich E.: Dogmatische Überlegungen zu einer Theorie des Organisationsrechts, AöR 105 (1980), S. 243
- Der Streit um die Sitzungsöffentlichkeit im Kommunalrecht. Zugleich ein Beitrag zum subjektiven öffentlichen Recht im organisatorischen Binnenbereich, VA 78 (1987), S. 407
- Die Verhältnismäßigkeit des Grundrechtseingriffs, JuS 1983, S. 850
- Der Verwaltungsvorbehalt (Mitbericht), VVDStRL 43 (1985), S. 172
Schneider, Hans: Gesetzgebung. Ein Lehrbuch, Heidelberg 1982

- Der Niedergang des Gesetzgebungsverfahrens, in: Festschrift für Gebhard Müller, Tübingen 1970, S. 421

Schneider, Hans-Peter: Entscheidungsdefizite der Parlamente. Über die Notwendigkeit einer Wiederbelebung der Parlamentsreform, AöR 105 (1980), S. 4

- Die Gesetzmäßigkeit der Rechtsprechung. Zur Bindung des Richters an Gesetz und Verfassung, DÖV 1975, S. 443

Schneider, Herbert: Länderparlamentarismus in der Bundesrepublik, Opladen 1979

Schoch, Friedrich K.: Urteilsanmerkung, DVBl. 1981, S. 678

Schoeneberg, Jörg: Bürger- und Verbandsbeteiligung bei der Landesplanung, UPR 1985, S. 39

Schönfelder, Hermann: Rat und Verwaltung im kommunalen Spannungsfeld. Praktische Vorschläge für eine Verbesserung der Zusammenarbeit, Köln 1979 (zit.: Rat und Verwaltung)

Scholz, Rupert: Die Koalitionsfreiheit als Verfassungsproblem, München 1971

- Kommentierung des Artikel 9 GG, in: Maunz/Dürig u. a., Grundgesetz. Kommentar (Loseblatt), Bd. 1, München 1958 ff. (Stand 1979)

- Verwaltungsverantwortung und Verwaltungsgerichtsbarkeit (Bericht), VVDStRL 34 (1976), S. 145

Schreven, Bernhard: Die Grundsatzgesetzgebung im Grundgesetz, Diss. iur., Köln 1973

Schröder, Meinhard: Grundlagen und Anwendungsbereich des Parlamentsrechts. Zur Übertragbarkeit parlamentsrechtlicher Grundsätze auf Selbstverwaltungsorgane, insbesondere in der Kommunal- und Hochschulverwaltung, Baden-Baden 1979 (zit.: Grundlagen)

- Staatsrecht an den Grenzen des Rechtsstaates. Überlegungen zur Verteidigung des Rechtsstaates in außergewöhnlichen Lagen, AöR 103 (1978), S. 121

- Der Verwaltungsvorbehalt, DVBl. 1984, S. 814

Schulze-Fielitz, Helmuth: Theorie und Praxis parlamentarischer Gesetzgebung – besonders des 9. Deutschen Bundestages (1980–1983) –, Berlin 1988 (zit.: Parlamentarische Gesetzgebung)

Schuppert, Gunnar Folke: Bürgerinitiativen als Bürgerbeteiligung an staatlichen Entscheidungen. Verfassungstheoretische Aspekte politischer Beteiligung, AöR 102 (1977), S. 369

- Die Erfüllung öffentlicher Aufgaben durch verselbständigte Verwaltungseinheiten. Eine verwaltungswissenschaftliche Untersuchung, Göttingen 1981 (zit.: Verselbständigte Verwaltungseinheiten)

- Self-restraints der Rechtsprechung. – Überlegungen zur Kontrolldichte in der Verfassungs- und Verwaltungsgerichtsbarkeit –, DVBl. 1988, S. 1191

- Die Steuerung des Verwaltungshandelns durch Haushaltsrecht und Haushaltskontrolle (Mitbericht), VVDStRL 42 (1984), S. 216

Schwerdtfeger, Gunther: Eigentumsgarantie, Inhaltsbestimmung und Enteignung – BVerfGE 58, 30 („Naßauskiesung"), JuS 1983, S. 104

- Optimale Methodik der Gesetzgebung als Verfassungspflicht, in: Festschrift für Hans Peter Ipsen zum 70. Geburtstag, Tübingen 1977, S. 173

Seemann, Klaus: Zur politischen Planung im „demokratischen Rechtsstaat", Die Verwaltung 13 (1980), S. 405

Seibert, Gerhard: Selbstverwaltungsgarantie und kommunale Gebietsreform, Frankfurt 1971

Seibert, Max-Jürgen: Beschränkung der Amtshaftung durch gemeindliche Satzung? Zum Vorbehalt des Gesetzes im Bereich der Satzungsautonomie, DÖV 1986, S. 957

Selmer, Peter/Schulze-Osterloh, Lerke: Der Vorbescheid im verwaltungsrechtlichen Genehmigungsverfahren, JuS 1981, S. 393

Sendler, Horst: Überlegungen zu Richterrecht und richterlicher Rechtsfortbildung, DVBl. 1988, S. 828

Senning, Christoph: Abschied von der Schutznormtheorie im Naturschutzrecht, Natur + Recht 1980, S. 102

- Raumverbrauch als Folge überkommener rechtlicher Betrachtungsweisen, insbesondere in der Bauleitplanung, BayVBl. 1986, S. 161

Skouris, Wassilos: Die Anfechtung von Ermessensverwaltungsakten, NJW 1981, S. 2727

- Verletztenklagen und Interessentenklagen im Verwaltungsprozeß. Eine rechtsvergleichende

Studie zur Anfechtungslegitimation des Bürgers, Köln/Berlin/Bonn/München 1979 (zit.: Verletztenklagen)

Söfker, Wilhelm: Raumordnungs- und bauplanungsrechtliche Fragen bei der Verwirklichung überörtlicher bedeutsamer Vorhaben. Beispielhaft dargestellt an Kraftwerkstandorten und Flächen für den Kiesabbau, Städte- und Gemeindebund 1982, S. 256

Sommer, Herbert: Überprüfbarkeit von Raumordnungsentscheidungen im verwaltungsgerichtlichen Verfahren, in: Regionale Raumordnung und gemeindliche Planungshoheit im Konflikt? (Schriftenreihe des Niedersächsischen Städteverbandes, Heft 10), Hannover 1982, S. 32

Spannowsky, Willy: Der Handlungsspielraum und die Grenzen der regionalen Wirtschaftsförderung des Bundes, Berlin 1987 (zit.: Regionale Wirtschaftsförderung)

Staat und Gemeinden (Stellungnahme des Sachverständigenrates zur Neubestimmung der kommunalen Selbstverwaltung beim Institut für Kommunalwissenschaften der Konrad-Adenauer-Stiftung), Köln 1980

Stachels, Elmar: Das Stabilitätsgesetz im System des Regierungshandelns, Berlin 1970

Starck, Christian: Die Anwendung des Gleichheitssatzes, in: Der Gleichheitssatz im modernen Verfassungsstaat. Symposion zum 80. Geburtstag von Gerhad Leibholz, hrsg. von Christoph Link, Baden-Baden 1982, S. 51

– Die Bindung des Richters an Gesetz und Verfassung (Mitbericht), VVDStRL 34 (1976), S. 43

– Der Gesetzesbegriff des Grundgesetzes. Ein Beitrag zum juristischen Gesetzesbegriff, Baden-Baden 1970 (zit.: Gesetzesbegriff)

– Die Grundrechte des Grundgesetzes. Zugleich ein Beitrag zu den Grenzen der Verfassungsauslegung, JuS 1981, S. 237

– Ist der kategorische Imperativ ein Prinzip des Sozialstaats?, ZRP 1981, S. 97

– Staatliche Schulhoheit, pädagogische Freiheit und Elternrecht, DÖV 1979, S. 269

Staupe, Jürgen: Parlamentsvorbehalt und Delegationsbefugnis. Zur „Wesentlichkeitstheorie" und zur Reichweite legislativer Regelungskompetenz, insbesondere im Schulrecht, Berlin 1986 (zit.: Parlamentsvorbehalt)

Steffani, Winfried: Zur Vereinbarkeit von Basisdemokratie und parlamentarischer Demokratie, in: Aus Politik und Zeitgeschichte, Beilage zur Wochenzeitung „Das Parlament", B 2 (1983), S. 3

Steiger, Heinhard: Organisatorische Grundlagen des parlamentarischen Regierungssystems. Eine Untersuchung zur rechtlichen Stellung des Deutschen Bundestages, Berlin 1973

Stein, Lorenz von: Handbuch der Verwaltungslehre, 2. Aufl., Stuttgart 1876

– Die Verwaltungslehre, Teil 1: Die vollziehende Gewalt (1. Bd.: Verfassungsmäßiges Verwaltungsrecht; 2. Bd.: Selbstverwaltung; 3. Bd.: System des Vereinswesens und des Vereinsrechts), 2. Aufl., Stuttgart 1869 (Neudruck: Bd. 1 und Bd. 2, Aalen 1975; Bd. 3 Aalen 1962); Teil 2: Die Lehre von der Inneren Verwaltung, Stuttgart 1866 (Neudruck: Aalen 1975)

Steinberg, Rudolf: Elemente volksunmittelbarer Demokratie im Verwaltungsstaat, Die Verwaltung 16 (1983), S. 465

– Faktoren bürokratischer Macht, Die Verwaltung 11 (1978), S. 307

– Komplexe Verwaltungsverfahren zwischen Verwaltungseffizienz und Rechtsschutzauftrag, DÖV 1982, S. 619

– Politik und Verwaltungsorganisation. Zur Reform der Regierungs- und Verwaltungsorganisation unter besonderer Berücksichtigung der Obersten Bundesbehörden in den Vereinigten Staaten von Amerika, Baden-Baden 1979

– Standortplanung umweltbelastender Großvorhaben durch Volksbegehren und Volksentscheid? Anmerkungen zum Volksbegehren „Keine Startbahn West", ZRP 1982, S. 113

– Die verfassungsrechtliche Gewährleistung der kommunalen Planungshoheit – BVerfG 56, 298, JuS 1982, S. 578

– Verfassungsgerichtliche Kontrolle der „Nachbesserungspflicht" des Gesetzgebers, Der Staat 26 (1987), S. 161

– Verwaltungsgerichtlicher Rechtsschutz der kommunalen Planungshoheit gegenüber höherstufigen Planungsentscheidungen, DVBl. 1982, S. 13

Stern, Klaus: Die Neufassung des Art. 109 GG, NJW 1967, S. 1831

– Das Staatsrecht der Bundesrepublik Deutschland, Bd. 1: Grundbegriffe und Grundlagen des Staatsrechts, Strukturprinzipien der Verfassung, 2. Aufl., München 1984; Bd. 2: Staatsorgane, Staatsfunktionen, Finanz- und Haushaltsverfassung, Notstandsverfassung, München 1980 (zit.: Staatsrecht)

Stern, Klaus/Münch, Paul/Hansmeyer, Karl-Heinrich: Gesetz zur Förderung der Stabilität und des Wachstums der Wirtschaft. Kommentar, 2. Aufl., Stuttgart/Berlin/Köln/Mainz 1972

Stettner, Rupert: Grundfragen der Kompetenzlehre, Berlin 1983

– Not und Chance der grundgesetzlichen Gewaltenteilung, in: Jahrbuch des öffentlichen Rechts 35 (1986), S. 57

– Der Verwaltungsvorbehalt, DÖV 1984, S. 611

Stober, Rolf: Kommunale Ämterverfassung und Staatsverfassung am Beispiel der Abwahl kommunaler Wahlbeamter, Tübingen 1982 (zit.: Ämterverfassung)

– Zur Bedeutung des Einwendungsausschlusses im atom- und immissionsrechtlichen Genehmigungsverfahren, AöR 106 (1981), S. 41

– Zur Drittwirkung des kommunalen Vertretungsverbotes, BayVBl. 1981, S. 161

– Zur verfassungsrechtlichen Lage der kommunalen Wirtschaftsverwaltung (Wirtschaftsüberwachung, -förderung und -planung), JZ 1984, S. 105

Streinz, Rudolf: Materielle Präklusion und Verfahrensbeteiligung im Verwaltungsrecht. Die Anforderungen an das Verwaltungsverfahren bei der Anordnung materieller Präklusionsfolgen unter Berücksichtigung ausländischer Betroffener, VA 79 (1988), S. 272

Strübel, Michael: Mehr direkte Demokratie? Volksbegehren und Volksentscheid im internationalen Vergleich, in: Aus Politik und Zeitgeschichte. Beilage zur Wochenzeitung „Das Parlament", B 42 (1987), S. 17

Stüer, Bernhard: Abwägungsgebot, Mehrfachneugliederung und Vertrauensschutz. Das Meerbusch-Urteil des Verfassungsgerichtshofs Nordrhein-Westfalen, DVBl. 1977, S. 1

– Funktionalreform und kommunale Selbstverwaltung, Göttingen 1980

– Verfassungsfragen der Gebietsreform. Die Entscheidungen des Verfassungsgerichtshofs für das Land Nordrhein-Westfalen, DÖV 1978, S. 78

Süss, Siegwin: Beschlüsse der Gemeinden zu verteidigungspolitischen Fragen, BayVBl. 1983, S. 513

Suhr, Dieter: Besprechung von: Detlef Göldner, Integration und Pluralismus im demoraktischen Staat (Tübingen 1977), AöR 105 (1980), S. 313

– Besprechung von: Wilhelm Henke, Das subjektive öffentliche Recht (1968), Der Staat 9 (1970), S. 550

– Bewußtseinsverfassung und Gesellschaftsverfassung. Über Hegel und Marx zu einer dialektischen Verfassungstheorie, Berlin 1975 (zit.: Bewußtseinsverfassung)

– Entfaltung der Menschen durch die Menschen. Zur Grundrechtsdogmatik der Persönlichkeitsentfaltung, der Ausübungsgemeinschaften und des Eigentums, Berlin 1976 (zit.: Entfaltung)

– Grundrechte in sterbender Umwelt, in: Rechtsschutz für den Wald. Ökologische Orientierung des Rechts als Notwendigkeit der Überlebenssicherung, hrsg. von Wolfgang Baumann, Heidelberg 1986, S. 45

– Rechtsstaatlichkeit und Sozialstaatlichkeit, Der Staat 9 (1970), S. 67

– Repräsentation in Staatslehre und Sozialpsychologie, Der Staat 20 (1981), S. 517

Teshima, Takashi: Neubildung des Verwaltungsbegriffs, Die Verwaltung 12 (1979), S. 273

Tettinger, Peter J.: Die Investitionszulage als Instrument des Wirtschaftsverwaltungs- und Steuerrechts, DVBl. 1980, S. 632

– Rechtsanwendung und gerichtliche Kontrolle im Wirtschaftsverwaltungsrecht, München 1980

Theis, Axel: Die Gemeinden als „atomwaffenfreie" Zonen, JuS 1984, S. 422

Theuerkaufer, Raimund: Die Klagebefugnis privater Dritter bei atomrechtlichen Anlagegenehmigungen, Diss. jur., Würzburg 1986

Thiele, Willi: Ist der öffentlich-rechtliche Vertrag die geeignete Handlungsform im Subventionsrecht?, Der öffentliche Dienst 1980, S. 145

– Die Abberufung kommunaler Wahlbeamter auf Zeit, Der öffentliche Dienst 1988, S. 49

Thieme, Werner: Die Grenzen der Umlagehoheit der Landkreise, DVBl. 1983, S. 965

Tiemann, Burkhard: Die Grundsatzgesetzgebung im System der verfassungsrechtlichen Gesetzgebungskompetenzen, DÖV 1974, S. 229

Tipke, Klaus: Steuergerechtigkeit in Theorie und Praxis. Vom politischen Schlagwort zum Rechtsbegriff und zur praktischen Anwendung, Köln 1981
– Steuerrecht. Ein systematischer Grundriß, 11. Aufl., Köln 1987

Troitzsch, Klaus: Volksbegehren und Volksentscheid. Eine vergleichende Analyse direktdemokratischer Verfassungsinstitutionen unter besonderer Berücksichtigung der Bundesrepublik Deutschland und der Schweiz, Meisenheim am Glan 1979

Ulrich, Konrad: Kritik am sogenannten funktionalen Selbstverwaltungsverständnis, DÖV 1978, S. 73

Unruh, Georg-Christoph von: Kommunale Selbstverwaltung 1833 und 1983. Verständnis und Verfassungswandlungen einer öffentlichen Aufgabe, Göttingen 1983 (= Schriften des Niedersächsischen Landkreistages, Bd. 3)

Vitzthum, Wolfgang Graf: Parlament und Planung. Zur verfassungsgerechten Zuordnung der Funktionen von Bundesregierung und Bundestag bei der politischen Planung, Baden-Baden 1978
– Petitionsrecht und Volksvertretung. Zu Inhalt und Schranken des parlamentarischen Petitionsbehandlungsrechts, Rheinbreitbach 1985

Vitzthum, Wolfgang Graf/März, Wolfgang: Das Grundrecht der Petitionsfreiheit, JZ 1985, S. 809
– Die Standortvorsorgeplanung für Kraftwerke in Baden-Württemberg, VBlBW 1987, S. 321, 364, 404

Vogel, Hans-Jochen: Zur Diskussion um die Normenflut, JZ 1979, S. 321

Vogel, Klaus: Begrenzung der Subventionen durch ihren Zweck, in: Festschrift für Hans Peter Ipsen zum 70. Geburtstag, Tübingen 1977, S. 539
– Finanzverfassung und politisches Ermessen, Karlsruhe 1972
– Gesetzgeber und Verwaltung (Bericht), VVDStRL 24 (1966), S. 125
– Das ungeschriebene Finanzrecht des Grundgesetzes, in: Gedächtnisschrift für Wolfgang Martens, Berlin/New York 1987, S. 265
– Verfassungsfragen der Investitionszulage und verwandter Vergünstigungen. Zur Abgrenzung zwischen Steuervergünstigungen und direkten Subventionen, DÖV 1977, S. 837

Voigt, Roland: Die Rechtsformen staatlicher Pläne, Hamburg 1979

Voigt, Rüdiger: Mehr Gerechtigkeit durch mehr Gesetz? Ein Beitrag zur Verrechtlichungs-Diskussion, in: Aus Politik und Zeitgeschichte, Beilage zur Wochenzeitung „Das Parlament", B 21 (1981), S. 3

Wagener, Frido: Gebietsreform und kommunale Selbstverwaltung, DÖV 1983, S. 745
– Die Gemeinden im Landkreis – die Selbstverwaltung im Staat (Hrsg.: Niedersächsischer Landkreistag), Göttingen 1982
– Kreisneugliederung im Raum Göttingen/Northeim. Untersuchung im Auftrag des Landkreises Göttingen, November 1975 (Maschinenschrift)
– Kreisneugliederung im Raum Hildesheim/Alfeld. Untersuchung im Auftrag des Landkreises Hildesheim, Oktober 1975 (Maschinenschrift)
– Der öffentliche Dienst im Staat der Gegenwart (Mitbericht), VVDStRL 37 (1979), S. 215
– Staat und Selbstverwaltung: Besserung oder Beschwichtigung?, Städte- und Gemeindebund 1982, S. 85
– System einer integrierten Entwicklungsplanung im Bund, in den Ländern und in den Gemeinden, in: Politikverflechtung zwischen Bund, Ländern und Gemeinden. Vorträge und Diskussionsbeiträge der 42. Staatswissenschaftlichen Fortbildungstagung der Hochschule für Verwaltungswissenschaften Speyer 1974, Berlin 1975, S. 129

Wagner, Hellmut: Untätigkeit des Gesetzgebers im Zusammenhang mit der Errichtung von Kernkraftwerken? Zugleich eine Erwiderung auf den Beitrag von Prof. Listl in DVBl. 1978, S. 10, DVBl. 1978, S. 839

Wagner, Hellmut/Nobbe, Uwe: Verfassungsrechtliche Bemerkungen zum Atomgesetz, NJW 1978, S. 1028

Wagner, Michael A.: Die Genehmigung umweltrelevanter Vorhaben in parallelen und konzentrierten Verfahren, Berlin 1987

Wahl, Rainer: Aktuelle Probleme im Verhältnis der Landesplanung zu den Gemeinden. Steuerung der Siedlungsentwicklung und Standortplanungen, DÖV 1981, S. 597

– Bürgerbeteiligung bei der Landesplanung, in: Frühzeitige Bürgerbeteiligung bei Planungen, hrsg. von Willi Blümel, Berlin 1982, S. 113

– Die bürokratischen Kosten des Rechts- und Sozialstaats, Die Verwaltung 13 (1980), S. 273

– Empfehlungen zur Verfassungsreform. Zum Schlußbericht der Enquete-Kommission Verfassungsreform, AöR 103 (1978), S. 477

– Genehmigung und Planungsentscheidung. Überlegungen zu zwei Grundmodellen des Verwaltungsrechts und zu ihrer Kombination, DVBl. 1982, S. 51

– Rechtliche Wirkungen und Funktionen der Grundrechte im deutschen Konstitutionalismus des 19. Jahrhunderts, Der Staat 18 (1979), S. 321

– Rechtsfragen der Landesplanung und Landesentwicklung. Erster Band: Das Planungssystem der Landesplanung. Grundlagen und Grundlinien. Zweiter Band: Die Konzepte zur Siedlungsstruktur in den Planungssystemen der Länder, Berlin 1978 (zit.: Landesplanung)

– Regelungsgehalt von Teilentscheidungen in mehrstufigen Planungsverfahren. Zugleich eine Auseinandersetzung mit dem Urteil des Bundesverwaltungsgerichts vom 22. 3. 1974, DÖV 1975, S. 373

– Verwaltungsverfahren zwischen Verwaltungseffizienz und Rechtsschutzauftrag (Bericht), VVDStRL 41 (1983), S. 151

– Der Vorrang der Verfassung, Der Staat 20 (1981), S. 485

– Der Vorrang der Verfassung und die Selbständigkeit des Gesetzesrechts, NVwZ 1984, S. 401

Wallerath, Maximilian: Strukturprobleme kommunaler Selbstverwaltung. – Rat und Verwaltung im gemeindlichen Willensbildungsprozeß –, DÖV 1986, S. 533

Wank, Rolf: Grenzen richterlicher Rechtsfortbildung, Berlin 1978

Weber, Werner: Fiktionen und Gefahren des westdeutschen Föderalismus, in: derselbe, Spannungen und Kräfte im westdeutschen Verfassungssystem, 3. Aufl., Berlin 1970, S. 57

– Das politische Kräftesystem in der wohlfahrtsstaatlichen Massendemokratie. Die Gruppeninteressen und ihre Einfügung in das öffentliche Leben, in: derselbe, Spannungen und Kräfte im westdeutschen Verfassungssystem, 3. Aufl., Berlin 1979, S. 121

– Die Verfassungsfrage in Niedersachsen, DVBl. 1950, S. 593

Weidemann, Clemens: Regionale Raumordnungspläne als Gegenstand der verwaltungsgerichtlichen Normenkontrolle. Zur Rechtsnatur regionalplanerischer Ziele, DVBl. 1984, S. 767

Weides, Peter: Das Verhältnis zwischen Gemeinden und Kreisen gem. Art. 28 II GG, NVwZ 1984, S. 155

– Widerruf und Rückforderung von Zuwendungen des Bundes und der Länder, NJW 1981, S. 841

– Widerruf von Zuwendungsbescheiden, JuS 1985, S. 364

Weis, Hubert: Regierungswechsel in den Bundesländern. Verfassungspraxis und geltendes Recht, Berlin 1980

Weiss, Hans-Dietrich: Verrechtlichung als Selbstgefährdung des Rechts. Betrachtungen zur Gesetzesflut aus dem Blickwinkel der Rechtsprechung des Bundesverwaltungsgerichts, DÖV 1978, S. 601

Wendt, Rudolf: Der Garantiegehalt der Grundrechte und das Übermaßverbot. Zur maßstabsetzenden Kraft der Grundrechte in der Übermaßprüfung, AöR 104 (1979), S. 414

Wichmann, Manfred/Maier, Peter: Die Gemeinden, die Post und die Breitbandverkabelung. Zugleich Anmerkung zum Urteil des Bundesverwaltungsgerichts vom 18. März 1987, 7 C 28/58, DVBl. 1987, S. 814

Wiedenbrüg, Gernot: Der Einfluß des Sozialstaatsprinzips auf die Zuerkennung subjektiver öffentlicher Rechte – zugleich ein Beitrag über Wesen und Motorik des Sozialstaatsprinzips, Hamburg 1978 (zit.: Einfluß des Sozialstaatsprinzips)

Wieland, Joachim: Haushaltsentscheidungen im gewaltenteiligen Staat. Zur Wiederbelebung der Gewaltentrennungsdoktrin in den USA, AöR 112 (1987), S. 449

Wiese, Walter: Das Amt des Abgeordneten, AöR 101 (1976), S. 548

Wilke, Hartmut: Urteilsanmerkung, JZ 1982, S. 759

Wilting, Frank: Gestuftes atomrechtliches Genehmigungsverfahren und Bürgerbeteiligung, Berlin 1985 (zit.: Genehmigungsverfahren)

Winter, Gerd: Bevölkerungsrisiko und subjektiv öffentliches Recht im Atomrecht, NJW 1979, S. 393

De Witt, Siegfried: Urteilsanmerkung, DVBl. 1980, S. 1006

Wolff, Hans J./Bachof, Otto/Stober, Rolf: Verwaltungsrecht II (Besonderes Organisations- und Dienstrecht). Ein Studienbuch, 5. Aufl., München 1987

Wollenschläger, Michael: Zur verfassungsrechtlichen Zulässigkeit der Einführung eines kommunalen Wahlrechts für Ausländer in Nordrhein-Westfalen, VR 1988, S. 337

Wülfing, Thomas: Grundrechtliche Gesetzesvorbehalte und Grundrechtsschranken, Berlin 1981

Würtenberger, Thomas: Staatsrechtliche Probleme politischer Planung, Berlin 1979 (zit. Politische Planung)

Wurzel, Gabriele: Gemeinderat als Parlament? Eine rechtsvergleichende Studie über die Volksvertretung im kommunalen und staatlichen Bereich, Würzburg 1975

– Usurpation parlamentarischer Kompetenzen durch Stadt- und Gemeinderäte, BayVBl. 1986, S. 417

Zeidler, Karl: Maßnahmegesetz und „klassisches" Gesetz. Eine Kritik, Karlsruhe 1961

Zimmer, Gerhard: Funktion – Kompetenz – Legitimation. Gewaltenteilung in der Ordnung des Grundgesetzes, Berlin 1979

Zitzmann, Gerhard: Die volkswirtschaftliche Förderungswürdigkeit von Investitionsvorhaben im Sinne des Investitionszulagengesetzes, Betriebs-Berater 1982, S. 521

Zuleeg, Manfred: Die Anwendungsbereiche des öffentlichen Rechts und des Privatrechts, VA 73 (1982), S. 384

Stichwortverzeichnis

Helmut Goerlich

„Formenmißbrauch" und Kompetenzverständnis

Eine exemplarische Studie zur geschriebenen Verfassung im Bundesstaat

Ausgehend vom Begriff des „Formenmißbrauchs" untersucht Helmut Goerlich das Kompetenzverständnis von Verwaltungsbehörden. Es werden Argumentationsfolgen für einen effektiven Rechtschutz gegen Versuche erarbeitet, die Kontrolle der Gerichte zu verdrängen.

„Insgesamt bleibt festzuhalten, daß die bisher erschienenen Schriften zur Kompetenzlehre mit der Studie von Goerlich um einen kritischen Beitrag zur Verfassungsinterpretation, der auch auf die Kompetenzstrukturen im Bundesstaat eingeht, ergänzt wird."
DIETRICH-FRANZ KILTZ in *Staatsanzeiger für das Land Hessen* (1987), Nr. 4, S. 2016

1987. VIII, 133 Seiten. ISBN 3-16-645133-1 Leinen. DM 64,–

J.C.B. Mohr (Paul Siebeck)
Tübingen

Jörg Lücke

Begründungszwang und Verfassung

Zur Begründungspflicht der Gerichte, Behörden und Parlamente

»Der Wert der Arbeit liegt aber schon darin, daß *Lücke* hier aus einer
Zusammenschau der Bestimmungen und Grundsätze des Verfassungsrechts die
verfassungsrechtlichen Zusammenhänge des Begründungszwanges entwickelt
und auf dieser Grundlage dann alle wichtigen Vorschriften über die Begründungspflicht im geltenden Recht unter Berücksichtigung nahezu der gesamten
einschlägigen Rechtsprechung und des Schrifttums eingehend und überzeugend
erörtert. Auch der Praktiker findet hier eine Fülle wertvoller Anregungen und
konkreter Hilfen nicht nur für ein vertieftes Verständnis, sondern auch für die
Auslegung und Anwendung des geltenden Rechts.«
FERDINAND KOPP in *NJW* Nr. 11, 1988

1987. XII, 257 Seiten. ISBN 3-16-645191-9. Leinen. DM 136,–

J.C.B. Mohr (Paul Siebeck)
Tübingen